中国社会科学院中国边疆史地研究中心　**厉声　主编**

当代中国边疆·民族地区典型百村调查：**西藏卷（第二辑）**

分卷主编：**倪邦贵　孙宏年**

勒布的美丽风景

勒布村景色

贡日乡门巴族村寨

麻玛乡新建的民居

勒乡电站

门巴戏

门巴族妇女

门巴族妇女擅长编竹器

中国社会科学院中国边疆史地研究中心　厉声　主编
当代中国边疆·民族地区典型百村调查·西藏卷（第二辑）

乡村巨变

——西藏山南勒布门巴民族乡调查报告

杜莉◎著

社会科学文献出版社
SOCIAL SCIENCES ACADEMIC PRESS (CHINA)

“当代中国边疆·民族地区典型百村调查”

总 序

深入实际、开展国情调研，是中国社会科学院肩负的重要科研任务，也是中国社会科学院履行好党中央、国务院赋予的“思想库”、“智囊团”职能的重要方式。中国边疆省区占国土面积的60%以上，边疆区情及当地的民族社会调研（边疆调研）是中国国情调研的重要组成部分。正如一位边疆工作者所说：不了解少数民族，就不了解中华民族；不了解边疆，就不了解中国。1983年中国社会科学院中国边疆史地研究中心建立后，特别是1990年以来，一直将边疆调研作为学科研究的重点之一。

2004年，中国边疆史地研究中心承担国家哲学与社会科学基金特别项目“新疆历史与现状综合研究”（简称“新疆项目”）。2006年，中国边疆史地研究中心牵头，立项开展“当代中国边疆·民族地区典型百村调查”（简称“百村调查”），作为此特别项目的子课题。“百村调查”以新疆为重点，在全国新疆、西藏、内蒙古、宁夏、广西五个民族自治区和云南、吉林、黑龙江三省基层地区同时开展，共调查100个边疆基层村落。调查工作在“新疆项目”领导小组和专家委员会指导下，由“百村调

查”专家委员会暨编委会组织实施。在中国边疆史地研究中心主持拟定的调查大纲框架下，发挥每个省区的优势，体现各自的特色。

本项目的实施得到了边疆地区各级地方党政部门的支持。首先，调查工作注意与地方党政部门的相关工作衔接、听取意见，在实施调查之前，主动向各级党政部门汇报情况，听取指示和意见。其次，调查组主动让各级党政部门了解调研的全过程，在调研过程中出现问题时及时向相关党政部门请示。再次，调研阶段成果和最终成果的副本同时提供地方党政部门参考。

“百村调查”的调研主题是：改革开放30年来中国边疆基层村落的民族社会和经济发展的历史与现状。具体内容包括：乡村概况、基层组织、经济发展、社会生活、民族、宗教、文教卫生、民俗风情等。项目调研的时间是：2007～2008年（资料下限至2007年底或适当延长）。

“百村调查”的调研对象为：100个具有典型意义与特色的中国边疆基层村落。课题以基层乡、村两级为调查基点，大致每个省区选择2个地州，每个地州选择1～2个县，每个县选择2个乡，每个乡选择2个村。新疆共调查22个村，其他地区均为13个村（辽宁、吉林、黑龙江以东北边疆为单元，共调查13个村）。调查点的选择要求：

(1) 本地区社会稳定与经济发展中具有典型意义的基层乡和村。

(2) 存在边疆现实政治、社会或经济发展的热点、难点问题。

（3）与20世纪50年代全国边疆民族调查能有一定的衔接。

“百村调查”采取学术调查与现实政治相结合的方法，以社会人类学入村入户调研方法为主，同时关注现实政治、社会与经济发展中的热点、难点问题：一般共性调查与专题专访调查相结合，在一般综合性调查的基础上，选择好专访或专题调研的“切入点”——总结经验与完善不足相结合，在总结各项工作经验的同时，善于发现问题和提出解决问题的对策与建议。调研注重入户访谈和小范围座谈的专访调查。在一般性问卷和统计资料收集的基础上，注重对基层干部、群众典型、教师、宗教人士等特定人员的专题访谈，倾听和收集他们对基层社会稳定与经济发展的看法、意见和建议，形成能说明问题的专访或专题调研报告。

“百村调查”的成果形式分为调查综合报告与专题报告两大类。

（1）调查综合报告：依据大纲规定，撰写有关乡村经济社会等发展状况的综合报告，课题结项后分期公开出版。专题报告及调查资料可以公开发表的，在篇幅允许的情况下，作为附录附在综合报告末尾。

（2）专题报告：内容较敏感、不适宜公开出版的专题报告，集成《专题报告集》，内部刊印。

“百村调查”主编　厉声　谨识

2009年8月25日

目 录
CONTENTS

图目录
FIGURE CONTENTS

表目录
TABLE CONTENTS

序言
FOREWORD

中华人民共和国成立60年来，特别是西藏和平解放以来，在120多万平方公里的雪域高原上发生了翻天覆地的历史巨变，百万农奴翻身得解放，成为人类发展史上的里程碑，经济社会发展的成就举世瞩目；农村在变，牧区在变，城市也在变，西藏广大农牧民的生活今非昔比，农牧民的观念同样也发生了值得关注的变化。面对如此巨大的变化，今天的我们怎样才能为后人留下这一瞬间，留住它们的轨迹？作为有历史感、责任感的学人，怎样才能完成我们这一代人的这一历史责任？由中国社会科学院中国边疆史地研究中心主持的国家社科基金特别项目“当代中国边疆·民族地区典型百村调查”（以下简称“百村调查”），便是中国一批学者立足调研，探求中国边疆民族地区乡村巨变的求索和努力！

我们开展这个项目的初衷是对西藏乡村巨变以及经济社会发展进行全面的反映，特别是对西藏和平解放以来翻天覆地的巨大变化做一次现场实录，但随着中华人民共和国成立60周年、西藏和平解放60周年的到来，为了尽一个学人的历史责任，我们的目的也就定位在为中华人民共和国成立60周年、西藏和平解放60周年献礼！同时，这一工作也着力反映了西藏半个多世纪以来特别是21世纪以来经

济社会发展的巨大成就，为西藏在中国共产党的领导下走有中国特色西藏特点发展路子提供了大量的科学依据与前期研究成果资料，为维护西藏社会局势的稳定提供了强有力的证据。我们就积极地承担并完成这一重大课题的调研，调研的对象自然是西藏自治区。

一　西藏自治区基本情况

西藏自治区位于北纬 26°50′～36°53′，东经 78°25′～99°06′。北界昆仑山、唐古拉山与新疆维吾尔自治区和青海省毗邻，东隔金沙江与四川省相望，东南与云南省相连，南与缅甸、印度、不丹、尼泊尔等国接壤，面积 120 多万平方公里，仅次于新疆，居全国第二位。

西藏自治区山川秀美，气候独特，土地富饶。西藏高原平均海拔 4000 米以上，构成“世界屋脊”——青藏高原的主体。境内绵亘着众多巨大的山脉，东西走向的喜马拉雅山、冈底斯—念青唐古拉山、喀喇昆仑—唐古拉山、昆仑山四大山脉，横亘于高原的南侧、中部和北缘，属于横断山脉系列的伯舒拉岭、他念他翁山和芒康山则南北平行而下，蜿蜒于西藏东南，从而将西藏地区分割为四个相对的自然区域，即藏北高原、藏南谷地、藏东高山峡谷和喜马拉雅山地。境内海拔 7000 米以上的高峰有 50 多座，其中海拔在 8000 米以上的有 11 座，喜马拉雅山中段的中尼边界上的珠穆朗玛峰，海拔 8844. 43 米，为世界第一高峰。高大山脉是构成高原地貌的骨架，也是古代冰川发育的中心，海拔 5000 米以上的山峰大多终年积雪，冰川广泛发育，是河川径流水的主要来源。境内江河、湖泊众多，外流江河有位于南部的雅鲁藏布江，从西至东流经全区，主要支流有年楚河、拉萨河、尼洋河，习惯称“一江三河”，是西藏主要农区，东部有金沙江、澜沧江、怒江，西部有象泉河、狮泉河等。内流河主要分布在怒江上游分水岭以西的冈底斯山、念青唐古拉山的藏北高原和雅鲁藏布江上游分水岭及喜马拉雅山以北地带，年流量仅占江河径流量的8%左右，而外流域面积占了西藏自治区的51%。西藏还是中国湖泊最多的地区，大小湖泊约有1500多个，其中面积大于200平方公里的湖泊有24个，约占全国湖泊面积的1/3。

早在四五万年前，西藏地区就已有古人类活动，他们披荆斩棘，同大自然进行长期斗争，并繁衍生息，成为这片高原的最早开发者。藏族著名典籍《贤者喜宴》对此做了形象的描述：“食用果实变成人，采集树叶当衣衫，如同野兽居森林，好像珞（巴）、门（巴）遍西藏。”考古工作者的发现和发掘表明，西藏地区的先民先后经过了旧石器、新石器和铜石并用等时期，各个时期都与内地同时期的文化遗存有着密切的联系。新石器晚期，他们由蒙昧走向文明，由氏族、部落发展为部落联盟，又建立了蕃、象雄、苏毗等奴隶制邦国。公元7世纪初，蕃国第三十二代赞普松赞干布，以其卓越的政治远见和军事才能，完成统一大业，在西藏高原上建立了奴隶制的吐蕃王朝。到9世纪中叶，吐蕃在奴隶和平民大起义的冲击下土崩瓦解，在其本土逐渐形成许多割据政权，10～13世纪前半叶逐步完成了奴隶制向封建制的过渡。13世纪中叶，西藏成为中央政府直接治理下的一个行政区域。此后，中国经历了元朝、明朝、清朝和中华民国的兴替，多次更换中央政权，但西藏一直处于中央政权的管辖之下。

1949年10月1日，中华人民共和国成立，此时的西藏

处于比欧洲中世纪还要黑暗、落后的政教合一的封建农奴制社会中，占西藏总人口不足5%的农奴主占有西藏绝大部分生产资料，垄断着西藏的物质和精神财富，而占人口95%以上的农奴和奴隶没有生产资料和人身自由，遭受着极其残酷的压迫和剥削，挣扎在极端贫困的悲惨境地中，毫无权利可言。1951年，中央人民政府与西藏地方政府签订《关于和平解放西藏办法的协议》（简称《十七条协议》），使西藏摆脱了帝国主义侵略势力的羁绊，实现和平解放，为西藏与全国一起实现共同进步与发展创造了基本前提。《十七条协议》强调“西藏地方政府应自动进行改革”，但考虑到西藏的特殊情况，中央人民政府对改革采取了十分慎重的态度，以极大的耐心、宽容和诚意，劝说、等待西藏地方上层统治集团主动进行改革。但是，在帝国主义势力策动支持下，西藏地方上层统治集团的一些人面对人民日益高涨的民主改革要求，根本反对改革，顽固坚持“长期不改，永远不改”，企图永远保持政教合一的封建农奴制度，并于1959年3月10日悍然发动了全面武装叛乱。在这种情况下，为维护国家的统一和西藏人民的根本利益，中央人民政府与西藏人民一道坚决平息了武装叛乱。与此同时，在西藏掀起了一场轰轰烈烈的群众性民主改革运动，废除了政教合一的封建农奴制度，解放了百万农奴和奴隶，开创了西藏人民当家做主的新时代。

半个世纪以来，西藏各族人民在中央人民政府的关心和全国人民的支持下，以主人翁的姿态和空前的热情投身建设新社会、创造新生活的伟大进程中，创造了一个又一个西藏历史上亘古未有的奇迹。西藏的社会制度实现了跨越式发展，现代化建设日新月异、突飞猛进，社会面貌发

生了翻天覆地的历史性变化。作为西藏历史巨变的一部分，农村、牧区的变迁和广大农牧民生产、生活和观念的变化尤其值得重视。

首先，土地改革废除封建农奴主的土地所有制，使农奴和奴隶成为土地的主人。1959 年 9 月 21 日，西藏自治区筹备委员会通过《关于废除封建农奴主土地所有制实行农民的土地所有制的决议》，决定对参加叛乱的农奴主的土地和其他生产资料一律没收，分配给农奴和奴隶；对未参加叛乱的农奴主的土地和其他生产资料由国家出钱赎买后，分配给农奴和奴隶。据统计，在民主改革中，国家共没收和赎买农奴主土地 280 多万亩，分给 20 万户的 80 万农奴和奴隶，农奴和奴隶人均分得土地 3.5 余亩。西藏百万农奴和奴隶第一次成为土地和其他生产资料的主人，焕发了空前的生产和生活热情，迅速改变了西藏的社会面貌和生活条件。据统计，土改基本完成的 1960 年，西藏全区的粮食总产量比 1959 年增长 12.6%，比土改前的 1958 年增长 17.5%。牲畜存栏总数 1960 年比 1959 年增长 10%。在民主改革中，西藏建立起第一个供销社、第一个农村信用社、第一所民办小学、第一所夜校、第一个识字班、第一个电影放映队、第一个医疗卫生机构。

其次，西藏社会制度实现了历史性跨越，经济建设实现跨越式发展，社会面貌日新月异，而西藏人民当家做主的权利有了制度保障，人民生活水平大幅度提高。1965 年，西藏自治区成立，标志着民族区域自治制度在西藏全面确立，实现了西藏社会制度从政教合一的封建农奴制度向人民民主的社会主义制度的历史性跨越，昔日的农奴和奴隶从此享有了平等参与管理国家事务和自主管理本地区、本

民族事务的政治权利。

西藏和平解放以来，特别是民主改革以来，中央政府为促进西藏经济社会发展，对西藏实施了一系列优惠政策，在财力、物力、人力等方面给予强有力的支持。据统计，仅在基础设施建设方面，1951～2008年，国家就累计投入资金1000多亿元。1959～2008年，中央财政向西藏的财政转移支付累计达到2019多亿元，年均增长近12%。在中央的关怀和全国的支持下，西藏经济社会发展突飞猛进。据统计，1959～2008年，西藏生产总值由1.74亿元增长到395.91亿元，按可比价格计算，增长65倍，年均增长8.9%。1959～2008年，西藏人均生产总值由142元提高到13861元，增加13719元。旧西藏的农牧业基本靠天吃饭、靠天养畜，如今农牧业现代化程度大幅度提高，防灾抗灾能力显著增强，科技贡献率达到36%。粮食产量由1959年的18.29万吨增加到2008年的95万吨；粮食平均亩产由1959年的91公斤提高到2008年的近370公斤；年末牲畜存栏总数由1959年的956万头（只）增加到2008年的2400余万头（只）。

西藏和平解放前，西藏农牧民没有生产资料，几乎终身负债，根本谈不上纯收入，2008年，西藏农牧民人均纯收入达到3176元，1978年以来年均增长10.1%。1959年前，西藏90%以上的人没有自己的住房，农牧民居住条件极差。如今西藏人民的居住条件得到了巨大改善，通过推进新农村建设、实施安居工程，已有20万户百余万农牧民住进了安全适用的新房。2008年，农村居民人均居住面积达到22.83平方米。目前，从城市到农村都已初步建立起社会保障体系，2006年西藏人均收入低于800元的农牧民全

部纳入最低生活保障，在全国率先建立了农牧区最低生活保障制度。而且，西藏和平解放后特别是民主改革后，中央人民政府采取各种措施改善西藏农牧区的医疗卫生条件，20 世纪 60 年代开始，西藏消灭了天花，各类传染病、地方病发病率大幅度下降，目前西藏在全国率先实现了城镇居民医疗保险全覆盖，并逐步建立了以免费医疗为基础的农牧区医疗制度，农牧民免费医疗补助人均达到 140 元。随着医疗卫生条件的改善，西藏的人均预期寿命由和平解放时的 35.5 岁增加到 67 岁。据 2000 年第五次全国人口普查，西藏有 80～99 岁的老人 13581 人、百岁以上的老人 62 人，是中国人均百岁老人最多的省区之一。

二 “百村调查”西藏 13 个村（镇）调查点的选择与基本情况

“百村调查”专家组为西藏共分配了 13 个村（镇）的调查任务。具体选择要求具有代表性，能够充分反映西藏农村当代发展的基本面貌。由于地理环境和条件不同，西藏和平解放以来，西藏农村经济社会的发展并不平衡，故在目标村（镇）的选择上，不同发展程度村（镇）的均匀分布是我们所主要考虑的。其他还关注了村（镇）的区位、经济、社会、文化、民族特征等。

“百村调查”在西藏的调研工作在“新疆项目”领导小组和专家委员会指导下，由“百村调查”专家委员会组织实施，在基本统一的调查大纲和问卷的框架下，注意发挥和体现西藏雪域高原的优势与特色。西藏地区的调研以 13 个村（镇）的调查为主，分别在西藏的边境、农区、牧区、城郊、青藏铁路沿线的 13 个村（镇）同时开展，主要包

括：（1）堆龙德庆县柳梧新村；（2）扎囊县德吉新村；（3）贡嘎县杰德秀居委会；（4）那曲县门地办事处22村；（5）拉萨市纳金乡城郊村；（6）拉萨市城关区蔡公堂村；（7）那曲县罗玛镇14村；（8）贡觉县岗托村；（9）定结县日屋镇德吉村；（10）错那县勒布门巴民族乡；（11）日喀则市东嘎乡通列和帕热两村；（12）当雄县当曲卡村；（13）曲水县达嘎乡其奴九组。

三 “百村调查”西藏项目组的人员组成与调研简况及预期目标

“百村调查”西藏项目组共由18位成员组成，倪邦贵研究员、孙宏年博士分别为第一、第二主持人，18名项目组成员中有7人各自承担1个村、6人分2组分别承担2个村、3人1组承担1个村、2人4组承担4个村，分别展开调查。西藏项目主持人强调所有承担人必须深入村（镇）15～20天，认真调查，掌握真实情况，形成基本感受和准确认识，之后再以写实的笔法完成文本撰写。由于项目组成员科研能力强弱不一，大部分人缺乏研究经验，为了保证质量，使每个人都能基本上完成任务，项目组为他们制定了共同的入户调查问卷、调研提纲和写作提纲。在具体使用过程中，要求他们从入户调查入手，以调研提纲保障全面，没有大的遗漏，再以写作提纲保证叙事结构规范合理。每位作者在文本写作过程中，除基本遵守写作提纲外，还可以突出所调查村庄的特点，对写作大纲进行个性化灵活处理。除此之外，经常召开项目组会议，相互交流研究经验心得，学习各自长处，既有分工，又有合作，充分发挥项目组集体力量，以及每个人的聪明才智，整个工作进展基

本做到规范有序、有条不紊。

“百村调查”西藏项目组的准备工作从2006年年底着手进行，到2007年5月底基本完成，利用近半年的时间，西藏项目组总负责人倪邦贵研究员与项目组全体成员采用电话联系、个别交流与当面沟通等多种方式进行了调研前的培训与交流。2007年3～12月，西藏13个村（镇）的调研工作基本全面展开，其间由于各种原因，还进行了个别人员调整。在此期间及之前，中国边疆史地研究中心在北京、银川、南宁和北戴河召开了多次协调会，通报了各地的研究进展和经验，统一了各地的进度，规范了研究进程。到2009年12月底，历时近3年时间［指村（镇）调研和文本撰写］，西藏13个村（镇）的调研和文本写作基本完成，并且都进行了多次修改。经2009年4月北戴河会议审订，第一批4个村（镇）的成果先期于8月中旬正式交由社会科学文献出版社编辑出版。

四　“百村调查”西藏项目组的研究方法与最终目标

“百村调查”西藏项目组以西藏的基层社会与经济发展现状的社会调研为基本方法，强调学术调查与现实政治相结合，以民族学、社会学入村入户的调研方法为主，同时关注现实政治、社会与经济发展中的热点、难点问题；强调一般共性调查与专题访问调查相结合，在一般共性调查的基础上，选择好专访或专题调研的切入点；强调总结经验与完善不足相结合，在总结各项工作经验的同时，善于发现问题和提出解决问题的对策和建议。在调查选点方面，遵循选择西藏社会稳定与经济发展中具有典型意义的

村（镇）（以行政村为主）的原则。在一般性问卷和统计资料收集的基础上，注重对基层干部、群众典型人物、教师、宗教人士等特定人员的专题访谈，倾听和收集他们对基层社会稳定与经济发展的看法、意见和建议，形成能说明问题的专访或专题调研报告。

“百村调查”西藏项目组以西藏的基层社会与经济发展为切入点，主要目的在于摸清西藏基层社会与经济发展的一般情况，包括西藏基层政权建设、西藏和谐社会构建、西藏的民族关系与民族团结、西藏的宗教信仰与宗教事务管理、西藏居民的国家意识与民族宗教观、西藏的“三老”人员情况、西藏的基层经济发展现状、西藏的基层文化教育现状、西藏的基层人才队伍状况、西藏的基层社会治安等方面。

根据“百村调查”项目的总体设计，西藏项目组确定的目标是：总结西藏地区基层社会与经济发展的经验，同时发现、弥补其不足，并为之提供有效的对策建议。在此基础上，“百村调查”在西藏的调研在以下几个方面有所突破：第一，通过典型调研，认真总结西藏基层社会与经济发展迄今为止所取得的重要成绩，总结其有益的经验；第二，在调查中关注发展中存在的问题与困难，并针对这些问题和困难，提出具有可操作性的对策建议；第三，根据西藏现有发展状况及其所具有的发展条件和机会，预测其发展前景。

作为“百村调查”西藏13村（镇）项目组负责人，我们深深地知道，这是一项非常有意义的研究，值得认真去做。历史将证明，今天我们为西藏这13个村（镇）留下的每一行文字、每一份表格、每一张照片，作为它们真实情

况的反映，都将是有价值的历史记录。当然，我们也同样深知，由于作者众多，水平不一，成果的质量因而参差不齐，甚至可能出现各种错讹。在此，作为丛书西藏卷主编，我们代表相关的作者表示歉意，并恳请广大读者和专家批评指正。

谨以此书向西藏和平解放60周年献礼！

倪邦贵　孙宏年

2009年8月16日

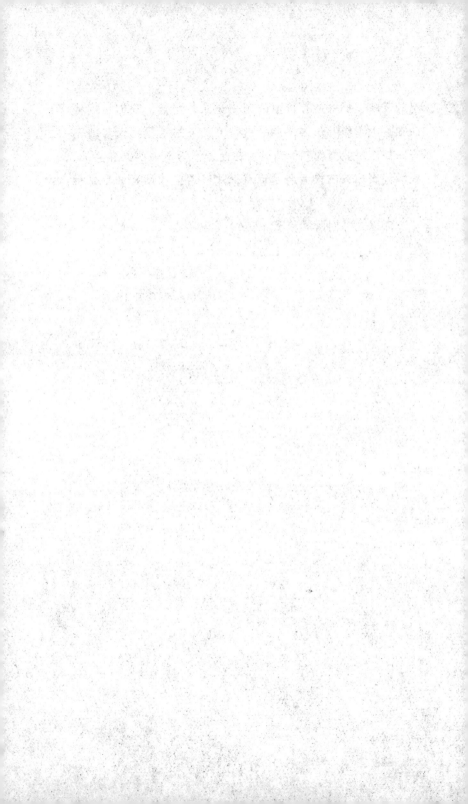

第一章　勒布村概况与村史

2007年7月11日，我们勒布村调研组乘坐公共汽车，从拉萨出发，途经山南泽当镇休息一晚，7月12日早8点在泽当镇改乘山南地区到错那县的公共汽车，经过9个多小时的颠簸，于当天下午5点多到达勒布调查点。通过20多天的工作，对60户门巴族家庭进行了问卷调研和较深入的访谈，获得了珍贵的第一手资料。这些资料包括问卷调查资料59份，3个U盘资料，1本书，300多幅勒布村的照片。

本书主要根据调研问卷、调研资料、访谈记录和U盘资料整理完成。本书对勒布村（办事处）门巴民族四乡社会、经济、文化等方面的描述和分析，较全面地展示了民主改革，尤其是改革开放以来，勒布村（办事处）门巴民族四乡经济、社会、文化各个方面的发展与变化。

第一节　概况

西藏有藏族、汉族、门巴族、珞巴族、回族、纳西族等民族以及尚未确定族称的僜人、夏尔巴人等41个民族成分。世代居住的民族有：藏族、回族、门巴族、珞巴族、纳西族。门巴族是区内独有的人口较少民族，主要分布在西藏的南部和东南部的珞隅、门隅和察隅等地区，为跨境而居。

本次调研的勒布村属于门隅地区，门隅的总面积1万多平方公里，北接错那县和隆子县，东连珞隅地区，南与印度阿萨姆平原接壤，西同不丹为邻。门隅北部的棒拉山口是西藏腹地进入门隅的主要通道，门隅北部的勒布位于棒拉山口（图1－1）的西南端，从勒布村往南，经邦金和达巴两个地区，约三日行程即可到达达旺。达旺在历史上曾是门隅地区政治、经济和文化中心，较有名气的是达旺寺，过去西藏地方政府和错那宗常派官员到达旺居住。达旺东南有色拉山，翻过海拔4200多米的色拉山口，曾是申隔宗、德让宗和达隆宗的属地。

西藏现有8个民族乡，它们是错那县勒布办事处所辖的

图1－1　棒拉山口的风景

勒、麻玛、贡日、基巴门巴民族四乡，林芝县排龙、南伊珞巴民族乡，墨脱县的达木珞巴民族乡，芒康县下盐井纳西民族乡。错那县勒布办事处所辖的4个门巴民族乡，每个乡划分为2个自然村，共8个自然村，笔者调研的是勒布办事处所属4个门巴民族乡，在此，依据社会学的惯例，称为“勒布村”。

一　所在县、乡概况

勒布村是由一条狭长的山谷所构成，其景色无疑是十分美丽的，其美丽绝不逊于西藏的林芝、四川的九寨，这里居住着我国人口较少民族——门巴族。

门巴族是祖国多民族大家庭的一员，是少数民族中的古老民族之一。门巴族先民早在吐蕃统一西藏各部以前，已经生活在藏南群山峡谷的温暖地带，9世纪初，门巴族的族名就开始出现在藏文史料中。但由于门巴族人口较少，地处边陲，与祖国内地相隔甚远，长期以来，很少为人们熟知。直到西藏和平解放后，中国共产党的民族平等、团结政策的贯彻，国家派出大量干部深入实地，进行民族调查，才使门巴族列为单一的民族。

（一）所在县概况

按照行政区域划分，勒布村属于山南地区错那县管辖。错那在藏语中意思是“湖的前面”，它位于西藏自治区南部，喜马拉雅山脉东南端，东接印度占领的珞隅地区，西邻不丹，南与印度接壤，是西藏自治区的重要边境县之一，也是中印边境东段的重要门户。错那县边境线长268公里，其中与印度的边境线长213公里，中不（丹）边境线长55

公里，对外通道有17处，常年通道有4处。

错那县是一个半农半牧县，现有耕地面积2.23万亩，草场面积530万亩，森林面积36.6万亩。农作物有青稞、小麦、荞麦、豌豆等，经济作物以油菜为主；牲畜主要有牦牛、黄牛、绵羊、山羊、马、猪等。错那县管辖1镇1处（勒布办事处）9个乡23个行政村、2个居委会、55个村民小组，居住着藏、汉、门巴、回等民族。2004年年底人口普查时，全县总人口为14793人，劳动力7851人。①

错那县总面积3.5万平方公里，其中印度侵占2万多平方公里。“麦克马洪线”以南印度侵占的9万多平方公里，分别属于错那、隆子、浪卡子和察隅县。据有关资料记载，中印边界全长约1700公里，习惯上分为东、中、西三段。东段长约650公里，从中国、印度、不丹三国交界处起向东沿喜马拉雅山南麓和布拉马普特拉河北岸平原交接线而行，直到察隅河下游，再向东南到中国、印度、缅甸三国交界处；中段长约450公里，从西藏阿里地区西南角与印度拉达克、旁遮普邦三地交界处起到里普列克山口附近的中国、印度、尼泊尔三国交界处止；西段长约600公里，由印度拉达克与中国西藏阿里交界的空喀山口起，穿过羌摩臣河和西隆格巴尔马河交汇处，再穿过班公湖和印度河的上游桑格藏布河，向西经过帕里河直到中国西藏阿里地区、印度旁遮普邦和克什米尔印占区拉达克交界处。这条传统习惯线以北的阿里地区，一直在中国西藏地方政府的管辖之下，从阿里到新疆和田之间的阿克赛钦，历来属于中国新疆和

① 调研资料。

田管辖。[①] 英帝国主义统治印度后，英属印度当局以印度为基地，把侵略扩张的矛头指向中国的西南和西北边疆地区，这才逐步使中印边界发生了分歧，英印当局利用中印边界从未正式划定的状况，对中国西藏和新疆进行侵略扩张活动，从而埋下了争执的祸端。

在中国和印度两个国家之间，有一条长2000多公里的共同边境线，由于历史和现实的原因，中印两国至今尚未正式划定边境线。千百年来，两国一直以传统习惯线为边界，保持和平友好往来。英国人为了达到把西藏从中国分裂出去的目的，于1913年胁迫中国中央政府同意在印度的西姆拉举行中、英、藏三方会谈。1913年10月13日出席西姆拉会议的英方首席代表是英属印度政府外交秘书亨利·麦克马洪，中方首席代表是中国中央政府驻藏宣抚史陈贻范，西藏地方当局代表是首席噶伦夏扎·班觉多吉。会前英方代表诱使西藏代表提出了侵占中国西藏领土的草案，包括划分内藏、外藏的一系列内容，理所当然遭到中国代表的驳斥。此时，麦克马洪又以调解人的身份在中国西藏藏南土地上画了一条线，作为中印之间的边境线。在英国的威胁迫使下，中方代表陈贻范被迫草签了英方单独拟订的所谓“调停约稿”，但是，声明草签与正式签字不同，他必须请示中国政府批准后才能正式签署，当时英方也表示同意。在英方拟订的条约草案为国人所知后，全国各地群起反对，尤以四川、青海、新疆和云南等省最为激烈。袁世凯政府迫于众怒难犯，便一方面指示陈贻范不得正式签

① 赵翎：《世界屋脊之战——对印反击战纪实》，青海人民出版社，1991，第1~2页。

字，一方面向英国驻华使馆递交一份备忘录，申明陈贻范的草签只是他个人的行为，是无效的。1914年7月3日，陈贻范在最后一次三方会议上宣读了中国政府的训示并拒绝在所谓《西姆拉条约》上签字，发表申明："凡英国与西藏本日和他日所签订的条约或类似的文件，中国政府一概不能承认。"中国政府同时将此立场照会英国政府，此后中国历届政府都未承认《西姆拉条约》，因此，根据《西姆拉条约》炮制的麦克马洪线当然也是无效的。①

中印两国人民有着悠久的睦邻关系。印度独立后，西藏地方政府认为印度摆脱了英国的管辖，西藏同样也应从英国侵占的特权下摆脱出来。为此西藏地方政府与印度驻拉萨"代表处"进行了交涉。对西藏地方政府的合理要求印度政府却以傲慢态度宣布，它就是要继承英帝国主义的衣钵。中印建交后，印度不仅继续坚持其错误的立场，甚至实行"前进政策"，对中国领土西藏进行新的蚕食与侵略。1951年2月，印度政府乘新中国成立之初忙于内务无暇顾及中印边境问题之机，派兵100余名越过西山、达旺河，侵占达旺首府达旺，在梅楚卡等地强行建立兵营。到1953年印度军队基本上侵占了门隅、珞隅、下察隅等地。在此基础上印度政府于1954年在"麦克马洪线"以南、传统习惯线以北9万平方公里的我国领土上（约等于我国的浙江省，有着丰富的矿物、生物和水力资源的地区）建立起了它的"东北边境特区"，并修正官方地图，将非法的"麦克马洪线"原来一直表明的"未经标定边界"第一次改

① 赵翎：《世界屋脊之战——对印反击战纪实》，青海人民出版社，1991，第17页。

标为“已定界”，企图使其侵略的中国领土固定化、合法化。此后，印军又越过“麦克马洪线”向北推进，侵占了中国领土西藏的兼则马尼等地。

1959 年，印度政府支持的西藏反动上层发动的武装叛乱被平息后，并不甘心失败，又多次挑起边境武装冲突，同年 10 月 21 日，在空喀山口印军 70 余人越界包围中国边境部队，开枪打死打伤中国战士。为谋求和平解决边境问题，11 月 7 日，中国政府致电印度政府，建议两国武装部队立即从实际控制线各自后撤 20 公里，脱离武装接触。不久又提出两国总理会谈的建议，周恩来总理于 1960 年 4 月赴新德里同印度总理尼赫鲁会谈而无结果。尽管如此，中国政府仍然力图避免武装冲突，耐心等待印度政府能转变态度和立场。中国又单方面采取了一系列有利于和平解决边境问题的措施，如在实际控制线 30 公里内不开枪、不巡逻、不平叛、不打猎，在 20 公里内不打靶、不演习、不爆破；对挑衅滋事的入侵印军先提出警告，劝其撤退，当劝阻无效时，才依照国际惯例解除他们的武装，经说服教育后，发还武器让其离境。但是，印度当局把中国的克制忍让认为软弱可欺，他们得寸进尺，步步紧逼。从 1961 年起在边境西段，印军就设立了入侵据点 43 处。这些据点有的距中国边防哨所正面仅十几米远，有的在中国哨所之间，甚至插到中国边防哨所背后，形成犬牙交错的态势。根据当时的严峻形势，为防备印军的全面进攻，中国政府决定加强战备，准备自卫反击。1962 年 10 月 20 日，印度军队在中印边界东西两段同时发起全面进攻，我边防部队于当天奉命还击，拉开了中印边界自卫反击战的帷幕。但是，中国坚持和平解决边界问题的立场从未改变，10 月 24 日，中国政府提出了重开和平谈判的三项建议。11 月 21 日，在中国边防部队节节胜利的情况下，中国政府宣布从次日起全线停火，12 月 1 日中国边防部队从实际控制线后撤 20 公里，此举再次证明了中国政府坚持通过和平谈判而不以武力解决边境争端的诚意。[1] 1962 年中印战争后，双方的外交关系由大使降为代办，进入冷战时期，双方在政治上是敌对关系，经济、贸易和文化上的交流几乎全部停止。

1976 年，双方互派大使，恢复了正常的外交关系。1988 年 12 月 19 日，印度总理拉吉夫·甘地冲破印方对高级官员访华的限制应邀对中国进行了友好访问，为中印关系迅速发展开辟了道路。

1991 年，李鹏总理对印度进行了成功访问，双方进行了多轮会谈，达成了“边界问题不应成为两国关系的障碍”的重要共识。1993 年，印度总理拉奥访华，中印两国政府在北京签署了《关于在中印边境实际控制线地区保持和平和安宁的协定》。1996 年，江泽民主席访问印度，中印双方进一步签署了《关于在中印边境实际控制线地区军事领域建立信任措施的协定》。

1998 年初，印度教民主主义政党人民党上台，把中国形容为比巴基斯坦更危险的“头号潜在威胁”。几天后，印度便在其西部的拉贾斯坦沙漠进行了核试验并同时宣布自己为核国家。第二天，印度总理瓦杰帕伊致函美国等国政府，把中国和巴基斯坦的核威胁及 1962 年遭到（中国的）“武装侵略”作为印度进行核试验的借口。印度政府

---

① 李贵明：《阿里人——西藏阿里革命回忆》，西藏人民出版社，1974，第 227～228 页。

的这一行径，导致中印关系急转直下，再一次把双边关系推向破裂的边缘。

2003年6月，印度总理瓦杰帕伊访问中国，标志着中印关系走出低谷进入发展新阶段。在瓦杰帕伊访华期间，中印双方签署了具有历史意义的《中印关系原则和全面合作宣言》，双方关系取得长足进步。2005年4月9日至12日，应印度总理曼莫汉·辛格的邀请，温家宝总理对印度进行了正式访问，会谈后双方签署了《中华人民共和国和印度共和国联合声明》，从而正式将中印关系定位为面向和平与繁荣的战略合作伙伴关系，最终形成解决中印边境问题的三个阶段规划：确定政治原则—形成框架—划定边界。2009年10月24日，温家宝总理在泰国与印度总理辛格举行会谈，两国总理就边界问题达成以下共识：遵循双方达成的政治指导原则，发挥有关机制的作用，继续通过坦诚对话，逐步缩小分歧，争取不断取得进展，最终达成公平合理和双方都能接受的解决方案。

（二）所在乡概况

勒布村（办事处）门巴四乡位于西藏山南地区错那县的南部，距错那县城45公里，所辖基巴、贡日、麻玛和勒4个门巴民族乡，8个村民委员会，总人口651人，其中门巴族578人，藏族73人（图1-2、图1-3）。

（三）县域气候条件

勒布村所在的错那县是一个高寒县、边境县，也是一个经济欠发达、农牧民生活水平较低的贫困县。全县总面积34979平方公里（包括印占“麦克马洪线”以南的门隅

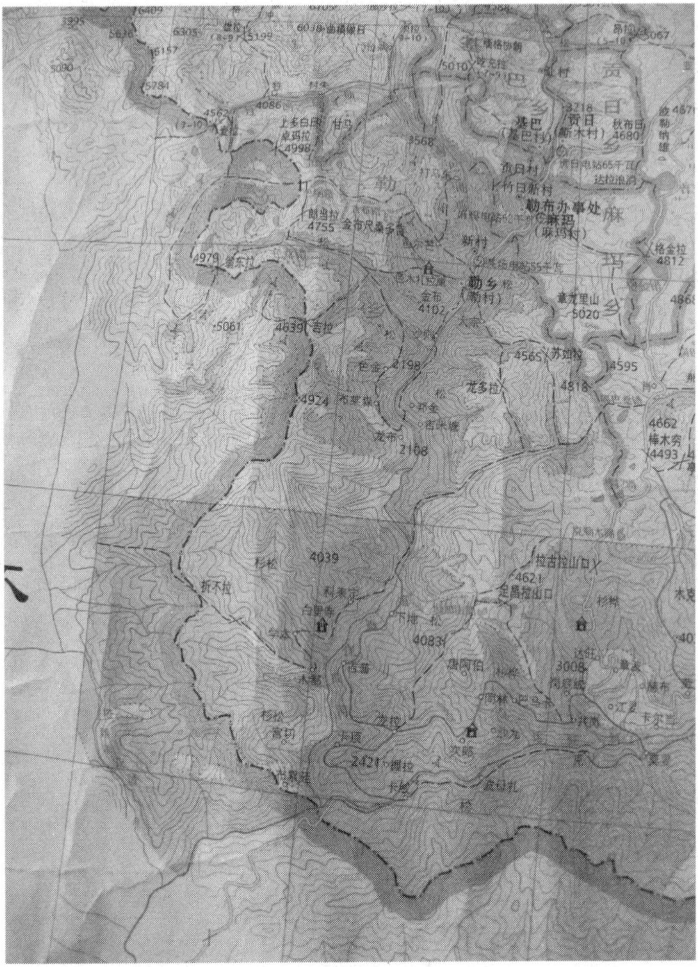

图 1－2　勒布办事处所辖 4 个民族乡位置图

地区），现实际控制面积约 10094 平方公里。全县平均海拔 4761 米，县城所在地海拔 4380 米，距拉萨 418 公里、泽当 220 公里。全县年平均气温 －0.6℃，最低气温 －37℃，常年天气寒冷，全县无霜期仅 42 天，四季不分明，自然条件十分恶劣，洪、雹、雪、霜、风、旱、虫等自然灾害频繁，

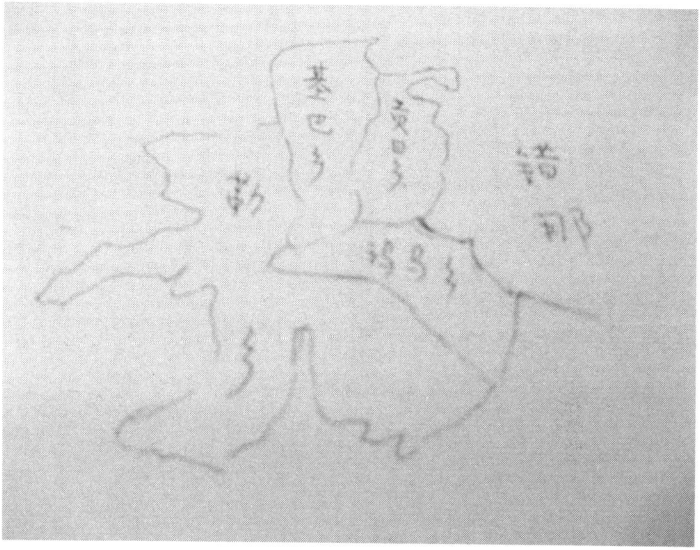

图 1-3　作者所绘的勒布村的方位图

尤以雪灾、洪灾、霜灾更加突出，是典型的高寒县。

距离错那县南部 45 公里的勒布村，峰峦重叠，山脉由北向南纵列，地势北高南低，海拔由 4000 米陡然降至 2300 米，娘姆江流经全境，形成了峡谷地带。勒布村平均海拔 2900 米，气候温和，年平均气温 10.03℃；雨量丰富，年降雨量为 930 毫米。勒布北部高原的边缘，犹如一道天然屏障，将来自南方的湿润气流阻挡在峡谷之中，形成每年 6～10 月的雨季。隆冬时节，高原上已是冰天雪地、寒风凛冽，而河谷地带仍然是山青水碧、春意盎然的景色。门隅北部属山地温带气候，全年气候温和，雨量充足，夏无酷暑，冬无严寒。门隅南部曾包括申隔宗、德让宗和达隆宗地区。卡门河的支流比琼河、登卡河流经此地。这里夏季炎热潮湿；冬季无霜冰，最低气温在 10℃左右，属亚热带气候。

二 勒布村四至与交通

（一）四至

1. 门隅四至

门隅的地势北高南低，北部最高处海拔4000米，而南部海拔仅1000米左右。北部河谷比较开阔，是主要农业区。北部包括达旺的广大地区，有娘姆和达旺两条河流经此地，著名的达旺寺坐落在北部达旺河谷地带。达旺曾是门隅地区政治、宗教和文化中心。达旺气候温和、景色优美、物产丰富，被门巴族誉为美丽的“松耳石盘子”（图1－4、图1－5）。

2. 勒布村四至

勒布村位于错那县南部，距县城45公里处。勒布村的

图1－4 进入勒布村（办事处）的景色

图 1－5　麻玛乡通往勒乡方向的道路

东北 36 公里处是基巴、贡日二乡；勒布村（办事处）周边是麻玛门巴族民族乡；勒布村（办事处）往南 18 公里处就是勒乡。勒乡紧靠“麦克马洪线”，是中国最前沿的乡镇之一，不远处就驻扎着印度军队。

（二）交通

勒布村是我国西藏与印度、不丹交往的必经之地。民主改革前门巴族居住的地区地形险峻，多急流深涧，悬崖峭壁，只有崎岖的马道溜索桥、藤桥。民主改革后，人民政府修建了从错那县所在地亚马荣翻越棒拉山口到勒布村的简易公路，改变了勒布村交通闭塞的状况。

错那县城至勒乡色木札全程有 62 公里，其中县城至丁丁拉山口 20 公里是油路，丁丁拉山口至勒布办事处 25 公里，勒布办事处至勒乡乡政府所在地 18 公里，乡政府至色木札村9公里均为沙石路面，路况极差。

三 集市、商业布点

（一）集市

1. 集市地点

历史上，错那宗政府附近亚马荣，是一个边境贸易市场。每年有三次定期的集市贸易，分别是藏历五月、七月和十一月的十五日开市，每次七八天，开市期间，西藏腹地、门隅地区和不丹的商民，都前来进行商品交易活动，参加商品交易的人数的每年可达1500人次左右。门隅的门巴族每年在亚马荣市场销售的大米有7万余斤、大豆3万余斤，此外，还有大量的茜草。大米由西藏政府垄断收购，运往拉萨，规定一般人不准购买。门隅门巴族用生产的竹筐、篾器、木碗、木材、辣椒、药材、腿带，以及达旺生产的纸在亚马荣边境贸易市场与藏族交换食盐、铁器、羊毛、氆氇、衣料、核桃、糌粑、奶渣、肉类等物品。

从勒布村集市贸易发展的历程中可以看出，门巴族同周边地区和国家的边民以及相邻地区民族之间的商品交换频繁，其原因是：（1）门巴族的部分生产资料和生活资料如铁器和食盐，是通过与别的民族，别的地区的交换获得的；（2）门巴族的传统手工业制品木碗、竹编等社会需求量较大，从而，刺激了门巴族木碗、竹编生产的发展；（3）门巴族居住的地域宽广，各地生产出的商品别具特色，吸引着藏商和珞巴族商人深入门巴族地区进行商品交换活动；（4）勒布村门巴族与不丹王国边民历史上形成了传统的边境小额贸易交换关系，在门隅南部的安巴达拉，每年藏历十一月也要举行一次边境集市贸易。藏族商人用骡马与门巴族、珞巴族农民和猎人的粮食、水果、鸡蛋、羊、兽皮、麝香、熊胆、象牙、犀牛角、鹿茸、蛇皮等交换。由于安巴达拉离印度较近，因此，参加贸易的印度及不丹客商也较多。

2. 集市制度

勒布村门巴族的集市交易活动历史久远。早在19世纪，清朝驻藏大臣和西藏地方政府为了加强对门隅的统治，在门隅的首府达旺，建立了名为“达旺细哲”的全区性行政委员会。“达旺细哲”由达旺“喇章”的代表一人、“聂仓”两人和“札仓”的代表数人组成。“达旺细哲”组成人员加上错那宗两个宗本组成高一级非常设行政委会议“达旺住哲”，负责处理重大的行政、宗教、边境事务。西藏地方政府每年派专人到门隅征收、征购大米，专管该区盐、米等经贸活动。集市交易活跃，集市制度也逐步形成。

从调研资料和一些史料中了解到门巴族与相邻民族的交换属于简单的商品交换，在交换过程中，以物易物是其基本的交换形式，参加交换的门巴族既是商品的生产者又是直接的交换者，专职的商人极少，集市制度也不够完善。

在交换中，部分货物的交换价值表现形态是：

2斤盐—30块木板—4个章嘎—3斤大米

1个酥油桶—18斤鸡爪谷—6个章嘎

1斤酥油—4斤鸡爪谷—4斤黄豆—1斤臭奶渣

2.5斤酥油—24斤青稞

5斤酥油—50斤小麦

30斤酥油—1件上等氆氇衣料

9 斤酥油—1 件普通氆氇上衣

以上交换的价值形态属于扩大的价值形态。但是，尚未达到以货币为媒介交换的形态。商品交换是门巴族调剂余缺产品的主要渠道，也是门巴族不可缺少的经济活动，通过与相邻地区各民族的交换，既解决了门巴族的生产、生活上不可缺少的食盐、铁器等用品，又找到了本民族农副产品及手工业产品的销售市场，从而在一定程度上促进了门巴族商品生产和交换的发展。

西藏和平解放以来，勒布村的经济社会得到长足的发展，其社会分工更加深化，交换更加频繁，但是受交通、人口规模、距离中心城市较远等因素的制约，经济形态仍然属于自给自足的自然经济，没有固定的集市地点，基本上是自发形成的以物易物的交换方式，集市制度也不够完善。

3. 集市交易的重要品种

勒布村集市交易的商品种类繁多。外贸交易方面，前些年有个别不丹商人用木碗交换勒布门巴族的羊皮、竹器等物品；内贸方面，勒布村门巴族群众到错那、泽当购买大米、白面以及一些生活用品，勒乡生产的茶叶，麻玛乡生产的一些竹器、蕨菜等多数运往外地交换，也有在本地经商的外来商人，用较低的价格购买松茸、雪莲花等珍贵的藏药材，由于信息的不对称，交换关系是不平等的。

4. 集市涵盖范围与交易主体

历史上，门隅的门巴族居民，多数家庭每年都要外出交换。他们不仅到亚马荣市场，还要去较远的地方。较富裕的差巴（旧西藏的奴隶）货物较多，驮畜较充足，每年要南去邦金、邓珠，北往藏区隆子宗，西到不丹等地，每年一两次。贫穷的差巴物资较少，畜力不足，大多去路程较近的邦金、邓珠等地方，一至两天即可到达。去不丹的传统商道有两条，经过邦金到达不丹鄂朗康，走五天；经马山口到不丹都让，走三天。门隅地区，每年藏历十月，乃东、琼结、隆子、泽当，甚至拉萨来的藏族商人，他们驮运盐、肉干、酥油和氆氇至达旺，换取当地的土特产品，如大米、木碗、药材以及来自印度东北部的货物。藏商一般在达旺过冬，第二年春天解冻以后，再将换好的货物运回藏区出售。门隅门巴族与东部的珞巴族也有交换关系，门巴族用项圈上的珠石交换珞巴族的水獭皮、粗棉布等。

民主改革后，尤其是改革开放以来，勒布村门巴族群众的交换范围不仅涵盖西藏地区，而且延伸到了祖国内地各个地方，交换的主体不仅有门巴族、藏族，还有其他民族，交换的品种日益繁多。

（二）商业布点

20 世纪 90 年代，随着西藏改革开放步伐的加快，一些祖国内地的个体工商户到勒布村经办小百货商店和饮食店，从而带动本地区的繁荣。在外地经商人员的带动下，一些门巴族群众开始经办小型超市、民族饮食店、茶馆、录像馆等商业点。商业点的繁荣，促进了第三产业的发展，活跃了勒布村的市场，增加了门巴族就业的数量。调研中发现勒乡乡政府所在地的勒村，只有 19 户人家，却有 22 家商店。

第二节 勒布村史

一 沿革

（一）勒布村的起源

勒布村的“勒”意为“下面”，说明了勒布村的地理位置，在高原的下面。勒布村一带很早以前被称为“白隅”，意为“隐藏着的圣地”。《西藏王臣记》记载，吐蕃统一西藏高原之前，人们对门隅的称呼是“黑门朱”，意思为“比较落后的地区”，吐蕃统一西藏高原后，则统称为“门”。到了9世纪20年代，“门巴”与“门”已在碑刻上出现。

（二）勒布村的变迁

勒布村的变迁与门巴族先民和吐蕃建立的隶属关系是不可分割的。根据确凿的文字（藏文）的历史记载，古代门隅被称为“四柴卡”以南的地区，由若干个当地有一定势力和影响的氏族管理，如当时有庐氏、琼氏、嘎尔氏、努氏、年氏。松赞干布统一西藏各部，建立起统一的吐蕃奴隶制政权的时起，门巴族先民就生活在古门隅地区，处于吐蕃政权的管辖之下。823年（唐长庆三年），唐朝和吐蕃会盟，在拉萨大昭寺前建立“长庆会盟碑”，碑文中记载：“自此钵教护持之王以后，南若孟族、天竺，西若大食，北若突厥、涅牟，莫不畏服，争相朝贡，俯首听命。”“孟族”系藏族文字的意译，另有译作“门”或

“门巴”的，即指门巴族先民。藏文史籍《贤者喜宴》中也有记载：“东方之咱米兴米，南方之珞与门，西方之香雄及突厥，北方之霍尔及回纥等均被收为属民。”吐蕃政权对古门隅的统治，主要采取依靠本地头人间接管理的办法，征服了的诸族、部中，有娱乐王、材库王、铜王、铁王（诸王既是各族、部的头人），娱乐王就在古门隅，头人有义务向吐蕃“搜集赋税上献”。足见当时门巴族社会还处于原始氏族社会阶段，而凌驾于门巴族社会之上的则是吐蕃奴隶制政权。

9 世纪以后，吐蕃奴隶制政权崩溃，西藏地方出现分裂割据局面。这一时期的门隅，相传由嘎朗汪波土王统治，王宫就建在“域满扎康”。嘎朗汪波的王妃名叫卓瓦桑姆，她的故事在西藏地区广为流传，并被编为藏戏，成为久演不衰的藏戏传统剧目，戏中的故事是以门巴族先民的社会生活为背景编成的，大意是卓瓦桑姆及其子女，在猎人、屠夫和渔人的帮助下，与妖妃哈香措姆进行了种种的斗争并取得胜利，表现了正义必然战胜邪恶。

13 世纪前期，蒙古西凉王阔端派遣大将两次入藏，其政治势力直抵门隅广大地区。据藏文记载，“阔端之时，曾遣大将多达拉波西征入藏，兵威所及，全藏慑服。……不久，蒙古王改向白业，欲抚绥斯土，又遣甲门及大将多达入藏，时京俄大师来邓塘，派贡巴释迦仁往迎，多达将杀之示威，京俄大师祈祷度母，天降石雨，众惊服，不敢犯”。多达拉波第一次入藏采用武力征服的方式。第二次多达拉波与官员甲门一同入藏，没有使用武力，他们带着阔端给萨迦派首领萨迦班智达的信和礼物，邀他去凉州与阔端见面，多达拉波的两次入藏，使势力范围东至公博、西至尼婆罗、南至门隅，削平诸酋塞，莫不臣服，从此奠定了西藏归顺蒙古汗王的基础。随着元帝国对全国的统一，包括勒布、达旺广大地区的门巴族在内的西藏各族人民都成了元帝国的臣民。①

14世纪，竹巴噶举派确立了对门巴地区的统治后，封建农奴制度的生产方式逐渐渗入勒布村门巴族社会。

15世纪初，宗喀巴实行宗教改革，创建了格鲁派（俗称黄教）。1652年（清顺治九年），格鲁派首领五世达赖喇嘛罗桑嘉措应召到北京朝见清帝，1653年，清帝赐以金册金印，正式册封他为达赖喇嘛。五世达赖喇嘛返藏以后，即派梅惹喇嘛洛卓嘉措到门隅传教。梅惹喇嘛及其助手，不仅管理达旺寺为中心的门隅宗教事务，也管理行政事务。从达赖发给梅惹喇嘛的封文中，能够更具体地看到这一点。封文指出，对门隅的统治，“不须兴兵动武，而由信士朗客主和梅惹喇嘛商议，能用善巧的方法使命令得以贯彻下去”。封文还肯定了自1656年以来梅惹喇嘛通过宗教手段统治门隅的政绩，“所有僧俗不顾自身任何安危，于二十五年间，一心积极维护宗教事业，使拉钦三措、达巴八措，东面的瓦莫鲁细、绒多松等娘姆江曲流域之门巴属部……亦入我治下”。梅惹喇嘛以后，直到1951年印度侵占达旺地区前，达旺寺历任堪布都由哲蚌寺委派。

五世达赖喇嘛和西藏地方政府不仅往门隅地区委派官吏，颁发封文，而且在五世达赖喇嘛圆寂之后，藏王桑结嘉措执掌政权期间，决定在门隅寻访五世达赖喇嘛的转世

① 错那县委办公室调研资料。

灵童，此举加强了西藏地方政府对门隅门巴族的政教统治，同时在客观上也密切了门巴族和藏族两个民族之间的联系。寻访结果，门巴族仓央嘉措被确认为五世达赖的转世灵童。桑结嘉措出于政治上的需要，对五世达赖喇嘛的圆寂长期秘不发丧，继续借五世达赖的名义发号施令，直到15年后的1697年才公布了五世达赖的死讯和认定仓央嘉措为转世灵童的消息，并于当年迎赴拉萨，仓央嘉措在赴拉萨途中拜五世班禅罗桑益西为师，剃发受戒，取法名罗桑仁增·仓央嘉措。仓央嘉措到达拉萨后，在布达拉宫举行坐床典礼，由于仓央嘉措不遵守格鲁派的教规戒律，就成为拉藏汗和桑结嘉措政治斗争的牺牲品。拉藏汗是蒙古和硕特部首领固始汗之曾孙，在西藏拥有较强的军事和政治实力，继承汗位后与桑结嘉措关系恶化，双方兵戎相见，结果拉藏汗以强大的骑兵击败桑结嘉措，并将其斩首，随后拉藏汗借口桑结嘉措所立的六世达赖是“假的”，要求清朝皇帝废除，康熙皇帝下诏将仓央嘉措“执献京师”，年轻的仓央嘉措在押赴北京途中不幸死于青海，关于仓央嘉措的死还有另外的传说，门、藏两族群众对他十分怀念，至今视之为真达赖而为家乡的门巴族人民所敬奉。

17世纪中叶，清朝中央政权建立，格鲁派执掌西藏地方政权。西藏地方政府在门隅实行政教合一的封建农奴制。门隅地区的梅惹喇嘛洛卓嘉措在西藏地方政府委派的两名拉涅（西藏噶厦政府时的官职名称，即总管）的协助下，将旧寺庙改造成格鲁派的寺院，并对门隅地区采取了一系列重大的行政改革措施。梅惹喇嘛按照不同的地理位置，居民的传统习惯，将门隅地区划分为32个错和定（错和定相当于乡一级的行政单位，错比定的范围略大）。梅惹喇嘛以后，拉萨哲蚌寺罗色林扎仓派往达旺寺的堪布与达旺寺上层喇嘛组成的行政委员会“达旺细哲”管理门隅地区的日常政教事务。

19世纪，英国殖民主义者在向我国东南沿海发动侵略战争的同时，也觊觎我国西藏，门隅是他们急于控制的地区，因为把中国西北省份以及西藏和鞑靼东部地区的农产品输入英国，这是最近的通道。1844年，英国殖民主义者首先取得了门隅南部乌达古里的租借权，每年向西藏地方政府交租金5000卢比。这一时期，代表清中央政府的驻藏大臣也直接过问门隅的事务。达旺寺内发生纷争，驻藏大臣派员亲赴该地处理，并向皇帝报告。

1852年，十一世达赖及西藏地方政府委派驻达旺的拉涅（总管）西饶扎巴背着十一世达赖及西藏地方政府，勾结外国势力，在门隅色拉山以南进行分裂活动，失败后携带当年英国当局所交的租金叛逃。驻藏大臣及西藏地方政府下令缉拿，事后西藏地方政府正式授予错那宗参与门隅地区管理行政事务的权力，在达旺细哲的基础上又增加了错那宗僧俗两宗本，组成了更高一级的常设六方联合行政会议——达旺住哲，负责管理门隅地区重要的行政事务。达旺住哲的官员和工作人员约有20人。在达旺住哲的基础上再加上哲珠官员，又组成临时的七方联合行政会议——达旺登哲。哲珠是西藏地方政府拉恰列空（财政机构）委派到门隅地区的购米官，参加的行政会议只解决财经和通商贸易问题。在达旺登哲的基础上增加门隅头人代表三人，组成非常设的联合会议——达旺谷哲，侧重解决乡村里的占地纠纷问题，门隅地区头人代表一般由夏日错、色如错和拉乌错委派，必要的时候，达旺住哲可召集门隅

32错（定）的所有头人参加的达旺塔措会议，以解决涉及门隅地区全局的重大问题。

错那宗政府参与管理门隅的行政事务后，其作用逐渐加强，以至成为多方联合行政机构中地位仅次于达旺拉涅的一方。错那宗政府在达旺附近降喀修建了住所，作为宗本驻门隅地区的办事处，因此被称作降喀宗，每年冬天，错那宗宗本都要来降喀宗地区办理其职权范围内的行政事务，并在这里过冬，第二年夏天，宗本再返回错那，指派代表留驻降喀，门隅南部申隔宗由降喀宗派人进行管理，而德让宗和达隆宗则由达旺寺扎仓会议任命。

西藏民主改革前，印度军队的铁蹄践踏了我国门隅，将门隅地区的大部分领土占为己有，中国实际控制的地区只剩下喜马拉雅山以南的门隅地区北部的勒布。

1951年年底，中央西藏工作委员会和进藏的解放军部队，向错那宗勒布门巴聚居地区派出工作组，深入门巴族村寨访贫问苦，宣传党的民族宗教政策，开展统一战线工作，救济贫苦农奴，帮助群众发展生产，免费为他们防病治病，并陆续组织积极分子到祖国内地参观学习，选送优秀青年到中央民族学院学习。①

1959年西藏平息叛乱后，党在勒布村开展了声势浩大的民主改革运动，彻底废除了封建农奴制度。在原错那宗和勒布四错基础上建立了县、乡人民政府。从此，门巴族同西藏广大翻身农奴一道做了新社会的主人。在人民政府的领导下，很快修通了县城到勒布的盘山公路，修建了小

① 调研资料。

型水电站。[1]

1964年，根据门巴族群众的意愿，国务院正式批准门巴族为单一民族，统称门巴。1965年后和祖国内地一样，推行“人民公社化”运动，实行政社合一、三级所有、队为基础的管理体制。

1983年后，根据中共中央、国务院联合发出《关于实行政社分开建立乡政府的通知》的要求，实行政社分开，恢复乡镇政府。1986年，将勒布乡改为勒布办事处，辖贡日、基巴、麻玛、勒4个门巴民族乡。

二 传说

（一）关于勒布村门巴族的传说

1.“猴子变人”的传说

勒布村门巴族和藏族相似的是，在门巴族中也流传着“猴子变人”的传说。关于门巴族的来源，神话中有反映：很早很早以前，天上没有日、月，地上没有人类，从天上向下望去，一片混沌世界。天上住着猴子和天神。有一天，天神对猴子说：“你到地上去建立一个人间世界吧！”猴子奉命来到了地上。不久，又有一个小神变成猴子模样来到地上，与猴子成了亲，于是，他们生了许多小猴子，小猴子长大后又结婚，又生了许多小猴子。众猴子不会种地，整天爬树采野果吃。一天，一只猴子上天找到天神说：“我们的后代都是猴子，怎么能建立人间世界？”于是，天神给了他一粒玉米、一粒鸡爪谷，叫他带到地上去种植，猴子

① 调研资料。

把种子播进地里，竟长出了大片庄稼。从此，世界上有了粮食。由于人间没有火，他们开始只能吃生食，过了很久，天神又给了猴子火种，因火种少，只有一些猴子能吃到熟食，从那时起，吃熟食的猴子越来越聪明，最后演变成了人类。而吃生食的猴子的模样却丝毫未变，至今仍然是猴子。门巴族这一神话的中心思想是，人是由猴子变的。达巴八措一带门巴族，至今还有戴猴头面具化装跳“仓姆”舞的习俗。这些传说和习俗，一定程度上反映了门巴族祖先曾经有过人类的共同发展道路——从猿进化到人的进化论思想。在《贤者喜宴》一书中，有这样一段叙述：“众猴因食谷物而变为人，他们食自然之谷物，穿树叶之衣，在森林中如同野兽一样生活，犹如珞隅与门隅（地方之人）那样进行活动，遍及于西藏。”这是作者描绘远古时期藏族先民的生活情景，其中用门巴族的现实来做类比，从侧面说明了门巴族也有过“穿树叶之衣，在森林中如同野兽一样生活”的原始社会初期的生活经历。

2. 勒布村（办事处）所在地的传说

传说门隅麻玛村原来是群山环抱，山高无比，上抵天庭，下到地府。由于麻玛周围是高峻的山峦，中间比较低而平，地势低洼的地方凹下去很深，四面八方的水都流向这里，于是成了那嘎湖，湖水愈涨愈高，快要漫上天庭了，于是天神空行母基巴萨布让来到这里，用他的拐杖挑开了东面的水，然后向南挑出一条沟，把湖水引了出去，从此，那嘎湖不见了，变成了由西向东再折向南流的一条峡谷急流，这就是今天的娘姆江，传说充满着浓厚的乡土气息，反映了门巴族居民对家乡的深厚感情。这个传说把自然力比作神力，确实生动形象。勒布村（办事处）麻玛村及其附近地区，周围仍是群山环绕，一条娘姆江顺着自然力形成的峡谷，向东再折向南流去。

镇压女妖的神话传说的故事说的是很早很早以前，门隅的色目村高山耸立，森林密布，流水潺潺，还有一股天然的咸泉水，人们从来不需到外地去购盐，过着幸福安乐的生活。[①] 可是好景不长，一天一个女妖来此兴风作浪，要撵走世代居住在此的乡亲们，人们在经过短时的愁苦、焦急之后，终于想出了治妖的办法。大家齐心合力，在女妖的脑门上建了一座寺庙，又立了一根十八人高的经杆，经杆插在女妖心脏上，还建了四座高塔，分别压住了女妖的四肢，从此女妖被镇压降伏，人们继续过着美好的生活。这段神话涂有一层宗教色彩，但透过这层宗教色彩，我们仍然能够感受到门巴族先民敢于同大自然作顽强斗争的拼搏精神。女妖是被人格化了的危害人类的自然灾害，而人们依靠集体的智慧和力量终于以正压邪，战胜了女妖，用艰苦的斗争换来了幸福。[②]

三　家族姓氏

（一）家族

根据历史记载，当赞普松赞干布建立了统一的吐蕃奴隶制政权后，古门隅已在吐蕃政权的管辖之下，贵族等级主要包括由西藏地方政府派往门巴族地区的拉涅、宗本等官员和门巴族地区大的或较大的寺院中的当权喇嘛，以及

① 赵胜启、张力凤：《走过藏东南》，云南大学出版社，2005，第 17 页。
② 错那县发展改革委员会调研资料。

门巴族地区有领地的世俗贵族。门隅地区贵族为数很少，从民族成分看，基本上是藏族。因此，门巴族中不像藏族社会那样有比较显赫的大家族，但由于藏族贵族存在于门巴族的社会中，因此成了门巴族社会中等级结构和阶级关系的一个组成部分。从经济地位看，贵族等级都是领主阶级，他们各占有大片的土地和依附于他们的不同阶层的农奴；从政治地位看，他们分属官家、僧侣贵族和世俗贵族，属于统治阶级；从社会地位看，他们不仅不依附于任何人，人身完全自由，而且相对其他等级成员处于居高临下、养尊处优的地位。

勒布村门巴族的一般家族多以母系为轴心延续。因门巴族的通婚范围有严格的限制，父系血缘亲属团内不得婚配，姨表兄弟姐妹之间也禁止婚配。门巴族认为姐妹的子女是同一个母亲延续的后代，同兄弟的子女一样，是一家人，不能相互通婚。很显然，这种观念是母系氏族婚姻制度的表现，因为在世系以女性计算的时候，同一祖母繁衍的后代都属于母亲的同一个氏族，他们是不能通婚的。在门巴族看来，姑、舅双方子女之间都不属于同一个氏族，符合门巴族婚姻制度的原则。门巴族认为，表亲缔结的婚姻关系，亲上加亲，会使夫妻关系更好，能保持“骨头好”，即“血好”，即子女后代好，因此，舅舅的女儿不能让姑妈家以外的男子娶走，否则说明姑妈家的儿子没本事。同样，舅舅的儿子可以优先娶姑妈的女儿为妻，如果姑妈的女儿不愿意，舅舅有权出面干涉，甚至没收姑妈女儿的订婚聘礼，由于门巴族的家族以母系为轴心往下排序，所以，舅舅、姑妈是比较亲近的。

（二）姓氏

门巴族的族源，主要是古门隅的土著居民与南迁民族长期融合形成的。古门隅范围较广，族、部众多，吐蕃人泛称他们为“门”，即门巴。7 世纪初，青海一带的吐谷浑被吐蕃战败，一部分居民被迫迁居南方门隅，吐蕃王朝的后期，又有许多吐蕃农区人南迁门隅，他们逐渐与门隅的土著居民相融合，又经过长期的发展，其中的一部分才成为今天的门巴族。由于他们与藏族先民的频繁交往与通婚，所以门巴族带有藏族血统和某些藏族文化特征，门巴族的姓氏与藏族姓氏非常相似。

（三）门巴族家谱

西藏自古以来，就是祖国不可分割的一部分。藏族和汉族自唐朝以来，频繁的交往和通婚，家谱排序基本相似；门巴族又同藏族频繁交往与通婚，使门巴族的家谱与藏族和汉族的家谱非常相似。

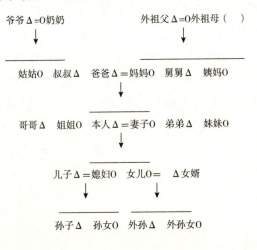

爷爷Δ=O奶奶　　外祖父Δ=O外祖母（　）

↓　　↓

姑姑O　叔叔Δ　爸爸Δ＝妈妈O　舅舅Δ　姨妈O

↓

哥哥Δ　姐姐O　本人Δ＝妻子O　弟弟Δ　妹妹O

↓

儿子Δ＝媳妇O　女儿O＝　Δ女婿

↓　　↓

孙子Δ　孙女O　外孙Δ　外孙女O

（四）历史人物

门隅的门巴族笃信佛教。相传1683年的一天，门隅纳拉山下的宇松地区，天空同时出现七个太阳，正当人们为这奇异的天相所震惊，惴惴不安，不知所措的时候，乌坚林村贫苦的门巴族扎西丹增的妻子次旦拉姆生下了一个结实可爱的儿子，他就是五世达赖喇嘛的转世灵童——六世达赖喇嘛仓央嘉措。仓央嘉措富有传奇的一生，他的才华横溢的情诗，成为在西藏历史上争议最多的历史人物。

仓央嘉措任六世达赖喇嘛时，正是桑结嘉措与拉藏汗斗争白热化的时期，一切事务均不让仓央嘉措介入，使其政教领袖有名无实，这样正好也给他提供了更多的自由空间。仓央嘉措将自己的烦恼向身边人述说时，无人能理解这位风流法王的内心想法，于是他就穿行于茶坊酒肆，成为近女色、吟情诗、多情多欲、放荡不羁的法王，有书中这样描述："黄昏去会情人，破晓大雪纷纷，足迹留在地上，保密还有何用。"

四　勒布村的标志——勒布办事处

勒布办事处是国家为了促进各民族共同繁荣、发展，对门巴族各项事业实行管理而设置的行政机构。勒布村办事处也是勒布村的标志性建筑，它是中华人民共和国行使主权的象征（图1-6）。

图 1－6　勒布村的标志勒布办事处

第二章 基层组织

勒布村（办事处）基层组织包括：办事处党委，麻玛乡、基巴乡、贡日乡和勒乡4个党总支，8个村党支部。由于经济处于自然经济状态，经济组织的任务由党组织兼任。

第一节 勒布行政村基本情况

勒布村总面积600平方公里，现辖贡日、基巴、麻玛、勒4个门巴民族乡，8个村民委员会，有205户，总人口685人，其中门巴族612人、藏族73人，共有劳动力350人。勒布村经济结构属于半农半牧，现有耕地面积464亩，每亩粮食产量438斤；森林面积25万亩；草场面积2880万亩；牲畜总数2161头（只、匹）。2006年，勒布村总收入3980007.6元，其中农业收入302055.9元，牧业收入683969.2元，副业收入899482元，林业收入59501元，其他收入2034999.5元，农牧民人均纯收入3117.9元，其中现金收入2669元。

一 行政村沿革

（一）四至

勒布村（办事处）所在地附近是麻玛乡，东北方向是贡日、基巴二乡。从勒布村（办事处）往西南方向行走约3.5公里处是勒乡。

（二）交通

勒布村交通仅有公路，多为沙石路面，路况较差。其中勒布村（办事处）至勒乡驻地13公里、基巴乡政府驻地36公里、贡日乡政府驻地40公里的路况均为沙石路面，且道路狭窄，夏季遇到泥石流，道路会被阻断。

（三）沿革

勒布村位于喜马拉雅山南麓门隅地区的北部。门隅地区是门巴族的发祥地，意为雅鲁藏布江下游的平原区，又称“白隅吉姆邦”，含义是隐藏着的一块美丽的处女地。门隅东起珞隅，西至不丹，南达中印边界传统习惯线（即我国承认的国境线，也就是中国地图上人们看到的边境线），北至棒拉山口、土伦山口一线的广大地区，总面积1万多平方公里。门隅地区历史上属于我国西藏错那宗（今错那县）管辖，大体上分为达旺、勒布，以及德让宗和达隆宗地区。勒布又分为色目、贡日、基巴、贤勒四措。由于印度对我国门隅大部分领土的占领，中国实际控制的地区仅剩门隅地区北部的勒布。

二　勒布行政村组成

（一）村组

勒布村现设有1个办事处，4个门巴民族乡，即贡日、基巴、麻玛、勒，8个自然村，办事处现有32名干部，其中门巴族干部15名，藏族17名，分别占全处干部总人数的47%、53%；女干部8名，占全处总干部人数的25%。

（二）人口

关于整个门巴族的人口，由于印度对我国领土门隅、珞隅和下察隅大部分地方的非法侵占，准确数字无法统计，一般估计门巴族现有人口约4万，中国境内居住的门巴族人口较少。1982年全国人口普查时，已经进行人口普查的地区，门巴族人口合计为6248人。其中，错那县勒布区527人、墨脱县5099人、林芝县302人，此外，还有零星散居户分布在米林县及山南地区乃东县等地的门巴族。

勒布村（办事处）4个门巴民族乡，共有8个村，现有205户人家，总人口685人。

（三）民族

勒布村（办事处）总人口685人，其中门巴族612人，藏族73人，门巴族占总人口的89%以上。

（四）宗教（宗教、教派、设施）

门巴族的宗教信仰比较复杂，历史上既有信仰原始宗教的，也有信仰藏传佛教的。藏传佛教得到官方支持，占统治地位。原始宗教流行于民间，历史久远，是门巴族原有的信仰。

和平解放前，由于生产力落后，科学文化知识的缺乏，门巴族处在对许多自然现象无法解释的自然崇拜之中。他们认为天有天神，山有山神，水有水神，鸟、青蛙、蛇类等飞禽走兽和奇树异石也是神，神灵无所不在。得罪神灵就会带来罪祸，把所有病痛和灾祸都归结为鬼神对人的惩罚，于是一些充当人神之间的沟通者：名为觉母、把莫、把窝、登龙坎、苯波等的巫师便应运而生，其任务是“请神送鬼”“消灾除病”。从职能上看，把窝、登龙坎和苯波主要是送鬼，由男子充任。觉母和把莫的职责是请神，由女子充任。根据考证，苯波可能与藏区的原始苯教有一定渊源，苯教是藏族原始社会时期的宗教，苯教的巫师最常见的是登龙坎、觉母和把莫。有人生病需要送鬼就要请登龙坎，作法时无法器和服饰，注重杀牲祭祀。有人生病需要请神时就叫觉母，觉母作法时肩披红布头戴头饰（头饰是称为“冗浪”的圆形银饰物），面前摆祭品，皆为奉食。把莫是坎主神的化身，传说有五姐妹，其父滚独藏布是苯教的一个神。

藏传佛教的宁玛派、噶举派和格鲁派在门巴族中都有一定的影响，宁玛派最早传到门隅，发展门徒，建立寺院，相传十一二世纪时由西藏僧人称为“三素尔”的素尔家族的三个人建立寺院，开展活动，传播宁玛派的教规教义。宁玛派因奉 8 世纪的莲花生为祖师，与当时奉行的新密宗的教派不同，故称宁玛派，意为“旧派”，俗称红教。宁玛派是一个组织松散，教法不统一，教徒可以娶妻、居家参加劳动，教律松弛的一个教派，特别是它吸收了一部分原始苯教的内容，与分散在民间的苯教活动，在某些方面比较接近，没有本质性的矛盾，所以容易为信仰原始宗教的门巴族接受，在门巴族的一些村寨都有一座宁玛派小庙，常有一两个喇嘛管理小庙，为群众所信奉。宁玛派德顿然那灵巴到过门隅地区传播宁玛派所倡导的跳神活动。门隅地区铁孜寺（又名居尼寺）的活佛，是由宁玛派敏珠林寺派出的一个活佛，因此铁孜寺也常派喇嘛到敏珠林寺学习经文。

17 世纪中叶，格鲁派在全西藏占据统治地位后，于 1680 年（藏历第十一甲子铁猴年）五世达赖喇嘛派梅惹喇嘛到门隅管理政教事务，原属于旧派的达旺寺成为格鲁派寺院，使格鲁派势力在门隅各地逐渐发展起来，当时达旺寺下属的寺庙就有达隆寺、沙丁寺、多烈寺、江袁尼姑寺、同门寺、根母寺、扎玛东尼姑寺、僧松尼姑寺、乌吉林寺、桑吉林寺、春定寺等。一般大的宗教活动仍以达旺寺为中心举行，小的宗教活动在小寺庙举行。

民主改革后，随着无神论的教育的普及，现在门巴民族中青少年一般不信教。“文化大革命”时，红卫兵的打砸抢行为波及勒布，许多寺庙被砸被毁，现在仅存有麻玛乡娘姆江边的一座小庙，以及勒乡的两座寺庙，香火稀少。

第二节　勒布行政村组织

一　勒布村民委员会

（一）构成

勒布村（办事处）是区级单位，共有 10 名工作人员，3 名门巴族，7 名是藏族。职务设置有党委书记、党委副书记、主任、副主任等。勒布村（办事处）有书记1人，副书记1人，主任1人，书记员1人，驾驶员2人，卫生员2人。办事处肩负着4个民族乡的各项行政事务，人少事多，工作繁忙，加之接待任务繁重，工作人员几乎没有休息日。书记次仁久美同志是门巴族，责任心强、经验丰富、德高望重，深受当地干部群众的拥护，由于特殊的能力和贡献，享受副县级待遇。

4个门巴民族乡，每乡都建立了党支部，党支部设有书记、副书记。民族乡行政管理事务由主任、副主任、乡长、副乡长管理。

以下以麻玛乡为例，说明乡领导班子的构成以及人员分工的基本情况。

麻玛乡现有耕地面积42亩，粮食作物以荞麦为主，总产量71.17吨，森林面积4905亩，草场面积3240亩，牲畜总头数240（头、匹），其中牦牛130（头）、犏牛24（头）、马16（匹），奶类产量16.39吨，其中牛乳1.5吨。2006年全年总收入98.77万元，其中第一产业25.51万元；第二产业7.79万元；第三产业65.47万元，农牧民人均年纯收入3520元。

麻玛乡党支部有书记、副书记，主任、副主任、乡长、副乡长，以及其他办事人员。专职副书记负责党建工作．乡长由门巴族担任，负责农、林、牧、副业的生产任务，担任麻玛乡乡长的是参加过全国人民代表大会的白丹旺姆，年轻有为，雷厉风行。此外还有1名人大专职副主任，1位武部部长负责抓民兵工作。其他3个门巴乡，基层组织机构和人员分工与麻玛乡类似。

4个门巴民族乡，每乡划分为2个自然村，每个村有正、副村长。具体情况见表2－1。

表 2-1 勒布门巴民族 4 乡 8 村的村干部情况*

乡名	村名	姓名	性别	民族	职务	出生年月	文化程度	入党时间
贡日乡	一村	江白次仁	男	门巴	正村长	1962	小学	1999
		沙吉次仁	男	门巴	副村长	1973	小学	1999
	二村	次仁石达	男	门巴	正村长	1960	小学	1998
		强白次仁	男	门巴	副村长	1960	小学	1997
基巴乡	一村	吉如单增	男	门巴	正村长	1964	小学	1999
		索朗次仁	男	门巴	副村长	1968	小学	2000
	二村	扎西坚增	男	门巴	正村长	1969	小学	2000
		仁增	男	门巴	副村长	1972	小学	2001
勒乡	一村	格桑单增	男	门巴	正村长	1970	小学	2000
		江白格桑	男	门巴	副村长	1971	小学	2001
	二村	次仁旺久	男	门巴	正村长	1970	小学	2000
		次仁桑吉	男	门巴	副村长	1960	小学	1998
麻玛乡	一村	普布	男	门巴	正村长	1963	小学	1998
		格桑次仁	男	门巴	副村长	1959	小学	1997
	二村	珠杰	男	门巴	正村长	1960	小学	1996
		次达	男	门巴	副村长	1964	小学	1998

* 根据调研资料整理得出。

（二）分工

勒布村（办事处）党委书记次仁久美，党委副书记次仁达瓦，主任普列、副主任群宗。党委书记次仁久美同志，1956 年出生，是民主改革后，中国共产党教育培养起来的土生土长门巴族干部，负责 4 个民族乡的党务、行政及生产和生活等各个方面的工作。副书记次仁达瓦同志，协助书记工作，主任、副主任负责行政工作。勒布村（办事处）肩负着维护边防稳定，带领门巴族群众发展生产等任务，同时还负责传达国家的法律法规、上级党委政府的各种文件和要求，并负责落实中央、自治区、地委布置的各项工作。

乡政府的分工情况更为具体，机构配备有党支部书记、副书记，主任、副主任，乡长、副乡长，办事人员。书记负责全盘工作．乡长由门巴族担任，乡长负责农、林、牧、副业生产，此外还有1名人大专职副主任，负责统战工作，1名人武部部长专门抓民兵工作。

以下我们以麻玛乡为例，说明勒布4个门巴民族乡干部的分工情况：麻玛乡现有49户人家，143人（其中藏族56人、门巴族87人），党员13名，团员16名，总人数中妇女77人。

乡干部的分工情况如下：

次仁帕珠是藏族，党员，中专文化，麻玛乡党总支书记，负责党务及全面行政工作。

次仁旺堆，门巴族，党员，麻玛乡党总支副书记，协助党总支书记工作。

格桑旺堆，门巴族，党员，麻玛乡党总支专职副书记，专门抓党建工作。

次旦扎西，藏族，党员，麻玛乡人大专职副书记，分管人大工作。

格桑次仁，藏族，党员，麻玛乡专职武装部部长，抓民兵工作，负责安全生产及突发紧急事件的处理。

白丹措姆，门巴族，麻玛乡乡长，大专文化，负责农林牧副业的生产。

麻玛乡共有两个自然村：麻玛一村、麻玛二村。麻玛一村有少量耕地，麻玛二村没有耕地，生活来源主要靠竹编等副业，近年来运输业、车辆出租业务有所发展，村民收入来源多样化。产业规划、项目开发等较大型生产生活组织活动基本上靠乡政府协调，村委会中的正副村长，主要负责群众日常的生产、生活活动，没有村级经济组织，村委会活动资金很少，村干部待遇低。

勒布村（办事处）所辖的其他三个乡行政机构设置和干部配备也与麻玛乡一样。每个乡政府下面分两个自然村，自然村设党支部、村委会，正副村长，村长负责各个村群众的生产、生活等方面的工作，各村村长，由村民选举产生。

（三）待遇

由于历史、地理、自然等原因，西藏自治区的财政主要依靠中央财政，乡镇干部占国家的编制，而村干部待遇靠各县、乡、村自筹解决，因此，村干部待遇极低。

西藏自治区税费改革后，通过提高村干部误工补贴、确定村级公用经费补助标准，基层干部的待遇得到了提高。调查资料显示 2003 年实施税费改革以前，勒布门巴民族四乡，同西藏全区一样，村干部误工补贴一年只有 400 元，且摊派在农牧民头上，2004 年税费改革后，村干部误工补贴由自治区统一解决，自治区财政每年支付村干部误工补贴边境村为 1800 元，2006 年再次提高标准，每人每年 2300 元。

虽然自治区先后提高了村干部误工补贴的标准，但补贴标准仍然偏低。按边境县村干部每年 2300 元的标准计算，年误工 200 天左右，每天补助仅为 11.50 元，远远低于一般外出打工 30～50 元的收入标准。由于误工待遇偏低，很多村干部积极性不高，影响了工作质量和效率。另外误工补贴范围过小，根据自治区财政规定，村干部误工补贴按农牧民人口分为一、二、三类村，人口在 1000 人以上的村为一类村，人口在500人至1000人的为二类村，人口在500人以下的村为三类村。享受误工补贴的村干部人数核定为一类村5人，二类村4人，三类村3人，一类村每增加500人便可增加1名干部指数。根据《中华人民共和国村民委员会组织法》、《自治区实施〈中华人民共和国村民委员会组织法〉（试行）办法》、《自治区村民委员会选举办法》规定，勒布村属于二类村，村委会干部指数为3~4人，由于受干部指标的限定，只有村党支部书记，村委会主任、副主任等享受补贴，其他成员不享受误工补贴。村干部由于待遇偏低，任务重，生活水平长期得不到有效改善，村干部岗位的吸引力不强，大多数有文化、有技术的青壮年外出务工经商或闲置在家，村后备干部缺失严重，致使目前村干部年龄普遍偏大，文化偏低，但却出现无人接班的尴尬状况。

（四）经费

西藏自治区税费改革减轻了勒布村（办事处）门巴民族四乡的负担，相应地增加了经费，明显地减轻了门巴族农牧民群众的负担。（1）通过对涉农收费的清理、整顿和规范，农牧民人均负担大幅度降低，由改革前的年人均负担107.3元降为改革后的年人均负担51.29元，总减负率达50%以上。（2）通过改革，对原有负担项目建立了规范的标准和资金保障体系，公共财政的转移支付体系初步延伸到了乡村组织运转、义务教育和村干部的误工补贴等，不仅标准有所提高，而且经费得到了有效保障。（3）通过建立和完善以“一事一议”和“农牧民负担监督卡”为主要内容的农牧民负担监督制约机制，初步形成了规范、透明、民主的经济活动的新体制。（4）税费改革后，通过提高村干部误工补贴、确定村级公用经费补助标准，基层干部的工作积极性得到提高，农牧区基层组织日趋活跃，村党支部和村民委员会的职能作用得到了较好发挥，促进了边境地区社会稳定和基层政权的巩固。（5）通过公共财政转移支付资金的导向和相关政策的引导作用，推动了基层组织的调整、完善和基层组织、人员的精简、合并及职能转换，改变了农牧区基层组织设置过于分散，有限的人、财、物资源得不到合理配置的局面。（6）通过税费改革，进一步明确了农牧民的权利和义务。公开、透明、规范的负担机制，使农牧民对自己的可支配收入有了明确的预期，极大地调动了门巴族农牧民群众发展经济的积极性。（7）改革从制度上促进了基层的党风廉政建设，村干部的各种行政行为得到了有效约束，干群关系明显改善。（8）农牧区精神文明建设有了新的起色。通过对村级文化室、“村村通”工程和村教学点等的专项补助，活跃了门巴族农牧民群众的文化生活，使门巴族农牧民群众能够及时听到党和政府的声音，巩固了舆论宣传阵地，极大地加深了门巴族农牧民对党和政府的感情，勒布村的精神文明建设步入了良性、有序的发展轨道。（9）西藏根据中央财政农村税费改革转移支付资金和自身财力情况增加了村级运转经费和村道养护补助项目，并相继提高了村干部误工补贴、五保户供养经费和村级运转经费标准，逐步取消了义务工和劳动积累工。至 2007 年，自治区财政每年划拨 13885.1 万元到各地（市），其中包括村道养护经费 1732 万元，村均达 2.3 万元。近年来，自治区政府采取了若干措施增加了村干部误工的经费，减轻了勒布村门巴族群众的负担，但是，由于历史、交通、自然等因素的制约，勒布门巴族四乡八村的经费仍然短缺。

（五）活动

勒布村基层组织坚持科学发展观，以“生态立处、畜牧业强处”为发展思路，立足畜牧业产业优势，以发展旅游统揽经济工作全局，按照中央提出的基层党组织“五个好”的目标要求，充分发挥基层党组织的战斗堡垒作用和党员的先锋模范作用。（1）充分发挥基层党组织的政治核心和战斗堡垒作用。勒布民族四乡党组织认真贯彻执行党的路线、方针、政策，各级党委政府认真完成本民族的各项工作。加强和改进党员教育管理工作，坚持民主评议党员制度，在民主评议党员工作中，对优秀党员进行表彰，加强后备干部队伍的建设，加强党员的教育和监督。（2）树立科技理念，带领群众科技致富。勒布门巴民族四乡狠抓了养殖小区、良种繁育、畜群畜种结构调整、饲养方式转变、改良草场和以水为中心的农牧业基础设施建设及服务体系建设等工作，并采取多种措施提高牧民群众对科技兴牧、科技致富的认识，努力提高牧民群众的科学技术素质，提高生产环节的科技含量，促进了农牧业发展和农牧民增收。（3）帮助群众脱贫致富，走富裕道路。自从2005年开展先进性教育活动以来，全处走访慰问困难党员和群众75人次，结成帮扶对子19个，解决群众生产生活困难16件，帮助基层理清发展思路20条，为基层办实事金额达12300元。同时，特别要求党员在帮扶过程中做好贫困户的思想政治工作，以及移风易俗、遵纪守法、计划生育、社会治安等方面的工作。通过采取行之有效的帮扶措施，使贫困户基本上摘掉贫困帽子。（4）积极向上争取资金，不断加大基础设施建设力度。由勒布民族四乡党组织牵头，积极向上级反映有关情况，积极争取项目。通过多方努力，基础设施不断改善。（5）在基层党组织的带领下，畜牧业和种植业得到进一步扩大，民族手工业得到进一步发展，茶业生产规模进一步发展壮大，效益明显提高，农牧民收入逐年提高。

从以下村规民约中可以看出村集体的活动内容及情况：

（1）每星期村委会3人进行1～2次讨论，主要内容为农林牧副业工作开展的情况。

（2）村委会每3个月向群众通报村里的重大事项。

（3）每月进行两次党的路线、方针、政策、法律法规的学习。学习的内容、时间、人数都要详细记录在笔记本上。

（4）生产规划，包括办牧场的规划，内容包括地点、质量、投资权利和义务等。

（5）村里人员分工，人员的合理配置等问题。

（6）文件、报纸、法律和法规的归档管理。

（7）加强草场和耕地建设，生态保护，做好林下资源的开发利用和管理工作。

（8）开展扫盲活动，进行科学种地和科学养殖的教育培训活动。

（9）保护好耕地，严禁建设工程占用耕地。

（10）解决好五保户、特困户的生活。

（11）年终检查贯彻执行的情况。

二　党团妇女组织

（一）党组织

勒布村（办事处）分管4个民族乡，现有1个党委，4

个党总支，8 个党支部，80 名党员，党、团组织工作成绩显著，2006 年，被评为山南地区先进基层党组织（图 2－1）。

图 2－1　勒布村（办事处）被评为山南地区先进基层党组织的奖状

以麻玛乡为例说明党组织的活动情况。

麻玛乡党总支部，下设两个党支部，分别是麻玛一村党支部、麻玛二村党支部。乡党总支部，设有党总支书记、党总支副书记，各支部设有支部书记、副书记、组织委员、宣传委员。

麻玛乡有妇委会、团支部等组织。妇联和团组织组织积极参与社会治安综合治理活动，协助党组织帮助门巴族群众发展生产、改善生活，遇到灾情时参加抢险救灾。

表 2－2　错那县麻玛乡党支部党员名册

姓　名	出生年月	性别	籍　贯	民族	入党时间	工作时间	党内职务	工作单位	备注
次仁帕珠	1965	男	西藏乃东县	藏	1987 年 7 月	1984 年	党总支书记	麻玛乡	
次仁旺堆	1963	男	西藏错那县	门巴	2000 年 7 月	1978 年	党总支副书记	麻玛乡	
格桑旺堆	1949	男	西藏错那县	门巴	1975 年 7 月	1975 年	党总支专职副书记	麻玛乡	
次旦扎西	1977	男	西藏琼结县	藏	2005 年 7 月	2000 年 7 月	乡人大专职副主席	麻玛乡	
洛桑次仁	1976	男	西藏曲松县	藏	2001 年 7 月	1997 年 9 月	乡专武部长	麻玛乡	
珠　杰	1948	男	西藏错那县	藏	1992 年 7 月		二村党支部书记	麻玛二村	
罗布占堆	1964	男	西藏错那县	藏	1998 年 7 月		二村党支部委员	麻玛二村	
旺　堆	1956	男	西藏错那县	藏	1975 年 7 月		二村党支部委员	麻玛二村	
次　达	1951	男	西藏错那县	门巴	1987 年 7 月		一村党支部书记	麻玛一村	
索朗单增	1964	男	西藏错那县	门巴	1990 年 7 月		一村党支部委员	麻玛一村	
次仁白玛	1961	女	西藏错那县	门巴	2001 年 7 月		一村党支部委员	麻玛一村	
普　布	1929	男	西藏错那县	门巴	1963 年 7 月		一村党支部委员	麻玛一村	
曲　增	1938	男	西藏错那县	门巴	1975 年 7 月		一村党支部委员	麻玛一村	
格桑多布杰	1947	男	西藏错那县	门巴			一村党支部委员	麻玛一村	
白丹措姆	1973	女	西藏错那县	门巴	2000 年 7 月		麻玛乡乡长		
紫绍文	1970	男	云南大理	白族			麻玛乡政府		
华雄伟	1977	男	四　川	汉			麻玛乡政府		

说明：共计党员 16 名，其中妇女党员 2 人，年龄结构：25～35 岁 4 人，35～45 岁有 5 人，45 岁以上 7 人；学历结构：大专 5 人，中专 1 人，初中 3 人，小学文化 6 人，文盲 1 人；另外，入党积极分子有 2 人。

民族乡的联防队负责社会治安，维护边境局势的稳定，使勒布村（办事处）形成了良好的社会治安环境。

麻玛乡还有警务室，负责培训民兵，处理突发事件、自然灾害的预警和处理。

贡日、基巴、勒三乡党支部组成、工作情况，以及妇委会、团支部等组织活动情况与麻玛乡类似。

第三节　规章制度

一　规章制度

（一）行政工作纪律制度

勒布村（办事处）执行自治区统一的作息制度，周一至周五，夏季每天上午9：00~12：30，下午3：30~6：00；冬季每天上午9：30~1：30，下午3：30~6：00。基层工作繁忙，休息日很少休息。

二　工作规划

（一）“十一五”勒布村的主要工作计划

1. 县城到勒布的柏油路改建。根据错那县的现状，及勒布门巴族四乡发展的客观要求，从县城到勒布的交通状况较差，夏季泥石流，冬季雪封山，经常使这段公路中断，给门巴群众的日常生活、生产以及边境管控带来较大困难。为此，需早日建设县城至勒乡的油路。此段公路从错那县城往南3公里处的“丁丁拉山口”至勒乡“色木札”，全长

62 公里，预计需资金 2 亿元。修建此公路的必要性，主要是勒布办事处所辖四乡拥有丰富的资源，但是经济却相对落后，其主要原因还是交通不畅，致使本地区内资源闲置，特别是当地的森林及林下资源、旅游资源等。修建这条公路，对于改善门巴族群众的生活水平有着直接的作用，也为发展勒布沟边境、“红色”、“生态民俗”旅游创造十分有利的条件，同时也是拉动整个错那县经济发展的重要杠杆，也是当地居民反映的热点、难点问题，对此条公路的地质勘测、环境评估现已完成，工程可行性报告已经地区审查通过，现已上报自治区，积极争取项目的上马。

2. 旅游资源的开发。由于勒布门巴族四乡所处的地理位置、气候特点、较少民族居住地的文化特色，造就了独特的旅游景观，如与印度接壤可发展的边境旅游，原始森林造就的生态旅游，较少民族造就的门巴民俗旅游，1962 年中印战争张国华将军前线指挥部遗址红色旅游资料等，具有广阔的开发前景。但目前，这些旅游资源因开发资金缺乏，仍处于闲置状态，资源优势得不到转化。错那县勒布门巴族群众人均占有耕地不足 1 亩，实现农牧民群众收入的增加，发展旅游业是一条重要渠道。因此，解决当地旅游开发资金，其意义显得尤为重要，也极为迫切。

3. 民族手工业的发展。勒布门巴族四乡手工业生产有着悠久的历史，品种繁多，尤以当地生产的木碗、竹编制品出名，在自治区内也较有名气，市场上也出现过供不应求的局面。但是，目前生产区厂房破旧，职工居住、生活和工作条件亟须改善。

由于资金紧张，该项目到目前尚未落实。

（二）新农村建设规划

表 2－3　山南地区错那县勒布 4 个民族乡新农村建设规划表*

单位：万元

	建设性质	总投资	项目建设规模和内容	计划建设年度	前期工作进展情况
一、农林牧水		780			
勒布林下资源开发	新　建	550	开发 150 亩，食物菌厂房 1000 平方米，管理人员住房 20 平方米，机械设备	2008	
麻玛乡的河堤治理	新　建	150	新建防护堤 2 公里，顶宽 1.5 米、底宽 2 米	2006	
勒布四乡庭院经济	新　建	80	果树 30000 棵，购鸡 500 只，农家肥 5000 立方米	2006	
二、交通	新　建	27694			
错—勒公路	新　建	19994	三级柏油路 58.65 公里	2006～2008	
通乡公路	新　建	7000	三级柏油路 18 公里	2007～2008	
贡日乡—让村—郭尔巴的公路	改扩建	500	四级沙石路面 28 公里，10 米小桥 4 座		

续表

	建设性质	总投资	项目建设规模和内容	计划建设年度	前期工作进展情况
麻玛乡—麻玛电站公路	新　建	200	9 公里四级沙石路面及小桥 1 座	2006	
三、能源	新　建	15000			
勒布电站	新　建	15000	装机容量 5000 千瓦，35KV 线路 50 公里	2007～2008	
四、工业		1300			
勒布木竹器综合加工	新　建	600	修建厂房 2000 平方米及购置设备等	2006	
错那县勒乡高峰茶厂	改扩建	700	扩建（开荒、坡改地）茶场 800 亩，新建厂房 500 平方米及购置设备、茶厂管理、市场销售等	2005～2008	
五、科教文卫体		9595			
勒布小城镇建设	新　建	2000	修建城镇街道 3 公里，民房改造和路灯、下水道、给水及绿化带等配套设施	2007～2008	
勒布外宣点及有线电视建设	新　建	260	外宣楼及机房建筑面积 520 平方米及有线电视设备	2006	

续表

	建设性质	总投资	项目建设规模和内容	计划建设年度	前期工作进展情况
勒布四乡村委会建设	新　建	100	建设8个村委会房屋，建筑面积800平方米及附属设施	2006～2008	
勒布四乡文化室建设	新　建	230	房屋建筑面积400平方米及购置各类书籍	2006～2008	
勒布学校改扩建	改扩建	130	教学用房及学生宿舍，建筑面积1008平方米	2006～2008	
勒布四乡敬老院建设	新　建	200	建筑面积4000平方米及配套设施	2006～2008	
勒布四乡疾病控制中心建设	新　建	75	建筑面积250平方米，净化实验及垃圾焚烧设备和围墙，院内绿化等附属设施	2006～2008	
勒布四乡通信光缆工程	新　建	1100	铺设光缆18公里，安装调试程控电话交换机	2006～2008	
勒布四乡小康示范乡	新　建	5500	按水、电、房屋、道路等小康的指标建设	2008～2009	
六、旅游		5000			

续表

	建设性质	总投资	项目建设规模和内容	计划建设年度	前期工作进展情况
错那县勒布旅游开发	新　建	5000	新建勒布地区 3 条总长 21 公里道路和 1500 平方米的接待中心及附属设施	2008～2009	
七、其他		1430			
勒布四乡民房改造	新　建	1000	改造民房 191 户，房屋间道路、给排水及绿化配套设施	2005～2006	
勒布四乡基层政权建设	新　建	170	建筑面积 800 平方米及道路、硬化等附属设施	2005	
勒布四乡森林防火站		210	建筑面积 350 平方米及原始草木防火系统等配套设施	2007	
勒布四乡司法所		50	建筑面积 320 平方米及配套设施	2007	
合　计		60799			

* 根据山南地区错那县编制的门巴民族四乡新农村建设规划表绘制。

三　社会各项事业项目建设规划

勒布由于特殊的地理环境，达赖集团活动十分猖獗，分裂与反分裂斗争日益艰巨。近年来，达赖集团和国际反华势力针对错那县文化基础设施落后，边境干部群众精神文化生活枯燥等薄弱环节，大肆采取各种手段，对我边民进行精神渗透。以赠送反动书籍、散发传单、给边民送收音机等形式，煽动群众收听“美国之音”、“亚洲电台”、“德里电台”等，对我边民思想上进行地面和空中渗透，与我争夺群众思想的主战场。长期以来，反分裂、反蚕食、反渗透斗争极为艰难。

由于错那县长年来交通不便，信息闭塞，群众文化生活枯燥单一，群众精神麻木，在不经意间很容易被外部反动思想所侵蚀。文化事业长期的发展滞后，严重制约了错那县干部群众知识面的拓宽，逐渐产生了一种不思进取的惰性思想，加之，没有条件更好地摄取先进文化知识，对新思路、新问题、新发展不能完全适应，思想没彻底解放，政治敏锐性不强。枯燥单一的文化生活不但不能适应现代社会的发展步伐，且给错那县的局势稳定带来不利影响，因此，加快各项社会事业项目建设，势在必行。

（一）勒布外宣点及有线电视项目建设

拟定中的错那县勒布外宣点及有线电视选址在勒布办事处附近。外宣点及机房建筑规模为520平方米和配套设备。

（二）勒布四乡文化室建设的项目建设

拟定勒布四乡文化室选址在乡政府附近。文化室建筑规模为400平方米，集阅览室、放映室、综合活动室、仓库为一体。根据各乡的自然环境和实际需要，初步概算需要投资230万元。

（三）关于勒布完小改扩建工程的项目建设

1. 项目基本情况

勒布完小位于麻玛乡附近，距县城东北方向42公里，海拔2900米。1996年将勒布公办学校改为现在的勒布完小，需要改扩建，该校校舍修建后，充分体现党和国家对老、少、边、穷地区教育事业的关心和重视，有利于边境地区局势的进一步稳定和民族间的团结；该校校舍修建后，将有利于对外宣传我国的教育事业，对达赖集团及反华势力别有用心的反动宣传，以严厉回击；该校校舍修建后，将为广大师生，提供一个良好的学习环境，有利于教育教学质量的进一步提高。

修建教学办公综合楼，建筑面积为600平方米，按每平方米1300元计算，共需资金78万元；修建多功能厅，建筑面积为250平方米，按每平方米1100元计算，共需资金27.5万元；修建卫生室，建筑面积为208平方米，按每平方米1100元计算，共需资金22.88万元；其他投资1.62万元；以上合计共需资金130万元。

（四）麻玛乡疾病控制中心项目建设

勒布门巴四乡距县城较远，但是每年传染病（1号病、5号病等）却不断出现，患者无法立即送到地区去治疗。且到目前为止没有符合法定传染病接诊要求的病房和相应的医疗设施，一旦有传染性疾病的患者入院时，虽然可以腾出一间病房，最大限度地去隔离，但是因没有单独的传染病房，无法有效地防止传染病的蔓延。一方面给当地的传染病预防工作带来极大的不便；另一方面给四乡人民的生命安全造成潜在的危害，严重阻碍了民族乡防治传染病工作的进程。加之，四乡特殊的地理位置和居住区民族的特殊性，历来受到各方面关注。其医疗条件的好坏不仅影响到广大人民群众的健康，更是影响到我国对外的形象。为对外树立形象，对内造福于广大边疆少数民族，急需新建麻玛乡中心卫生院。

建筑面积为250平方米，兴建净化试验及垃圾焚烧设备和围墙、院内绿化等附属设施。根据错那县的施工条件，该工程需要投资75万元。

（五）勒布四乡通光缆项目建议书

错那县地处边防一线，生活环境艰苦，相对于其他县的乡，勒布四乡经济、文化、通信等各方面比较滞后，光靠自身的实力无法实现基础设施的建设。到目前为止，勒布四乡由于基层工作量较大，特别是工作上的业务联络相当频繁，并且错那县地处边境，在边境线上的连队与上级之间的联系甚为频繁。但是，除了勒布办事处周边麻玛乡通光缆外，其余三乡均为卫星电话，造成了许多业务因错过时机而带来不必要的损失，各边防连队也因通信的不畅，或多或少地造成了不少麻烦，因此，勒布四乡及各边防连队建立通信网络迫在眉睫。

根据勒布四乡位置分散的实际情况，并且属林区，所以需要的光缆18公里，加上程控电话交换机以及工作人员的技术培训，估计总投资需1100万元。

四　计划生育规划

民主改革到改革开放前，勒布村在执行计划生育政策时出现过“左”或“一刀切”的现象，改革开放以来，国家、自治区针对门巴族人口较少的实际情况，鼓励多生育，但是调查中发现一般家庭为1～2个小孩，3个以上小孩的家庭极少。

表2－4　勒布妇幼保健情况表

指标名称	2001年	2002年	2003年	2004年	2005年	2006年
地方卫生经费（元）	30000	30000	30000	30000	30000	11000
妇幼保健卫生经费（元）	无	无	无	无	无	无
国家防治防疫经费（元）	6000	12000	55000	49000	75000	169000
地方防治防疫经费（元）	1000	1000	1000	2000	55000	71000
国家计划生育事业经费（元）	7000	23000	15000	55000	70000	61589
地方计划生育事业经费（元）	7000	5000	5000	13000	15000	13900
育龄妇女人口（15～49岁）	4719	5546	3961	5006	4309	
人口自然增长率（‰）	4.8	2.8	3.4	2.4		
卫生保健方面						
婴儿死亡率（‰）	113.9	99.1	76.9	99	107	80
其中：农村（‰）	113.9	99.1	76.9	99	107	80
城市	—	—	—	—	—	—
5岁以下儿童死亡率（‰）	151	148.7	84.7	138.6	165.2	90
其中：农村（‰）	151	148.7	84.7	138.6	165.2	90

续表

指标名称	2001 年	2002 年	2003 年	2004 年	2005 年	2006 年
城市	0	0	0	0	0	0
孕产妇死亡率（‰）	0	8.2	0	0	8.2	33
其中：农村（‰）	0	8.2	0	0	8.2	33
5 岁以下儿童中、重度营养不良患病率（%）	75.3	74.4	65	60	60	80
其中：农村（%）	75.3	74.4	65	60	60	80
卡介苗接种率（%）	87.4	87	91	95	98	98
脊灰疫苗接种率（%）	89	94	93	89.4	95.7	98
白破三联制剂接种率（%）	89	94	93	89	95.7	96.3
麻疹疫苗接种率（%）	87	95.5	96	92.3	95.7	98
7 岁以下儿童保健管理率（%）	90.6	96.5	91.2	71.6	87.9	96
住院分娩率（%）	16.4	22.3	24	35	20.8	49
农村孕产妇住院分娩率（%）	16.4	22.3	22.6	27.7	20.8	49
农村高危孕产妇住院分娩率（%）	80	82.6	90	90	100	100
非住院分娩中消毒接生率（%）	50	59.1	72.9	62	43.8	24.1
孕妇产前医学检查率（%）	56.4	72	62.9	51.8	74.6	69.2
婚前医学检查率（%）	0	0	0	0	0	18.9
已婚育龄妇女综合避孕率（%）	65.2	45.03	79	62.1	63.4	67

注：笔者根据错那县统计局调研资料整理得出。

从表 2－4 中可以看出，没有妇幼保健卫生经费，人口自然增长率 2001 年为 4.8‰，2002 年为 2.8‰，2003 年为 3.4‰，2004 年为 2.4‰，呈现下降态势。婴儿死亡率较高，5 岁以下儿童死亡率也偏高，但是，调研中我们发现勒布村婴儿死亡率几乎为零。

五　其他规划

表 2－5　勒布办事处“十一五”规划的主要目标

单位：万元，%

年度	项目（百分比）	农业收入	牧业收入	林业收入	商业服务业收入	事业收入	药材收入	其他收入	建筑业收入	手工业收入	运输业收入	总收入	纯收入	人均收入
2006	27.5	25.2	121	29.2	21.0	74.0	5.00	41.0	42.0	27.0	30.0	475	242	0.371
2007	10	26.6	121	29.2	14.0	74.0	5.00	41.0	42.0	27.0	31.0	523	267	0.408
2008	10	27.6	122	29.2	17.0	74.70	6.00	44.0	42.0	28.0	36.0	575	293	0.449
2009	10	28.6	124	29.2	19.0	75.70	7.00	45.0	47.0	29.0	41.0	633	323	0.494
2010	10	29.6	125	29.2	24.0	76.70	8.00	46.0	52.0	32.0	46.0	696	355	0.543
年度	项目（百分比）	蔬菜收入	茶叶收入	旅游业收入	饲料加工收入	林下资源收入	玉米种植业收入	养殖业收入	竹笋种植业收入	花卉种植收入	蕨菜种植业收入	总收入	纯收入	人均收入
2006	27.0	5.5	4.0	2.91	3.0	45.0		8.0				475	242	0.371
2007	10	7.5	7.0	10.9	11.0	46.0	1.00	13.0		0.50		523	267	0.408
2008	10	9.0	11.9	11.9	15.0	49.0	5.00	33.0	2.0	0.55	15.0	575	293	0.449
2009	10	13.0	16.9	16.9	19.0	50.0	12.00	45.0	2.2	0.606	15.0	633	323	0.494
2010	10	15.0	21.9	21.9	24.0	51.0	10.20	53.0	2.22	0.666	15.0	696	355	0.543

注：笔者根据调研资料整理得出。

六　2007年度工作大事记

2007年7月26日晚11点半左右，麻玛乡政府接到群众的报告，在乡政府河对面由于近日连续暴雨造成山体滑坡，随时威胁山脚下居住的村民的生命与财产安全，乡政府在向办事处有关领导汇报情况后，第一时间组织民兵、党员及团员赶赴现场进行事件处理，并安排有关领导带领民兵、党员及团员留守事发点昼夜排险值班。经过不懈的努力，控制了事态的进一步发展，保证了周边群众的生命与财产安全。在27日早上8点又组织了周边群众到事发现场开挖排洪道，以此减轻泥石流的危害。

在近期的抢险工作中党员干部始终能冲在最前线，留守在最危险的地方，充分体现了麻玛乡党员的先锋模范作用，从而也体现了麻玛乡党员干部"一不怕死，二不怕苦"的精神。

麻玛乡所在地于2007年7月21日晚11点30分钟左右因下雨时间长，爆发了凶猛的泥石流，当时大部分群众已进入睡梦之中，麻玛乡党总支立即通知群众远离泥石流现场，以防发生人身生命安全事故，并立即组织群众和驻军炮连官兵把泥石流所淹没的道班、商店人员及商品转移到安全地点，对爆发泥石流地带周围当地群众的农田进行了检查，检查结果及时向勒布办事处书记次仁久美汇报，当书记听到此次消息后，当晚赶往事发现场，了解情况后和乡领导协商安排了事故后事处理工作。这次泥石流爆发造成了一名退休老教师的房屋和道班、商店倒塌，淹没群众3亩多荞麦地。

第四节　民主法制

一　村民代表会

勒布村村民代表会由选举产生。选举方式一般要经过动员、酝酿、投票三道程序。在组织动员阶段，向门巴族群众广泛宣传选举的内容、程序、方式等，认真做群众的思想工作，使选民充分认识到参加选举的重要性；在酝酿阶段，反复听取门巴族群众的意见，尊重群众的意愿；在投票阶段设立监督人员，认真监督整个选举过程。

二　依法行政

依法行政还反映在村规民约中。调研中发现村规民约中都有关于加强草场和耕地建设，生态保护，利用和解决林下资源的开发和管理，保护耕地，严禁建设占用耕地等内容。

调研中发现，错那县历来都十分重视教育事业的发展，坚持把教育摆在优先发展的战略地位，不断加强对教育工作的组织领导，不断增加对教育的投入，取得了骄人的成绩。

根据 2007 年 1 月 29 日笔者从错那县统计局资料和调研资料整理得知，勒布村的小学学龄儿童净入学率已由原来的 99.82% 稳固为现今的 100%；小学 5 年的巩固率已由曾经的 99.9%，稳固为现今的 100%，其中，小学女生 5 年的巩固率由原来的 99.5%，达到了现在的 100%，并在逐年稳定。

（三）依法进行婚姻登记

1981年，西藏自治区人民代表大会常务委员会从西藏少数民族历史婚俗等实际情况出发，通过了《西藏自治区施行〈中华人民共和国婚姻法〉的变通条例》，将《婚姻法》规定的男女法定婚龄分别降低两岁，并规定对执行变通条例之前已经形成的一妻多夫、一夫多妻婚姻关系，凡不主动提出解除婚姻关系者，准予维持。

（四）依法选举

勒布门巴民族四乡根据国家法律直接选举县、区、乡、镇人民代表大会的代表，这些代表又选举出席全国和自治区、市人民代表大会的代表。通过各级人民代表大会，人民行使管理国家和地方事务的权利，次仁久美、白丹措姆都参加过全国人大会议。

三　社会调解

（一）内部自行调解

西藏民主改革前，在门隅的一些边远村落中，保持着原始村社组织残余，村社活动有一定的原始民主色彩。凡重要事务均要召开村社成员大会进行商议，头人与村社成员平等。若头人为村社办公事外出，土地由村社成员出劳动力帮助经营。村社成员之间如发生一般性纠纷，首先请村社头人调解。村社头人在调解纠纷时因事实不清，则借助宗教，实行神明裁判，有时诅咒，有时嚼米，有时在沸水锅中取石。具体做法是：烧一锅开水，用两块布分别包裹黑石子、白石子，然后投入锅中，谁抓到白石子就算有理，抓到黑石子就算无理。头人调解不了的纠纷报宗本解决。

西藏民主改革后，村民发生民事纠纷时，先由村干部调解，调解无效，由乡政府出面调解，再无效报办事处，由上一级部门调解。

（二）司法部门调解

发生民事纠纷时，先村干部调解，调解无效，由乡政府、办事处出面调解，再无效报司法部门调解。

四　民族优惠政策

（一）政治优惠政策

中国是一个统一的多民族国家，为保障少数民族的平等和自治的权利，中国政府根据中国少数民族分布以大杂居、小聚居为主等实际情况，把在少数民族聚居地方实行民族区域自治作为解决民族问题的一项基本政策和实行人民民主的一项基本政治制度。民族区域自治是在国家统一领导下，各少数民族聚居的地方实行区域自治，设立自治机关，由少数民族人民当家做主，行使管理本地方、本民族内部事务的自治权。

和平解放以来，旧西藏的法典被废除，人不再分为三等九级，各种野蛮刑罚被禁止，私设的监狱被全部拆除。西藏自治区成立以来，西藏人民行使宪法和法律赋予的选举权和被选举权，积极参加选举全国和自治区各级人民代表大会的代表，并通过人大代表参与管理国家和地方事务。2002 年，在西藏的自治区、地（市）、县、乡（镇）四级换届选举中，全区有93.09%的选民参加了县级直接选举，有些地方选民参选率达到100%。在选举出的人大代表中，藏族和其他少数民族代表所占的比例，在自治区和地市两级达到80%以上，在县、乡（镇）两级达到90%以上。藏族和其他少数民族干部成为西藏自治区干部的主体，充分行使当家做主的权利。根据宪法规定，西藏自治区的自治机关依法行使省级地方国家机关的职权，同时依法行使自治权，根据本地方的实际情况贯彻执行国家的法律、政策。民族乡由本民族担任乡长。

新中国宪法和法律，保障了西藏人民人人享有生命与人身安全的权利。50多年来，门巴族和西藏各族人民一道依法享有当家做主的民主权利，依法享有平等参与管理国家事务的权利，并享有自主管理本地区和本民族事务的自治权利。

（二）经济优惠政策

中央政府根据西藏自治区的实际情况，西藏各族人民的需要和要求，1980年以来，先后召开了5次西藏工作座谈会，就西藏经济和社会发展面临的突出问题制定了一系列特殊的优惠政策和措施。1984年中央第二次西藏工作座谈会以来，西藏农牧区在坚持土地公有制的前提下，实行“土地归户使用，自主经营，长期不变”“牲畜归户，私有私养，自主经营，长期不变”“坚持土地草场公有，承包到户，自主经营，长期不变”的政策。极大地调动了农牧民的生产积极性，使西藏农牧区生产和人民群众生活得到持续发展和提高。在税收方面，全国只有西藏一直执行比全国低的税收优惠政策，自1980年以来对农牧民一直免收各种税收；在金融方面，西藏一直实行比全国低两个百分点的优惠贷款利率和低保险费率政策。此外，还对农牧民实行免费医疗，农牧民子女上学实行包吃、包住、包基本学习用品的“三包”政策。

1999年，由国家民委联合发展改革委、财政部等部门倡议发起的一项边境建设工程，即“兴边富民”活动。西藏自治区按照建设社会主义新农村的要求，认真贯彻《“十一五”“兴边富民行动”规划》和《区内人口较少民族发展规划》精神，提出了加快边境地区发展“一年起步、三年突破、五年见效”的目标，推动边境地区和区内人口较少民族经济社会全面发展，力争到2010年使边境地区群众生活与腹心地区群众生活达到同等水平的目标。西藏在推进兴边富民行动的过程中，结合建设社会主义新农村，创造性地实施农牧民安居工程，已经取得了初步成效。西藏自治区还将从国家民委“兴边富民行动”“少数民族发展基金”和自治区“兴边富民行动”配套专项资金中平均每年整合0.6亿元，5年共整合3亿元资金，帮助边境地区2.5万户农牧民改建住房。

（三）文化优惠政策

1949年通过的具有临时宪法地位的《中国人民政治协商会议共同纲领》明确规定：中华人民共和国境内各民族一律平等，实行团结互助，禁止民族间的歧视、压迫和分裂各民族团结的行为；各少数民族均有发展其语言文字、保持或改革风俗习惯及宗教信仰的自由。

门巴族有自己的语言，属汉藏语系，藏缅语族。门巴语方言种类多，差异大。门隅有达旺、德让、勒布、黎4种方言，其中以达旺话最普遍，达旺话是门隅地区的“普通话”。在墨脱县有自称门巴的讲“巴米话”，自称竹巴的讲

"仓洛话"，讲"八米话"的仅分布在墨脱县德新区的部分村庄，他们的语言与门隅勒布语和德让语比较接近。门巴族无本民族文字，由于与藏族在宗教、文化上有历史形成的密切关系，通用藏文。门巴族语言中，藏语借词约占30%，部分门巴族能讲藏语。

1954年颁布实施的第一部《中华人民共和国宪法》正式将各民族平等、团结、互助的原则和民族区域自治制度纳入国家根本大法。根据《民族区域自治法》的规定，上级国家机关的决议、决定、命令和指示，如有不适合西藏自治区实际情况的，自治区可以报经上级国家机关批准，变通执行或者停止执行，如，在执行全国性法定节假日的基础上，西藏自治机关还将"藏历新年"、"雪顿节"等藏民族的传统节日列入自治区的节假日。门巴族的节日以及门巴戏正在挖掘和整理（图2－2至图2－4）。

图2－2　拍摄门巴戏

图 2－3　门巴戏演员

图 2－4　门巴戏演员

门巴族和西藏各族人民的风俗习惯得到尊重和保护。藏族和其他各少数民族都有按照自己的传统风俗习惯生活和进行社会活动的权利和自由。他们在保持本民族服饰、饮食、住房的传统风格和方式的同时，在衣食住行、婚丧嫁娶各方面也吸收了一些体现现代文明、健康生活的新的习俗。门巴族的一些传统节庆活动得以保留和继承，同时吸收了各种全国乃至世界性的新兴的节庆活动。

（四）教育优惠政策

中央政府根据西藏自治区的需要和要求，先后召开了5次西藏工作座谈会，就西藏经济和社会发展面临的突出问题制定了一系列特殊的优惠政策和措施。农牧民子女上学实行免费吃住“三包”、“加分”等政策。

（五）宗教优惠政策

西藏人民享有充分的宗教信仰自由。西藏自治区的绝大部分藏族和门巴、珞巴、纳西族群众信奉藏传佛教，同时还有不少群众信奉伊斯兰教和天主教。目前，西藏自治区共有1700多处藏传佛教活动场所，住寺僧尼约4.6万人；清真寺4座，伊斯兰教信徒3000余人；天主教堂1座，信徒700余人[①]。勒布村（办事处）门巴民族四乡各种宗教活动正常进行，信教群众的宗教需求得到充分满足，信教自由得到充分尊重。

---

① 《西藏的主权归属与人权状况》，中华人民共和国国务院新闻办公室，1992年9月。

（六）计划生育优惠政策

尽管国家在1954年以后开始提出控制人口的措施，但对少数民族仍然实行较宽松的生育政策。1982年2月中共中央在《关于进一步做好计划生育工作的指示》中提出："对于少数民族，也要提倡计划生育，在要求上可适当放宽一些。"1984年4月中央进一步提出少数民族的计划生育，要适当放宽。可考虑人口在1000万以下的少数民族，允许一对夫妇生育两胎，个别的可生三胎，不准生四胎。而针对门巴族人口较少民族的实际，国家、政府鼓励门巴族多生育，但是，由于种种原因，门巴族出现了低生育的情况。

第三章　经济发展

比较利益论的代表人物有古典经济学家亚当·斯密和大卫·李嘉图。亚当·斯密认为，每个地区按照自己特有的优势进行生产而在专业化的基础上彼此交换，这对每个地区都有利，每个地区要在正确的分工中发现自己的绝对优势。李嘉图则认为区域分工应从生产上的相对优势和成本上的相对差别出发。区域经济政策的制定要从区域本身的情况出发，发现和认识自己的优势，使政策能充分体现自己的优势和特色，扬长避短，形成具有竞争优势的产业。2005 年，勒布村生产总值达到 365.05 万元，其中第一产业为 104.95 万元，第二产业 47.88 万元，第三产业 212.22 万元，分别占总产值的 28.8%、13.1% 和 58.1%。三次产业的发展状况、结构比例，以及三次产业的演进规律，反映一个国家或一个区域经济发展的水平，工业化的程度。从勒布村产业结构可以看出，工业化程度极低，第三产业是在外力推动下形成的，产业之间缺乏内在的互动机制。要使勒布村产业结构合理化，经济健康、持续、快速增长，就必须借助国家西部大开发、兴边富民战略的实施，按照自治区提出的“一产上水平，二产抓重点，三产大发展”的经济发展战略的部署，利用勒布村的比较优势，大力发展特色经济，加快经济的发展。

第一节 农牧业

一 农牧业条件

（一）气候条件

勒布村为喜马拉雅山南麓亚热带山地半湿润、湿润气候区。海拔为2000～4800米，平均海拔为2900米。由于海拔高差大，气候差异明显，东北部的贡日、基巴和中部的麻玛（海拔2920米以上），适宜种植玉米、荞麦等作物。勒乡海拔为2420米，受印度洋暖湿气流的影响，年平均气温10.03℃，年日照数为1620小时，无霜期208天，年降雨量800～1000毫米，气候温暖、雨水充沛、景色宜人、风景优美，适合于各类农作物和经济作物的生长。

（二）耕地和草场

勒布村的基巴、贡日、麻玛和勒四乡，现有耕地面积464亩，人均耕地不足1亩，草场面积2865.8亩，人均草场4.46亩。

（三）农牧业基础设施

农牧业基础设施包括能源、交通、通信、水利等。十一届三中全会以来，在中央、自治区各级党委、政府的关心和帮助下，错那县通过积极争取项目建设，整合有限资金，加大了勒布门巴民族四乡交通、能源、水利等基础设施建设的投资，改善了门巴族群众的生产生活条件，促进了当地经济的发展。调查资料显示，错那县相继制定和实施了门巴民族经济社会发展规划。内容包括：人畜饮水、科技培训、广播电视、多种经营以及住房设施建设等。勒布村门巴民族四乡的有线电视和好易通、光缆、宽带网络等通信设施得到较快发展。2006 年，有线电话的拥有量为 140 户，其中：移动通信已经普及门巴四乡，但由于雨水天气较多，以及技术等原因，信号较差，有些设备基本处于闲置的状态。

水利灌溉方面，由于历史、自然、交通等原因，除了麻玛乡有一条灌渠，贡日、基巴、勒三乡基本上靠天然雨水浇地，因雨水充足，很少干旱；勒布村为一年两季的收成，锄草一般一季一次，如果劳动力充足，也有一季锄草两次的。兽害、虫害比较严重，野猪和猴子成群结队，庄稼成熟季节，还要在地边搭棚，由专人负责看守庄稼。

（四）农作物和牲畜品种

农业是门巴族的主要生产部门，勒布村的农作物品种以荞麦、小麦为主，大麦、青稞、豆类、马铃薯和元根为辅，经济作物有少量油菜，蔬菜种类很多，萝卜、白菜、葱、蒜和辣椒等均能生长。辣椒是当地的特色产品，既辣且香，辣椒种植面积较大，年产量多达 2 万 ~3 万斤，每年运往山南等地区销售。

勒布村牲畜品种以牦牛、犏牛、黄牛为主，马和羊为辅。牦牛、犏牛是生活中不可缺少的牲畜，除了能给门巴族提供牛奶、酥油、奶渣、肉食等生活必需品外，公犏牛和公牦牛则是承担交通运输的主要工具，牛毛用于纺织。此外，勒布村饲养的牲畜还有藏猪、野猪。藏猪是西藏高原独有的畜禽资源。千百年来，藏猪都是靠放养繁育，以采食野外人生果、昆虫为主，其肉质细嫩，香味浓郁，是典型的瘦肉型猪。明朝何宇度著的《益部谈资》中就有这样的记载：藏猪、藏鸡“小而肥、肉颇香”。藏猪的18种氨基酸含量均高于其他猪，钙含量高于其他猪的119%。具有高钙低脂、肉质鲜嫩、营养丰富等特征（图3－1）。

勒布村饲养的禽类主要是藏鸡，由于气候潮湿，汉地饲养的鸡，到了该地就要脱毛，发育不良。藏鸡觅食能力极强，靠放养觅食，适应能力强，体型轻小、胸腿发达、肉质鲜美，是勒布村发展家禽养殖业的理想品种（图3－2）。

图3－1　勒布村饲养的藏猪

图3－2　勒布村当地孵化的小鸡

调查资料显示了勒布村土地承包情况；土地数量为181.2亩，一般户耕地拥有量为3亩至9.88亩；种植业收入8000多元的2户，收入10000～17476元的有16户，收入22000元左右的有2户，收入30000～39547元的有2户，种植业收入44782元的1户。

麻玛乡耕地多在河谷狭长的平地上，是河流冲积而成的，宽数十米至数百米不等，长有上千米。勒布村耕地时使用木犁耕地。木犁是用青冈木做成的“人字杈”，一人扶犁，二人拉绳牵引。另有踏犁，当地门巴族称作“庐”，也用于翻地，犁口用坚硬木材做成，一面平滑，另一面圆凸，犁头上部有一横木，一掘一退，类似铁锹翻地。其余的农具有耙、砍刀、弯刀、木耙、木犁和连枷等。表 3-1 为调研的 60 户、242 人拥有的耕畜、生产工具和耕地的情况。

表 3-1　勒布村村民拥有的耕畜、生产工具情况

项目 / 户	耕畜			工具							耕地（旱地）
	牛	马	骡	犁	耙	刀	背篓	手工打工机	拖拉机	其他	
60 户	952	48	6	58	129	160	174	145			181.2

注：本表根据调研资料绘制。

门巴族的畜牧业虽然从属于农业，但是，对于勒布村来说，却是一项重要的生产活动，畜产品也是对外交换的重要物资，犏牛和黄牛还是门巴族山区重要的驮运工具。贡日、基巴乡海拔较高，有水草丰美的高山牧场，具有发展畜牧业的草场资源禀赋。麻玛乡河谷地带适合放牧牦牛、犏牛和黄牛等牲畜。每年夏天，勒布村民要到高山草场放牧，秋末冬初，就要将畜群赶回村里，由各户自行管理，牲畜白天放养在河滩、荒地和山坡处，晚上赶回畜圈。每年藏历五月，山上的积雪消融，风和日暖，牧草转青。有牲畜的人家开始协商派人放牧，根据各家牲畜的多少派人上山或固定专人放牧。在河谷放牧的多是牧童，高山草场放牧者多为身强力壮的成年人。牲畜少的人家一般托人放牧，托人放牧时要给一定礼物作为报酬，另给一定的牲畜饲料，对奶牛、孕牛、快断奶的小牛还要饲以一定麦麸等精饲料和食盐。牧民每天早晚各挤一次奶，除饮用外，用以制作酥油，在制作酥油过程中，还有奶渣等副产品可供食用。

1980 年 3 月，中央召开了第一次西藏工作座谈会，制定了休养生息的政策，采取了免征农牧业税，提高农副产品价格等措施。贡日、基巴二乡抓住机遇，利用当地自然优势，大力发展畜牧业，使广大门巴族群众增加了收入，改善了生活。调查中，我们发现拥有20～39头牛的户数有24户，这些户多分布在贡日和基巴两乡。

二　土地制度的变迁

（一）和平解放前土地制度的演变

17世纪，在藏族封建农奴制社会的长期影响下，门巴族社会跨越了奴隶制社会的发展阶段，直接过渡到了以封建农奴所有制占主导地位的社会，成为西藏地方政府统治下的不可分割的一部分。西藏封建农奴主土地所有制是门巴族社会土地制度的基本形式。门巴族地区的土地、森林和草场等生产资料皆属西藏地方政府所有。西藏地方政府在门巴民族地区设置行政机构，派遣官吏，向寺院和世俗贵族封赠土地和农奴，形成了官家、寺院和贵族三大领主对土地等生产资料的绝对占有和对门巴族农奴人身的不完全占有关系。

在旧西藏封建农奴制度下，勒布村门巴族的土地制度以封建领主的大土地所有制为主，但是，还残留着以村社为单位的公社所有制，或土地集体占有，或山林集体占有，或牧场集体占有。土地制度是以私有制为基础的农奴制度下存在的原始社会公有制残余的制度，是门巴族社会封建化之前固有社会生产方式留下的痕迹。考察门巴族的经济基础和上层建筑的各个领域，发现与藏族社会不同的是门巴族社会不存在奴隶制痕迹，而是原始社会残余。由此我们可以断定，门巴民族社会在封建化以前，尚处于原始社会末期的农村公社阶段，土地除封建所有制外，还有以村社为单位的公社所有制，耕作制度保留着集体轮作制度。

由于社会发展的复杂性和不平衡性，新旧社会之间的递进和衔接，在各个地方和各个环节上并不都是齐头并进的，在或长或短的时期内旧制度的残余仍将表现出来。旧西藏封建农奴制度在门巴族社会的确立并未使原始公社的形式完全消失，封建领主往往利用公社的组织形式行使封建特权。对于封建领主来说，门巴族的领地范围内的土地、山林和草场皆属于他们所有，而对于村社的门巴族居民来说，村社范围内的土地、山林和草场又属于村社所有，实际上是村社集体占有。村社集体占有土地的具体形式大体有：(1) 公有草场。名为克节朗、崩巴则、汤中、果拉贡、梭布东和桑多等，公有草场分散在勒布村社周围，村社居民均可去这些草场放牧。因草场载畜量大，本村使用不完，常将草场租给勒布以南的邦金隆布、曲产等地的群众放牧。曲产村与勒布曾协商确定协议，协议的内容是，曲产村可以在克节朗草场放牧100头牛，每头牛每年交草场租金1斤酥油，100头牛合计为100斤酥油，曲产村交给勒布的酥油，勒布又要转交给达旺寺，而隆布村每年又应交给勒布草场租金，折合78斤酥油，为了简便，于是三方议定，隆布村应交付给勒布的酥油直接交达旺寺。除公有草场外，勒布村的其余土地作为份地完全由各户差巴占有。差赋和乌拉分派到村，再按差巴户均摊。根保（村长）由差巴轮流担任或推举产生，其任务是分派差赋和乌拉。村内有事要向根保报告。门巴族的根保这一称谓由其他藏区传入，实际具有村社头人性质。显而易见，勒布草场经营制度是封建农奴制度下实行公有制经营的一种形式，外村放牧集体收取草场租金由民主方式决策，这些似乎矛盾的社会现象恰好反映了勒布门巴族农村公社封建化的痕迹。（2）基萨金。藏语意思是公有地，包括全村的公有土地、山林及尚未被任何村社和个人占有的山林等。这种集体承担封建农奴制义务，均摊到各差巴户。（3）公有猎区。猎区是山林的一部分，但猎区与村社周围的一般山林不同，距村庄较远，树大林深，野兽经常出没，门隅北部勒布的山林概属领主所有，寺院又严禁狩猎，因此没有专门作为猎区的山林。

19 世纪中叶开始，西藏地方政府就授予错那宗政府对门隅地区的管辖权，门隅北部勒布的四错离错那宗政府最近，因此，成为政府官员统治和管理最为严格的地区。以宗政府为首三大领主把占有的土地分割成若干块份地，再分给有劳动力的门巴族农奴耕种，同时向门巴农奴收取以实物和徭役为主的地租。在门巴族社会中，封建农奴主是利用原始村社组织形式来推行封建农奴制的，封建农奴制与门巴族的原始村社结合形成了一种复合社会形态，这是门巴族社会形态的基本特征。基于人们在土地所有制关系中所处的地位不同，在门巴族社会里，存在着农奴主和农奴两种人。农奴主多数是藏族，农奴几乎全部是门巴族，农奴主包括宗本、“粗巴”、上层喇嘛和世俗贵族，他们人数极少，但权力很大，掌握着社会绝大部分的生产资料，具有多种封建特权，是门巴族社会的统治者。同广大藏族农奴一样，门巴族农奴按其经济地位高低划分，可分为“差巴”、“堆穷”、“约布”三个等级。“差巴”意为缴纳租税的人，他们在农奴中占很大比例，按规定领种领主的份地，承担繁重的乌拉差役，向领主缴纳酥油、木材、染料、木炭等实物，以及藏币。“堆穷”，人数比“差巴”少。地位低于差巴，租种大差巴的小片土地，或做帮工、干杂活，从事副业、手工业生产。“约布”即家庭佣人，门隅没有约布。“约布”在整个门巴族社会中人数很少，他们无独立的经济地位，多是单身一人在主人家干活，依附于主人。总之，和平解放前，藏族统治者对门巴族人民实行长期的封建统治，门巴族人民在封建农奴制度的统治下，生活贫困，生产力水平一直很低，直到解放前，尚保留着大量的原始公社制的残余。[①]

（二）和平解放以来土地制度的变迁

1951 年 5 月 23 日，《中央人民政府和西藏地方政府关于和平解放西藏办法的协议》（简称《十七条协议》）的签订，使西藏获得了和平解放，同时也翻开了西藏地方经济社会发展的新篇章。1959 年 3 月 10 日，西藏地方上层反动集团发动全面叛乱，3 月 22 日，中共中央发出了《关于在西藏平息叛乱中实行民主改革的若干政策的指示（草案）》，提出了平叛改革的方针。因西藏地方政府和上层集团发动全面武装叛乱，使中央曾经提出的“六年不改”的方针不能继续执行。于是，中央政府提出“边平叛边改革，先平叛先改革，后平叛后改革，未平叛地区暂时缓改”的方针。西藏的民主改革分两个阶段，第一阶段进行“三反”（即反对叛乱、反对乌拉差役、反对奴役）、“双减”（即减租、减息）；第二阶段进行土地分配。改革的具体步骤、方针政策

① 错那县发展改革委员会调研资料。

上区分了农区、牧区、寺庙等的不同情况。在农区，没收叛乱领主和代理人的土地，将其生产资料分给农民。在牧区，除没收叛乱领主和牧主的牲畜分给原放牧者及贫苦牧民外，对整个牧区生活资料所有制不予变革，不分、不斗、不划阶级。在寺庙，严格区分宗教信仰与封建特权、封建剥削这两个不同性质的问题。凡属封建性质的，予以废除，实行政教分离；对未叛乱的领主、代理人和僧侣占有的生产资料，用对待民族资产阶级的办法，实行赎买政策，保证他们改革后的生活水平不会降低。这些政策和措施符合勒布门巴民族的根本利益，有利于勒布村社会生产力的恢复和发展。

1960 年年底，西藏的民主改革基本完成。民主改革彻底摧毁了反动农奴制度，建立了人民民主政权。

1965 年 9 月 1 日，西藏自治区第一届人民代表大会在拉萨隆重召开，宣告西藏自治区成立，这标志着人民民主专政和人民代表大会制度在西藏的确立。

1979 年 1 月，自治区贯彻十一届三中全会精神，决定停止使用“阶级斗争为纲”的口号，切实把党的工做重点转移到社会主义现代化建设上来。调整西藏的国民经济，发展社会主义的商品生产。同年 8 月区党委批转了《全区人民公社经营管理座谈会纪要》，提倡实行包工到组、联产责任制和尊重生产队和社员的生产自主权。在流通领域提倡恢复农牧产品交换、发展个体小商贩。同年 11 月区党委颁发了《关于国民经济三年调整有关问题的要点（草案）》，决定集中三年时间对国民经济进行“调整、改革、整顿、提高”，主要任务是平衡农牧业与地方工业失调的比例，把农牧业这个西藏国民经济的基础搞好。提出“宜农则农，宜牧则牧，农牧林副渔全面发展”的方针。

1980年3月，中共中央召开了第一次西藏工作座谈会，会议决定从西藏实际情况出发，为使西藏有计划有步骤地繁荣富裕起来，制定了休养生息的政策，采取了免征农牧业税，提高农副产品价格的措施，使广大农牧民增加了收入，改善了生活，勒布门巴民族四乡迎来了土地制度变迁。

（二）土地承包情况

1984年，中央召开了第二次西藏工作座谈会，总结了十一届三中全会以来西藏工作的经验，对西藏的特殊性进行了再认识，研究进一步放宽政策，让西藏人民尽快富裕起来的问题。同年8月，在坚持土地、森林、草场公有制的前提下，牧区实行“牲畜归户、私有私养、自主经营、长期不变”的政策，农区实行“土地归户使用、自主经营、长期不变”[①]的政策。勒布村门巴族群众同西藏其他地区一样，根据人口对土地和牲畜实行承包责任制。

草场承包责任制是改造和提升传统畜牧业的关键环节，它促进了农牧民生产生活方式的变革，实现草场资源的可持续利用，加快牧区社会经济快速发展。进入21世纪，勒布村和西藏广大牧区一样，开始探讨草场承包责任制，按照“草地公有，分户经营，有偿使用”的原则进一步完善草场承包责任制和畜牧业经营管理体制。至此，形成了“三个长期不变”的政策。把草场使用权、经营权、保护建设权落实到户，从根本上理顺人、草、畜、责、

① 杜莉、土多旺久、多布杰等著《西藏发展县域经济与农牧民增收问题研究》，西藏人民出版社，2007。

权、利、管、用、建的关系，解决草场“大锅饭”的问题，改变“草场无价、使用无度、破坏无责”的传统观念。激发群众自力更生建设草场的热情，实现草原的永续利用和草地畜牧业的可持续发展。大力推广牧草良种繁育、牲畜良种繁育、围栏育草、人工种草、草地改良、畜产品加工标准化生产、牲畜疫病防治、草场防沙治沙等先进实用技术，促进畜牧业科技含量的提高。加快畜牧、兽防等科技服务体系的建设。

（四）土地租赁情况

土地租赁是某一土地的所有者与土地使用者在一定时期内相分离，土地使用者在使用土地期间向土地所有者支付租金，期满后，土地使用者归还土地的一种经济活动。土地租赁，第一，有利于保护土地所有者和土地承租者的权益，形成两者完整的物权，促进土地规模经营。第二，有利于促进土地交易的低成本运行，土地租赁在租赁期内只是部分土地权利的转让，租赁双方要在租赁期内界定转让的具体权利。第三，有利于房地产投资市场的发展。几年前，一些四川农民到勒布村（办事处）的麻玛乡租种土地进行蔬菜种植，但由于当地人口少，市场不健全，蔬菜生产出来卖不出去，只好放弃。随着交通的改善、旅游业的发展，勒布村土地规模经营的前景看好。对勒布村土地租佃的建议：在稳定“土地归户、自主经营、长期不变”政策的基础上，按照“依法、自愿、有偿”的原则，进行土地承包经营权的流转，适度地发展规模经营。“土地归户、自主经营、长期不变”政策贯彻执行20年来，在土地经营承包实践中，实行了“增人不增地，减人不减地”的办法。但随着勒布门巴族家庭人口的增加，以及婚丧嫁娶等原因造成了人口的变化，人多地少造成了勒布村一些农民家庭的贫困。我们不能把“三个长期不变”政策理解为对农民承包土地使用权的不变。在坚持党的农村政策的基石不动摇的前提下，借鉴我国内地土地承包期内，对个别承包经营者之间承包的土地进行适当调整的经验。本着“大稳定、小调整”的原则，对部分人口增加或减少明显的家庭所承包的土地，进行适当的调整，还可以推进农田反租、倒包等形式的改革，促进土地规模经营，提高土地的产出效益。

三　改革开放以来，发展农业的措施

（一）土壤改良

勒布村土壤改良实施和准备实施的措施是对土壤肥力水平进行取样分析化验，根据肥力水平进行科学施肥，具体有生物改土、培肥两种方式。生物改土利用种植豆科作物和采取草田轮作等方法来逐步提高土壤有机质的含量，增加土壤肥力；培肥主要是增施有机肥和化肥，尤其是提高有机肥的施用量，对农田平均每亩增施有机肥2吨，较以前增加一倍。同时对氮、磷、钾肥及微肥进行合理搭配，适当对经济作物增施钾肥。在施肥方法上，对低肥型农田多施氮肥，低洼地多施磷肥，碱性较大的农田多施酸性肥料，对钾肥敏感的双子叶植物增施钾肥，并参照微量元素含量进行合理搭配。此外，还增加了农家肥、叶面肥、生物肥料的使用，以缓解长期施用化肥而造成的土壤板结、地力下降的状况。

（二）农牧业新技术的推广

门巴族主要从事农业，兼营牧业和狩猎，手工业没有从农业中分离出来。农作物的品种有荞麦、小麦。直到民主改革前，门巴民族使用的生产工具十分简陋，铁制农具很少，约有70%的土地是刀耕火种。农业耕作方式还停留在锄耕、木犁犁耕阶段。生产工具是铁木器并用，以木制工具为主。木犁是农业的主要农具，形状因地而异。门巴族对农田的管理也较粗放，作物大多任其生长，无水利灌溉设施，施肥也较少，因为土地肥力恢复较慢，加上虫灾、兽害、水灾侵害，农作物产量一般都很低（图3－3至图3－5）。

改革开放以来，勒布村门巴族农牧业的生产技术不断提高，拖拉机、翻斗机、装载机、东风卡车等机械化的运

图3－3　麻玛乡村民私人所有的东风车

图 3-4　麻玛乡村民私人所有的翻斗车

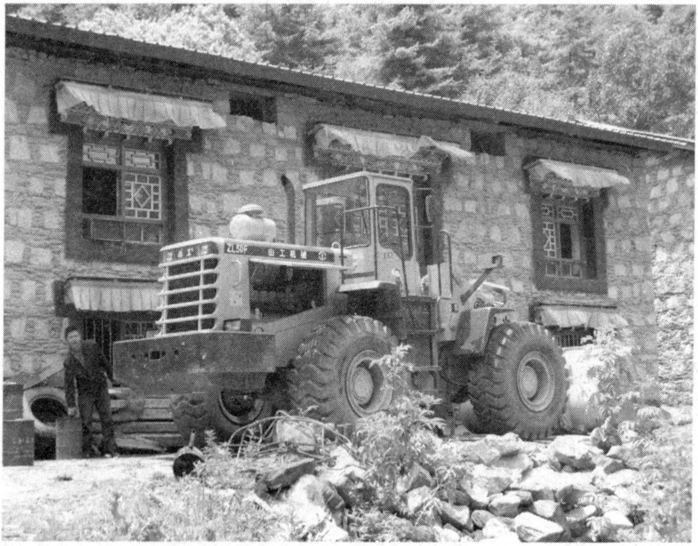

图 3-5　麻玛乡村民私人所有的推土机

输工具，逐渐运用到农牧业的生产领域。但由于自然、地理环境的制约，至今勒布村对农田的管理仍然是粗放的。一年两季耕种中，锄草一般进行1～2次，作物大多任其自然生长，收获时由于耕地狭窄，一般靠人工收割，机械的施展空间非常有限。收割农作物的一般由留在家中的妇女从事。农田无水利灌溉设施，施肥也较少，因为土地肥力恢复较慢，加上虫灾、兽害、水灾侵害，农作物产量一般都很低。调查资料显示，麻玛乡有手扶拖拉机3部（含小四轮拖拉机）、5吨东风载重汽车3辆、推土机1台、小型农机具1部、翻转犁1部、播种机1台、割晒机1台。拖拉机、东风车多为出租用，参与建筑工程的施工建设，农业生产机械仅占40%，大部分已损坏或因零件缺乏而无法使用，农业生产机械化程度较低。

长期的实践经验使勒布村门巴族群众积累了一些治疗畜病的方法，牛有疮块时，或烧石烙烫，或燃油松熏烤，或穿刺排脓。常见疾病，也能用当地草药治疗。对牲畜的繁殖，也已摸索到不少的经验。

（三）农作物新品种、牲畜新品种的应用和推广

各种新品种的使用和推广是由技术依托单位根据气候特点、作物的生长习性、牲畜的特点，先试验，后推广。勒布村推广引进试种成功的农作物新品种主要有玉米，牲畜新品种有藏猪、野猪和藏鸡。在进行玉米的种植试验时，勒布村从错那县以及西藏自治区农牧科学院聘请了专业科技人员，采取室内培训、发放教材、观看录像、现场操作、示范指导等多种行之有效的方式方法，对基层干部、农技人员和家庭户主进行科技培训，然后由乡政府组

织实施。

四　农牧业收入情况

勒布村经济结构属于半农半牧结构，现有耕地面积464亩，播种面积730亩，森林面积25万亩，草场面积2880万亩，牲畜总数2161头（只、匹）。2006年，勒布村总收入3980007.6元，其中农业收入302055.9元，牧业收入683969.2元，副业收入899482元，林业收入59501元，其他收入2034999.5元。2005年，粮食产量23万斤，人均占有粮食350斤；牲畜存栏2181头，人均3.5头；肉类产量达到2.18万斤，人均33斤；农牧民人均纯收入达到3000多元，人均纯收入位居错那县各乡镇首位。

表3－2　勒布村乡主要经济指标*

序号	乡镇名称	粮食播种面积（亩）		粮食产量（万斤）			牲畜总头数（头、匹）			人均纯收入（元）		
		2005年	2006年	2005年	2006年	增长率（%）	2005年	2006年	增长率（%）	2005年	2006年	增长率（%）
1	麻玛	4.53	4.53	22.6	15.2	－33	211	240	14	3269	4021	23
2	贡日	9.67	9.87	29.2	25.3	－14	688	687	－0.1	2772	3410	23
3	基巴	16	16	39.9	5.3	13	919	870	－5	2415	2970	23
4	勒	1.33	1.33	8.2	16.1	96	363	364	0.3	3024	3720	23

*本表根据调研资料整理而成。

五　农牧业发展存在的主要问题、对策

（一）勒布村农牧业发展存在的问题

通过调研，我们发现勒布村经济社会发生了巨大的变化，但是由于受自然、交通、地理、人力资源等主客观因

素影响，社会生产力水平低下，农牧业生产发展中存在许多的制约因素，具体表现如下。

1. 劳动者文化素质低、缺乏商品意识

调查中我们发放调查问卷60份，收回问卷59份，59户问卷户的总人口为242人，其中女性23人，男性36人，文盲21人，小学文化程度38人。联合国教科文组织统计，具有小学文化程度的农民，可使农业劳动生产率提高43%，中学文化程度可提高108%，大学文化程度可提高300%。勒布村（办事处）门巴民族四乡，农牧民群众文化素质普遍偏低。青壮年劳力中文盲半文盲占64%，小学文化程度的较多，显然对接受和掌握现代科学技术有很大影响。受文化素质低下的影响，勒布村农牧民对科技知识的运用能力较差，许多农牧民习惯于世代相传的种养殖技术。入户调查结果显示，农牧民文化程度高者商品意识较强，择业门路广，来自二、三产业（家庭经营、运输、经商）的收入多，与文化程度低的人相比较主要是现金收入多。

2. 产业结构不合理

农业内部经济结构分为三个层次，即：由种植业、林业、牧业、农副业组成的农业生产结构；由粮食、经济作物、饲料和绿肥作物组成的种植业结构；由农业、工业、建筑业、运输业、商业服务业组成的农村产业结构。勒布村（办事处）产业结构不合理具体表现为农村产业结构单一。（1）从产值看勒布村是以农牧业为主的第一产业占主导地位，产值较低；第三产业是在外力的推动下发展起来的，缺乏规模；第二产业加工业刚刚起步。勒布村农业内部经济结构不合理，（2）种植业结构趋同，品质不高，种植结构单一，种植业内部“粮、经、饲”种植比例不协调，粮食作物主要是荞麦，其次是小麦，玉米处在试种阶段，还没有推广，经济作物和饲料作物种植极少。畜牧业以饲养黄牛和牦牛为主，藏猪和野猪的饲养处于尝试阶段，且生产水平较低。（3）农牧产品市场体系不健全。勒布农产品长期存在“卖”难问题，表现在：一是交通不便，前几年有内地商人到勒布村（办事处）附近的麻玛乡租地种蔬菜，蔬菜丰收后却没有销路，只好放弃。二是产品结构趋同，粗放式经营，产品质量难以稳定，产业规模小，蕨菜加工业刚刚开始，不能适应种、养、加一体化，产、加、销一条龙的农业产业化发展的要求。

3. 基础设施不完善

勒布村在整个山南地区乡镇中基础设施的修建比较完善，但是由于勒布村处在喜马拉雅山南麓，地质结构复杂，雨量过多，泥石流灾害严重，以至造成：（1）交通、水利、能源、信息网络、流通体系等基础设施建设需进一步建设完善，以提高抗灾能力。（2）交通运输落后，使生产处于分散的状况，产业布局难以形成。（3）基础设施较差，人流、物流、信息流不畅，使农牧业是典型的传统农牧业。农牧产品只能满足自身消费，商品率低。农牧业靠天吃饭、靠天养畜的现象严重。（4）市场体系难以构建。勒布村门巴族群众没有固定的市场出售自己的农副产品。

（二）勒布村发展农牧业中的措施

1. 强化农牧业基础地位

农业作为国民经济的基础，是人类生存和一切生产的起点和先决条件。农业劳动生产率的提高，是国民经济其他部门赖以独立化的基础。国民经济其他部门发展规模速度，取决于农业的发展程度。勒布村强化农牧业的基础地位必须做到：（1）加大农牧业基础设施建设和重点建设的投入。（2）加大农牧业科技推广体系建设的投入。（3）制定有关政策加大对农牧业产业集群的投入。（4）加大农牧业社会服务体系建设的投入。服务体系的完善是农牧业市场化进程的一个标志。在服务体系建设上实行国家、集体、个人一起上，增强服务体系的功能，逐步实现从无偿服务过渡到有偿服务。（5）要把“治穷”与“治愚”、“输血”与“造血”结合起来。把扶贫、“兴边富民”、计划生育结合起来。（6）加大生态保护和建设的投入。

2. 加大基础设施建设

勒布村在加强基础设施（交通、水电、农网）建设时，一方面，需要中央、自治区人民政府政策的倾斜和资金支持；另一方面，要积极争取利用扶贫、农发、水利、交通、民政等部门的资金。

3. 加快经济结构的战略性调整，增强经济竞争力

农业结构战略性调整的基本原则，是坚持以国内外市场为导向，坚持提高农业综合生产能力，坚持依靠科技进步，坚持运用市场经济手段，坚持尊重农牧民意愿和生产经营自主权。勒布村要根据自身的自然和经济条件，突出区域特色，发挥比较优势。改变“小而全、大而全”的经营模式。在结构调整中集中发展具有比较优势的名、特、新拳头产品，使其成为高附加值、高创汇的产品，扩大国际市场占有率。

4. 培育龙头企业，推进农业产业化发展

在市场经济条件下，农牧民户分散进入市场，使获得市场信息、把握市场机遇和从容参与、应对市场竞争的能力受到很大限制，市场行为往往带有比较明显的盲目性和无序性。勒布村当务之急是要解决“小生产与大市场”的矛盾，建立一批起点高、带动力强、功能全、辐射面广、潜力大的“龙头企业”。通过“龙头企业”来带动千家万户的农牧民进入市场，并形成一个融农牧产品生产、加工、销售为一体的农牧业产业化经营体系。

第二节　旅游业和民族手工业

一　旅游业

旅游业是西藏第三产业的龙头，旅游业的兴旺与否关乎一个地区城市的品位和经济发展的前景。勒布基巴、贡日、麻玛和勒四乡自然景观、人文景观丰富且非常独特，随着国家西部大开发，兴边富民战略的进一步实施，休闲、度假、观光、探险等旅游项目开发的前景十分广阔。

（一）自然景观资源

如果搭车从错那县城出发往西南行驶，首先进入眼前的景点是高原草场风光；驶过丁丁拉山口，沿途多处可见高山湖泊，高耸入云、终年不化的雪山；在短短20余公里的路途中，高山林立、山高路陡、公路盘绕，从荒凉走向郁郁葱葱，真正体验一山有四季、十里不同天，各季领风骚的独特风景（图 3－6）。

图 3－6　勒布的风景

藏语称门隅地区是“贝域吉莫俊”，意思是“隐藏着的羡慕之地”。门隅北部地区的勒布边境生态景区主要分布在勒布沟一带，是西藏腹地进入门隅的主要通道之一。在勒布沟内，一条娘姆江贯穿全境，流往印度，沿江两岸山高路窄，地势险要，峰峦重叠，气势壮观，造就了各种旅游景观。

从勒布村（办事处）出发，向西南方向行驶约 3.5 公里处，可看见岩石上的唐僧像。相传是唐僧西行取经时经过此地，便留下其像，再向前行至大石堡（地名）处，有时可见“无尾蛇”，取名“无尾蛇”是因当地蛇体粗尾短。沿着娘姆江往西行走至勒乡，沿途还可以见到从天而降、笔直垂下的瀑布，急流奔涌的江水，海拔 2800 余米的茶场等景点。

从勒乡政府出发，沿着一条简易公路往后山行驶约9公里路程，再经过约20分钟的步行，便进入色木札。这里景点众多，主要有瀑布、看酥油灯、看水中彩虹、朝佛、蛇、莲花生八岁脚印、石狗、石马造型以及钻洞检验人心好坏，等等。勒乡沟往南就是被印度占领的一马平川的达旺地区，土地肥沃，良田万顷。

勒布村边境生态景区森林茂盛、野生动物繁多，蕴藏着极为丰富的林下资源。从错那县城出发行驶3公里左右，顺着山谷一直下行，沿途高原湖泊，还有如玉带高悬的高山飞瀑、满目翠色的峡谷滩地、珍珠抖落般的山涧小溪、斗艳怒放的各色野花不时闯入人们的视野，稍微开阔的谷地上，门巴族村寨散布其中（图3－7、图3－8）。

图3－7 勒布的风景

图 3-8　勒布办事处门前的风光

（二）红色（爱国主义教育）旅游景观

通过山计大桥，向北步行 1000 余米，可参观 1962 年对印反击战总指挥张国华前线指挥部遗址。勒布办事处西侧一座破旧的寺庙是 1959 年噶伦索康、柳霞、夏苏等叛乱头目挟持达赖喇嘛从山南逃亡印度时居住过两晚的寺庙，是达赖背叛祖国的证据，可以作为爱国主义教育基地（图 3-9、图 3-10）。

（三）原始生态景观资源

勒布村是山南地区海拔跨度大、原始森林保存相对完整的边境生态景区。由于受印度洋暖湿气流的影响，勒布沟边境生态景区属于亚热带山地半湿润气候，气候温暖、雨水充沛，森林植物多种多样，涵盖了从海拔 1000 米的热

图 3 -9　索康等挟持达赖逃亡时住过两晚的寺庙

图 3 -10　1962 年对印反击战张国华前线指挥部

带常绿雨林到海拔4000多米的喜马拉雅冷杉林和云杉亚高山针叶林带。

勒布村边境生态景区茂盛的森林，蕴藏着极为丰富的动植物资源。植物资源主要有黄连、天麻、当归、五味子、黄芩、冬虫夏草等名贵药材。动物资源有孟加拉虎、金钱豹、雪豹、小熊猫、藏野驴、野驴等国家一级保护动物；猕猴、棕熊、獐子、四不像、黑熊、秃鹫、贝母鸡、蛇等国家二级保护动物。勒布村边境原始生态景区，堪称天然的药材宝库和野生动物的乐园。

（四）人文景观

门巴族主要聚居在西藏东南部的门隅、珞隅北部的雅鲁藏布江谷地和巴迦西仁河谷，以及帕隆藏布江南岸的排龙山区（现为印占区）。“门巴”这一族称，既是门巴族的自称，也是他称，意思是“居住在门隅的人”。门隅的闻名，与这里转世过一位著名的藏传佛教格鲁派（黄教）领袖——六世达赖分不开。六世达赖喇嘛——仓央嘉措是门巴族，他留下的不朽诗集《仓央嘉措情歌集》在海内外享有盛名。《仓央嘉措情歌集》藏文手抄本早就不胫而走，20世纪30年代已有藏、汉、英三种文字对照本传世。至今，门巴族地区仍流传着许多关于仓央嘉措的神奇传说。

勒布村是我国门巴族主要的聚居区，有独特的门巴风情。门巴族作为我国人口较少民族，经历了几千年的发展历史。在几千年的发展历史过程中，门巴族形成了具有独特民族风情的服饰、住宅、饮食、文化等。门巴族人民的吃、穿、住、家具、语言、婚丧等独特的风俗，构成了一道亮丽的人文景观，是吸引游人的重要文化内涵（图3－11）。

图 3－11 “安居”工程实施后的贡日乡门巴族的村寨

二 民族手工业和家庭副业

勒布村的民族手工业和家庭副业种类较多，主要有木器、竹器、石器、纺织、铁器修理。门巴族的木器有木碗、木桶、木盆、木箱、木柜、木床、木桌、马鞍、驮鞍，其中尤以木碗的社会需求量最大，是门巴族和藏族农、牧民最喜爱的饮食器具。旧西藏封建领主要求门巴族农奴工匠以木碗抵押差赋。木碗按其质量可分为三种：高级的称作“杂木雅”，不但木质坚硬细密，且有漂亮的木纹。此种树根挖取困难，产量小，价值高。过去运往藏区，一个高级木碗可值 40～100 两藏银。中等的称“果拉”，质地、花纹也比较好，产量不高，一个值藏银 20～80 两藏银。普通的称“索果尔”，这是常见的木碗，质地、纹路不讲究，原材料多，制作较容易。

精致的木碗还是高级手工艺品。木碗由树的粗根制作。木质坚硬、细密，盘根错节的最佳，青冈、杜鹃树的根都是制木碗的好原料。制作木碗的过程：第一遍是粗削，切削速度较快，把球形切削成木碗的粗胚。挖回树根之后，要对原料进行粗加工，将树根砍成球形，晾晒至半干程度，经高温水煮后再晒干。经过这道工序，木质不再变形，染色不褪色，木纹比原来明显、美观。待球形根完全晒干后，就在车刀上进行切削。车刀安装在一根圆滑的横木一端。横木支在两根主柱之间，绕皮带于其上，皮带两端垂于地面，拴有两块脚踏板。一人把住扶手，双脚左右踏动脚踏板，带动车刀，使车刀在接近360度的幅度内反复转动。第二遍是精削，速度慢，能否切削成功，这一道工序十分关键。粗胚的哪些部分应切削，削去多少，全靠眼力判断，木质越坚硬，切削加工越难，用的劳动量亦多。

竹器编制在门巴族群众中十分普遍，竹器种类繁多，有筐、篓、席、筛、箕、盒、桶、勺等。

勒布村门巴族妇女擅长编织，门巴族穿的用的主要靠家庭编织解决。勒布村门巴族使用的织机有脚踏分经织机“次达”和手提分经织机“邦达”，其中以前者使用为多。多用羊毛为纺织原料，先捻成线，再织成氆氇、腰带、毛毯、帽边等。一个技术熟练的妇女两天内可捻毛线近一斤，一天可织宽50厘米的氆氇2米或宽9厘米的腰带2条。用手摇木纺车将棉花纺成线，用脚踏织机织成土布。也有用其他地区换来的羊毛搓成线编织氆氇的（图3－12）。

图 3－12　门巴族老妇在捻线

第三节　规模经营

勒布村（办事处）要真正提升经济的竞争力，就必须提高“特色”。而提高“特色”经济竞争力的根本出路在于使“特色”经济产业化、规模化。一个特色产业和规模经济的形成并非一蹴而就的。因此，在实施特色经济产业化和规模化的过程中，可以从推行“一村一品”、“一乡（镇）一品”入手，逐步引导其发展为“多村一品”、“多乡（镇）一品”，由此而形成由几个特色产业为主导的特色经济构架。在龙头企业带动下形成从农户到企业、从原料到产成品的完整的产业链。作为一地之“特色”，往往受到地域限制，影响了“特色”的发挥。因此，要使特色产业出效益，就必须走规模化、品牌化、名牌化的道路，集中人力、财力、资源优势，把“特色”做大、做强，使“特色”上规模、上档次，使“特色”产业成为勒布村经济的支柱产业，最终实现用几个特色产业带动经济社会的整体大发展。

适度规模的产业化是降低生产成本，实现利润最大化的必由之路。勒布村要依靠群体优势，在形成特色产业的同时逐步壮大并保持一定的规模，降低成本，形成价格优势，把自己的比较优势转化为经济优势。

农业产业化经营就是通过产业之间的相互关联，把资源配置、产业发展、经营活动、市场开拓统一起来，凝聚产业群体优势，科学合理地配置资源，以达到经济效益最大化的目的。实践证明，农业产业化是实现农村经济规模化的有效途径。

名牌战略是市场经济从价格竞争到质量竞争，最终达到品牌竞争的必然规律，是地方形成特色经济、规模经济，建立支柱产业和提高竞争力的客观要求，也是适应国际竞争的需要。因此，勒布村要围绕特色创产业，围绕特色创品牌。实施名牌战略，大力引导和支持有能力、有规模的企业树立名牌。用品牌的影响力，形成竞争力，提升产业的竞争力。

一　规模经营条件

（一）竹编的规模经营

1. 竹子的资源优势

勒布村（办事处）由于受印度洋暖湿气候的影响，形成了不同于错那县城的小气候，气候湿润多雨，森林密布，风景宜人，具有“小成都”之美称，适合竹子的生长，具有较丰富的竹子资源。

2. 竹子的功能

竹子的功能：第一，竹子的经济价值。竹子能制造竹筐、竹椅、竹席等各种日用工艺品。勒布村的竹编深受西藏区内及周遍印度市场的青睐，市场前景广阔。第二，竹子的材料功能。竹子是很好的建筑材料，竹材可制作竹胶合板、竹地板等。调研中发现，勒布村申请的竹子加工项目如果能够顺利落实，每年最低能创造产值 8 万元。第三，竹子的绿化功能。竹子具有很高的观赏价值。竹子能够绿化当地的景观，营造出清幽高雅、富丽多姿的山水园林，能带动生态旅游业的发展，从而实现经济效益。第四，竹子的生态功能。竹子能保持水土，净化水源，竹子掉下来的竹叶，腐烂就变成了有机肥料，使土壤变得疏松，竹子的放氧量比其他植物高 35%。第五，竹子的药用价值。竹根水含有抗癌物质，长期饮用有利于人的身体健康，竹子还可以开发出若干其他药物产品。

3. 竹编生产的技术优势

勒布村（办事处）麻玛乡的竹器社始建于 1971 年，厂房总面积为 165 平方米，现有职工 32 人。麻玛竹器社成立 30 余年来，职工已熟练掌握了竹器编织技术。麻玛乡竹器社生产的竹器种类繁多，有筐、篓、席、筛、箕、盒、桶、碗、勺等竹编品。调研中发现，麻玛乡的竹编篓有大、中、小几类，小的 25 元，中等的 70～80 元，大的 150 元。竹编产品以其经济实用、美观大方等特点畅销于错那、山南、拉萨等地，产品供不应求，目前产品已具备了一定的知名度，占有较为广阔的市场（图 3－13）。

图 3－13　勒布麻玛乡出产的竹器品

4. 竹编的人力资源优势

竹编工艺的人力资源丰富。麻玛竹器社有劳动力 23 人，技术人员 17 人。竹器编织不受场地限制，群众在掌握了技术后，可以随时随地编织，勒布村门巴族女子都具有竹编工艺的技能，她们大多利用农业生产间隙，边操持家务边进行竹编劳动（图 3－14）。

（二）茶叶的规模经营

1. 茶叶的资源优势

茶叶既是满足人民群众生活的必需品，又是能够带动群众致富，推动农业特色产业发展的特色资源。勒布村（办事处）勒乡的地理、气候、土质等条件适宜茶树生长，这里有错那县的“高峰茶场”，茶场呈现坡状分布，茶园主要集中在贡布河西南岸的阳坡上以及娘姆江西南岸平坡上，

图 3-14 门巴族妇女在编制竹器

海拔 2500 米左右。茶场所在地属亚热带雨林气候。由于受印度洋暖气流的影响，雨量充沛，年降水量 1000 毫米以上；秋、冬季多谷风，日照时间短；气候温暖湿润，最暖月（7月）平均气温 18℃，最冷月（1 月）平均气温 >2℃；茶园土质为紫色沙壤土，适合茶叶的种植。

2004 年，错那县的“高峰茶场”在原有成熟茶树园 43 亩的基础上新开垦茶园 160 亩，2006 年，茶场面积扩大到 600 亩。错那县筹备“高峰茶场”的改扩建项目，把高峰茶场建成继林芝易贡茶场之后的西藏第二大茶场，茶场在扩大规模后，重视茶叶的分等级加工，茶场的多种经营，每年可创造产值 30 多万元。

“高峰茶场”所产的茶为典型的高原云雾茶，茶质佳、耐冲泡、香气浓郁、味道鲜美，完全具备制作高档茶叶的条件。据农业部茶叶研究所检测，由拉萨秋林经济发展公司加工的勒乡绿茶样品，其各项指数均合格，水分含量8.9%，咖啡含量4.5%，茶多酚含量31.4%，氨基酸含量14.6%，黄酮含量7.8%。经有关部门审核，初步注册商标定为“雅江”牌，产品的名称依照茶叶等级分别命名为“勒布翠尖”、“勒布翠眉”、“勒布翠绿”。

2. “高峰茶场”茶叶生产的技术优势

“高峰茶场”创建于1971年，1985年重建，现有职工13人，茶场职工在生产实践中已掌握了一定技术；茶叶生产初步具备了技术、厂房、外运等条件。茶场拥有固定资产59.36万元，厂房面积728.08平方米，茶园面积400亩，目前，由于刚起步，年收入达到2万~5万元。

3. 茶场的产业化的带动效益

“高峰茶场”规模扩大后，采取“公司+基地+农户”的农业产业化生产经营方式，即由农户分散生产初级产品，由基地统一收购、加工，由公司销售成品，具体地说，就是将茶园按人头承包给农户，优先、优惠承包给贫困户，农户在技术员及茶场职工的指导下，进行茶树的培植、茶叶的分期采摘等工作，茶场收购农户采摘的茶叶，进行集中加工，统一销售。茶叶的产业化经营给当地贫困群众提供了就业机会，也增加了群众收入。茶场不仅能够保护环境，促进旅游业的发展，还对加速边境少数民族地区社会的发展，边防的稳定起着不可估量的作用。

（三）林下资源的规模经营

调研中我们发现在勒布村（办事处）四乡门巴族群众收入中有相当比例来自林下资源的采集。采集业的收入有890787元，户均14846.45元。发展林下资源，是增加门巴族群众收入，加快勒布村（办事处）经济发展的可行性选择。

1. 野菜资源的开发优势

勒布村有着茂密的原始森林，蕴藏着丰富的林下资源，如蕨菜、竹笋、食用菌等。蕨菜营养丰富，除含淀粉、脂肪、蛋白质外，还含有维生素A、维生素C和磷、钙等，每百克中含胡萝卜素1.68毫克、维生素C 35毫克，它幼嫩的叶茎是别具风味的野菜佳品，炒食、煮汤、炝拌、盐渍各种做法均可，清淡鲜美。长期以来，由于当地农牧民信息闭塞，没有将森林资源优势充分开发出来，而是将直接砍伐木材用来销售，作为主要的收入来源。这既破坏了生态环境，也赚不了多少钱。为了促进当地经济的发展，增加农牧民收入，通过野生植物采集驯化、野菜引种驯化种植和粗加工，充分开发林下资源，不仅是致富的好方法，也保护了当地的生态环境。随着人们生活水平的提高，对天然野生蔬菜产品有着较高的需求。野菜的开发和生产，可以培育成勒布村的主导产业和拳头产品，野菜加工技术推广可以有效地提高农业劳动者的科技文化素质。同时，也促进了农村劳动力的自我消化，增加就业机会，减少就业压力。有计划地开发林下资源，有利于勒布村环境资源保护，加快农林业发展的进程。

2. 食用菌资源开发利用优势

勒布村有着茂密的原始森林，蕴藏着丰富的野生食用菌。野生食用菌含有丰富的硫胺素、核黄素、尼克酸（烟酸）、抗坏血酸、麦角甾醇、叶酸、泛酸等人体必需的微量元素。多食野生食用菌，对摄入人体必需的矿质元素，补充从其他食物中摄入的不足，促进新陈代谢、保持生理机能平衡、延年益寿、防癌、抗癌等有不可估量的有益作用（图 3－15）。

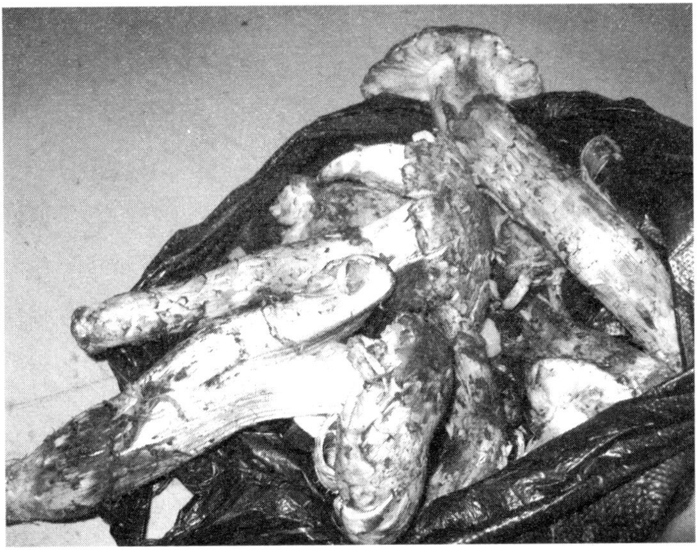

图 3－15　勒布生产的松茸

食用菌营养丰富，味道鲜美，还具有一定的防病治病功效，备受广大消费者的青睐。食用菌商品贸易额日益增长，市场容量和销售量随产品种类增多、品质改良而不断扩大，市场前景十分广阔。世界食用菌年需求量约 1000 万吨，而且每年以 5%～10% 的速度递增。我国食用菌产业迅速发展，呈现出了异军突起，遍及城乡的好势头，截至目前，全国食用菌总产量，已经达到 400 万吨以上，总产值已经超过 100 亿元，出口创汇已经突破 10 亿美元。不仅产量居世界之首，而且品种多和出口量大，在国际市场上占有重要位置，成为我国农村经济发展的支柱产业，勒布村食用菌资源开发迎来了大好的机遇。

3. 蕨菜加工优势

蕨菜属于蕨科植物，是凤尾蕨科多年生成的草本植物。蕨菜的嫩叶及根，又名龙头菜、龙爪菜、吉祥菜、锯菜。蕨菜的营养价值很高，含丰富的蛋白质、脂肪、碳水化合物、粗纤维、胡萝卜素，并含多种维生素、矿物质及微量元素和氨基酸，是一般家种蔬菜的几倍至几十倍。蕨叶茎可煎汤服，有清热利湿、宁神安眠的功效，对高血压、头晕失眠、急性肠炎、风湿性关节炎等都有显著疗效。蕨菜的根茎含有丰富的淀粉，可制成蕨粉、粉丝、粉皮，属于“黑色食品”系列。常吃蕨菜或蕨根制成的各种食物有预防癌症的作用，也可作为癌症患者的辅助药物，试验证明对癌细胞有一定的抑制作用。

由于蕨菜生长地没有受到环境污染，国内早已把它列为健康食品，被誉为“山菜之王”，近年来列入了“绿色食品”加以开发，成为对外出口的大宗畅销的蔬菜产品系列之一。勒布蕨菜由于独特的生长环境，为纯天然“绿色食品”，开发利用的潜力很大。

勒布村的蕨菜主要分布在海拔 2000～4000 米的山地、草地。

（1）蕨菜分布及面积。勒布区域的实际控制线以内蕨菜分布总面积为 12850 亩，其中勒乡蕨菜分布面积为 2750 亩、麻玛乡为 1850 亩、贡日乡为 3500 亩、基巴乡为 4750 亩。集中连片的蕨菜分布面积为 6330 亩，零星分布的面积为 6520 亩。

（2）蕨菜生长情况。因海拔自然条件等差异，生长差异较大，勒乡、麻玛乡蕨菜大多分布在海拔 2000～3000 米的地方，成年株高 67～105 厘米，可采收幼年株高 35～50

厘米，直径0.6～1厘米；贡日乡、基巴乡蕨菜大多分布在海拔2500～4000米的地方，成年株高35～62厘米，可采收幼年株高25～38厘米，直径0.3～0.6厘米。

（3）蕨菜采集量。勒乡、麻玛乡蕨菜采集量较高，贡日乡、基巴乡蕨菜采集量较低。相对集中连片的每亩4500～5500株，勒乡、麻玛乡每亩可采集90～110斤，贡日乡、基巴乡每亩可采集30～35斤。每年从3月中旬至7月中旬一次性从勒乡、麻玛乡、贡日乡、基巴乡可依次采集66万～80万斤蕨菜。生鲜比（采集的蕨菜放于95～98℃热水中煮10分钟后的比例）为1∶1；烘干比例为8～10∶1。

蕨菜入肴，做鲜品、盐品、干品均可。鲜品加工方法简单，把采集的蕨菜放在滚烫的开水中煮，然后放进凉水里浸泡，换水，再换水，除去涩味和苦味即可。干品的加工，把采集的蕨菜洗净，捆成5厘米左右的小把，放入缸内腌制14～16天即成正品。盐品的加工，将采集的蕨菜洗净，捆成5厘米左右的小把，放入缸内腌制14～16天即可，蕨菜还可以加工成小食品及罐头食品。

勒布村现已建成面积200平方米的野生蕨菜加工厂，包括蕨菜加工车间50平方米、食用菌加工车间50平方米、竹笋加工车间50平方米和包装车间50平方米。勒布村的野生蕨菜开发率达70%以上。项目实施后，每年为市场提供蕨菜加工品7.5万公斤、竹笋加工品2万公斤、食用菌加工品3万公斤；蕨菜加工，可直接解决农村劳动力21人，同时可使项目区农牧民均参与野生菜的采集。项目的建成，使错那县农业生产条件得到改善，使农业生产潜力得到较大程度的挖掘，通过3～5年努力，培植出龙头企业1个，生产拳头产品3个，引导错那县林下资源的合理开发，并转向自我优化的良性发展轨道，同时使项目内农民年收入达2万元以上，周边农民收入增加15万元左右。

4. 藏药资源优势

勒布村气候温暖、雨量充沛，森林集中分布区，森林植被丰富。由于海拔差异大，不同气候条件适应各类药材生长。海拔4000～5100米，主要分布有高山蒿类、龙胆花、矮火草、滇藏方枝柏、西藏锦鸡儿、川滇绣线菊、多裂委陵草、固沙草、紫花针茅细裂叶莲蒿、三刺草、垫状点地梅、红嘴苔草等。海拔3000～4000米，在冷杉、云杉、铁杉、柏木和桦木、高山栎等树林中有杜鹃、高山柳、忍冬、蔷薇、箭竹、狼压刺、西藏锦鸡儿等，草本植物多见白茅、凤毛菊、蒿草类、苔草、蕨类、藓类等。海拔2000～3000米以下有箭竹、蔷薇、毛果、算盘子、朱砂根，多种蕨类、藓类、蓼科、兰科植物；藤本植物有络石、鸡血藤等。海拔2000米以下有壳斗科、樟科、山茶科、五加科等。总之，得天独厚的地理环境使勒布村内有各种野生中草药几十种，而且还有利于藏药材的种植。藏药材的种植、生产、加工，不仅可以解决农牧民用药难的实际问题，又可加快门巴族群众脱贫的步伐，减轻农牧民负担，取得经济和生态双重效益．有利于推动勒布村经济的快速发展。

（四）勒布藏猪、野猪资源优势

藏猪（香猪）是西藏高原独有的畜禽资源。千百年来，藏猪都是靠放养繁育，以采食野外人生果、昆虫为主，属瘦肉型带野味的畜禽，其肉质细嫩，香味浓郁（图3－16）。

勒布村的藏猪有体型小、皮薄、肉嫩、骨细、早熟与肉质优良等特点。香猪体躯短而矮小，体毛全黑，皮薄而

图 3－16　勒布饲养的香猪

细嫩，骨骼细小，头大小适中而较直，嘴中等长，额面部有纵行皱纹，形状多样，耳较小、呈荷叶状，略向前伸稍下垂或两侧平伸，颈部短而细，背腰稍凹，腹部较大，斜尻，尾较长，四肢短细，前肢姿势端正，后肢多卧系，母猪乳头多5对。

勒布村野猪繁育和生产规模逐渐扩大。野猪的生产繁衍是一项增加群众收入的“短、平、快”项目，群众乐于接受，技术容易掌握。勒布贡日、麻玛两乡有一定的野猪饲养生产基础，已建设两个养殖基地，面积有600平方米。繁育野猪的过程是，从贡日乡选购种猪40头，与野猪进行杂交改良，在3年内两个养殖基地繁殖良种猪100～200头。2007年6～7月完成养殖场的扩建，选种购种、杂交繁殖等各项任务。目前，每斤野猪肉市场价格为10元，且供不应求（图 3－17）。

图 3－17　勒布饲养的野猪

二　政策优势

西藏自治区为确保到 2010 年农牧民人均纯收入进入全国中等行列，提出到“十一五”末，（1）所有乡镇和 80% 以上的建制村通公路。（2）所有的乡镇、95% 以上的村和 80% 以上的农牧户用上电。（3）基本解决农牧民饮水安全问题。（4）全区 80% 以上的农牧民住上安全适用的住房。（5）基本解决乡乡通邮、村村通电话问题，使 80% 以上的乡通邮、80% 以上的村通电话。

错那县按照自治区提出的“一产上水平，二产抓重点，三产大发展”的经济发展的战略目标，抓住西部大开发的机遇，充分发挥资源优势，大力发展规模经济，把资源优势转变为经济优势，将勒布村（办事处）的各种优势资源开发纳入了“十二五”期间重点发展的项目。

三　规模经营的对策

（一）深化改革，建立健全经济运行机制

勒布村（办事处）发展规模经济，要认真落实十七大精神，按照建设社会主义新农村的目标要求，深化改革，建立健全经济运行机制，就要在坚持“土地归户使用、自主经营、长期不变”，“牲畜归户、私有私养、自主经营、长期不变”和“草场公有、承包到户、自主经营、长期不变”三个长期不变政策稳定的前提下，创新经营模式，鼓励龙头企业的发展，大力培育农牧民合作经济组织，扶持一批种养殖业大户，充分发挥能人带动的作用。

（二）调整经济结构，开辟农牧民增收的新途径

实现规模经营关键在上水平、调结构、打基础、推进现代化。这就要坚持“因地制宜、合理布局、规模经营、生产高效”的原则，按照“公司+基地+农户”的经营模式，抓住安居工程实施的机遇，加强对藏猪、野猪、藏鸡的研发、推广和产业化的步伐。

（三）加强农牧业基础设施建设，改善门巴族群众的生产生活条件

农牧业基础设施建设，是发展农牧业经济和改善勒布村（办事处）门巴族群众生活的必备条件，是推进社会主义新农村建设的物质基础。加强农牧业基础设施建设，一

是围绕提高农牧业综合生产能力，大力加强农田草场基本建设。二是实行投资倾斜，集中力量建设勒布村（办事处）门巴民族四乡通电、通路、通水及科技、教育、文化、卫生和广播影视等基础设施。三是围绕提高农牧业的抗灾能力和实现可持续发展，加强以治理泥石流为重点的勒布道路、通信、生态等建设，积极推进退耕还林和农田防护林体系建设，完善农牧业生态屏障。

（四）发展公共事业，使门巴族群众过上现代文明的新生活

农村教育、卫生等社会事业发展滞后，公共服务严重不足，是勒布村发展中的薄弱环节。(1）进一步发展教育、社保、医疗、文化等社会事业，以不断提高勒布村（办事处）门巴族群众的综合素质。(2）努力提高勒布村（办事处）门巴族群众的文化水平和劳动技能，推进基础教育振兴行动的计划，加大基础教育投入，把农村义务教育作为整个农村社会事业发展的优先领域率先发展。(3）加强农村公共卫生和医疗服务事业建设，维护门巴族群众的身心健康。继续把医疗卫生工作重点落实到勒布四乡的各个村，进一步完善以免费医疗为基础的农牧区医疗制度，提高勒布村（办事处）门巴族群众免费医疗的补助标准。(4）加快基层文化设施建设，积极推进“西新工程”、“村村通”工程、“2131 工程”和文化信息资源共享工程，倡导健康、文明、科学的文化和生活方式，促进乡风文明。

（五）培养社会主义新型的农牧民

人的素质的高低决定着一个国家或一个民族的振兴或

衰退。文化素质不高，缺乏专业劳动技能，是勒布门巴民族四乡经济发展缓慢的原因之一。因此，建设社会主义新农村，就要培养和造就出一批有文化、懂技术、会经营的门巴族的新型农牧民。这就要求我们，一是要加大国家对教育的投入力度，加快发展勒布村门巴族的义务教育。二是要大力发展职业教育，尤其是要建设好勒布村职业教育示范基地，以职业教育为手段，依托职业教育基地，有计划、有组织、有目的地大规模开展门巴族群众技能培训，通过实施劳动技能培训工程，提高勒布村门巴族群众的劳动素质、增收致富能力和科学文化水平。

（六）加强基层组织建设，健全民主管理新机制

基层党组织是社会主义新农村建设的组织者、推动者和实践者。一是要围绕新农村建设，加强勒布村基层党组织建设。通过引导党员学习和贯彻党章，坚定理想信念，坚持党的宗旨，结合勒布村的实际，有针对性地开展教育，解决党组织和党员队伍中存在的突出问题，解决影响改革发展稳定的主要问题，解决群众最关心的重点问题和热点问题。二是要切实抓好乡党委和村党支部领导班子建设，同时，要高度重视乡村干部和党员的教育培训工作，通过各级党校和其他培训形式，提高他们的政治素质和工作能力。三是要加强村级组织的阵地建设，关心和爱护基层干部，继续开展党的建设“三级联创”活动，加强基层党风廉政建设，巩固党的执政基础。

第四章　生产、收入和消费的变化

古往今来，最高统治者，无不把边疆问题作为国家大事的中心议题来对待。边疆问题不仅涉及内政外交问题，更重要的是，边疆的稳定可测知一个国家的兴衰。1999年由国家民委联合发展改革委、财政部等部门倡议和发起的“兴边富民”工程，其实施范围包括我国135个陆地边境县（旗、市、市辖区）和新疆生产建设兵团58个边境团场。“兴边富民”行动的宗旨是振兴边境、富裕边民，最终达到富民、兴边、强国、睦邻的目的，通过强化政府组织领导，广泛动员全社会参与，加大对边境地区的投入和对广大边民的帮扶，使边境地区尽快发展起来，尽早富裕起来。2006年，西藏自治区提出了以安居工程为突破口的新农村建设。按照“生产发展、生活宽裕、乡风文明、村容整洁、管理民主”的社会主义新农村目标的要求，认真贯彻《“十一五”“兴边富民行动”规划》和《区内人口较少民族发展规划》的精神，提出了加快边境地区发展“一年起步、三年突破、五年见效”的奋斗目标，推动边境地区和区内人口较少民族地区经济社会全面发展。“十二五”提出把边境地区作为西藏经济跨越式发展和社会长治久安的重点区域。以下我们从经济社会、居住条件、收入水平、消费支出的变化入手，以调研的勒布村（办事处）为例，分析“兴边富民”和“安居工程”为突破口的新农村建设实施以来，勒布村（办事处）生产生活、家庭收入和消费的变化情况。

第一节　生产、生活的变迁

一　经济社会的全面发展

进入新世纪以来，中央的民族政策在门巴族地区得到了很好的贯彻执行，勒布村（办事处）把发展经济作为第一要务，利用当地资源优势，把资源优势转化为经济优势，因地制宜地调整经济结构，大力发展藏鸡、藏猪和野猪的养殖业以及运输业和民族手工业，不断优化产业结构。同时，积极推进社会各项事业的发展。使勒布村呈现出经济发展、社会稳定、边境巩固、人民安居乐业的大好局面。

勒布村千方百计地争取国家、自治区的投资项目，加大基础设施建设力度，使经济发展的硬环境得到进一步改善。调研资料显示，2004 年投资的项目有基巴乡修公路 73 万元、麻玛乡修桥 30 万元、麻玛乡修建河堤 10 万元，每个乡修建了温室大棚投资达 5.5 万元，此外，民宗委还投资 65 万元修建了民族文化村。2005 年，为 192 户门巴族群众住房改造（含水、路、电等配套设施）项目资金达 1000 万元，基础设施的不断改善，增强了全处经济发展的后劲。

勒布村社会事业全面发展。勒布村现已实现了村村通公路、通电、通电视、通电话的目标。教育卫生事业取得长足进步。办事处现有中心小学1所，在职教师7人，在校生72人，适龄儿童入学率达100%，并在2002年就完成了普及九年制义务教育的任务；卫生事业也取得了良好的发展，办事处设有中心卫生所，配备了专门的医生，群众参与合作医疗率达100%。

二　住房条件的巨大改善

勒布村属于老、少、边、穷地区，由于特殊的地缘关系，人多地少的现象日渐突出，加之该地区人民的生活水平较低，大多数人居住在偏远的原始森林里，住房结构简单，房屋低矮、破旧不堪，危旧房比重大，居住条件十分简陋，还有的一家四五口人拥挤在三四十平方米的简易平房里，夏不挡雨、冬不遮风，严重地影响了门巴族群众的生产生活。2005年，错那县扶贫办，抓住国家实施“兴边富民”的机遇，投入资金174万元，平均每户投入2.5万元，在勒乡、基巴乡、麻玛乡，对128户、409人住房屋顶进行了改造。2006年，勒布村在西藏自治区以安居工程为突破口的新农村建设中，坚持统一规划、统一实施、格局一致、厉行节约的原则，在勒布村（办事处）四个门巴民族乡实施了整村推进的安居工程建设。本次民房改造为集中安置、统一规划、统一实施、格局一致，宅成排、路相通，并按照小康社会的要求实现人均住房面积达到30平方米以上的标准，户通电、通水率100%．使住房条件基本达到小康水平（图4－1至图4－3）。

现在勒布村（办事处）门巴民族四乡群众的居住面积、居住环境、住房结构、建筑用料都大为改善。其变化有：

图 4-1　基巴乡民居变迁

图 4-2　贡日乡民居改造情况

图 4-3 麻玛乡新建的民居

(1) 住房结构的变化。过去，门隅北部勒布地区门巴族的住房多为石砌碉房，人字形木板屋顶。木板用刀、斧劈成，有意留下木板的自然纹路。建房木板顺屋脊一块块叠压，再用石板压紧，以避免被风掀起。房屋一般呈方形，为木板楼，大门多向东、南；房屋分三层，下层为畜圈，中层住人，上层角楼，堆放柴草。灶塘居中，白天为炊事、吃饭和待客场所，夜晚为栖宿之地，屋里四周放置装粮食的木柜、衣物及日常用具，许多家庭还在楼下修有一个小屋，堆放杂物之用，上层为角楼，堆放柴草。现在勒布村四乡门巴族居民的住房建筑材料主要是石块、水泥制板、沙石、木门窗、玻璃等，房子的朝向、楼层、房屋的舒适程度、装饰、摆设都比较考究。住房建设均为土木结构，地基采用石基，深入地下一米，墙石露出地面 1 米高，每层建筑面积均为 98 平方米，长 14 米，宽 7 米，每层楼高 2.5 米，屋面采用石块并用水泥浆填缝，防止雨、雪渗透，地面也采用石块铺地，防止地面潮湿。调研中发现，麻玛、勒两乡的一些房子的外观结构按照统一的部署、格局，改变了门巴族传统的建造方式，与林芝地区藏族住房建筑格局相似，非常美观大方。（2）居住面积不扩大。调研中我们发放问卷60份，收回问卷59份，收回率99%，问卷户59户，总人口242人，住房总面积为5140.5平方米，户均为87.13平方米，人均21.2平方米，与2003年全区农牧民人均住房面积21.42平方米基本持平。住房面积具体情况为：198平方米的1户，132平方米的1户，112.5平方米的1户，108平方米的5户，105平方米的3户，104平方米的3户，102平方米的2户，98平方米的9户，96平方米的1户，92平方米的1户，90平方米的3户，87平方米的2户，86平方米的1户，85平方米的1户，84平方米的6户，82平方米的3户，78平方米的1户，72平方米的7户，70平方米的2户，58平方米的1户，56平方米的2户，此外有4户没有登记。（3）环境优美。过去勒布村（办事处）门巴族的住房与西藏其他农牧民的住房一样，人畜混杂，既不卫生，又容易传染疾病。安居工程实施后，勒布村（办事处）按照新农村“村容整洁”的要求，注重“三通”（通水、通电、通路）的要求，不仅使门巴族群众住上了宽敞明亮的房屋，喝上了清洁卫生的水，用上了电。住房周围盖有公共厕所，公共厕所有专人负责打扫，居住环境改善了，村容村貌更加整洁，门巴民族的生活质量得到前所未有的改善和提高（图4-4）。

图 4－4　麻玛乡的公共厕所

三　生产、生活条件的改善

“兴边富民”和“新农村建设”战略的实施，加快了勒布村（办事处）门巴民族四乡基础设施建设，改善了门巴族的生活条件。近年来，错那县在勒布村（办事处）建成的项目有 39 个，投入资金在 4000 万元以上，主要包括门巴民族四乡基层政权建设及附属工程、卫生院、勒布文化村、让村和贤村公路、勒布办事处的招待所、办事处完小、麻玛电站等项目，正在建设的项目有勒布四乡民房改造附属工程，包括给排水、路灯、绿化等，麻玛乡基层政权建设项目。在一个人口仅有 192 户 600 多人的较少民族居住区域，3 年时间投放资金 4000 多万元，这在高寒、贫穷的错那县有史以来是第一次，在西藏全区，甚至全国也是少有的。

错那县还利用“兴边富民”和“新农村建设”之机，第一，修建了文化室。为展示门巴族民俗文化在8个村均建立了文化活动室，2005年，错那县又在麻玛乡修建了“门巴族民俗文化园”，进一步满足了广大农牧民群众的文化生活需要，为边境县的稳定与发展发挥了极其重要的作用。改善了通信设施。勒布村邮政业务已经覆盖了8个行政村，第二，实现1个月2次通邮，2003年7月，开通了4个门巴民族乡的程控电话业务，2004开通了小灵通、移动业务。第三，交通不断完善，勒布村门巴四乡8个自然村均实现通车，通车入村率达到100%。第四，加强了电力建设，勒布村通电入户率达到100%。第五，实施了“村村通”“西新工程”和“2131”工程，在勒布村门巴四乡建成了“村村通”站点7个。

四　服饰的变化

服饰、饮食等物质生活是家庭生活和社会生活的重要内容，也是民族文化特征的外在表现形式。门巴族与藏族关系密切，生活习俗方面受藏族影响较大，同时又具有自身特色。以前，门巴族的服饰多采用氆氇为原料，种类多样，色彩艳丽。门隅北部的勒布一带男子喜戴一种叫“八拉嘎”的帽子，用蓝色或黑色氆氇做帽顶，下部使用红色氆氇，翻檐处用橘黄色绒布镶边，并留一个缺口，戴帽时把缺口对在右眼上方。橘黄色颜料是用当地出产的一种草根制作而成，几种颜色反差鲜明，远远望去十分醒目。门隅北部勒布地区的男子喜欢戴耳环。多穿赭色布袍或氆氇袍，但比藏族的袍子要短小一些。由于山区坡大路狭，人们爱穿软底长筒靴，靴面多为黑色，靴筒为红色或绛红色，妇

表 4－1　勒布村 2000～2006 年“兴边富民”项目实施的情况*

单位：万元

序号	项目名称	建设规模	投资年度	总投资	实施地点	建设情况	效益分析
1	勒乡二村公路	里程 3 公里	2000	25	勒乡	完成	解决当地农牧民交通的困难
2	基巴 2 村、贡日 1 村、麻玛 1 村文化室	各乡新建文化室各 1 栋，面积为 300 平方米	2000	15	基巴、贡日、麻玛	完成	解决当地群众的办公、会议、文化活动等用房问题；对边境地区精神文明建设、全民素质的提高起到良好的作用
3	扶持基巴乡镇企业和修建乡文化室	新建基巴乡文化室 1 栋，面积为 600 平方米	2000	10	基巴	完成	解决当地群众的办公、会议、文化活动等用房问题
4	让村电站	主体工程为 250 米引水渠，前池、压力钢管，40 平方米厂房，28 千瓦的机组	2000	45	基巴	完成	实现了勒布沟处处灯光闪烁的梦想，结束了勒布让村唯一不通电的历史
5	让村公路	公路总长为 4.5 公里，有 4 个弯道	2001	35	贡日	完成	解决当地农牧民的交通困难，使剩余劳动力平均增收 200 元左右
6	贡日 2 村多功能文化室	石土结构 300 平方米的贡日文化室 2 座	2001	5			解决当地群众的办公、会议、文化活动等用房问题

续表

序号	项目名称	建设规模	投资年度	总投资	实施地点	建设情况	效益分析
7	勒布办事处完小	该教学楼为两层钢混水泥结构，共12间，建筑面积为560平方米	2001	60	勒布办事处	完成	大大改善了该校的办学条件，也促进了当地的两个文明的建设
8	勒乡1、2村多功能室文化室	基巴乡村文化室新修一幢勒乡村文化室，面积为150平方米，砖混结构，藏汉结合	2001	10	勒	完成	解决当地群众的文化活动用房问题
9	基巴乡商品房	一间96平方米的商品房	2001	5	基巴	完成	不仅增加当地群众的经济收入，同时方便了驻军
10	麻玛河坝	河坝治理100米	2001	15	麻玛	完成	保护农田、林草地，保护该乡农牧民生命财产的安全
11	贡日乡引水工程	建设主管道1500米，支管道800米，供水点3个	2002	7	贡日	完成	该引水工程的建设，改变了农牧民群众饮水难的现状，使群众有充分的时间，投入到发展经济当中去
12	勒乡1村文化室	新建一所钢筋混泥土的文化室面积为150平方米（其中群众娱乐室1间、办公室1间、招待所1间、会议室1间）	2002	16.5	勒	完成	解决当地群众的办公、会议、文化活动等用房问题；对边境地区精神文明建设、提高全民素质起到良好的作用

续表

序号	项目名称	建设规模	投资年度	总投资	实施地点	建设情况	效益分析
13	办事处配备公务车		2002	7	办事处	完成	
14	麻玛乡经济林	网围栏 1 公里，河坝 218 米（高 1.5 米、宽 1 米）	2002	15	麻玛	完成	保护 300 多亩林草和耕地，使 40 多户、130 多人受益；以后能增加收入每人平均 200 元
15	麻玛乡经济林	网围栏 1 公里，河坝 400 米（高 1.5 米、宽 1 米）	2003	7	麻玛	完成	保护 300 多亩林草和耕地，使 20 多户、60 多人受益；以后能增加收入每人平均 200 元
16	办事处的河坝	河坝治理 100 米	2003	10	勒布办事处	完成	灌溉农田，增加粮食产量，增加农牧民的经济收入
17	四乡的塑料温室	在 4 个民族乡修建 24 座面积为 0.5 亩的大棚蔬菜基地	2003	20	四乡	完成	从社会效益方面看，体现了党和国家对民族地区的关心和重视，又能给当地农牧民群众带来实惠，达到“兴边富农”的目的，推动“一加强、两促进”，加快当地经济的发展

续表

序号	项目名称	建设规模	投资年度	总投资	实施地点	建设情况	效益分析
18	基巴乡打麦场	全封闭式，总面积为500平方米	2003	10	基巴	完成	该项目的建成不仅在经济上取得了一定的效益，而且，对边境社会的稳定起到不可替代的作用
19	勒乡养鸡、养猪厂	1. 新建牲畜防圈5个园子（600平方米）；2. 猪圈、鸡圈各一个	2003	6	勒	完成	该项目建成后，改善和提高了门巴族群众的科学技术水平
20	新建麻玛桥	长14米，宽4米的水泥桥	2003	7	麻玛	完成	1. 缓解当地因季节性造成的交通滞后现状；2. 为门巴族脱贫致富创造条件
21	维修夏日至贡巴则寺公路、34道班至基巴村和错龙村公路	维（新）修夏日山脚至贡巴则寺公路1.5公里，34道班至杰巴村和错龙公路3.5公里	2004	7.4	错那镇	完成	解决当地群众交通运输难的问题
22	维修基巴公路	简易公路7公里（含2座木桥），骡马道26公里	2004	7	基巴	完成	

* 本表根据调研资料整理。

女也是穿袍服，外边围一块白色氆氇围裙，日常习惯于在背上披一张羊皮或牛犊皮。传说这是唐朝文成公主进藏时来到山南留下的习俗，为了避妖邪，图吉祥。妇女颈上都悬挂着用松耳石、红珊瑚、玛瑙等串成的装饰品。妇女们穿的内衣叫“不布热”，颜色多样，无开襟、无领、无扣子，只开一个圆口由头上套穿。外衣称“冬固”，分长短两种，用红、黑氆氇做成。有的胸前挂上一个用金属制成的护身佛盒，内装佛像及经卷，叫做“噶乌”。勒布村门巴族不论男女，都系一条长 2 米，宽约 6 米的红氆氇腰带。现在门巴族的服装基本走向是传统和现代相结合，人们的服饰穿着逐渐打破传统的穿着模式。由于门巴族传统服装穿后行动不便，故除了老年和年纪较大的妇女外，年轻女子和男子多穿汉服，而且比较时尚（图 4－5、图 4－6）。

图 4－5　勒布门巴族妇女佩戴的首饰

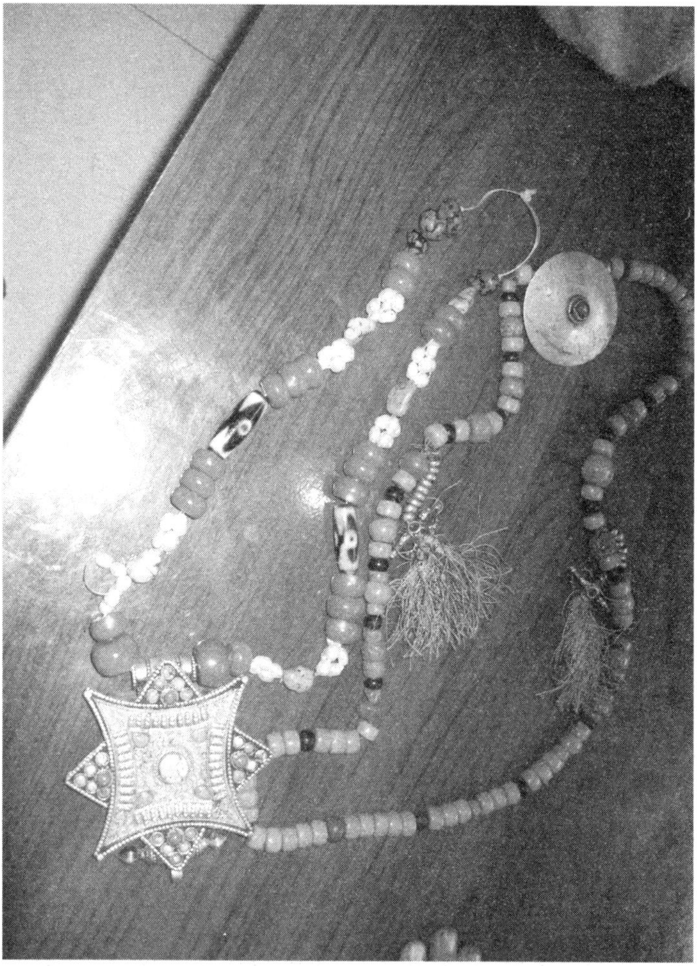

图 4－6　勒布门巴族妇女佩戴的首饰

五　社会事业不断进步

进入新世纪，错那县坚持把教育摆在优先发展的战略地位，不断加强对勒布教育工作的组织领导，不断增加对勒布教育的投入，2002 年对勒布门巴民族乡的教学点进行了规范建设，并于当年顺利通过自治区“普九”验收。勒布办事处适龄儿童入学率达到了100%，巩固率达到100%。门巴族学生上大学，一方面享受边境县的加10分的待遇；另一方面同时享受较少民族加10分的待遇，比藏族、蒙古族、满族等其他少数民族录取分数线还要低10分，体现了党和政府加快发展较少民族的优惠政策。2005年，错那县在勒布村（办事处）4个门巴民族乡率先修建了卫生院，配备了人员和部分设备，并在整个勒布村（办事处）积极推行了新型农村合作医疗制度，勒布村（办事处）门巴群众踊跃参加，参加率到达了100%，门巴群众看病难问题得到进一步的缓解。

第二节　收入、消费及其特点

一　经济结构和收入的变化

勒布村（办事处）经济结构为半农半牧，现有耕地面积464亩，播种面积730亩，森林面积25万亩，草场面积2880万亩。牲畜总数2161头（只、匹）。2005年勒布村（办事处）及所辖四乡生产总值达到365.05万元，其中第一产业为104.95万元，第二产业47.88万元，第三产业212.22万元，分别占总产值的28.8%、13.1%和58.1%；粮食产量23万斤，人均占有粮食350斤；牲畜存栏2181头，人均3.5头；肉类产量达到2.18万斤，人均33斤；农牧民人均纯收入达到2980元，人均纯收入居错那县各乡镇第一位。2006年，勒布门巴民族四乡总收入为398万元，其中农业收入30.2万元，牧业收入68.4万元，副业89.9

万元，林业收入 6 万元，其他收入 203.5 万元。2006 年，农牧民人均纯收入 3117.9 元，现金收入 2669 元。

表 4－2　勒布村四乡主要经济指标*

序号	乡镇名称	粮食播种面积（亩）		粮食产量（万斤）			牲畜总头数（头、匹）			人均纯收入（元）		
		2005 年	2006 年	2005 年	2006 年	增长率（%）	2005 年	2006 年	增长率（%）	2005 年	2006 年	增长率（%）
1	麻玛	4.53	4.53	22.6	15.2	－33	211	240	14	3269	4021	23
2	贡日	9.67	9.87	29.2	25.3	－14	688	687	－0.1	2772	3410	23
3	基巴	16	16	39.9	45.3	13	919	870	－5	2415	2970	23
4	勒	1.33	1.33	8.2	16.1	96	363	364	0.3	3024	3720	23

* 本表根据调研资料整理得出。

本次调研中我们发现养牛收入较多，但每个乡养牛数和收入不等。问卷调研中共计养牛 952 头，户均 15.9 头，总收入为 571546.3 元。户均养牛收入 9687.2 元，人均收入为 2361.8 元。其中：拥有 2～8 头牛的户有 12 户，这些户年均收入一般为 1 万～2 万多元；拥有 10～19 头的户数有 14 户。种植业收入较多。收入来源主要有耕地种植业收入，问卷中耕地最多的户为 4.56 亩、3.04 亩，其余都为 1 亩多，收入变化呈现出如下两个特点：（1）勒布村（办事处）农牧民收入结构呈现多元化。调查问卷中发现，一是勒布村（办事处）农牧民收入主要来自养殖业和种植业，由于牛肉的市场价格较高，养殖业的收入高于种植业；二是来源于副业收入和务工收入所占比重大，且呈现出增长的势头；三是来自运输业的收入，截至 2004 年年底，勒布村（办事处）从事运输业的有 19 人、经商的 17 人，其中个体运输户格桑巴珠从事泽当到错那县的客运，每年纯收入

5万~7万元。（2）收入差距拉大。最高收入56100元与最低收入4000元之间相差较大，究其原因，第一，观念的差别，收入较高的户，收入来源多样化，有外出务工、采集业、编织业、出租翻斗车、东风车等收入；第二，收入较低的户主要是缺乏劳动力。

二　消费习俗

门巴族由于分布地域不同，饮食、用具等消费习俗各异。门隅北部勒布门巴族以荞麦和小麦为主食，也吃青稞糌粑、酥油和奶制品，一般饮粗茶。荞麦和小麦的吃法是先将其加工成粉，烙饼或熬稠粥吃，多用石锅烙饼。勒布村门巴族吃牛、羊肉，也吃米饭、面条等食物。饮食的不同，烹煮食物的器皿也不同。门巴族使用石锅的比较普遍，西藏和平解放后，金属锅虽然大量运入勒布村（办事处）门巴族地区，但石锅的使用仍然很普遍，几乎每家都有几口，门巴族认为用石锅烹调烧煮的菜味道更美。餐具有木勺、木碗和瓷碗等。门巴族进餐时由主人分食。习惯用手抓食。门巴族食肉无禁忌，畜、禽、野兽和鱼类皆可食，家里杀猪，按习惯要到第二天才能食用。

门巴族皆嗜辣椒和酒。酒有白酒和黄酒两种。白酒度数高，一般为烤制。黄酒度数低，为酒药发酵酿制，饮时加水搅动，滤去渣，成为酸甜的饮料。酒是清热解乏的饮料，也是请客、送礼的必备之物。家中如果事先得知有贵客来到，他们会用竹筒装上酒，背着香蕉，到村外迎接，客人离别也要携酒相送。客人在家中时，每餐必以酒相待。主妇用大铜瓢舀酒站在客人面前，客人喝一口，斟一点，不使碗中酒减少，以示主人热情好客。按习惯，斟酒给客人必须用右手，切忌用左手，门巴人认为给死者斟酒才用左手。客人大醉了主人才满意。平时与邻村互相走访串门，也常以饮酒为乐事。

三　家庭消费支出和特点

人们的消费支出决定了人们的生产方式。随着社会的进步，经济的快速发展，收入水平的提高，勒布村消费水平也在迅速提高，消费结构和消费支出呈现多元化趋势。调查资料显示，勒布村总支出为2548040.64元，户均43186.98元，人均为3719.8元。其中：食品和衣服总支出为37430元，人均为154.67元。食品和衣服人均支出在3391元的户数有4户，2700元的有9户，2250元的有5户，1800元的有20户，1500元的1户，1400元的2户，1350元的10户，1300元的1户，900元的4户，600元的1户，450元的2户。交通费用总支出57020元，户均966.44元。其中交通支出3600元的1户，2500元的2户，2400元的1户，1600元的2户，1400元的1户，1200元的11户，1100元的1户，1000元的6户，920元的1户，800元的12户，600元的9户，400元的5户，300元的2户，200元的2户，120元的1户，100元的1户，无交通费用支出的2户。教育费用总支出53320元，户均903.72元，其中教育支出6500元的1户，5000元的1户，3500元的1户，3000元的4户，2800元的1户，2000元的2户，2500元的1户，2300元的1户，1600元的1户，1500元的3户，1000元的3户，960元的1户，750元的1户，700元的1户，400元的2户，350元的1户，300元的2户，140元的1户，120元的7户，60元的8户，无教育支出的18户。其他总支出

222241 元，户均 3766.8 元，其中 30000 元的 1 户，15000 元 1 户，10000 元的 1 户，9000 元的 1 户，7500 元的 1 户，6000～6890 元的 4 户，5480 元的 1 户，4000～4500 元的 6 户，3000～3950 元的 15 户，2000～2980 元的有 10 户，1000～1750 元的有 9 户，120～980 元的有 5 户，44 元的 1 户，无其他消费支出的 3 户。从以上资料中可以看出勒布村的消费特点：

（1）教育支出呈现多样化和增长的态势。20 世纪 80 年代开始，西藏在农牧区义务教育实行“三包”（包吃、包住、包教）的政策，彻底解决了因家庭困难而上不起学的现象。1994 年，国家按照分类原则进一步调整了西藏农牧民子女义务教育“三包”标准。一类（按地区艰苦程度分类）年费用标准为：小学生 780 元，中学生 900 元；二类年费用标准为：小学生 554 元，中学生 660 元；另按小学、初中、高中三个阶段核发装备费，一类标准每生每阶段 150 元，二类标准每生每阶段 60 元。同时，对享受助学金的范围、对象及标准进行了调整，边境乡小学每个学生每学年 90 元，边境乡中学每个学生每学年 110 元，其他小学每个学生每学年 180 元，其他中学每个学生每学年 220 元。调研中发现，由于勒布村属于二类地区，仅有上小学的农牧民家庭户教育费用支出年仅 60 元，而 60 元是国家掏钱，而不是自己出钱，教育费用支出略高的户中，都有上大学的孩子。

（2）住房支出几乎没有。国家“兴边富民”和西藏自治区以安居工程为突破口的新农村建设为门巴族群众集体建房。

（3）消费支出中食物和衣服支出所占比重较高，分别占到总支出的 43%、42%，说明勒布村生活水平提高后，从只能顾吃转变为吃穿兼顾的良好生活方式。

表 4-3　勒布居民的消费支出*

单位：元

项目 户别	食品	衣服	住房	交通	家电	教育	其他	小计
户均	18867	18563	—	966.44	120	903.72	3766.8	43186.98

* 本表根据调研数据整理得出。

第五章　社会发展

西藏民主改革后，随着封建农奴制度的废除，中国共产党在勒布开展声势浩大的民主改革运动，并在原勒布四错建立了乡人民政府，门巴人民翻身做了新社会的主人，很快修通了县城到勒布的公路，修建了小型水电站。40多年来，勒布村经济快速发展，社会不断进步。

第一节　人口

劳动人口是生产力中最活跃、最有创造性的因素。在一定范围内和一定的历史条件下，一个民族的人口数量，是影响社会经济进步的重要条件。由于我国西藏的门隅、珞隅、察隅大部分地方被印度非法侵占，门巴族人口的系统资料已无从查找。但是，从一些历史资料中可以反映出门巴族人口发展变化的基本脉络。根据《少数民族大百科》一书介绍，门巴族，共有5万人，在我国控制区仅有7475人，其余的生活在印控区。我国控制区内的门巴族主要聚居在墨脱县和错那县以及林芝、察隅等地，据2000年第五次全国人口普查统计，门巴民族共有0.89万人。

和平解放前，勒布归属门隅地区，门隅地区分为北部和南部，门隅北部有勒布和达旺地区；门隅南部有德让和达隆等地区。据相关资料记载，1656 年（藏历阳火猴年）五世达赖喇嘛罗桑嘉措派 2 名官员前往门隅地区，协助梅惹喇嘛管理门隅地区的政教事务，要求门隅每户献鸡蛋一个，共得鸡蛋 3000 个，故得知当时门隅地区门巴族户数有 3000 户，若以每户按 6 口人计算，大约有 1.8 万人。1920 年（藏历阳铁猴年），西藏地方政府清查门隅户口，得知有交差 2607 户。1940 年（藏历阳铁龙年），错那宗本奉西藏地方政府之命，为供奉即将举行坐床典礼的十四世达赖喇嘛曾在门隅地区清查户口，造了差巴户口清册，共有差巴 2216 户，加上免差赋户，估计 3000 户左右。以上情况说明，从 1656 年至 1940 年近 300 年的时间里，门隅门巴族人口发展基本上处于停滞状态，或呈现出减少的态势。1963 年，国外的一份资料记载，门巴族人口 3.66 万人。

1982 年全国人口普查时，错那县勒布区人口有 527 人，2007 年，勒布村（办事处）所辖基巴、贡日、麻玛和勒 4 个门巴民族乡，8 个村民委员会，总人口 685 人。

一　人口结构

研究人口结构变化的规律，对促进经济社会的发展具有深远的意义。人口结构的变化是经济社会发展的重要指标之一。从人口结构的分析可以进一步了解一个地区的产业、分工、职业、文化等方面的情况。

（一）男女比例

人类是依靠两性的结合繁衍后代的，婚育结构的两性平衡，是婚姻配偶、组织家庭和进行人口再生产的基础。较长时期以来，勒布村的性别结构一直处于女性多于男性的状况，2006年，勒布村（办事处）门巴民族四乡总人口651人，其中男性317人，占总人口的49%，女性334人，占总人口的51%，性别比例为96.07，这一现象产生的原因：一是调查户中老年女性多于男性；二是考大学，参加工作外出的人数中男性多于女性，原因是有30多名女性远嫁。

（二）年龄结构

年龄结构能够反映出社会经济大的转折和大的变革。调研资料表明勒布村人口年龄结构处于41岁至50岁。21岁至30岁的人数量较多，这一情况说明民主改革后出生的人口和改革开放后出生的人口占有很大的比例。

1959年年底，民主改革之后，中央西藏工作委员会和进藏的解放军部队，向勒布村门巴族聚居区派出工作组，深入门巴族村寨访贫问苦，宣传党的民族宗教政策，开展统一战线工作。工作组救济贫苦农奴，帮助群众发展生产，免费为他们防病治病，极大地改善了门巴族的生产和生活条件。安定的生活和医疗条件的改善，使门巴民族人口生产得到较快的发展。

十一届三中全会以来，勒布村（办事处）和西藏一道进入改革开放和全面开创社会主义现代化建设的新时期。1980年、1984年中共中央先后召开了两次西藏工作座谈会，会议决定从西藏实际情况出发，为使西藏有计划有步骤地繁荣富裕起来，制定了休养生息的政策，采取了免征农牧业税、提高农副产品价格等措施。勒布村（办事处）积极贯彻西藏工作座谈会的精神，使门巴族农牧民群众收入不断增加，生产和生活条件得到改善。

表 5－1　麻玛乡人口比例*

单位：人

	1～10 岁	11～20 岁	21～30 岁	31～40 岁	41～50 岁	51～60 岁	61～70 岁	71～80 岁	80 岁以上	
2001～2006 年	10	18	45	7	79	9	4	4	1	女 77，男 100

* 本表根据调研资料得出。

二　人口素质

人口素质包括身体素质、科学文化素质，以及由此引起的思想观念等。

（一）身体素质

身体素质反映一个民族的健康状况，是一个民族兴旺的标志。人力资本的研究表明，劳动者受先天因素和生活环境的影响，具有不同的体力因素和智力因素。从表 5－2 中我们可以看出勒布村人口出生率较低，5 岁以下儿童死亡率和孕产妇死亡率为零。这些数字表明随着勒布生产生活水平的变化，医疗条件的改善，门巴族的身体素质也随着提高。

从表 5－2 中可以看出，2001 年人口的自然增长率较高，达到了 4.8‰，2002 年有所回落，2003 年又上升到 3.4‰，以后年份趋于平稳。其原因主要是扶贫开发工作成效显著，贫困户改变了“养儿防老”的转变，使生育率降低。

表 5-2 勒布村人口出生率、孕产妇死亡率情况*

单位:‰

指标名称	2001 年	2002 年	2003 年	2004 年	2005 年	2006 年
人口自然增长率	4.8	2.8	3.4	2.4	2.3	2.45
婴儿死亡率	113.9	99.1	76.9	99	107	80
5 岁以下儿童死亡率	0	0	0	0	0	0
孕产妇死亡率	0		0	0	0	0

* 本表根据错那县统计资料整理得出。

（二）文化素质

联合国 HDI（人类发展指数）指标中就包括人们的知识水平。用成人识字率（占 2/3 的权重）以及小学、中学和大学综合毛入学率（占 1/3 的权重）来表示。文化素质反映出教育的发展与变化。据调研资料显示，勒布村人口文化素质呈现以下特点：第一，勒布村门巴族群众普遍重视教育。义务教育普及率为 100%，小学入学率为 100%，小学升初中率为 100%，辍学率无，初中阶段毛入学率、巩固率均很高。第二，整体文化素质较差。勒布村农牧业生产的从业人员文化程度普遍较低。调研中发现成人识字率很低、文盲率高，大多数成人文化程度最高达到小学水平，这表明由于历史、自然、社会等原因造成门巴族人口文化素质较低。从事农牧业生产的人员文化程度普遍较低，难以掌握现代科学技术。调研中我们发放问卷 60 份，收回问卷 59 份，收回率 99%。问卷户 59 户中，户主文盲 21 人、小学文化程度 38 人。调研中的另一份资料显示，勒布村农牧民文化素质偏低。青壮年劳力中文盲半文盲占 64%，远远高于全国平均水平和西藏全区平均水平，显然不利于接受和掌握现代科学技术。第三，技术运用能力较差。人口文化素质变化与经济社会发展是对立统一的关系。据联合国教科文组织统计，具有小学文化程度的农民，可使农业劳动生产率提高43%，中学文化程度可提高108%，大学文化程度可提高300%。可见农牧民文化程度的高低与经济发展和社会进步关系重大。受文化素质低下的影响，勒布村门巴族对科技知识的运用能力较差，许多农牧民习惯于世代相传的种养殖技术。入户调查结果显示，农牧民文化程度高者商品意识较强，择业门路广，来自编织、出租车辆的收入多，文化程度高的与文化程度低的人相比主要是现金收入多。

三　计划生育工作

（一）计划生育政策

对于少数民族地区的人口发展，国家一直采取特殊的优惠政策。1984年，自治区政府为提高人口素质，缓解人口过快增长给经济社会带来的压力，出台了《西藏自治区计划生育暂行管理办法》，该管理办法规定在藏族干部、职工和城市居民中提倡计划生育；农牧民群众不实行计划生育，在广大农牧区坚持“宣传为主，以自愿为主，以服务为主”的原则开展计划生育工作。近年来，针对门巴族人口较少的客观实际，国家对门巴族实行鼓励生育的政策。

表 5－3　妇女生育、儿童保健情况*

指标名称	2001 年	2002 年	2003 年	2004 年	2005 年	2006 年
国家计划生育事业经费（元）	7000	23000	15000	55000	70000	61589
地方计划生育事业经费（元）	7000	5000	5000	13000	15000	13900
国家免费医疗（元）						1191895
地方免费医疗（元）						30000
人口自然增长率（‰）	4.8	2.8	3.4	2.4		
婴儿死亡率（‰）	113.9	99.1	76.9	99	107	80
其中：农村（‰）	113.9	99.1	76.9	99	107	80
城市	0	0	0	0	0	0
5 岁以下儿童死亡率	0	0	0	0	0	0
孕产妇死亡率	0	0	0	0	0	0
乙肝疫苗接种率（%）	0	0	96.7	100	100	96.5
5 岁以下儿童中、重度营养不良患病率（%）	75.3	74.4	65	60	60	80
卡介苗接种率（%）	87.4	87	91	95	98	98
脊灰疫苗接种率（%）	89	94	93	89.4	95.7	98
白破三联制剂接种率（%）	89	94	93	89	95.7	96.3
麻疹疫苗接种率（%）	87	95.5	96	92.3	95.7	98
7 岁以下儿童保健管理率（%）	90.6	96.5	91.2	71.6	87.9	96
住院分娩率（%）	16.4	22.3	24	35	20.8	49

续表

指标名称	2001 年	2002 年	2003 年	2004 年	2005 年	2006 年
农村高危孕产妇住院分娩率（%）	80	82.6	90	90	100	100
非住院分娩中消毒接生率（%）	50	59.1	72.9	62	43.8	24.1
孕妇产前检查率（%）	56.4	72	62.9	51.8	74.6	69.2
婚前医学检查率（%）	0	0	0	0	0	18.9
已婚育龄妇女综合避孕率（%）	65.2	45.03	79	62.1	63.4	67

* 本表根据错那县统计资料整理得出。

从表 5－3 中可以看出：(1) 婴儿死亡率较高，2001 年高达 113.9‰，以后年份逐渐回落，2005 年又上升到 107‰，2006 年又下降到 80‰。(2) 农牧区孕妇住院分娩率，2006 年较高，达到 49%，但是，仍然没有超过 50%，反映出城乡的差距，一定程度说明勒布村（办事处）以及广大农牧区农牧民群众受交通、收入、观念等因素的影响，住院分娩人数少。(3) 已婚妇女避孕率较高。2006 年已婚妇女避孕率达到 67%，反映出包括勒布村（办事处）在内的广大农牧区农牧民群众观念的转变，以及计划生育工作的成效。

（二）生育模式

妇女生育模式受经济基础、文化教育水平、医疗卫生条件、自然条件、健康状况、生育政策以及人们的生育观念、宗教观念等诸多因素的影响。妇女生育模式是一个社会经济文化变迁最直接的表现形式。尽管国家对门巴族实行鼓励的生育政策，但是，调研中发现，许多门巴族妇女采取了避孕措施，一般只有2个孩子，有1个孩子的数量也不少，人们普遍认识到孩子越少，家庭的经济负担越轻。从表5－3中我们可以看出，已婚育龄妇女综合避孕率、农村孕产妇住院分娩率、孕妇产前检查率都比较高，反映了勒布村计划生育的基本情况。

四 村民人寿

村民寿命是生产和生活进步的象征，人均寿命属于发展指数（HDI）的指标。HDI的指标包括健康长寿的生活，一般用出生时预期寿命来表示。研究表明，人的寿命长短与社会经济发展水平密切相关，人均寿命快速增长的因素是：经济社会的快速发展、社会稳定、人民生活水平显著提高、医疗卫生方面有了保障、公民的科学素养普遍得到提高。人们在政治、经济、文化、信仰等方面拥有自主权，使得精神饱满、生活热情高涨。党和政府十分关心我国人口较少民族，使勒布村（办事处）门巴民族四乡的生产和生活水平不断提高，生产的发展，生活水平的提高，人均寿命得到延长，调研中发现最高年龄为108岁，80多岁有几人，人均寿命为70岁左右，比旧西藏的人均36岁的寿命提高了近1倍。

第二节 社会分层

社会阶层的划分问题不仅是社会问题，也是政治、经济、文化问题。当代社会阶层问题的产生是与我国社会快速转型联系在一起的。改革开放30年来，以社会转型形式出现的社会巨大变化，表现在中国社会生活的各个方面。这些变化的速度、广度和深度都是前所未有的。其中，利益格局变化引起个人收入差别的扩大，导致社会关系、价值观念、生活方式、文化模式、社会控制机制、社会承受能力等方面的变化尤为显著。所谓的阶层简单地讲就是分享着共同的社会经济状态和利益的社会群体，是人们对社会地位和经济状况所存在的不平等结构分层的反映。我国的一些社会学者把社会阶层分为5个等级：即上、中上、中、中下、下。如果按照这样的标准划分就不能够很好地反映出勒布村（办事处）门巴民族四乡，从原始社会跨入封建农奴制社会，进而又跨入社会主义社会的阶层演变的特点。根据社会阶层划分的理论，参照调研资料，我们认为勒布村有农牧民、国家公务员、个体工商户等社会阶层。（1）农牧民阶层。农牧民是勒布村社会的主体部分，也是勒布社会经济发展的主力军。（2）国家公务员。勒布办事处公务员，是服务于当地农牧民群众的主要力量。（3）个体工商户阶层。改革开放以来，在国家政策积极引导和国内外开放的大环境下，勒布村（办事处）私营、个体企业得到迅速发展，个体经济在繁荣社会，发展经济中发挥了越来越重要的作用。（4）小学教员。在勒布村小学从事教育工作的人员，对促进基层教育发挥着重大作用。（5）卫生员。勒布村仅有2～3个卫生人员，任务重，待遇低。

一 职业分类

勒布村（办事处）门巴族生产和生活中男女实行自然分工。砍伐、耕作时的驾犁、播种等体力耗费多的活，由男子承担，而撒种、除草等较轻松的农活由妇女承担，积肥、施肥、收割、打场等劳动男女都参加。生活中炊事、养猪和纺织等家务劳动多由妇女承担，盖房以及家中较重的体力劳动由男子承担。民主改革前，在劳动力紧张时，妇女也要同男子一样参加乌拉运输。民主改革后，乌拉差役被逐渐废除，随着社会的不断进步，勒布村（办事处）门巴族群众的劳动条件逐步改善，男子外出务工、跑运输和经商的不断增加，家务劳动和一年两季的种地、除草、收割劳动多由妇女承担。由于门巴族妇女与男子同样是物质财富的创造者，同时分担了家庭生活的重担，因而勒布村（办事处）的妇女在社会和家庭中有一定地位。

从职业分工的角度看，门巴族中没有专以牧业为生的牧民，牧业从属于农业，职业没有明确的分类。在林下资源采集季节，一般由从事农业的人员兼顾采集。在门巴族内部，手工业除个别部门外，都没有与农业生产分离开来，自给自足的自然经济占主导地位，商品经济欠发达。和平解放前，门巴族中90%以上的生产、生活资料皆由个体家庭自给生产，只有食盐和质量较好的铁制工具需要通过市场交换取得。在门巴族内部，既无商品市场，也无专业商人，商品交换的数量小。门巴族与其他民族的交换是少量木碗和铁匠打制的小刀，以及一些民族手工艺品。大多数产品，即使有交换也仅仅是生产者之间的调剂余缺，互通有无。和平解放后，尤其是改革开放以来，勒布村（办事处）职业分工逐步细划。1971年，随着勒乡茶场的建立，出现了茶场工人，20世纪90年代以来，祖国内地个体工商户到勒布村经营小商品买卖，从而带动了本地经商人数的增加。近年来，随着麻玛乡蕨菜加工厂、藏猪和野猪饲养场的建立，一些人从农业中分离出来，专门从事饲养业和加工业。从表5－4可以看出，勒布村行业和分工更加细化，除了农、林、牧、副业收入外，还有建筑业和运输业。

表5－4　勒布村行业构成及其行业收入*

单位：万元

年　份	2006	2007	2008	2009	2010
农业收入	25.2	26.6	27.6	28.6	29.6
牧业收入	121	121	122	124	125
林业收入	29.2	29.2	29.2	29.2	29.2
商业服务业收入	21.0	14.0	17.0	19.0	24.0
药材收入	5.00	5.00	6.00	7.00	8.00
其他收入	41.0	41.0	44.0	45.0	46.0
建筑业收入	42.0	42.0	42.0	47.0	52.0
手工业收入	27.0	27.0	28.0	29.0	32.0
运输业收入	30.0	31.0	36.0	41.0	46.0
蔬菜收入	5.5	7.5	9.0	13.0	15.0
茶叶收入	4.0	7.0	11.9	16.9	21.9
旅游业收入	2.91	10.9	11.9	16.9	21.9
饲料加工收入	3.0	11.0	15.0	19.0	24.0
林下资源收入	45.0	46.0	49.0	50.0	51.0
玉米种植业收入		1.00	5.00	12.00	10.20
养殖业收入	8.0	13.0	33.0	45.0	53.0
竹笋种植业收入			2.0	2.2	2.22
花卉种植业收入		0.50	0.55	0.606	0.666
蕨菜种植业收入			15.0	15.0	15.0

* 本表根据调研的统计数据整理得出。

二　收入差距

调研中我们发现勒布村（办事处）家庭收入差距有拉大的迹象。最高收入56100元与最低收入4000元之间相差较大，究其原因，一是观念的差别。收入较高的户，收入来源渠道较广，有外出务工、采集业、编织业、出租翻斗车、东风车等的收入占有较大比重，收入少的仅为种植和养殖业；二是拥有劳动力的差别。收入较低的主要是缺乏劳动力，收入来源渠道比较狭窄。

第三节　家庭功能和家庭结构的变迁

家庭是人类社会古老的社会组织和细胞，家庭不仅是一个经济和生产单位，同时又是赡养老人和教育后代的多功能实体。西藏民主改革，尤其是改革开放以来，勒布村家庭生产功能相对减轻，而教育子女的功能逐步增强。随着家庭功能的变化，家庭结构也发生了相应的变化。

勒布村家庭中存在妇女地位比男子既低又不低、似平等非平等的矛盾现象。门巴族社会家庭中存在着男尊女卑的思想，认为男子是“九重天上的人”，女子是“九重天下的人”，生男皆大欢喜，孩子的母亲因此身份提高。家中来了客人，由妻子敬酒端食，丈夫陪客；而日常生活中妇女与男子地位平等的事例又处处可见。如前所述，妇女恋爱、招婿、离婚、转房和再嫁等，都由自己做主，对家庭生产和生活的安排、子女的婚事操持等，妻子可以充分地发表意见，不少家庭还由妻子当家。门巴族妇女在生产劳动中也是一支不可或缺的重要力量。

家庭结构必然反映和受制于一定的社会政治经济制度。国内外许多人类学家、社会学家、经济学家和人口学家的研究结果表明，随着人类社会工业化、城市化、商品化和信息化的发展，世界上的家庭结构发生了深刻的变化。这种趋势使家庭结构的核心化和家庭人口平均规模普遍缩小。

调研中我们发现勒布村家庭变化呈现以下特点：（1）家庭规模逐步缩小，家庭成员人数减少。（2）家庭结构向核心化发展，小规模家庭不断增加，从表5－5中可以看出勒布村家庭规模的情况，4口以下规模的家庭有40户，5~7口家庭规模有17户，8口以上的大家庭有2户。

表5－5　勒布村家庭规模*

4口以下	5~7口	8口以上
40户	17户	2户

*根据调研资料整理得出。

一　家庭结构的变化

家庭结构是家庭的组织状况，其内容包括家庭的规模和类型两部分。家庭结构是家庭的一种外在形式，但其变化往往与社会、政治、经济、文化等变迁有着密切的关系。调查中发现1口人家的有2户，户主年龄为43岁和44岁；2口之家的有5户，户主年龄在29岁和54岁之间；3口之家的有12户，户主年龄在35岁和68岁之间；4口之家21户，户主年龄在33岁和75岁之间；5口之家7户，户主年龄为33岁和75岁；6口之家的9户，户主年龄一般为35岁和45岁左右；7户人家的2户，户主年龄分别为53岁、68岁；8口之家的2户，户主年龄分别为47岁、71岁，从中可以看出，户主年龄与家庭规模大小没有直接关系。

二　家庭类型结构的变化

家庭类型是由婚姻关系和血缘关系来确定的。家庭具体形式也是家庭结构的整体模式。[①] 家庭结构类型是家庭结构的重要组成部分，在社会学界有一个比较通俗的分类标准，即把家庭的结构类型分为单亲家庭、核心家庭、主干家庭（直系家庭）、扩大了的家庭（联合家庭）和其他家庭等5种类型。核心家庭除了一对夫妻及其未婚子女组成的典型核心家庭（或叫纯核心家庭）之外，还有子女婚后与父母分居或老年夫妇无子女而形成的“夫妻家庭”，或老年“空巢家庭”。单亲的家庭，一般是指夫妻缺损一方，即子女有父无母或有母无父的缺损（不完整）家庭。扩大了的家庭是指几代人共同生活在一起的大家庭。根据以上的分类结合调研情况，我们认为勒布村家庭有以下几种类型：

（一）核心家庭

调研中发现2口之家的有5户，户主年龄在29岁到54岁；3口之家的有12户，户主年龄在35岁到68岁；4口之家21户，户主年龄在33岁到75岁；4口以下的小规模家庭有40户，占调查问卷的近67%，且户主年龄为33岁到75岁。由一夫一妻婚姻所形成的小家庭，是门巴族家庭的基本形式。

（二）扩大了的家庭（联合家庭）

调研中发现5口之家的有7户，户主年龄在33岁到75岁之间；6口之家的9户，户主年龄在35岁到45岁左右；7户之家的2户，户主年龄分别为53岁、68岁；8口以上

---

① 中国藏学研究中心社会经济研究所：《西藏家庭四十年的变迁——西藏百户家庭调研报告》，中国藏学出版社，1996。

的家庭有2户，户主年龄在47岁到71岁；5口以上的家庭通常包括一对夫妻和子女，有的还包括年高的父母或岳父母；8口之家，属于兄弟众多，娶妻后还没分家的大家庭，或几代同堂大家庭。扩大的家庭与勒布民主改革前自然经济形式相适应，门巴族的家庭即是一个基本的生产单位和消费单位，它担负着社会生产和繁衍后代以及赡老育幼的义务，家庭规模较大。

（三）单亲家庭

单亲家庭一般是指夫妻缺少一方，即子女有父无母或有母无父的缺损（不完整）家庭。调查中，我们发现1口之家的有2户，户主都为女性，年龄分别为43岁和44岁，其中有1户家庭户主名叫央金，其丈夫1993年去世后，她在政府的帮助下，将3个儿女养大成人，而且3个孩子都上了大学。

三　家居模式

勒布村（办事处）门巴族的家居方式有从夫居、从妇居、单独居以及老人从儿子居住、从女儿居住的几种模式。调研中发现，一对夫妇和儿女的家居模式较多，约占整个家居模式的66%。家居规模较大的家庭中除了夫妻和子女外还包括年高的父母或岳父母，属于三世同堂或四世同堂的家居模式。那种兄弟众多，分别娶妻而不分家的家居模式极少，分家的大多数原因是合不来。

四　影响家庭功能变化的原因

家庭规模和结构的变化不仅是家庭人口的数量变化，

而且还是影响家庭功能的变化。家庭规模和家庭结构变化的重要原因：一是生产关系的变更；二是人们改造自然的能力的提高；三是人口平均寿命的延长。生产关系的变化，尤其是生产资料占有方式的变更是影响家庭功能变化的主要原因，人们获取物质财富能力的提高，家庭功能就会增加，家庭规模就会缩小。

西藏和平解放前，门巴族家庭规模较大的原因是为了减轻乌拉差役，抵御自然灾害。吐蕃王朝时期对门隅的统治，主要采取依靠本地头人间接管理的办法，后来采取按户摊派的乌拉差役剥削方式。旧西藏地方政府既是门巴族地区主要生产资料——土地、森林、草场和河流的最高所有者，也是该地区行政的管理者，他们集所有者与管理者两种职责于一身。考察门巴族地区的土地制度和赋税制度，都具有这样的特征。由西藏地方政府在门巴族地区设置的行政机构“宗”和派出的官员“拉涅”（大总管）或“宗本”，受西藏地方政府封赐的寺院和贵族，形成了代表官家、寺院和贵族三大领主对门巴族地区主要生产资料的占有和对农奴人身的部分占有关系。这种生产资料占有关系决定了一般家庭都是大家庭，分家意味着差税负担的加重。另外，由于历史的原因，门巴族居住的地区多为地形险峻，急流深涧，悬崖鸟道，民主改革前没有交通工具，只有溜索桥、藤桥，与外界交往十分困难。扩大了的家庭有利于家庭内部从事农业、牧业、狩猎、副业和商业等劳动分工协作。

民主改革为小规模家庭奠定了经济基础。1959 年，西藏民主改革后，推翻了封建农奴制度，完成了土地改革任务，变农奴主所有制为农牧民个体所有制，家庭各成员分得了近乎相等的一份土地和牲畜，使昔日大家庭中的儿孙辈之间分家立业有了经济基础，遂使小家庭增多。

人民公社时期，家庭功能开始转变。1966 年到 1979 年，人民公社时期，以土地和牲畜为主的生产资料从家庭所有变为集体所有，而且生产经营中的组织和分工也从家庭范围扩大到生产队，家庭传统的生产功能被削弱，每个家庭除了经营少量的自留地、自留畜，家庭除了生产功能外，其主要是养育子女、养老和防老的功能。

改革开放以来，家庭功能被弱化。1980 年 3 月，中共中央召开了第一次西藏工作座谈会，会议决定从西藏实际情况出发，为使西藏有计划、有步骤的繁荣富裕起来，制定了休养生息的政策，采取了免征农牧业税，提高农副产品价格，从而使广大农牧民增加了收入，改善了生活，家庭功能也发生了变化。1984 年，中央召开了第二次西藏工作座谈会，提出在坚持土地、森林、草场公有制的前提下，牧区实行“牲畜归户，私有私养，自主经营，长期不变”的政策；农区实行“土地归户使用，自主经营，长期不变”的政策。土地和牲畜等生产资料的使用权支配权由人民公社重新回到了家庭，使家庭再次成为生产组织的中心，集体化一度被削弱的家庭的核心功能得到了恢复和逐步加强。

五　世袭计算

（一）姓氏

门巴民族有着漫长而悠久的历史。据史料记载，吐蕃王朝的后期，又有许多吐蕃农区人南迁至门隅。南迁的人逐渐与门隅的土著居民相融合，又经过长期发展，其中的一部分才成为今天的门隅北部的勒布门巴族。因为，门巴族与藏族先民的频繁交往与通婚的原因，所以，门巴族带有藏族血统和某些藏族文化的特征，门巴族的姓氏与藏族姓氏非常相似，小孩出生后可随父姓也可随母姓。

（二）家庭财产的继承关系

门巴族的老人可同儿子过，也可同女儿过，一般同尚未成家的子女过，跟谁就由谁赡养，其他子女共同出钱帮助赡养。如果一个家庭没有儿子就给女儿招婿，家庭财产由赡养父母的儿子或入赘的女婿继承，已出嫁的女儿和到别家上门的儿子一般不能继承，但有生活困难，在征得在家兄弟或姐妹同意后，可以继承遗产。亲戚有责任赡养年老的无子女的老人，如果不尽赡养责任，将会受到社会舆论的谴责，这种情况下孤身老人的财产一般由承担赡养义务的亲戚继承，也有的将财产献给寺院作为替死者念经的费用。丧失双亲的幼年子女由亲戚抚养，没有亲戚的由村邻义养，幼年子女父母的遗产也可作养育开支。意外死亡往往不为人们所理解，认为是凶兆，其家庭成员要立即将家庭财产献给寺庙，甚至因捐献而倾家荡产也在所不惜。这说明门巴族家庭既注重社会道德，又深受宗教思想的影响。

六　权威类家庭

门巴族居民都是以村落为单位聚居。在一个村子里，由若干个父系个体家庭居住。所以，夫权家庭比较普遍，这些现象似乎与勒布村（办事处）门巴民族至今还遗留着母系社会的遗迹相矛盾。

七　家居生活

（一）传统生活方式

1. 农忙

民主改革前，门巴族农牧民同藏族农牧民一样处于封建农奴制社会的统治之下，而且农奴也被分为“差巴”和“堆穷”两个等级，农忙时间农奴都要支差。作为一年两季的勒布村门巴族群众，乌拉差役繁重，劳务繁忙。很多农奴为生活所逼，不得不离乡背井。

2. 农闲

西藏民主改革前，由于生活条件差，生活水平低。作为“差巴”和“堆穷”两个等级的门巴族群众，没有人身自由，除了晚上睡觉，基本上没有休闲的时间。

（二）现代生活方式

1. 农忙

西藏民主改革后，门巴族农牧民走出苦难的深渊，获得新生。50多年来，在各级政府和有关部门的帮助下，门巴族群众的生产生活条件得到根本性的改变，生产成果全归自己。门隅北部地区的勒布村一年四季，地势稍高的地方生产荞麦、小麦、大麦、青稞、豆类、马铃薯和元根，门隅南部地势稍低的地方生产玉米、稻米等，一年两季，劳务繁忙，相对于其他藏区来说农忙时间多，闲暇时间少。

2. 农闲

闲暇生活受制于劳动方式和剩余时间。门巴族传统的农闲娱乐方式主要有，过家家、荡秋千、捉迷藏、打鸟、背人转圈、对迷歌等。过家家，门巴语称“娃杂朵刚当觉”，含义是小孩做饭做菜，是具有一种表演性的儿童游戏，主要表演人生礼俗和日常生活。荡秋千，门巴语称“君格普”，是男女老幼都喜欢的游戏。捉迷藏，门巴语称“空古玛”，是男女儿童都喜欢的游戏。打鸟，门巴语称“卡嘎巴”，是男女儿童都喜欢的游戏。顶牛，门巴语称“旁玛夏让白”，意思为额肩相顶。背人转圈，门巴语称“傍巴玛”，这是青年男女和儿童都喜欢的游戏。对迷歌，把对歌的形式和猜谜的形式结合在一起，由两人对唱，使用的曲调门巴语称“卡萨喜扎”，对迷歌融会了门巴族人民生产和生活经验，也表现了门巴族的聪明才智。

民主改革，特别是改革开放以来，“三个长期不变”政策的执行，家庭联产承包制的推广，门巴族生产效率大幅度提高，休闲时间越来越多，休闲生活也趋于多样化。在休闲时间一些人到茶馆、酒吧娱乐聊天，也有看电视、打牌、看录像、打麻将、打扑克牌、唱卡拉 OK 的，现代都市休闲生活的方式在勒布村（办事处）门巴民族四乡处处可见。

（三）节日

门巴族的传统节日与其传统文化和宗教信仰有着密切的关系。节日分为两大类型，一类是宗教节日，一类是岁时年节。宗教节日从内容上可以分为佛教节日和民间祭祀节日。宗教节日主要有曲科节、萨嘎达瓦节、达旺大法会；岁时年节主要有“达瓦觉尼巴洛沙”（达瓦觉尼意为 12 月）。

现在，勒布村门巴族除了过“达瓦觉尼巴洛沙”节外，还过国家法定的藏历新年、五一劳动节、六一儿童节、十一国庆节等。

第四节　婚姻与亲属关系

一　婚姻

（一）缔结方式

一定的婚姻缔结方式是社会生产方式发展到一定阶段的产物。私有制的产生奠定了一夫一妻制的婚姻基础。西藏民主改革前，一夫一妻制已成为勒布村门巴族婚姻缔结的主要形式，但是一夫一妻制的婚姻并不是门巴族婚姻缔结的唯一形式，作为人类古老婚姻缔结形式的一夫多妻制和一妻多夫的群婚遗俗在门巴族婚姻中仍存在着。

门巴族的婚姻与家庭形态具有多样性的特点，这与门巴族社会发展的不平衡相适应。在一夫一妻制的婚姻中，入赘婚是一种比较常见的形式，几乎每个村子都有。男娶妻同女赘婿无贵贱之分，同样受到社会的欢迎。男到女家“上门”的习俗，可能是母系氏族社会以女性为中心从妻居婚姻制度的残余。而愿意入赘的男方往往由于兄弟姐妹多，怕娶妻后搞不好家庭关系，也有的出于个人意愿，自由恋爱到女方上门的。

（二）婚姻圈

民主改革前，门巴族通婚范围，除本民族外还与藏族、珞巴族通婚，个别人也与汉族通婚。门巴族的通婚圈有严格的限制：（1）父系血缘亲属圈内不得婚配，姨表兄弟姐妹之间也禁止婚配。门巴族认为姐妹的子女是同一个母亲延续的后代，同兄弟的子女一样，是一家人，不能相互通婚。很显然，这种观念是母系氏族外婚制的表现，因为在世系以女性计算的时候，同一祖母繁衍的后代都属于母亲的同一个氏族，他们是不能通婚的，虽然现在门巴族的氏族制度已经消失，但他们仍然保留着母系氏族外婚制的遗俗。（2）门巴族社会实行的是等级内婚制，贵族等级不与一般等级的农奴通婚。究其原因，是因为受到藏族婚姻的影响，贵族等级多系藏族，而藏族的贵族是不与农奴通婚的。门巴族社会中的贵族等级是领主阶级，农奴是一般等级，如果领主与农奴通婚，其后代就会成为农奴而失去贵族的身份。同样，一般等级的农奴基本上也不与贱民等级的“鬼人”通婚，虽然他们同属于农奴阶级，但普通农奴与“鬼人”的身份差别甚大，一旦与“鬼人”通婚，就会遭人歧视，其后代就会背上“鬼人”的名声。（3）门巴民族阶级内通婚意识比较淡薄，尚未形成严格的界限，这与门巴族的阶级分化不明显、不存在尖锐的阶级对立有密切关系，但由于门巴族已进入封建农奴制社会，婚姻的缔结或多或少地同经济条件相联系。（4）门当户对。门隅北部地区的勒布，缔结婚姻关系时比较注意门当户对，差巴普遍与差巴通婚，却极少与“南木东”正式结婚的，因为“南木东”多系贫困户。（5）没有民族限制。门巴族的通婚范围基本上没有民族的限制，与藏族通婚的比较常见，多是藏族男子娶门巴族女子。

民主改革后，门巴族的某些古老婚俗已经失去它存在的经济条件，随着社会主义物质文明和精神文明建设的深入，社会主义的婚姻观念正在成为支配门巴族婚姻制度的精神支柱。现在的婚姻圈局限在职业相近的和收入相等的范围之内。

（三）初婚年龄

一个人的初婚年龄受社会、经济、观念等诸多因素的影响。同汉族一样，门巴民族民主改革前有早婚多育的习俗。门巴族虽然尚无明确的“多子多福”的生育观，但受社会经济发展程度的影响，门巴族的婚龄一般在15～20岁，个别也有15岁以前结婚的。民主改革前，门巴族的生活和医疗卫生条件都很差，婴儿的成活率不高，这是门巴族早婚多生的直接诱因。由于门巴族人口稀少，生产力低，特别需要补充劳动力，因此崇尚早婚，有的门巴族妇女还不到30岁，就有5～6个孩子，有的甚至多达10个以上。

民主改革后按照婚姻法的规定，多数结婚情况是男的不得早于22岁、女的20岁，也有男20岁、女18岁的个别情况。

（四）证婚形式

门巴族子女的婚配一般由家庭帮助择定，父母在其子女长大之后便着手为他们张罗婚事，请媒人或亲自给子女说亲。征婚方式若为娶女方，男方去女方家向其父母求婚；若是赘婿，则由女方向男方父母说合，一旦得到允许征得子女的同意，亲事即告成功。男女青年通过劳动、社交等手段产生感情后，各自告知父母请人做媒，这种情况下，子女的决定很受重视，父母不同意的很少。

媒人大多由能说会道，上了年岁的亲戚或朋友充任，也有大家公认的媒人。为说妥一门亲事，媒人往往要往来于男女双方家中多次，因此婚事结束后，主动提亲的一方要送不少财物给媒人，以示酬谢。媒人或男女一方的父母前往某家说亲时，一般要带上酒和章嘎，在门隅北部的勒布村还要带上粮食和哈达，向对方父母献上礼物和哈达，然后一起饮酒交谈，提出联姻的要求，双方家中经过磋商（含听取儿女本人的意见）后，有的当场即拍板定案，表示赞同或反对，有的则需酝酿一段时间后再答复。亲事说妥后即是订婚，至少半年后才能正式结婚。男方娶妻时，要向女方父母送财礼，有的地方称作“喂奶钱”，以示酬报。

（五）近亲结婚情况

门巴族中还有姑舅表亲优先婚配的习俗，男孩长大之后，可以优先娶他姑妈的女儿或舅舅的女儿为妻。同样，女孩长大后亦可以优先嫁姑妈的儿子或舅舅的儿子为妇。姑妈的儿子娶舅舅的女儿被看做是最好的姻缘。很明显，这种交错的表亲婚姻是门巴族母系氏族外婚制的残余，因为从氏族制度看，姑舅双方的子女之间都不属于同一个氏族，符合婚姻制度的原则，门巴族认为，交错从表婚姻关系的缔结，会使夫妻亲上加亲，能保持“骨头好”、“血好”，即子女后代好，舅舅的女儿不能让姑妈家以外的男子娶走，否则说明姑妈家的儿子没本事。同样，舅舅的儿子可以优先娶姑妈的女儿为妻，如果姑妈的女儿不愿意，舅舅有权出面干涉，甚至没收姑妈女儿的订婚聘礼。

二　亲属

（一）亲属称谓

亲属称谓表

关系	父亲	父亲的弟弟	父亲的哥哥	父亲的妹妹	父亲的姐姐	父亲的同辈男性	父亲的同辈女性
称呼	阿爸	阿古	帕仁	阿内（按大小排序）	阿内（按大小排序）	美美	哎

亲属称谓表

关系	母亲	母亲的弟弟	母亲的哥哥	母亲的妹妹	母亲的姐姐	母亲的同辈男性	母亲的同辈女性
称呼	阿妈	古	帕仁	妈妈（按大小排序）	妈妈（按大小排序）	阿爸+名字	阿妈+名字

亲属称谓表

关系	祖父	祖父的哥哥	祖父的弟弟	祖父的妹妹	祖父的姐姐	祖父的同辈男性	祖父的同辈女性
称呼	美美	美美腾布	美美布流	艾布流或美美布流	哎腾布	美美	哎

亲属称谓表

关系	祖母	祖母的哥哥	祖母的弟弟	祖母的妹妹	祖母的姐姐	祖母的同辈男性	祖母的同辈女性
称呼	哎	美美腾布	美美布流	哎+名字（按大小排序）	哎+名字（按大小排序）	美美	哎

亲属称谓表

关系	外祖父	外祖父的哥哥	外祖父的弟弟	外祖父的妹妹	外祖父的姐姐	外祖父的同辈男性	外祖父的同辈女性
称呼	美美	美美腾布	美美布流	哎 + 名字（按大小排序）	哎 + 名字（按大小排序）	美美	哎

（二）亲属分布

勒布村门巴族的族源，主要是古门隅的土著居民与一些南迁的民族长期融合形成的。古代的门隅范围较广，族、部众多，吐蕃人泛称他们为“门”，即门巴。由于勒布门巴族与藏族的先民的频繁交往与通婚，所以门巴族带有藏族血统和某些藏族文化特征，勒布村门巴族的亲属分布范围较广，但主要在山南错那县范围之内。

（三）亲属排序

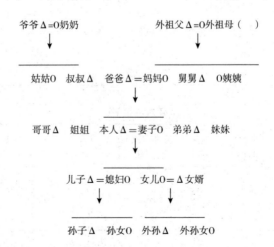

爷爷Δ=O奶奶　　外祖父Δ=O外祖母（　）

↓　　↓

姑姑O　叔叔Δ　爸爸Δ＝妈妈O　舅舅Δ　O姨姨

↓

哥哥Δ　姐姐　本人Δ＝妻子O　弟弟Δ　妹妹

↓

儿子Δ＝媳妇O　女儿O＝Δ女婿

↓　↓

孙子Δ　孙女O　外孙Δ　外孙女O

从以上亲属世袭表，可以看出门巴族的亲属观念，类似于汉族和藏族，其分支从爷爷辈和外祖父辈开始往下延续。

（四）亲属互动

门巴族的亲属互动多在节日期间，节前，门巴族家家户户要打扫房屋，杀牛宰羊，置办丰盛的酒菜，宴请宾客。节日期间人们穿着盛装，互相拜访庆贺。平时谁家有红白喜事，亲属间互相祝贺，相互关照。近年来，当亲属家有孩子考上大学时，亲属间要相互祝贺。

第五节　社会礼仪

门巴族在长期的历史演变中，形成了许多独特的风俗礼仪。这些风俗礼仪既受人们所处环境中特定生产条件和生活方式影响，同时也反作用于人们的实际生活。社会礼仪包括人生礼仪、婚礼、葬礼。

一　人生礼仪

人生礼仪作为人生开端的第一个礼仪活动，集中表现了人们对人口再生产的重视程度。人生礼仪是对婴儿降生人间的认可。门巴族妇女怀孕后，除不干特别重的体力活外，仍从事劳作和家务。在旧社会，妇女生产第一胎，必须回娘家生产，而不能在婆家生产，现仍有在娘家生产的习俗。妇女生产时由有经验的老阿妈或家人接生，有的妇女也到县医院。孩子出生后，妇女要休息若干天，由家人照顾，饮食上以鸡蛋、牛肉等补品为主。如果是顺产，母子平安，要将消息立即报告给产妇的舅舅家和姑妈家。亲朋好友，街坊四邻携带蛋、肉、黄酒前来祝贺。孕妇分娩后，家中三个晚上不准灭火，三天内禁止外人进入室内。孩子的取名仪式在三天后举行，仪式简单，一般由家中长者取名，名字多是对孩子的期望和意愿，男孩一般叫“扎西罗布”，意思是吉祥宝贝，“次仁久美”是健康长寿的意思；女孩叫“措姆”的较多，“措姆”门巴语意思是湖泊。所以，女孩名字多为“仁增措姆”、“白丹旺姆”、“扎西措母”等，我们认为是否和错那县湖泊较多有关，表达了门巴族热爱大自然，以及门巴族贤淑的品格。

二 婚姻习俗

（一）婚姻制度的变迁

西藏民主改革前，门巴族社会中，与一夫一妻制并存的是一夫多妻和一妻多夫的婚姻制度，其比例占5%左右。一夫多妻在不同阶层中表现的情况不同。一般劳动人民家庭的一夫多妻多属姐妹共夫，这种婚姻又多是男子入赘女家，与姐妹先后成婚。一般劳动人民的姐妹共夫家庭，妻子之间在地位上是平等的，无主次之分，孩子叫亲生母亲为妈，对比亲生母亲年长的叫大妈，比亲生母亲幼的叫小妈；富有阶层的一夫多妻则表现为少数人的特权，家庭中的妻子之间有主次大小之分，大妻比小妻的权力大，家庭纠纷也较多。一妻多夫的婚姻和家庭，可分为兄弟共妻和朋友共妻，这种婚姻和家庭形式多存在于一般劳动人民中间。兄弟共妻的一妻多夫，是在兄长结婚以后弟弟不另外娶妻，逐渐与嫂子同居而形成。朋友共妻的情况起初是一夫一妻，因为丈夫因故丧失了劳动能力，又招进一个丈夫，形成朋友共妻。在一妻多夫的婚姻和家庭中，妻子确认的孩子的生父为阿爸，其他的父辈为叔叔。在有的地方则称母亲前夫为大爸，后夫为小爸，无亲生父亲和非亲生父亲之别。一夫多妻家庭生活由丈夫安排，一妻多夫家庭的生活由妻子安排。

门巴族的一夫多妻、一妻多夫制的婚姻和家庭形式，是历史遗留下来的群婚制度的遗迹。恩格斯曾指出："无论如何，群婚的遗迹还是没有完全消失。在北美的至少四十个部落中，同长姐结婚的男子有权把她达到一定年龄的姐妹也娶为妻子——这是一整群姐妹共夫的遗风。"恩格斯谈到斯巴达，国家根据当地的婚姻观点而改变了的一种对偶婚姻制度时还指出："这种对偶婚制在许多方面还像群婚……几个兄弟可以有一个共同的妻子；一个人如果喜欢自己朋友的妻子，就可以和那个朋友共同享有她。"民主改革前，门巴族的姐妹共夫和兄弟（朋友）共妻，与恩格斯描述的婚姻家庭形式类似，属于群婚制度的残余，因为群婚最本质的特点就是一群男子同一群与他们没有血缘关系的女子互为夫妻，这群男子和女子可以分别是兄弟和姐妹。但是，门巴族的姐妹共夫和兄弟（朋友）共妻与远古群婚比较，又有许多重大变化。首先，在群婚的规模上，远古的群婚是一个一个集团之间的婚配。而门巴族的兄弟共妻，一般是兄弟二人共有一个妻子，朋友共妻一般也是两人共妻，姐妹共夫只有两个姐妹共一夫，这就大大缩小了每个婚姻集团的人数和规模。其次，远古群婚的对象并不稳定，而门巴族的多夫或多妻却是稳定的。门巴族的一妻多夫家庭中，已有亲生子女确认亲父的习惯，亲生父亲与非亲生父亲在称谓上已有明显的区别。第三，从门巴族的姐妹婚和兄弟（朋友）同婚的数量看，仅占少数，它们并非门巴族婚姻的基本形式。因此，门巴族的姐妹共夫和兄弟（朋友）共妻已非远古意义上的群婚，它属于一夫一妻这一基本婚姻制度下的群婚遗迹。

从门巴族的姐妹共夫和兄弟（朋友）共妻情况看，其中有不少户家庭和睦，生活安排井井有条，受到社会舆论的赞扬。一般认为姐妹共夫或兄弟（朋友）共妻，可以不分家，财力不分散。进一步考察，我们就会发现门巴族的姐妹共夫和兄弟（朋友）共妻与封建农奴制的生产关系有关。在封建农奴制生产关系的桎梏下，领主的差役和乌拉大多是以户为单位摊派的，重新组合一个家庭就意味着增加了差役和乌拉的负担。[①] 为减少领主阶级对农奴的繁重剥削，远古的群婚遗迹就被用来作为巩固家庭经济力量的手段，而与封建农奴制的生产方式结合起来了。

这里还需指出，作为婚姻发展的历史，世界上的每一个民族都经历过一夫一妻制以前的各个婚姻发展阶段，只是发展进程有先有后，有快有慢。汉族历史上也曾存在过群婚制的婚姻发展阶段。汉文史籍记载“昔太古尝无君矣，其民众聚生群处，知母不知父”，“圣人皆无父，感天而生”，“炎帝神农氏，母定登游华阳，有神龙首感之于常羊，生神农”。这些记载反映的是汉族原始社会时期母系氏族社会群婚制的遗迹和传说。由此得到启示，勒布村（办事处）门巴族民主改革前的特殊婚姻制度，是人类历史上不同婚姻发展阶段的遗俗，是人类发展的一个侧影。

---

① 错那县发展改革委员会资料。

西藏民主改革后，门巴族的某些古老婚俗已经失去它存在的经济条件，随着社会生产力的发展、生产方式发生了变化，加上社会主义物质文明和精神文明建设的深入宣传，新社会的婚姻观念正在成为支配门巴族婚姻制度的精神支柱。

（二）订婚

门巴族的婚姻缔结方式比较自由，汉族封建社会里的“父母之命，媒妁之言”的婚姻信条在门巴族社会中并不存在。在门巴族中传流这样一首民谣：“东北的山再高，遮不住太阳，父母的权力再大，挡不住子女的前程。”在日常生活中，虽然由父母包办和青年男女自择配偶的情况都有，但即使是父母包办也必须经子女本人同意。如果本人不同意，即使被迫成婚，男方或女方也往往会跑回父母家中。

民主改革后，随着社会主义物质文明和精神文明建设的深入，社会主义的婚姻观念正在成为支配门巴族婚姻制度的精神支柱，门巴族达到结婚年龄的青年结婚都要到婚姻登记机关领取结婚证，因此，门巴族社会很少有汉族社会中的订婚仪式。

（三）结婚

我国婚姻法明确规定，要求结婚的男女双方必须到婚姻登记机关进行结婚登记。符合法律规定者给予登记，并发给结婚证书，确立合法的夫妻关系，合法的婚姻受法律保护。20 世纪 60 年代起，随着婚姻登记制度的宣传与落实，勒布村达到结婚年龄的年轻人都能按照要求登记结婚。

结婚要由喇嘛根据配偶双方的生辰择定吉日良辰，择定的婚期不能更改。请喇嘛择定婚期时，也要送给礼物作为报酬。

结婚的过程包括迎亲和举行婚礼仪式，时间少则两天，多则三四天。男方要派聪明伶俐的人或喇嘛帮助迎亲。在迎亲的前一天晚上或当天晚上，有的还要请喇嘛念经，为新婚夫妇祈祷幸福。迎亲的人要在新娘家休息一两天，方才起程。新娘的父母及其他亲属要送亲，父母要嘱咐女儿到夫家后好好劳动，搞好家庭关系，女儿则表示忘不了父母的养育之恩。新娘离开娘家后与同行的人一样要步行，迎亲的人要在途中向新娘及其送亲的人敬酒 2 ~ 3 次。

在门隅北部的勒布，新郎同村的年轻人要特地捉弄新婚夫妇，向他们讨酒喝，要糌粑和青稞吃。婚礼期间，本村根保和村中老人也会来祝福新婚夫妇和睦团结。女方陪嫁的牲畜一并牵回，陪嫁的串珠、手镯、银头饰、格乌、镶银腰带等装饰品在迎亲那天已随身带走。婚后第三天，新婚夫妇到岳父母家，这叫回门，类似于汉族的风俗。

（四）婚礼

婚礼是男女在结婚时举行的一种仪式，是婚姻社会性的表现形式之一。勒布村（办事处）门巴族婚礼很是风趣，婚礼前，新郎一方要带几竹筒酒上路迎亲，新娘途中要喝两三次酒。新娘进屋后，新郎家要摆酒肉和油饼款待客人，届时新娘的舅舅故意刁难新郎家人，以考验男方的诚意。新郎家要献哈达，不断增加酒肉，直到舅舅满意后，才能开怀畅饮。婚宴上，新郎、新娘要轮流给客人敬酒，客人还要求新郎、新娘互敬对饮，并让他们当众比试谁喝得快，谁先喝完就喻示今后谁当家。

在举办婚礼过程中，新娘的舅舅是谁也惹不起的最高贵的客人。舅舅一出场，男方得赶紧恭恭敬敬地献上哈达，请入上席。然后摆上各种食品，尤其是牛、猪、羊的头、尾、耳、心、肝、肺、四肢都要摆全，缺一不可。而舅舅一定是沉下脸来，百般挑剔，怎么还缺什么没摆上，肉为什么切得薄厚不匀，难道我家女儿有什么缺陷，是不是认为我当舅舅的有什么不对而故意怠慢，即便百般周到，当舅舅的也得无理取闹一番，茶为什么凉了，酒为什么热了，这样才能表现出他是女方的全权代表、最高权威者，为外甥女嫁给别家男子表示“气愤”。新郎向舅舅敬献哈达又要敬钱财，外加美酒和甜言蜜语，曲意奉承，舅舅“闹”得差不多了，便见好就收。在现实生活中，并没有舅舅不让外甥女出嫁的，这种古老舅权遗风相沿成俗，舅舅蛮横而又诙谐的表演，反倒为欢乐的婚礼增添了几分情趣。①

（五）婚后

勒布村（办事处）门巴族结婚后，如出现感情不和睦，过不下去的情况，可以自由离婚。夫妻不睦，经过村长和乡政府领导调解无效，双方仍坚持离婚，离婚后夫妻平分家中共同劳动的财产，双方婚前原有的房屋、仓库等财产仍归原主，如系一方坚持离婚，提出离婚的一方要给对方牛、猪、铁锅、衣服或其他物品做赔偿。亡夫妇女的再嫁没有特殊限制，任其自愿。因寡妇带着孩子，生活困难，

① 陈立民：《门巴族民俗简志》，中国藏学网。

受社会舆论的同情，亡夫若有弟弟，双方又愿意，寡嫂可以转嫁给弟弟为妻，也可改嫁他人，在征得婆家同意的情况下，还可带走孩子和丈夫留下的财产。

已婚妇女与他人有不正当关系要受社会舆论的非议，其丈夫要找第三者讲理，索取财物作为惩罚，有的甚至酿成严重纠纷，告到乡政府领导解决。与此同时，妻子要遭丈夫的打骂。对私生子女，社会一般不予歧视，偶尔也有人在背后说："这是没爸爸的孩子。"暗示和婚后所生子女有差别。现在勒布村（办事处）门巴族的年轻人的离婚原因主要是因草率结婚，感情合不来。青年男女多数是自由恋爱，父母很少干涉子女的婚姻问题，有些年轻人考虑问题不够全面，加上经济条件、文化水平、生活阅历等方面条件的制约，互相了解不深，感情基础不牢固，只凭一时感情冲动而结合。婚后随着年龄的增长，阅历的丰富，对婚姻恋爱问题有了更深刻的认识，意识到双方不合适，因而离婚。

勒布村（办事处）年轻的男性有离婚后再娶的，年轻的女性有改嫁的。但是，年龄大的无论男性还是女性，由于受多种因素制约不娶也不改嫁的人较多，调研中发现丧偶后单身一人生活的多为女性。

三 丧葬习俗

（一）临终关怀

勒布村门巴族老人过世时的临终嘱咐，多为对没有独立生活能力的子女不放心，对遗产的分配不公等。

（二）报丧

在门巴族中，病人经过巫师送鬼、请神、喇嘛念经后病情仍不见好转而病危时，家里的人就要通知亲友前来看望。在医院治疗不愈的病人逝世后，要通知亲戚朋友前来帮助处理后事。

（三）葬礼

门巴族的丧葬形式主要有水葬、土葬、天葬、火葬和崖葬，此外还有屋顶葬和屋下葬。不同的丧葬形式既是门巴族对尸体的不同处理方式，又是他们的灵魂崇拜的表现形式。对死者实行何种葬式，完全由喇嘛念经决定，成年死者的丧葬也受生前社会地位高低和贫富程度的制约。水葬和土葬是普通的葬式，不同地区的葬礼又各有侧重，门隅北部的勒布门巴族重水葬轻土葬，墨脱地区门巴族则重土葬轻水葬。火葬、天葬和崖葬是高级的丧葬形式，多为喇嘛和社会上有地位的人采用，经济条件允许的一般群众也有实行火葬的。屋顶葬和屋下葬是早逝婴儿的一种葬礼仪式。

人死后，即请喇嘛念经，并立刻将尸体屈肢，与死者的膝盖并在一起，双手交叉。死者如系男性，将其左手接触胸部，如系女性，将其右手接触胸部，让尸体成胎儿状，用绳子捆缚，蹲放于室内一侧。这种将尸体缚成婴儿形状，在其他民族中也存在，长期的生活积累，胎儿在母腹中的姿势已为人们所熟知，人死后要将其缚成胎儿形状，意味者死者转世投胎去了。在门隅北部的勒布还有要确定尸体应从大门出去还是从窗户送出的习俗，从窗户送出尸体，是不再让死者的灵魂找到回家的路径。

水葬在勒布很普遍，请人将尸体背到水深流急的河段，然后将尸体肢解，抛入河中。若是晚上送葬，就在河边烧一堆火，尸体处理完毕后，死者遗留下的衣物鞋帽即由背尸人拿去。天葬有固定的场所，一般在村庄附近的山上。送葬那天凌晨，至亲好友将尸体运到天葬场，为死者念经的喇嘛也随行，由一两个人动手将尸体分解开来，然后喇嘛吹起海螺，秃鹰闻声而来，纷纷啄食，据说尸体啄食得越快越干净越好。

喇嘛圆寂后多采用火葬，认为死者的灵魂可以很快升天。因为火葬要耗费较多的油料和木柴，一般较为富裕的家庭才采用。

在勒布还有采用崖葬的，先将尸体置于木匣中，送到高山石崖下，因那里常年气温低，尸体不易腐烂。这种葬法多为喇嘛圆寂后采用，其用意是长眠不朽，有的家庭小孩死后采用崖葬。

在勒布也有采用屋顶葬的，死者多系夭亡的婴儿。先用盐水将尸体洗净，放进盛有干沙的木匣内，然后将木匣盖严，置于石砌碉房屋顶角楼上，数天后再扔到河里。

送葬活动完成以后，一般不再有悼念活动。丧葬完毕，死者家里要根据财力给喇嘛一定数量的财物，少则送给喇嘛一副铜手镯或者一把锄头，也有送一把小刀加一颗钢针的（西藏和平解放前钢针是极不易得的），多则送一头牛或一张卡垫。另外，丧葬期间亲友四邻均来帮忙，要比平时多耗费 5 ~ 10 筐粮食。

四　禁忌

勒布村门巴族不仅丧葬形式多样，还有种种禁忌，这些禁忌主要有：（1）对动物、植物的一些现象的忌讳。门巴族半夜忌讳听到狗叫、马叫和鸡叫，如果听到这些叫声，认为是凶兆。野兽如果钻到住房下层的畜圈也认为家中有人可能会死，蛇钻进屋或见到死蛇，也认为预兆不好。看到山上突然树倒了，认为家中将要出事。（2）有关做梦的忌讳。梦见杀猪、杀牛认为要死人，梦见太阳落山认为要死父母，梦见藤竹类东西认为要发生人事纠纷。（3）对某些时间的忌讳。每月藏历的一、十一、二十一日家中不能请客，也不能外出做客；二、十二、二十二日不能交换；三、十三、二十三日生的孩子命不好，多灾多难；四、十四、二十四日，不能打架、械斗，谁先动手谁要失败；五、十五、二十五日不能介绍婚姻；六、十六、二十六日不能盖房子；七、十七、二十七日不能结婚；八、十八、二十八死的人不能土葬；九、十九、二十九日不能外出办事。（4）属相和年龄方面的忌讳。鼠和马、牛和羊、狗和龙、猪和蛇、鸡和兔、猴和虎属相的男女不能配对结婚。认为逢十二、二十五、三十七、四十九、六十一、七十三、八十五的年岁可能要发生灾难，门巴称这些年龄为“嘎”。（5）生病的禁忌。家中有人患病，就要在门口插上树枝，以示外人莫入，以免把鬼带入，加重病情，即使是自家人从外边返家，也要先烧玉米面熏烟，然后再去看望病人，如果家中有两人患病，必须将两人隔离居住，互不见面，否则认为病就不会好。（6）其他禁忌。每年藏历二月二十日左右，每村要杀一头牛祭土地神，为土地神念经；这天不能动土，全村休息一天；不能洗头、梳头、挖地、拔草、搬运石头、摘树叶、折树枝，违反了会给全村的农作物带来危害，村内会派人巡视。土葬的坟墓周围不能拔草，否则会认为死的人愈来愈多。

五　节日

门巴族的节日与其传统文化和宗教信仰有着密切的关系。节日主要有两大类型：一类是宗教节日，一类是岁时年节。宗教节日主要有曲科节、萨嘎达瓦节、达旺大法会；岁时年节主要有“达瓦觉尼巴洛沙”（达瓦觉尼意为十二月）。

曲科节：每年的六月庄稼成熟时举行。过节时人们聚集起来，举行隆重的朝拜仪式，然后在喇嘛和扎巴的带领下，背经书举经幡，围绕村庄和庄稼地转一周，祈求神灵保佑，人丁兴旺，庄稼丰收，群众自备酒饭，在地头田间载歌载舞，整个活动进行2~3天。

萨嘎达瓦节：相传藏传佛教的佛祖释迦牟尼诞生和圆寂的日子是藏历四月十五日，为了纪念这一天，门巴族地区的所有寺庙要念经祈祷，举行各种宗教活动，每家都要拿出一定数量的糌粑、酥油和青稞酒，交给寺庙，寺庙的喇嘛再把糌粑做成“措”分给大家吃，众人互相敬酒吃喝。晚上每家房前屋后还要点酥油灯，以示庆祝，并把这一天作为进入农时的标志，从这一天开始，人们就要开始做农活了。

达旺大法会：在每年的藏历十一月二十九日举行，历时三天。节日里，人们除了观看跳神表演、传统戏剧《卓娃桑姆》、跳牦牛舞等，还要举行一些自娱活动，如赛马、拔河、射箭等。

“达瓦觉尼巴洛沙”，“达瓦觉尼”意为十二月，洛沙，意为新年，“达瓦觉尼巴洛沙”意为一年十二月结束，新的一年开始。勒布村（办事处）门巴族过新年是从藏历的元月一日开始，到元月十五日结束，与藏族人过新年基本相似，从十二月二十五日开始，杀牲畜、制酒、做油饼等；除夕，家家扫除，人人着新装。初一凌晨鸡鸣之前，主妇要背上汲水器，携带祭品到河中抢水，最先汲到水者意味着一年万事如意。待晨鸡报晓后，各户先喝九种粮食熬成的稀粥，表示丰收有余，而后家人欢聚，吃早饭，共度新年。初二开始走亲访友，互相请酒。其间村中还举行歌舞及体育比赛等娱乐活动。节日期间，人们走亲访友，在村中空场地上唱歌跳舞，庆贺新年。

六　礼俗

礼俗贯穿于民族物质生活和精神生活的各个方面，是表现礼仪观念的行为规范。物质生活和礼俗受社会制度的制约，亦受地理环境和周围民族的影响。门巴族使用藏历，正月初一为新年。门隅北部的勒布门巴族在十二月二十八日就要洗头、洗足，打扫室内外环境卫生。富裕一点的人家要前往藏区买一头羊，将羊头的毛烧光、洗净，将酥油染上各种颜色抹在羊头上，然后做三个面团各插一根麦穗置于窗台上，祈愿来年农牧业丰收。家境一般的则只买羊腿和血肠过年。正月初一凌晨，有抢水的习俗，传说这天早晨，古入仁波钦神送神水到人间，谁去得早打得神水多，来年吉祥如意。早到泉边抢水的要撒少许糌粑在泉边，在石头上抹点酥油，供上油和酒，点燃柏树枝，以求神灵保护。这一天，每家居民均要在房上挂各色碎布做成的彩旗，用白色灰浆洒在房屋外面四周的墙上，过年时忌讳在地上洒水，认为湿了地来年雨水过多，对农作物不利。

门隅北部勒布地形险峻，多急流深涧，悬崖鸟道，民主改革前无代步行交通工具，只有索桥、藤桥。因此，围绕出门上路，形成了许多反映他们愿望的特有习俗。如果家中有人出门远行，长辈要用食指、中指和无名指蘸点烟灰，涂抹在出门人的鼻梁上和胸颈之间。烟灰以支锅石上的为最好，据说这样图个吉利，因为过去一般是三石架锅，缺一不可，抹了支锅石上的烟灰就意味着出门人与家里人心心相印，永不分开，平时晚上外出一会儿，都要抹烟灰。早死的小孩，父母也要用烟灰将其手和臀部抹黑，并说："我们不耽误你，快去投生吧！"远行人出门的当天，留在家中的人不能扫地，否则认为会给出门人带来横祸。远行的人到了岔路口，要将带刺的树枝压在路边的石头上，据说这样可以避邪，阻止鬼怪的跟随。有的地方带孩子出门时，路上若遇见比较显眼的大石头，要放几粒粮食在上面，以示供奉山神，祈求平安。若小孩子是第一次出远门，事先还需择定出门的吉日，大人出远门，离家前几天家里要做好酒，请喇嘛念经，邻里也要以酒送行，谆谆嘱咐，依依惜别。远行的人安全返回村时，亲邻好友要互相道贺敬酒，共祝平安。

第六章　民族和宗教

民族平等、宗教信仰自由，是中国政府的基本政策。西藏和平解放后，勒布村（办事处）认真贯彻党的民族区域自治、宗教信仰自由政策，受到广大门巴族群众的赞扬。

第一节　民族

门巴民族是祖国多民族大家庭的一个成员，是少数民族中的古老的民族之一。门巴族先民早在吐蕃统一西藏各部以前，已经生活在藏南群山峡谷的温暖地带。早在9世纪初，她的族名就开始出现在藏文史料中。但是，由于门巴族人口较少，地处边陲，与祖国内地相隔遥远，长期以来，很少为一般人所熟知。解放后，为贯彻中国共产党的民族平等、团结的政策，国家派出大量干部进行了深入实地的民族调查，才使门巴族列为单一民族。门巴族之所以能够成为一个被国家确认的少数民族，其依据是门巴族有自己共同的地域、共同的经济、共同的语言、共同的文化以及共同的心理素质及民族意识等民族特征。

一　民族结构与集居情况

门巴族世代生活在藏区的边缘，长期的对外交往都是以藏区和藏胞为基本对象。和平解放前，门巴族主要聚居在西藏东南部珞隅、察隅、门隅地区，雅鲁藏布江谷地和南迦巴瓦河谷，以及雅鲁藏布江南岸的排龙山区。勒布村（办事处）属于门隅北部地区，勒布村（办事处）所辖基巴、贡日、麻玛和勒4个门巴民族乡，总人口685人，其中门巴族612人，藏族73人，分别占全部人口的88%和12%左右。

二 门巴族族源

门巴族的族源，主要是古门隅的土著居民与一些南迁的民族长期融合而成。“门巴”这一族称，既是门巴民族的自称，也是他称，意思是“居住在门隅的人”。根据《西藏王臣记》记载，吐蕃统一西藏高原以前，人们对门隅的人称为“黑门朱”，意思为“比较落后的地区”，吐蕃统一西藏后，则统称为“门”。到了9世纪20年代，“门巴”与“门”已在碑刻上出现。藏语中“门”是指地势低洼的地方。“巴”是人的意思，“门巴”即生活在门隅的人。

门隅是门巴民族的发祥地。门隅意为雅鲁藏布江下游的平原区，又称“白隅吉姆邦”，其含意是隐藏着的一块美丽的处女地。古代的门隅范围广阔，族、部众多，吐蕃人泛称他们为“门”即门巴。7世纪初，青海一带的吐谷浑被吐蕃战败，一部分居民被迫迁居罗门——南方之门隅。吐蕃王朝的后期，又有许多吐蕃农区人南迁至门隅。他们逐渐与门隅的土著居民相融合，又经过长期的发展，其中的一部分成为今天的门巴族。

由于居住地域的差异和历史的原因，各地门巴族还有一些带有地域概念的称呼。如门隅北部勒布一带的门巴族自称“勒波”，邦金一带的门巴族自称“学增”，达巴一带的门巴族自称“达巴”，珞隅北部边境雅鲁藏布江谷地的大部分门巴族自称“竹巴”，这同藏族的自称“博巴”、“卫巴”、“藏巴”、“康巴”等地域性称呼是一样的。

门巴民族有自己的语言，属汉藏语系，藏缅语族。门巴语方言种类多、差异大，门隅有达旺、德让、勒布、黎4个地区方言，其中以达旺话最普遍，是门隅地区的“普通话”。在墨脱县，自称门巴的人讲“巴米话”，自称竹巴的人讲“仓洛话”，讲“巴米话”的仅分布在墨脱县德新区部分村庄，他们的语言与门隅北部的勒布和德让的语言比较接近。门巴族无本民族文字，由于与藏族在宗教、文化上有历史上形成的密切关系，和平解放前，门巴族通用藏文，门巴族语言中，藏语借词约占30%，部分门巴族能讲藏语。和平解放以后，逐渐改用汉文和藏文两种文字。

三　民族关系

因地缘关系，门巴族与藏族长期生活在一起，互相通婚，在政治、经济、文化生活习俗等方面都有着十分密切的渊源；门巴族像藏族一样信奉藏传佛教，过藏族的宗教节日；和藏族一样以氆氇为主要衣料，同样吃糌粑，喝油茶与青稞酒；许多门巴人通藏语、藏文，所以，门巴族与藏族关系密切。

和平解放前，门巴族社会同藏区一样。门巴族农牧民受“三大领主”剥削。西藏地方政府、贵族和寺院三大领主占有门巴族地区的绝大部分土地、山林、草场等，门巴族人民大部分是他们的农奴和奴隶。历史记载，由于门巴族人民不堪忍受三大领主的压榨，曾多次以破坏运输、拒支乌拉差役、抗捐逃亡等方式进行反抗。门巴族的农奴同藏族农奴一样，也分为“差巴”和“堆穷”两个等级。大“差巴”对“小差巴”和“堆穷”也进行剥削。

1951年，西藏获得了和平解放，党和人民政府派工作队深入门巴族地区访贫问苦，帮助发展生产。1959年，门巴族人民和藏族人民一道，支援人民解放军平息了西藏上层反动分子发动的武装叛乱，实行了民主改革。民主改革的胜利，一是大大激发了门巴族人民的生产积极性，他们发展生产、建设家园，走互助合作道路。同时开山筑渠、改良土壤，逐步实行科学种田，改变了过去那种“刀耕火种”的落后耕作方法，农业生产得到发展，物质生活得到了改善。二是在党和政府的关心和帮助下，勒布门巴民族四乡群众住上了新房，安装了电灯，修筑了公路，江河上修建了桥梁，乡村建立了医疗卫生机构，并培养了一批本民族的医生和卫生员，提高了人民的健康水平。三是勒布门巴族还办起了小学和夜校，门巴族的干部、教师队伍不断成长，门巴民族群众素质不断提高。

改革开放以来，勒布村（办事处）门巴族四乡群众和藏族，以及外来工作、经商的汉、回、纳西族、白族等各个民族和睦相处，共同建设美好的家园，勒布村曾荣获山南地区民族团结进步乡的称号（图6－1）。

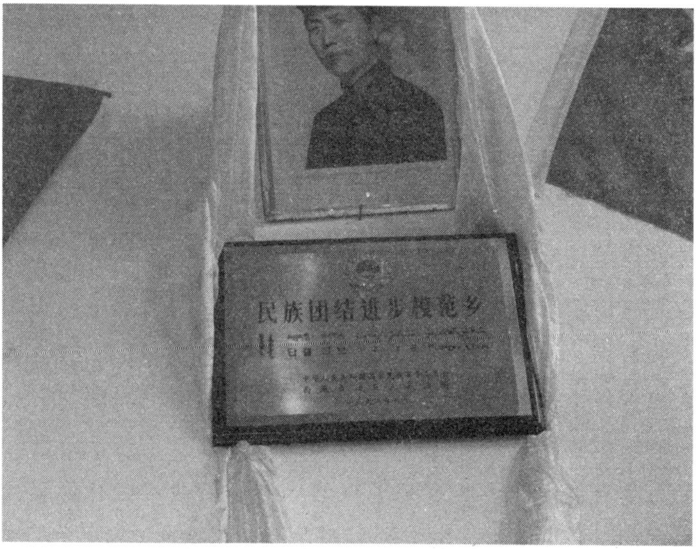

图 6－1　勒布办事处获得的民族团结奖状

第二节　宗教

一　信教情况

历史上，门巴族的宗教信仰比较复杂，既信仰原始宗教，也信仰藏传佛教。原始宗教流行于民间，是门巴族固有的信仰，历史久远，与传入较晚的佛教并存。

（一）门巴族对原始宗教的信仰

苯教是一种原始宗教，藏族和门巴族称其为苯波。其基本特点是崇拜万物，相信鬼神，重视巫术，杀牲祭祀。早在佛教传入吐蕃以前，它已经从西藏西部的象雄往东传播开来，成为藏族、门巴族及其他受藏族文化影响较深的山区居民信仰的原始宗教。佛教传入吐蕃后，佛、苯二教互相斗争，佛教在松赞干布的倡导下逐渐发展成具有地方特色的西藏佛教，苯教逐渐衰落。但是，居住在喜马拉雅山南坡高山峡谷地带的勒布村门巴族，还较多地保留着苯教的原始形态，也就是说西藏佛教在门巴族中的传播和农奴制度的建立，并未使门巴族的原始信仰完全消失。

门巴族信仰万物有灵的原始宗教。在门巴族中，相信万物有灵，天有天神，山有山神，水有水神；青蛙、蛇类、奇树异石也是神，神灵无所不在，得罪鬼神就会得到报应，所有病痛和灾祸都归结为鬼神对人的怪罪。不过，门巴族的万物有灵观念已经超越了自然宗教的阶段，带有阶级社会中的宗教的印记，宇宙“三界”观就是这种经过“加工”的万物有灵的观念，也是苯教教徒的世界观。所谓三界，指天界（天上）、中界（人间）、下界（地下），天界（天上）有拉——天神，中界（人间）有赞——游神，下界（底下）有努——龙神，三界之神都在各自的界内活动。门巴族对下界的想象很模糊，对龙神描述只不过是为人们所常见的爬虫类、两栖类动物和某些自然现象，蛇被看成努神的象征，青蛙被视为努神的儿子，清澈的地下泉水被认为是努神的赐予。有的居民还视房屋的某块石头或房屋周围的某棵树为努神化身，要用竹木圈好，保持周围的整洁和卫生，有的基石已世代相传，举家迁徙时也要尽可能搬走。因为门巴族对宇宙三界的认识程度有深浅之别，因此反映每一“界”的宗教内容也详略不同。宇宙三界的观点认为天界是天神活动之地，天神是个群体，是门巴族心目中最高的神，人间要通过巫师与天界的神灵联系。由于门巴族对天体了解极少，因此反映在宗教上天神的构想十分空泛、笼统和模糊。中界即人间，人间的万事万物中，不少是看得见、摸得着的。因此，门巴族对中界赞神想象丰富而具体，且与对大自然崇拜紧密结合，门巴族的大自然崇拜已经失去了朴素的性质，自然界的一切都被神化，如：神山、神湖、神鸟、鬼石、鬼树等。在门隅门巴族传说中有宁玛派祖师莲花生参禅静坐的神山，那里有“虎穴”、“熊穴”等神仙的山洞，是参禅静坐的神地。在夏乌达郭有西藏四大神湖之一的夏乌达郭湖，每年前往朝佛者络绎不绝，朝佛者有本地的门巴族信徒，还有来自藏区山南、青海、甘南、甘孜等地的香客，他们的朝佛既有佛教意识，也有对大自然崇拜之意。

苯教的许多宗教活动都是通过巫师进行的。因此，巫师被门巴族看做有特殊本领之人，看做人与鬼、神之间的沟通者。巫师的种类多，分布广。

送鬼是门巴民族中常见的一种宗教活动，大多在有人生病时进行，门巴族由于不明病因，以为是鬼怪作祟，因此要举行送鬼仪式。门巴族中关于“鬼”的观念的演变和“鬼人”的说法，是原始社会中人民对灾祸无法解释，无力克服而惧怕自然力的产物。但是，由于门巴族社会已进入封建农奴制社会，关于鬼的来源的解释已经有了阶级的属性，传说竹隅王马夫因忍受不了竹隅王的奴役上吊而死，于是变成了鬼，到处作祟，成为疾病的一个根源。这个传说具有明显的封建领主阶级的偏见，生前被领主驱使的农奴，死后还被污蔑为害人的鬼。

门巴族中还有鬼人的说法。“鬼人”的称谓与封建农奴制社会中的不同等级制度和血统有关，鬼人受人歧视，一般人都对他们存有戒心，家中若有鬼人到来，心里虽不乐意，但是还得装作热情，唯恐得罪了鬼人。鬼人亦被看做疾病的来源。有人生了病，夜晚要到鬼人所住的房屋四周抛撒食物，口中还要呼唤这家鬼人的名字，说："××，你来吃吧，我给你送吃的来了，你让我的病好了吧。"据说给"鬼人"送两次食物之后病人还不见好，就要邀请两三个亲友去送第三次食物，一人撒食物请"鬼人"吃，另一人或两人稍待片刻即突然举棍棒向撒过食物的地点打去，以示对正在吃食物的"鬼人"的惩罚。若第二天鬼人家中碰巧有人生病，就会被说成是因头天晚上被打造成的。由此可见鬼人的社会地位极其低下，由于背上了鬼人的名声，就受到社会舆论的严重歧视，送鬼活动均系对付小病的办法，病情较重则需请巫师杀牲送鬼。

"登龙坎"是送鬼巫师的一种称号，由男子担任。送鬼前，登龙坎要端来一碗清水，在水中投放米粒，看米粒的变化来判断是何种"鬼"作祟，应杀鸡还是应杀猪。送鬼仪式正式开始，登龙坎将活鸡或活猪捉到病人面前过目，然后到室外宰杀，将肉煮熟切碎后连同米饭、念珠、长刀和衣服一并摆放地上，手摇转经筒说道："你们不要再危害病人了，吃的、穿的、用的都为你们备齐了，你们享受吧！"他边说边将肉和饭撒向四方，接着登龙坎回到病人的榻前，将事先在室外捉的一只蜘蛛放置在病人耳后，以示被鬼抓去的病人灵魂已经找回。登龙坎在送鬼时无特殊的穿戴，仪式很简单，仍保留着苯教的原貌。

"把窝"是苯波又一种巫师，把窝多由男性充任。其驱鬼仪式或兼有请神仪式。把窝作法时较登龙坎复杂。有一定服饰，头裹红、白二色布，戴一锯齿形纸帽，两耳拴着扇形彩色纸至肩，身上斜披白布一方，用串珠遮面。在病人家设神龛，置神像，供上白酒、酥油、鸡蛋和清水，旁边挂法鼓。驱鬼仪式开始后，把窝端坐凳上，边牵动鼓绳击鼓，边拖长声音唱道："拉所……"逐渐地整个身子东摇西晃。唱词大意是，把窝的灵魂离身，请来了喇嘛、坎主神、衣当神、松马神。接着把窝抓一把米朝着供有神位的方向抛撒，向众神道："请放回病人的灵魂，取下病人身上的枷锁，让灵魂像鸡蛋一样完整，像沐浴后那样清洁，像树心那样洁白清新……"同时，把窝的助手烧开专门背回的山泉水，将沸水置于室中，将烧红的石头投入翻滚的沸水锅内，顷刻之间满室水蒸气弥漫，这时，把窝用树枝在室内蘸沸水洒向四周，并持刀起舞，口中唱道："山上的大雪向我降吧，峡谷的大风向我吹吧，鬼怪来吧，我要用法力将你驱除！"于是，鬼被赶走，仪式结束。①

"觉母"被认为是女神在人间的化身，能替病人请神除病，都由女性担任。各地的觉母把北部高耸入云、雪峰直刺蓝天的南迦巴瓦山作为目的地，说那里是觉母的 9 个姐妹居住的神山，是通往天界之路，有梯子与天连接。觉母一般吃素食，忌辛辣食物，锅碗专用，作法前，屋中置一横木，横木上绑 9 根木棍，插 9 根树枝，每根棍上拴彩色棉线，棍上还分别挂有格乌、串珠、长刀、弓和箭，地板上等距离地摆放着 9 个竹盒，内装大米、香蕉、甘蔗、桃子等物品，盒前分别放 9 口小锅，另有野花插于盒里食品中。请神前，觉母要问病人年龄和属相。仪式开始，觉母双肩披红布，挽结于胸前，用芭蕉叶蘸酒洒于地上，双手抹脸，全身颤抖，唱道："阿麦……拉所……"接着唱述她自己是

① 调研资料。

女神正身，前往寻找姐妹所走过的路和所见所闻，觉母自问自答，叙述她去请神时所“走”过的路，请神为病人除病。

“把莫”也是一种巫师，均由女性担任。传说有一个神的5个指头是5个坎主神，它们分别是多吉坎主、仁钦坎主、白玛坎主、勒客坎主和背达坎主神。把莫是一个坎主神的化身。据说坎主神之父名叫滚独藏布，其母名叫仁艾杰姆。把莫请神时的装扮和所摆供品与觉母请神时基本相同。请神时，把莫手摇小鼓和铃铛，迈着八字步，半步一停，有节奏地在屋内转圈。持续片刻后即在屋内坐定，与助手一问一答，叙述请神经过。把莫让自己的“灵魂”前往请神，并说坎主神家在艾教林。在这之前，把莫要在病人手上拴5根不同颜色的线，代表5个坎主神。请神过程中，把莫要将线烧断，看断线是否整齐，若有一根线的断头不整齐，即认为是那根线所代表的坎主神在作祟，于是就请断线所代表的那位砍主神来供奉。

（二）门巴族对藏传佛教的信仰

在藏传佛教传入门隅以前，门隅被称作“拜笼”，即与世隔绝，不为人所知的地方。有位喇嘛名叫白玛林巴从竹隅来到门隅，发现了这里有农田、村舍和炊烟，方知此地有人居住。得到本地头人的支持后，白玛林巴开始在门隅传教。继白玛林巴后，喇嘛乌坚桑布继续在门隅传教，与门巴族头人楚卡瓦之女多吉宗巴成婚，并在降喀的索旺地方建立了属宁玛派的乌吉林、桑吉林和措吉林三座寺庙。乌坚桑布还在过去嘎朗汪波土王所在地曼扎岗修建了寺院，并在此为门巴族信徒授以“马头金刚灌顶”的仪式，门巴族人纷纷接受教化，皈依佛法，西藏佛教遂为门巴族居民所接受。此后，乌坚桑布将这里改名达旺并建立了达旺寺。达旺寺的建成，标志着西藏佛教已经在门隅扎下了根。乌坚桑布的教位是父子传承，是世系。其世袭传承情况是：乌坚桑布—乌坚仁增—泽仁—丹增扎西—云丹。

为了弄清门隅这一时期的宗教情况，有必要把同一时期与门隅有关的竹隅宗教作一介绍。竹隅在门隅的西面，为古门隅的一部分，在地域上与门隅毗连。在藏传佛教格鲁派势力到达门隅以前数百年间，就有西藏佛教噶举派（俗称白教）中的竹巴噶举派和宁玛派（俗称红教）曾经在这里传教建寺。12 世纪中期，西藏噶举派开始传入竹隅；13 世纪，较多的西藏噶举派僧人云游到竹隅传教、建寺，竹巴噶举派成为竹隅占统治地位的教派。同时，也有宁玛派僧人到竹隅传教，但势力远不及噶举派。

15 世纪初叶，宗喀巴实行宗教改革，在藏族地区创建了西藏佛教格鲁派。17 世纪中期，格鲁派已形成一个强大的宗教集团。1652 年（清顺治九年），格鲁派首领五世达赖喇嘛——罗桑嘉措应召到北京朝见清朝皇帝，1653 年，皇帝赐以金册金印，正式册封他为“达赖喇嘛”。于是，格鲁派势力日益兴盛，并成为西藏地方的执政教派。五世达赖返藏以后，即派梅惹喇嘛洛卓嘉措到门隅弘扬格鲁派。洛卓嘉措为六世达赖仓央嘉措之母才旺卓玛的舅父，曾在拉萨拜五世达赖为师，深受达赖赏识。1656 年，五世达赖喇嘛令西藏地方政府委派两名拉涅到门隅，协助梅惹喇嘛管理门隅政教事务。1680 年，梅惹喇嘛将乌坚桑布创建的达旺寺等宁玛派寺院改建成格鲁派，并将寺院改建为达旺寺庙，达旺寺就成为该地区最大的格鲁派寺院。

门隅的宗教活动比较频繁，大致分为寺院的佛会和以村为单位的集体宗教活动。寺院的佛会以达旺寺最为著名，该寺的活动多仿照拉萨的默朗钦波（传诏大法会）或其他法会形式进行。每年寺院的佛会有如下多种宗教活动：慈尊佛圆寂灯节、宗喀巴圆寂灯节。以村为单位的集体宗教活动各地不尽相同，大体有：4月中旬的祈愿风调雨顺活动，8月的迎接丰收活动，庄稼收割之后还有两次较为大型的全村性祈祷活动。在8月举行村里的宗教活动时，一般要由喇嘛带领，绕庄稼地而行，喇嘛口念佛经，预祝农作物丰收和人畜两旺，称雀可节。举行全村性宗教活动时，每户要自愿交酥油和粮食，由喇嘛做成糌粑团，与村民们共享。

寺院佛会和村里的集体宗教活动，二者既有联系，又有区别。它们都属西藏佛教的活动，但其活动宗旨和侧重点各有不同。寺院的佛会是较高层次的宗教活动，由寺院的上层喇嘛主持，宗旨是弘扬教义，宣传佛法，继承法统，对乡村的宗教起着主导作用。而以村为单位的集体宗教活动层次较低，由村里的喇嘛主持，活动的宗旨是祈求农牧业丰收、人畜两旺，具有浓郁的民间色彩。在农牧业丰收时，村里的集体宗教活动洋溢着喜庆的情调，遇有灾荒或意外灾害时，村里的集体宗教活动又弥漫着忧伤的阴影。

寺庙的宗教活动频繁。每逢藏历初十那天，为各寺的例行念经日，届时喇嘛均须到寺内念经。除二至三月、六至九月无大型宗教活动外，其余月份都有全民性的宗教活动。一月要举行“嘎措南泥”活动，从五月开始，有历时七至十日活动。在这个月中，全民禁止打猎捕鱼，禁止食肉饮酒，禁吃辣椒和葱，只能喝清茶，吃南瓜和青菜。其中有一天不能进食，有一天只能进食一餐，分别叫“年列”和“略列”。在举行宗教活动期间不能相互交谈和接近妇女，每天至少磕头100次。这种有时限的不杀牲、清心寡欲和素食苦修的仪式，正是宁玛教派信徒所奉行的。这些禁忌包含的象征意义是：以寂静安宁瑜伽禅定来帮助信徒解脱痛苦，超越逆境，求得解脱，从而获得世事的顺利。四月里逢五或十日，要念“煞久达瓦”经，一般都在家中念经，富裕户可请喇嘛来家中主持。届时要供上各种食品，如饭团、香蕉等，以示对被人类杀死的生灵忏悔之意。信徒们认为在这一天，念经一遍抵平时一亿遍，踩死一只虫蚁等于踩死一亿只，因此家家都很重视。这次宗教活动带有动物崇拜色彩，生灵是不能伤害的，但在现实生活中如果伤害了，不得不通过念经、供祭来表示对动物的“歉意”，洗刷杀害生灵的“罪孽”。五月念“争达”——喇嘛古入仁波钦诞辰的活动。相传很久以前，有一年的藏历五月十日那天，一个名叫白玛坚的湖里长出一朵莲花，莲花开了，花心里出来了古入仁波钦。在五月十日这天，宁玛派的喇嘛和信徒要齐集寺中，举行跳神活动，人们纷纷向喇嘛献酒、肉和粮食。富裕户也可在家中庆祝，特别是家中有喇嘛的，要杀牛煮酒，大宴宾客，村中邻里皆携礼相贺，一般要热闹三天，寺庙通过这一活动来巩固喇嘛在信徒心目中的神圣地位，因为人间的大小喇嘛被信奉为神的化身，这实际是喇嘛的节日。十月念“泽朱羊朱”经，十一月念“崩久达瓦”经，这时秋收完毕，粮食入仓，杀猪酿酒以供奉诸神。届时人们邀约亲友共饮。富裕户要请喇嘛到家中念“甘珠尔”、“崩”等经。有的人因病或有某种心愿即要在此期间向寺庙奉献钱物以求消灾祛病，迎来幸福。这实际是两次庆祝丰收、祈求幸福的宗教活动。

宁玛派到门隅传教，是伴随跳神活动进行的，跳神活动由喇嘛主持，喇嘛们坐在专门搭的台上，一般村民坐在台下围成一圈，跳神结束时，大家要依次由喇嘛摸顶以求吉祥，然后每人向喇嘛献一束“热古”（钱）。夜晚，场中点燃篝火，燃起松枝，大家欢乐歌舞，尽兴方散，整个跳神活动结束。跳神活动其实是活生生的宗教宣传，目的是要人们尊神敬佛，恪守教规，积德行善，安于现状，用天堂的欢乐和地狱的苦难说教将人们的思想引向死后的境界。其他宗教活动的宗旨虽各有侧重，也都引导人们脱离现实，把人们的思想禁锢在宗教信条中，以维护封建农奴制的统治，随着藏传佛教在门隅的传播，领主到门隅地区收取地租也分别采取了两个系统进行。一个是达旺拉涅，即达旺总管系统；另一个是错那宗，即政府系统。

（三）宗教场所

十一二世纪时，由西藏僧人称为“三素尔”的素尔家族的三个人来西藏建立寺院，开展宗教活动，宁玛派才算形成。宁玛派很早就传到了门隅，建立寺院，发展门徒，在门隅地区影响广泛。门隅铁孜寺（又名居尼寺）的一位活佛，即是由宁玛派的敏珠林寺派出的一个活佛，铁孜寺常派喇嘛到敏珠林寺学习经文，在门巴族的一些村寨里都有一个宁玛派小庙，常有一两个喇嘛管理小庙，供群众信奉。

17 世纪中叶，格鲁派在全藏占据统治地位后，于 1680 年（藏历第十一甲子铁猴年）五世达赖派梅惹喇嘛洛卓嘉措到门隅地区管理政教事务，相继把原属旧派（宁玛派）

的达旺寺改建成为格鲁派的寺院，格鲁派势力在门隅各地发展壮大起来了。

达旺寺建在一座草山嘴上，主体是一高大的白色建筑群，还含许多僧舍，整个寺庙由围墙包围，寺内一般有喇嘛550名，多时达700名。此后，达旺寺即隶属于拉萨哲蚌寺的罗色林扎仓，梅惹喇嘛之后的历任堪布均由哲蚌寺委派。达旺寺的扩建和隶属关系的确定标志着门隅门巴族的上层建筑领域已被代表封建农奴制意识形态的西藏佛教所替代。梅惹喇嘛因在达旺寺的扩建和隶属关系的确定方面有所贡献，五世达赖喇嘛任命他为门隅地区的政教首领，并将自己供奉过的宁玛派大师莲花生佛像和亲笔所绘吉祥天女画送给他，足见五世达赖喇嘛对梅惹喇嘛在门隅地区弘扬格鲁派业绩的高度赞扬。

从西藏佛教宁玛派在门隅传播到格鲁派在门隅取得主导地位，其间经历了至少有300年以上的历史。随着达旺寺的建立，其下属寺庙也在门隅各地陆续建立。如达隆寺、沙丁寺、多烈寺、江袁寺、扎玛东穷寺、僧松寺、春定寺等。这些寺庙连同乌吉林、桑吉林和措杰林等较早建立的三个寺庙，均由达旺寺委派喇嘛主持庙务。在门隅每个较大的村庄，几乎都建有一个村属小寺或神殿，由村里的喇嘛专管。达旺寺下属的寺院均属格鲁派，村属小寺或神殿多属宁玛派，也有属噶举派、萨迦派和苯教。门隅的众多寺庙为藏传佛教的传播提供了场所。

门隅大的宗教活动一般以达旺寺为中心举行。每年藏历十二月二十四日纪念慈尊佛圆寂的灯节，十月二十五日宗喀巴圆寂灯节都在达旺寺举行。十一月举行送鬼活动，以村为单位，在各村的小庙举行。一年中各个季节都有念经活动，春播时喇嘛为全村念经，祈求庄稼茁壮成长。在收割前，喇嘛念经预祝丰收，然后村民跟随喇嘛绕着庄稼地游行，称“雀可节”，类似藏族的望果节。收割后喇嘛再为全村念经庆祝丰收，祈求人畜两旺。生病时，请喇嘛念经送鬼，念经的内容和形式各有不同，如念“多加”经时，喇嘛要在用糌粑做成的“鬼怪”身上扎入带刺的树枝，抛进火堆，意为把鬼怪“烧死”；念“习”经时，把做好的许多小面人抛向四方，意为借“众人”之力驱鬼，也有的由家属或病人自己去敬奉神山、神树或神水，甚至把病人背到大寺院去转经，索取一点活佛给予的信物，以求得神佛的保佑。①

在“文化大革命”期间，勒布村与西藏全区、全国其他地区一样，宗教活动场所及设施受到了严重损失。1980年以来，西藏平反了冤假错案，相继恢复和新成立了宗教工作机构，在保障公民的宗教信仰自由权利方面做了大量工作，勒布村现有麻玛乡娘姆江对面以及勒乡的两座寺庙。

二　宗教教育

和平解放以来，西藏自治区党委、政府，一方面认真贯彻执行了党和国家的宗教信仰自由的政策，各宗教、教派和寺庙之间，信教与不信教群众之间都相互尊重，和睦相处；另一方面，各级各类学校，用马克思主义的“四观”（祖国观、民族观、文化观、宗教观）、“两论”（唯物论、无神论）教育广大门巴族群众，使勒布村（办事处）门巴族群众树立了正确的宗教观念。

---

① 错那县宗教局调研资料。

第七章　各项事业

西藏民主改革特别是改革开放以来，勒布村（办事处）在党中央的关心，在自治区各个部门的领导下，坚持经济社会协调发展，按照优先发展教育、创新发展科技、快速发展卫生、加强文化建设的要求，教育、卫生、文化、体育各项社会事业得到快速发展。

第一节　村民教育

从 1985 年开始，西藏自治区在广大农牧区对农牧民子女实行“三包”（包吃、包住、包基本学习用品）、“两免”（免除教科书费、免除学杂费）的政策，极大地调动了农牧民群众送子女上学的积极性，有力地促进了农牧区义务教育的普及与发展，确保了“六年制”“九年制”义务教育攻坚目标的实现。

自对义务教育阶段农牧民子女实行“三包”政策以来，国家和自治区财政先后 6 次调整“三包”经费标准，调整后年人均标准达到 1300 元，投入资金总量达到 33175.5 万元，使西藏 26 万农牧民子女从中受益。

1988 年，国家第一次调整西藏农牧民子女义务教育“三包”经费的标准。小学由原来腹心地区的县每个学生每学年210元，边境县每个学生每学年240元，分别提高到300元和330元；中学由原来腹心地区县每个学生每学年240元，边境县每个学生每学年260元，分别提高到360元和380元。

1994年，国家按照分类的原则进一步调整了西藏农牧民子女义务教育“三包”标准。一类（按地区艰苦程度分类）年费用标准为：小学生780元，中学生900元；二类年费用标准为：小学生554元，中学生660元；另按小学、初中、高中3个阶段核发装备费，一类标准每个学生每阶段150元，二类标准为60元。同时，对享受助学金的范围、对象及标准进行了调整，边境乡小学每个学生每学年90元，边境乡中学为110元，其他地区小学为180元，中学为220元。

2001年，中央第四次西藏工作座谈会后，国家再次调整了农牧民子女义务教育“三包”的政策，重新确定了经费标准。小学每个学生每学年600元，初中为800元；边境县中小学的农牧民子女住校生，“三包”费用标准在上述基础上每个学生每学年人均增加50元。

2005年，国家大幅提高了西藏农牧民子女义务教育“三包”标准，这也是历次调整中增幅最大的一次。调整后的标准是：小学每个学生每学年1000元，初中达到1150元；边境县、乡小学每个学生每学年达到1100元，初中达到1250元。同时适当提高了助学金标准，小学每个学生每学年由原来的100元提高到130元，高中由原来的800元提高到900元。

2006年，国家再次提高了农牧民子女义务教育“三包”标准，小学每个学生每学年1100元，初中为1250元；边境县、乡小学每个学生每学年达到 1200 元，初中达到 1350 元。

2007 年，经自治区人民政府第三次常务会议研究决定，从当年 9 月 1 日起对西藏义务教育“三包”经费标准在 2006 年的基础上再次进行调整，调整后的“三包”经费标准为：小学每个学生每学年 1200 元，初中为 1350 元；边境县、乡小学每个学生每学年提高到 1300 元，初中提高到 1450 元。

从 2011 年起，“三包”标准从每个学生每年的 1800 元提高到 2000 元，其中伙食费 1800 元，服装、装备、学习用品等 200 元。边境县学生“三包”经费在此基础上再增加 100 元，主要用于服装和装备。

一　教育设施

西藏和平解放前，旧西藏的教育十分落后，没有一所近现代意义上的学校，仅有 2000 余名僧侣和贵族子弟在旧式官办学校和私塾里学习。和平解放后，勒布村同整个西藏地区一样教育得到快速发展。1965 年，勒布村建起了第一所小学，1975 年将勒布小学改成公办小学，1996 年正式确立为勒布办事处完全小学。2002 年，错那县对勒布村（办事处）门巴族四乡的教学点进行了规范建设，并于当年顺利通过自治区“普九”的验收。勒布办事处适龄儿童入学率和巩固率均已达到 100%。这些成绩的取得，一是反映了各级党委政府对勒布村（办事处）门巴民族教育的高度重视；二是勒布村（办事处）门巴民族观念的转变，支持孩子上学；三是门巴民族的教育方面享受边境县的 10 分加分，也同时享受较少民族 10 分的加分。

勒布村（办事处）完小布局比较合理，教学区、生活区、运动区基本分开。勒布村（办事处）完小占地面积为4136.79平方米，建筑面积为1291.9平方米，其中劳动基地面积为1731平方米，猪圈占地面积为24平方米，鸡舍占地面积为20平方米，绿化地面积为50平方米（图7－1）。

图7－1　勒布完全小学

学校常规教学设施基齐全，设有教研室、办公室、德育室、图书阅览室、少先队室、体育室、自然室、电教室、音乐室，基本满足了现行教学的需求。开设的课程有汉语文、藏语文、英语（三年级起开设）、社会学、品德、常识、音乐、美术、体育、数学等课程。

勒布村（办事处）完小现有教职工6人（男4人、女2人），其中教员5人，临时工1人；大专文化3人，中专文化 3 人；年龄在 20 ~ 35 岁；月工资平均总额为 2500 元。

二　村民子弟就学情况

勒布村（办事处）完小招生范围覆盖勒布（办事处）所辖的 4 个门巴民族乡，学校设有 4 个教学班，在校学生 74 人，其中女生 40 人、男生 34 人，住校生 62 名，适龄儿童入学率 100%，巩固率 100%，小学升初中率 100%。

三　村民教育观念

民主改革以来，勒布村（办事处）村民教育事业不断发展，但是，由于历史、自然、经济、社会等方面的原因，门巴民族文化程度普遍偏低。调研中发放调查问卷 60 份，收回问卷 59 份，收回率 99%，问卷户 59 户，总人口 242 人。户主中女 23 人、男 36 人，户主文盲 21 人，小学文化程度 38 人，文盲率占调查总户数的 36%，小学文化程度占调查总户数的 64%。调研中还发现教育总支出 53320 元，户均教育支出 903.72 元，在国家实行“三包”政策的前提下，教育支出的数字反映出，虽然勒布村（办事处）门巴民族老一代人的文化水平普遍较低，但是非常重视小孩的上学问题，调研中我们看到，学校开学时，家长成群结队送子女上学。

从表 7 - 1 可以看出，勒布适龄儿童入学率 100%，巩固率 100%；小学五年巩固率为 100%，小学无辍学现象。勒布办事处完小 2002 年通过了“普九”验收，2007 年，勒布被评为无辍学的乡镇（图 7 - 2 至图 7 - 5）。

表 7-1　勒布完小学生上学率和巩固率的情况*

单位：%

指标名称	2001 年	2002 年	2003 年	2004 年	2005 年	2006 年
三、教育						
小学学龄儿童净入学率	99.82	99.93	100	100	100	100
其中：女生	99.77	100	100	100	100	100
男生						
小学 5 年巩固率	99.9	99.93	100	100	100	100
小学学生辍学率	0	0	0	0	0	0

* 本表根据错那县统计表整理制出。

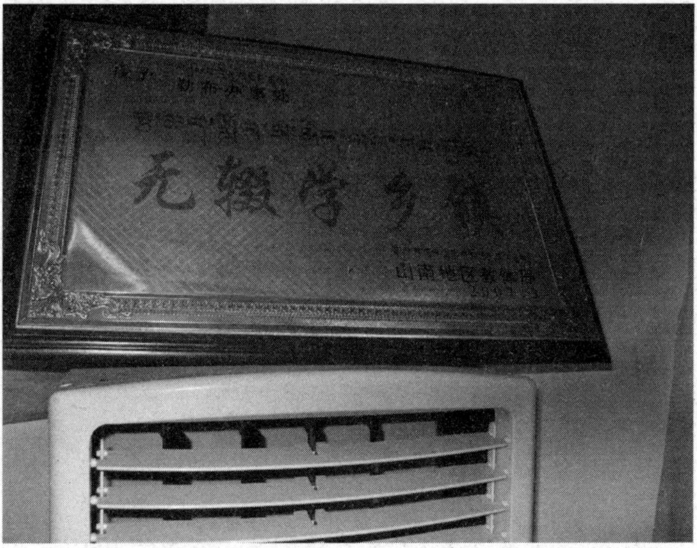

图 7-2　山南地区教育局颁发给勒布办事处的奖状

构建和谐社会，必须实现教育机会的均等化，自 1978 年恢复高考制度以来，国家为加快少数民族人才的培养，规定少数民族学生高考的录取分数线低于汉族考生，门巴

图 7－3　门巴族考上大学的学生

图 7－4　门巴族群众在欢送考上大学的学生（1）

图 7－5　门巴族群众在欢送考上大学的学生（2）

族学生考大学时，一方面享受边境县的 10 分的加分待遇；另一方面也同时享受人口较少民族 10 分的加分待遇。调研中发现门巴族群众，一般都以家中有考上大学的孩子为荣，某家孩子如果考上大学亲戚朋友都前来祝贺。

四　教育中存在的问题

调研中我们发现，勒布村（办事处）教育取得了长足的进步，但是，受自然、地理、交通等方面的影响，教育发展中存在的主要问题有：（1）资金短缺，投入不足。勒布村（办事处）门巴民族四乡，现仅有勒布办事处一所完小，麻玛乡距离勒布办事处完小 150 米，学生上学很方便，但其他乡镇学生上学路途较远。20 世纪七八十年代贡日、基巴、勒三乡都有小学，后由于生员不足，教学人员短缺，只好解散。对于贡日、基巴、勒三乡来说，学生路途远，上学不方便，最远的让村距离学校的路程达 25 公里。（2）教学人员不足。勒布办事处完全小学教学人员严重短缺，尤其是缺少懂门巴语的老师，导致一至三年级学生听不懂课，学习困难。（3）没有体育场和运动场。由于没有体育场和运动场，学生们活动时只好在教室附近，以及旁边的办事处活动。（4）学校没有礼堂。由于没有礼堂，少先队活动，学校的集体活动无法进行。（5）教职员工待遇低。勒布办事处完小教师全年平均工资总额为 2500 元，与错那县的小学教员相比较，工资相差三分之一，与泽当镇、拉萨市等腹心地区同级别的小学教员相比较，工资几乎相差一倍。（6）学前教育和幼儿教育是空白。勒布村没有幼儿教育，更谈不上学前教育，这也是学生在一至三年级听不懂课的主要原因之一。

第二节　农牧业科技

一　农牧业科技部门与科技信息

（一）管理部门

勒布村（办事处）农牧业科技管理部门按照行政区划的规定，由错那县农牧局、发展改革委员会、财政局、扶贫办，山南地区农牧局、财政局、扶贫办，自治区农牧厅、财政厅、扶贫办等管理部门代为管理，乡政府予以协助。

（二）业务部门

勒布村（办事处）农牧业科技部门业务由错那县、山南地区、自治区的兽防站、农科所以及西藏自治区农牧科学院、科技厅等部门指导。

（三）农业信息情况

近年来，错那县借“兴边富民”和“新农村建设”之机，积极实施了“村村通”、“西新工程”[①] 和“2131 工程”[②]，在勒布村（办事处）建成了“村村通”站点 7 个，文化活动室 8 个。勒布村（办事处）邮政实现 1 月 2 次通邮的任务，邮政业务覆盖了 8 个行政村。2003 年 7 月，开通了 4 个门巴民族乡的程控电话，2004 年，开通了当地小灵通、移动通信业务，为农业信息的获取创造了条件。调研中发现，勒布村农业信息来源主要渠道为上级农业主管部门，包括错那县农牧局、兽防站，山南地区农牧局、兽防站，西藏自治区科技厅、农牧科学院等相关部门。其他渠道还有广播、电视、网络等传媒渠道。西藏自治区农牧科学院是西藏唯一的省级农业综合科研机构，全院有 3 个研究所、1 个中心实验室，覆盖了农业研究的大多数领域。多年来，西藏自治区农牧科学院对勒布村（办事处）门巴民族四乡农作物新品种选育、动物良种繁育、节水灌溉、植物保护等农业高新技术领域进行了指导。

① 为了“让党和国家的声音传入千家万户，让中国的声音传向世界各地”，党中央决定实施的新中国成立以来规模最大的广播电视覆盖工程——“西新工程”。

② “2131 工程”是国家广电总局、文化部等五部委于 1998 年提出的跨世纪农村电影工程和文化建设项目。全国要实现每一个行政村（社区）每一个月放一场电影的目标。国家“十一五”文化发展规划纲要中，也将“2131 工程”列为七项公共文化建设重点工程之一。

二　农业科技推广项目

（一）推广项目

错那县农业综合开发项目计划实施的主要对象之一就是勒布村（办事处）。该项目包括：（1）土壤改良。土壤改良主要有生物改土和培肥两种方式，生物改土是利用种植豆科作物和采取田间轮作等方法来逐步提高土壤有机质的含量，增加土壤肥力。培肥地力是增加施用有机肥和化肥，尤其是利用农牧结合的特点提高有机肥的施用量，对全部农田平均每亩增施有机肥为以前的2倍。同时对氮、磷、钾肥进行合理搭配，适当对经济作物增施钾肥。通过对土壤肥力水平进行取样分析化验，根据肥力水平进行科学施肥。在施肥方法上，低洼地多施磷肥，碱性较大的农田多施酸性肥料，对钾肥敏感的双叶植物增施钾肥，并参照微量元素含量进行合理搭配。此外，还注意增加农家肥、叶面肥、生物肥料的使用，以缓解长期施用化肥而造成的土壤板结、地力下降的情况。瘠薄型土地改良以加厚活土层，拣去砾石，并结合培肥进行改良，低洼地改良与改良给排水结合，如开挖排洪渠，降低地下水位。（2）调整畜群和畜种结构。项目计划在5年内，采取有效措施，加大畜种结构的调整力度，控制役畜比例，努力增加适龄母畜和后备畜的饲养头数，将适龄母畜逐步调整到60%，后备母畜比例调整到20%。将公畜比例控制在20%以内。大力发展牦牛改良养殖业，生产优质牛肉、优质牛奶。（3）调整种植业结构。针对农业生产中科技含量不高，种植业结构不合理，粮、经、饲比例为80%、15%、5%，粮食面积偏大，经济和饲料作物偏小，经济作物以传统的小油菜为主，难以提高群众种地的收益，主栽品种良种不良、混杂严重，且品种品质差，老化、退化严重，生产管理粗放、技术落后等制约因素，根据所种植作物品种在管理及栽培方式上采取良种良法配套，将多种农业实用增产技术因地制宜进行集成、组装配套后推广应用到农业生产第一线，提高农作物产量和质量，提高农业生产中的科技含量和管理水平。在勒布村（办事处）拟建野生蔬菜资源综合开发项目，普及野生蔬菜加工及生产技术，食用菌保鲜技术，储藏保鲜技术等。

（二）项目效益评估

错那县农业综合开发项目实施后，其效益有：（1）改善城乡居民的生活条件。项目实施后可以有效地缓解错那县干部职工、当地居民、驻军官兵和农牧民群众吃菜、吃肉、吃蛋、喝奶难的问题。（2）加快农业现代化的步伐。项目实施后将有效地增加劳动力就业机会，减少粮食消耗，缓解耕地少、粮食生产有限、牲畜与人争粮的矛盾，加快农业现代化的进程。（3）调整农牧业结构，增加收入。项目实施后，将使项目区的农牧业结构得到进一步调整和优化，农牧业年收入将达到86.79万元，蔬菜产品的产量和品质将得到大幅度改善。（4）促进科学技术在农牧业生产中的应用。项目通过农发搭台、科技唱戏的实施模式。既完善了农业基础设施，给农业生产创造良好的生产条件，又利用科技的综合示范效应和推动作用来促进、带动生产落后地区的农业整体生产水平的提高，加速产业结构和农牧业结构的调整和现有农牧业生产品种的更换，提高项目区农业生产中的科技贡献率和技术水平，增加农牧民收入，带动农村相关产业的发展，使农业增产、农民增收，农村经济结构优化，全面推进农牧业社会生产力的发展。（5）改善生态环境。通过本项目的实施，一是提供了大量的秸秆，减少了牲畜对已严重超载的天然草场的啃食，保护了天然草场；二是农家肥的利用，减少了化肥和农药的用量，促进绿色食品和有机食品的生产；三是农田林网建设和水利设施的科学规划，有效地减少水土流失，对项目区的大气、土壤、水资源环境起到积极的保护作用。同时，通过对项目区的绿化和美化作用，植被覆盖率将大幅度提高，生物、土壤、水资源得到有效合理利用。风沙侵蚀、水土流失和盐碱化的危害将进一步得到有效控制。

（三）农业科技项目推广中存在的问题

错那县农业综合开发项目推广中存在以下问题：（1）项目区劳动者文化素质低、缺乏商品经济意识。农业综合开发项目对劳动者文化和科学技术水平的要求较高，但由于项目区地处农牧结合地带，青壮年劳力中文盲半文盲占64%，人员文化素质偏低，显然对接受和掌握现代科学技术有很大影响，项目实施困难。（2）农业生产结构单一、人均收入低、群众投入不足。项目区农业生产主要以种植业为主，农区畜牧业仍为自然放养为主，生产水平较低。（3）加工业基本是空白，不能满足项目建设所需的种、养、加一体化，产、加、销一条龙的产业化发展要求。（4）项目区人均收入仅为1493.54元，且以实物收入为主，现金收入较少，限制了群众的自我投入的能力，仅能靠投工、投劳解决。因此在项目实施过程中，群众自筹所能投入资金只有较少的一部分，以国家、地方投入为主。(5) 基础设施不完善。首先，项目区所需水利设施不完备，由于水利建设资金缺乏，技术力量薄弱，水利体制和科研工作落后，致使项目区的水资源不但不能充分利用，而且浪费严重，项目区水利工程老化，干渠工程存在渠道渗漏问题。其次是项目区内道路、电力等基础设施仍不完善，需进一步建设完善，以满足项目的机械化耕作、产品加工及设施农业的需要。

第三节　医疗卫生

一　医疗卫生设施

封建农奴制度下的旧西藏，只有三所医疗设备极其简陋、规模有限的官办藏医机构以及少量私人诊所，医疗机构从业人员只有近百人，加上民间藏医也只有400余人，平均每千人占有不到0.4名医务人员，这些藏医机构主要分布在拉萨、泽当等地，藏医人员主要为贵族、官员服务，广大农奴和奴隶有病得不到治疗，天花、鼠疫等烈性传染病屡有发生和流行。当某些传染病暴发时，原西藏地方政府不但不采取措施救治病人，反而把病人赶进深山峡谷，派兵把守山口，将病人困死。根据历史资料记载，旧西藏人均寿命只有36岁，人口增长长期处于停滞状态。

民主改革前，勒布村（办事处）的医疗卫生条件差，婴儿成活率低、人均寿命短，妇女儿童的医疗保健更是无从谈起。民主改革后，在党和政府的关怀下勒布村门巴族的医疗、卫生和保健事业不断发展，勒布村（办事处）医院已经拥有 CT、心电图等先进的医疗设备。

二　村民就医情况

民主改革，尤其是改革开放以来，建立了勒布办事处医院，缓解了门巴族群众看病难的问题。2005 年，勒布村 4 个门巴民族乡积极推行了新型农村合作医疗制度，门巴群众踊跃参加，参加率达到了 100%，医疗费用人均达到 90 元。勒布村有医院，贡日乡、基巴乡、勒乡也建有卫生院，勒布办事处医院无论是人员、技术，还是设备等方面都优于其他乡镇卫生院，现有 2 名医生，其中 1 名叫巴桑次仁，藏族，1980 年出生，毕业于山南松赞藏医院。另一位名叫尼玛曲珍，藏族，1979 年出生，毕业于山南卫生学校。勒布村（办事处）医院由于人员短缺，卫生院一般只能处理一些常见病，负责输液和打针，心电图、CT 等医疗设备齐全，但无人会用。较重的病，或需要透视的病必须到错那县医院、山南地区医院，甚至到自治区各大医院就诊。

2005 年，借新农村建设之机，错那县在基巴、贡日、勒三乡修建了卫生院。贡日乡和基巴乡有医院机构设施，但是没有医务人员，业务水平较差，卫生院一直闲着。勒乡卫生院，每月花 500 元，雇用了 1 名赤脚医生，处理一些简单常见的急性病。麻玛乡距离勒布村医院 150 米，群众看病比较方便，贡日乡距离勒布医院 5 公里，勒乡距离勒布医院 12 公里，基巴乡距离勒布医 15 公里，群众看病难的问题仍然比较严重（图 7－6、图 7－7）。

勒布（办事处）医院常用药品基本具备，乡镇卫生院买药的费用靠卖药周转。

图 7-6　勒布村医院的医生简历

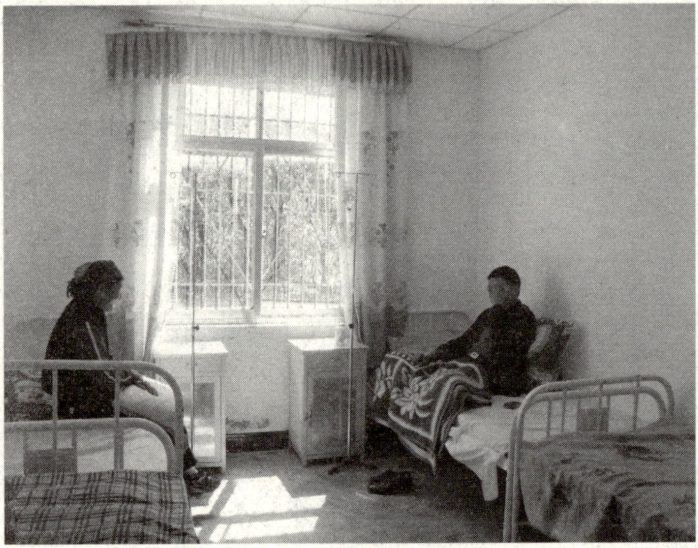

图 7-7　勒布村医院病人输液的情况

第四节　文化体育

一　村民文化设施

2005年，错那县分别在基巴、贡日、勒、麻玛四乡修建文化室，在麻玛乡修建了“门巴民族民俗文化园”，对进一步满足广大农牧民群众的文化生活需要，边境县的稳定与发展发挥了极其重要的作用。

（二）文化信息获得方式

勒布村（办事处）门巴民族四乡信息获得的方式主要有传统渠道和现代的传媒渠道。传统的传播方式包括会议、谈话、文件下达等方式。现代的传媒主要是电视、广播、网络等方式。

（三）门巴文化

在长期的生产实践中，勒布村（办事处）门巴民族创造出大量反映以本民族历史、劳动、生活和斗争精神为内容的门巴文化。门巴文化内容博大精深，大致可概括为以下几种：

1. 酒歌、情歌

门巴族的酒歌、情歌以“萨玛”酒歌和“加鲁”情歌最为奔放动人。正是这块民歌的丰地沃土哺育出了像六世达赖喇嘛——仓央嘉措那样著名的浪漫主义诗人，已被译成多种文字的《仓央嘉措情歌》诗集就脱胎于门巴族民歌，在格律和风格上都保留着门巴族情歌的特色。门巴族青年

表 7－2 勒布文化室建设情况*

单位：万元

序号	项目名称	建设规模	投资年度	总投资	实施地点	建设情况	效益分析
1	基巴 2 村、贡日 1 村、麻玛 1 村文化室	各乡新建文化室各一栋，面积为 300 平方米	2000	15	基巴乡、贡日乡、麻玛乡	已完成	解决当地群众的办公、会议、文化活动等用房问题，对边境地区精神文明建设、提高全民素质起到良好的作用
2	扶持基巴门巴民族乡镇企业和修建乡文化室	新建基巴乡文化室一栋，面积为 600 平方米	2000	10	基巴乡	已完成	解决当地群众的办公、会议、文化活动等用房问题，对边境地区精神文明建设、提高全民素质起到良好的作用
3	贡日 2 村多功能文化室	石土结构，300 平方米的贡日文化室 2 座	2001	5			解决当地群众的办公、会议、文化活动等用房问题，对边境地区精神文明建设、提高全民素质起到良好的作用
4	勒乡 1、2 村多功能文化室	基巴乡村文化室新修一幢勒乡村文化室，面积为 150 平方米，砖混结构，为藏汉结合式。	2001	10	勒乡	已完成	解决当地群众的文化活动等用房问题，对边境地区精神文明建设、提高全民素质起到良好的作用
5	勒乡 1 村文化室	新建一所钢筋混泥土的文化室面积 150 平方米（其中群众娱乐室 1 间、办公室 1 间、招待所 1 间、会议室 1 间）	2002	16.5	勒乡	已完成	解决当地群众的办公、会议、文化活动等用房问题，对边境地区精神文明建设、提高全民素质起到良好的作用

* 本表根据调研统计资料整理。

男女交往是很自由的，情歌自然也就成了联结青年人心扉的纽带。门隅的门巴族和墨脱的门巴族一样有着世世代代唱不完的情歌，这种情歌，他们称为“加鲁”。

门巴族不仅爱唱情歌，也爱唱酒歌。酒歌称作“萨玛”，流行于门隅，歌词生动有趣，曲调欢快高昂。“萨玛”酒歌多为7个字或9个字组成一句，诗节无定数，常用比喻、渲染和夸张等手法，抒发对崇高理想和美好愿望的强烈追求。传说“萨玛”酒歌最早是由一位名叫拉不热的歌手创作的。他唱了一辈子歌，把欢快留在人间，自己坐化成佛，被门巴族尊崇为歌神。有一首“萨玛”酒歌是这样深情地赞美门巴族家乡的：

家乡的山谷静谧安适，
太阳的光芒欢乐相聚。
祝愿相聚，永不分离；
如若分离，愿再相聚。
家乡的村寨静谧安适，
我们的亲友欢乐相聚。
祝愿相聚，永不分离，
如若分离，愿再相聚。

每逢节假日或喜庆的日子，门巴族都要唱歌庆祝。

2. 文学艺术

文学艺术是门巴族人民的思想、感情、愿望和智慧的艺术体现。门巴民族的民间文学艺术题材广泛、体裁多样、内容丰富，展现了门巴民族社会生活的各个方面，揭示了门巴族人民热爱生活、追求幸福、赞美善良、鞭笞邪恶、勇于反抗压迫的民族精神。随着门巴族社会的发展，他们的文学艺术内容也发生了变化。一些以人对自然的认识和斗争为内容的神话传说显然是早期的创作，进入阶级社会以后的创作，则增加了许多反映封建农奴社会里人与人社会关系的内容，由于门巴族在经济基础和上层建筑的许多方面都受到藏族文化的影响，这种影响使门巴族的文学艺术无论在形式、内容和风格上，都与藏族文学相似。

门巴族的文学艺术包括口头创作和神话故事。

（1）口头创作。口头创作是门巴族文学艺术活动的主要方式。在门巴族村落都有一两个擅长口头创作的长者，他们一般都有较为丰富的社会经历，有的还当过寺庙的扎巴，懂点藏文。每当闲暇之时，人们常围在老人的身边，听他如数家珍地讲述。老人在讲述时感情充沛，绘声绘色，讲到某些精彩情节，还要用吟唱的方式来表达感情。民间故事也是门巴族口头创作的一个重要方面，内容比神话和传说更接近实际生活，许多民间故事都能深刻揭示社会矛盾，抨击不合理的社会制度，表达出广大群众的感情。其中约布和波恩的故事就是口头创作的一种形式，内容大致为：从前，有一个穷人叫约布，一个大官名叫波恩。波恩叫约布起早贪黑地干活，却不给一顿饱饭吃，不给一件好衣服穿。一天，波恩派约布去打猎，约布奉命来到了山上，又饥又累，于是，约布找了个树洞坐下休息，不知不觉地睡着了。突然，一阵喧闹声惊醒了他，原来是一群魔鬼来到洞外，向一个碗要吃喝，无论要什么，碗里就有什么，要多少有多少，原来那是一只宝碗，等魔鬼们吃饱喝足之后，他拾起宝碗，高高兴兴地下山去了。约布回去后对波恩说："我们来比赛，看谁能给人们最多最好的食物。"波恩答应了，他心里想："你这么穷，能拿出什么食物给大家吃！"波恩给大家煮了稀粥，再没有什么东西拿出来了。约布从宝碗里拿出许许多多的肉，让大家吃了个够，波恩惊得目瞪口呆。波恩为挽回面子，提出和约布比赛给穷人发银子，看谁给大家的银子多，约布同意了，波恩给每人一个银元，而约布从宝碗中变出很多银元，每人得两个银元，波恩又输了。约布知道狠心的主人不会放过他，急忙离开此地，他走了很远很远，看到路旁有一个饿昏了的人，约布可怜他，向宝碗要了饭菜给他吃，那人吃了饭菜之后起了贪心，要夺走宝碗，约布不答应。那人拿了一根普通木棍说："我这里有根棍子，很有用，让棍子打谁它就打谁，我用棍子换你的碗怎么样?"约布想了想，答应了，约布把换来的棍子拿在手里说："棍子，棍子，你去把那贪心的人打一顿！"话音刚落，棍子奇迹般地从约布手里飞出来，劈头盖脸地将那贪心的人打了一顿。贪心的人求饶了，乖乖地交回了宝碗，普通木棍成了魔棍。约布继续走路。在途中他看见一个铁匠在锻造一把铁锤。好心的约布将宝碗里的酒菜拿出来与他同吃。铁匠又起了坏心，他欺骗约布说："我的铁锤是宝贝，铁锤敲一下就能造一层房子，敲九下可以造九层的高楼，你把宝碗换给我吧！"约布看清了铁匠的坏心，将宝碗换给了他，并同样用魔棍揍了贪心的铁匠，夺回了宝碗。普通铁锤到了约布手里又成了宝贝。约布继续往前走，途中又碰上一个手拿羊皮的人，好心的约布又请他吃饭，拿羊皮的人吃了饭后也想骗约布的宝碗，就对他说："我的羊皮是宝贝，摇一下满天云彩，摇两下倾盆大雨，摇三下冰雹铺地，用我的羊皮换你的碗吧。"约布换给了他后，又命魔棍揍了拿羊皮的人一顿，夺回了宝碗，普通羊皮到了约布手中又真的成了宝贝。从此，约布手中共有四件宝，他不再害怕波恩了。决心返回家乡。在返回家乡的途中，约布碰见了波恩派来抓他的人。约布吩咐魔棍："去给我狠狠地打！"来抓约布的人个个受伤，狼狈逃窜。回到家乡后，约布在波恩的房子的对面用铁锤敲了九下，造了一座九层楼房，波恩见了急红了眼，想抓住约布夺得宝贝，但是，无论出动多少人都敌不过约布的魔棍。波恩又施毒计，派人搬了很多柴草堆在约布的房子周围，想把约布烧死，熊熊的大火烧着了约布的房子，波恩以为自己胜利了，这时约布想起了羊皮，用力摇了三下羊皮，暴雨、冰雹顷刻之间接踵而至，大火很快被扑灭了，而波恩却被冰雹砸死了，约布为家乡群众除了大害，从此大家都过着美好的生活。这个民间故事十分动人，约布与波恩的斗争，表现了门巴族农奴的勤劳、勇敢和同情劳动人民的优秀品质，揭露了领主阶级的贪婪残忍。故事还抨击了一些人的自私和欺骗行为。故事充满着浪漫主义色彩，虚构出了四件宝贝，以约布的胜利为结局，表现了门巴族农奴渴望反抗封建领主的愿望，使门巴族农奴受到鼓舞。①

（2）神话。神话是门巴族最古老的口头创作，它是门巴族对自然和社会进行探索的产物，但又蒙上了一层浓重的宗教色彩。关于门巴族的来源，神话中已有反映。很早很早以前，天上没有日、月，地上没有人类，从天上向下望去，一片混沌世界。天上住着猴子和天神。有一天，天神对猴子说："你到地上去建立一个人间世界吧！"猴子奉命来到了地上。不久，有一个小神变成猴子模样来到地上，

① 参见《少数民族大百科》。

与猴子成了亲，于是，他们生了许多小猴子，小猴子长大后又结婚，又生了许多小猴子，众猴子不会种地，整天爬树采野果吃。有一天一只猴子上天找到天神说，“我们的后代都是猴子，怎么能建立人间世界?”于是，天神给了他一粒玉米、一粒鸡爪谷，让他带到地上去种。猴子把种子播进地里，竟长出了大片庄稼。从此，世界上有了粮食。由于人间没有火，他们开始只吃生食，过了很久，天神又给了猴子火种，因火种少，只有一些猴子能吃到熟食，从那时起，吃熟食的猴子越来越聪明，最后竟变成了人类，而吃生食的猴子模样却丝毫未变，至今仍然是猴子。门巴族这一神话的中心思想是，人是由猴子变的，而用火煮食是猴子变人的关键，这显然带有人类起源朴素唯物主义和进化论观点。

3. 寓言故事

门巴族的寓言故事有青蛙和老虎的故事，实际是以动物为主人公，用拟人手法来反映现实的社会生活。其大意是：一天，一只老虎和一只青蛙碰到了一起，老虎要吃青蛙，青蛙不着急，它说：“老虎，你先不要吃我，我会捉虱子。”老虎心想：“青蛙这么小，要吃掉它太容易了，让它先给我捉完虱子再吃不迟。”青蛙跳到虎背上一边捉虱子，一边拔下一撮虎毛塞进自己的嘴和肛门里。老虎问青蛙平时喜欢吃什么东西，青蛙说：“我什么都吃，没有别的食物吃就吃老虎。”老虎一听大吃一惊，它赶紧追问：“真的吗?”“你不信吗?请看看我的嘴吧!”青蛙说完后把嘴张得大大的，老虎一看，果然嘴里有虎毛，老虎害怕了。老虎又要青蛙拉泡屎看看，青蛙拉了一点屎，虎毛也随着拉了出来，老虎再也沉不住气，撒腿就跑。老虎跑了很远很远，一只狗熊看见它，问道："虎大哥，什么事让你这么惊慌啊？"老虎把遇到青蛙的事说了一遍，狗熊听了说道："虎大哥，你真糊涂，青蛙那么小，怎么能吃掉你呢？你受骗了！"狗熊说完哈哈大笑，它想了一想，接着说："你别害怕，我跟你一同前去看看，如果你怕我欺骗你，把我们俩的尾巴捆在一起好了。"老虎同意了，于是它们一同来找青蛙。青蛙见了老虎和狗熊后心里有些紧张，但它很快镇静下来，主动迎了上去，高声说："狗熊，你把老虎送来，正好我饿了，我就不客气了！"老虎一听，认为自己又上当了，赶快掉头就跑，由于狗熊跑不快，被老虎拖死了。据说至今老虎还怕青蛙呢！这个故事无情地嘲讽了凶恶、骄横和愚蠢的老虎，高度赞扬了青蛙的聪明和大无畏精神，象征着门巴族人民对统治者的蔑视和敢于斗争、敢于胜利的精神。

猫喇嘛念经的寓言在门巴族社会流传广泛，其大意是：猫喇嘛把一群老鼠召集起来，宣布要给它们讲经。猫喇嘛要求老鼠来去都要排成队走，不能东张西望，老鼠都很听话，每天按时排队到猫喇嘛处听讲经。过了一段时间，老鼠发现自己的同类少了很多，感到很奇怪。于是几只大胆的老鼠偷偷来到猫喇嘛的住地观察，发现有吃剩的老鼠肉，厕所里发现了鼠骨、鼠毛。猫喇嘛每次都把走在最后的那只老鼠逮住吃掉，老鼠们再也不去听猫喇嘛讲经了，猫喇嘛觉得自己很不光彩，于是拉过屎就用土盖上，至今如此。

4. 民歌

在门巴族民间文学艺术宝库中，除了脍炙人口的神话、传说和民间故事以外，还有十分丰富的民歌。门巴族民歌题材广泛，涉及政治、经济和社会生活的各个方面，许多民歌都配以一定曲调吟唱。“萨玛”和“东三巴”是比较著名的两个曲调，分别流行于门隅和墨脱两地，此外还有“悲歌”等其他曲调。“萨玛”是在门巴族民歌长期发展中逐渐形成的具有本民族独特艺术传统和风格的民歌曲调，最初多在婚礼、饮宴等喜庆的日子吟唱，表现祝福、祈愿和赞颂。“萨玛”汉语习惯称作“萨玛酒歌”。后来“萨玛酒歌”的范围扩大了，内容也比以前充实和丰富。门巴族在生产劳动、送行以及日常生活的一些场合也喜欢哼唱这种曲调。“萨玛酒歌”形式自由活泼，根据表现内容的需要，句子可长可短，句、节均无定数，曲调可以随着感情的变化而变化，歌词有固定的，也有即兴填吟的，易于抒发人们内心的丰富感情。因此，萨玛酒歌流传很广，已成为门隅门巴族喜闻乐见的民歌。

5. 门巴戏

门隅由于地处偏远，门巴戏早在新中国成立以前就已停止活动，至今已半个世纪。近年来，西藏有关部门采取措施抢救扶持门巴戏。2006 年 5 月 20 日，山南门巴戏经国务院批准列入第一批国家级非物质文化遗产名录。

“门巴戏”也称“门巴拉姆”。流行于喜马拉雅山南麓，现在西藏山南地区错那县的勒布（办事处）。门巴戏的剧本是直接使用藏戏的藏文剧本，所以民间习惯称呼这种戏曲为“门巴藏戏”。由于文化水平较低，“门巴戏”老艺人所掌握的表演绝活如唱腔、唱词和表演经验，不能用文字记录下来，又由于物质条件的限制，也不可能有什么演唱录音，必须靠言传身教，所以，培养门巴戏接班人势在必行。

“门巴戏”产生于西藏藏传佛教五世达赖喇嘛统治时期。当时，门隅有一个“隅松沙定”的村庄，那里有一位名叫洛桑嘉措的人。因为洛桑嘉措对门隅群众发展生产有功，五世达赖为了表彰他的功绩，收洛桑嘉措为自己的弟子，并派他到哲蚌寺去学经。学成后，人们尊称他为“门巴梅惹喇嘛——洛桑嘉措”。1680 年，五世达赖拨给洛桑嘉措一笔经费，派他回到门隅担任行政长官，同时让他修建达旺寺，开展宗教活动。达旺寺建成后，五世达赖喇嘛为了表彰洛桑嘉措的功绩，赠送给他一尊自己供奉的五个莲花生像和一幅五世达赖自己用鼻血画成的班登拉姆的画像唐卡。这期间，洛桑嘉措收集、整理了很多当地的民间故事和传说，并编写了藏戏《卓娃桑姆》的剧本。从此以后，这个剧本也成为藏族地区各地到处演出的著名的八大藏戏之一。与此同时，门巴族群众也以本民族的歌舞说唱表演这些故事和剧本，“门巴戏”就这样诞生了。

门巴戏的表演源自门巴族的民间歌舞和宗教艺术表演，其音乐则源自门巴族民歌“萨玛”（酒歌），此外又吸收了门巴族的说唱音乐、古歌、悲歌和宗教音乐。门巴戏的服装主要以门巴族生活服装为基础，同时又接受了藏族服饰的一些造型。

“门巴戏”规定只有 6 个演员和 1 个司鼓钹的伴奏员。演出的开场仪式叫“顿羌”，亦叫“琼根杂娃松”，意思是 3 个根本的来源，也就是指借用藏戏开场仪式中的 3 种人物温巴、甲鲁和拉姆，使之化成门巴戏开场仪式中的 6 个角色：渔翁、渔夫、甲鲁、仙翁、仙女、龙女。仪式由这 6 个角色先后出场跳舞、歌唱、表演，还穿插表演祭祀众神：太阳神、香獐神、大象神、牦牛神、鹿子神、石磨神等。正戏开始后，6 个演员除要分别扮演剧中 6 个角色外，剧中的其他角色也要由他轮流串演，串演时服装、装扮都不变换。戏班除6个演员和1个伴奏员外，还有1个是管理人，他也要参加开场演出，他穿黑藏装，戴薄帽子，举一面保护神“杜嘎日”旗帜，第一个出来绕场一圈，然后引出6个演员出来表演。而对伴奏员——鼓钹师，则有更高的要求，除小鼓小钹要由管理人敲打外，还要求他谙熟全部剧情、戏词，懂得全部唱腔以及舞蹈动作和表演，以使鼓钹点与整个戏剧节奏相吻合。

门巴戏的演出按照开场戏“顿羌”—正戏“雄”—结尾戏“扎西”的顺序进行。扮演“娘钦”（即渔翁）的演员在正戏开始之前有一段念诵和介绍，在正戏演出中则很少再穿插念诵，只在剧本的散文叙述处，要把作者的议论以念诵的方式介绍出来。一般情况下，一个整本大戏要演很长时间。在古门隅北部的勒布，每年藏历新年期间，规定都要连续演出《诺桑法王》七天，一天演一段。据当地一些长者介绍，演出是以有重头戏的角色分成一段段来进行表演的，如《诺桑法王》中云卓仙女飞到人间林泉沐浴，仙女被渔夫捉住，仙翁劝解渔夫将仙女献给诺桑王子这段戏，就称为《云卓拉姆》。老妃顿珠伯姆在王子出征以后，勾结巫师，以占卦圆梦哄骗住老王，围攻云卓仙女寝楼一段戏，就叫《顿珠伯姆》。诺桑王子被迫从出征边境归来，发现爱妃已人去楼空，遂与父王决裂，夤夜出走寻找仙妃这段戏，则叫《诺桑王子》。在演出《卓娃桑姆》时，也是这样分别被称为：《格勒旺布》《卓娃桑姆》《哈江堆姆》《拉赛杰布》等。演出中口语道白用得很少，在用说“雄”（剧本、正戏）讲解剧情时，节奏慢，字音念诵得比较清楚。

“门巴戏”表演不多，表演和舞蹈也有类似程式的固定节拍和一鼓一钹伴奏。渔翁渔夫基本上是藏戏中“温巴”的打扮，也戴白山羊皮面具。面具形制有所变化，造型更加粗拙。他们右手拿一小木棍代彩箭，置于手指间不停地旋转。云卓拉姆穿的是藏装，戴西藏隆子县一个叫“聂”的地方的藏式女帽“聂霞”，胸前戴三个银供盒名叫“嘎”，仙女、龙女均戴藏戏中拉姆的五佛冠名叫“热阿”，只是在五佛冠的5个像尖上挂披彩色幡条，表演时手持下端舞蹈。规定演员全部是男性，每人腰带后都戴一个供放佛像的大“嘎乌”。

从前，门巴戏在门隅各地区的寺院和大的村庄，有职业性的和自娱性的演出班子，不仅在本地每年规定的节日集会期间演出，而且还到别的地方去卖艺演出。如勒布贤勒戏班，是门巴戏艺人朗杰拉姆的父亲创建的，这个戏班除在本乡（贤勒）的几个村和其他三个乡（基巴、贡日、麻玛）的许多村庄演出外，还要到下边的邦青地区去演出。在一些地方戏班之间，还有经常作轮流交换演出的习惯。

门巴戏演出的剧目主要有两个，即《卓娃桑姆》《诺桑法王》。《卓娃桑姆》虽然用的是藏戏传统剧本，但它也可算是门巴族自己的历史传统剧目。其故事源自门巴民族历史上格勒旺布国王时期的传说材料。《诺桑法王》有可能是门巴本民族创作的剧目，按民间传说，它是五世达赖喇嘛的密友梅若喇嘛洛桑嘉措所作。另外还有一个剧目叫《阿拉卡教父子》，这是一个比较特殊而复杂的剧目，剧中反映的有劝善惩恶的佛旨寓意，有门巴族创世的传说，有对土地崇拜的观念，也有人世间的爱情与仇恨、正义与嫉妒、和平与战争等纷繁矛盾的现实世界，还有劳动人民对封建农奴制统治的愤怒和不平。

二　村民体育活动情况

勒布村门巴民族的体育活动主要有：拔河、射箭、抱石、投石、摔跤、跳高、跳远、攀绳索等。

拔河

拔河，门巴语为“巴家惹比”或“江美巴”，意思为拉藤条。

射箭

射箭，门巴语为“米嘎巴”，分集体比赛和个人比赛两种，以集体比赛为主。比赛时选择一块比较平坦的地方，在那里平行竖立两个箭靶，箭靶的间距一般为3米左右，射箭人距离靶大约30米。参赛的双方各出数人（一般5人左右）参加比赛，一个队射一个箭靶，轮流出场，每人限射两箭，待双方相等的参赛者射完后，查看双方的箭靶，以中箭多的一方为胜者。如果双方射中箭靶数量相同，则以射中靶的中心或距离靶中心最近的位置为胜，输方要向胜方献酒献歌。

抱石

抱石，门巴语称为“龙普勒”，这是青年男子参加的体育活动。抱石比赛的竞赛规则非常简单，只需将重石举到胸口处或稍上一些，抱起石头可以在自己双膝上休息，可以贴着身体往上挪动，但是一旦抱起石头便不能随便放下，否则将视为犯规而判输。抱石头是一种角力活动，判断输赢，主要看所抱石头的大小和抱石达到的高度。通常冠军只有一人，只要抱相同大小的石头，而又达到竞赛的要求都会被视为赢家。

投石

投石，门巴语称“得过尔”，这是男女都可以参加的活动。投石比赛有两种方式：一种是准备直径为约5厘米的圆石，在距离投石处的10～12米处画一个直径大于40厘米的圆圈，比赛时以投入圆圈内石头的多少判断输赢，投进石头多者为赢，另一种方法是距离投石者10米左右插立6～8根竹棍，比赛时，以投石击倒竹棍多者为赢。

摔跤

摔跤，门巴语叫“首达普”，是青年男子参加的活动。比赛时，双方互相用左手抓对方腰带，右手抱住对方上身，可以用脚拌对方，谁先倒地就被判为输家。

跳高、跳远

跳高，门巴语叫“普林巴”，是青年男女都可参加的活动，比赛时由两人拉着一条绳子，绳子距离地面约1.3米，由参赛人依次跳跃，然后绳的高度由低到高，以跳得高者为赢家。未成年人玩跳高游戏时，绳子的高度降到50～80厘米，也是由低到高，高度逐渐上升，跳得最高者获胜。拉绳人不能将绳子拉得太紧，避免没有跳过的人摔倒。

跳远，门巴语叫“林邦”或“穷穷玛”，是青年男女都喜欢的竞赛活动，比赛一般选在宽阔的地段进行，不用挖坑，只需将地面上的石头和杂物清理干净，比赛时画一条线或放一根竹子做起跳线，跳得最远者为赢家。

攀藤索

攀藤索，门巴语叫“若安布”，这是节日期间举行的体育活动。比赛时，准备粗藤索一根，长度50～100米均可，挖坑竖立两根木桩，木桩高度一般 1.8 ~ 2 米，将藤索牢牢拴在两根木桩上，木桩也可用符合比赛要求的树，可将藤索拴在树上，比赛者手脚并用，从木桩或树的一头攀到另一头，以攀越又快又好者为赢家。[①]

---

① 参见《少数民族大百科》。

专题报告

勒布以“安居工程”为突破口的新农村建设的调研报告

摘要：2007 年 7 月至 8 月，勒布调研组通过 20 多天的实地考察，对 60 户门巴民族家庭进行了较深入的调研，了解到通过以“安居”为突破口的新农村建设，改变了居住简陋的状况，为经济社会的快速发展奠定了基础。

安居才能乐业，安居才能安民。在一个老、少、边、穷地区建设社会主义新农村，首要的问题是解决“安居”问题。“安居”就是让群众住上安全适用的房屋，喝上干净卫生的水，治好折磨人的病，走上宽敞平坦的路，用上方便充足的电，听到党中央的声音。2006 年以来，勒布门巴民族四乡在自治区实施的以农房改造、扶贫建设、病区群众搬迁、游牧民定居等为建设重点的农牧民安居工程中，拟建民房和改造民房 191 户，使 685 人收益。“安居”改善门巴族群众的住房条件，为二、三产业的发展，小城镇建设，新农村建设，全面建设小康社会，乃至现代化奠定了坚实的基础。

一　勒布门巴民族四乡居住条件的现状及成因

勒布门巴民族四乡位于错那县南部45公里处，总面积600平方公里，是错那县门巴族居住最集中的一个区域，南与印度接壤，西与不丹相邻，距中印边境13公里，是反分裂、反蚕食、反渗透斗争的最前沿阵地，战略地位十分重要。

勒布办事处所辖麻玛乡、基巴乡、贡日乡和勒乡4个民族乡，总人口685人，属于老、少、边、穷地区，人民的生活水平较低，大多数群众居住在偏远的原始森林里，住房结构简单，房屋低矮、破旧，危旧房比重大，有的一家四五口人居住在三四十平方米的简易平房里，夏不避雨、冬不挡风，严重地影响了门巴群众的生产生活。

导致门巴民族居住简陋的社会历史原因：一是封建农奴制度的剥削和压迫。自14世纪竹巴噶举派确立了对门巴地区的统治后，封建农奴制度的生产方式逐渐渗入门巴族社会，门巴族人民在封建农奴制度的统治下，生活贫困，生产力水平一直很低，直到解放前，还保留着大量的原始公社制的残余。二是帝国主义的入侵。1914年西姆拉会议期间，英帝国主义背着中国政府炮制了非法的“麦克马洪线”，私自将门隅、珞隅和下察隅等共9万平方公里的中国领土划归英属印度，割裂了门巴民族，阻碍了经济社会的发展。

门巴民族居住简陋的自然原因，是门巴族聚居地位于世界屋脊喜马拉雅山东南的边缘地区，由于山川阻隔，对外交通十分困难，信息不便，基础设施落后。在工业化各个阶段，尤其是初、中期阶段，为了充分利用自然资源、发展加工工业，逐步建立社会化分工和协作体系，需要不断改善运输条件、通信手段和能源供水条件。基础设施落后，产业空间狭窄，使人多地少的矛盾日渐突出，经济一直徘徊不前，群众的收入较低，影响了住房条件的改善。

门巴民族四乡人口稀少，基层乡村的规模较小，组织功能较弱，也是导致住房条件差的原因之一，勒布办事处所辖4个门巴民族乡现有191户685人，其中：麻玛乡45户137人；基巴乡48户221人；贡日乡50户174人；勒乡48户153人，人口密度、人口经济密度指标低，客观上造成经济社会发展滞后，居住条件差的连锁反应。

二　“安居工程”对勒布门巴民族四乡的推动作用

2006年以来，西藏自治区以安居工程为依托，结合兴边富民行动，整合各方面资源，突出重点，集中扶持，同时按照建设社会主义新农村的总体要求，以实施安居工程为重点，结合自治区移民搬迁工作，采取整乡推进、适当集中、以整带零、设施配套等方式，推动较少民族聚居乡镇整体发展，改善了门巴民族居住环境和生产生活条件。为贯彻自治区加快扶持发展较少民族地区经济社会发展的精神，错那县委、县政府相继出台了《错那县勒布四乡发展规划》《错那县小康示范打造“山南边境第一乡”创建方案》，开展整乡推进试点示范，3年间在该地区投入4000万元，实施项目39个，重点对门巴族群众住房改造、基础设施建设，有计划、有步骤、有重点地推进了农牧民安居工程建设，加强了水、电、路、讯、改厕、改厨等配套设施建设，推动了教育、卫生、文化等社会事业的协调发展。

1. “安居”提高了门巴民族的生活条件

“安居工程”的实施，使勒布门巴民族群众住上了宽敞明亮的房屋。过去，门隅北部门巴族的住房一般呈方形，房屋多为石砌碉房，人字形屋顶，为木板楼，大门多向东、南，房屋分三层，下层为畜圈，中层住人，上层角楼堆放柴草。“安居”的实施不仅扩大了门巴群众的住房面积，而且提高了房屋的档次。调研中发现，勒布门巴民族人均住房面积已达到21.3平方米，与2003年西藏统计的全区农牧民人均住房面积21.42平方米基本持平；勒布门巴民族住房的朝向、建材、楼层、舒适程度、装饰、摆设都比较考究。

2. “安居”使人居环境更加优美

错那县在整个民房改造实施过程中，在尊重门巴群众习俗和意见的基础上，遵循相对集中、统一规划、农民自建、整乡推进、全面建设的原则，按照新农村“村容整洁”的要求，注重“三通”（通水、通电、通路）的要求，乡政府都盖了公共厕所，有专人负责打扫，安居工程的实施，使人居环境更加优美。

3. “安居”促进了“乐业”

由于特殊的地缘关系，勒布门巴民族四乡人多地少的现象日渐突出，经济一直以牧业为主，随着市场化进程的加快，牧区因自然条件、社会因素、传统放牧方式等原因，经济发展缓慢，从游牧到“安居”是改变牧区生产方式，提高经济社会全面发展的重要措施。牧民安居，牲畜既可放养，又可圈养，为畜牧业的规模经营、农业产业化的发展创造了条件。“安居”成为牧区因社会经济、生态环境和资源矛盾而选择的一种新的生产和生活方式。

4. “安居”是党的富民政策的体现

安居工程的实施，充分体现党和国家对少数民族的关怀的继续深化。围绕“一年起步，三年突破，五年见效”的加快人口较少民族发展的目标，自治区党委、政府下发了《中共西藏自治区委员会、西藏自治区人民政府关于进一步加快边境地区经济社会发展的意见》，把扶持人口较少民族发展作为兴边富民行动的重要内容，对人口较少民族聚居地区给予重点倾斜。同时，西藏还编制了《西藏自治区扶持人口较少民族（2006～2010年）发展专项建设规划》。

三　以“安居”为突破口，加快新农村建设的步伐

以“安居”为突破口，加快勒布门巴民族四乡新农村建设的步伐，就要按照“生产发展、生活宽裕、乡风文明、村容整洁、管理民主”社会主义新农村建设目标的要求，做好以下几个方面工作。

（一）以“安居”为突破口，加快交通基础设施建设

勒布门巴民族四乡自然、动植物、人文等资源不仅丰富，而且非常特殊，把特殊的资源优势转化为经济优势，就必须加快交通基础设施建设。从错那县城到勒布沟45公里的公路状况较差，夏季泥石流，冬季雪封山，致使公路经常中断，给门巴群众的日常生活、生产以及边境管控带来了极大的困难，油路的修建，及其基础设施的改善，对改善门巴族群众的生活和生产条件有着直接的作用，还能为发展勒布沟边境、“红色”、生态、民俗等特色旅游创造

十分有利的条件。

（二）以“安居”为突破口，促进生产的发展

以“安居”为突破口，加快勒布门巴民族新农村建设的步伐，要优先安排解决温饱问题的农牧业生产项目和改善人居生存环境的乡村建设项目。一是把防洪堤、林下资源等建设项目作为重点，畜牧业要稳定现有牲畜，多养家禽，选择引进适应性较强的畜禽品种，加快开发藏鸡、藏猪、野猪品种的研发。利用勒布特有的自然优势和气候条件，通过种植竹、茶和高原绿色蔬菜，发展特色经济。二是把边境贸易、旅游景点作为区域经济发展的中心，建立以麻玛乡为中心，以其余三乡为支点的城乡结合的新格局，突出门巴民族特色，制定好小城镇、小康示范乡的规划，健全乡村居民公共服务和社会功能，改善人居环境，提高城乡管理水平，逐步形成设施较为完善、功能齐全的城镇体系。三是继续加快勒布四乡的民房改造，实行民房集中修建、农牧民集中居住、增强小城镇和小康示范乡的辐射功能。四是加快发展民族手工业。勒布门巴族地区手工业生产有着悠久的历史，品种繁多，当地生产的木碗、竹编制品在区内享有盛誉，在市场上也出现过供不应求的局面。但目前，生产区厂房破旧，职工居住、生活和工作条件急需改善，勒布门巴民族四乡要抓住“安居”实施的机遇，加快发展民族手工业。

（三）以“安居”为突破口，统筹城乡发展，加快社会事业的进步

加快勒布门巴民族社会事业的发展，第一，必须重视

教育事业的发展。错那县历来都把教育摆在优先发展的战略位置，不断增加对教育的投入，2002 年对勒布门巴民族乡的教学点进行了规范建设，当年顺利通过自治区“普九”验收，勒布小学适龄儿童入学率已达到 100%，巩固率达到 100%。第二，要加快发展医疗卫生事业。各类医疗机构的建立和新型农村医疗合作制度的推行，保障了门巴族群众的身体健康。2005 年，勒布门巴民族四乡率先修建了卫生院，配备了医务人员和部分设备。并在整个办事处积极推行新型农村合作医疗制度，门巴族群众踊跃参加，参加率达到了 100%。为缓解门巴族群众看病难的问题，错那县投资 101 万元资金，加大对疫病的防治力度，同时还兴建了错那疾控中心，设置了传染病房，不断加大对地方病、传染病的防治力度。第三，要加快建设文化活动室。为丰富门巴人民的生活，错那县积极实施了“村村通”、“西新工程”和“2131 工程”，在勒布门巴民族四乡建成了“村村通”站点 7 个，在 8 个村均建立了文化活动室。为展示门巴族民俗文化，2005 年，错那县又在麻玛乡修建了“门巴族民俗文化园”，进一步满足了广大农牧民群众文化生活的需要，为边境县的稳定与发展发挥了极其重要的作用。第四，要加快邮政事业的发展。2003 年，勒布办事处实现了一个月两次通邮的目标，邮政业务覆盖 8 个行政村。开通了 4 个门巴族乡的程控电话，2004 年当地小灵通、移动业务开通。

（四）以“安居”为突破口，大力发展旅游业

特殊的地理位置使勒布门巴民族四乡人均拥有耕地面积不足 1 亩，发展旅游业，是增加农牧民群众的收入的捷

径。勒布气候宜人、物种丰富、山川秀美、鸟语花香，四季常青，素有“世外桃源”之美称，是休闲旅游度假的好去处。特殊的地缘和人文关系，使勒布门巴民族拥有与印度接壤的边境旅游，原始森林构成了生态旅游，门巴民俗旅游，1962 年中印战争张国华将军前线指挥部构成的红色旅游、1959 年达赖叛逃居住过的寺庙构成的爱国教育基地旅游，实践证明，农牧民参与旅游业，可以尽快增加现金收入。

（五）以“安居”为突破口，加快打通边境口岸

勒布是西藏南部紧邻印度的重要边境乡，具体而言，打开通向印度的边境口岸，对山南地区，乃至西藏的经济发展所产生的影响十分重大。以“安居”为突破口，加快以边贸和旅游经济为中心，实施口岸经济的发展战略，既有开创性，又符合勒布门巴族发展的实际。为此，在具体实施过程中，须因地制宜，突出特色，更新观念，加强市场、开发的意识，逐步实现“两个跨越”：由农牧业经济为主的“内向型”经济向以边境贸易为主的“外向型”经济跨越；从以传统牧业为主的自然经济向市场经济跨越。

关于加快发展勒布门巴民族四乡旅游业的思考

旅游业不仅在整个国民经济发展中占有突出的地位，而且对文化和政治的影响深远。大量来往游客会给当地带来新的信息和理念，对改变人们的思维方式、生活方式，

推动科学技术起着不可低估的潜移默化的作用。勒布门巴民族四乡旅游资源非常丰富，旅游业发展起步较快，但也存在一些亟待解决的问题需要探讨。

一　勒布旅游资业发展的前景分析

特殊的地理位置使勒布拥有独特的自然地域资源、社会人文地域资源。

（一）旅游业的科学内涵

旅游业是以旅游资源为凭借、以旅游设施为条件，向旅游者提供旅行游览服务的行业。

旅游（Tour）这个词来源于拉丁语的“tornare”和希腊语的“tornos”，其含义是“车床或圆圈；围绕一个中心点或轴的运动”。这里的旅游指一种往复的行程，即指离开后再回到起点的活动；完成这个行程的人也就被称为旅游者（Tourist）。《韦伯斯特大学词典》中对旅游的定义是：“以娱乐为目的的旅行；为旅游者提供旅程和服务的行业。”

国际组织关于旅游的定义是：（1）1936 年举行的一个国际论坛，国家联盟统计专家委员会首次提出，“外国旅游者是指离开其惯常居住地到其他国家旅行至少 24 小时以上的人”。1945 年，联合国（取代了原来的国家联盟）认可了这一定义，但是增加了“最长停留时间不超过 6 个月”的限定。（2）世界旅游组织的定义。1963 年，联合国国际旅游大会在罗马召开。这次大会是当时的国际官方旅游组织联盟（英文名字的缩写为 IUOTO，即现在的世界旅游组织，英文缩写为 UNWTO）发起的。大会提出应采用“游客”（Visitor）这个新词汇。游客是指离开其惯常居住地所在国到其他国家去，且主要目的不是在所访问的国家内获取收入的旅行者。游客包括两类不同的旅行者：——旅游者：在所访问的国家逗留时间超过24小时且以休闲、商务、家事、使命或会议为目的的临时性游客；——短期旅游者（Excursionists）：在所访问的目的地停留时间在24小时以内，且不过夜的临时性游客（包括游船旅游者）。从1963年开始，绝大多数国家接受了这次联合国大会所提出的游客、旅游者和短期旅游者的定义以及以后所作的多次修改。(3) 1967年的日内瓦会议上，联合国统计委员会提议，应该建立一个单独的游客类别。旅游者至少要逗留24小时，然而，有些游客外出游览但于当日返回了居住地，这些人被称为"短期旅行者"，这类游客包括了不以就业为目的的一日游者、游船乘客和过境游客。短期旅行者很容易与其他游客区分开来，因为他们不在目的地过夜。1980年，世界旅游组织《马尼拉宣言》将该定义引申到所有旅游。巴昂（BarOn，1989）指出，世界旅游组织欧洲委员会旅游统计工作组同意，尽管国内旅游比国际旅游的范围窄一些，但这一术语的使用还是相容的。

理论界关于旅游业的定义目前有广义和狭义之分。广义的旅游业定义是：旅游业是为国内外旅游者服务的一系列相互有关的行业。旅游关联到旅客、旅行方式、膳宿供应设施和其他各种事物，它构成一个综合性概念，涉及六大要素：食、住、行、游、购、娱。广义的旅游业，除专门从事旅游业务的部门以外，还包括与旅游相关的各行各业。旅行游览活动作为一种新型的高级的社会消费形式，往往是把物质生活消费和文化生活消费有机地结合起来的。旅游业从业务种类划分看，主要有3种类型：(1) 组织国内旅客在本国进行旅行游览活动。(2)组织国内旅客到国外进行旅行游览活动。(3)接待或招揽外国人到自己国家进行旅行游览活动。后两种类型的旅游业务活动，都是涉外性质的业务。由于旅游业主要通过劳动服务的劳务形式，向社会提供无形的效用，即特殊的使用价值，以满足旅游者进行旅行游览的消费需要。其行业的基本特征是非生产性的，所以又称无烟工业。旅游业从整体上看，它不是实现商品流通的经济部门，而是凭借旅游资源，利用旅游设施，提供食、住、行、游、娱、购的劳务活动，去满足旅游者旅行游览消费的需要，所以也称为无形贸易。狭义的旅游业定义是：旅游业是由与旅游活动相关程度最为密切的旅行社业、旅游交通业和旅游饭店业三个部门所组成的行业，旅游业的三个部门加上旅游商业构成旅游业四大支柱。狭义的旅游业，在中国主要指旅行社、旅游饭店、旅游车船公司以及专门从事旅游商品买卖的旅游商业等行业。

(二) 勒布旅游资源的分布情况

旅游资源与旅游设施、旅游服务是旅游业赖以生存和发展的三大要素。旅游资源，包括自然风光、历史古迹、革命遗址、建设成就、民族习俗等，是经营旅游业的吸引能力。

1. 自然地域资源

从错那县城出发往西南方向行驶，首先进入眼前的景点是高原草场风光；驶过丁丁拉山口，沿途多处可见高山湖泊，高耸入云、终年不化的雪山；越过4800米的棒拉山口，一路往下行走，盘山而下，便从多风、寒冷、干燥的喜马拉雅山北麓半干旱季风气候带进入到湿润、温暖、多雨的喜马拉雅山南麓亚热带山地半湿润、湿润气候带，也就进入了平均海拔仅有2900余米、年均气温10.04℃、年降水量在960毫米以上的勒布村。在短短20余公里的路途中，高山林立、山高路陡，公路盘绕，从荒凉走向绿绿葱葱，真正体验了一山有四季、十里不同天、各季领风骚的独特风景，勒布藏语称为“贝域吉莫俊”，意思为“隐藏着的羡慕之地”。门隅地区北部的勒布边境生态景区主要分布在勒布沟一带，是西藏腹地进入门隅的主要通道之一。在勒布沟内，一条娘姆江贯穿全境，流往印度，沿江两岸山高路窄，地势险要，峰峦重叠，气势壮观，造就了各种旅游景点。从错那县城出发行驶3公里左右，顺着山谷一直下行，沿途高原湖泊，还有如玉带高悬的高山飞瀑、满目翠色的峡谷滩地、珍珠抖落般的山涧小溪、斗艳怒放的各色野花等不时闯入人们的视野，稍微开阔的谷地上，门巴族村寨散布其中。每年5~6月漫山遍野的各种颜色的杜鹃花争相吐艳，整个勒布就是一个花的海洋。

从勒布村（办事处）出发，继续向西南方向行驶约3.5公里处，可见一岩石上唐僧像，相传是唐僧西行取经时经过此地，便留下其像，再向前旅行至大石堡（地名）处，有时可见“无尾蛇”，取名“无尾蛇”，因当地蛇体粗尾短；沿着娘姆江继续往西行至勒乡，沿途还可以见到从天而降、笔直垂下的瀑布，急流涌进的江水，海拔2800余米的茶场等景点。

从勒乡政府出发，沿着一条简易公路往后山行驶约9公里路程，再经过约20分钟的步行，便进入色木札，这里景点众多，主要有瀑布，看酥油灯，看水中彩虹，朝佛，蛇，莲花生八岁脚印，石狗、石马等造型，钻洞检验人心好坏等。距离麻玛乡的西南方10多公里就是勒乡，勒乡外面是一马平川的达旺地区，土地肥沃，良田万顷，气候温和。

勒布是山南地区海拔跨度大、原始森林保存相对完整的边境生态景区。由于受印度洋暖湿气流的影响，勒布沟边境生态景区，属于亚热带山地半湿润气候，气候温暖、雨量充沛，森林植物茂盛、野生动物繁多。野生植物有黄连、天麻、当归、五味子、黄芩、冬虫夏草等名贵药材。动物有孟加拉虎、金钱豹、雪豹、小熊猫、藏野驴、野驴等国家一级保护动物；猕猴、棕熊、獐子、四不像、黑熊、秃鹫、贝母鸡、无尾蛇等国家二级保护动物。勒布村边境原始生态景区，堪称天然的药材宝库和野生动物的乐园。

2. 社会人文地域资源

（1）红色（爱国教育）旅游资源

距离山计大桥北1000余米处，可参观1962年对印反击战总指挥张国华同志的前线指挥部。勒布办事处西侧一座破旧的寺庙，是1959年噶伦索康、柳霞、夏苏等叛乱头目挟持达赖喇嘛从山南逃亡时居住过两晚的寺庙，是达赖背叛祖国的证据，可以作为爱国主义的教育基地。

（2）门巴民俗旅游资源

勒布村是我国门巴族主要的聚居区，有独特的门巴风情。门巴族作为我国的较少少数民族，也经历了几千年的发展历史，在几千年的发展历史过程中，形成了门巴族独有的民族风情的民族服饰、住宅、饮食等独特的人文文化，吸引着区内外游客。门巴族人民的吃、穿、住、家具、语言、结婚、丧葬等都有其独特的风俗。

六世达赖喇嘛仓央嘉措是门巴族，他留下的《仓央嘉措情歌集》在海内外享有盛名。藏文手抄本早就不胫而走，20 世纪 30 年代已有藏、汉、英三种文字对照本传世。至今，门巴族地区仍流传着许多关于仓央嘉措的神奇传说。

勒布门巴族的木碗、竹编独具特色，卡达的藏刀和卡垫做工精细，技艺精湛，都是旅游者十分青睐的纪念品，在全区享有盛誉。

二　勒布发展旅游业中存在的制约因素分析

勒布门巴民族四乡旅游资源虽然丰富，但在发展旅游业中还存在以下制约因素。

（一）旅游业发展硬环境差，制约了旅游业的发展

勒布旅游业的发展硬环境方面亟待改善的问题有：(1) 交通落后制约着旅游业的快速发展。从错那县城到勒布沟 45 公里的公路状况较差，夏季泥石流、冬季雪封山，致使公路经常中断，对发展旅游业非常不利。(2) 旅游配套基础设施和旅游产品开发建设的投入严重滞后。旅游业包括吃、住、行、游、娱、购六个要素，受资金限制，勒布无论旅游接待能力和游客的住、吃、用条件都比较差。(3) 受资金投入的限制，虽然旅游资源大多品位高，但旅游产品开发不足，产品知名度不高，难以形成真正的经济价值。总之，旅游投资渠道狭窄，尚未建立多元化的旅游基础设施投资渠道，投资严重依赖于政府，投资不足已成为制约旅游业发展的最主要障碍之一。

（二）旅游业发展软环境差，制约了旅游业的发展

勒布在旅游软环境方面存在的问题主要有：（1）旅游行业管理机构设置和人员配备还不到位。（2）导游队伍量少质差。懂门巴语、了解门巴风土人情的旅游从业人员极少，外地旅游从事人员中受到良好专业训练的导游人员较少，且多局限于英语等少数语种，从而影响了导游中语言的生动性和旅游知识的丰富性。（3）高级旅游经营管理人员更是缺乏，远远不能适应勒布门巴民族旅游业快速发展的要求。

（三）政府各个部门服务不到位，制约了旅游业的发展

政府各个部门服务不到位主要表现在：（1）宏观政策规划缺乏系统性，自身的潜力和优势未能发挥出来。（2）基础设施落后，旅游接待能力差。（3）市场监管缺乏力度。对旅游市场的监督和管理工作跟不上，旅游相关部门协调沟通不够，没有形成很好的合力，对旅游业的发展造成了影响。

（四）经济地域资源开发不足，制约了旅游业的发展

经济地域资源是指旅游机构（企业）所处区域内能为旅游机构所利用的各种经济活动和因素，主要包括当地的宏观经济水平、人们的购买能力和消费倾向、市场开放程度和成熟程度、基础设施状况、旅游接待设施等。第一，

勒布自14世纪开始，封建农奴制度的生产方式逐渐渗入门巴族社会，门巴族人民在封建农奴制度的统治下，生活贫困，生产力水平一直很低，直到解放前，还保留着大量的原始公社制的残余。第二，经济社会发展程度低，宏观经济效益水平较低，财力十分有限，城镇化水平非常低，尚处于起始阶段；第三，农牧民群众增收缓慢，农牧区经济发展滞后，贫困面仍然很大。门巴民族四乡尚有86户330人未能彻底脱贫，这些都成为制约旅游业发展的因素。

（五）市场机制不健全，制约了旅游业的发展

市场机制不健全主要表现在：（1）市场开放程度低。勒布南与印度接壤，西与印控不丹相邻，距中印边境仅13公里。自20世纪60年代以来，由于中印关系中一些问题没有得到很好解决，边贸贸易发展缓慢，市场开放程度低。（2）市场主体和市场体系发育程度低。农牧民群众增收缓慢，农牧区经济发展滞后，门巴族群众参与旅游的积极性不高。（3）生态环境脆弱、边境口岸未开通，使市场机制不够完善。（4）客源市场不足。勒布旅游资源丰富，但是旅游资源的开发尚处在起步阶段，独特的休闲、度假、观光旅游都有待开发，目前到勒布的一般是县、地区和自治区工作组，旅游人员极少，客源市场严重不足。

三　勒布发展旅游业的对策建议

随着国家西部大开发，兴边富民战略的进一步实施，勒布以休闲、度假、观光、探险等旅游项目开发的前景十分广阔，因此，要采取以下措施加快发展旅游业。

（一）加强政府引导作用，促进旅游业的发展

从勒布旅游工作、旅游业发展的现状看，党委、政府的主导不仅是必要的，更是行之有效的措施，这也是中国旅游业20年来发展的一条最重要的经验。因为勒布发展旅游业的战略刚刚确定，基础设施建设、旅游环境改善、旅游资源、旅游产品的开发等要靠政府引导。一是要搞好勒布旅游发展的规划和协调。解决认识问题，转变观念，把旅游业作为支柱产业加强培养。二是要加大政策支持的力度，包括金融、财税、招商引资、土地租赁等方面的优惠政策。三是加强旅游业管理，建立规范的服务标准，提高服务质量。四是加大宣传力度，注重宣传效果，增强勒布旅游资源吸引力。

（二）加快基础设施建设，促进旅游业的发展

勒布要加快旅游业的发展。首先，要加快交通建设。交通是经济的命脉，更是制约旅游业发展的重要“瓶颈”，加快交通建设要充分做好边境通道和连接县乡的公路交通网络。为加快旅游业的发展的需求，急需修建县城至勒布的油路及四乡的油路建设。其次，要加快能源建设。勒布要利用特有的水力资源，增加电源点的建设，解决当地群众和周边群众生产生活用电，及发展旅游业的用电问题。

（三）改善生产生活条件，促进旅游业的发展

改善生产和生活条件，是增加勒布门巴族群众收入、增强购买力、培养消费倾向、加快发展旅游业发展的前提。

要改善门巴族群众生产和生活条件，一是要把防洪堤、林下资源等农牧业基础设施建设作为重点，加快开发藏鸡、藏猪等特色品种，利用勒布门巴民族四乡特有的自然优势和气候条件，通过种植竹、茶和高原绿色蔬菜等，为发展旅游业创造良好的生活环境。二是把边境贸易站、旅游景点重点区域作为中心，建立以麻玛乡为中心，以其余三乡为支点的城乡结合发展旅游业的新格局，突出门巴族特色，制定好小城镇、小康示范乡规划，健全乡村居民公共服务和社会功能，加快勒布门巴民族四乡民房改造，实行民房集中修建、门巴民族集中居住，增强别具特色的门巴民族建筑风格的吸引力。

（四）重视培养和引进旅游人才，以优质服务取信于游客

加强旅游人力资源开发有助于提升旅游业对当地社会经济的贡献力量，有助于形成功能齐全、协调配套、完善的旅游服务体系。重视培养和引进旅游人才，就要针对目前勒布旅游人才的现状，采取多种渠道引进和培养双结合的办法，建立适合勒布旅游业发展的人才培养与再造机制。首先，政府在资金、政策、人力等方面给予一定倾斜，与高等旅游院校联系培养懂门巴语、了解门巴风土人情的专业旅游人才；其次是通过各种途径建立旅游从业人员的社会培训机构，培养勒布门巴民族加快发展旅游业急需的各方面人才；最后是旅游企业要转变观念，多让门巴族群众参与旅游业。

加强基础组织建设，夯实党的执政基础

——勒布门巴民族四乡基层党组织建设调研

基层组织作为党在农牧区的执政基础，其领导核心和战斗堡垒作用发挥如何，直接关系到党的各项方针政策和重大决策能否得到落实。勒布门巴民族四乡基层党组织在带领群众维护稳定、发展生产、改善生活条件中，积累了宝贵经验，也存在一些亟待解决的问题。

一　勒布门巴民族四乡基层党组织建设的基本经验

勒布门巴民族四乡位于错那县南部45公里处，总面积600平方公里，南与印度接壤，距中印边境13公里，是反分裂、反蚕食、反渗透斗争的最前沿阵地，战略地位十分重要。近年来，基层党组织坚持落实科学发展观，按照中央提出的基层党组织“五个好”的目标要求，在充分发挥基层党组织的战斗堡垒和党员模范作用方面积累了宝贵的经验。

（一）充分发挥基层党组织的政治核心和战斗堡垒的作用

勒布办事处辖麻玛乡、基巴乡、贡日乡和勒乡4个民族乡，总人口685人，是错那县门巴族居住最为集中的地方。办事处共有4个乡，4个党总支，8个村党支部，80名党员。长期以来，基层党组织在认真贯彻执行党的路线、方针、政策，以及各级党委政府的决定等方面发挥了政治核心和战斗堡垒作用。首先，加强和改进党员教育管理工作，坚持民主评议党员制度，在民主评议党员工作中，对优秀党员进行表彰，使党员在本职岗位上，按照党章要求，以提高素质，充分发挥先锋模范作用。其次，加强后备干部队伍的建设，民族四乡党组织每年吸收一些优秀人才和致富能手加入党组织。第三，加强党员的教育和监督，在民族乡党委（总支）、政府的正确领导下，基层党组织充分发挥联防队的作用，调动民兵、青年、妇女、老人参与社会治安综合治理，建立和完善规章制度，制定了行之有效的自我村规民约，实行民主管理、民主决策、民主监督、账务公开，使每个干部清白，每个村民明白。

（二）充分发挥基层党组织带领群众脱贫致富奔小康的作用

门巴族牧民群众中普遍存在着牲畜越多越富的观念，靠数量扩张发展畜牧业，只求数量、不求质量，只放牧、不建设，导致草场退化、牲畜品种差，牧民群众收入增长缓慢。针对这种情况，办事处党委确定了“生态立处、畜牧业强处”的工作思路，结合实际，建立养殖小区、进行良种繁育、调整畜群畜种结构、转变饲养方式、以水为中心加快草场等牧业基础设施建设及服务体系建设。并采取多种办法提高民族乡群众对科技兴牧、科技致富的认识，提高牧民群众的科学技术素质，增大生产环节的科技含量，用新技术促进牧业提高质量和增加效益。另外，基层党组织还带领门巴族群众建蔬菜基地和藏猪、藏鸡、野猪改良和繁育基地，使门巴民族四乡出现了科技促牧、科技兴牧、科技致富，齐心协力脱贫致富奔小康的喜人景象。

（三）充分发挥基层党组织帮助贫困群众转变观念的作用

西藏农牧区改革的深化和经济社会的快速发展，使门巴民族四乡大多数的农牧民开始富裕起来，但仍有一部分农牧民群众致富的步伐较慢，有的甚至还处在贫困状态，他们想富、盼富，一时又找不到致富的门道。面对这一现象，处党委号召乡干部和有帮带能力的牧民党员，与那些贫困户建立联系扶贫关系，帮助贫困群众转变观念。自从2005年开展先进性教育活动以来，勒布办事处党委走访慰问困难党员和群众75人次，结成帮扶对子19个，解决群众生产生活困难16件，帮助基层理清发展思路20条，为基层办实事金额达12300元。同时，特别要求党员在帮扶过程中做好贫困户的移风易俗、计划生育、遵纪守法、维护社会治安等方面的工作。通过采取行之有效的帮扶措施，特别是2006年实施以安居工程为突破口的新农村建设以来，由于民房改造工程面积大、范围广，涉及户数多，不仅使那些贫困户摘掉了贫困帽子，而且极大地改善了门巴族群众的生产生活条件。

（四）充分发挥基层党组织带领群众发展经济的作用

面对各种矛盾和困难，勒布门巴民族四乡党委把基础设施建设作为缓解地方经济发展的“瓶颈”来抓，由党委牵头，积极争取资金，改善基础设施：一是通过争取项目，基本完成了公路道路建设，实现了村村通路的目标。二是通过争取项目修建扩大了勒布电站，使通电率达到100%。

基础设施的改善，极大地促进了经济的快速发展。2006 年，农牧业生产总值达到 3980007.6 元，纯收入 2029803.9 元，民族手工业总收入达到 233744 元，茶场总收入达 104970 元，林业收入 59501 元，农牧民人均纯收入和现金收入高出错那县人均 1000 元。

二 勒布门巴民族四乡基层组织建设中存在的问题

勒布门巴民族四乡基层组织建设虽然取得了良好的成绩，但还存在一些不足，需要改进。

（一）勒布门巴民族四乡党员队伍整体素质不高

勒布基层党组织党员队伍素质不高主要表现为：一是党员队伍年龄严重老化。门巴四乡党员中，60 岁以上党员占农牧民党员总数的 27%，45 岁以上的党员占 27%，45 岁以下的仅占 46%，大多数村党支部书记年龄超过 50 岁，党员队伍年龄严重老化反映出发展党员速度慢。二是文化水平普遍较低。门巴四乡党员中，初中以下文化程度占 100%。这与党员队伍结构的合理性产生了矛盾，更不能适应经济社会快速发展的要求。文化水平低是由社会和历史等多种因素造成的。和平解放前，门巴族广大农牧民和广大藏族农牧民群众一样没有受教育的机会。民主改革后，门巴族群众翻身得解放，办起了学校接受教育，一些考上大学的参加工作，离开了本村，一些年龄较大的接受了扫盲教育，部分上了小学。加之部分乡基层干部存在发展的党员必须留在村里、为村里办事的狭隘思想，忽视甚至放弃了对在外务工经商的年纪轻、基本素质相对较高的“能人”的培养。三是乡干部待遇普遍较低，与高强度的民族乡工作存在着矛盾。俗话说："上面千条线，下面一根针"，村干部既要带领群众发展经济、脱贫致富、兴办实事，又要化解矛盾，工作头绪多、矛盾多、任务重、责任大，但其在职时工资收入较低、政治上发展空间不大，退职后生活又没有保障，一定程度上影响了村干部工作的积极性和热情。

（二）村级发展党员缓慢，影响基层组织建设

少数门巴村干部文化水平偏低、观念陈旧、思维方式落后，存在较重的官本位思想，群众威信不高，"双带"能力不强，带领群众闯市场增收致富的办法不多。由于宣传和培养入党积极分子力度不够，一些青年对党组织缺乏了解，入党积极性不高，认为入不入党无所谓，这样势必对基层党组织建设和党员队伍的发展壮大造成负面影响。

（三）集体经济较薄弱，党员号召力不强

党员号召力不强的主要原因是村级集体经济相对单一匮乏，不能满足门巴族群众日益增长的物质文化需求。门巴民族四乡地处喜马拉雅山南麓的边远山区，受各种因素的制约，4 个民族乡 8 个村集体收入来源有限，村级财政收入除了部分个体工商税和少量的村级企业税收外，没有其他来源，集体经济薄弱，财政收入十分有限，基层党组织维持机构的正常运转都十分困难，更谈不上支持民政事业，不能为群众办实实在在的好事，从而导致党员威信不高，也削弱了党组织的吸引力。

（四）创新意识不强，带领群众发展经济的本领较弱

如何建立常抓不懈的农村基层组织工作机制，使农牧区基层组织建设由过去的行政命令式走上规范化、制度化的轨道，是门巴民族四乡急需解决的问题。基层组织创新意识单薄表现在：(1) 带领门巴族群众脱贫致富的创新意识不强。门巴民族四乡基层组织带领群众调整经济结构、发展农牧区经济的积极性和创造性不高。(2) 认识和掌握市场经济规律的能力较弱，基层组织习惯于计划经济体制下的思维定势和工作方法，缺乏追赶的信心和勇气，驾驭市场经济能力较低，对群众发展经济引导不力，服务不够。(3) 增强发展集体经济、带领群众脱贫致富的创新本领较弱。

三　加强勒布门巴民族四乡基层党组织建设的对策建议

加强勒布门巴民族四乡基层组织建设，必须按照“干部受教育、农牧民群众得实惠”的要求，做好以下工作。

（一）加强村级基层党组织建设，夯实党的执政基础

基层党组织建设既是一个理论问题，又是一个复杂的实践问题。基层党组织要根据《中共中央关于加强农村基层组织建设的通知》和中组部《关于进一步整顿农村软弱涣散和瘫痪状态党支部的意见》的要求，紧紧围绕党的中心任务，继续深化各项改革，破除和改变那些不适应社会主义市场经济发展的落后的思想观念，牢固树立民主、法

制、竞争、市场、服务等观念，深入研究和探索新形势下基层组织建设的新特点、新规律，积极开辟新的建设途径和方法，切实解决事关广大门巴族群众切身利益的热点、难点问题。

（二）创新组织设置方式，提高基层组织维护稳定和促进发展的组织力

基层组织领导班子建设的前提和基础是组织的科学、合理设施。门巴民族四乡组织设置方式，一是要实现乡乡建党委，村村建党支部。二是要坚持“老中青”三结合，坚持把政治上靠得住，工作有魄力，作风上过硬，尤其是要把反分裂斗争表现突出的人选进领导班子。三是要通过内部选拔、机关下派、面向社会公开考录等方法，把那些年纪轻、素质高、懂经营、善管理，能组织和带领群众致富，愿意扎根基层的优秀人物选进村支“两委”班子。四是要建立村级后备干部人才库，把一些大中专毕业生、退伍军人、科技示范户、个体企业中的优秀人才纳入到村级后备干部人才库，加强培训，适时调整充实村“两委”班子。五是要拓宽选人用人渠道，通过从地区、县机关干部中派，从回乡的退转役军人中挑，从致富能人中选等多种途径加强村干部队伍建设。六是要解决现任村干部的后顾之忧，提高村干部工资待遇。七是要完善基层干部的教育培训机制，提高村干部素质。

（三）适应建设社会主义新农村的要求，增强基层党组织的生机和活力

加强门巴民族四乡基层组织建设的总体思路：一是高

举中国特色社会主义的伟大旗帜，紧紧围绕建设社会主义新农牧区，以乡、村领导班子建设和基层干部队伍建设为重点，以农牧区党的建设“三级联创”活动为载体，以改革创新为动力，更新观念、强化功能、改进方法、提高能力。二是要进一步坚持和落实领导责任制。乡镇党委书记要切实履行“第一责任人”和“直接责任人”的职责，坚持挂村帮户、驻村调研、工作目标责任等制度，发挥示范带头作用。要注重选派那些熟悉门巴族工作，有专业技术特长的懂经营、善管理的机关干部驻村帮扶，以充分发挥每一个驻村干部的特长和优势。三是输送“新鲜血液”，增强基层农村党员队伍的活力。

（四）加强基层组织建设，提高服务功能

加强基层村级组织建设：一要提高服务基层的意识。门巴民族四乡基层条件比较艰苦，工作千头万绪，任务十分繁重，切实解决好广大基层干部的实际困难，通过实施“暖心工程”、“凝聚工程”，增强基层干部服务基层的意识。二要加强门巴民族四乡的管理。面对许多新情况、新问题、新矛盾，要学会用市场经济的方法抓好经济工作，用民主的方法管理好乡村政务，解决和处理好农村各种矛盾纠纷。三要促进门巴民族乡的发展。基层党组织要真正落实科学发展观，把“围绕经济抓党建、抓好党建促经济”作为第一要务，找准党建与经济工作的切入点，使党组织的领导核心作用不仅体现在对党员的教育和管理上，还要体现在带领门巴族群众发展经济、构建平安社会等方面。

（五）发展村集体经济，提高基层组织的办事能力

发展壮大村级集体经济，各级政府还要在政策上倾斜，在经济上扶持，在业务上指导。一方面，各级政府要进一步加强对门巴民族四乡的财政、援藏资金的支持力度，提高基层干部待遇，保障基层党组织的活动经费；另一方面，门巴民族四乡要千方百计地发展壮大村级集体经济，解决好“有钱办事”问题。

主要参考文献

[1] 董忠堂:《建设社会主义新农村论纲》,人民日报出版社,2005。

[2]〔美〕西奥多·W. 舒尔茨:《改造传统农业》,商务印书馆,2003。

[3] 错那县、勒布门巴民族四乡调研资料。

[4] 牛亚菲:《西藏旅游资源与旅游业发展研究》,《资源科学》2002 年第 2 期。

[5] 夏林根:《旅游经营资源概论》,山西教育出版社,2003。

[6] 山南错那县旅游局调研资料。

[7] 山南错那县委组织部调研资料。

后记

勒布村（办事处）门巴民族四乡位于错那县西南45公里处，总面积600平方公里，南与印度接壤，西同不丹为邻，战略地位十分重要。民主改革，尤其是改革开放以来，勒布村（办事处）门巴民族四乡发生了翻天覆地的变化。但是，受自然、地理、交通等因素的影响，不仅与我国发达地区、全国平均水平、西部地区，甚至与西藏腹心地区相比，经济发展差距较大。回顾勒布村（办事处）门巴民族地区社会经济发展的历程，分析社会经济发展、人口变化、民族和宗教等发展的现状及问题，提出相应的对策，提供真实的第一手资料是本书的目的。

本书旨在完成当代中国边疆百村调研的任务，其内容包括七章和三个专题报告。

七章内容为：第一章勒布村概况与村史。介绍了勒布村四至与交通、集市、商业布点、勒布村（办事处）史、门巴族的传说，勾画了门巴民族经济社会发展的脉络。第二章基层组织。介绍了勒布村组、人口、民族；村民委员会的构成、分工、待遇、经费、活动，党团组织，规章制度等基本情况。第三章勒布村经济发展。介绍了民主改革，尤其是改革开放以来，勒布村土地制度的变迁，土地承包情况，土地租佃情况，农牧业新技术推广，农作物新品种、牲畜新品种的应用和推广以及发展农业的措施，旅游业和民族手工业，农牧业规模经营、竹编的规模经营、茶叶规模经营、林下资源的规模经营等基本情况。第四章《生产收入和消费的变化》反映了勒布村生产、生活、家庭收入和消费的变化。第五章社会发展。介绍了勒布村的人口、社会分层、家庭功能和家庭结构的变迁、婚姻与亲属关系等。第六章民族和宗教。西藏和平解放以来，西藏各级政府认真贯彻民族区域自治、宗教信仰自由政策，受到了广大门巴族群众的赞扬。第七章各项事业。勒布村在党中央的关心下，在自治区的领导下，在上级各个部门的关怀下，优先发展教育、创新发展科技、快速发展卫生、加强文化建设的要求，促进了各项社会事业的发展。

三个专题报告是针对勒布村（办事处）门巴民族四乡发展的热点和难点问题设置的。(1)《勒布以"安居工程"为突破口的新农村建设的调研报告》。2006 年以来，西藏自治区以"安居工程"为突破口新农村建设以来，改善门巴族群众的生产和生活条件，为勒布产业的发展、小城镇建设、新农村建设、全面建设小康社会、现代化奠定了坚实的基础。(2)《关于加快发展勒布门巴民族四乡旅游业的思考》。旅游业不仅在整个国民经济发展中占有突出的地位，而且对文化和政治的影响深远。勒布村旅游资源不仅丰富，而且独特，旅游业发展潜力巨大。(3)《加强基础组织建设，夯实党的执政基础》。基层组织作为党在农牧区的执政基础，其领导核心和战斗堡垒作用发挥如何，直接关系到党的各项方针政策和重大决策的落实，加强基层党组织建设意义重大。

本课题在调研、撰写和出版过程中，得到了中国社会科学院中国边疆史地研究中心的大力支持，错那县、勒布村（办事处）门巴民族四乡的有关部门和全体居民的热情接待和多方支持，又得益于李方研究员、倪邦贵研究员和孙宏年博士给予的肯定、鼓励和宝贵的修改意见，社会科学文献出版社编辑老师付出了辛勤劳动，在此一并表示衷心的感谢！

图书在版编目（CIP）数据

乡村巨变：西藏山南勒布门巴民族乡调查报告 / 杜莉著 .
—北京：社会科学文献出版社，2011.11
（当代中国边疆 · 民族地区典型百村调查 / 厉声主编 .
西藏卷 . 第 2 辑）
ISBN 978-7-5097-2649-5

Ⅰ. ①乡…　Ⅱ. ①杜…　Ⅲ. ①农村调查—调查报告—
错那县　Ⅳ. ①D668

中国版本图书馆 CIP 数据核字（2011）第 167765 号

当代中国边疆 · 民族地区典型百村调查：西藏卷（第二辑）

乡村巨变

——西藏山南勒布门巴民族乡调查报告

著　　者 / 杜　莉

出 版 人 / 谢寿光
出 版 者 / 社会科学文献出版社
地　　址 / 北京市西城区北三环中路甲 29 号院 3 号楼华龙大厦
邮政编码 / 100029

责任部门 / 人文科学图书事业部（010）59367215　责任编辑 / 孙以年
电子信箱 / renwen@ssap.cn　责任校对 / 张晓媛
项目统筹 / 宋月华　范　迎　责任印制 / 岳　阳
总 经 销 / 社会科学文献出版社发行部（010）59367081　59367089
读者服务 / 读者服务中心（010）59367028

印　　装 / 北京季蜂印刷有限公司
开　　本 / 889mm × 1194mm　1/32　印　　张 / 8.625
版　　次 / 2011 年 11 月第 1 版　插图印张 / 0.125
印　　次 / 2011 年 11 月第 1 次印刷　字　　数 / 189 千字
书　　号 / ISBN 978-7-5097-2649-5
定　　价 / 196.00 元（共 4 册）

中国社会科学院中国边疆史地研究中心　**厉声　主编**

当代中国边疆・民族地区典型百村调查：**西藏卷（第二辑）**

分卷主编：**倪邦贵　孙宏年**

那曲
候车室 HOU CHE SHI

中国电信

中国社会科学院中国边疆史地研究中心　厉声　主编

当代中国边疆·民族地区典型百村调查·西藏卷（第二辑）

发展中的藏北牧区

——西藏那曲县罗玛镇14村调查报告

范远江◎著

SSAP
社会科学文献出版社
SOCIAL SCIENCES ACADEMIC PRESS (CHINA)

“当代中国边疆·民族地区典型百村调查”

总 序

深入实际、开展国情调研，是中国社会科学院肩负的重要科研任务，也是中国社会科学院履行好党中央、国务院赋予的“思想库”、“智囊团”职能的重要方式。中国边疆省区占国土面积的60%以上，边疆区情及当地的民族社会调研（边疆调研）是中国国情调研的重要组成部分。正如一位边疆工作者所说：不了解少数民族，就不了解中华民族；不了解边疆，就不了解中国。1983年中国社会科学院中国边疆史地研究中心建立后，特别是1990年以来，一直将边疆调研作为学科研究的重点之一。

2004年，中国边疆史地研究中心承担国家哲学与社会科学基金特别项目“新疆历史与现状综合研究”（简称“新疆项目”）。2006年，中国边疆史地研究中心牵头，立项开展“当代中国边疆·民族地区典型百村调查”（简称“百村调查”），作为此特别项目的子课题。“百村调查”以新疆为重点，在全国新疆、西藏、内蒙古、宁夏、广西五个民族自治区和云南、吉林、黑龙江三省基层地区同时开展，共调查100个边疆基层村落。调查工作在“新疆项目”领导小组和专家委员会指导下，由“百村调

查”专家委员会暨编委会组织实施。在中国边疆史地研究中心主持拟定的调查大纲框架下，发挥每个省区的优势，体现各自的特色。

本项目的实施得到了边疆地区各级地方党政部门的支持。首先，调查工作注意与地方党政部门的相关工作衔接、听取意见，在实施调查之前，主动向各级党政部门汇报情况，听取指示和意见。其次，调查组主动让各级党政部门了解调研的全过程，在调研过程中出现问题时及时向相关党政部门请示。再次，调研阶段成果和最终成果的副本同时提供地方党政部门参考。

“百村调查”的调研主题是：改革开放30年来中国边疆基层村落的民族社会和经济发展的历史与现状。具体内容包括：乡村概况、基层组织、经济发展、社会生活、民族、宗教、文教卫生、民俗风情等。项目调研的时间是：2007～2008年（资料下限至2007年底或适当延长）。

“百村调查”的调研对象为：100个具有典型意义与特色的中国边疆基层村落。课题以基层乡、村两级为调查基点，大致每个省区选择2个地州，每个地州选择1～2个县，每个县选择2个乡，每个乡选择2个村。新疆共调查22个村，其他地区均为13个村（辽宁、吉林、黑龙江以东北边疆为单元，共调查13个村）。调查点的选择要求：

(1) 本地区社会稳定与经济发展中具有典型意义的基层乡和村。

(2) 存在边疆现实政治、社会或经济发展的热点、难点问题。

（3）与20世纪50年代全国边疆民族调查能有一定的衔接。

“百村调查”采取学术调查与现实政治相结合的方法，以社会人类学入村入户调研方法为主，同时关注现实政治、社会与经济发展中的热点、难点问题：一般共性调查与专题专访调查相结合，在一般综合性调查的基础上，选择好专访或专题调研的“切入点”——总结经验与完善不足相结合，在总结各项工作经验的同时，善于发现问题和提出解决问题的对策与建议。调研注重入户访谈和小范围座谈的专访调查。在一般性问卷和统计资料收集的基础上，注重对基层干部、群众典型、教师、宗教人士等特定人员的专题访谈，倾听和收集他们对基层社会稳定与经济发展的看法、意见和建议，形成能说明问题的专访或专题调研报告。

“百村调查”的成果形式分为调查综合报告与专题报告两大类。

（1）调查综合报告：依据大纲规定，撰写有关乡村经济社会等发展状况的综合报告，课题结项后分期公开出版。专题报告及调查资料可以公开发表的，在篇幅允许的情况下，作为附录附在综合报告末尾。

（2）专题报告：内容较敏感、不适宜公开出版的专题报告，集成《专题报告集》，内部刊印。

“百村调查”主编　厉声　谨识

2009年8月25日

目　录
CONTENTS

图目录
FIGURE CONTENTS

表目录
TABLE CONTENTS

序　言
FOREWORD

中华人民共和国成立60年来，特别是西藏和平解放以来，在120多万平方公里的雪域高原上发生了翻天覆地的历史巨变，百万农奴翻身得解放，成为人类发展史上的里程碑，经济社会发展的成就举世瞩目；农村在变，牧区在变，城市也在变，西藏广大农牧民的生活今非昔比，农牧民的观念同样也发生了值得关注的变化。面对如此巨大的变化，今天的我们怎样才能为后人留下这一瞬间，留住它们的轨迹？作为有历史感、责任感的学人，怎样才能完成我们这一代人的这一历史责任？由中国社会科学院中国边疆史地研究中心主持的国家社科基金特别项目“当代中国边疆·民族地区典型百村调查”（以下简称“百村调查”），便是中国一批学者立足调研，探求中国边疆民族地区乡村巨变的求索和努力！

我们开展这个项目的初衷是对西藏乡村巨变以及经济社会发展进行全面的反映，特别是对西藏和平解放以来翻天覆地的巨大变化做一次现场实录，但随着中华人民共和国成立60周年、西藏和平解放60周年的到来，为了尽一个学人的历史责任，我们的目的也就定位在为中华人民共和国成立60周年、西藏和平解放60周年献礼！同时，这一工作也着力反映了西藏半个多世纪以来特别是21世纪以来经

济社会发展的巨大成就，为西藏在中国共产党的领导下走有中国特色西藏特点发展路子提供了大量的科学依据与前期研究成果资料，为维护西藏社会局势的稳定提供了强有力的证据。我们就积极地承担并完成这一重大课题的调研，调研的对象自然是西藏自治区。

一 西藏自治区基本情况

西藏自治区位于北纬26°50′~36°53′，东经78°25′~99°06′。北界昆仑山、唐古拉山与新疆维吾尔自治区和青海省毗邻，东隔金沙江与四川省相望，东南与云南省相连，南与缅甸、印度、不丹、尼泊尔等国接壤，面积120多万平方公里，仅次于新疆，居全国第二位。

西藏自治区山川秀美，气候独特，土地富饶。西藏高原平均海拔4000米以上，构成“世界屋脊”——青藏高原的主体。境内绵亘着众多巨大的山脉，东西走向的喜马拉雅山、冈底斯—念青唐古拉山、喀喇昆仑—唐古拉山、昆仑山四大山脉，横亘于高原的南侧、中部和北缘，属于横断山脉系列的伯舒拉岭、他念他翁山和芒康山则南北平行而下，蜿蜒于西藏东南，从而将西藏地区分割为四个相对的自然区域，即藏北高原、藏南谷地、藏东高山峡谷和喜马拉雅山地。境内海拔7000米以上的高峰有50多座，其中海拔在8000米以上的有11座，喜马拉雅山中段的中尼边界上的珠穆朗玛峰，海拔8844.43米，为世界第一高峰。高大山脉是构成高原地貌的骨架，也是古代冰川发育的中心，海拔5000米以上的山峰大多终年积雪，冰川广泛发育，是河川径流水的主要来源。境内江河、湖泊众多，外流江河有位于南部的雅鲁藏布江，从西至东流经全区，主要支流有年楚河、拉萨河、尼洋河，习惯称“一江三河”，是西藏主要农区，东部有金沙江、澜沧江、怒江，西部有象泉河、狮泉河等。内流河主要分布在怒江上游分水岭以西的冈底斯山、念青唐古拉山的藏北高原和雅鲁藏布江上游分水岭及喜马拉雅山以北地带，年流量仅占江河径流量的8%左右，而外流域面积占了西藏自治区的51%。西藏还是中国湖泊最多的地区，大小湖泊约有1500多个，其中面积大于200平方公里的湖泊有24个，约占全国湖泊面积的1/3。

早在四五万年前，西藏地区就已有古人类活动，他们披荆斩棘，同大自然进行长期斗争，并繁衍生息，成为这片高原的最早开发者。藏族著名典籍《贤者喜宴》对此做了形象的描述：“食用果实变成人，采集树叶当衣衫，如同野兽居森林，好像珞（巴）、门（巴）遍西藏。”考古工作者的发现和发掘表明，西藏地区的先民先后经过了旧石器、新石器和铜石并用等时期，各个时期都与内地同时期的文化遗存有着密切的联系。新石器晚期，他们由蒙昧走向文明，由氏族、部落发展为部落联盟，又建立了蕃、象雄、苏毗等奴隶制邦国。公元7世纪初，蕃国第三十二代赞普松赞干布，以其卓越的政治远见和军事才能，完成统一大业，在西藏高原上建立了奴隶制的吐蕃王朝。到9世纪中叶，吐蕃在奴隶和平民大起义的冲击下土崩瓦解，在其本土逐渐形成许多割据政权，10～13世纪前半叶逐步完成了奴隶制向封建制的过渡。13世纪中叶，西藏成为中央政府直接治理下的一个行政区域。此后，中国经历了元朝、明朝、清朝和中华民国的兴替，多次更换中央政权，但西藏一直处于中央政权的管辖之下。

1949年10月1日，中华人民共和国成立，此时的西藏

处于比欧洲中世纪还要黑暗、落后的政教合一的封建农奴制社会中，占西藏总人口不足5%的农奴主占有西藏绝大部分生产资料，垄断着西藏的物质和精神财富，而占人口95%以上的农奴和奴隶没有生产资料和人身自由，遭受着极其残酷的压迫和剥削，挣扎在极端贫困的悲惨境地中，毫无权利可言。1951年，中央人民政府与西藏地方政府签订《关于和平解放西藏办法的协议》（简称《十七条协议》），使西藏摆脱了帝国主义侵略势力的羁绊，实现和平解放，为西藏与全国一起实现共同进步与发展创造了基本前提。《十七条协议》强调“西藏地方政府应自动进行改革”，但考虑到西藏的特殊情况，中央人民政府对改革采取了十分慎重的态度，以极大的耐心、宽容和诚意，劝说、等待西藏地方上层统治集团主动进行改革。但是，在帝国主义势力策动支持下，西藏地方上层统治集团的一些人面对人民日益高涨的民主改革要求，根本反对改革，顽固坚持“长期不改，永远不改”，企图永远保持政教合一的封建农奴制度，并于1959年3月10日悍然发动了全面武装叛乱。在这种情况下，为维护国家的统一和西藏人民的根本利益，中央人民政府与西藏人民一道坚决平息了武装叛乱。与此同时，在西藏掀起了一场轰轰烈烈的群众性民主改革运动，废除了政教合一的封建农奴制度，解放了百万农奴和奴隶，开创了西藏人民当家做主的新时代。

半个世纪以来，西藏各族人民在中央人民政府的关心和全国人民的支持下，以主人翁的姿态和空前的热情投身建设新社会、创造新生活的伟大进程中，创造了一个又一个西藏历史上亘古未有的奇迹。西藏的社会制度实现了跨越式发展，现代化建设日新月异、突飞猛进，社会面貌发

生了翻天覆地的历史性变化。作为西藏历史巨变的一部分，农村、牧区的变迁和广大农牧民生产、生活和观念的变化尤其值得重视。

首先，土地改革废除封建农奴主的土地所有制，使农奴和奴隶成为土地的主人。1959 年 9 月 21 日，西藏自治区筹备委员会通过《关于废除封建农奴主土地所有制实行农民的土地所有制的决议》，决定对参加叛乱的农奴主的土地和其他生产资料一律没收，分配给农奴和奴隶；对未参加叛乱的农奴主的土地和其他生产资料由国家出钱赎买后，分配给农奴和奴隶。据统计，在民主改革中，国家共没收和赎买农奴主土地 280 多万亩，分给 20 万户的 80 万农奴和奴隶，农奴和奴隶人均分得土地 3.5 余亩。西藏百万农奴和奴隶第一次成为土地和其他生产资料的主人，焕发了空前的生产和生活热情，迅速改变了西藏的社会面貌和生活条件。据统计，土改基本完成的 1960 年，西藏全区的粮食总产量比 1959 年增长 12.6%，比土改前的 1958 年增长 17.5%。牲畜存栏总数 1960 年比 1959 年增长 10%。在民主改革中，西藏建立起第一个供销社、第一个农村信用社、第一所民办小学、第一所夜校、第一个识字班、第一个电影放映队、第一个医疗卫生机构。

其次，西藏社会制度实现了历史性跨越，经济建设实现跨越式发展，社会面貌日新月异，而西藏人民当家做主的权利有了制度保障，人民生活水平大幅度提高。1965 年，西藏自治区成立，标志着民族区域自治制度在西藏全面确立，实现了西藏社会制度从政教合一的封建农奴制度向人民民主的社会主义制度的历史性跨越，昔日的农奴和奴隶从此享有了平等参与管理国家事务和自主管理本地区、本

民族事务的政治权利。

西藏和平解放以来，特别是民主改革以来，中央政府为促进西藏经济社会发展，对西藏实施了一系列优惠政策，在财力、物力、人力等方面给予强有力的支持。据统计，仅在基础设施建设方面，1951～2008年，国家就累计投入资金1000多亿元。1959～2008年，中央财政向西藏的财政转移支付累计达到2019多亿元，年均增长近12%。在中央的关怀和全国的支持下，西藏经济社会发展突飞猛进。据统计，1959～2008年，西藏生产总值由1.74亿元增长到395.91亿元，按可比价格计算，增长65倍，年均增长8.9%。1959～2008年，西藏人均生产总值由142元提高到13861元，增加13719元。旧西藏的农牧业基本靠天吃饭、靠天养畜，如今农牧业现代化程度大幅度提高，防灾抗灾能力显著增强，科技贡献率达到36%。粮食产量由1959年的18.29万吨增加到2008年的95万吨；粮食平均亩产由1959年的91公斤提高到2008年的近370公斤；年末牲畜存栏总数由1959年的956万头（只）增加到2008年的2400余万头（只）。

西藏和平解放前，西藏农牧民没有生产资料，几乎终身负债，根本谈不上纯收入，2008年，西藏农牧民人均纯收入达到3176元，1978年以来年均增长10.1%。1959年前，西藏90%以上的人没有自己的住房，农牧民居住条件极差。如今西藏人民的居住条件得到了巨大改善，通过推进新农村建设、实施安居工程，已有20万户百余万农牧民住进了安全适用的新房。2008年，农村居民人均居住面积达到22.83平方米。目前，从城市到农村都已初步建立起社会保障体系，2006年西藏人均收入低于800元的农牧民全

部纳入最低生活保障，在全国率先建立了农牧区最低生活保障制度。而且，西藏和平解放后特别是民主改革后，中央人民政府采取各种措施改善西藏农牧区的医疗卫生条件，20世纪60年代开始，西藏消灭了天花，各类传染病、地方病发病率大幅度下降，目前西藏在全国率先实现了城镇居民医疗保险全覆盖，并逐步建立了以免费医疗为基础的农牧区医疗制度，农牧民免费医疗补助人均达到140元。随着医疗卫生条件的改善，西藏的人均预期寿命由和平解放时的35.5岁增加到67岁。据2000年第五次全国人口普查，西藏有80~99岁的老人13581人、百岁以上的老人62人，是中国人均百岁老人最多的省区之一。

二 “百村调查”西藏13个村（镇）调查点的选择与基本情况

“百村调查”专家组为西藏共分配了13个村（镇）的调查任务。具体选择要求具有代表性，能够充分反映西藏农村当代发展的基本面貌。由于地理环境和条件不同，西藏和平解放以来，西藏农村经济社会的发展并不平衡，故在目标村（镇）的选择上，不同发展程度村（镇）的均匀分布是我们所主要考虑的。其他还关注了村（镇）的区位、经济、社会、文化、民族特征等。

“百村调查”在西藏的调研工作在“新疆项目”领导小组和专家委员会指导下，由“百村调查”专家委员会组织实施，在基本统一的调查大纲和问卷的框架下，注意发挥和体现西藏雪域高原的优势与特色。西藏地区的调研以13个村（镇）的调查为主，分别在西藏的边境、农区、牧区、城郊、青藏铁路沿线的13个村（镇）同时开展，主要包括：（1）堆龙德庆县柳梧新村；（2）扎囊县德吉新村；（3）贡嘎县杰德秀居委会；（4）那曲县门地办事处22村；（5）拉萨市纳金乡城郊村；（6）拉萨市城关区蔡公堂村；（7）那曲县罗玛镇14村；（8）贡觉县岗托村；（9）定结县日屋镇德吉村；（10）错那县勒布门巴民族乡；（11）日喀则市东嘎乡通列和帕热两村；（12）当雄县当曲卡村；（13）曲水县达嘎乡其奴九组。

三　“百村调查”西藏项目组的人员组成与调研简况及预期目标

“百村调查”西藏项目组共由18位成员组成，倪邦贵研究员、孙宏年博士分别为第一、第二主持人，18名项目组成员中有7人各自承担1个村、6人分2组分别承担2个村、3人1组承担1个村、2人4组承担4个村，分别展开调查。西藏项目主持人强调所有承担人必须深入村（镇）15～20天，认真调查，掌握真实情况，形成基本感受和准确认识，之后再以写实的笔法完成文本撰写。由于项目组成员科研能力强弱不一，大部分人缺乏研究经验，为了保证质量，使每个人都能基本上完成任务，项目组为他们制定了共同的入户调查问卷、调研提纲和写作提纲。在具体使用过程中，要求他们从入户调查入手，以调研提纲保障全面，没有大的遗漏，再以写作提纲保证叙事结构规范合理。每位作者在文本写作过程中，除基本遵守写作提纲外，还可以突出所调查村庄的特点，对写作大纲进行个性化灵活处理。除此之外，经常召开项目组会议，相互交流研究经验心得，学习各自长处，既有分工，又有合作，充分发挥项目组集体力量，以及每个人的聪明才智，整个工作进展基

本做到规范有序、有条不紊。

“百村调查”西藏项目组的准备工作从2006年年底着手进行，到2007年5月底基本完成，利用近半年的时间，西藏项目组总负责人倪邦贵研究员与项目组全体成员采用电话联系、个别交流与当面沟通等多种方式进行了调研前的培训与交流。2007年3~12月，西藏13个村（镇）的调研工作基本全面展开，其间由于各种原因，还进行了个别人员调整。在此期间及之前，中国边疆史地研究中心在北京、银川、南宁和北戴河召开了多次协调会，通报了各地的研究进展和经验，统一了各地的进度，规范了研究进程。到2009年12月底，历时近3年时间［指村（镇）调研和文本撰写］，西藏13个村（镇）的调研和文本写作基本完成，并且都进行了多次修改。经2009年4月北戴河会议审订，第一批4个村（镇）的成果先期于8月中旬正式交由社会科学文献出版社编辑出版。

四 “百村调查”西藏项目组的研究方法与最终目标

“百村调查”西藏项目组以西藏的基层社会与经济发展现状的社会调研为基本方法，强调学术调查与现实政治相结合，以民族学、社会学入村入户的调研方法为主，同时关注现实政治、社会与经济发展中的热点、难点问题；强调一般共性调查与专题访问调查相结合，在一般共性调查的基础上，选择好专访或专题调研的切入点；强调总结经验与完善不足相结合，在总结各项工作经验的同时，善于发现问题和提出解决问题的对策和建议。在调查选点方面，遵循选择西藏社会稳定与经济发展中具有典型意义的

村（镇）（以行政村为主）的原则。在一般性问卷和统计资料收集的基础上，注重对基层干部、群众典型人物、教师、宗教人士等特定人员的专题访谈，倾听和收集他们对基层社会稳定与经济发展的看法、意见和建议，形成能说明问题的专访或专题调研报告。

“百村调查”西藏项目组以西藏的基层社会与经济发展为切入点，主要目的在于摸清西藏基层社会与经济发展的一般情况，包括西藏基层政权建设、西藏和谐社会构建、西藏的民族关系与民族团结、西藏的宗教信仰与宗教事务管理、西藏居民的国家意识与民族宗教观、西藏的“三老”人员情况、西藏的基层经济发展现状、西藏的基层文化教育现状、西藏的基层人才队伍状况、西藏的基层社会治安等方面。

根据“百村调查”项目的总体设计，西藏项目组确定的目标是：总结西藏地区基层社会与经济发展的经验，同时发现、弥补其不足，并为之提供有效的对策建议。在此基础上，“百村调查”在西藏的调研在以下几个方面有所突破：第一，通过典型调研，认真总结西藏基层社会与经济发展迄今为止所取得的重要成绩，总结其有益的经验；第二，在调查中关注发展中存在的问题与困难，并针对这些问题和困难，提出具有可操作性的对策建议；第三，根据西藏现有发展状况及其所具有的发展条件和机会，预测其发展前景。

作为“百村调查”西藏13村（镇）项目组负责人，我们深深地知道，这是一项非常有意义的研究，值得认真去做。历史将证明，今天我们为西藏这13个村（镇）留下的每一行文字、每一份表格、每一张照片，作为它们真实情

况的反映，都将是有价值的历史记录。当然，我们也同样深知，由于作者众多，水平不一，成果的质量因而参差不齐，甚至可能出现各种错讹。在此，作为丛书西藏卷主编，我们代表相关的作者表示歉意，并恳请广大读者和专家批评指正。

谨以此书向西藏和平解放60周年献礼！

倪邦贵　孙宏年

2009 年 8 月 16 日

第一章　概况与村史

第一节　概况

一　所在县乡概况

（一）所在县概况

我们调查的14村所在县是西藏自治区的那曲县。那曲县位于东经91°10′～93°05′，北纬31°30′～31°55′，藏北高原唐古拉山和念青唐古拉山脉之间，处于西藏自治区中部。那曲县原名黑河县（“那曲”藏语意为“黑色河流”，故名黑河县）。唐宋时期就为重要的战略交通要地，也是当时重要的畜产品集散地。1751年清王朝派兵平息了珠尔默特那木扎勒事件后，考虑到那曲县所处的重要战略位置，在那曲县设立了坎囊宗（相当于现在的县）。1959年7月、10月相继成立了黑河县委和黑河县人民政府。1960年1月7日，经国务院批准，黑河县更名为那曲县。

那曲县东与比如县、嘉黎县相靠，北与聂荣县、嘉黎县相连，西与班戈县接壤，南与当雄县接壤。县政府所在那曲镇（G109线）距西藏自治区首府拉萨市336公里，距青海省格尔木市803公里。该县隶属于那曲地区管辖，2002

年行政区划调整后，全县所辖三镇九乡，即那曲镇、罗玛镇、古露镇、那么切乡、孔玛乡、达前乡、香茂乡、尼玛乡、色雄乡、达萨乡、尤恰乡、劳麦乡，156个行政村，3个居委会，1048个自然村，总面积4.8万平方公里，其中草场面积670万亩。到2006年年底，全县总人口为9万余人。其中牧业人口6.8万余人，占全县总人口的76%。共有牧户11295户，劳动力人数25068人，占36.9%。

全县均属藏北高原，境内多山，但山势不陡，坡度较为平缓，大多呈浑圆状，为高原丘陵地形，平均海拔4500多米，最高海拔6500米。特殊的地形造就了那曲县独特的自然景观，桑丹康桑神山、那曲河、贡曲河、莫曲河及错鄂湖、乃日平措湖、崩错湖等在全国乃至世界都享有盛名。

那曲县地表水较为丰富，境内水系有三条，即长江水系、怒江水系、色林湖水系，主要河流有长江源头——那曲、才曲、贡曲、色尼曲、劳曲均为长江水系；查龙曲、那曲河均属怒江水系；全县河流总长约1507公里，流域总面积4304平方公里，占土地总面积的8.97%。河流密度为1∶12，河流径流总量约400万立方米。县内湖泊星罗棋布，共有大小湖泊200多个，其中面积大于2平方公里的有122个，大于100平方公里的有17个。

那曲县境内资源丰富，物产丰富。目前已探明的矿产资源有12余种，其中以铁、铜、锑、锡、金最为丰富。由于特殊的地理和气候因素，那曲县的太阳能、风能、水能、地热资源等也极为丰厚。全县目前已有7个野生动物保护区，区内有盘羊、石羊、藏羚羊、獐子、藏野驴、黑颈鹤、丹顶鹤等17种珍稀动物，其中国家一级保护动物就有4种。境内还盛产冬虫夏草、贝母、雪莲花等多种珍贵中药材，其中冬虫夏草年产量达1500多公斤，贝母年产量达100余公斤。

青藏铁路、青藏公路、黑昌公路和黑阿公路交叉贯穿县境。全县已有三镇九乡和195个村通了汽车，交通极为便利。那曲县公路交通比较发达，青藏（109国道）、黑昌（那曲至昌都317国道）、黑阿（那曲至阿里）公路贯穿全县，并与通往各乡公路网连接，全县目前乡乡通公路，通车里程1200余公里。那曲县通信较为发达，电信、移动、联通三大公司鼎力为全县的经济社会发展提供服务，目前全县固定电话装机2万余门，移动用户已达5万户，移动普及率达到了每百人45部。

青藏铁路那曲物流中心项目于2007年7月正式开工建设，2008年10月1日前将建成投入使用。那曲物流中心项目包括大宗货物、高附加值产品、石油产品、危险品和产品加工五大物流功能区，将按照适度超前、功能齐全、能力强大、装备先进、辐射广泛等要求，建成具有我国一流水平的现代化物流中心。它将成为藏北地区的重要产业园区，成为产业建设和商贸流通的龙头，更好地辐射带动当地自我发展能力的提升。青藏铁路那曲物流中心是青藏高原重要的综合交通枢纽和货物集散中心，它将直接辐射那曲、昌都和阿里等地区，使西藏更好地利用青藏铁路运营后人流、物流、资金流、信息流不断增大的历史性机遇，加快经济社会跨越式发展的步伐，促进西藏自治区区域经济协调发展。

那曲县按照“牧业立县、三产兴县、开放富县、科教强县、依法治县”的发展思路，围绕“三农”，立足牧业，大力发展以虫草销售、民族特色工艺品、黄蘑菇加工、城郊畜产品加工销售等为龙头的特色产业，积极完善牧业市场体系建设，使牧业经济的发展有力地带动了二、三产业的迅猛发展，有效地推进了全县经济社会的全面、协调和可持续发展，实现了物质文明、政治文明和精神文明的共同进步。

图 1－1　那曲县人民商场（2007 年 4 月 11 日　范远江摄）

那曲县是一个纯牧业大县，牧业产值占全县总产值的 90% 以上。牲畜主要有牦牛、绵羊、山羊和马。2005 年，全县 GDP 指标 25991 万元，全县 GDP 完成 25991 万元。其中县级财政收入实现 1401 万元的新突破，成为全地区首个本级财政突破千万元的县和全区两个本级财政收入突破千万元的县之一。牧民人均收入达到了 2630. 32 元，现金收入达到了 1604. 5 元。

那曲县科教文卫事业取得了长足发展，但专业性科技

图 1-2　那曲火车站附近草场（2007 年 4 月 18 日　范远江摄）

人员依然紧缺，教育基础设施落后，师资力量依然薄弱。目前，全县各乡镇均建立了文化室，村级文化室建设工程正在紧锣密鼓地实施当中。全县目前共有学校 21 所，在校学生 10043 人，适龄儿童入学率达到了 95.1%，“两基”巩固率为 98%。全县共有专门的体育场地 10 个，体育项目有篮球、足球、赛马、骑马射箭、抱石头跑、摔跤等民族传统项目。全县现有医疗机构 14 个，卫生工作人员 165 人（基层乡镇 132 人），12 个乡镇均建立了乡级卫生院和合作医疗制度，合作医疗覆盖率达到 100%。

古老的青藏高原独有的蓝天、白云、雪山、草地、江河之源、深邃的湖泊共同构成了那曲县特有的旅游景致。羌塘恰青赛马艺术节、卓玛圣谷风景区、西部无人区生态旅游、登山、“牧家乐”等旅游品牌的推出，吸引了众多国内外旅游爱好者来此旅游观光，休闲度假，有力地促进了那曲县各项事业的大踏步前进。

（二）所在镇概况

海拔4570多米的罗玛镇，位于唐古拉山脉和念青唐古拉山脉之间，东与比如县、嘉黎县相靠，北与聂荣县、嘉黎县相连，西与班戈县毗邻，南与当雄县接壤，北靠安多县，位于那曲县城西南方向30公里处，距拉萨市300公里。

图1－3　那曲县罗玛镇人民政府

（2007年4月11日　范远江摄）

罗玛镇原为那曲县罗玛区，后为罗玛乡，2002年撤乡并镇时正式成立罗玛镇。罗玛镇位于那曲镇南25公里处，处于109国道和青藏铁路沿线。地理位置优越，交通便利，镇南还有一所青藏铁路火车预留站，12村现有一所小型火车站——托如火车站。全镇辖1个办事处（恩尼办事处）、15个行政村、126个村民小组（自然村）、1201户，总面积0.34万平方公里，总人口6561人（均为牧业人口）。目前，罗玛镇共有干部职工22名，镇政府所在地现有农行储蓄所、中心小学、粮站、兽防站、卫生院、道班等单位。干净宽广的水泥马路、全新的二楼牧民住房小区、宽敞明亮的学生教室和宿舍……这一切与过去当地牧民的凌乱的土坯房形成了鲜明的对比，以前青藏公路边上的一个普普通通牧民聚居点已是旧貌换新颜，如今的罗玛镇成了草原上冉冉升起的一座新城。

全镇境内以高原丘陵地形为主，平均海拔4500多米，属于高原亚寒带季风半干旱气候，冬长夏凉秋短，全年无绝对无霜期，年平均气温-2.1℃，年极端最高气温23.6℃，年极端最低气温-41.2℃，高寒、缺养、多风、多雪、多冰雹，风灾、雪灾、地震等自然灾害较为频繁。该镇气候寒冷，水资源缺乏，自然灾害频繁，草地面积大且地势平坦，是那曲县虫草资源主产区，旅游景点多。

镇内资源丰富。目前已探明的矿产资源有铁、铜、锌、铅、金等。由于特殊的地理和气候因素，罗玛镇的太阳能、风能资源较为丰富。全镇目前有一个野生动物保护区，区内有石羊、藏羚羊、野黄鸭、野白鸭、黑头鸥、红嘴鸥、黑顶鹤等10余种稀有动物。

青藏铁路由北向南纵贯罗玛镇15个行政村中的5个，在镇境内总长42公里，北起174号大桥以北约5公里处（也是与那曲镇交界处），南至183号大桥（即毗邻香茂乡交界处）。境内共有大桥6座，涵洞76处，铁通无人通信基站5座。

那曲县第四批援藏干部结合地区沿路经济带建设，提出了“大力发展马路经济”的思路，并在深入调研和综合分析论证的基础上，将罗玛镇定为小城镇建设的重点，在资金、项目等方面对该镇给予倾斜。目前，罗玛镇建起了牧民小康居住示范区、农贸市场、小学宿舍楼、牧民文化活动中心、兽防中心、综合服务中心和镇里的硬化道路等项目，总投资1000万元。罗玛镇小城镇建设项目已基本竣工，2005年10月投入使用。

2006年11月，那曲地区首个基层“青年中心示范基地”及“青年文明示范岗”在罗玛镇建成，进一步拓展了团组织服务青年的手段和领域。罗玛镇奶制品加工“青年文明示范岗”以此为据点，大力宣传“走出牧场闯市场，跳出牧业抓收入”，这一方针为牧民带来的实际效益，引导牧民发展奶制品加工、手工业等特色产业，拓宽畜产品市场，大树品牌形象。面对罗玛镇日新月异的变化，当地牧民噶桑内心的喜悦挂在脸上，他告诉我们：“本来我打算举家搬到那曲去住，看来我该改主意留在这里，现在自己的家乡建设得这么好，生活在这里条件也不比地区上差多少。我们罗玛镇现在也和城里一样了！”

该镇属于纯牧业镇。现有草地面积900万亩。草场类型属于高原草甸。镇内有全区闻名的塘那扎8500余亩人工种草项目和草籽基地项目，有全县著名的牛羊育肥基地、牧民经济合作组织暨肉奶加工销售点、游牧民定居工程等，曾经吸引了上至国家部委，下至地委、行署领导前来参观考察。退化草地面积225万亩，约占草地面积的25%。现存栏牲畜175092头（只、匹）。其中，牛50311头，绵羊93413只，山羊29695只，马1673匹。牧区经济总收入16615760.7元，其中牧业收入12289279.7元，占牧区经济总收入的73.96%，副业收入4141973元，人均纯收入为2525.3元。

罗玛镇依托青藏两路，按照县委、县府的“优牧业、攻工业、兴三产”的战略发展思路，镇党委、政府团结和领导全镇人民以科学发展观为指导，以结构调整为目标，以畜产品加工销售为抓手，大力发展沿路经济带建设和“马路经济”，并已初步形成了以恩尼的羊、罗玛的酥油、拉拉煺为主打产品的特色畜产品链，有力推进了全镇经济社会的发展。2004年年底，第四批援藏领导小组在深入调查研究和综合分析的基础上，又将罗玛镇确定为第四批援藏工作的重点，并整合资金，全面推进和实施了“罗玛小城镇”建设项目，小城镇已于2005年完工。援藏资金和项目向罗玛镇的倾斜，有效促进了城镇硬件设施建设，提高了城镇品位和知名度，并为罗玛镇的发展注入了强大的动力。近年来，保持了经济社会良好的发展势头，取得的主要成就：

图1－4　那曲县罗玛镇党委政府经济社会取得的成绩
（2007年4月11日　范远江摄）

（1）大力推进牧业经济建设，确保了牧业强劲发展势头。

2006年，罗玛镇按照县委、县政府的总体发展思路和目标要求，进一步加大了牧业建设工作力度，加快了牧业结构调整的步伐，有力促进了牧业特色化建设步伐，并取得了新的成绩。牧业收入达到了10546.84万元，副业收入实现了33.35万元。各类牲畜存栏182583头（只、匹）；

各类牲畜出栏3436头（只、匹），出栏率达到12.45%，同比增长了1.04个百分点；动物免疫度达到了100%；仔畜成活率达到85.5%，大畜死亡率控制在1.08%以内；畜产品商品率达到了55%。同时，罗玛镇还在自治区对口扶贫领导小组的大力支持下，顺利组建并实施了罗玛镇牧民经济合作组织暨肉奶加工销售点，2006年，销售额直线上升，并有效带动了周边群众和参与组织的群众的增收步伐，日销售额均在1000元以上。

（2）牧民人均收入情况。2006年，罗玛镇牧民增收工作是与畜产品流通建设（特色畜牧业建设）、各大基础设施建设、小城镇建设、牲畜出栏、铁路后期建设、砂场开发等工作紧密结合起来的。2006年，已输出劳务490人，劳务输出总收入42万元。人均收入达到860.9元，其中现金收入达到160.8元。

（3）草场建设。2006年，罗玛镇积极配合国家草原生态建设工程和饲草料基地建设，并在入夏以来加强了对人工种草工作的实施力度，同时还配合县农牧水利等部门加强了草原“三防”工作，国家草原生态建设项目实施顺利，塘那扎人工草场和草籽基地承包到户管理工作基本结束。草场承包工作方面，罗玛镇按照县农牧局的统一部署和安排，按照先试点后铺开的原则，工作进展顺利。

（4）结构调整工作。结构调整，罗玛镇是与草场建设和特色畜产品加工销售等为一体的。按照县委、县政府“大力发展牦牛、适当发展绒山羊、减少绵羊、控制马”的思路，现基本比例已控制在了26∶31∶42∶1的程度。

（5）多种经营工作。2006年，罗玛镇多种经营工作与牧民参与畜产品加工销售、长途运输、经营茶馆等工作紧密联系。当地群众紧紧把握小城镇建设的机遇，在镇内大力发展茶馆经营业，促进了增收。2006 年，多种经营收入已经达到了 120 余万元。

（6）精神文明建设工作。在县精神文明建设办公室的领导下，罗玛镇文明村、文明户建设工作进展顺利。

（三）县域气候条件

那曲县地处低纬度高海拔地区，属于高原亚寒带季风半干旱气候，冬长夏凉秋短，全年无绝对无霜期，高寒、缺氧、多风、多雪、多冰雹，风灾、雪灾、地震等自然灾害较为频繁。

其所在的地理位置，形成了特殊的自然气候，天气变化无常，没有明显的四季分界，日照充分，紫外线强，年温差小，日温差大。年均气温 -3℃，极端最低气温 -36.7℃，极端最高气温 23.3℃，最热日均气温 10℃，稳定通过 5 摄氏度的初日在 6 月 20 日左右，终日在 9 月 3 日前后，大于 10 摄氏度始终期 5～10 天。年均降水量 411.6 毫米，降水多集中在 6～9 月，降水量占全年的 80%。全年相对湿度 49%，除个别月份低于 30% 外，其余各月均在 30% 以上，雨季可达 60%～70%。年均日照时数 2847.4 小时。大风日数及风速居本地区之首，年均大于 8 级风日数为 158.2 天，最多年份可达 284 天，平均风速 4.6 米/秒。

每年冬春季节经常出现 10 级以上的大风并伴有强沙尘暴，而且持续时间长，风向多西北，风能资源相当丰富。全年各月均有降雪的可能，年均积雪日数 282.9 天，最长可达 323 天，最大积雪深度 200 毫米以上，经常发生雪灾，不但造成交通堵塞，而且给牧业生产和群众生活造成极大威胁。

二　村庄四至与交通

村庄是藏北高原悠久乡土传统的承载者，也代表着一种根深蒂固的组织制度形式和人际交往形式。所以选取村庄作为藏北高原牧区研究的分析单元，更能准确地把握藏北乡土文化的特征，也更能从比较深的层面揭示牧区经济活动和社会体系的运转规律。

那曲县罗玛镇14村距离罗玛镇约10公里，离那曲县城15公里。离村子4公里远，青藏铁路和青藏公路纵贯该村。青藏公路离村子4.5公里，交通十分便利。但青藏公路与该村之间无公路连接，桥也很少（其中牧民边嘎修了3座），草场上能勉强跑车，道路没有硬化。全村拥有的交通工具：14辆长安车，60多辆摩托车，50多辆拖拉机。

三　集市、商业布点

（一）集市

1. 集市地点

该村的集市地点设在罗玛镇。其中罗玛镇肉奶制品加工厂设在罗玛镇政府所在地，青藏公路和青藏铁路旁，是该村牧民经常光顾的市场。位于那曲县南25公里的罗玛镇是一个新兴的发展中的纯牧业大镇，处于青藏公路和青藏铁路沿线，区域优势明显。

罗玛镇围绕铁路建市场。2005年以来，以县委书记詹敏为领队的那曲县浙江省第四批援藏干部认真履行援藏宗旨，认真谋划乡镇发展之路，把发展沿路经济带作为构建乡镇经济社会发展的平台，以吸引周边人口往集镇、国道沿线集结，投入大量资金努力推进罗玛镇小城镇化建设，使罗玛镇步入一个前所未有的发展阶段。如今，昔日破烂不堪的街道已被宽阔整洁的水泥路所替代，破旧的土坯平房已被整齐的小康示范居住区所替代，商户们在鞭炮声中兴高采烈地搬入到崭新的农贸市场和综合服务楼做生意。

居住在小康示范居住区的牧民玛迪激动地说："2005年以来，在援藏干部的大力援助下，罗玛镇的面貌发生了很大的变化，14栋楼房拔地而起，两条水泥硬化道路穿镇而过，以前的烂草地不见了。不仅如此，我们牧民也住进了宽敞明亮的小洋楼，这样的楼房在我以前的想象中只有拉萨才会有，而今却在自己的身边实现了。我一辈子也不会忘记援藏干部对我的恩情，永远也不会忘记援藏干部对我们的关怀和所做的一切！"

2. 集市交易主要品种

集市上出售酥油和牛奶、藏北风干牦牛肉、藏北风腌牦牛肉、藏秘卤制牦牛肉、藏秘香熏牦牛肉，还有市场需求旺盛的"分割保鲜肉"等牦牛肉全身系列产品。

（二）商业布点

该村没有与村民生活有关的商场、小卖铺，赶集要到10里远的罗玛镇或15里远的那曲县政府所在地那曲镇。由于90%以上的牧户都有自己的交通工具，交易十分方便（图1－5）。

图 1-5　那曲县罗玛镇 14 村（2007 年 4 月 11 日　范远江摄）

第二节　村史

一　村庄起源

罗玛镇 14 村成立于 1959 年民主改革时期。1951 年解放时，即使国家每月给 18 斤粮食，村民仍然吃不饱，100 户中大约有 5 户是富裕的。当时牛羊是自家的，平均每户大约有 5 头牛，20 多只羊。1959 年进行民主改革，布才央为该村村长（男，藏族，55 岁，小学文化）。民主改革时期，牧主的牲畜没收归贫困户，富裕家的牛羊均分给贫困户，贫困户的生活有所改善。当时草场是集体所有，牛羊随便放。

人民公社时期，牲畜集体放牧，吃“大锅饭”，根据每家出劳动力多少，年底统一分配。改革开放时期，发生很大变化。1981 年把牲畜承包到户，根据人口平均分配。1982 年开始草场承包，冬季草场 2000 年承包结束，夏季草场 2005 年承包结束。过去，夏天牧草比较好，随便放牧，村长说你家5头他家3头，统一安排；冬天集中把牲畜赶回来，在冬季草场放牧。

二　村庄变迁

14村有3个自然村，98户，498人，其中男性215人、女性283人、劳动力133人。14村的总面积还没有测量，有2个自然村测量了。我们这次调研的是村长所在自然村，有28户、136人，总草场面积54384.22亩（其中冬季草场2772.1亩）。草场承包按人口70%、牲畜30%分配。冬季草场是1992年承包到牧户的，夏季草场是2005年承包到牧户的。对“50年不变”，群众有不同意见。建围栏，60%的资金国家出，40%的资金自己筹。

14村的变化是巨大的，当地牧民居住的房子，原来是土坯房或者搭个帐篷，不断迁移，只能靠卖牛粪赚些零花钱。实施安居工程后，2006年该自然村解决了7户，国家补贴1.5万元；现在有人要开商店，贷款买拖拉机。

14村属于纯牧业村，没有种青稞、土豆等。2006年年底，全村有牦牛3064头、绵羊7351只、山羊1635只、马146匹，其中乌曲自然村牦牛1041头、绵羊2403只、山羊594只、马39匹。全村主要收入来源：牦牛264000元，绵羊87000元，山羊20000元，外出打工40000元。牧民边嘎2004年以来打工收入达20多万元。全村贫困户10户。大雪影响牧业生产，一般是在每年的9~12月，1997年发生一次大暴雪。良种的引进问题，国家每年给羊，但没有办法发展，是由于没有技术人员指导，尤其是贫困户。该自然村所在地日韩中合办一座气象站，每年照看付给该村工资21600元。该村设有小学、医疗室、广播站、图书室。

图 1－6　日韩中合办的气象站坐落在 14 村（2007 年 4 月 12 日　范远江摄）

图 1－7　日韩中合办的气象站一角（2007 年 4 月 12 日　范远江摄）

该自然村有国家援藏项目赠送的一套彩电和太阳能发电设备（2006 年），有 21 户可收看，还有 7 户没有享受到。村庄没有通电，动物粪便等还是牧民中的主要生活燃料。

14 村党支部有支部活动，每月召开一次学习会。为了

图 1－8　牧民贡布顿珠家收看电视（2007 年 4 月 12 日　郑洲摄）

图 1－9　牧民准备出售的牛粪（2007 年 4 月 12 日　范远江摄）

让牧民了解国家大事，订有《人民日报》、《西藏日报》，文化生活较丰富。14 村村长布交介绍，要改变日出而作，日落而息的生活习惯。青年法律意识不强，要加大力度提高他们的素质。他认为义务教育会提高当地人的素质，但由于有的牧户离学校较远，或因劳动力不够，或认为读书无用，因为读了书反正要回来放牧，不如不读书，早点放牧划算。有人认为读了书回来又不愿放牧，只有出去乱混。

图 1－10　村长家的外孙女上学回家后做作业
（2007 年 4 月 11 日　范远江摄）

人畜饮水尚未解决，饮水要到附近的沟里背。路不通，桥很少，很不方便。目前 14 村急待解决的问题有：电、路、桥、饮水、村办公室等。

图 1－11　牧民到村庄外 200 米处背水回家饮用
（2007 年 4 月 11 日　范远江摄）

第二章　基层组织

第一节　14 行政村基本情况

一　行政村沿革

罗玛镇 14 村成立于 1959 年民主改革时期。布才央为该村村长。现任村长布交，男，1940 年 4 月 3 日出生，67 岁，没有上过学。当过兵，1994 年开始任村干部，当时任 14 村民兵连长，现任村长，担任村干部时间较长。全村有 3 个自然村，牧户 98 户，人口 498 人，其中男性 215 人、女性 283 人、劳动力 133 人。

罗玛镇 14 村，位于镇政府北边，与镇政府相连。该村是一个沿青藏铁路、青藏公路的纯牧业村。

由于青藏公路横穿该村，交通十分便利。青藏铁路全长 1110 公里，其中在那曲地区达 510 公里，接近全长的一半。青藏铁路由北向南横穿罗玛镇 15 个行政村中的 5 个，在镇境内总长 42 公里，北起 174 号大桥以北约 5 公里处（也是与那曲镇交界处），南至 183 号大桥（即毗邻香茂乡交界处）。境内共有大桥 6 座、涵洞 76 处，铁通无人通信基站 5 座。

二　行政村组成

那曲县罗玛镇14村共有3个自然村。我们这次调研的是村长所在的自然村，有28户、136人，总草场面积54384.22亩（其中冬季草场2772.1亩）。草场承包按人口70%、牲畜30%分配。

冬季草场是1992年承包到牧户的，夏季草场是2005年承包到牧户的。整个自然村居民都是藏族。牧民都信仰佛教，无宗教设施，大部分牧户只是在家里祈祷。

第二节　14行政村组织

一　村民委员会

十一届三中全会以后，罗玛镇14村也同全国其他地区一样，实行了以包产到户为核心的牧区经济体制改革。1982年《宪法》修正案明确提出，农村设立乡级政权，村民委员会是群众性自治组织，宣告了人民公社体制的终结。1987年《中华人民共和国村民委员会组织法》（试行）颁布，1998年《中华人民共和国村民委员会组织法》修正案颁布实施，此后，罗玛也改变了人民公社的管理体制，设立乡镇政府，在各村成立村民委员会，乡政村治的管理体制逐渐确立，“命令—服从”型的管理方式为新的“乡政村治”格局所取代，从单一的行政管理转变为行政管理和服务。

管理体制的改变彻底更新了牧区社会的运行方式和牧民的生产生活方式，牧区社会从封闭转向开放，信息广泛流通，牧民开始自由地流动，牧区社会生活开始复杂化，牧民开始全面参与社会生活。由于政治与经济的互动关系，在经济发展到一定程度后，牧民的政治权利意识增强，对民主政治有强烈要求，在罗玛镇 14 村的社会发展中，这一规律也得到充分体现。

罗玛镇 14 村村民代表会议制度的核心内容如下：村民代表会议是村民会议的特殊实现形式。村民代表会议由村民代表、村党支部委员和村委员会委员、居住在本村的乡镇以上各级人大代表和政协委员组成。村民代表由享有选举权的村民按村民小组或居住区域划分若干选区，民主选举或推荐产生。村民代表会议由村民会议授权，具有十项职权。代表会议由村委会召集，一般每半年召开一次。有三分之一以上村民代表提议，可临时决定召开。村民代表会议设立村务监督小组和民主理财小组，由村民代表从非党支部和非村委会成员的村民代表中选举产生。村务监督小组负责对村务是否公开、村民代表会议各项决议是否执行等情况实施监督。民主理财小组负责对村财务收支和管理工作情况实施监督，每月对本村当月的所有财务原始凭据逐一审核，由理财小组组长签字，加盖民主理财小组专用章。凡未经民主理财小组审核的票据不准下账，乡镇经管站不予审批。在审核中如发现违反规定的开支，不予签字，费用由有关人员自己负担。

罗玛镇 14 村推行的这些基层民主政治实践极大地推动了牧民当家做主搞发展的积极性，在促进牧区改革、发展、稳定方面发挥了重要作用。

调查中发现，该村民委员会也存在结构不尽合理的问题：

（1）村委会成员年龄结构偏大。村委会成员平均年龄

49岁，村长布交年龄高达67岁。虽然，随着年龄的增大，村委会成员的工作经验丰富，也能得到群众的信任和支持，但是年龄偏大，工作精力难免受影响，再加上西藏闭塞的交通以及落后的自然情况，使得年龄偏大的人很少同外界接触，缺乏创新意识和进取精神，维持现状的情况比较普遍。

（2）村委会成员的文化水平偏低。从笔者调查的情况看，当选的村委会成员的文化程度是非常低的。本届新当选的村民委员会成员中，大多数是小学文化程度，还有个别的连小学文化水平都不具备，接近文盲。这种情况的出现是基于以下几个方面的原因：一是牧区教育水平落后，年龄偏大的村委会成员没有机会上初、高中；二是随着义务教育的普及，近年来凡是在外接受高中以上教育的，大都继续上学深造。毕业后分配进入城市工作，少数没有考上高等学校的学生，也大都到城市打工，不愿在牧区放牧，导致村委会成员文化水平偏低。

（3）妇女干部偏少。从我们调查的结果看，虽然根据《村民选举委员会组织法》以及西藏自治区的相关规定，要求每个村委会至少应有一名妇女干部，但该村除本届有一名女村干部外，以前从未有过。笔者调查了解到，在牧区妇女干部偏少主要有以下几个方面的原因：一是在西藏（最主要是在牧区），村委会的工作性质决定了妇女干部必须要有一定的文化知识和能力，而在这些方面很多牧区妇女明显不具备；二是很多妇女有一种小农意识，不愿意担任村委会干部，认为只要管好家庭就行；三是与西藏的传统文化中不尊重妇女、歧视妇女，妇女社会地位低下的残留思想有很大关系。然而没有妇女干部不仅会给西藏农牧区的妇女工作带来不便，更重要的是妇女群体的利益很难得到保障。

经调查，该村支书年平均收入为1180元、村主任1120元、村文书1038元、村计生干部854元，工资无拖欠。

没有村办公室，村里党员11人，村委会一年开会20～30次，一般在村长家里开，不方便。村里没有广播。有支部活动，每月生活会，了解国家大事，订有《人民日报》、《西藏日报》，文化生活较丰富。

二　党团妇女组织

提高党的执政能力，加强牧区基层党组织的领导是新形势下加强党组织建设的重要保证，它对我党执政为民，切实贯彻落实我党的群众路线，有着十分重要的现实意义。

从村党支部问卷调查情况（表2－1）分析看出，当前村党支部建设面临以下几个问题：

（1）党员年龄呈现老年化趋势，结构中存在不连续的断层现象。村党支部书记、支委成员年龄普遍偏大，文化素质普遍较低。普通党员的年龄也普遍偏大，女性党员所占比例太低，只占19%。

（2）党员干部思想观念上存在一些问题。问卷中，有3位党员干部对马克思主义、毛泽东思想、邓小平理论知道名称，不知道其内容。有3位党员干部对“三个代表”重要思想及现行有关牧区政策也不知道内容。反映出牧区党支部部分党员干部对自己作为共产党员是否应该坚持和掌握党的理论的角色意识不强。

（3）村党支部决策能力不强。有3位党员干部认为村党支部帮助群众致富的计划和措施是“有，从未见成效”，这表明村党支部决策存在盲目性，没有前瞻性。有2位党员干部认为村党支部带领群众奔小康致富计划及措施上“有，从未见成效”，这表明村党支部在对全村发展的决策能力上和带领群众致富的目标意识上，前瞻性差，能力不足。

（4）队伍建设上存在发展党员困难、急需加强党员干部培训学习和资金、物质援助等问题。在发展党员方面，当前牧区符合条件的人选少，而符合条件的又不愿申请入党。

表2-1　14村调查对象的政治面貌

单位：人，%

调查对象 政治面貌	党员	团员	群众	合计
人数	11	12	94	117
占调查对象总体的比例	9.4	10.3	80.3	100

资料来源：本表根据笔者2007年4月在罗玛镇14村调研资料整理而成。

（5）团组织情况。罗玛镇14村为外宣基地。2006年11月，共青团那曲地委在那曲县罗玛镇举行地区首个基层“青年中心示范基地”及“青年文明示范岗”授牌仪式。罗玛镇青年中心成立进一步拓展了团组织服务青年的手段和领域，标志着青年中心建设进入一个新阶段，青年工作迈上新台阶。

罗玛镇奶制品加工“青年文明示范岗”以此为据点，大力宣传“走出牧场闯市场，跳出牧业抓收入”为牧民带来的实际效益，引导牧民发展奶制品加工、手工业等特色牧业，拓宽畜产品市场，树品牌形象。

三　主要干部简历

（一）村长（村主任）布交

村长，布交。男，1940 年 4 月 3 日出生，67 岁，没有上过学。当过兵，1994 年从事村干部工作，当时任 14 村民兵连长，现任村长，担任村干部时间较长。

图 2－1　罗玛镇 14 村村长布交（2007 年 4 月 11 日　范远江摄）

村长布交家获得由那曲地区精神文明建设指导委员会授予的“十星级文明户”和那曲县精神文明建设指导委员会授予的“文明户”。

图 2－2　村长布交家荣获“十星级文明户”（2007 年 4 月 11 日 范远江摄）

图 2－3　村长布交家荣获“文明户”（2007 年 4 月 11 日 范远江摄）

图 2－4　“十星级文明户”的要求
（2007 年 4 月 11 日　范远江摄）

图 2－5　“文明户”的要求
（2007 年 4 月 11 日　范远江摄）

在村长布交的带领下，罗玛镇 14 村荣获 2005 年 12 月那曲地区精神文明建设指导委员会授予的“创建文明乡村先进单位”。那曲县精神文明建设指导委员会授予罗玛镇 14 村在“创建文明乡村”活动中以“先进单位”称号。2006 年 12 月那曲地区精神文明建设指导委员会授予罗玛镇 14 村“2006 年度精神文明创建先进单位”。2007 年 3 月 18 日，那曲县社会治安综合治理委员会、那曲县平安建设工作领导小组办公室授予罗玛镇 14 村“平安村（居）”。

在罗玛镇党委书记肖志强的带领下，14 村党支部一班人齐心协力，艰苦奋斗，每人一匹马、一个挎包，常年生活在草场和牧民中间。对此，他们说，我们是最基层的干部，草场和牧民家就是我们的办公室。组织上把我们安排在这里，就是要让我们改变这里的落后面貌，带领群众尽快实现小康目标，使他们过上文明幸福的好日子，为建设社会主义新牧区贡献一份力量。

1998 年年底到 1999 年年初，一场罕见的特大雪灾降临藏北草原。大批牲畜被冻死饿死，罗玛镇 14 村党员干部和村长布交不顾自己家中的损失，心中牵挂最多的是比自己

图 2-6　罗玛镇 14 村荣获那曲县“创建文明乡村先进单位”(2007 年 4 月 11 日　范远江摄)

图 2-7　罗玛镇 14 村荣获那曲地区“2006 年度精神文明创建先进单位”(2007 年 4 月 11 日　范远江摄)

图 2-8　罗玛镇 14 村荣获那曲县“平安村（居)”(2007 年 4 月 11 日　范远江摄)

更困难的群众。他们响应镇党委号召，在村党支部的组织下，主动与贫困户结对子，开展一对一帮贫助困活动。村牧民洛桑、格多家里的牛羊死光了，既无粮食又无燃料，该村的两名党员挺身而出，带头把自家的牛羊、粮食和干牛粪送到他们家中，鼓励他们挺过难关。在党员干部的带动下，全村上下到处呈现团结互助抗大灾的感人场景，所有贫困户都有党员和群众负责帮扶。贫困户感激地说：“社会主义制度最好，党和政府最亲，在我们最困难的时候，党员和干部最关心我们。”大灾之痛和群众的称赞，使 14 村党员干部的使命感和责任感进一步增强，为群众谋利益办实事的积极性进一步激发。目前，村的贫困户都有固定的党员和富裕户负责对口帮助，而且做到了经常化、制度化。

但是，在体制转轨和社会转型的关键时期，影响村干部队伍建设的因素有很多，问题也相当复杂。我们在访谈过程中，了解到影响村干部队伍建设的因素主要有以下四个方面：

第一，经济待遇明显偏低。“上面千条线，下面一根针”，村干部长年累月工作在牧区第一线，需要承担大量复杂的工作，条件艰苦、生活清苦，而他们的经济待遇明显偏低，有的甚至还不能及时兑现，与外出打工者和政府机关的公务员相比形成了强烈反差。据调查，该村支书年平均收入为 1180 元、村主任 1120 元、村文书 1038 元、村计生干部 854 元。

第二，村级债务风险增大。随着农村税费改革试点工作的推行，村级集体组织收入大幅度减少，赢利能力迅速下降，村级债务问题便突显出来。由于村级集体短期无法清偿债务，加上村级组织三年一换届，旧官难理旧账、新官不理旧账的现象普遍存在。村级集体组织债务的不断增加，不仅严重困扰着牧区经济发展，影响牧区的稳定，而且也损害了党和政府的形象，制约了牧区基层党组织的执政能力。

第三，干部选拔渠道过窄。依据《中华人民共和国村民委员会组织法》（以下简称为《村民委员会组织法》）规定，村干部是由本村有选举权的村民直接提名选举产生，村干部不脱离牧区生产。根据这个规定，目前绝大部分村干部来源于本村，从牧民中选拔，这本身就带有很大的局限性，再加上村干部职位在经济和政治上缺乏吸引力，具有较高素质的大中专毕业生、复员军人或因条件艰苦不想回农村工作，或因政策机制、保障机制、激励机制不到位不愿回，有能力、有才干的优秀牧区青年都纷纷出外“闯”事业，特别是那些偏僻落后的地区，最终选拔村干部只能从矮子里挑将军，致使能者赋闲在外，弱者主持村政，从而导致村干部整体素质偏低，一定程度上造成了选任干部的“资源危机”。

第四，管理机制不完善。村干部管理体系尚未形成，管理机制不完善和不科学，主要体现在以下几个方面：一是农村两委“协调”工作机制尚未建立，或者支部包揽村务，或者村委会与支部“顶牛”。二是上级党组织特别是“一把手”仍然存在着“一手硬、一手软”的问题，把主要精力放在抓经济发展上，而对牧区基层组织建设重视不够，缺乏长远的治本措施和规划，重选用、轻培养，重调整、轻帮教，抓一阵、松一阵的现象比较普遍。三是考核制度不完善。对村干部的工作缺乏科学合理、客观公正地评价干部政绩的办法。四是激励机制不完善。村干部权小责重，虽说是村干部，然而，“有饭不找你，不犯法不怕你，有麻烦就找你，解决不好就骂你”。具有双重身份的“牧民干部”所面临的压力很大，但对他们缺乏应有的激励手段，难以调动他们的积极性。五是民主监督机制不完善。目前，乡村民主选举在牧区已全面展开，而民主决策、民主管理和民主监督的发展还显得相对滞后。民主选举同民主决策、民主管理和民主监督存在严重脱节，缺乏对村干部进行有效监督的手段和措施，如村级事务的民主决策问题，村民的困难救济问题，村民的权益保障问题，对民选村官的监督制约和罢免问题，乡镇政府同村民委员会的关系问题等。

现实中，往往存在民主监督机制形同虚设的现象，村民委员会成员代替村民作了关乎全体村民重大利益的决定，剥夺了村民的知情权、决策参与权和民主监督权。

首先，村庄作为一个共同体之所以形成，其根本动力和根源在于，在很长的历史发展中，每一个牧民都是以村庄为基本单元生活其中的，村庄承载和满足了牧民的多方面的需求，既满足了其经济需求，也承载着村民的其他需求，比如村庄是一个牧民及其家族社会活动的主要区域，也是其社会声望得以确立的重要依托，在村庄这个共同体中形成的声誉、社会交往资源以及网络成为一个牧民及其家族延续的最基本的条件。

其次，村庄之所以作为一个独立的共同体，是因为居于其中的人们都在历史久远的共同交往中形成了共同的价值观念和行为准则，大家都承认这套规则，如果谁违背和践踏了这套价值体系，必将遭到共同体内所有成员的唾弃和鄙视。正是这套看来无形的价值体系和交往准则，世世代代维系着村庄的完整性和稳定性，使得村庄作为一个基本的治理单元而保持相对的延续性。

建设“生产发展、生活宽裕、乡风文明、村容整洁、管理民主”的社会主义新牧区，需要村干部不断提高执政水平和执政能力，其执政水平和执政能力直接关系着党在牧区执政地位的巩固，关系着“三牧”问题的顺利解决和社会主义新牧区建设的大力推进。因此，加强村干部队伍建设是一项带有基础性、全局性、长期性的战略任务，是新形势下加强村干部队伍建设和提高党的执政能力的迫切需要，是建设社会主义新牧区必须破解的重大课题，我们认为：

第一，建立和完善干部选拔机制。一是要进一步完善“两推一选”制度，从保障党员权利出发，科学设计选举程序，形成互相衔接、相互配套、充分体现党员意志的制度，理顺权力授受关系，真正把能带领群众致富的“能人”选拔到村支书岗位。二是要进一步完善“海选”制度，建立海选村官的动态管理机制，健全并完善以兑现承诺及目标为主要内容的目标管理制度、评议考核制度、罢免淘汰制度。三是要打破身份、职业和地域限制，选派县（市、区）、乡镇的优秀干部到农村任职，把那些能够认真贯彻党的方针政策、清正廉洁、公道正派、群众拥护、素质高、能组织和带领群众致富的优秀人才，吸纳到村级领导班子。四是要制定有效的政策与措施，继续鼓励高校毕业生到农村基层就业，担任大学生村官。五是要建立和完善村干部公选制度，公开选拔村干部，探索末位淘汰制和竞争上岗制，将竞争机制引入村干部选拔任用的全过程。

第二，建立和完善培训机制。各级政府要尽快制定村干部教育培训的长远规划，设立村干部培训的专项基金，建立和完善“村官培训，政府买单”的机制。

第三，建立和完善激励机制。一是要加大对村级组织的财政转移支付力度，切实提高村干部的经济待遇。二是要建立和完善村干部的结构工资制，多奖少罚，有条件的地方可实行固定工资月薪制。三是要建立和完善村干部养老保险或退休金制度，对任职达到一定年限的村干部实行养老保险或按月发放退休金，金额不低于牧区最低生活保障水平或相当于本地牧民人均收入水平。四是要尽快研究制定解决村干部政治上“出路”的政策措施，对符合一定条件的村干部聘任为合同制干部，或者纳入乡镇后备干部人选进行培养，对特别优秀的村干部可通过公开选拔方式进入乡镇领导班子。在党代表、人大代表、政协委员的选举中，适当增加村干部代表名额，多给他们参政议政的机会。五是要加大对优秀村干部的宣传报道和奖励的力度。要树立一批先进村干部的典型，大力表彰或奖励村干部中的优秀分子，宣传他们的先进事迹，从物质和精神上加强对优秀村干部表彰和奖励的力度，使他们有业绩感和荣誉感。

第四，建立和完善管理机制。一是要完善村民自治相关法规，重点解决牧区基层民主选举中宗族势力干扰、拉票贿选和其他侵犯牧民群众民主权利的问题。二是要根据建设社会主义新牧区的总体要求，进一步规范村干部的职责、权利、义务，从制度层面让村干部知道干什么事、怎样干事。三是要建立和完善村干部任期目标考核和年度考核机制，考核过程要增加透明度，扩大群众的知情权、参与权和监督权，考核结果与村干部的政治经济待遇挂钩，对业绩突出的给予重奖，对完不成任务的进行处罚，形成以工作论成败、凭实绩得实惠的考核机制。四是要建立和完善审计监督制度，加强对村级“一把手”的任职审计。对村级“一把手”不定期进行经济责任审计，对离任的村干部进行离任审计，并将结果向群众公布。五是要建立和完善村级财务管理制度。推行村账镇管、组账村记的财务管理新制度，制定和完善集体资产监管办法，防止集体资产流失，确保村集体资产保值、增值。

（二）罗玛镇聘用干部边嘎

边嘎，男，藏族，1968 年 7 月出生，系那曲县罗玛镇

图 2-9 牧民、镇聘用干部边嘎与笔者在 14 村草场上察看

（2007 年 4 月 11 日 郑洲摄）

14 村牧民，小学文化程度。现就职于那曲县罗玛镇人民政府。

边嘎同志自幼丧父母，小小年纪就成了孤儿，父母既没有留下任何家底，更没有留下一头（只）牛羊，可以说边嘎同志从小就是吃百家饭、穿百家衣长大的。从小学毕业后他就回家为父老乡亲放牧。随着年龄的长大，他已经不满足遵循“日出而作、日落而息”的传统人生理念，决定出去闯荡打拼一下。转战几个地方靠一身力气打工几年后，他手头已经略有积蓄。他又开始做生意，但商海毕竟不同于平静的牧区，他赔光了所有的积蓄，最后回到了家乡，为镇人民政府当电工（临时工）。2000 年党中央实施青藏铁路建设工程，为边嘎同志带来了一线希望，经过几年的奋斗努力，也真正实现了他回报父老乡亲的梦想。他凭着过人的胆识、务实的干劲和开拓的精神，从一个血气方刚的牧区青年团员，成为一名成熟的基层牧区致富带头人。

罗玛镇地处那曲镇南面，全镇15个村6700多人。是一个纯牧业大镇，全镇群众唯一的收入就是经营牧业所得，贫穷落后是该镇的普遍现状，牧民群众“等、靠、要”思想严重是该镇发展、群众脱贫致富的现实阻碍。但是边嘎同志凭着对父老乡亲的一片赤诚，团结和带领全镇广大群众，紧紧抓住青藏铁路建设和开通的战略机遇，迎难而上，开拓进取，硬是闯出一条群众脱贫致富的好路子。

一 虚心学习，加强自身修养，提高自身本领

边嘎同志从小就是一个勤奋好学的孩子，虽然自幼丧父母，家境贫穷，但党的政策好，使他能够顺利完成了小学学业。离开学校后，他依然对科学知识，党的路线、方针、政策等感兴趣，依然保持勤奋好学的习惯，什么事都想去了解清楚，什么政策都想知道，因为他知道“了解科学可以增强本领，了解政策可以获得机遇”。在政府工作后，他更是对党的政策、决策渴求愈加。他经常拿着报纸学习党的理论、政策、决策，拿着杂志学习先进模范、学习致富知识，寻找和思索致富门路。在第二批罗玛镇保持共产党员先进性教育活动期间，边嘎同志虽然不是党员，但他却主动请求镇党委，要求跟随党员一起学习。在先进性教育期间，边嘎同志跟随党员干部一起，努力地学习马列主义、毛泽东思想、邓小平理论和“三个代表”重要思想，并不断加强对自身世界观、人生观、价值观、民族观和宗教观的改造，不断加强对新时期党的路线、方针、政策的学习，不断提高自己的理论素养和学养，增强自身水平和能力。在第二批保持共产党员先进性教育活动中，作

为普通群众的他，带头认真学习，努力改造，并认真写出学习心得体会，以自己的实际行动为全镇第二、三批先进性教育活动的深入开展树立了良好的榜样。

二　狠抓机遇，模范带头，坚决当好“领头羊”

边嘎同志不仅勤奋好学，而且还有一个灵活的脑瓜子。他充分地认识到了当前基层牧区群众普遍贫穷的根源，也看到了现在牧区青年的懒惰和无所事事的现实。在他看来，党的政策虽然好，但不能一味地去等、去靠、去要，经济社会发展虽然快，但年纪轻轻不能一味地去贪图享受。人一生就是要去奋斗，要去努力，要去拼搏。党的政策如此之好，对我们的关怀已经很多很多了，我们不能再为党增加负担了，自己不能当罗玛镇的首富，但一定要当好群众和现代群众致富的“领头羊”。

2000 年，党中央决定实施青藏铁路建设项目，当年 5 月项目正式开工，边嘎同志在认真做好镇政府电工工作的同时，开始在铁路上打工挣钱，同时他还积极宣传和引导群众到铁路上打工增加现金收入。在铁路上打工的这段时间内，边嘎同志凭借自己过人的胆识、超出常人的干劲和聪明才智不仅为自己赚取了一笔不菲的现金，同时也取得了铁路建设单位的信任和欣赏，这正是边嘎同志想得到的，有了这个收获对他来说比挣到大把钱还要重要，因为他目光看得较远，因为他要实现当“领头羊”带领群众致富的愿望和梦想。

就因为他的聪明和干劲，青藏铁路建设第二年，他乘早行动，顺利从铁路建设单位拿到了一个小小的工程，虽然工程很小，但这是他的开始，也算为群众致富找到了一条门路。

拿到工程后，他不忘父老乡亲，立即在老家14村动员群众开展劳务输出，并为群众提供增加现金收入的机会。在他的带领下，本村群众年底每人增加收入1000余元，同时也初步转变了群众的思想观念，更为自己增加了一笔收入。在此后的几年里边嘎同志越做越大，越做越顺，真正实现了带领群众脱贫致富的"领头羊"梦想。几年下来，边嘎同志仅利用铁路建设有利机遇，为自己增加积蓄50余万元，也为全镇群众创造劳务现金收入近230万元。

在罗玛镇普遍贫穷的现实状况中，不乏暴发户和富裕户，但难能可贵的是，这些人富裕之后不忘党的好政策，不忘带领和帮助群众共同脱贫致富。边嘎同志就是这样一名不忘党的关怀、不忘群众的优秀青年。或许与他艰辛的成长之路有关，但更重要的是与他平时的锻炼提高有关，与他骨子里流淌的朴实无华的血液有关。

三　奉献爱心，热衷于帮助群众

边嘎同志不仅积极为群众增收致富做好"领头羊"，为群众增加现金收入寻找和提供机会、岗位，同时他也是一位热心青年，自己富裕之后不忘贫穷群众，积极奉献社会事业，以自己微薄的力量为群众做力所能及的好事，深受群众拥护和爱戴。

（1）自己出资，修建致富路桥。在边嘎同志一边带领群众开展劳务输出，增加现金收入的同时，他又自筹资金，为本镇交通不便的村铺路架桥，修建人畜简易小桥，尽自己所能努力改善群众生产、生活条件，改善群众致富之路。几年之中，共为14村群众修路4余公里、架桥2座，累计

图 2－10　边嘎与村长布交在一起（2007 年 4 月 11 日　范远江摄）

投入资金 8 万余元。

（2）积极支援铁路建设，当好群众和铁路建设单位之间的协调者。在青藏铁路建设过程中，铁路建设单位与沿线群众之间的矛盾纠纷是不可避免的，也是影响铁路顺利建设的一大主要因素。边嘎同志义务充当群众与铁路建设单位之间的协调员，积极向群众宣传铁路建设的重要性和深远意义，哪里有矛盾哪里就有他的身影。几年中，他为青藏铁路在罗玛镇境内的顺利建设作出了积极的贡献。

（3）饮水思源，积极支援教育事业。全镇人民群众都知道边嘎同志这几年发了，但边嘎同志却始终不忘给他知识、培养和锻炼他的母校，尽自己绵薄之力支援罗玛镇中心小学的发展。边嘎同志慷慨解囊出资 5000 元，支援学校改造基础条件。学校开展 50 校庆筹备活动，边嘎同志出资 500 元支持校庆活动。平时，边嘎同志还经常购买学习用品、捐现金等支持贫困学生学习和生活。

2006 年 4 月，全县扫除青壮年文盲攻坚工作全面铺开，罗玛镇教师人力紧缺，也正值青藏铁路建设攻坚阶段，开展铁路劳务输出的青壮年又较多，镇党委、政府为此很着急，边嘎同志主动请缨，要求承担铁路文盲的扫盲工作。为此他付出了更多，白天在铁路上带领干，晚上还要带领群众开展扫盲工作，为罗玛镇的扫盲工作作出了积极贡献。

(4) 尽己所能，帮助和引导群众改善居住条件。2006 年罗玛镇安居工程积极启动并深入实施，为了大力推进小城镇建设，镇党委、政府积极鼓励和动员群众到小城镇建设房屋，此举一出，不免出现几个钉子户，镇党委、政府感到了前所未有的困难。就在此时，又是边嘎挺身而出，主动要求为党委、政府解决面临的实际困难。他带头将房子按照党委、政府的统一规划和要求建在了小城镇指定的位置。在他的带领下，其他群众也纷纷按照规划和要求建起了房子。在建房过程中，边嘎同志还主动为在小城镇建房的群众提供担保，购买建房所需要的材料，等等。

(5) 奉献爱心，广送温暖。都说边嘎同志富了，事实上边嘎同时靠自己的拼劲和才智的确富了。但他富了不忘本，富了不忘民。早在青藏铁路建设过程中，他就为群众积极讨要工钱。在他富了后，他每时每刻都不忘记养育他的罗玛群众，在铁路建设的几年中，他都自掏腰包购买粮食送到缺粮断粮的群众中，而且逢年过节还开展慰问送温暖活动。不仅如此，他与铁路建设单位取得联系，得到了一些为群众建房的废旧材料。

第三节　规章制度

一　规章制度

党建工作，在村新班子的带领下，以开展保持共产党员先进性教育活动和村委换届工作为契机，以促进和引领基层经济社会发展为目标，以实现小康为动力，狠抓村级组织建设和党员队伍建设，使村级组织和广大党员能够充分发挥带头模范作用，共同致力于14村经济社会发展事业，基层组织建设和党员队伍建设成效显著。村支部工作得力，凝聚力、战斗力均比较强。村支部书记积极参加镇党委组织的培训工作，开展宣传和学习工作。

二　工作规划

（一）综合规划

全村按照“优牧业、攻工业、兴三产”的发展思路和“率先发展、领路发展”的总体要求，认真贯彻落实经济工作会议精神和人代会精神，立足牧业，统筹兼顾，以投资拉动为动力，以畜产品加工为抓手，以牧业基础设施建设为契机，艰苦奋斗，真抓实干，奋力开拓，努力拼搏，有效促进全村各项事业的进步，保持经济社会良好的发展势头。

（二）新农村建设规划

罗玛镇14村积极配合国家草原生态建设工程和饲草料基地建设，并在2005年入夏以来加强了对人工种草工作的实施力度，同时还配合县农牧水利等部门加强了草原“三防”工作，国家草原生态建设项目实施顺利，人工草场和草籽基地承包到户管理工作也基本结束。

在前几年草场建设成功经验的基础上，积极配合国家草原生态建设工程和饲草料基地建设，加强了对人工种草工作的实施力度，积极落实草原“三防”工作，大力整治草场退化和沙化现象，积极开展了网围栏建设和退牧还草工程的实施，为牧业经济的持续发展奠定了坚实的基础。

（三）基础设施建设规划

罗玛镇积极争取援藏投资，大力基层城镇建设，有力推动了罗玛小城镇的建设步伐。2006 年，共争取援藏资金 1000 余万元，建设建筑 14 栋、街道 2 条。其中，学校学生宿舍楼 2 栋、浙江嘉兴农贸市场 4 栋、畜牧楼 1 栋、文化科普楼 1 栋、牧民小康示范居住楼 6 栋、罗玛镇 15 村的村委办公楼已建成一层。12 户牧民群众富裕户高高兴兴地住进了小洋楼。援藏资金的争取和落实，实现了罗玛历史上的诸多第一：第一次如此大规模开展基础设施建设、有了第一条街道、有了第一个完整的农贸市场、有了第一栋学生宿舍楼、有了第一个完全意义上的文化科普活动场所、第一批 12 户群众住上了小洋楼（也是全县乃至全地区第一批住上楼房的群众）、建成了全县乃至全地区第一个乡镇畜牧楼、在建全地区甚至全西藏第一栋村委办公大楼，等等。县第四批援藏资金的大力扶持，使得罗玛小城镇粗具规模，为全镇经济社会的发展搭建了一个坚实的平台，必将有力推动全镇经济社会的跨越式发展。

（四）计划生育规划

卫生事业持续发展。按照建设社会主义新牧区的总体要求，大力发展社会事业一年来，罗玛镇卫生工作在县卫生局的领导下，在镇卫生院和各村卫生人员的共同努力下，围绕合作医疗、计划免疫、计划生育三项中心开展工作，取得了显著成效。积极广泛地开展了牧区医疗合作建设，加强了计划免疫工作，计划免疫率已经达到了100%，牧民医疗合作覆盖率达到了100%。同时，还大力改善基层牧区医疗基础设施建设，按照县委詹敏书记提出的“干部要能够进局入厅”的要求，派出1名干部（李晓凤），从区卫生厅争取到了40万元的乡镇卫生院建设项目并成功实施，有效改善了基层牧区医疗条件。同时，在县委、县卫生局的大力支持下，为罗玛镇卫生院调来了一名专业医护人员，有力地增强了镇卫生院医护水平和医护技术，使罗玛镇基层牧区群众看病就医困难问题得到了进一步缓解。

（五）其他规划

1. “普九”工作基本计划

第一阶段：统计掌握基本情况阶段。时间为2005年11月20日至12月31日，以学校为目标，彻底清查掌握14村在那曲镇几所中学就读的中学生及职业学校就读的学生。同时，彻底统计各校14至16周岁辍学少年。

第二阶段：汇总数据阶段。时间为2006年1月1日至1月15日。此阶段汇总摸底统计数据，制作基本“普及九年义务制教育”花名册，为今后工作开展奠定基础。

第三阶段：全面动员宣传阶段。时间为1月16日至3

月 20 日。

第四阶段：全面劝学阶段。时间为 3 月 21 日至 4 月 15 日。成立专门督导组，深入各自然村、各户，以统计为基础，以辍学少年为目标，全面开展劝学、入学工作。

第五阶段：回访复查阶段。时间为 4 月 16 日至 4 月 30 日。检查学生到位情况，并针对“钉子户”有针对性开展工作。同时，加强在校生巩固工作，预防流失。

第六阶段：总结阶段。时间为 5 月。

2. 积极推进牧民安居工程建设

按照党中央建设新牧区的总体要求和区党委、区政府、地委、行署、县委、县府的具体安排，14 村高度重视牧民安居工程建设工作，并着力从机制、体制、组织、建设等方面，结合罗玛镇实际，制定方案，出台措施，加强宣传，抓好实施，抓好牧民安居工程建设。2006 年该自然村解决了 7 户住房，国家补贴 1.5 万元。

3. 支铁工作深入扎实

2006 年是青藏铁路建设的攻坚之年，为了保证青藏铁路建设工作顺利开展，罗玛镇党委、政府始终坚持青藏铁路是“政治路、经济路、致富路”的指导思想，从民工、资源等方面竭尽全力为铁路建设提供保障，同时大力解决铁路建设单位与沿路群众之间的矛盾纠纷，使得青藏铁路建设能够在攻坚阶段顺利开展，最后取得圆满结束，也使得罗玛镇群众从铁路建设工作中得到了实实在在的收入和实惠。

4. 以建设和谐社会和构建“平安那曲”为目标，大力加强基层社会治安综合治理工作

平安是基础，和谐是保障。为给基层牧区经济社会发展营造一个良好的环境，罗玛镇党委、政府将基层社会治安综合治理工作作为一项重要工作，常抓不懈。一是广泛开展法律宣传工作，结合“四五”普法活动，在县公、检、法等职能部门的关怀和支持下，罗玛镇广泛深入地开展了法律、法规宣传教育工作，特别是新的《治安管理处罚法》出台和铁路试运营后，更是加大了宣传力度。目前，罗玛镇法律宣传教育覆盖率已达到了95%以上，基本做到了家喻户晓，人人皆知。二是健全和完善了基层司法调节组织，建立了自然村、村、镇三级基层矛盾纠纷调节组织，明确了人员和职责，并建立了较为健全的调节档案。同时，还积极深入地开展了基层矛盾纠纷排查调处工作，使基层的矛盾纠纷能够及时化解，真正做到了“小事不出村、大事不出镇”，为基层牧区的稳定作出了积极的努力，2006年全年共调解处理各类矛盾纠纷40余起。三是建立和健全了铁路联防组织，明确了联防护路的区段和职责，确保了青藏铁路的安全运营。四是高度重视，积极组织，精心筹备，顺利完成了铁路“七一”通车安全保卫工作。在“县护路办”的大力支持下，罗玛镇重新调整和充实了铁路护路队，并按照两公里一人的要求，密化了铁路保卫，保障了青藏铁路的正常运营。五是加强人口管理，顺利完成全镇居民户籍登记卡和第二代居民身份证照相工作。六是深入扎实地开展了“平安那曲县”建设宣传工作等，为基层经济社会的发展进一步优化了环境。七是大力强化单位内部保卫工作，强化了对太阳能光伏电站的管理，调整了管理人员，并从合同、管理措施等方面加强了自身防卫能力。同时，修建了镇政府大院后围墙，加固了大门，硬化了路面，对镇综合办公楼一楼窗户增设了防盗窗，加强了对综合市场的治安管理，等等，使内部治安综合治理工作再上新台阶，也有效促进了全镇社会治安综合治理工作的深入开展。

5. 精神文明建设工作

在县精神文明建设办公室的领导下，罗玛镇进一步明确了精神文明建设的指导思想和责任人，并在目标上狠下工夫，加强平时的检查指导，各项成绩显著，罗玛镇有20个县级文明户和3个地区级文明户。精神文明建设工作的深入开展不仅为全镇树立了良好的形象，也为基层经济社会的发展起到了很好的推动作用。

在县精神文明建设办公室的指导下，罗玛镇还大力开展了精神文明建设工作，狠抓1个文明村、28个文明户的建设工作，目前，文明户的建设工作已基本结束，文明村建设工作进展顺利。

图 2-11 宣传贯彻“八荣八耻”（2007 年 4 月 11 日 范远江摄）

精神文明建设工作与社会治安综合治理工作的结合开展，收到了良好的效果，达到了“双赢”，也有力促进了其他各项工作的深入开展。

三 2006 年度工作大事记

（一）行政工作大事记

围绕“普九”、安居工程建设、草场承包、退牧还草项目建设四大中心工作，14 村主要开展了以下工作：

（1）继续按照“优牧业、攻工业、兴三产”的战略思路，加强结构调整，加大牲畜育肥和出栏工作，大力推进牧业产业化、特色化建设，加强草场建设，积极配合扶贫、农发工作，推进基层基础设施建设。加强畜产品流通工作，加大对群众开展多种经营的引导，加强劳务输出工作，千方百计增加群众收入。

（2）继续加强教育、卫生工作，提高适龄儿童入学率，巩固“普六”、“扫盲”工作成果，大力推进“普九”工作。坚持“以人为本”，继续加强牧区医疗卫生工作，促进计划生育工作。

（3）积极加大安居工程的建设工作力度，总结经验教训，紧密结合实际，完善安居工程建设措施，确保 2007 年安居工程建设工作取得好成绩，使党的惠民政策深入民心，使群众能够真正体会到经济社会发展所带来的实惠，为社会主义新牧区建设夯实基础。

（4）进一步加强内部管理，完善措施，建立健全规章制度，规范工作流程，以内促外，全面推进各项工作深入开展。

（5）继续加强基层组织建设，进一步增强基层组织的凝聚力和战斗力，促进精神文明建设步伐，确保“三大文明”共同进步，为社会主义新牧区建设奠定基础。

(6) 继续加强社会治安综合治理工作，强化基层矛盾纠纷排查调处工作，加强基层反分裂斗争，强化教育和引导，努力为基层经济社会的发展营造稳定良好的社会环境，为“平安建设”贡献力量，为社会主义和谐社会建设而努力奋斗！

(二) 党组织工作大事记

加强村班子建设，进一步增强班子的凝聚力和战斗力，加强基层组织建设力度，促进精神文明建设步伐，确保“三大文明”共同进步，为实现年终目标而努力奋斗。

中国共产党是社会主义建设事业的领导核心，党的基层组织是党的战斗力和凝聚力在基层牧区的体现。为了能够把党的惠民政策、路线、方针落到实处，14 村党支部以先进性教育为契机，狠抓党的基层组织建设和党员队伍建设，效果显著。

(1) 深入扎实地开展了保持党员先进性教育活动，按照县委的具体安排和部署，在地、县两级督导组的精心指导下，全体党员边学边议，边议边改，步步为营，稳扎稳打，严把环节，狠抓各个步骤，积极实践，虚心整改，有效推进教育活动深入扎实地开展并取得了实效。

(2) 积极推进党员队伍建设，为全村党员建档立卡。同时积极发展和壮大党员队伍，按照发展党员的具体要求和标准，严格把关，细心审查，积极培养既能起到模范带头作用，又能带领群众脱贫致富的年轻积极分子向党组织靠拢，不断巩固党在牧区的执政基础。

(3) 大力推进村级党组织建设，不断丰富村级党组织活动，建立健全规章制度，进一步密切党群关系，充分发挥基层组织的模范带头作用，不断增强基层组织的凝聚力和战斗力。

(4) 大力推进基层党组织基础设施建设，强化党在基层的执政基础。积极争取国家投资实施村党支部活动室建设项目。有效改善基层组织办公活动条件，调动了基层党员的积极性。

第四节　民主法制

一　村民代表会议

村民代表会议是多年村民自治实践中各地创造的一种村民自治形式。一旦建立了村民代表会议制度，就提供了村民代表经常性参与村务的一个场所，为村民的经常性参政议政开辟了一条渠道，对于推进村民自治，发展农村基层民主决策、民主管理和民主监督起到了不可忽视的积极作用。

罗玛镇14村村民代表会议的核心内容：作为权力机构和议事机构，它与村民的关系上都是一种“委托—代理”关系，具有农村公共产品的功能和地位，具有代议制民主性质；由村民代表会议在村民会议的授权下决议一些问题，是一种行之有效的可行办法。从体制上讲，村民代表会议应当成为村民自治内在性的约束机制，对村委会的工作及村委会成员的行为进行有效的约束和监督。村民代表会议与村党支部的关系主要体现在两方面：一方面，村党支部对村民代表会议具有领导地位。另一方面，村党支部对村委会的领导也要以充分尊重和维护村民代表会议的法律地位为前提，按照《村组法》所规定的维护和保障村民依法管理自己的事务；村民代表会议是村的权力机构，也是议事机构，村民委员会是执行机构，两者之间是既相互独立又相互支持的关系，它们和村党支部一起共同构成农村法人治理结构。村民代表会议是保证村委会实行管理的原动力。这样一来，村党支部、村民代表会议和村委会就构成了三足鼎立之势，三者之间既相互制约，又相互支持。

村民代表会议的建立，既满足了牧民参与和介入村庄公共事务的需求，又便于运作。使广大牧民的政治参与经常化、制度化和高效化，从而成为全体牧民有效参与自治的重要组织渠道和制度保证。它有效地动员和集中了村庄社区的优势社会资源，提高了牧民自治的效能。它有助于训练和培养牧民的民主意识和自治精神，进而“培育牧民自治的村治文化”。村民代表会议对于整合牧区社会有着不可替代的作用。村民代表会议是各种利益主体的博弈场，通过它，各种利益集团和组织以及个人可以充分地表达自己的意见和要求，变分散和无序的政治动员为集中和有序的政治动员，可以大大降低交易费用，在制度化和程序的范围内，加快利益表达和利益整合的进程，提高社区资源增生的效率。总之，村民代表会议制度对牧区村社会发展有如下效能：

（1）促进社会稳定。在政府与牧民之间建立了一种稳定的对话制度；在维护牧民利益的过程中舒缓了干群矛盾；有助于形成公正的社会秩序。

（2）促进牧区基层政治文明建设。有助于实现民主选举、民主管理、民主决策、民主监督；促进乡镇干部依法行政、村官廉洁自律，减少腐败；为解决牧区两委矛盾提供了一个制度化的平台与框架；为实现国家层面的民主奠定了基础。

（3）促进经济发展。增强了村庄合作能力，促进了村务决策的科学化，降低了政府治理成本。

在调查过程中，对罗玛镇14村牧区政策认知的渠道进行了问卷调查。政策认知渠道与人们政治参与的形式和程度有直接的关联。表2－2体现了该村群众获得政治信息的基本方式。

表2－2　调查点调查对象政治信息获得

单位：%，人

	开会	看报纸	看电视	听广播	听家人说	听别人说	样本
均值	7.2	10.2	68.9	40.2	11.2	23.8	60

注：这一问卷的问题为多项选择题。题目是“您是如何知道国家大事的?”

资料来源：本表根据笔者2007年4月在罗玛镇14村调研资料整理而成。

“开会”是基层社会经常性的组织活动，也是那曲县罗玛镇14村藏族群众了解国家大事和政策信息的主要渠道。基层组织的会议有多种形式，如牧民代表会议、村民代表会议、村小组会议、党支部会议、团支部会议等。此外，节日集会也可算作一种形式。在牧区，把居住分散的藏族群众召集起来开会，并不是一件容易的事情，一年难得的几次集会大多在藏族传统节日的时候举行。这些有组织的会议或集会活动不仅具有其特定的内容，一般还具有宣传国家政策、普及法律知识、进行政治教育的多重功能。由表2－2可见，牧区群众获得政治信息的渠道，开会的这项指标只有7.2%。有10.2%的人是通过报纸而获得政治信息的，在这个指标上表明该村人们的文化程度比较低。

除了报纸外，广播电视等大众传媒已成为牧区群众了解国家政策和大事的重要渠道。表2－2显示，该村的被访者中，有68.9%的人通过看电视获得政策信息，40.2%的人是通过收听广播而了解政策和国家大事的。

“听家人说”和“听别人说”都是无组织、非正式的信息传播渠道，这种传播形式具有直接、快速、广泛和不完整等特点。从表2－2可见，“听别人说”也是牧区获得政治信息的渠道之一，被访者中有23.8%的人表示以这种方式知道国家大事。而“听家人说”则不是人们获得政治信息的主要渠道。

表2－3显示了牧区社会的政治关心程度。

表2－3　调查点调查对象议论国家政府事情的频度

单位：%，人

	经常议论	有时议论	很少议论	从不议论	不知道	样本
频度	6.2	26.4	35.1	29.5	4.3	60

注：问卷提问：“您是否经常与朋友或家人讨论有关国家政府的事情？”

资料来源：本表根据笔者2007年4月在罗玛镇14村调研资料整理而成。

表2－3显示，在总体上，“很少议论”的人占总样本的35.1%；其次是“有时议论”，占26.4%；再次是“从不议论”，占29.5%。比较而言，就对政治事务的关心程度来说，文化素质起决定作用。我们的调查数据表明，那曲县罗玛镇14村牧区群众参加过多种选举活动，有较强的政治参与取向。在被调查者中，参加过居（村）委会主任选举的有51.5%；参加过乡镇长选举的有8.8%；参加过乡镇人大代表选举的有3.2%。

二　依法行政

该村党支部经常组织党员和党员干部学习《中华人民

共和国宪法》、《中华人民共和国村民委员会组织法》、《中华人民共和国草原法》等法律法规，以不断提高党员干部的政策水平和管理能力，并探索出基层组织依法行政的一些经验。

1. 加强学习，不断提高牧民的思想政治素质

罗玛镇14村在镇党委、政府的领导下，在村支部的管理下，始终将加强群众的思想政治教育放在重要位置常抓不懈，并借助第三批保持共产党员先进性教育活动，进一步规范了支部学习和群众学习，确定了学习的时间，使日常学习教育工作形成了长效机制。在学习宣传党的方针政策、重大会议精神的同时，广泛开展爱国主义、集体主义、社会主义教育，特别是在社会主义“荣辱观”教育活动中，该村积极抓住这一有利时机，大力开展荣辱观教育活动，启发、引导转变群众的思想观念，使广大群众知荣知辱，并以此激发群众向往积极向上生活的积极性和主动性。通过持之以恒的学习教育，维护稳定、维护祖国统一、加强民族团结、维护安居乐业的新局面，已经成为每个村民的自觉行动，并通过学习教育将群众的思想行动统一到了发展稳定的总体目标上。

2. 大力加强基层组织建设，夯实党在基层牧区的执政基础

在日常牧业经济和社会建设过程中，14村清醒地认识到基层组织在牧业经济发展中的重要作用，并且乘第三批保持共产党员先进性教育活动的春风，加强领导，强化责任，大力加强基层组织建设。按照罗玛镇党委的要求，强化了支部管理，规范了支部工作，完善了村民委员会的工作机制，加强了民兵组织、铁路护路队的建设，等等。这些组织和日常管理的强化，确保了全体群众紧密团结在村党支部的周围，努力开辟牧区经济社会发展新局面。

3. 积极推进村级民主建设，切实维护群众的切身利益

通过党支部建设和工作程序的规范化建设，14 村逐步建立起了一套民主化管理体系，凡是涉及群众利益的事情，村干部都要召集全体村民进行民主评议、民主决策，并在日常工作中充分接受群众的民主监督，不仅保障了群众的知情权、参与权，而且还充分保障了群众行使民主决策权和监督权，有效调动了群众参与集体管理的积极性和主动性。

三　民族优惠政策

（一）政治优惠政策

表 2－4 表明，那曲县罗玛镇 14 村牧区群众对现行政策评价最高，而对“文革”时期的政策评价最低。

表 2－4　调查点调查对象对不同时期中央政策的评价

单位：%，人

	1959～1965 年	1966～1976 年	1977～1983 年	1984～1996 年	不知道	样本
调查对象评价	7.8	3.5	12.7	41.4	34.6	50

注：问卷提问：“您觉得什么时期的中央政策好？”

资料来源：本表根据笔者 2007 年 4 月在罗玛镇 14 村调研资料整理而成。

对援藏干部政策的评价。援藏干部政策是中央统一制定和组织实施的旨在促进西藏社会经济发展的一项长期的人才交流和支援政策。表2－5综合反映了牧区群众对中央援藏干部政策的评价。

表 2-5 调查点调查对象对援藏干部政策的评价

单位：%，人

	不了解	很好	一般	不好	样本
调查对象评价	37.5	43.2	18.6	0.8	50

资料来源：本表根据笔者 2007 年 4 月在罗玛镇 14 村调研资料整理而成。

根据表 2-5 提供的数据，从总体上看，有 43.2% 的人认为援藏干部政策“很好”，18.6% 的人表示“一般”，只有 0.8% 的人说这个政策“不好”，另有 37.5% 的人“不知道”这个政策。认真分析表 2-5，不难发现，调查点被访者的态度分布则比较多样化，对这一政策的评价也比较谨慎，虽然认为这一政策好的被访者仍是多数，但也有 20% 左右的被访者的态度倾向分布在“一般”或“不好”这两栏。该村的一位被访者谈了自己对援藏干部的一些看法，他说：“1959 年的援藏干部是带着户口来西藏的，还与我们住在一起，是为藏族人民服务的。现在的援藏干部大都不带户口来西藏，还没有适应这里的环境，来几年就回内地去了。虽然大部分援藏干部是勤奋工作的，但其中一些人也有另外的想法。”“要是都像孔繁森那样，全心全意为人民服务，那就好了。”

（二）经济优惠政策

由于某种原因，未将牧区群众对农牧区改革政策的认知在问卷中列出，故在对此政策的评价中一并反映出认知情况。

表 2-6 显示，有 41.3% 的被访者不了解这一政策的具体内容，而知晓这一政策的被访者中的大多数（48.2%）则说这一政策“很好”，明确表示“不好”的只有 2 人。这

说明牧区对现行的农牧区改革政策总的态度倾向是拥护的。

表 2－6　调查点调查对象对“两个长期不变”政策的评价

单位：%，人

	不了解	很好	一般	不好	样本
调查对象评价	41.3	48.2	6.4	4.1	50

资料来源：本表根据笔者 2007 年 4 月在罗玛镇 14 村调研资料整理而成。

第五节　村民委员会历年选举情况

表 2－7 显示，那曲县罗玛镇 14 村牧区群众对不同时期干部的评价，认为“现时期的干部”好的在藏区都是多数，反映了藏族人民对干部的总体评价。在调查点，调查对象认为现时期干部“很好”和“不好”的分别占被访者的 39.2% 和 7.0%。牧区群众对不同时期干部的评价有褒有贬，观点不一。这也是很正常的事情。

表 2－7　调查点调查对象对不同时期干部的评价

单位：%，人

评价	很好			一般			不好			说不清楚			样本
时期	民主改革时期	人民公社时期	现时期的干部	民主改革时期	人民公社时期	现时期的干部	民主改革时期	人民公社时期	现时期的干部	民主改革时期	人民公社时期	现时期的干部	
调查对象评价	28.6	35.4	39.2	36.2	38.6	40.6	7.8	9.3	7.0	27.4	16.7	13.2	50

资料来源：本表根据笔者 2007 年 4 月在罗玛镇 14 村调研资料整理而成。

虽然人们对干部总的评价是现在的干部比民主改革时期干部好，民主改革时期干部比公社干部好，但对现在的干部意见也最大。为什么现在的政策比以前好，人们的家庭经济水平也大大提高，群众反而对现在干部的意见更大？笔者认为，原因主要是群众对政府和干部的期望和要求提高了。因此，一些被访者对政府机关里的官僚主义和不廉洁行为表示了不满。

第三章　经济发展

第一节　畜牧业

一　畜牧业条件

从经济组织的角度看，作为一组契约的联结点，经济组织间的根本区别在于各自不同的契约关系和治理结构。作为一种经济组织，牧户是指家庭拥有剩余控制权，并且主要依靠家庭劳动力从事牧业生产的一种组织形式。与牧业生产的其他组织形式相比，牧户的本质特征在于它是以家庭契约关系为基础的，在于家庭与牧业生产活动的相互作用。

罗玛镇14村立足于本地区实际，按照“以牧为主、草业先行、多种经营、全面发展”的方针，通过加快发展牧业，使全地区的经济社会发展不断取得新的成绩，托起牧民像太阳般炽热的致富奔小康的心愿。定牧，使罗玛镇14村的传统草地畜牧业得到巨大改造。

40年来，14村一直致力于改造传统草地畜牧业，而草场承包责任制当属改造的最核心工程。1959年，民主改革使广大农牧民群众终于有了自己的牛羊和草场，但受当时社会、历史因素及传统思想的束缚，畜牧业生产方式简单而落后，群众逐水草而居，靠天放牧，基本是掠夺式经营。

20世纪80年代初，中央和自治区实行了“两个长期不变”的富民政策。14村的干部、群众解放思想、拓宽思路，将草场承包工作纳入农牧区经营体制改革的重点，开展草地承包试行工作。经过不断实践和总结经验，制定了“草地公有、分户经营、有偿使用、长期不变”等具体政策措施，逐步探索建立了土地、草场有偿承包的家庭自主经营、统分结合的双层经营体制。在不断完善农牧业经营体制的过程中，如果只有牲畜承包责任制而没有草场承包责任制，草地资源的无限消耗只会更加严重。怎样才能将草场使用的责、权、利相统一？于是“草地资本化”的概念渐起渐显。

2002年，那曲地区提出了把草地作为资本来经营的理念。2003年作出了草场承包到户的决策。2004年全面制定了草地载畜量、畜群结构、牲畜饲养年限、经营核算、使用强度等技术性规范标准。真正形成了经营有主、资源有价、放牧有界、放养有量、租用有偿、保护有序、建设有责的激活人、草、畜三大要素的草场经营体系。

以草地建设为主要内容的畜牧业基础设施建设是改造和提升草地畜牧业的基础。1980年以前，畜牧业建设内容少、规模小，只搞传统的本品种选育、草场土石围栏建设和绵羊改良。改革开放后，畜牧业基础设施从无到有、从小到大，实施了大规模的综合性配套建设。1991年“3321”工程的启动，更是标志着罗玛草原建设翻开崭新的一页。这一范围遍及畜牧业防抗灾基地建设项目，极大地促进了牧区经济、资源、环境的协调发展。近几年来，罗玛又加大了建设的力度，实施了天然草地植被恢复、动物防疫冷链体系、退牧还草、游牧民定居等 8 大项目，总投资达 16.93 万元。而多少年不间断的草场围栏、人工种草、牧草引种、草原三灭、草原生态监测等基础设施建设，使畜牧业向着持续、稳定、健康的方向发展。优质牧草品种已推广应用到草地畜牧业生产当中，并产生了巨大的经济效益和社会效益。

图 3-1 罗玛镇 14 村草场（2007 年 4 月 12 日 范远江摄）

从简单的靠天放牧到定点的科学放牧，罗玛的畜牧业生产方式发生了巨大变革。

在传统畜牧业的改造和向现代牧业过渡的过程中，罗玛以市场为导向，以资源为依托，努力加大畜产品的流通力度；为提高畜产品的商品率，采取了一系列重要的措施，并取得了明显成效：畜群结构朝着追求市场效益方向调整；牲畜暖季出栏，改变了多少年来牧民牲畜一季出栏的生产方式；城郊畜牧业的发展，把分散的农牧民组织起来，使农畜产品的加工和规模化生产成为增值点，提高了农牧民的商品意识，激活了城乡畜产品的流通。游牧民定居工程的实施，使世代游牧的牧民告别了居无定所的生活。而新型牧业经营模式的建立，使畜牧业经营、销售的专业化、组织化程度有了大幅提高。带动了牧民积极投入到畜产品流通的行列。

在旧西藏，罗玛基本上看不到群众住房。20 世纪 80 年代实行草场承包责任制后，草场划块经营，牧民有了相对独立的草场，不需大的迁徙，有的牧民开始建房居住。通过多年的牧民定居、扶贫开发工程的实施，牧民们逐步结束了逐水草而居的游牧生活，开始有了“居家”的概念。从游牧到定牧定居，对牧民的生活而言是一个伟大的进步和变革。

图 3－2　牧民央金一家（2007 年 4 月 12 日　范远江摄）

从前，牧民觉得草地是天生的，既带不走，也留不下，不是自己的，所以好坏也就随它去。如今草场承包到户后，牧民们不仅增强了草原保护意识，还有了“草地资本”的概念，草场经营方式不断创新。据初步统计，草场承包到户后，互相转让草地的牧户有 13 户，租借草地面积 593.46 亩，实现收入 4.98 万元。草场承包到户后，牧民的劳动择业观念也发生了极大变化，草场租赁给别人使用，自己则迁移到城镇寻求致富新路。2004 年，罗玛镇 14 村自发搬迁进城的牧户有 3 户，他们转让的草地面积达 371.85 亩。

城郊畜牧点、农牧民经纪人、订单、合同、联营、股份制牧业等这些陌生又熟悉的名词背后，是牧民生产生活方式的巨变。目前，罗玛镇共建立 14 个城郊畜牧点，有集体形式，也有牧民联营的。畜牧点与一些偏远村庄联系，每天定点收购鲜奶，并加工出售。这些城郊畜牧点每年能为群众增收 200 多万元。

随着改革开放和牧区经济体制改革的深入，牧民们的“重牧轻商”观念得到根本性改变。村民贡布顿珠是当地最早进入市场的牧民之一，他记得在 20 世纪 80 年代中期，他去县城卖一头牦牛的价格是 300 元，一只羊 130 元。那时他的年收入就达到了 1 万元左右。他是本村在 80 年代第一个修建新房的人。洛桑次仁说的一句话可以代表所有涌入时代潮流的牧民们的心情：现金收入摆在那里，生活质量的提高放在眼前，某些旧的观念就可以放弃。如今，那曲地区牧民富裕的标准不再是牲畜数量的多少，而是适量的牲畜加上好的房子，以及家庭存款数量的多少。村民扎觉告诉我们，他富裕起来后买了辆小汽车，来来去去方便多了，彻底告别了祖辈们把家安在马背上的历史。

40 年来的发展，使罗玛 14 村实现了从游牧到定居定牧的转变，牧民群众的生产生活方式发生了显著的变化。有一个关于罗玛牧民人均收入的统计数字，也许很能说明问题：1979 年 154.79 元，1980 年 173.55 元，1985 年 427.30

元，1995 年 952.99 元，2000 年 1559.56 元，2004 年 2303.6 元。2004 年与 1979 年相比，14 村牧民的人均收入增长了近 14 倍。

2007 年 4 月 13 日，我们调研时正碰上罗玛镇召开经济工作会议。会议就罗玛镇 2006 年的各项工作进行了总结，并围绕“普九”、安居工程建设、草场承包、退牧还草项目建设四大中心工作，对 2007 年的工作进行了安排和部署。县委督导组组长、县人大常委会副主任次仁班觉同志还就“普九”劝学工作和“社会主义荣辱观”进行了宣讲。镇人大专职副主任加瓦同志向大会传达了县经济工作会议精神。

罗玛镇还针对 2007 年的重点工作，从安居工程建设、草场建设（草场承包、退牧还草项目建设）、“普九”三个方面进行了有针对性、有重点的安排部署。班觉罗布副镇长结合当前各村安居工程项目建设点材料准备情况和项目建设进展情况，对安居工程建设提出了具体要求，他还就草场建设工作从草场承包和退牧还草项目建设两个方面进行了安排部署。罗布扎西副镇长结合前一阶段“普九”劝学工作开展情况，对今后的劝学工作进行了详细安排，并提出了具体要求和目标。

会上，镇党委、政府与各村签订了《经济目标责任书》、《草原放火目标责任书》、《寺庙属地管理目标责任书》、《食品药品安全目标责任书》等 8 个目标责任书。目标已定，责任已经明确，团结和带领全体群众，紧紧围绕“普九”、安居工程建设和草场建设三大中心任务，努力奋斗，奋力拼搏，为罗玛镇的经济社会发展、为人民群众的富裕作出更大的贡献。

二　草场制度变迁与经济绩效

14村位于罗玛镇西北方向，与镇政府相连。全村总面积175352.75亩，均为草场，且无草场退化现象，群众基础好。全村有3个村民小组，98户，498人，牲畜12486头（只、匹），折合标准绵羊单位为24437.8只。

从21世纪初开始，14村人逐渐认识到，只有牲畜承包责任制而没有草场承包经营责任制，是不完整的或者说是不完善的，是一条腿长、一条腿短的生产经营体制，其表现出的突出问题是把保护草场生态环境和改善生产条件的责任推给了国家，而把草场资源进行无偿使用的“好处”留给了生产经营者，其结果是生产者不惜多养牲畜来占有无偿的草场资源，造成了天然草场的极度消耗，使以草场为主体的高寒生态环境不断恶化，生产能力不断下降，对生存环境的威胁不断加剧。

草场承包到户工作不断地深入和完善。草场承包到户率100%的牧民拥有草场承包经营权证，将草场界限、草场等级、面积计算标准、核定载畜量等内容充实进去，它是那曲地区草场承包责任制发展过程的一个缩影。草场承包经营权证由西藏自治区人民政府制作，由所有权单位罗玛镇人民政府核准颁发，根据《中华人民共和国草原法》和《西藏自治区实施〈中华人民共和国草原法〉细则》规定，该证所划定的草场归地（市）、县、村（居委会）（姓名）使用，经营权长期不变，受法律保护，任何单位或个人不得侵占。2005年8月15日。草场承包经营权证分为：（1）承包草场情况登记；（2）草场生产力情况登记；（3）牲畜情况登记；（4）草原建设设施情况登记；（5）家庭基本情况登记；（6）承包经营权变更登记。同时还附有草场承包到户后的建设与管理制度。

对于草场承包，一种观点认为，草场承包权得到了我国《民法》的保护；草场承包权是农户对草场直接利用、控制的权利；草场承包权具有对抗第三人的效力等。另一种观点认为，草场承包权是基于家庭联产承包合同产生的；草场承包权人保有草场承包权要以对集体付出一定的对等义务为条件；草场承包权的稳定性和转让等受到来自集体组织和集体草场所有权的限制等。

图3－3 罗玛镇14村颁发给牧民的草原承包经营权证（2007年4月12日 范远江摄）

这两种观点都不能全面解释我国农村土地承包权的现实。也就是说，物权说解释不了债权说所描述的草场承包权的实际；债权说没有说明物权说指出的草场承包权的状况。特别是，这两种对立观点都未能很好地解释相互描述现象之间的关系。

之所以说现行草场承包制下的草场承包权，从根本上讲是一种债权性质的权利，是因为：第一，从草场制度变迁的历史看，草场承包权从一开始就是以债权的形式出现的；第二，从草场承包权的现有法律地位看，草场承包权仍然是一项主要由政策规定，而缺乏相应专门法律严格规范、界定和保护的土地权利；第三，草场承包期限仍然是有限的短期限。

现行草场承包制之所以具有改进的潜力并面临获利机会而表现出一定的非均衡性，从草场制度环境看，是因为引致草场制度变迁的外生条件在变化，如工业化、城镇化、市场化程度在提高，草场利用技术在进步，社会政治经济制度在变革，等等；从制度本身来看，是因为现行草场承包制赋予牧户的草场承包权，从根本上讲仍然是一种具有债权性质的草场权利，虽然如此，但值得注意的是，从制度变迁的动态角度看，草场承包权这种债权性质的权利发生了具有普遍意义的物权化变迁趋向。

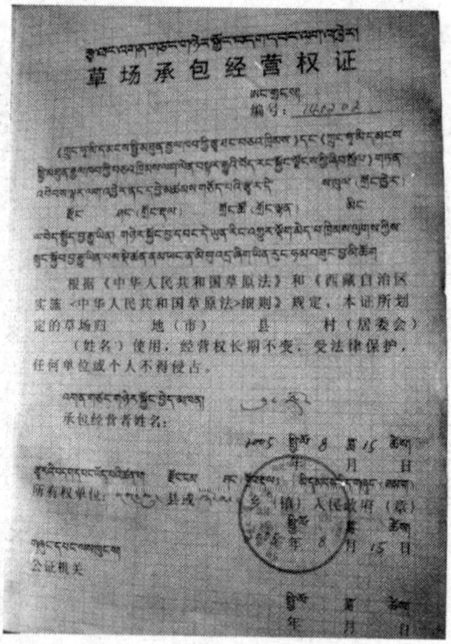
草场承包经营权证

编号：

根据《中华人民共和国草原法》和《西藏自治区实施<中华人民共和国草原法>细则》规定，本证所划定的草场归　　地（市）　　县　　村（居委会）　　（姓名）使用，经营权长期不变，受法律保护，任何单位或个人不得侵占。

承包经营者姓名：

年　月　日

所有权单位：　县或　乡（镇）人民政府（章）

年　月　日

公证机关

年　月　日

图3－4　罗玛镇14村颁发给牧民的草原承包经营权证

（2007年4月12日　范远江摄）

表3－1　14村调查牧户草场承包情况

序号	户　主	人口（人）	劳力（人）	牲畜（头、只、匹）	承包草场面积（亩）	围栏草场面积（亩）	围栏投资（元）
1	布　交	8	4	129	1800.63	256	1800
2	旺　堆	4	1	82	1300.03	216.32	—
3	坚　林	6	4	124	2899.46	387.8	7070
4	贡布顿珠	8	4	328	3469.99	460.95	4500
5	小布交	2	1	78	958	58	1300

续表

序号	户　　主	人口（人）	劳力（人）	牲畜（头、只、匹）	承包草场面积（亩）	围栏草场面积（亩）	围栏投资（元）
6	旺　　佳	7	5	302	3307.51	490.27	2400
7	多　　扎	4	2	123	1906.10	264.48	3400
8	洛　　桑	8	3	180	2849.10	434.28	4800
9	格　　多	6	4	261	2768.94	412.03	4800
10	央　　金	5	2	70	1837.66	223.2	2500
11	卓　　利	8	3	196	3312.74	467.68	3400
12	巴　　布	5	2	106	1790.69	266	2000
13	贡　　日	4	2	118	1103.66	169.03	1300
14	金　　美	4	2	80	1095.21	95.99	—
15	电　　达	3	1	102	1228.28	189.44	1800
16	阿　　秀	8	2	249	2693.43	352.13	3800
17	吐　　嘎	4	2	118	1570.67	137.66	—
18	玛　　迪	4	2	212	2204.17	299.03	3800
19	卓　　玛	4	1	109	1543.45	135.27	2700
20	贡确赤列	4	2	133	1726.4	355.95	—
21	边　　嘎	3	2	8	271	91	—
22	布 才 央	6	4	131	3202.98	454.97	2800

资料来源：本表根据笔者2007年4月在罗玛镇14村调研资料整理而成。

作为基层牧区，牧业就是最主要、最基础的产业，如何做强做大牧业也就成了发展的突破点和出发点。为此，该村在镇党委、政府的领导下，在冬春草场承包到户的基础上，又积极开展了夏秋草场承包到户工作，明确了草场的经营权、管理权和使用权，做到了责权明晰，促进了草场资源的有序流转，使牧业经济赖以发展的基础资源得到优化，并为全县、全地区夏秋草场的承包工作积累了经验，树立了样板，有效促进了14村牧业经济的发展。

在地委、行署、地区农牧局、县委、县府的高度重视和大力支持下，在地委先进性教育督导组、县委先进性教育督导组、县草场承包试点工作组的精心指导和鼎力帮助下，根据地委、行署、县委、县府的统一安排部署和具体要求，依照《那曲地区完善落实草场承包到户实施细则》、《那曲地区草场承包经营权流转暂行办法》、《那曲地区草畜平衡管理暂行办法》和《那曲地区草场承包验收暂行办法》，罗玛镇高度重视并将草场承包到户试点工作作为一项政治任务来对待，充分发扬“艰苦不怕吃苦，缺氧不缺精神”的优良作风，团结一致，奋力拼搏，紧扣细节，层层落实，有效确保了草场承包试点工作的扎实推进。

罗玛镇2005年选择了14村作为草场承包的试点村，草场承包试点工作是一项艰巨而繁重的任务。搞好草场承包

图3－5　罗玛镇党委书记肖志强同志热情地接待了我们

（2007年4月11日　范远江摄）

试点工作是全面开展草场承包到户工作的基础，并且能够为全面开展草场承包工作积累丰富的经验。为此罗玛镇高度重视，从各方面给予草场承包试点工作政策倾斜，并将罗玛镇保持共产党员先进性教育活动同草场承包试点工作紧密结合，确保试点工作如期完成，扎实推进。

（1）整体互动，各工作组联动。为了确保草场承包试点工作的扎实开展并取得实效，地委先进性教育督导组、县委先进性教育督导组、县草场承包工作组和罗玛镇从思想上给予了此项工作高度重视，并统一了认识，明确了目标，紧密配合，统筹兼顾，以教育促草场承包试点工作，有力保证了罗玛镇试点工作的深入开展。

（2）加强了组织领导。为切实加强对此项工作的领导，确保各项工作深入贯彻落实，罗玛镇成立了由11人组成的镇长亲自挂帅的镇草场承包试点工作领导小组和由9人组成的村级草场承包到户试点工作领导小组，为试点工作奠定组织基础。

（3）制定方案，明确步骤。在成立草场承包试点领导小组的基础上，罗玛镇按照地区、县“一个细则、三个办法”的精神，结合罗玛镇实际制定了《罗玛镇草场承包试点工作“一个细则、三个办法”》，进一步明确了草场承包工作的具体细节，明确了分工，细化了责任，出台了“一个目标，两个原则，三个确保，四个步骤”的具体操作方案（一个目标：深入贯彻落实科学发展观，以高度的政治心和使命感，竭尽全力完成草场承包试点工作。两个原则：始终坚持保证试点工作扎实开展的原则和一次性解决草场纠纷、界线问题的原则。三个确保：确保全镇各项工作的顺利开展，确保群众的利益得到充分维护，确保基层牧区社会局势持续稳定。四个步骤：思想发动和培训阶段，草场界线认定阶段，实地划分阶段，总结阶段）。方案的出台，为试点工作的扎实开展奠定了理论基础，确保了试点工作的扎实开展。

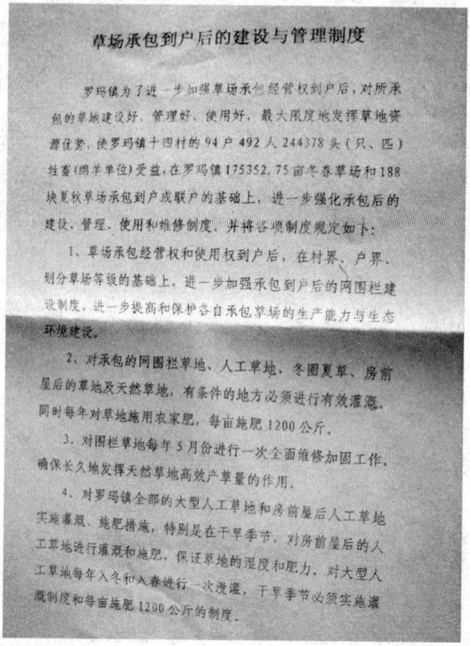

草场承包到户后的建设与管理制度

罗玛镇为了进一步加强草场承包经营权到户后，对所承包的草地建设好、管理好、使用好，最大限度地发挥草地资源优势，使罗玛镇十四村的94户492人244378头（只、匹）牲畜(绵羊单位)受益，在罗玛镇175352.75亩冬春草场和188块夏秋草场承包到户或联户的基础上，进一步强化承包后的建设、管理、使用和维修制度，并将各项制度规定如下：

1、草场承包经营权和使用权到户后，在村界、户界、划分草场等级的基础上，进一步加强承包到户后的网围栏建设制度，进一步提高和保护各自承包草场的生产能力与生态环境建设。

2、对承包的网围栏草地、人工草地、冬圈夏草、房前屋后的草地及天然草地，有条件的地方必须进行有效灌溉，同时每年对草地施用农家肥，每亩施肥1200公斤。

3、对围栏草地每年5月份进行一次全面维修加固工作，确保长久地发挥天然草地高效产草量的作用。

4、对罗玛镇全部的大型人工草地和房前屋后人工草地实施灌溉、施肥措施，特别是在干旱季节，对房前屋后的人工草地进行灌溉和施肥，保证草地的湿度和肥力，对大型人工草地每年入冬和入春进行一次浸灌，干旱季节必须实施灌溉制度和每亩施肥1200公斤的制度。

图3-6　草原建设与管理制度（2007年4月12日　范远江摄）

草场承包的关键在于实施。实施的过程是一个一边摸索，一边总结和完善的过程。在具体实施过程中，罗玛镇始终坚持“一个细则，三个办法”的精神不变，始终坚持罗玛镇的“一个目标，两个原则，三个确保，四个步骤”方案不变，抓具体，促落实，使各项工作有条不紊地开展，并取得了实效。这四个步骤具体如下：

（1）思想动员深入，培训工作扎实。草场承包到户是一个新的举措，对于群众来说也是一项新事物，因此思想动员就成了整个承包到户的关键。在深入广泛地开展群众的思想动员工作上，使让群众充分认识到了草场承包到户是实现资源科学管理的唯一途径，是贯彻落实科学发展观的唯一途径，也是实现草地畜牧业商品化经营和结构调整的重大举措。草场承包到户工作具有重要的现实意义和深远的历史意义，使群众接受并积极主动地参与到这一具体工作中来，为整个工作的开展赢得了群众基础。在培训工作上，罗玛镇紧紧围绕《草原法》和“一个细则、三个办法”等法规和规范性文件，不仅针对了群众而且也注重了实地操作的人员，并使他们吃透了各项规定中的具体要求和应注意的具体细节，在实地应用中做到了操作娴熟、运用得当。其间，共开展群众思想动员 4 次，历时 3 天；开展技术培训 4 次，历时 2 天。

（2）明确界线，促进划分工作。为了使罗玛镇内外草场界线问题得到妥善解决，也为了给丈量和划分工作打下基础，罗玛镇充分发挥镇、村两个草场承包试点工作领导小组的协调作用，采取了先镇长与镇长、村委主任与村委主任、村民小组组长与村民小组组长之间协商的途径，确定和确立各自交界处的界线问题，然后镇领导小组和镇党委、政府在协商的基础上，在实地予以确定和固定，并立永久性界桩。这期间领导小组成员应高度慎重，要充分兼顾各方面的利益，在历史约定俗成的基础上确定双方的草场界线。在实际操作过程中，罗玛镇有效解决了与那曲镇的草场界线问题，为本阶段工作的顺利开展开了一个好头，起了一个好步。在草场界线问题解决工作中，罗玛镇历时 10 天，有效解决了村民小组之间、村与村之间、镇与镇之间的草场界线。

（3）细心丈量，认真划分。镇与镇、村与村、村民小组与村民小组之间的草场界线问题解决了，接下来的工作就是繁杂而劳累的实地丈量划分工作了。在丈量划分过程中罗玛镇严格按照“一个细则、三个办法”的规定和要求，细化责任，明确分工（分测量组、核算组、文字组三个组），坚持群众路线，充分发挥群众力量，推进划分工作扎实开展，做了大量的繁重工作。在划分过程中我们细致地做好了数据登记、数据整理、数据核算和示意图的制作等等子工作，保证了一次性完成承包到户任务，有效避免了走歪路和回头路的现象。其间共制作发放《罗玛镇草场承包划分明细表》，填发了《草场经营权证》、《草场使用权证》等。

（4）认真反思，深刻总结。在整个草场承包过程中，不断反思，不断总结，完善思路，健全操作流程，使工作中的错误和不足及时得到了纠正和弥补，确保了承包试点工作健康推进。在试点工作开展过程中，罗玛镇共召集各类协调会议 10 余次。在工作结束后，罗玛镇还迅速对此项工作进行了总结，对存在的问题进行了归纳，对实际操作中的一些好的经验和做法进行了梳理，为全镇草场承包工作的全面推开奠定了基础，积累了丰富的经验。

在整个试点工作中，罗玛镇共出动人力 7500 人次，出动车辆 120 余台次，人力、物力、财力消耗 7 万余元。草场承包试点工作中，罗玛镇共承包到户夏秋草场和冬春草场 17. 6 万亩，其中，夏秋草场 15. 53 万亩，冬春草场 2 万亩。3 个村民小组中，娘曲村民小组承包草场 5. 5 万亩（其中，夏秋草场 5. 2 万亩，冬春草场 0. 3 万亩），人均 288. 58 亩，畜均1.887亩。盆地村民小组承包草场8.7万亩（其中，夏秋草场7.7万亩，冬春草场1万亩），人均268.68亩，畜均2.923亩。益刻村民小组承包草场3.4万亩（其中，夏秋草场2.9万亩，冬春草场0.5万亩），人均182.76亩，畜均1.576亩。

草场，藏北牧民的生存之本；草场，藏北生态的命运之根，它承载了太多的希望和责任。如今，随着草场承包责任制的不断完善，古老的藏北草场又焕发出了新的生命光彩。

以前吃草场大锅饭，从来没有考虑过如何利用、爱护草场，只是一味以多养牲畜来增加经济收入，想法比较单一。自草场承包责任制落实后，主人翁意识增强，将草场视为自己的资产经营，14村群众开始考虑如何利用自己的草场，如何在这片草场上发展自己的牲畜。

实行草场承包到户后，很多困扰罗玛农牧业发展的问题都迎刃而解：草场使用纠纷、过度放牧、盲目追求牲畜数量、惜杀惜售，等等。除此之外，牧区的剩余劳动力转移有了体制保障，群众自觉建设草场和人工种草的积极性高涨，甚至许多不愿杀生的牧民也开始自觉参与了草原“三灭”的活动。可以说，草场承包到户使整个罗玛的牧业以及牧民的思想观念和生产生活方式都开始发生变革。

罗玛人如今还在不断探索进一步完善草场承包责任制的方法，罗玛镇党委书记肖志强根据自己的思考提出建议：完善草场承包责任制还需科学合理地确定载畜量；制定草场经营核算标准；对超载牲畜进行收费；制定草场租赁收费标准等，用科学的发展观将草场承包到户工作继续进行下去。

14 村牧民洛桑承包了 3000 亩草场，并投资 5000 多元进行了草场网围栏建设，问他值不值得这么做，他肯定地回答：值！20 世纪 90 年代，洛桑与其他村民联户承包草场，他还记得 1996 年年底到 1997 年年初的那场雪灾，那次他的牲畜死了一大半。他说，如果那时没有和村民联户承包草场，他的牲畜在那次雪灾中可能死光了。现在洛桑承包的草场分为冬季草场和夏季草场两块，他自己的定居房在冬季草场那里，冬天他会赶着现有的 100 多头牛和 200 多只羊前往冬季草场。经过一个夏天的蓄养，那里的牧草足够他的牲畜度过冬天，现今他考虑得更多的是将牲畜育肥，而雪灾已经不再让他感到恐惧。

贡布顿珠家 2005 年承包了近 500 亩优质草场，现在他家有 110 头牦牛，靠着这些牦牛，他每天都能出售酥油和牛奶，他一边拿出自家做的酸奶给记者品尝一边告诉我们，一斤酸奶能换一斤粮食，他的现金收入和口粮都从这 110 头牦牛中获得。问他养的牲畜最多时有多少，他说除了牦牛，原来有 300 多只羊，草场承包到户后他留下很少一部分羊宰杀后自己吃，其余的全都卖掉换得了现金，如今他专门养殖牦牛，也不准备再增加牦牛的数量。

在罗玛镇 14 村调研的日子里，无论在城镇，还是在牧区，千里羌塘草原各项事业长足发展，广大牧民日子越过越红火的喜人景象，总是让我们激动不已。如今，广大牧民守着成群的牛羊受穷的历史已经一去不复返了，党的优惠政策和国家的大力投入，广大牧民自身观念的重大转变和辛勤的劳动，使西藏的牧业正朝着效益牧业、生态牧业的方向发展。

牧民贡布顿珠说："从惜杀、惜售到搞效益牧业，我们

的观念变了。”

当我们坐在罗玛镇14村牧民贡布顿珠家郁郁葱葱的人工草场上，聊起牧民生产生活的变化时，贡布顿珠这位年近半百的牧民深有感触地说：“以前，我们牧民有惜杀、惜售的观念，总觉得牛羊够自己吃就行了，一味地追求牲畜的存栏数量，辛苦了一年又一年，破坏了草场不说，到头来劳神又费心，依旧守着成群的牛羊受穷。”

贡布顿珠说，如今，在党和政府的引导下，牧民的观念转变了，开始面向市场搞牧业，从一味追求牲畜数量转变到现在的讲求牲畜的质量和出栏率；从传统的秋季单季出栏到现在的多季出栏；从过去的奶制品自给自足到现在瞄准市场加工、销售。随着观念的转变，面向市场，搞效益牧业真正让我们富了起来。

实行草场承包到户以后，贡布顿珠家承包了500亩草场，家里现有130头牛、530只绵羊。贡布顿珠告诉我们：“我们家现在每年销售牛奶有2万元收入，加上出售牛羊肉和皮毛的收入，一年总收入大约有12万元。全家人再也不

图3－7　牧民贡布顿珠家如今的幸福生活
（2007年4月12日　范远江摄）

用挤在帐篷里了，住进了宽敞、明亮的藏式新房。”言语之间幸福的微笑洋溢在贡布顿珠脸上。

牧民格多：“自家的草场自家疼。”

在草场承包到户以前，牲畜私有私养和草地“大锅饭”的体制下，牧民们除了一心多养些牛羊之外，很少谈起保护、建设和合理利用草场。可是，草场承包到户以后，用罗玛镇14村牧民格多的话来说就是：“如今是自家的草场自家疼。”

他说，以前从来没有考虑过如何合理利用和爱护草场，只是一味地多养牲畜增加经济收入。现在草场承包到户，大家将草场视为自己的资产经营，开始考虑如何利用好自己的草场，今后如何在这片草场上发展自己的牲畜。保护草场的意识无须引导和灌输，牧民很自觉地就会建设和管理好草场。他家每年为草场建设网围栏开支就达2万元，加上人工种草、草场灭鼠等开支，每年投在草场上的费用就将近3万元。

当我们问到每年对草场如此投入，家里经济负担重不重时，格多说：“长期以来形成的有牲畜就拥有草场、没有牲畜就不拥有草场的观念现在已经改变了。我开始认识到，拥有草场就拥有牲畜，自家的草场管护得越好，产出的经济效益也就越好。草场是我们牧民永久的财富和资本。”

14村牧民边嘎将自家承包到户的草场租赁给了养畜大户，得到租赁费9.45万元；14村6个少畜户在2002年和2003两年间，把已承包的草场租给大户，共收取330只羊的租赁费；14村牧民央金把200只母羊托管给承包草场面积比较大的阿秀，年底把当年所有畜产品和当年仔畜按4:6的比例分成；14村有15户组织起来搞股份制的集体经营，牧户将草场作为资本入股；股份制联营牧业，把每亩草场按2元入股，在分配时按股份和工分进行分配；所有这些都是草场承包到户中的“新鲜事”。

三　发展畜牧业存在的主要问题

罗玛虽然发展畜牧业具备优势，但畜牧业增效和群众增收的难度依然很大。对于过度放牧，当地行政村负责人道出了无奈：牧民传统的生产活动就是放牧，牛羊是他们唯一的经济来源和赖以生存的生产工具。

我们认为，要解决过度放牧的问题，最根本的办法就是休养生息、生态移民，将牧民从草原上迁移出来。但是牧民搬迁不仅需要修建房屋，还需要对他们进行教育、培训、安排。

行政村负责人介绍说：“过去传统散养的放牧方式，牧草几乎是‘牛羊吃掉1/3，踩掉1/3，浪费1/3’。现在，正试图帮助牧民改变这种方式，推行舍饲和半舍饲。对于鼠虫害的问题，很多专家都来考察过，却没有什么太好的办法。每年我们都组织大规模的人工灭鼠，但只能控制其发展的趋势。”在草原上修建很多鹰架，吸引老鹰。“要恢复鼠类天敌的数量，使草地的食物链趋于正常。这需要一个漫长的过程。”

第二节　畜牧业规模经营

一　规模经营的条件

在罗玛镇14村调研的过程中，我们发现该地区畜牧业总体而言具备以下六大优势：

(1) 区位优势：该村是通往圣地拉萨、格尔木及三地二十县城的必经之路，是青藏公路、青藏铁路、黑昌公路、黑阿公路交会处。有很好的发展前景，便利的交通条件为畜产品开发市场创造了良好的条件。

(2) 资源优势：该村境内具有丰富的草地资源、动植物资源及水资源。草地面积达 17.5 万亩，是牧民赖以生存的草地资本。丰富的河流、湖泊是长江、黄河、怒江源头，著称“三江源头”、“亚洲水塔”美称。动物主要有高原之宝牦牛、藏系绵羊、山羊、马等。野生动物有藏羚羊、岩羊、黄羊、棕熊、野驴、狼、野鸦、黑颈鹤、天鹅、斑头雀、雪鸡、山鸡等。

(3) 产业优势：草地畜牧业是该村主体产业和支柱产业。养殖业和加工业有独特的发展空间和市场空间，是发展特色产业和绿色畜牧业产业化经营的先决产业。具有一定的产业规模化发展潜力。

(4) 市场优势：该村处在交通要道，是连接区内外市场和那曲地区人流、物流、信息流的中心地带。通过区内外营销大户，畜产品及加工产品销往区内和内地市场。

(5) 环境优势：该村海拔 4500 米，以从没使用过农药、添加剂及没有工业污染著称于世，是无污染的净地，是生产优质、绿色、无公害农产品的最佳净地，具有良好的自然环境优势。

(6) 绿色产品的产地优势：生产出来的优质牦牛肉和奶、优质的藏系绵羊、山羊肉和奶，是世界物产的绝优产品和绿色佳品。饮雪山之水、吃草原之虫草、产绿色之肉、挤绿色之奶是人们美好的享受。

此外，还应向牧民提供屠宰、销售等方面的方便，根据市场变化，制定相应的保护价格，并辅之以必要的行政手段，促使牧民提高牲畜的出栏率和商品率。在头一两年，牧民也许有些不愿意，通过政府的引导，牧民从中受益后，就会变成一种自觉行为。经验证明，只要有相应的行政手段促进牧民、有相应的服务手段方便牧民，就完全能够达到提高牧区牲畜的出栏率和商品率的目的。

二　规模经营的发展过程

近年来，罗玛镇14村依托资源优势和交通优势，以市场为导向，积极鼓励、支持和引导广大牧民群众走合作化道路，有效地促进了当地民营经济快速发展，切实增加了牧民的收入。

截至2006年年底，那曲县新建的罗玛镇“上联市场、下联牧户”的加工销售点，销售产值达65万元；组建了罗玛镇牧业经济合作组织，共计126家538人。经济实体有股份制企业、集体企业、牧民经济合作企业、独资企业等多种形式。据统计，牧民经济合作组织年总收入达56万元，人均收入达1000元。牧民经济合作组织提高了畜产品商品率，增加了牧民收入。

2005年年底，罗玛镇酸奶和鲜肉加工厂年纯利润为12.86万元，入股群众年户均可增收4000元。

据村长介绍，收购一头牦牛平均约1700元，最高的约2000元；收购一只羊平均约180～190元，最高的约200元。若到拉萨整活出售，则一头牛平均售价2500元，一只羊平均售价280元；若在本地宰杀后零售，则平均一头牛可卖肉2000元，一张牛皮350元，另外牛内脏及剩余肥肉可换得5袋28斤装青稞（合140斤）；平均一只羊可卖肉150元，一张羊皮60元，另外羊内脏可换得1袋青稞（28斤）；若到农区以整活牛羊交换青稞，则一头牛可换70袋青稞（约合2000斤），一只羊可换7袋青稞（约合200斤）。由此计算，贩卖一头牛约赚毛利800元，贩卖一只羊约赚毛利90元。

牧民经济合作组织增强了那曲县沿路经济带的发展潜力，通过几年的努力，如今罗玛镇的沿路经济带建设，建立了畜产品深度加工、牲畜短期育肥、牧民施工（采石）队，不仅促进了当地经济的发展，同时有效地辐射并带动了1500多户牧民的畜牧业经济发展。

牧民经济合作组织提高了畜产品附加值，加快了牧业产业化进程。

在建设奶制品加工销售点以前，牧民生产10斤鲜奶只能提取1斤酥油，产值20元。经过改进传统生产工艺，变成桶装后，每10斤鲜奶实现销售价70元，增加附加值50元；进一步提高生产工艺和生产的卫生条件，改进产品内外包装及提高卫生标准后，现在10斤鲜奶已能实现销售收入130元，增加附加值110元。罗玛镇14村牲畜育肥流通点，则体现了牧业发展的两个转变：一是靠天养畜的传统畜牧业向放牧与补饲相结合的现代畜牧业转变；二是一季出栏到四季出栏的转变。这两个转变，有力地推进了畜牧业产业化进程。

牧民经济合作组织提高了农牧民的组织化程度。

牧民经济合作组织通过经济合作，提高了牧民群众在市场经济条件下的地位。截至2006年年底，罗玛镇初步形成了以乡（镇）、村群众自发组织的股份制企业、集体企业、专业协会为主体，牧民经济合作企业等多种形式为补充的畜牧业发展格局。

虽然罗玛镇牧民经济合作组织发展起步较晚，规模还不算大，辐射范围还有限，但已显示出了蓬勃旺盛的生命力和广阔的发展前景。它的稳步发展，日益成为联系牧区分散经济与大市场的纽带和桥梁，为提升与改造传统畜牧业闯出了新的路子，提高了畜产品附加值，增加了牧民群众的现金收入，受到了广大牧民的普遍欢迎和支持。

三　规模经营管理方式与生产技术

根据党的十六大提出的全面建设小康社会的目标，村委会主任向我们介绍了该村今后草地畜牧业和牧区经济工作的总体思路：

以党的十六大精神为指导，按照罗玛镇经济工作会议的总体要求，立足牧业，结合14村具体的区位、自然资源、产业、市场、环境等优势，大力加强和发展特色畜牧业、加工畜牧业、绿色畜牧业、生态畜牧业和外向型畜牧业，进一步打破制约牧业经济持续发展的瓶颈，全面普及科学经营牧业的理念，积极推进传统牧业向集约型牧业的转变，向规模化经营转变，并以此来提高畜牧业综合竞争力，确保畜牧业总产值和牧民收入的稳步提高。

（1）始终坚持草地畜牧业是支柱产业的观点。坚持以草定畜、增草增畜、草畜平衡、建设养畜。走以草兴牧、科技强牧、流通促牧的道路。通过一产拓宽三产领域。走放牧与补饲相结合的新型草地畜牧业生产方式，逐步改变靠天养畜的原始放牧生产格局。

（2）发挥比较优势：大力发展特色主导产业，提高畜牧业生产的规模化、专业化水平。充分发挥14村的区位、草地资源、市场、环境等优势，因地制宜调整畜产品区域生产布局，坚持“有所为、有所不为”的原则，突出地方特色、发展“人无我有、人有我优”的特色畜产品优势产业。着重抓好畜牧业基础设施建设力度，优先建立具有产业规模、具有特色品牌、具有特色的绿色产品的生产基地和合作组织。发展乳肉兼用、毛肉兼用的养殖区，大力发展奶制品加工和肉制品加工的龙头企业和股份制牧民合作社组织。

（3）扶持龙头企业和牧民合作社组织，大力发展牧业产业化经营，提高畜牧业组织化水平。做大做强龙头企业、牧民合作组织是提高畜牧业产业化经营水平的关键举措，也是畜牧业走向产业化、规模化的重要环节。一是大力发展畜产品加工，要适应区内外市场要求。要加大对现有产品加工企业和群众合作组织的扶持力度，使龙头企业和合作组织做强做大。着力提高企业和合作组织的科技开发能力，加工增值能力，市场开拓能力。二是帮助和引导企业把创品牌和联牧户作为强企业的重要举措。扎扎实实抓好畜产品生产基地建设，与牧民建立“利益共享、风险共担”的谁也离不开谁的捆绑机制。建立健全示范性专业合作组织，实行统一标准、统一品牌、统一包装、统一销售等方面的统一服务。力争在3年内联牧户占到1/3以上，以提高畜牧业的组织化程度。

依靠农发项目区的围栏和大面积人工种草的草资源优势，建立牧民以牲畜入股为主的股份制育肥基地、奶制品基地，实行放牧和补饲相结合的道路，建立小型饲料加工厂。牛羊肉加工成分割肉、保鲜肉、风干肉和精品肉。奶制品加工成保鲜、无菌、袋装、桶装奶酪等。将原桶装5～6斤奶制品加工成250～500克的奶制品，基本满足那曲市场，努力开拓区内外市场。

（4）深化并完善草场承包到户的工作，把此项工作作为牧区体制创新的具体内容抓紧抓好，使草场责、权、利分解到乡，细化到村，落实到户。草场建设有人管，合理使用有人抓，草场规划、提高草场效益有人提。在群众中正确树立“草场公有、资源有价、使用有偿、建设有责”的新观念。把草场承包到户工作作为“两个长期不变”的政策充实和完善。

图3－8　罗玛镇14村草场一角（2007年4月12日　范远江摄）

（5）加快14村畜牧业基础设施建设力度，是提高14村牧区经济发展和增加牧民收入的关键。突出抢抓项目，积极争取国家、自治区投资力度，吸引国内外、区内外援助资金，特别是援藏资金的争取。加强自我投入能力，依靠项目的投资建设，使14村草地畜牧业向放牧与补饲相结合的道路发展，向产业化、效益化、生态化畜牧业转移，逐步向规模化方向发展，生产出高产、优质无公害绿色畜产品。

(6) 依靠科技，大力推进科技兴牧战略。畜牧业的发展水平如何，是由畜牧业生产中的科技含量和科技贡献水平来衡量的。14 村虽然有得天独厚的自然环境（绿色环境）、丰产优质的具有特色的动物制品和植物资源，但由于科技含量和科技贡献的不足，生产出来的产品成本高、产品粗糙、卫生标准差、保鲜时间短、包装水平低，营养成分分析工作水平低。零散生产和经营，既没有产品规模，又没有统一的商标、标准、包装。生产没有达到产业化经营水平，畜产品加工没有固定的加工场地，处于零散生产、加工和销售格局。因此，14 村在 3～5 年内要大力建立健全畜牧业：产业形成规模，形成基地畜牧业示范园，产品加工形成固定点，产品加工具有一定的科技含量。生产出有规模、有标准、有商标、有包装、保鲜时间长的产品，并生产无公害产品和具有特色的符合绿色标准的产品。生产出能够在区内外、国内外市场上立足的绿色产品。

(7) 适应市场，大力发展绿色无公害畜产品。从资源优势、特色优势、产品优势、生态优势、无公害化优势等方面看，本村体现出比较优势。但内地依靠区位、市场、科技、交通、人才优势的利用远远超过本村。内地思想观念、市场观念、创产业观念、创品牌观念的后发优势比本村强。内地后发优势发挥主要体现在四个方面：一是加快农业标准化体系建设。建立健全农业标准制定工作，建立标准化生产示范基地，积极引导农民按标准化组织生产。二是建立农产品、畜产品质量检验检测体系。建立了生产者自我检测、技术部门产地检测的从生产到流通的全过程的检验检测体系。三是建立质量认证体系。已建立农产品标识制度、区域内的农产品市场准入制度，引导和推动农民生产安全无公害的农产品。四是建立农产品安全执法监督体系。加大对农贸市场、生产基地的安全生产执法监督，严厉打击销售、使用违禁药物，以确保农产品的安全。

罗玛镇党委书记肖志强指出：祖国内地由于工业环境和人为因素，生产出来的产品只能停留在无公害和部分绿色产品程度上，但我们这里由于自然资源优势，独特的高原动植物资源，地里环境、水资源无污染，动植物长期未使用农药和激素等药物，完全可以生产绿色产品和无公害畜产品。但先决条件是加大科技含量和投资力度。

一是使罗玛畜牧产业形成一定规模，进一步加强现有城郊畜牧业合作经济组织的生产规模和经营水平。合作组织的牦牛养殖规模扩大到200～400头左右。以母牦牛为基础，主要在生产乳制品和肉制品上下工夫，对牲畜实行放牧与补饲相结合的养殖方式。做大做强群众合作组织的生产规模和生产能力，才能适应市场发展环境。

二是在进一步做大做强合作组织的同时，提升群众的适用技术、常规肉制品和乳制品加工技术及产品卫生标准。争取在2～3年时间内，使罗玛镇1/3牧民群众掌握1～2门的畜牧业适用技术，培养一批懂农业适用技术的村级干部，通过村级干部带动一大批牧民群众。前提是相关部门业务技能的进一步提高，才能够适应市场不断发展环境，在基层工作中能够真正发挥职能的部门作用，培养和引导群众工作能力。

三是提高组织能力，建立健全草地科技示范园区和合作组织及牧区开发区工作。把示范基地和合作组织建设成具有规模、责权分明、利益分配合理、内部管理规范、具有一定实力、能够带动一方群众，与牧户结成经济共同体的基层合作组织。

四是产品加工业加大力度。产品加工水平如何，要看生产规模、形体包装、品牌和内在的科技含量和产品本身的营养成分。要求在抓紧、抓好生产环境和生产规模、产品品牌、加工技术、包装技术、保鲜技术上做文章。进一步改善和更新原有的产品加工模式，提高对畜产品加工的卫生标准、保鲜水平、包装水平。实施“一乡一品、一乡多品、一村一品或一村多品”的战略。同时，加大产品的品牌意识。争取1~2年内创2~3个具有罗玛特色的畜产品品牌。对畜产品生产制定统一的标准。加强自治区级的优质、绿色产品申报工作。在罗玛范围争创更多、更好的绿色畜产品。

全面提高罗玛草地畜牧业的综合经济能力。体制创新上，把草场承包到户与牲畜私有私养政策紧密结合起来，把草场的经营权、建设权、使用权和管理权落实到最小单位。把此项工作作为深化牧区改革和体制创新的具体内容抓紧抓好。制定畜牧兽医部门的责任兽医、畜牧师制度。科技人员与生产产业化紧密相连。使草原、畜牧、兽医体制发挥综合的专业职能。思想创新上，结构调整综合协调，把畜牧业生产结构、组织结构、畜牧业市场结构、畜牧业区域结构、畜牧业劳动力就业结构调整结合起来，实施差别化战略与策略，实行领导、专家、群众三结合，群策群力，拉动整个畜牧业结构调整工作，探讨出符合那曲实际的特色畜牧业之路。以草业建设为中心，做到“一个确立，两个提高，一个缩短”。即“增草增畜”思想观念重新确立，提高草地单位面积产量和草地单位面积饲养量，缩短牲畜的生产周期。科技创新上，用科学观念发展产业化经营思路，在畜牧业产业化、规模化上下工夫。把区域经济和畜牧科技紧密结合起来，根据草地承载能力发展畜牧业。自然优势和科技优势融为一体，在牧区培养一批乡村级科技明白人和实用技术人员。培养一支使罗玛的五配套建设和畜牧业产业化的经营能够在广大的农牧区有人领会、有人指导、有人组织、有人实施的群众队伍。培养更多的畜牧业经济合作组织、加工合作组织、营销合作组织、创品牌合作组织、种草专业户和养牛、养羊专业户。这是在较短时间内生产出具有罗玛特色的畜产品品牌的保证。

图 3-9　罗玛镇牦牛生产基地（2007 年 4 月 12 日　范远江摄）

四　2006 年规模经营情况

那曲县位于唐古拉山和念青唐古拉山之间。这里的草原壮阔、牛羊肥美，景色宜人。罗玛镇 14 村共有 98 户 498

位居民，以畜牧业为主要收入来源。2005 年牧民每户平均收入达到了 4000 元，在那曲地区算是富裕的了。

牧民经济合作组织是指在家庭联产承包经营的基础上，同类畜牧产品的生产经营者，同类牧业生产经营服务的提供者和利用者，他们自愿联合、民主管理的互助性经济组织。它既不同于以公司为代表的企业法人，也不同于社会团体法人，更不是个人合伙或者合伙企业，而是一种全新的经济组织形态。

（一）牧民经济合作组织

罗玛镇牧民经济合作组织暨肉奶加工销售点是自治区扶贫办第二批对口扶贫工作组、地区扶贫办、那曲县人民政府共同筹资组建的。它是随着发展特色经济、推进城郊畜牧业发展、大力加强沿路经济带和“马路经济”建设而诞生的，是那曲县开拓畜产品“绿色通道”战略，实施“政府引导、群众参与、项目搭台、牧业结果、牧民增收”发展思路的具体举措，也是罗玛镇牧业产业链建设的一个样板。

肉奶加工销售点建有厂房 6 间，配备酸奶包装机 2 台，牛羊肉包装机 1 台，塑封机 1 台，冰柜 5 台。销售点现有厂长 1 名，工作人员 5 名。主要以加工和销售“羌牛”牌酸奶、酥油、拉拉煺、风干牛肉、新鲜牛肉等系列畜产品。

2005 年，参加牧民经济合作组织的牧户有 355 户 1775 人。群众参加牧民经济合作组织的方式以每户各出 5 斤酥油、5 斤拉拉煺、5 斤新鲜酸奶作为股份入股。通过建立牧民经济合作组织，能够带动周边 3 个乡 13 个村的畜产品及时流通到市场，转换为牧民群众的现金收入，有效解决了边远牧区畜产品流通不畅、销售难等问题，加快了群众增收步伐。

自2005年6月10日开业运营以来，该加工销售点已从群众手中收购鲜奶30.3万斤。出售拉拉1.5万斤、酥油1.18万斤、酸奶21万斤、鲜奶2.88万斤、拉拉煺1.6万斤，实现总收入310.71万元，参加合作组织的牧户仅此一项户均增加收入8752.24元，人均增加收入1750.48元。除去成本，仅此一项，参加合作组织的群众户均净增收入1444.25元，人均净增收入280.85元。除了增加群众的收入外，加工销售点自身还实现赢利31万元。

图3－10　罗玛镇牧民经济合作组织暨肉奶加工销售点

（2007年4月12日　范远江摄）

经过一年多的经营，加工销售点已形成了较为成熟的市场价格调节管理经营体制，建立了以奶源和市场需求为导向的价格调节体系，每年11月至来年的5月销售点的市场行情最为看好，甚至在春节、藏历年前后出现供不应求和产品脱销的情景。

加工销售点的组建，不仅为群众带来了实实在在的经济效益，也为基层牧区带来了显著的社会效益。具体体现在：

（1）打造和构建了“小规模、大市场”的牧业产业化雏形，为牧业市场化、产业化发展奠定了坚实的基础，同时也为“近牧”企业的发展构筑了平台。

（2）在那曲首创了对畜产品加工提升的商品化运作模式，有力促进了对传统畜牧业改造提升的步伐。通过加工提炼，有效提升了产品的附加值和价值，打造了品牌，产品供不应求。

（3）通过销售点的组建，有效解决了周边牧民群众畜产品销售难的实际问题，并为群众开辟了有效的现金收入渠道，为群众栽了棵“摇钱树”。

（4）通过销售点的经营和运作，在罗玛镇初步建立了“一乡一品、一乡多品”的特色畜产品格局，也带动周边各村形成了“一村一品”的畜产品加工销售基地。

（5）通过销售点的组建，使老百姓能够积极主动地适应市场需求发展和调整畜种结构，大力发展适龄母畜，使全镇的适龄母畜比例上升到了65%左右。通过销售点成功经营的启发，罗玛镇将积极实施基础母畜工程、奶牛工程、放牧和补饲工程，为项目区群众建立长期稳定的增收渠道。

（二）以企带村新模式

以企带村是新牧区建设的有效模式。以企带村，和谐发展。企业坚持“产业化经营、标准化养殖、集约化管理、规模化发展”的经营方针，采用“公司+基地+牧户”的经营模式，以牧业的产业化发展为龙头，带动周边群众脱贫致富。

罗玛镇肉奶制品加工厂设在罗玛镇政府所在地，青藏公路和青藏铁路旁，该项目包括酸奶加工厂房2间，鲜肉加工厂房2间，冷藏库房1间，建筑面积为250平方米；房前绿化、硬化400平方米；育肥点暖棚、畜圈扩建300平方米；购置冰柜5台和货架、桌椅等设备；购置真空包装机、包装箱；购置肉、奶制品加工设备；购置大车1辆，小车1辆；网围栏一套，3000米；150户养殖大户“四配套”；牧民技术培训200人次等内容。

图3-11　罗玛镇肉奶制品加工厂（2007年4月12日　范远江摄）

该项目总投资152.45万元，其中国家投资127.45万元，群众集资或贷款25万元。

经济效益：酸奶和鲜肉加工厂年生产成品能力为4万公斤，全年销售总收入为4万公斤×10元/公斤=40万元，除去原料费、工人工资、设备和厂房的年折旧费以及维修费用共计27.14万元，该加工厂纳税前的年纯利润为12.86万元。牛羊育肥加工，年可育肥牦牛2000头，每头平均利润按300元计算，年可增加收入60万元；年可育肥羊2万只，每只平均利润按100元计算，年可增加收入200万元。

社会效益：本项目实施后，能够促进畜牧业产业结构调整，带动第三产业的发展，增加社会就业机会，组建牧民经济合作组织，增加牧民群众的经济收入，转变观念、增强商品市场意识和科技兴牧意识，改变畜牧业经营模式，发挥优势产业的作用，真正成为牧民群众脱贫致富的支柱产业。虽然本项目前期销售推广工作必定遇到一些困难，譬如在消费者对产品特性不了解和不认可价格等，但是，通过媒体宣传、上门服务以及产品质量的可靠性，必将顺利渡过难关，化风险为高效益。

五　发展规模经营存在的问题

（1）畜牧业产业化经营水平低，产业层次低，生产没有形成规模，集约经营水平低。到目前为止那曲县畜牧业，生产和经营比较落后，小农意识比较浓，小而全的思想观念在群众中根深蒂固。畜产品的产地和畜产品加工对畜牧业产业拉动作用不明显。全县范围内没有像样的畜牧业龙头企业和合作组织及营销大户。虽然有几家小型企业和群众合作组织，但生产能力和产品加工能力低，规模小。特别是缺乏大量与牧户结成经济利益共同体的中介龙头企业及组织，影响了产品形态的改变和附加值的提高。同时，也决定了那曲地区畜产品销售的季节性。受这一“瓶颈”的严重制约，造成了畜产品的阶段性过剩，影响了畜产品整体质量的提高和该产业的提升与发展。

（2）畜牧业组织化程度低。现有的群众专业化合作经济组织，总体上组织结构松散，责任不明确，利益分配欠合理，内部管理不规范。知识化程度低，没有技能培训。没有好的企业作对手，竞争意识不强。特别是对牧户的吸引力不强，在产业带动上还不能发挥应有的龙头和合作组织的作用。很难形成该地的特色产品和特色品牌。畜产品没有形成市场急需品，没有形成“一镇一品、一镇多品、一村一品、一村多品”的品牌特色（没有统一的生产标准，没有统一的卫生标准，没有统一包装，就没有统一品牌）。

(3) 牧业标准化生产手段落后，首先全地区范围内，全自治区范围内没有设立畜产品质量技术监督部门，更谈不上配合产业发展制定和颁布严格的或粗略的畜产品标准，也没有建立一些标准生产示范基地。畜产品的标准化生产程度落后，特别是畜产品的质量没有具体检测的科学说明。理论性和具体检验检测工作落在生产后面，因没有理论和具体检测的具体说明，使畜产品停留在区内市场。

(4) 畜牧业和畜产品的科技含量不高。畜牧业生产和畜产品生产格局处在原始状态，对产品形态、营养分析、品质工序没有现代意识和现代包装程序。产品没有通过先进技术来提高产品质量和产品的附加值。产前、产中、产后销售方式比较落后。因此，改变生产环境、改变加工技术和加工能力，进一步加大科技含量是当务之急。

(5) 牲畜生长周期长。由于靠天养畜，牲畜的饲养周期长，出栏率不高，是制约畜牧业发展的一大障碍。群众惜杀、惜售思想比较严重。

那曲是西藏最大的地区，属纯牧区，牦牛与绵羊是这里的主要产品。走绿色食品之路，建立“藏北牦牛产业化基地”是绿色食品构想的重大措施之一。开发藏北风干牦牛肉、藏北风腌牦牛肉、藏秘卤制牦牛肉、藏秘香熏牦牛肉，还准备开发市场需求旺盛的“分割保鲜肉”等牦牛肉全身系列产品。上述产业化思路是非常科学的。找准了产业化方向，科技才能找到合适的着力点和发力点，所以，产业化规划、产业发展方式、产业运营方式、产业经营方式，都力求适应当地的特征，既能让有限的资金投入带来无限的生机，又能让当地的优势物产转化为优势产业；既能让老百姓增加收入，又能够保护环境、实现可持续发展。

畜牧产业的根基是牧草产业。那曲县副县长冉毅带我们驱车几十公里，参观一片面积达6000亩的人工草场。他说：“有一段时间，受全球气候变暖等因素的影响，我们的牧场有不少地方沙化非常严重。后来，在科技人员的指导下，我们投资几百万元，进行牧场改造，从国外进口优良牧草；修沟挖渠，引水灌溉；分片放牧，草场围封转移。这些措施见效非常明显，现在我们已经人工改良了草场几十万亩，这样的工作还要持续做下去。”由于一年四季都有丰富的优质牧草作保证，县里还成立了许多牛羊育肥基地。“过去牛羊只能在秋末冬初出栏，现在我们能够实现全年不间断出栏、反季节出栏。这样，不但牧民的收入比以往大大提高，而且，牛羊也能卖上更好的价钱。”

那曲县罗玛镇草原绿鸭养殖场简介

为提高那曲县畜牧业产业化经营水平，改善单一的畜牧业生产模式，增加牧民群众经济收入，那曲县在上级部门的正确领导下，积极探索，大胆创新，于2005年7月11日在那曲县罗玛镇政府所在地建立了那曲第一个草原绿鸭养殖场，成为那曲县产业化经营的一大亮点和牧民经济增长点。

罗玛镇作为草原绿鸭养殖场所在地，不仅具有便利的交通条件，而且拥有丰富的草地和水资源，是建立草原绿鸭养殖场的最佳选地。养殖场所饲养的300只鸭子全部从山南购买，截至2006年年底，296只鸭子正在健康地生长，即刻就可以出栏上市。

效益分析：每只鸭子购买价为8元，经过半个月至一个月的饲养，每只鸭子重量达到400克，每只鸭子出栏上市价为40元，毛利为32元/只，296只共创收9472元，除去饲料费、管理费等，纯利润可达7200元左右。养殖场的3户贫困户平均可增加收入2600元，每人可增加650元左右。

罗玛镇草原绿鸭养殖场的成功建设，改变了高原畜牧业的传统模式，创造了高原养殖业的又一新高，为牧民群众长期稳定地增加收入开辟了一条新的途径，切实为改善群众生活服务。

（1）草原绿鸭养殖是周期短、增效快、适合局部地区发展的新型产业；

（2）与传统畜牧业不同，草原绿鸭养殖是能够在短期内使贫困牧民脱贫致富的短、平、快项目；

（3）适合无畜户长期稳定增加收入的有效途径。

目前，养殖场扩大经营工作正在进一步筹划之中。

（资料来源：2007年4月罗玛镇党委办公室提供）

第三节　劳务输出

一　劳务输出政策与组织措施

发展多种经营乡镇企业，是牧区富民富县的根本措施。

西藏农村小康的总体进程慢于全国平均水平和中西部地区，差距就在非农产业启动慢、比重低，缺乏就业转移门路和增收渠道。实现牧区小康，必须始终把增加牧民收入、富民富县作为一项根本任务。在农业增长乏力或增产不增效的情况下，实现富民富县，必须在二、三产业寻找出路，而发展牧区个体私营经济和乡镇企业，大力开展多种经营，是现实的和必然的选择。需要指出的是，小康建设与扶贫攻坚在思路上必须要有大的区别，扶贫攻坚目标在于把牧业生产搞上去，使群众解决温饱问题，而小康建设是要让群众尽快富裕起来，生产、生活水平有一个质的飞跃，因而建设小康必须按市场经济规律办事，必须讲求效益。发展乡镇企业必须要立足自身优势，重点抓好拳头产品的市场开发，不能盲目发展二、三产业，尽量避免搞重复建设；要按市场机制运作，不能依赖行政干预或计划调控；要打开区门、放开手脚让各类市场主体放心、放胆进入罗玛牧区市场，促进牧区资源优势转化为经济优势。

2006年以来，那曲地区坚持以壮大牧区经济实体为重点，鼓励兴办一批投入少、风险小、易管理、见效快的乡镇企业、村办经济实体，全面、迅速地促进乡镇企业的发展。

罗玛把畜产品和特色产业开发作为乡镇企业的主攻方向，重点启动投资少、见效快、劳动密集型、能增加牧民收入的项目。立足特色资源，积极发展无公害食品，重点做好虫草、青稞酒、藏鸡、藏猪、牦牛系列产品以及藏北旅游开发项目。加快发展城郊畜牧业，引导牧民向小城镇转移。积极探索“公司＋基地＋牧户”模式，把分散的牧民组织起来，共同发展乡镇企业。

贴息贷款和发展基金是乡镇企业最直接、最有效的资金来源。根据本地实际，那曲地区在这两项资金的使用上，以大力发展乡村经济为出发点，尽可能向乡村倾斜。2007年，那曲地区又申报项目9项，其中贴息项目6项，总投资3740万元；发展基金项目3项，总投资188万元。

在西藏旅游业发展的大好形势下，那曲的旅游业近几年也得到很快的发展，特别是青藏铁路的通车，打破了长期制约那曲旅游业发展的交通“瓶颈”，那曲才曲塘的神山圣水、辽阔草原和藏北风情会吸引更多的海内外游客，其潜在的海内外旅游市场的增长潜力是巨大的。

抓草场和畜群结构调整。原来家家户户都有人上山放牧，每群牲畜都不多，经与群众协商进行了畜群重组，将300多群调整为40多群，原来400多人的活儿，现在八九十人就够了，富余出好多劳力，壮大了劳务输出队伍。过去四季放牧，草场不分，2005年加大了牲畜暖圈和饲草基地的建设，改善了放牧条件，分冬、夏两个牧场，给牧民带来了方便。

二　劳务输出去向与类型

目前，罗玛镇铁路护路队共有成员21人，成立于2005年8月25日，沿路每村各有4人，1名镇政府干部负责对护路队的管理协调工作。护路队成立初期以铁路为主要保护对象，兼顾青藏公路及沿途通信线路等。护路队成员以村为单位，在布交村长的带领下，坚持24小时持续不断地对各自辖段进行巡逻，以满腔热情和高度责任感来维护这一生命线、政治线、致富线的畅通，并为铁路施工单位的顺利施工提供了坚实的保障。2006年2月，在县公安局的指导下，全面总结了护路工作开展以来的所取得的成效及存在的问题，在保持原有人员的基础上，重新进行了整编，并由县政法委、县综治委、县公安局联合牵头，对护路队成员开展了细致的政审工作，为合格人员建立了个人档案，配发了护路上岗证，开展了日常教育，从制度等方面进行了严格规范，使得罗玛镇的青藏铁路护路队成为一支专业性的民间自发性护路组织。

在切实抓好青藏铁路护路队的同时，罗玛镇也按照县委、县府及上级业务部门的文件精神，始终把保护铁路的宣传工作作为一项基础性工作来抓，紧密结合“四五”普法、新《治安管理处罚法》的宣传工作，不仅对沿路5个村的每家每户开展了铁路知识、铁路法规宣传，也对不在铁路沿线的村开展了宣传工作，不仅对成人开展了宣传工作，还对学校的学生开展了相关法律法规知识宣传，力争使铁路法律法规深入人心、家喻户晓。仅2006年1~5月，罗玛镇累计向群众发放各类宣传材料1200余份。通过宣传有效提高了群众，特别是沿路群众的法律法规意识，也极大调动了沿路群众保护铁路的热情。通过宣传和铁路护路队的巡逻，有效杜绝了偷盗铁路物资现象的发生，也提高了群众自我保护能力，同时保证了自2006年3月货车通车试运营以来的铁路安全，为铁路后期顺利施工作出了积极努力。

藏北那曲平均海拔均在4000米以上，而罗玛镇范围内海拔均在4570米以上，高寒缺氧，风大沙大，在这样艰苦的条件和环境里，罗玛镇铁路护路队员在镇党委、镇政府的领导下，在政法部门的指导下，克服困难，坚持巡逻，不分日夜，特别是在寒冬季节里，更是辛苦，但他们没有任何报酬。他们坚决拥护党中央、国务院这一重大决策，他们满怀着对这一生命线、政治线、致富线修通后所能带来的美好富裕生活的向往。

三　2006 年外出务工收入

紧紧抓住青藏铁路建设战略机遇，大力开展劳务输出，千方百计增加群众现金收入。在村党支部强有力的领导下，该村抓住青藏铁路建设的有利机遇，积极组织群众参与青藏铁路建设，为群众增加现金收入。仅 2006 年年初青藏铁路突击建设期间，该村铁路劳务输出收入累计达到 28 万余元，户均增收近 2900 元。不仅有力支援了青藏铁路建设，同时也进一步拓展了群众的思想观念，激发了群众的增收意识和积极上进意识，也增加了群众的现金收入。

2004 年当铁路修完，牧民们发现，原先被铁路路基占去的草皮，都被移植到路基的护坡上了。此外，铁路还预留了通道，便于牛羊到其他牧场吃草。更让牧民想不到的是，家门口的青藏铁路还给他们带来了工作机会。现在村里有 10 户人家在这段青藏线上工作，装牛羊防护栏、巡视铁路线。牧民们说，现在超过一半的钱是从铁路而来的。

边嘎是那曲县罗玛镇 14 村的村民，是该村最富裕的人。两年间，这个 38 岁的藏族男人从一无所有的穷光蛋变成了罗玛镇上最富有的人之一。这个巨大的改变，得益于青藏铁路的修建。

2004 年开始，边嘎开始到铁路上打工，想挣点小钱养家糊口。不安分的他换过多个工种，铺过草坪、当过电工，每年挣三四千元钱。后来，他和当地铁路上的领导熟悉起来，成为村里在铁路上打工村民的领班。在这段时间里，他学会了说汉语。

青藏铁路是分段承包的，各个施工单位经常出钱雇沿线的藏民做一些简单的工作。从2005年开始，边嘎成为一名包工头，他承包的第一个项目是用拖拉机运石子到铁路上，他拿到了近140万元的承包费。他把附近几个村子的村民组织起来，组成了一个有81辆拖拉机的车队。到年终结账的时候，每辆拖拉机分到了1.5万元，而边嘎自己赚到了十几万元钱。边嘎预计今年他的总收入有三四十万元，他准备在2007年办个酸奶加工厂。

罗玛镇14村共有98户498位居民，以畜牧业为主要收入来源。2005年牧民每户平均收入达到了4000元，在那曲地区算是富裕的了。离村子4公里远，青藏铁路从草场中横穿而过。村长大布觉说，当初修铁路，他有点担心自己的草场会受到破坏，以后羊去其他草场吃草的话会过不去。现在修完后，他的这些顾虑都没了。

青藏铁路建成通车结束了西藏没有铁路的历史，使西藏拥有了现代综合运输体系，同时也给西藏物流业发展带来了机遇和挑战。近期要因势利导推动西藏消费品、农牧产品、矿产品、藏药等物流的发展。

四　劳务输出存在的问题

目前那曲牧区劳动力平均受教育年限不足4年，牧区经济社会之所以落后，一个重要制约是人口素质过低（那曲县牧区发展面临着两大制约：一是资金，二是人才）。在世界经济知识化的进程中，人力资源要大力发展并逐步缩小同全国的差距，人力资源开发应放到首要位置。要坚持依靠人口素质提高和科技进步来促进牧区科技工作，并加大科普工作力度。要注重引进、培养各类专业人才、专业户、重点户，发展能人经济。当前牧区教育的重点仍然是基础教育的普及和全民素质的提高，同时要结合牧民开拓致富门路，大力开展职业教育、扫盲教育和实用技术培训。广播电视文化事业是那曲牧区小康建设的一个突出的薄弱环节，能否收看电视，不仅关系着小康能否达标，而且关系着整个农村的文明进步，必须认真加以解决。

图 3－12　那曲火车站（2007 年 4 月 18 日　范远江摄）

针对牧区劳务输出存在的问题，结合罗玛镇的实际，笔者建议采取以下措施。

（1）积极鼓励牧民群众“跳出”农门，在公路沿线开餐厅、茶馆、小卖部等。积极引导牧民群众参与到小城镇建设中来，搞运输、提供劳务等。2006 年，罗玛镇群众在那曲镇从事运输业的就有 50～60 人。鼓励和扶持牧民合作组织在沿路办企业。

（2）积极在铁路和公路沿线开发旅游资源。那曲县旅游资源丰富，旅游景点独特。县境内著名的卓玛圣谷、古路温泉靠近“两线”，其奇特的高原羌塘草原景观，是旅游、观光、考察、探险、登山的好去处。目前那曲县正与有关单位合作，重点开发卓玛圣谷风景区，搞好规划，加快旅游景区、景点和路线建设，使旅游业成为沿路经济发展的一个亮点。

第四章　社会发展

第一节　人口

村庄一直是西藏传统乡土社会中一个非常特殊的群落。从地理上来说，传统乡土社会的村庄具有比较清晰的地域界线，在不同的村庄中，经济活动和社会交往都是在相互隔绝的情况下独立进行的，因此罗玛14村的村庄具有独立的文化单元和社会单元的性质。

一　人口情况

罗玛镇14村牧户共98户，人口498人，分布在3个自然村。男性215人，女性283人，劳动力133人。我们这次调研的是村长所在自然村，计人口136人，牧户28户。

二　人口素质

人口的文化程度是反映社区文化发展的重要指标。为了相对精确地描述调查点人口的文化程度特征，我们以个人作为分析单位，而不是以户为单位。

从14村调查看，表4－1反映出罗玛镇14村的文化程度相对较低，文盲比重高达24.8%，“小学与脱盲”占46.2%，牧区初中生的比重仅占5.1%。表4－1也显示了藏区教育事业的发展成就，有高中与中专生4人，还有大专以上1人。这对藏族的现代教育文化事业来说，是了不起的成就。

表4-1　14村调查对象的文化程度

单位：人，%

文化程度	文盲	学龄前儿童	小学与脱盲	初中	高中与中专	大专以上	合计
调查人数	29	23	54	6	4	1	117
占总体百分比	24.8	19.7	46.2	5.1	3.4	0.9	100

资料来源：本表根据笔者2007年4月在罗玛镇14村调研资料整理而成。

我们发现传统的寺院教育仍然在起作用。西藏传统的教育途径主要是寺院教育。“扎仓”是寺院教育的“学院”，出家人或学经者进入“扎仓”即成为“扎巴”。“扎巴”通过学经、辨经而获得佛学知识，掌握藏语文，因而是有知识的人。

三　计划生育工作

几十年来，国家对西藏自治区少数民族人口的发展采取了较为宽松的政策，40年来的人口翻了一番，牧区人口增长更为迅速，人口的自然增长率多年来保持在20‰左右，几乎是全国平均水平的一倍。高原牧业生产方式本是单一的游牧经济，以原始游牧为主要生产方式的西藏牧民只能通过增加畜群规模满足新增人口的物质需求。

在广大的西藏牧区，进行适度的计划生育，控制人口的自然增长是一项迫在眉睫的艰巨任务。要做到这一点，就必须加强牧区医疗卫生队伍的建设，改善牧区的卫生条件。西藏的牧民生活在世界最艰苦的环境中，沿用着世界

图 4－1 牧民阿秀家 5 个孩子，其中 2 个孩子已上学
（2007 年 4 月 12 日 范远江摄）

上最古老的生产方式，在没有充分的医疗保障的情况下，自然选择规律在他们的生产（包括人的生产）中起着一定的作用。多生产是为了在严酷的自然环境中有足够的生存数量。翻开统计材料，不难发现，牧区人口的生产和牲畜的生产都呈高出生、高死亡的状况。

以 1993 年西藏那曲地区为例，这年该地区的出生率和死亡率分别为 27.55‰和 9.30‰，居全自治区之首，分别高出自治区平均水平 6.23 个百分点和 1.98 个百分点，高出全国平均水平 9.48 个百分点和 2.68 个百分点。

尽管近年来，西藏的农牧民群众对计划生育的重要性有了进一步的认识，自治区人口自然增长过快的态势得到了控制，像拉萨市和山南地区的人口自然增长率已从 1997 年的 14‰和 16.6‰下降到 1998 年的 4.7‰和 5.4‰，但像阿里和那曲这样的牧区，人口的自然增长率仍在 14‰的较高增长阶段。

四 村民人寿

地处"世界屋脊"的罗玛，高寒缺氧。医学研究表明，在这样气候恶劣的地区长期居住，许多人会患"三大一小"病症——肺大、脾大、心房增大和脑萎缩，以及"三高"——高血压、高血脂、高原性血色素偏高。这些症状直接影响着人的身体健康，因此人们的印象中，在西藏生活的人长寿者不多。

然而，目前"海拔高寿命高"成为西藏一种新生的社会现象。由于生活水准的提高、医疗条件的改善，西藏人的平均寿命从由1959年民主改革前的35.5岁提高到2007年的67岁；全区80岁以上的老人有19500多人，而百岁以上的老人也有79人。

（资料来源：《"世界屋脊"长寿老人缘何增多?》，新华网西藏频道，2007-10-20。）

（一）村民人寿概况

表4-2 14村调查对象的出生日期

单位：人，%

	1950年以前出生	1951～1956年出生	1957～1966年出生	1967～1976年出生	1977～1984年出生	1985～1989年出生	1990年以后出生	合计
人数	12	6	16	19	15	12	37	117
占总体百分比	10.3	5.1	13.7	16.2	12.8	10.3	31.6	100

资料来源：本表根据笔者2007年4月在罗玛镇14村调研资料整理而成。

（二）长寿老人

电达，71岁，男，藏族，主要从事牧业生产，妻子健在。他身子还很硬朗，我们在院子里访问了他。

他告诉我们："生活变好心情舒畅，长寿老人在增多。"

谈到长寿老人增多的原因，他认为，酥油、糌粑等高热量绿色食物是这些长寿老人身体健康的"法宝"；医疗条件的改善，是这些老人长寿的保障；另外，经历过旧西藏困苦生活的老人们，进入新社会后心情舒畅也是一个主要因素。

图 4－2 71 岁的电达（左一）（2007 年 4 月 13 日 范远江摄）

长寿老人食物常年以粗杂粮、牛奶制品和牛羊肉为主，近年来随着交通条件的改善和当地温室大棚的增多，他们的食谱里也增加了不少蔬菜。

人的寿命长短与社会发展水准密切相关，促使西藏人口寿命快速增长的主要因素是：经济社会的快速发展，社会稳定，人民生活水平显著提高，医疗卫生有了保障，人们在政治、经济、文化、信仰等方面拥有自主权，使得精神饱满、生活热情高涨。现在，60 岁以上的老人占总人数的 10.3%，这个数字还有上升的趋势。

图 4-3 67 岁的坚林（右二）（2007 年 4 月 13 日 郑洲摄）

第二节 社会分层

一 职业分类

社区的职业结构反映出社区成员的就业特征、生存方式以及社区特征。表 4-3 反映了本次调查地点的职业结构。

表 4-3 14 村调查对象的职业结构

单位：人，%

	牧民	离退休	经商运输	铁路巡逻员	其他	合计
人数	41	1	13	4	6	65
占总体百分比	63.1	1.5	20.0	6.2	9.2	100

注："经商运输"包括个体经商户、运输户、手工业者等；"其他"包括僧尼、病残者等。

资料来源：本表根据笔者 2007 年 4 月在罗玛镇 14 村调研资料整理而成。

二　财富分层

表 4－4 为调查对象对改革以来家庭生活水平提高的判断，可以为牧区群众对现行政策的高度评价提供解释。

表 4－4　调查点调查对象对改革开放以来家庭生活水平提高的判断

单位：%，户

	提高很快	有一些提高	没有变化	生活水平下降	样本
调查对象占调查总体比例	19.7	67.6	9.5	3.2	50

注：问卷提问："改革开放以来，您家的生活水平变化如何？"
资料来源：本表根据笔者 2007 年 4 月在罗玛镇 14 村调研资料整理而成。

社区家庭经济比较

人均年纯收入是反映家庭和社区经济发展水平的经济指标之一。根据本次调查数据，我们将调查点家庭年人均收入综合如表 4－5。

表 4－5　14 村调查对象的家庭年人均收入

单位：%，户

调查地点	1000 元以下	1000～2000 元	2000～3000 元	3000～5000 元	5000～7000 元	8000 元以上	调查户数
户数	2	4	8	9	3	2	28
占总体比例	7.1	14.3	28.6	32.1	10.7	7.1	100

注：问卷提问："您家庭人口的全年人均收入是多少元？"
资料来源：本表根据笔者 2007 年 4 月在罗玛镇 14 村调研资料整理而成。

对于农牧区家庭年人均纯收入的水平，可用小康指标来衡量。按照有关专家的意见，年人均纯收入低于 350 元的属于贫困人口；收入在 350～500 元的属于基本解决温饱但尚不稳定；收入在 500～1000 元的属于基本解决温饱并较为宽裕；年人均纯收入1100元为进入“小康户”的标准，这也是官方所确定的小康线（农村年度分析课题组，1995，第41页）。由此衡量我们所调查的藏区，结论是罗玛14村的家庭经济收入是比较高的，90%以上的牧户已经脱贫，86%的牧户收入达到了官方认可的小康线。

由于14村基础条件比较好，班子干劲足有朝气，村长布交头脑灵活，点子多，镇党委决定以14村为试点。书记、镇长轮流蹲点，帮他们定规划，定项目，跑贷款。首先在传统优势项目上下工夫。一是提高畜产品质量，从信用社贷款5万元，更新设备，改进加工条件和手段，提高产品市场竞争力。与此同时，为了抢占市场份额，他们还采取了两项措施。一是从信用社贷款10万元，把村里有经营头脑的人组织起来，成立了畜产品经营小组，负责全村畜产品的统一收购和销售，既形成了规模、提升了质量、扩大了影响，又增加了群众收入，调动了群众生产积极性。二是发动群众跑运输做买卖，鼓励和支持各家各户剩余劳动力，发挥所长，各尽其能。很多家买了汽车，办起了商店，把生意做到了那曲、拉萨甚至青海。

要把牧区与市场有机连接起来，经纪人的作用十分重要。对偏远牧区的群众来说，更是如此。为了发展和培养这样的致富经纪人，罗玛镇党委费尽苦心。要找致富能手，全镇可以排出十几个，可有些致富能手不适合做经纪人，有些适合的又不愿意做。凡是适合的，镇党委都努力做好说服争取工作，并给予大力支持和鼓励。14村牧民边嘎，头脑灵活，经营有方，常年做生意，朋友多，消息灵，不但在那曲镇购买了私房，还积累了30多万元发展资金。镇党委动员他带头做经纪人，开始时他有顾虑，一怕影响自己做生意，二怕搞不好担责任、受埋怨。镇党委书记肖志强亲自找他谈心，讲清做经纪人与个人做生意可以互相促进、不会互相影响的关系，并用他家遭受大雪灾时，靠政府和群众帮助渡过难关的经历，希望他担负起帮助乡亲们共同致富的责任。领导的信任和鼓励，坚定了边嘎为家乡发展作贡献的决心。流动资金不足，镇里帮他贷款，人手不够，镇里选人配合。实践证明，边嘎当了经纪人之后，不仅搞活了畜产品的流通渠道，同时也扩展了自己的生意，收入更多了。在边嘎的影响和带动下，全镇一批新的经纪人不断涌现，成为活跃牧区经济的骨干。

西藏自治区那曲县小康实施方案（讨论稿）文件实录

中国共产党第十六次全国代表大会确立了全面建设小康社会的目标，绘制了21世纪我国现代化建设的一幅宏伟蓝图。十六大关于全面建设小康社会的理论和纲领，不仅是建设中国特色社会主义理论和实践的丰富和发展，为全党和全国人民指明了在新世纪新的发展阶段继续前进的方向，也为我县全面建设小康社会、制定和确立小康主目标及建设任务起到了指导作用。

一　那曲县农村小康的基本标准及进程分析

小康社会是介于稳定解决温饱和富裕之间的一个必须经历的、重要的生活发展阶段，也是一个漫长的历史阶段。在这一发展阶段中，又有低层次小康和较富裕的小康等层次之分。而目前那曲县制定的小康水平，均为进入小康社会低层次的最低标准。农村小康是指在全面发展农村经济的基础上，使农民生活在温饱水平上进一步提高，逐步实现物质生活比较宽裕，精神生活比较充实，生活环境改善，人口素质提高，公益事业发展，社会治安良好。由于农村小康所具有的丰富内涵，界定是否跨入小康社会初级阶段的标准就不可能是某一单项指标，而需要建立一整套科学的指标体系。

为指导全国的小康建设，准确反映小康的进程，原国家计委、国家统计局、农业部在 1996 年 3 月公布了全国统一的小康标准，并指出各地不得擅自降低标准或减少指标。由于自治区没有现成的小康标准可供参照执行，根据全国统一标准及要求，那曲县的小康标准既不能减少指标、降低标准，又要充分考虑高寒条件下的人体需要和民族消费习俗等特殊性。这就要求从那曲县实际出发，建立符合县情特点的小康评价指标体系和具体的实施标准。经过严密的科学的分析测算，在总体标准与全国一致的前提下，我们在建立那曲县农村小康评价体系时，对部分指标进行了变通和调整。

（1）考虑那曲县高寒条件下人体的热量及营养需求要高出全国 30% 左右的客观实际和价格因素，那曲县农民人均收入（1990 年综合平均价）要达到 1620 元才相当于全国 1200 元的水平，为此，将那曲县农村的小康线确定为 2800 元。相应的，那曲县农村居民人均日摄取蛋白的小康值确定为 95 克，比全国平均标准高 20 克。

（2）中央对西藏免征牧业税，国家对农民生产生活中的各类补贴、救济已占农民家庭支出的 10% 以上，使那曲县恩格尔系数失真，我们确定恩格尔系数≤65% 便可视为温饱，≤65% 便可视为进入小康。

（3）那曲县地处高寒地带且民族服饰制作成本较高，近年来中农民人均衣着消费支出均在100元以上，我们拟确定小康水平衣着消费标准为≥150元，该指标比全国平均水平高出80元。

（4）那曲县民族特色住房均为石木、砖木结构，少有钢筋混凝土结构，因而将那曲县农民居住小康标准延伸为石木、砖木、钢木结构住房占80%。

（5）考虑那曲县贫困面大，扶贫攻坚任务重，且小康必须以稳定解决温饱问题为前提，拟将未解决温饱人口比例作为代替基尼系数的指标（也因那曲县基尼系数变化不大且计算复杂，实际指导意义不强），并确定温饱值为≤5%，小康值为≤3%。

（6）考虑那曲县的基础教育目标，且全县牧民中文盲半文盲人数占全县牧民总人数的60%以上，拟将那曲县农村劳动力受教育年限的小康值确定为6年，比全国标准低2年。

（7）那曲县农民预期寿命因受高寒生存环境影响，一直较全国平均水平低5岁左右，到目前为止，整个那曲地区的人均寿命已达到65岁，我们拟将65岁确定为温饱标准，将70岁确定为小康值。

（8）那曲县行政村无论是人口还是经济社会活动量均无法与全国的行政村相提并论，根据那曲县地广人稀、居住特别分散的实际，把全国行政村需达到的交通、通信指标在那曲县改为由单位较小的行政、自然村实现。

总体上看，上述8个方面的调整基本上不影响那曲县农村小康质量，也符合那曲县实际，与全国仍有较强的可比性，因而现实可行。由此确定的那曲县小康的指标体系见表4－6。

表 4－6　那曲县农村小康的基本标准及综合评价值

指标	单位	权数	温饱值	小康值	2000 年实现值	实现程度	分值
总体评分	%	100	—	—	—	49.1	49.1
一、收入分配	—	35	—	—	—	41.57	14.6
1. 人均纯收入	元/人	30	600	2800	1085	48.5	14.6
2. 未解决温饱人口比例	%	5	≤5	≤3	10	0	0
二、物质生活	—	25	—	—	—	70.9	13.7
3. 恩格尔系数	%	6	≤65	≤55	62	30	1.8
4. 蛋白质摄入量	克/日人	9	≥70	≥95	97	100	9
5. 衣着消费支出	元/人	3	≥50	≥150	106	56	1.7
6. 石木砖木钢木结构住房或牧民定居半定居比例	%	7	≥40	≥80	70	75	5.2
三、精神生活	—	12	—	—	—	14.45	1.7
7. 电视机普及率	台/百户	6	1	≥70	10.6	13.9	0.8
8. 服务消费支出比例	%	6	2	≥10	3.2	15	0.9
四、人口素质	—	9	—	—	—	59.3	5.3
9. 人口平均预期寿命	岁	4	≥63	≥65	65.2	100	4

续表

指标	单位	权数	温饱值	小康值	2000 年实现值	实现程度	分值
10. 劳动力平均受教育年限	年	5	≥6	≥6	3.8	26.7	1.3
五、生活环境	—	11	—	—	—	43.3	4.7
11. 已通公路行政乡比重	%	3	≥50	≥85	75	71.4	2.1
12. 安全卫生水普及率	%	3	≥50	≥90	85	87.5	2.6
13. 用电户比重	%	3	≥50	≥95	30	0	0
14. 已通电话乡比重	%	2	≥50	≥70	30	0	0
六、社会保障和社会安全	—	8	—	—	—	62.5	5
15. 享受社会五保人口比重	%	4	50	≥90	60	25	1
16. 万人刑事案件立案数	件	4	5	≤20	5.3	100	4

注：2000 年实现值为各有关部门提供数据或依据统计资料分析数据。

资料来源：本表根据笔者 2007 年 4 月在罗玛镇 14 村调研资料整理而成。

我们在表4－6中提出的小康评价指标体系主要用于对行政村农村社会的小康进程及达标状况进行综合评价和监测，具体的小康户、村、乡、县的标准则需另行确定。按此表指标测定的那曲县农村2000年小康实现程度为49.1%，距离进入小康社会初级阶段目标接近走过1/2的进程。

二　那曲县农村小康建设的具体标准

表4－6中所建立的那曲县农村小康社会评价指标体系，虽具有较强的科学性，但只能用于对农村社会小康进程的测定与描述，在具体的小康建设中却较难操作。为此，我们参照全国农村小康户、小康村、小康乡的标准，把表4－6的指标体系分解后，对应融入那曲县的小康户、小康乡、小康县的具体标准之中，从而形成一套可供全县参照执行的具体标准。由于那曲县人均动物性食品消费量已接近世界发达国家水平，故未设立动物性食品消费数量指标。又由于那曲县农村宗教和陈规陋俗的消极影响严重，考虑增设农村僧尼人口比例一项限制指标。具体的小康建设标准分述如下。

1. 农村小康的基本标志

那曲县农村小康社会初级阶段的基本标志是：农村经济全面发展，农民收入显著提高，物质生活比较丰富，精神生活健康充实，生活环境整洁优美，农民素质明显提高，社会保障日益完善，社会局势长治久安。

2. 小康户标准

牧户的小康是农村小康的基础，小康建设必须从户抓起。为便于操作，经综合平衡后，拟选择6项指标作为小康户标准。

（1）人均纯收入2800元以上；

（2）牧民有定居或半定居住房；

（3）牧民年人均自产肉120公斤以上，年人均有粮食160公斤，奶类175公斤；

（4）家庭有照明电源，能收看电视、收听广播；

（5）主要劳动力受教育程度6年以上，适龄儿童全部上学；

（6）遵纪守法，维护乡规民约。

3. 小康村的标准

村是那曲县农村小康建设的重要元素，结合小康户的建设标准，拟确定项7项指标：

（1）牧民年人均纯收入2800元以上，其中现金收入为60%；

（2）村集体经济年纯收入为6万元，二、三产业比重达40%以上；

（3）住房质量、结构和设施有较大改善，98%左右的牧民定居或半定居；

（4）村所在地通电、通公路、通电话，有村级卫生所，广播电视人口覆盖率98%以上，劳动力人均受教育程度6年以上；

（5）村规民约健全，社会风气良好；

（6）90%以上牧民实现小康，未解决温饱人口2%以下；

（7）具有较强的抗灾能力，牲畜年出栏率达到26%以上，畜产品综合商品率达55%以上，年大畜死亡率控制在3%以内，幼畜综合成活率在90%以上。

4. 小康乡的标准

乡是那曲县农村小康建设的关键社会单元。参照全国小康村标准，结合那曲县实际，拟确定9项指标：

（1）牧民人均年纯收入2800元以上；

（2）乡集体经济年纯收入500万元以上，二、三产业比重达40%以上；

（3）住房质量、结构和设施有较大改善，80%左右的牧民定居或半定居；

（4）乡所在地通电、通公路、通电话，有卫生所、完全小学和文化体育场所，全乡广播电视人口覆盖率80%以上，劳动力人均受教育程度6年以上；

（5）僧尼人数占人口比重不到1%；

（6）五保户供养率达到100%；

（7）乡规民约健全，社会风气良好；

（8）80%以上牧户实现小康，未解决温饱人口3%以下；

（9）具有较强的抗灾能力，牧畜年出栏率达到26%以上，畜产品综合商品率达55%以上，年大畜死亡率控制在3%以内，幼畜综合成活率在90%以上。

5. 小康县的标准

参照全国小康乡标准，那曲县确定9项指标：

（1）牧民人均年收入2800元以上；

（2）农村二、三产业比重30%以上，县级财政自给率30%以上；

（3）住房质量、结构和设施有较大改善，石木、砖木结构住房改造率70%以上，牧区80%以上牧民定居或半定居；

（4）各乡镇政府所在地通电、通公路、通电话，广播电视人口覆盖率70%以上；

（5）普及6年制义务教育，基本上建立农村初级卫生保健体系；

（6）五保户供养率达到100%；

（7）宗教及陈规陋俗的消极影响得到控制，寺庙僧尼人数不超过总人口的1%；

（8）社会秩序良好，普法教育达标，重大刑事案件控制在每万人20件以内；

（9）未解决温饱人口不到3%，80%以上的乡实现小康。

从上述具体标准并结合表4－6的分析以及那曲县副县长冉毅介绍，那曲县农村小康建设的主要内容就是围绕提高农牧民收入水平和物质文化生活水平逐项达标，实质上是农村经济社会发展水平的整体提高。从各项指标反映的内容看，小康建设的核心是增加农牧民收入，重点是发展农村二、三产业，难点是交通、能源、通信条件的改善和教育为中心的农村社会事业协调发展，从户、乡二级指标的关联度看，户是农村经济社会的细胞，乡是农村社区的基本单位，县是农村经济政治文化和社会功能较完备的行政区域，全县农村小康进程的测定和小康建设必须在户、乡、县小康的基础上开展。没有小康户就不会有小康乡，没有小康乡就不会有小康县，没有具体的小康户、乡、县就没有农村的小康。农村小康建设必须从户、乡、县层层做起，必须针对小康建设的重点和难点，围绕增加农牧民收入、建设中国特色社会主义新农村的物质文明和精神文明开展工作。

第三节　家庭

一　家庭

家庭规模的大小是反映村庄社会结构的重要指标。一般来看，传统家庭以大家庭或扩大家庭为主，现代家庭则呈现出小型化和核心化的趋势，这与人们的谋生方式（生产与生活方式）有关，也与人们的家庭观念有密切的联系。表 4 – 7 反映了调查区域家庭规模的基本情况。

表 4 – 7　14 村调查对象的家庭人口规模

单位：户，%

	1 ~ 3 口人	4 ~ 5 口人	6 ~ 7 口人	8 ~ 9 口人	10 口以上	户数
人口规模	6	10	6	6	0	28
占总体百分比	21.4	35.7	21.4	21.4	0	100

资料来源：本表根据笔者 2007 年 4 月在罗玛镇 14 村调研资料整理而成。

表 4 – 7 显示，藏区的家庭规模以主干家庭为主，1 ~ 5 口人占总户数的 57.1%。6 ~ 9 口人占总户数的 42.8%。表明牧区的产业结构对家庭规模的大小有很大的影响，牧区家庭规模较大的主要原因是对劳动力的需求。

二　藏族女性的地位

西藏女性人口占西藏总人口的 51%，而且是西藏社会文化中的重要组成部分，她们在藏族社会人口繁衍、婚姻家庭、文化传承、经济生活、宗教信仰、民俗艺术等方面发挥重要作用。

考虑到罗玛镇 14 村的文化时空背景特点，性别构成及其文化的重要意义，笔者主要考察了该村妇女消费方式变迁，调查发放问卷30份，回收率83%，有效问卷25份。调查内容涉及现代藏族家庭妇女的经济收入、消费水平、消费方式及观念、社会交往、宗教信仰、族群认同与“现代化”意识等。笔者力图较为全面地描述牧民的经济发展与妇女生活的动态关系。通过在14村的调查走访及问卷分析，笔者试图描述现代化经济发展在西藏牧区村庄差异性情况，其中性别差异性表现在家庭婚姻、收入消费、职业选择、教育、现代化观念等许多方面，通过这些分析，我们可以看出，现代藏族妇女为摆脱族群与经济边缘性地位所进行的努力抗争，她们以社会草根力量推动“她”者的文化自我表述与社会发展的公平性，推动中国藏学研究与少数民族社会性别研究的全面深入发展。

调查中发现，14村牧区妇女有如下社会经济特征：第一，劳动负担重、干活时间长。牧区女子背水、做饭、放牧、挤奶、打酥油、照料小孩，从早到晚少有闲暇。第二，女性牧民受教育程度普遍低于男性。在30岁以上的牧区妇女当中，多数没有上过学，念过两三年书的人都可谓凤毛麟角。第二，在上述背景下，艰苦的生存环境、饮食单调、营养不全面、短缺的卫生服务和贫穷的经济状况，使藏区农牧妇女的妇科病发病率高，健康风险大。

罗玛镇14村的妇女作为社会亚文化群体表现出的政治参与、文化特征和经济特征主要包括：（1）妇女在基层政权组织功能中发挥重要作用，如村委会基层干部与具体工作执行者。（2）社区内人口流动影响显著，随同丈夫、家庭迁入妇女有所增加，调查25户中有3户迁入户。贫困妇女多从事低收入的固定职业。（3）随着市场化程度的加深

图 4-4 村长家女儿在给小羊喂奶（2007 年 4 月 13 日 范远江摄）

与城镇化进程的加快，14 村牧民的收入（经商、打工收入、家庭手工业收入等）与消费支出开始呈现多元化（日常生活开支、耐用消费品、教育支出、宗教支出、医疗保健、新房修建等）。（4）经济发展对家庭单位的冲击较为明显，核心家庭已成为村庄家庭的主要类型，同时家庭社会功能呈现多元化（生产/消费单位、生殖功能、教育功能、宗教功能、保护功能、娱乐功能、感情功能）。（5）消费支出中教育支出在城市居民消费中占较大比重，供养一个大学生，要花掉近一半的家庭支出。“娱乐、教育、文化服务”累计 175 元，比去年同期增长 72.9%。村庄内女性的文化程度普遍较低，25 户家庭中有 2 名在读女大学生，休学的女学生多待业或从事放牧；医疗费用对于低收入家庭影响尤其显著，因病返贫，无力医病在牧民家庭中普遍存在。25 户受调查家庭中基本都设有经堂，其宗教消费包括宗教用品、布施、朝圣等，消费金额依据家庭经济条件有所不同，妇女基本信教；14 村牧民间收入差距主要体现为性别差别、教育差别。家庭经济水平与家庭成员数量、性别构成、职业种类、教育水平、外部信息接受能力成正相关关系。基本特征为信息闭塞、家庭劳动力少、受教育程度低、收入来源少。（6）家庭消费受到成员的年龄、性别、民族、职业、收入状况等多种因素的影响，如家庭中老年人与青少年在消费方式方面差异，老年人消费倾向（经济耐用）与青年人“消费文化”（消费仪式/日常休闲/流行文化）的显著区别；家庭日用品采购主要由妇女主持，日用品消费地点多集中在罗玛镇综合市场。而服装与电器相对要前往那曲县百货大楼、超市等。

图 4－5　牧民坚林儿媳在家照料小孩（2007 年 4 月 13 日　范远江摄）

通过对于罗玛镇 14 村妇女经济收入与社会文化生活介绍可以看出，现代化发展对于西藏城乡社会带来巨大冲击，主要包括城市改造、旅游业与城市交通业迅速发展，居民收入与生活条件的普遍改善，收入的差距扩大等。就居民消费构成来看，固定耐用消费品数量与质量都有显著提高，此外受到教育与城乡医疗改革影响，居民教育费用与医疗费用比重上升很快，居民更加注重储蓄，应对可能出现的生活危机，这些对于居民消费与实际生活质量有显著影响，直接影响到妇女生殖生理健康，以及女童的教育投入。由于妇女的生理特点，及其社会结构中处于边缘地位，她们在经济发展中尤其容易成为“受害者”。就罗玛镇14村而言，妇女为抵御边缘性地位，提高生活水平，努力以各种方式解决生活实际困难。2004年7月，为解决就业和增加收入，14村妇女以各种方式提高家庭收入，具体包括在罗玛镇设立旅游商品摊点、外出打工、从事家庭手工业与副业（地毯编织、揉皮、酿酒）、家庭帮佣、借贷及社会互助关系网络构建等。通过以上分析可以看出，全球化经济发展带来资本、信息、人员流动增加，这在一定程度上加快了妇女生产力解放，妇女已从私人领域进入公共领域（经济、文化、社会、生产），并日益发挥出重要作用。

1959年西藏民主改革，结束了封建农奴制，实现了广大农奴的翻身解放，妇女以极大热情投入到土地改革与大生产运动。民主改革实现了西藏妇女在社会政治与法律地位的平等权利，是妇女解放的创举。1978年改革开放深入发展，妇女成为经发展与社会进步中的“边缘性”群体，这就需要以全新视角，将社会性别研究与政治经济发展、民族文化、社会公平性问题进行综合分析，以实现效率与公平统一，以及社会有序良性发展。从某种意义上来说这是西藏妇女的“第二次解放”。

三　家居生活

1. 集中安居，分散放牧，游牧民安居工程突显优势

罗玛镇是一个纯牧业镇，牧业经济在全镇的经济总量

中占有很大的比重，但由于长期的传统式粗放型经营和重存栏、轻流通的管理，使得草场超载现象严重，草场退化、沙化问题愈益严峻，人畜矛盾、草畜矛盾日益突出。近年来，国家投入大量资金积极实施游牧民安居工程，这是新时期党中央、国务院深入贯彻“三个代表”重要思想，切实加强“三牧”工作的具体实践，同时也是坚持以人为本，按照科学发展观的要求，深化牧业产业结构调整的具体体现。这种集中安居、分散放牧的伟大举措意义深远。

（1）有利于推进牧区教育事业的发展。当前，牧区正在积极推进“两基”攻坚战，全面提升适龄儿童的入学率，而较为突出的人畜矛盾却牵制了适龄儿童入学工作的深入开展。一方面要保证有足够的劳动力来放牧，另一方面又要保证适龄儿童接受法定的六年义务教育，这种放牧与教育之间的冲突，长期以来一直影响着罗玛镇牧区教育事业的健康发展。而集中安居、分散放牧却能有效地促进家庭互助协作和牧业的规模化经营，解放了劳动力，从而达到解放适龄儿童，提高适龄儿童入学率的目标。同时，集中安居、分散放牧还有利于适龄儿童集中接受教育，减少了就学的吃、住、行等方面的困难和费用，保证了就学和放牧两不误，有效缓解了人畜矛盾。

（2）有利于促进劳务输出，增加牧民收入。集中安居，使得家庭之间互助协作经营牧业的可能性增加，同时随着政府服务职能的进一步转变和牧民群众思想观念的更新，转让、出租草场的市场化牧业经营模式会逐步走进牧区，这样必然会使一部分从事牧业生产的劳动力被解放出来，他们开展劳务输出，进行个体经营和多种经营活动，既增加了收入，丰富了群众的钱袋子、脑袋子，也能有效改变单一的牧业“二元”经济结构。

（3）有利于促进牧业规模化、产业化经营。由于传统牧业经营方式的转变，一部分劳动力的解放和草场的出租、转让，使得牧业生产资料等资源能够得到有效整合，牧业生产力得到了进一步提高，从而促进了养畜大户和养畜专业户的产生，形成牧业富余劳动力＋养畜大户（专业户）＋企业（公司）的新型经济模式，拓宽了牧区富余劳动力的就业门路和渠道，推进了牧业规模化和产业化进程。

（4）有利于草原生态环境的建设。集中安居、分散放牧，实现了从过去人分散、畜分散的传统粗放型牧业发展模式到集约型经营模式的初步转变，把人力、物力、财力等资源有效整合，能够提高牧民群众家庭式、规模化管理和经营草场的积极性和主动性，从而加强了草原生态环境建设和保护的力度。同时，集中安居、分散放牧，一改过去对草场资源“星火燎原”式开发和利用的恶性循环，给予草场恢复和重复开发利用的机会，阻止了草场的退化和沙化速度，促进人与自然的和谐发展。

（5）有利于推进城镇化进程，促进牧区市场体系建设。游牧民安居工程的实施，推进了人、财、物向行政村、向乡镇的聚集，促进了牧区消费市场链、市场网的形成，活跃了牧区市场流通，从而起到推动牧业经济发展和促进牧区城镇化发展的目的。

（6）有利于牧区“三个文明”的共同发展。一是能够更为有效地加强对基层组织和基层政权建设，加强对牧民群众和广大党员干部的教育，保证党的各项方针、政策的顺利贯彻落实，促进基层牧区政治文明的阔步前进；二是能够有效推进基层牧区信息化建设，便于“村村通”等工程的实施，便于科学技术的普及，有利于形成牧业经济信息资源共享、互助的良性循环；三是有利于积极深入地开展反分裂斗争，牢牢掌握基层思想阵地的主动权。

同时，集中安居、分散放牧，还有利于加强基层基础设施建设，可以减少对光伏电站、筑路、架桥等资金投入。

集中安居、分散放牧，使基层牧区的各项资源和优势达到有效配置，并能够促成基层社会事业、牧业经济发展、牧民增收、草原生态建设和市场培育发展等工作的良性互动循环管理机制，并能够实现相互之间的协调和统筹兼顾，打破了牧业经济发展的瓶颈制约，更加有利于基层牧区实现以人为本、人与自然的和谐发展的目标，推进牧区经济社会的全面、协调和可持续发展。

初夏的藏北大地，处处生机盎然，一片繁荣景象。建设社会主义新牧区，实施牧民安居工程的伟大实践正在罗玛草原如火如荼地进行。牧民作为安居工程的建设主体、投资主体、受益主体，他们有着怎样的打算和做法，又有着怎样的感触和体会呢？

14 村牧民布才央说：“现在党的政策这么好，我们村的牧民们建新房的积极性都很高，过不了多久我们这里的牧民都能搬进新居了。”2006 年他参加安居工程，国家补助 1.4 万元、贷款 2 万元、自己筹集 1.7 万元，建房 120 平方米。

当我们来到 14 村时，乡亲们正忙着从附近的山上往村里搬运石头。上前打听才知道，原来这里的牧民知道今年要实施农牧民安居工程，就自发地组建了一个采石队，准备盖新房用的石料。

一眼望去，村子里 7 户新盖的牧民新居，美观大方，独具民族特色，相比之下，以前的房子就更显得低矮破旧了。

谈到村子里正在进行的安居工程，牧民才旺高兴地告诉记者："现在党的政策这么好，我们村的牧民们建新房的积极性都很高。大伙儿充分利用村子附近的石材资源，积极投工备料。每盖一座新房，邻帮邻、户帮户，有技术的出技术，有力的出力，一起忙活。村里仅今年盖成新房的就有 7 户人家，其他的牧户也都完成了备料，过不了多久，我们这里的牧民都能搬进新居了。"

图 4－6　原 14 村老村长布才央一家（2007 年 4 月 14 日　范远江摄）

2007 年年初夏的罗玛依旧有几分寒意，我们来到 14 村牧民卓利的家里，一下感觉身上暖和了许多。刚开始以为屋子里生了炉子，细细打量才发现，卓利家的房子安装的是双层大窗户，采光好又暖和。当听到我们夸房子设计得科学时，卓利娓娓道出了这个新居的故事。

卓利说："以前我们家只有几间小小的土坯房，比帐篷强不到哪儿去。年初，大家在报纸、电视上看到自治区要实施农牧民安居工程，5 年里就要让全区 80% 以上的农牧民住上安全、适用的住房，大伙儿心里很高兴，但也没想到像我们这么偏远的牧区也这么快就开始干起来了。我们家的房子今年从里到外进行了一次改建，如今全家人住在舒适、适用的新居，心里别提有多高兴了！农牧民安居工程把好事办到了老百姓的心坎儿上。”

14 村牧民贡布顿珠说：“从游牧到定居，再从定居到安居，我们牧人的生活蒸蒸日上，衷心感谢共产党！”

20 年前，祖祖辈辈生活在藏北草原上的 14 村牧民贡布顿珠一家，还过着“逐水草而居”的游牧生活，一顶帐篷就是牧人漂泊的家。

聊起当初盖房定居的情形，58 岁的贡布顿珠脸上显出几分自豪，他说：“那是在 80 年代初，村里的牧民还过着游牧生活，没有固定的居所。我当时就想我们村离县城很近，要是在冬春草场各盖一栋房子定居下来，买卖牲畜和奶制品就很方便，而且从此以后就不用再风餐露宿了。就这样我们家在村子里最先定居了下来，当时其他人很不理解我的做法，但是后来的实践证明我是对的。这几年罗玛实行了草场承包经营责任制，牧民们以往‘草场无价、使用无度、破坏无责’的传统观念逐步打破，草场责、权、利和管、护、用、建的使用原则逐步深入人心。这样一来村里定居的牧民越来越多了，生产和生活条件改善了，大家的日子也越过越红火了。”

2006 年实施牧民安居工程后，贡布顿珠家的房子在原来的基础上进行了改扩建，近 300 平方米的新居，客厅、卧室、厨房、洗手间，电话、电视、洗衣机等电器也都齐全，院子里停放的一辆崭新的客货两用小汽车已取代马成为这一家的主要交通工具。

如今在罗玛，牧民们从过去的逐水草而居的游牧生活，发展到了现在的定居定牧，这已不再是什么新闻了。在从过去的游牧到定牧定居生产生活方式的变革中，除去草场承包这一重要因素之外，广大牧民自身观念的转变也在其中起了重要的作用。

在采访中，我们结识了14村的贡布顿珠老人。他告诉我们，早在20世纪80年代，他第一个在村子里盖起了一座土坯房，全家住在房子里，从此告别了帐篷。可是当时大多数牧民们不能理解他，更不想丢弃帐篷，像他那样定居在一个地方。在牧民们看来，这无疑与传统牧业生产逐水草而居的规律相违背。因此，贡布顿珠住他的土坯房，其他牧民依旧过着四处游牧的生活。可是日子久了村民们发现，贡布顿珠一家不但住得比他们好，而且他家的牛羊也没有当初大家想象的那样差。于是，贡布顿珠这个在村子里打破千年游牧传统的牧民，成了村民们效仿的对象，大家纷纷盖起了新房。

坐在玛迪家宽敞明亮的客厅里，我们看到他家里电视、电话、冰箱、洗衣机等现代化电器一应俱全，院子里还停放着一辆家用的长安客货两用汽车。如此红火的日子，怎么不叫广大牧民笑在脸上，甜在心头！

在现代化的社会，工业化的结果之一就是家庭耐用消费品的日益普及，使家庭的物质消费结构从传统逐渐过渡到现代。产业化的耐用消费品已经成为人们日常生活不可缺少的部分。家庭对耐用消费品占有率的提高，体现了家庭生活方式现代化程度的提高。表4－8反映了牧区家庭耐用消费品的拥有情况。

表 4－8　14 村调查对象的耐用消费品的家庭占有

	自行车	手表	缝纫机	收音机	摩托车	彩电	黑白电视	电冰箱	收录机
14 村	16	43	10	31	16	21	6	4	35
百户拥有量比例（%）	57.1	153.6	35.7	110.7	57.1	75.0	21.4	14.3	125.0
	拖拉机	VCD	洗衣机	高压锅	手机	太阳能	长安车	电话	
14 村	32	24	3	36	16	21	10	25	
百户拥有量比例（%）	114.3	85.7	10.7	128.6	57.1	75.0	35.7	89.3	

资料来源：本表根据笔者 2007 年 4 月在罗玛镇 14 村调研资料整理而成。

表 4－8 显示出，“老四件”（自行车、手表、缝纫机、收音机）在牧区普及率很高。[“老四件”是 80 年代初期的消费潮流，自行车、手表、缝纫机、收音机是新婚家庭必备的耐用消费品。90 年代初的消费潮流是所谓“新六件”，即电视机（彩色与黑白）、冰箱、录音机、洗衣机、电风扇和照相机。现在的消费潮流是所谓摩托车、空调、电脑和高级组合音像系统（集电视、音响、VCD、录像机一体化）、电话“新五件”。部分高收入家庭则开始拥有轿车、移动通信电话等。]

在调查总体中，每百户拥有自行车 57.1 辆。这表明自行车已经成为藏民的日常交通工具。手表的普及率也很高，每百户拥有 153.6 块，成为耐用消费品拥有各项指标中最高的一项。我们注意到，缝纫机在调查点都出现了，每百户拥有的比重 35.7 台。收音机普及率达到了每百户 110.7 台，收录机的普及率为每百户125.0台。由于收录机的功能强于收音机，人们更喜欢购买，而且收录机的价格便宜，一般家庭有购买力。

藏族家庭“新六件”的拥有率以电视机为高。“电视文化”是现代社会生活方式的重要特征。电视机的普及标志着大众传播覆盖面积的扩大和现代化程度的提高。将黑白和彩电两项指标综合起来看，每百户拥有电视机分别达到75.0台和21.4台，并且彩电远多于黑白电视，表明牧民家庭的电视普及率已相当高。这对西藏来说，是家庭社会生活现代化的重要标志。

该村缺乏日用照明电。电力能源的发展和普及，是促进家庭生活方式现代化的基础和前提。非生物能源（电力、煤炭、天然气、汽油、柴油等）使用率的高低是衡量一个社区现代化程度的重要指标。现代耐用家电用品如电视机、电冰箱、洗衣机等大多要使用交流电。没有电力，即使家庭有购买力，也不能消费这些工业品。家用电器的消费与藏区的自然生态环境和传统生活方式也有密切的关系。例如，由于藏区地处高寒地带，日夜温差比较大，因此电风扇、空调的用处不大。又如，藏族居民喜吃糌粑、风干肉等食品，对于这些食品，电冰箱显得多此一举。但也有少数牧区藏族家庭购买了电冰箱。

高压锅的使用使牧区家庭的饮食结构发生了“革命”性的变化。由于高原地带气压低，水的沸点在70～80℃。没有高压锅，做饭做菜都很困难。所以藏族传统的食品结构就是糌粑、酥油、酸奶、牛羊肉（风干肉或半生不熟的新鲜肉）这四种。高压锅普及后，米饭、面食、炖品进入了平常百姓家，改善了藏族家庭的食品结构。表4－8显示，高压锅的普及率分别达到每百户拥有128.6个，平均每户至少1个。

太阳能灶的普及体现着藏族家庭生活方式现代化的发展水平。燃料问题一直困扰着群众，为了烧锅热茶，人们到方圆二三十公里之外寻柴火不是稀罕事，挖草皮和植物根当柴烧更是司空见惯，严重破坏了生态。从长远的角度看，太阳能灶解决的不仅是群众的燃料问题，从环保角度讲也很重要，草木不再被连根拔掉，生态有了进入良性循环的可能；用太阳能灶对群众的健康也是有百益而无一害，过去是烧草皮、烧牛羊粪，厨房里全是烟尘，这对呼吸道和眼睛非常有害。现在好了，老阿妈们不再被烟熏得睁不开眼或咳得喘不上气了。

当我们目视牧区人家，支起太阳能灶烧茶水、打酥油、和做糌粑时，深深体会了那种传统与现代的奇妙结合。我们知道，青藏高原的日照时间长，太阳能资源丰富，太阳灶的普及为藏族居民提供了取之不尽的能源。家用太阳能灶的价格在300元左右，家庭都买得起，人们主要用太阳能灶烧开水、煮饭。虽然太阳能灶并不是必需的生活用品，但太阳能灶普及程度和人们的接受与使用的程度，从一个侧面反映了藏族生活现代化的程度。

2. 文明之风深入心，全面小康现雏形

近几年变化最大、最深刻的，还是群众的生活质量。通过全村持续开展的文明创建活动，牧民们的现代意识日益增强，对生活标准的要求越来越高，普遍注重改变生活条件和发展生产，而且形成了互相比富的局面。

一是比家居环境。世代以游牧为生的人，过惯了一群牛羊、一顶帐篷的简单生活，一年四季全家人跟着牛羊在草原上转，生活条件差，抗灾能力弱。多年来，政府大力号召并积极组织牧民建房，鼓励定居与季节性游牧相结合，群众普遍有了固定住房。但由于人的观念和生活习惯没有改变，生活设施简陋、环境脏乱差的问题仍很突出。结合创建文明乡村、文明家庭活动，全村党团员带头，兴起了盖新房、建新家的热潮。看到一座座适合牧区又有现代品位的新房在村里落成，牧民们的眼球亮了，心里动了，一家接一家干了起来。新房逐渐增多了，人们又在房内装饰和家具摆设上较足了劲。起初，各家都用黄土打室内地面，既平整又好打扫卫生。不久，有人从用罗玛镇买回的塑胶铺地，又光滑又亮堂，引得邻居羡慕不已。接着，不少富裕户又先后用上了瓷砖和强化木地板，还购置了洗衣机、电冰箱，用上了液化气罐。在我们走访的几十户牧民家中，多数人家家具齐全、摆放整齐、布置漂亮、卡垫又厚又软，过去的土石坑，如今换成了雕龙刻凤的木床，铺的是海绵和沙发垫，用品应有尽有，给人以富足和温馨之感。

二是比精神生活。物质条件丰富以后，对精神文明生活的渴求日趋强烈。14 村的文体活动一年比一年活跃，规模越来越大，互相比赛，谁都不甘落后。前些年，家庭安装太阳能灶、买大彩电的，全镇也屈指可数，可近几年几乎已经普及，而且不少人家还购买了家庭影院、VCD、卡拉OK 等设备，不仅年轻人喜欢，一些老人也常和孩子们一起唱歌跳舞，特别是逢年过节和亲朋聚会时，举办家庭歌舞会已成常事。年轻人告诉我们，这里电视信号不太好，他们经常到地区和县城买流行光碟，看流行大片，听时髦歌曲。这里的牧民观念一点都不落后。村长布交介绍说，他们村每年最少要搞五六次文体活动，除了赛马和摩托车比赛外，还有歌舞、拔河、抱石头跑等，获胜者由村里发奖。他见我们对每辆摩托车上的音响感到好奇，便笑着说，这是小伙子们为放牧和进城路上听音乐安装的。这里的年轻人如此爱生活、会生活，令人感慨。

三是比清洁卫生。环境和个人卫生状况，是评选文明村、文明户的重要内容，也是衡量家庭成员文明素质的重要标准。以前，村民卫生习惯差，室内又黑又脏，室外牛羊粪遍地，人不洗脸不洗澡不洗衣，姑娘们放牧怕晒，普遍用酥油擦脸，如今这里已大变样。我们所到之处，村前村后清洁整齐，牛羊入圈，垃圾堆放有序。各家室内外都很干净，人畜饮水分开，卧室厨房分开。14村按照文明村的标准，制定了《乡规民约》，建立了卫生管理制度，要求每户每周进行一次大扫除，定期组织检查，对生活垃圾、炉灰等，由村里集中倾倒。村里每周要检查一次环境卫生和家庭卫生，月底进行讲评，并将检查结果作为评选“文明家庭”的依据。目前，全村男女老少爱清洁、讲卫生蔚然成风，连孩子们玩耍时都互相告诫，谁乱扔脏物就去报告卫生监督员。卫生习惯的养成，不仅提升了人们的健康水平，也提升了人们的爱美标准。首先表现在服饰穿着上，不论大人小孩，都很讲究穿戴，即便是旧衣服也很干净，大部分成年男女几乎每人都有一两件万元以上的民族服装；其次表现在卫生习惯上，漱口刷牙，睡前洗手洗脸洗脚，已成村民们的习惯，不少人外出也带着刷牙工具，有的还养成了不定期进城洗澡的习惯。吃饭用筷子代替了手抓，吃肉后手上沾的油不再往衣服上抹，而是用上了城里人用的手纸；再次表现在使用化妆品上，一些中年妇女特别是姑娘们，纷纷告别了酥油擦脸的历史，托家人和朋友从城里买回各种化妆品、增白粉、防晒霜之类，比着打扮自己。求美比漂亮已成为社会时尚。

四是比勤劳致富。人们盼富裕、求发展的愿望十分迫切。他们清醒地意识到，因循守旧、安于现状只能永远受穷，只有解放思想，广开致富门路，才能实现全面建设小康社会的目标。村里开展“破传统观念、立创新意识”大讨论，发动干部群众出主意、想办法。围绕着如何发挥优势，赢得市场这个主题，一个个谋跨越、奔小康的发展规划形成了，完成了；一个个生财致富的点子出来了，见效了。14 村认为自己的草场好，决心走科学发展畜牧业、双业并举之路。他们利用银行贷款，组织剩余劳动力搞汽车运输，每年收入近万元。群众之间比富的劲头更足。人们已不满足于吃饱穿暖、牛羊成群，想得最多的是如何通过正当劳动赚到更多的钱。一些家庭不仅养牛羊，还买车跑运输，到罗玛镇开百货店，开甜茶馆，每年收入低的一两万元，多的十几万元。比勤奋赛富裕的氛围，自然影响和带动了懒汉们，一些多年沉迷于麻将、酒馆的游手好闲之人，自觉丢掉坏习惯，开始把主要精力用在劳动致富上，有的还成了做生意的能手。

3. 教育促进观念变，树立典型带一片

如今的罗玛镇，人气旺，事业兴。这骄人的成绩里面，浸润着镇、村两级党组织对事业、对人民倾注的大量心血，演绎着他们做好思想教育工作的一个个感人的故事。

“陈规陋习不破除，文明进步则无从谈起；传统观念不改变，经济社会就无法发展。”这是罗玛镇党委的深刻体会，也是他们思想教育工作遇到的头一道难题。号召人工种草，有人说祖祖辈辈没听说过，破坏了地气要遭上天报应；鼓励经商致富，有人担心做生意是倒买倒卖、不务正业，怕被人瞧不起；提倡刷牙漱口，有人指责说脱离实际、瞎讲究，瞧不起自己的民族习惯。罗玛镇党委强烈地感觉到，要想解决社会发展进步问题，必须首先从改变人们的观念抓起。

在全镇党员干部学习“三个代表”重要思想培训班上，罗玛镇党委书记、镇长带头谈体会做辅导，并以“践行‘三个代表’，我们应该怎么办”为题开展讨论，同时组织他们到外面参观学习，然后发动大家回各村做工作，统一群众的认识。借鉴兄弟县的成功经验，试点村人工种草喜获丰收，牧草长了一米多高，群众信服了、高兴了，人工种草技术很快得到普及。镇党委积极鼓励乡、村干部组织群众走出大山，闯市场、串亲戚，看社会变化，长现代知识，人们的卫生习惯有了明显进步，刷牙漱口的人多了，饭前洗手、睡前洗脚的人多了，勤换衣服的人也多了。镇党委因势利导，结合开展争创文明乡村和文明户活动。

随着收入的不断增加，群众手里的钱越来越多，赌博之风也随之刮起。有不少人沉迷于赌桌，影响了生活，破坏了家庭关系，甚至打架斗殴动刀子。罗玛镇党委及时召开群众大会，一方面讲清赌博给生产、生活和社会治安带来的严重危害，一方面动员广大村民对家庭成员中参与赌博的人进行教育和劝阻，并规定有赌博行为人的家庭不能评为“文明家庭”，已评上的也要摘牌。为了挽救不愿悔改者，镇政府专门开办戒赌培训班，组织学员集中学习有关法律法规，帮助大家从思想深处提高认识，并以惩罚的形式，要求他们义务拾干牛粪，为乡小学解决燃料问题。培训班结束时，每个人都与乡里签订了拒赌协议书，保证今后不再参与任何形式的赌博活动。经过一段时间的教育整治，全镇赌博现象彻底消除，社会风气明显好转。原先，有些年轻人卖了牲畜就进城挥霍，钱不花光不回家，在比勤奋、赛发展的氛围影响下，他们自觉克服挥霍习惯，有钱再不乱花了，而是攒着买汽车、买摩托车跑买卖，一门心思忙致富，谋发展。

第四节　社会礼仪

民风是指一个地区或民族表现出来的整体风气，民俗是指一个地区或民族的传统习惯；风气更多地与性格气质表现相关，民俗则更多地与日常生活的具体行为相关。

“关系共同体”带有极强的藏文化的特征。“关系”在藏族传统文化中具有一定的不确定性，它依赖于很多条件而存在，但同时又可以打破很多条件而存在。比如说关系一般依赖于一定的地缘、血缘、族缘和业缘条件，一些有着共同血缘、地缘、族缘和业缘关系的人更容易形成一个共同体。但是，在西藏的一些关系共同体中，有时可以不必依赖这些条件而存在。关系共同体很有可能打破原有的血缘、地缘、族缘和业缘关系而拓展出新的关系网络。因此之故，关系共同体有很强的可延展性。关系可以根据一定的秩序进行拓展，把一些本来不属于关系共同体的人纳入共同体范围，从而使得关系的外延不断延伸。但是，不论怎样，关系共同体总是有一定限度的，超出一定的限度，共同的价值观和交往规则就很难维系，因而其保持共同体的成本就会上升，关系共同体崩溃的可能性就会增大。关系共同体一方面具有一定的延展性和开放性，另一方面也同样具有一定的边界特征，假如超出了这个边界，在没有新的社会规则和价值体系支撑的情况下，关系共同体的过度延伸会带来灾难性的后果。

无论是从哪种角度看，西藏的传统民风民俗资源都可谓丰富多彩。西藏的物质民俗主要包括西藏的风光、建筑、服饰、饮食、交通、生产等；精神民俗主要包括文学、艺术、宗教、节日、婚礼、丧葬、语言禁忌等方面。

从人文的角度划分，西藏的人文风情则包括服饰方面的衣服、鞋帽、佩戴、装饰；饮食方面的糌粑、干肉、奶渣、藏式点心、奶茶、酥油茶、青稞酒；岁时节日方面的藏历新年、雪顿节、沐浴节、望果节；民间文艺方面的神话传说、《格萨尔王传》、《阿古顿巴的故事》和藏戏歌舞等。

一　婚姻习俗

（一）订婚

藏族男女通婚，分求婚、订婚和结婚三部曲。过去求婚之前要先卜卦属相，看双方是否相合，然后送哈达。双方同意婚事后，还要请一位有才华、会诗文的人起草婚约书，内容包括男女双方要互敬互爱、孝敬长辈等。订婚这一天，男方要送给女方家中每人一条哈达，并且要送给女方父母养育女儿的“奶钱”。

（二）结婚

结婚礼仪更加讲究。举行结婚仪式的前一天，男方要将一套漂亮的衣服和若干贵重首饰送到女方家中，作为新娘过门时穿戴打扮用。新娘家里为结婚准备的嫁妆中，必须有小铜菩萨一尊、经书一册、佛塔一座。因为文成公主嫁给松赞干布时，就带了这3件东西，故流传至今。藏北的婚礼也具有特色，迎亲那天，双方家庭都要举行煨桑仪式，以祭故土神灵。出发时首先要向西南走，牵马人手拿九宫八卦图开路。迎娶人家在帐绳上挂上哈达，帐门两侧各放装满干牛粪的袋子和盛满鲜奶的奶桶。在新人下马处铺一块洁白的毡子，上面用青稞画一个吉祥的符号。新人的父母和贵宾到帐前，先由盛装的年轻妇女向他们敬献“切玛”和青稞酒，迎入帐内入座。再向两位新人献上吉祥饭“卓玛折司”，而后由亲人和来宾向新人及父母、贵宾敬献哈达，并献上相应的礼物。男女双方亲友各派出一位能说会道的人，争相夸耀各自的主人公，将喜庆气氛推向高潮，然后大家尽情地唱歌跳舞。

（三）婚后

结婚之后3个月或6个月，新娘（或新郎）得偕同配偶返回自己老家小住，相当于内地的“回门礼”。至此，整个婚配即告结束。离婚的事情也常有发生，原因是多方面的。或因感情不和，或因对方有病，或因女方缺乏持家能力，等等。

二　丧葬习俗

丧葬形式既是人们社会文化观念的反映，也是自然环境作用的产物。原始的天葬是将死者遗体放置于露天荒野，任鸟兽啄食。天葬是藏族较普遍的葬俗。据调查，拉萨、山南一带，90%以上的藏族同胞接受天葬。部分地区的门巴族和裕固族也实行天葬。

天葬都安排在早晨进行，免得“天鸟”吃了别的东西，把尸体剩下。即是所说的“以食净为吉祥”天葬在西藏盛行的原因。

土葬本来是藏族原始固有的葬俗。但在盛行天葬以后，西藏人民则改变了认识，认为土葬是最坏的一种葬法。按藏族人的风俗，那些有重大罪恶之人及受刑而死的囚犯是不能天葬的，只能埋入地下，这样他们的灵魂就不能转世。在西藏和平解放前的法律，患有麻风、炭疽、天花等传染病患者的尸体，不允许他们天葬或水葬，只允许挖坑埋进土里，意思是灭其根种。但在四川甘孜、阿坝等部分藏族地区，仍流行土葬。

目前在西藏的藏族同胞接受天葬的程度远远超过世界其他地区、其他民族。这是和西藏的特殊自然环境、文化观念、社会历史变化有关的。

1. 自然地理基础

自然因素促进了天葬的形成。自古以来，生活在青藏高原上的藏族同胞，由于藏区海拔高、多山的特点阻碍了佛教所推崇的火葬的流行和推广。另一方面，这种脆弱的高原自然环境孕育了藏族人民保护生态的意识，并贯穿至日常生活的各个方面，葬仪自然也不例外。天葬这种独特的丧葬形式，理所当然地成为藏族同胞的一种比较合理的葬俗。所谓合理利用自然资源，就是要依据目前所有的信息，去满足现在的人类以及其子孙后代的长远需求。

虽然这片土地广阔，但高海拔造成的寒冷、低温，却使它无法提供人类需要的大量粮食及生活必需品，人们的生存环境基本上听天由命，由上苍来安排。对土地的依赖性不强，这就从情感上，从实用上疏远了土地。“入土为安”的意识从未成为藏族文化的组成部分。相反，藏族同胞认为生命是上苍赐予并决定其结局的，那么生命结束时就应尽快从大地上消失。

高寒的气候使青藏高原的大部分地区土地处于长期冻结状态。高原无霜期短，即使在夏天，地表一米以下仍是(尤其在高寒牧区)，挖掘起来十分困难，特别是在远古，靠简陋的木器、石器更是吃力。而藏区由于生产关系的束缚，生产力发展缓慢，铁器进入民间百姓生活领域的普及率很有限，因此，开掘地穴埋葬尸体的行为很难形成风气。另外，游牧民族不同于农耕民族，他要逐水草而居，要迁徙游动，因此，乡土观念不浓，把亲人的尸体放在他们难以常常顾及的地方，心理上、情感上的压力是很大的。让亲人回归大自然，是他们朴素的心愿，也是最好的安慰。而天葬便是实现这种心愿的较理想的表达形式。

高原环境下生就的食肉猛禽鹫鹰，其饮食特点也帮助藏族同胞实现了回归上苍的愿望。经常性的高寒气温，使尸体在短期内不易腐烂，也使天葬便于操作，有助于吸引鹫鹰来啄食。当然，上述这些原因仅仅是藏人选择天葬的外在条件，是天葬葬俗的外因。

2. 文化观念背景

作为藏族传统文化重要组成部分的丧葬文化，在内容和形式上都显示出它自身特有、丰富多彩的风格。从形式上看，主要有天葬、土葬、石葬、崖葬、塔葬、水葬等多种葬仪形式。藏族丧葬文化已成为藏族传统文化中最令人注目、最具有浓厚地方特色的文化现象之一。从这个角度讲藏族丧葬文化比其他藏族文化形式，更能直接地反映藏族这一高原民族的社会风尚、思想观念、意识形态等多方面的状况。藏族天葬的产生与流行完全可用文化的地域性来解释——不同的地理环境，不同的自然条件就会形成各自不太相同的生产方式和经济结构；就会形成独有的心理素质和性格行为；就会形成多种多样的风俗习惯和生活情态。

藏族人死后，依经济和社会地位不同而采用不同葬法。天葬是藏族最普通的葬法，藏语称天葬为“杜垂杰哇”，意为“关（尸）到葬场”；又称“恰多”，意为“喂鹫鹰”。文中“恰”是一种专门食尸肉的鹫鹰，谓之“哈桂”，因此天葬又称“鸟葬”。这是藏族人民最能接受，也是藏区最普遍的一种葬俗，被认为是死亡的神圣归宿。

藏族人认为，每个人会在自己被鹫鹰叼走的一刻有一种与天同在的意念。天葬对于人本身的要求很高，任何因不健康的原因（如中毒、遭凶器杀害、夭折等）而死亡的人都不能天葬。以免玷污了天堂的纯洁。

天，在藏民心目中有崇高的地位。雪域高原离天最近，它不仅是富有万千风光的自然界的天，而且是佛教化和理想化的天国——极乐世界。用幻想消除对死亡的恐惧，摆脱现实的烦恼，把希望寄托于未来，这也是一种人生态度。

藏族人崇尚的观念是“万物皆有灵”。世界上的生灵万物都是外壳与灵魂的结合体，人和自然也是肉与灵的结合体，而肉体只不过是灵魂的载体，死亡只是灵魂和躯体的分离，是灵魂脱离这一躯体投入到另一躯体的一种转化。因此，在藏族人中间流传着这样的谚语：“生命短如猫打哈欠”、“学会了死，就学会了活”。这些说明了生命的短暂和珍贵，也阐明了人无法避免死亡的客观必然性。它让人认识到生命的珍贵，使你更加珍视生活。文化与生态环境是相互作用相互影响的，生态环境决定着文化，文化对生态环境又有反作用。藏民族与众不同的自然背景造就了它独特的人文精神。这种人文特点，使他们更注重生命精神层面的意义。他们既不否认生命的自然法则，也不认为死亡就是毁灭和失掉一切，而是乐观地面对死亡，并赋予死亡以特殊的意义。在他们看来，“死”就是“瓜熟蒂落”。对待死，就是要“泰然处之”。

藏族人民千百年来在山势雄伟、草原无边、江河呼啸、水流湍急的“世界屋脊”上繁衍生息。大自然的壮美景色陶冶了藏民族粗犷、豪放、乐观、豁达的民族性情，培育了刚健雄阔的审美意识。这种意识在葬俗中强烈地表现出来。藏族人民把生命的纯粹性视为短暂，相信灵魂转世、生命轮回；把身体视为性灵附载的客体，残存的躯体是毫无意义的皮囊；把人死后升天作为今生最大的愿望，于是选择了天葬这个通向天堂最理想的途径。

3. 社会历史过程

藏经中记载，第一位藏王聂赤赞普是作为天神之子、通过天梯下凡来的。他完成了拯救世俗的任务后，又沿着天梯回到了天堂。他后来的6位继承者，也都攀登天梯返回极乐世界。但到第八位藏王直贡赞普时，却由于受一个大臣的诱惑，陷入黑巫术的圈套被杀死，天梯从此被切断。为了直贡赞普的尸体不留在人间，人们借助了神鸟双翼使他飞上了天。于是藏族的天葬习俗开始形成。

这仅仅是一个为了使天葬更神圣化的传说。其实藏族古代历史上第一个地方政权及其国王即赞普是随着人类社会的进一步发展诞生的。他的出现标志着藏族古代社会发生了根本性的变化：旧的分散的原始社会解体，新的统一的奴隶社会开始形成。

统一的奴隶制地方政权的建立，使原先的酋长兼巫师们失去了原来的显赫地位。但他们为维持自己的地位，声称自己具有能为人们的利益去控制大自然的能力，是神与人之间的代言人。这样一来，聂赤赞普虽然身为国王，也被牢牢控制在巫师的严密监督之下。这类谋取特权的巫师利用登基和丧事两大环节来对国王进行管制，使国王失去掌握自己命运的权力。

巫师操办国王的登基仪式，《柱间史》中这样写道："他（指聂赤赞普）的头顶与天之间有一个白色的天绳被人们所看见……此乃我们苯波在祭献神灵时所遇到的从天而降的拉赞普。"虽然其仪式看似简单，但在简单的后面则蕴含着既庄重又神秘的内涵。

当国王聂赤赞普的任命或登基仪式圆满完成之后，巫师们又要考虑国王死后的去向。他们按照"人从哪里来，又到哪里去"的思路，提出将国王尸体送回天界。这样，既能表现神与人之间的差别，又能宣扬神的威望，是处置国王尸体的最佳办法。

巫师们为了使国王明显地区别于普通人，便在一般庶民百姓面前造成一个"神"的印象。国王是依凭"天绳"顺利地"从天而降"，临终时又依凭"天绳"缓缓地升上天空，随之"如虹逝去"。巫师们当时使用"天绳"将国王尸体捆绑起来，在极其保密的情况下，送至不被人发现的空旷地带。这些情形在今天西藏地区的较偏僻的天葬场上可以反映出来。例如，除了大型天葬场（一般设在各大小寺院附近）外，西藏地区还有不胜枚举的小型天葬场。后者地处深山僻壤，一般不被世人发现。因此，对于大多数人来讲，这种处置尸体的方法仍然很神秘。

天葬从巫师为控制国王而神化其“从天而降”、“随虹而逝”逐渐演变为一种大众的丧葬习俗，也算是西藏社会历史演变的独特产物。

天葬是在一定历史条件和社会环境中形成的礼俗，而并非偶然的社会现象。在当今世人眼里，天葬是一种奇特的、神秘的葬俗，但是藏族人通过天葬将人与自然的关系联系得更加紧密，就像当地人特有的生活方式与青藏高原独特的自然环境相适应一样，天葬也是藏族同胞人与自然处于协调发展的一种特有的生活方式。而且天葬极大地节约了土地资源，与现在正提倡的建立科学、文明、健康的新丧葬形式——既满足人们慎终追远的要求，又兼顾土地资源的有效利用——和促进社会文明与进步的指导思想是相一致的。新的生态关系对应着新的环境潜力；反之，环境潜力的增加应使人类与生态关系的整体获得新的意义，从而提高它在人类全面发展意义上的价值。

三　节日礼俗

西藏的节日丰富多彩，有宗教节日、农事节日、牧业节日和年节，等等。既有地方性的，也有全区性的；既有宗教方面的，更有世俗方面的；既有农牧业生产为主题的，也有娱乐竞技为内容的。其社会功能和文化价值不可低估。古今中外任何一种节日，都有一个统一的文化功能或文化价值，那就是划分时间段落，调节民众的生活。而西藏节日所拥有的功能和价值远不止这些。

藏族节日，基本上是欢乐的群众集会。人们借此机会休闲、放松、娱乐，载歌载舞。丰富的节日娱乐活动，是超越日常生活的兴奋点。西藏高原地广人稀，特别在西藏农牧区，群众居住分散，交通不便，致使农牧民群众平日交往很少。因此，人们借节日机会，传递信息，增进友谊，交流经济。尤其在经济全球化的时代背景下，文化传播形式的多样和文化娱乐生活的不断丰富，传统的口耳相传的非物质文化生存空间越来越小的今天，西藏传统的民间节日，无疑发挥着保护库和传播带的作用。因为，西藏民间的歌谣、民间舞蹈，以及形式多样的竞技和游艺文化的表达空间日益狭小，已经成为弱势文化，甚至在一些地方，这类无形文化只有在过节时才能得到体现。节日本身作为非物质的文化形态，可以为许多非物质文化遗产的继承保护和传播创造空间。

禁忌习俗，是约束人的言行、调整社会关系的行为规范，西藏广大的农牧区，群众的法律意识不强，法制观念淡薄，传统的禁忌习俗仍然对规范人的行为起着特殊的作用。藏族先民基于万物有灵的观念，产生出自然崇拜，而万物有灵、自然崇拜又产生出对神山神湖的敬畏。夏季禁止乱砍滥伐，禁止滥伐古树和神山上的植被，禁止污染水源，猎手在狩猎时禁止捕杀怀胎的动物，日常生活中禁止宰杀怀胎的母畜（以免造成双重罪孽）等流传在民间的多数传统禁忌习俗，就是基于万物有灵的观念而形成人们敬畏心态的一种反映，并因此披上了一层神秘色彩。但倘若我们拨开云雾，就会发现其中蕴含着合理成分。正是这些观念，引导人们热爱养育他的土地，热爱一山一水、一草一木，与大自然和谐相处。认为一切破坏自然，破坏山水的行为，是一种罪孽，不可饶恕，从而客观上保护了人们赖以生存的周边环境，保护了青藏高原的生态环境。有些禁忌习俗起着调整人与社会关系的作用，利于公共秩序有条不紊地延续发展，有些禁忌能够调整人与人之间的关系，利于彼此之间确立平等、团结、友爱、互助互利的关系。过去在西藏，长幼、父子兄弟、朋友和邻里之间的相互关系遵循一定的道德秩序准则。这种不带功利目的和金钱色彩并且还体现了人类美好天性的民族传统美德，对市场经济消极因素导致的拜金主义、贪污腐化、道德沦丧、极端利己主义等不良社会现象，无疑具有消解作用。

切实保护好优秀民风民俗，不仅是对其开发利用的基础，也是其自身可续发展的必要前提。在这方面我们已经做了很多工作，并取得了举世瞩目的成就。但绝对禁锢和封闭起来的做法，并不是应有的科学态度。要使民风民俗得到真正的保护和传承，必须在利用和发展中寻找出路。

对于西藏民风民俗的利用主要有两种途径，一种是在物质文明建设当中通过现实的经济发展策略，如相关旅游产业的发展，使它产生明显的经济效益和社会效益，从而唤醒本地区、本民族对自身民风民俗重要性的认识和觉悟。另一种是在精神文明建设领域中，通过对良好的社会公德、职业道德、家庭美德、文明公约等方面的大力提倡，培养民众积极健康向上的行为习惯，形成有助于社会向前发展的良好的社会风气。

2006 年 7 月 1 日，青藏铁路已经全线通车，越来越多的人正通过这条幸福的“天路”方便快捷地进入西藏；西藏也正通过这条世界上海拔最高的铁路进一步走向开放。西藏奇异的自然景观和独特的人文景观吸引着无数对高原着迷的人前来探索她的内在奥秘。而具有强烈人文内蕴的民风民俗，对于他们来说，具有异乎寻常的吸引力。这在旅游经济策略层面，已经得到了社会各界人士相当的关注，并已运用于具体的实践操作中，不少融合西藏地方特色的旅游产品的开发生产、西藏题材影视作品的制作、文学作品的出版等，也是对西藏民风、民俗的现实利用。

相比较而言，在精神文明建设当中，对民风民俗的利用则显得有些受到漠视。贯彻和落实科学发展观，构建社会主义和谐社会，是我国当前社会发展的总体目标，是建设有中国特色社会主义的战略指导思想。挖掘、发展各民族优秀文化遗产，以形成中华民族多样文化和谐发展的文化生态，对于这一战略目标的实现具有重大意义。和谐社会中的文化，重点是生态文化、社会文化、人际交往文化三个方面，与之相对应的是构建三种和谐关系，即人与自然、人与社会、人与人之间的和谐关系。藏民族传统文化对于和谐社会的形成所具有的意义主要体现在精神层面和促进社会结构合理化两方面。作为一个生态相对脆弱的地区，在长期的历史进程中，藏民族形成了一套人与自然和谐发展的良性发展模式，当然这一模式是建立在社会经济几乎处于停滞发展状态的前提条件下的，如何在经济发展的情况下，继续保持人与自然和谐发展的局面，传统文化中包含许多合理的因素，值得我们大力挖掘整理，促进新条件下的良性互动。

对一个地区和民族的民风民俗进行合理利用，引导其向积极健康向上方面发展，对于该地区和民族的经济发展是有着重要促进作用的。尤其是在形成全社会良好风气方面，将十分有利于当地的社会经济的发展，如民风淳朴、民众崇尚公平正义、诚实不欺诈、热情好客等，对于招商引资和留住人才，会在人们心目中留下深刻美好的感官印象，有着极大的积极作用。而在此基础上形成的民众普遍热爱学习、勤于钻研、乐于奉献、勇于开拓的风气则对该地区和民族的长远发展有着重要意义。应该说，利用是为了更好的保护，而保护也只有有利于人民的生活实践才有其现实意义，二者之间是辩证统一的关系。

对西藏民风民俗进行保护的根本目的还是在于人民生活实践上对其的利用，而只有有效地利用西藏的民风民俗才能是对民风民俗真正的保护，那种封闭禁锢、任其自然发展的做法，非但谈不上对优秀民风民俗的保护，更是对民族文化资源的破坏。在世界日益开放和迅猛发展的今天，我们对西藏民风民俗资源的保护和利用就是要让其优秀内核得到传承和弘扬，以利于其发扬光大，利于人类的文明进程。

罗玛浓郁的藏族民俗风情，为本区发展旅游提供了丰富的人文旅游资源。藏北人民热情开朗，豪放大方，特别能歌善舞，歌声悠扬，舞姿优美，节奏明快，尤以踢踏舞、锅庄舞最富民族特色。献哈达是最崇高的礼节，每当遇到婚喜、节庆、迎送宾客、拜会尊长、朝佛拜像、送别远行等有献哈达的习惯。

主要节日有藏历年和赛马节。藏历年是藏族人民最隆重的节日，藏历年正月初一，男女老少很早就起来，换上新做的服装，摆上“切玛”、“退”和果品等节日食品，互致新年的问候，沉浸在一片节日的气氛中。那曲赛马节藏语叫“达穷”，是西藏规模最为盛大的赛马节，也是藏北草原规模盛大的传统节日。每年公历 8 月 1 日举行，为期 5 至 15 天不等。届时区内外的游人商贩云集藏北，现在专程来参加赛马节的外宾也越来越多。白天有勇士们赛马、马上射击、马上拾哈达等各种马术表演，以及丰富多彩的文艺演出；晚间人们聚在一起围着篝火唱歌跳舞，使整个草原成为五光十色、欢声笑语的不夜之地。此外还有藏历三月的初生小牛节、阉羊节和雷声节，藏历四月的剪羊毛节，藏历九月的采药节，以及藏历十月的燃灯节等。

四　新风新俗

由那曲地区精神文明建设指导委员会展开的“十星级文明户”评比，分为：①爱党爱国星；②团结友善星；③遵纪守法星；④勤劳致富星；⑤计划生育星；⑥文化教育星；⑦科技应用星；⑧家庭美德星；⑨奉献互助星；⑩清洁卫生星。罗玛镇14村的村长所在自然村有2户获得此殊荣，其余都获得了至少八星以上。

那曲县精神文明建设指导委员会办公室展开的“文明户星级牌”评比，分为：①立场星；②学习星；③发展星；④团结星；⑤道德星；⑥教育星；⑦科技星；⑧卫生星；⑨安全星；⑩奉献星。14村村长家获得。

那曲县精神文明建设指导委员会展开的“文明户”评比，该村长家获得。

2005年12月，那曲地区精神文明建设指导委员会授予罗玛镇14村“创建文明乡村先进单位”。

那曲县精神文明建设指导委员会授予罗玛镇14村在“创建文明乡村”活动中以“先进单位”。

2006年12月，那曲地区精神文明建设指导委员会授予罗玛镇14村“2006年度精神文明创建先进单位”。

2007年3月18日，那曲县社会治安综合治理委员会、那曲县平安建设工作领导小组办公室授予罗玛镇14村“平安村（居)”。

罗玛镇14村在县委、县府的坚强领导下，在镇党委、镇政府的正确引导下，始终坚持“两手抓、两手都要硬”的工作方针，狠抓精神文明创建工作，积极推进社会主义新牧区和和谐牧区建设，经过镇党委、政府和全体村民的共同努力，使这个村在物质文明、精神文明、政治文明建设方面取得了显著成绩。2002年，被地区精神文明建设指导委员会授予“精神文明先进单位”荣誉称号。同时该村还被地区文明办授予“外宣基地”称号。2006年，被县精神文明建设指导委员会授予“精神文明先进集体”荣誉称号。

在积极推进精神文明建设工作的具体实践中，14村把集体创建和个体创建紧密结合，在集体上创建一流村班子、一流村班子队伍，在个体上开展人人争当先进，户户争当“十星级文明户”活动。全年共涌现县级“十星级文明户”29户，地区级文明户3户。争创活动有力地促进了社会各项事业的发展。

目前，14村正在以高昂的激情和积极上进的热情，在精神文明建设的道路上不断开拓，不断创新，正在为社会主义新牧区建设努力奋斗，正在和谐社会建设号召的引领下争创和谐村镇。

第五章　民族与宗教

第一节　民族

一　民族结构与聚居情况

罗玛镇14村的民族全系藏族。牧户全部定居，大多是三代同堂，也有子女结婚后从大家庭分离出来组建小家庭的。

二　民族关系

（一）民族关系评估

1. 牧区群众的政策认知

第一，对民族平等团结政策的认知。

民族平等团结是我国处理一切民族问题的基本原则，也是我国民族政策的基石。从表5－1看，对它的认知情况，总体上知晓程度为41.3%，认知水平较高，表明这一政策比较深入人心。说明牧区公民的受教育水平在逐步提高。

第二，对民族区域自治政策的认知。

民族区域自治是我国解决民族问题的基本政策。表5－1显示，有45.2%的被调查者表示知晓这一政策，说明牧区对这一政策的知晓率并不低。

表 5－1　调查点调查对象对国家政策的认知状况

单位：%，人

政策认知内容	民族平等团结		民族区域自治		宗教信仰自由		干部援藏	
调查对象总体知晓度	知道	回答者	知道	回答者	知道	回答者	知道	回答者
	41.3	55	45.2	50	89.9	50	65.7	55

资料来源：本表根据笔者 2007 年 4 月在罗玛镇 14 村调研资料整理而成。

第三，对宗教信仰自由政策的认知。

牧区是绝大多数群众信仰同一种宗教的民族地区。从表 5－1 可以看出，宗教信仰自由政策是牧区人民最关心的政策，知晓率也最高，其综合水平达到 89.9%，处于各项指标之最，表明藏族的宗教社会化程度很高。

第四，对干部援藏政策的认知。

从内地选派干部援藏是中央为促进西藏发展而采取的政策。牧区对这一政策的知晓程度也比较高，这与援藏干部的典范——孔繁森事迹的广泛宣传不无关系。根据本次调查，共有 65.7% 的被访者认为孔繁森是党的好干部。被访者对孔繁森事迹给予了很高的评价。表 5－1 显示，人们对援藏干部政策的知晓率为 65.7%。

2. 藏区群众对政策的评价

这里的政策评价是指该村群众对公共政策、政策实施过程及政策执行者——干部的态度倾向。本调查要求被访者评价民族平等团结、民族区域自治、宗教信仰自由、农牧区改革和干部援藏 5 大政策。与政策认知相比，这里增加了对改革评价。

（1）对民族平等团结政策的评价

民族平等团结是我国民族政策的基本原则。该村群众对这一政策的评价如表5－2所示：

表5－2　调查点调查对象对民族平等团结政策的评价

调查地点	不了解	很好	一般	不好	样本数（人）
调查对象评价占总体比例（%）	51.3	38.2	7.5	3.0	50

资料来源：本表根据笔者2007年4月在罗玛镇14村调研资料整理而成。

表5－2显示，各调查点综合评价这一政策“很好”的占38.2%。而在50个回答者中，明确说“不好”的，仅占3.0%，说明这一政策得到了牧区绝大多数群众的拥护。对这一政策的态度结构表现为一致性政策文化，赞成意见占了绝对的优势。我们的调查数据还显示，87.8%的被访者反对民族分裂。该村的一位被访者说：“民族团结是很重要的，各民族团结了，社会安定，经济发展，对大家都好。想分裂的人，是有野心的人，对我们老百姓有什么好处呢？我想是没有的。”另一位被访者说：“没有国家就没有个人，国强才能民富。要是国家分裂了，就谈不上强大，我们老百姓就没有好日子过。”还有一位被访者说：“我相信国家政府是为人民办事的，各民族团结，在共产党领导下，能为群众办事，相信这一点就够了。”而这些被访者都是普普通通的藏族群众。

（2）对民族区域自治政策的评价

该村群众对民族区域自治政策的评价如表5－3所示：

表 5 - 3 调查点调查对象对民族区域自治政策的评价

调查地点	不了解	很好	一般	不好	样本数（人）
调查对象评价占总体比例（%）	45.3	46.8	4.9	3.0	50

资料来源：本表根据笔者 2007 年 4 月在罗玛镇 14 村调研资料整理而成。

由表 5 - 3 可见，牧区群众对这一政策给予了积极的评价。认为民族自治政策“很好”的人，占被调查者的 46.8%。该村的民族关系比较融洽，只有 3% 的人说“不好”。尽管有接近一半人不了解这一政策，但对这一政策持赞同态度者占被访村民的 93%。因此有理由说，藏族人民是拥护民族区域自治政策的。

（二）民族关系事件

表 5 - 4 反映了牧区群众对与本民族有关的若干重大历史事件的认知情况。重大历史事件是重大政治决策及实施的结果。在当代藏族社会发展史上，有 3 件大事称得上是重大历史事件：一是 1951 年中央与西藏地方政府签订《十七条协议》，西藏由此获得和平解放；二是 1959 年开始的西藏民主改革，藏族社会由此摆脱了封建农奴制的桎梏，开始向社会主义社会过渡；三是 1965 年西藏自治区的成立，标志着西藏进入社会主义社会的发展阶段。表 5 - 4 显示，牧区对《十七条协议》签订的知晓率比较低，在总体上只有 5.1% 的被访者知道这件事。这恐怕与 1950 年以后出生的人口占多数有关。

对 1959 年西藏民主改革这一重大事件的认知程度，有 35.7% 的被访者表示知道这一改革运动，不少村民还能详述当时分田地、分耕牛的场面。他们还对民主改革时期的干部印象深刻。一位被访者说：“那时的汉族干部真是太好了，户口都放在我们这里，与我们住在一起，是真正为藏族人民服务的。”一位被访者说：“那时候，我们感到翻身了，我们这些穷苦人受到尊重，看病、读书都不要钱。政府还给我们安排工作，有工资收入，现在我就是靠退休金生活的。”

表 5－4　调查点调查对象对重大历史事件的认知

政策认知内容	《十七条协议》的签订		西藏民主改革		西藏自治区成立	
调查对象认知度占总体比例（%）	知道	回答者（人）	知道	回答者（人）	知道	回答者（人）
	5.1	55	35.7	50	85.7	50

资料来源：本表根据笔者 2007 年 4 月在罗玛镇 14 村调研资料整理而成。

对西藏自治区成立这一大事，村民对这一事件的知晓率达到了 85.7%。

第二节　宗教

一　宗教特点

大多数藏北人笃信宗教，人们既对大自然顶礼膜拜，相信万物有灵，也追求来世的幸福，虔诚供奉佛法僧三宝。在藏北最古老的宗教信仰是自然崇拜和图腾崇拜，牧人们至今还将藏北的许多高山和湖泊视为神山圣湖，每年朝山转湖，加上美丽的神话传说，大自然的造化之物，变成了有着肉身凡胎一样的喜怒哀乐。在草原各部落，还有一种能通灵的“拉巴”神人，他们能让神灵鬼怪附体，代表神向凡人发号施令，也能帮助人治疗各种怪病。

藏北历史上属于象雄古国的一部分，在雄厚的自然崇拜基础上，传统的本教也盛极一时，流传至今。随着佛教的不断兴盛，其势力也逐渐向藏北渗透，藏传佛教的各教派都向藏北地区扩张势力，各自传播教义，发展信徒，建立寺庙。据1960年统计，那曲地区（当时称黑河）不包括后来划入的嘉黎县、比如县的白嘎区和索县的江达区一带的寺庙，全地区共有寺院109座。1966年到1976年"文化大革命"期间，那曲100多座寺庙都遭到不同程度的破坏，许多珍贵文物和经典毁于一旦。随着宗教信仰自由政策的全面落实，绝大部分寺庙得以恢复，宗教文化又趋繁荣。

图5-1 笔者和贡日一家（2007年4月13日 郑洲摄）

目前，那曲地区共有本教寺庙23座，噶举派寺庙25座，宁玛派寺庙18座，格鲁派寺庙48座，各种拉康、日追、仓康120多座，完全能满足广大信徒的宗教信仰需要。这些寺庙在寺院民主管理委员会的领导下，发扬爱国爱教精神，潜修教义，认真讲听修行，弘扬佛法。广大信徒虽然供奉不同的守护神，但对各教派都持以相同的虔诚和尊崇，依照教义，弘扬十善，抛弃十恶，行善积德，念经修行。

罗玛镇14村绝大多数牧民信仰佛教，都是在自家拜佛，设施比较简单。我们在采访过程中，村长介绍村里有极个别的壮年村民从本村出发，步行朝拜直到拉萨布达拉宫。

二　信教情况

该村对宗教信仰自由政策的评价如表5－5所示：

表5－5　调查点调查对象对宗教信仰自由政策的评价

调查地点	不了解	很好	一般	不好	样本数（人）
调查对象评价与总体比例（%）	10.2	79.6	8.7	1.5	50

资料来源：本表根据笔者2007年4月在罗玛镇14村调研资料整理而成。

从表5－5可见，宗教信仰自由政策拥护率在藏区都很高，只有少数人表示这一政策“不好”，呈现出高度的一致性。从调查总体来看，79.6%的人认为这个政策很好，说明这一政策适应了藏族群众的精神需求。改革开放以后，宗教信仰自由政策得到落实，群众的朝佛、转经、点酥油灯、烧香拜佛、布施等正常的宗教活动受到国家法律的保护和社会的尊重。藏族家庭宗教活动支出成为家庭经常性支出的组成部分。被调查者家庭，户均宗教开支分别为152元、452元和304元，占家庭日常开支的比重分别为10.7%、32%和20.6%。

笔者试图了解藏族群众宗教信仰的动机，该村的一位被访者说：“对佛教来说，求神拜佛不是最主要的，真正的意义在于使人的心地善良，普度众生，以善良的心为他人着想。只要心地善良，即使不求佛拜神也会得到保佑，得到安宁。”还有一位牧民说：“转世到人间是很不容易的，要多做善事积德，才有好报应。”另一位被访者说：“你问我为什么要信教？对于我们藏族来说，这是天经地义的祖传的规矩，不需要任何理由。”还有一些被访者（占被访者总数的21.4%）信教的动机是“为了死后上天堂”。

三　群众宗教负担

随着经济社会的快速发展，牧区精神文明建设已明显滞后于物质文明。如果没有高质量的精神文化生活，很难达到小康水平。要正确引导群众的宗教信仰，淡化群众的宗教意识，规范宗教活动的管理，减少群众在生产生活中的宗教消费。对政教合一制度遗留下来的带有维护旧制度色彩的习俗，必须采取有力措施予以破除。

应该看到，近千年来，那曲劳动人民创造的物质财富绝大部分在寺庙集聚并变为非生产性资产，这是导致那曲生产力落后的重要原因。在建立社会主义经济体制、带领广大群众致富奔小康的跨世纪征程中，必须引导群众把有限的积累用于改善生活、居住条件或扩大再生产，不能眼睁睁看着群众把这些劳动和汗水换来的有限的财富用于宗教或陈规陋俗的非生产性支出。

据初步调查和测算，那曲牧区居民人均每年用于宗教和陈规陋俗的支出占牧民总支出的8%～10%，已远高于牧业税免征额和其他各类社会负担和总和，事实上成为牧民最大的一项社会负担。这既造成物质财富的巨大浪费，又是助长僧尼等非生产人员的扩张，更阻碍社会主义精神文明建设，必须下决心逐步解决。另外，精神文明建设必须与现代生产工具的使用，科技知识的普及和文明健康生活方式的推行紧密结合起来。要把开拓牧区市场、引导牧民消费，作为推动牧区两个文明建设的重要手段，通过示范、引导等潜移默化的方式，使牧民的精神生活与物质生活有机结合起来，促进牧区社会文明进步。

四 主要宗教活动

藏北历史上属于象雄古国的一部分，绝大多数藏北人笃信藏传佛教，人们既对大自然顶礼膜拜，相信万物有灵，也追求来世的幸福，虔诚供奉佛法僧三宝。

在藏北最古老的宗教信仰是自然崇拜和图腾崇拜，在雄厚的自然崇拜基础上，藏传佛教的各教派都向藏北地区扩张势力，传播教义，发展信徒，建立寺庙。

据 1960 年统计，那曲地区共有寺院 109 座。“文化大革命”中那曲寺庙都遭到不同程度的破坏，许多珍贵文物和经典毁于一旦。但随着宗教信仰自由政策的全面落实，绝大部分寺庙得以恢复，宗教文化又趋繁荣。目前，那曲地区共有寺庙 100 余座，完全能满足广大信徒的宗教信仰需要。位于卓玛沟峡谷内的两座具有 800 多年的古老寺庙，是藏传佛教噶举派僧尼修炼的净地，有许多神秘而美丽的传说和遗迹。

第六章　各项事业

第一节　村民教育

一　教育设施

罗玛镇位于那曲县南部，全镇所辖15个村委会126个自然村，总户数1268户，总人口6730人。目前，全镇有学校4所，包括中心小学、恩尼初级小学、江混联村小学和希望小学。

罗玛镇教育工作在那曲县教育局、镇党委、政府及援藏干部的大力支持下，各项工作开展较为扎实。教育基础设施在一年内兴建了4栋教学楼（1栋为国家投资兴建、1栋为铁路部门兴建、2栋为援藏资金兴建）的好成绩，彻底改变了罗玛镇学校无楼的历史，开创了罗玛镇教育史上的新一页。同时坚决实施和抓好对教育的领导和监督，并大力巩固“普六”教育成果。适龄儿童入学率达到了98.94%，在校生巩固率为100%。

14村村民子弟就学，由于距罗玛镇中心小学较近，该村适龄儿童全部在该镇中心小学上学。

二　村民子弟就学情况

2006年，罗玛镇教育工作在县委、县政府的坚强领导下，在县教育局的精心指导下，在镇党委、政府及援藏干部的大力支持下，深入开展了扫除青壮年文盲工作，在全体干部职工、扫盲教师和各村村支部、村委、全体党员的共同努力下，罗玛镇15~50周岁扫盲工作取得了显著成绩，1714名文盲中已有1590人实现了基本脱盲的目标，全镇非文盲率达到了95.9%。适龄儿童入学率目前在98.2%，在校生巩固率为100%。既有效巩固了“普六”成果，又推进了“两基”工作的大踏步前进，为2007年的“普九”工作打下了坚实的基础。同时，在2005年铁路援建一栋教学楼、县第四批援藏资金修建了两栋学生宿舍楼的基础上，继续加大了教育基础设施建设，推进了学生德育、体育设施建设，完善了德育、体育活动室，同时还成功筹备和举办了中心小学成立50周年校庆活动。

2006年，全村14~16周岁的少年17名（其中，14周岁6名，15周岁4名，16周岁7名，17名中属于三类残疾少年的有1名）。就地就读初中有8名（不含拉萨、外县区就读生），其中，二中4名，县中学2名，县职业中学就读生2名。在罗玛镇中心小学就读学生15名。

三　教育存在的主要问题及采取的措施

（一）主要问题

（1）学生家长对子女入学接受教育的重要性认识依然不足，传统的思想观念依然较为严重，宣传教育和引导是开展劝学工作的基础和最主要的措施。

（2）学校的多选择性一方面为“普九”入学工作提供了优越条件，但在另一方面却造成了摸底统计和掌握情况的脱漏现象，使个别家长有机可乘，谎称自己子女在某某学校就读。建议动员各学校强化入学管理，形成统一协调一致的管理机制。

（3）残疾学龄儿童鉴定认证在一定程度上存在混乱和认证不严格、不统一的现象，也导致了个别群众以个别医院的证明就证明自己的子女属于残疾人，可以不入学接受教育。

（4）小学内地班招生考试在考生生源上存在的选择性，导致部分学生因为无机会参加考试而回家结束教育，结婚嫁人现象在一定程度上影响了这部分学生的再接受教育工作，也为部分群众找到了借口，等等。

（二）采取的主要措施

1. 狠抓基础教育，努力提高群众的科学文化水平

为了大力提高群众的文化水平，该村大力宣传《义务教育法》，并配合镇党委、政府积极开展“普六”和“扫盲”工作，教育引导群众送子女入学，坚决制止辍学、不上学现象的发生。2006 年，该村适龄儿童入学率达到 98.9%，在校生巩固率达到 99%，脱盲率达到 100%。

2. 狠抓落实，积极开展劝学工作

在具体工作开展当中，配合镇党委、政府始终坚持“结合实际，强化措施，制定对策，严把环节，狠抓落实”的具体要求，认真实施。积极动员党员、村委干部、离退休人员参与劝学工作。实行党员、村委干部、离退休人员包干制度，根据实际情况规定每名党员、村委干部、离退休人员包2到4名学生，确保他们入学。

3. 积极开展摸底统计工作

在新学期开学时，对各村在家未入学的14～16周岁的适龄儿童进行认真统计，制作花名册，做到家底清、底数明。

4. 积极制定措施，强化入学工作

在积极开展劝学、入学工作的同时，村委会根据工作开展的实际和部分“钉子户”，还及时研究措施，强化对策，结合牧民安居工程的实施和扶贫、救济等工作的开展，将劝学、入学工作与此挂钩，有效推进了劝学工作的深入开展。同时，积极完善劝学措施，编制《劝学通知书》和《入学保证书》，强化劝学的基础环节。不仅如此，村委会还积极与学校商量劝学的各个环节协调一致的问题，确保各环节做到不松、不漏、不遗。

5. 积极开展劝学督导检查工作

村委会高度重视劝学的落实工作，在年初由村长带队到各自然村开展了督导检查工作。以自然村为基点，采取走村入户的方式，以宣传引导、教育为先，以与户主签订《劝学通知书》和《入学保证书》为具体措施，开展了扎实的劝学工作。通过督学劝学，已经成功劝学12名。

第二节　牧业科技

一　村牲畜防疫情况

小布交，男，63岁，1944年4月15日出生，村兽防员

图 6－1　14 村兽防员小布交给我们介绍牲畜防疫情况

（2007 年 4 月 13 日　范远江摄）

（牲畜防疫）。他说："国家每年给村里一些兽药，牛口蹄疫 O 型 200 瓶，注射青霉素 1 盒，土霉素、链霉素、阿苯达唑片 4 瓶，但不够，牧民自己根据情况还要买一点。"他是村兽医，每月工资 43 元。

二　牧业科技推广项目

牧业科技主要抓改良。14 村从阿里、桑日县引进优良种牛 149 头，加大了种群改良力度，牲畜产量有所提高。世代居住在藏北高原的牧民们，没想到从前靠老天爷恩赐的牧草也可以自己种出来。14 村去年开始种植的近 1000 余亩多年生垂穗披碱草，平均亩产鲜草 1200 公斤，最高达到 4000 公斤左右。

在西部大开发的热潮中，坚持草业先行、以草定畜、增草增畜的方针，实施人工种草和天然草场围栏建设，加强退化草场改良，实施草原沙化综合治理和植被保护工程，保护藏北高原的草原生态。

大力发展牧区牧业，加强畜牧业科研，使草资源与牲畜资源搭配越来越合理，草资源的保护利用与野生动物的保护相结合，改善草原生态系统。要做到这一点，就必须有相当规模的社会化服务体系为畜牧业服务，要有与之相适应的畜牧兽医机构和畜牧卫生队伍，现今西藏只有兽医703 名，种畜场、兽医站 43 个，每两个县才有一个兽医站、每 53556 只羊才有一个兽医，稍遇灾病，只能任其灾病横流，1989～1990 年的一场大雪使西藏畜牧业损失惨重，仅那曲地区就有 200 多万头（只）牲畜死亡，占该地区牲畜总头数的 1/4 还多。面对灾病，处于自然经济状态中的西藏牧民无力抗衡，或是等待政府的救济，或是将有限的财富投入寺院，试图借助宗教的力量换来上天的仁慈。

罗玛镇 14 村积极开展牧民科学技术教育工作，结合先进性教育，积极要求自治区扶贫基金会、县农牧科技等部门，为 14 村的群众深入广泛地开展了人工种草、畜病防治等培训，到目前已培训牧民群众 600 余人次。

第三节　医疗卫生

一　医疗卫生设施

罗玛镇卫生工作在县卫生局的领导下，在乡卫生院和各村卫生人员的共同努力下，围绕合作医疗、计划免疫、计划生育三项中心开展工作，取得了显著成效。2006 年，计划免疫率已经达到 80%，牧民医疗合作覆盖率达到 86%，2007 年计划生育对象有 64 人，准备工作已经基本就绪。

那曲县培训村级医生，2006 年 7 月，来自各乡（镇）村共 38 名村医，在那曲县参加了第一期培训班。

据悉，这次培训班的目的是加强基层卫生技能培训，提高村级卫生服务能力。在为期两个月的培训中，这些牧民将接受解剖基础、卫生生理、临床医疗、疾病预防控制、计划生育及护理等知识培训。培训主办方希望借此次培训加强和充实村卫生技术人员力量，达到村村都有村医的目的，使牧民群众小病在村里就能及时就医，为那曲县卫生事业又好又快地发展奠定坚实的基础。

二　村民就医情况

全村牧民参加了合作医疗。坚林全家参加合作医疗，户主腰痛，门诊花了 500 多元还未报销。贡布顿珠，男，57 岁，退休医生；医药支出 3700 元，住院报销了 1300 多元。洛桑，男，66 岁，医药支出 1600 元，还未报销。央金，女，52 岁，住院支出 6000 多元，报销 1000 元。生小孩不知道要报销，错过了，发票搞掉了。贡日，男，24 岁，医药支出 2000 元，已交卫生局，报多少还不知道（应是 60%）。金美，男，26 岁，医疗支出 6000 多元（因生小孩开刀），报销 2800 多元。吐嘎，男，37 岁，参加合作医疗，没有报销过，花了 2000 元，由于没有住院不予报销，县医院买药不报，只能在镇医院买才报 60%，但镇医院有的药没有。

贡布顿珠，男，藏族，出生于 1950 年 3 月 8 日，退休医生。他说：“对合作医疗满意，自己出 10 元，70% 左右报销。”他为老百姓开处方买药不收一分钱，因为本人是退休医生，原是罗玛镇医院院长，2000 年退休的。建议在村上建立一个医疗点，但资金困难。

但对这个调查的案例中报销事件相反的解释给了我们一个提示，现在的制度设计对受益者设置的条件是公平的，但对牧民来说，能不能利用规定来受益，首先就取决于他对规则了解的程度，谁掌握的信息多谁就能受益，但信息的获得并非是无偿的，是要花成本的，如果政府加大公共信息发布的力度，就要多投入财政资源，这样做可以减低牧民获取信息的费用，对于合作医疗制度而言，信息的透明度维系着制度的公平性，现在进行的制度试验已经注意到了这个问题，强调了公示的作用，但在用什么办法能够持续地提高供需双方信息的对称性上，仍然存在着很大的改进余地。

例如，欧阳把看病的正规手续办齐了，他就可以办理报销了，这就是信息的完全性给他带来的好处，这样客观上就存在着一个叠加效应，因为得到了报销就更知晓了规则，就有可能更好地利用这个规则，如果政府的公共信息发布不充分，那么制度运作就会产生权益分配的不公平。

第四节　文化体育

中国现代思想家梁漱溟先生曾经说，“中国社会是以乡村为基础的、并以乡村为主体的；所以文化，多半是从乡村而来，又为乡村而设，法制、礼俗、工商业等莫不如是”（梁漱溟，1992）。这就是说，村庄是文化与社会的根基。

一　村民文化信息设施

积极加强基础设施建设，不断改善群众的生产生活条件。一是积极争取援藏投资，为24户群众安装了卫星电视地面接收户用系统，并配备了21英寸彩电，安装了太阳能户用系统，不仅改善了群众的生产生活条件，而且也方便了群众了解外界、学习科学文化，对群众转变思想观念、丰富文化娱乐等起了重要的作用。二是大力实施安居工程建设，积极改善人居环境，建设村容整洁的社会主义新牧区。

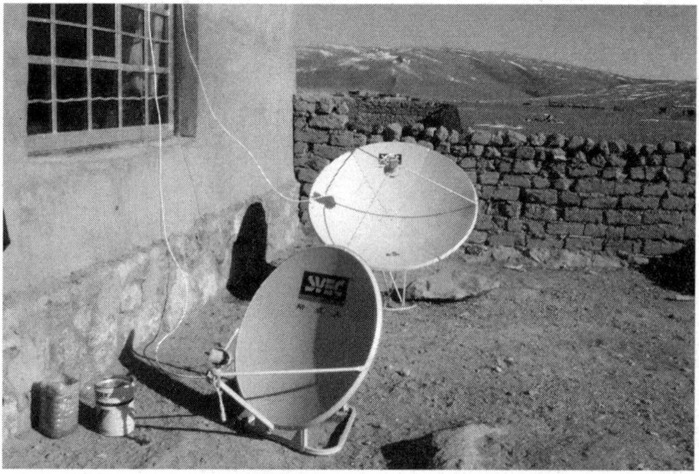

图6－2　牧民贡布顿珠家卫星电视地面接收户用系统

（2007年4月14日　范远江摄）

积极开展“改陋习，树新风”活动，不断改善群众的居住环境。在党中央建设社会主义新农村的决策激励下，作为“外宣基地”，14村大力开展了“改陋习、树新风”活动，大力倡导群众“崇尚文明、建设文明、享受文明”，并要求群众从个人做起，以户为单位，从卫生入手，积极改善家庭卫生和村环境卫生，建设一个村容整洁、居住和谐、人人向上的新牧区，受到了地区、县有关部门和领导的好评和称赞。

那曲最美丽，最热闹的时候要数每年 8 月的黄金季节，一年一度的赛马节就在这里举行，除了牧民和商贩云集外，国内外的游客也纷至沓来。赛马场位于那曲镇南部。赛马会期间，既能一睹藏北粗犷奔放的骑士风采，又能享受独特的民俗旅游服务，还可参与各项民间歌舞活动。

当地藏民跳锅庄舞，穿着藏族服饰的藏民热情、奔放、个个能歌善舞。他们的装束一般是肥腰、长袖、大襟，这身衣服跳起简单的锅庄舞很漂亮。

二　文化下乡活动

罗玛镇文化工作在县文化局的领导下，在镇党委、政府的高度重视下，以文化服务基层为目标，以文化促进基层经济社会发展为宗旨，深入开展了“村村通”工程建设，14 村“村村通”电视卫星接收系统的安装调试工作已顺利完成，“电视村”建设促进了社会主义新牧区建设。

大力实施“2131 工程”，推进文化“三下乡”活动，2006 年，共为群众放映电影 10 余场次。罗玛镇党委、政府还积极争取国家投资，充分利用县第四批援藏乡镇文化科普项目，积极争取共青团地区委员会的支持，购买文化器材、图书、娱乐器材等，建设文化活动中心，不断丰富基层干部职工的文化娱乐活动，“使得年轻干部能够来得了，留得住，干得好，发挥得出”。2006 年，罗玛镇“文化科普楼”被地区团委授予“青年中心示范基地”荣誉称号。镇党委、镇政府在此基础上将基地作为“党员、团员、退休干部活动中心”，不仅推动了基层文化事业的发展，同时也促进了党建、团建工作和基层组织建设工作。

同时，在罗玛镇党委、镇政府的正确领导下，大力开展了“电视自然村”和“送光明工程”建设工作。罗玛镇主要领导积极奔走，努力争取县第四批援藏干部的大力支持，为14村21户群众安装了“地面电视卫星户用系统”，配备了彩电，为21户群众安装了“太阳能户用系统”（这21户同时也安装了地面电视卫星接收户用系统），总价值达20万余元。大大改善了群众的生产和生活条件，提高了牧民群众的生活质量，对于群众了解和掌握先进的信息、转变观念、更新思想起到了积极的促进作用。

在通信方面，14村积极发展基层牧区通信工作，不断改善牧区群众的生产生活条件，2006年共为全村21户群众安装了卫星通信电话。不仅如此，全村还积极与移动公司协商，请求移动公司保留了“8·24”活动移动信号机站，解决了部分群众的通信难问题。

14村党支部始终坚持“三个代表”重要思想，永保党的先进性，通过各种渠道，改变基层牧区缺电和信息闭塞、党的声音弱小的现状，通过“送光明工程”和“电视村工程”的实施，有效改变了14村部分群众缺电和信息闭塞的现状，使群众足不出户一天24个小时都能“听到党中央的声音”，有力推进了社会主义新牧区的建设步伐，也为和谐社会建设进行了一次有效尝试，积累了经验。

附录一

专题一：草场承包与经济绩效

一　引言

西藏草场家庭承包是对牧区畜牧业经营体制和草场保护建设利用方式进行改革和探索的结果，是农村土地承包的重要组成部分，伴随着农村耕地承包，从牲畜作价归户到承包经营草场，从联户承包到家庭承包，草场承包工作循序渐进、逐步深化。

和平解放以来，西藏发生了四次绩效迥异的牧区草场制度变迁，1951～1959 年为封建草场部落制，1959～1965 年为牧民个体所有制，1965～1978 年为牧民集体经济，1978 年至今逐步确立了家庭草场承包经营制。从 21 世纪初开始，14 村人逐渐认识到，只有牲畜承包责任制而没有草场承包经营责任制，是不完整的或者说是不完善的，是一条腿长、一条腿短的生产经营体制，其表现出的突出问题是把保护草场生态环境和改善生产条件的责任推给了国家，而把草场资源进行无偿使用的“好处”留给了生产经营者，其结果是生产者不惜多养牲畜来占有无偿的草场资源，造成了天然草场的极度消耗，使以草场为主体的高寒生态环境不断恶化，生产能力不断下降，对生存环境的威胁不断加剧。我们调查的西藏那曲县罗玛镇14村，于2005年落实了草场承包经营责任制。

二 14村草场承包经营现状与绩效

目前草场承包到户率100%的牧民拥有草场承包经营权证，将草场界线、草场等级、面积计算标准、核定载畜量等内容充实进去，它是那曲地区草场承包责任制发展过程的一个缩影。草场承包到户工作不断地深入和完善。草场承包经营权证由西藏自治区人民政府制作，由所有权单位罗玛镇人民政府核准颁发，根据《中华人民共和国草原法》和《西藏自治区实施〈中华人民共和国草原法〉细则》规定，本证所划定的草场归　　地（市）　县　　村（居委会）（姓名）使用，经营权长期不变，受法律保护，任何单位或个人不得侵占。2005年8月15日。分为：（1）承包草场情况登记；（2）草场生产力情况登记；（3）牲畜情况登记；（4）草原建设设施情况登记；（5）家庭基本情况登记；（6）承包经营权变更登记。同时还附有草场承包到户后的建设与管理制度。

作为基层牧区，牧业就是最大、最基础的产业，如何做强做大牧业也就成为了实现发展的突破点和出发点。为此，该村在镇党委、政府的领导下，在冬春草场承包到户的基础上，又积极开展了夏秋草场承包到户工作，明确了草场的经营权、管理权和使用权，做到了责权明晰，促进了草场资源的有序流转，使牧业经济赖以发展的基础资源得到了优化，并为全县、全地区夏秋草场的承包工作积累了经验，树立了样板，有效促进了14村牧业经济的发展。

附表 1-1 14 村调查牧户草场承包情况

序号	户名	人口	劳力	牲畜（头、只、匹）	承包草场面积（亩）	围栏草场面积（亩）	围栏投资（元）
1	布　交	8	4	129	1800.63	256	1800
2	旺　堆	4	1	82	1300.03	216.32	—
3	坚　林	6	4	124	2899.46	387.8	7070
4	贡布顿珠	8	4	328	3469.99	460.95	4500
5	小布交	2	1	78	958	58	1300
6	旺　佳	7	5	302	3307.51	490.27	2400
7	多　扎	4	2	123	1906.10	264.48	3400
8	洛　桑	8	3	180	2849.10	434.28	4800
9	格　多	6	4	261	2768.94	412.03	4800
10	央　金	5	2	70	1837.66	223.2	2500
11	卓　利	8	3	196	3312.74	467.68	3400
12	巴　布	5	2	106	1790.69	266	2000
13	贡　日	4	2	118	1103.66	169.03	1300
14	金　美	4	2	80	1095.21	95.99	—
15	电　达	3	1	102	1228.28	189.44	1800
16	阿　秀	8	2	249	2693.43	352.13	3800
17	吐　嘎	4	2	118	1570.67	137.66	—
18	玛　迪	4	2	212	2204.17	299.03	3800
19	卓　玛	4	1	109	1543.45	135.27	2700
20	贡确赤列	4	2	133	1726.4	355.95	—
21	边　嘎	3	2	8	271	91	—
22	布才央	6	4	131	3202.98	454.97	2800

资料来源：本表根据笔者 2007 年 4 月在罗玛镇 14 村调研资料整理而成。

以前吃草场大锅饭，从来没有考虑过如何利用、爱护草场，只是一味以多养牲畜来增加经济收入，想法比较单一。自草场承包责任制落实后，牧民的主人翁意识增强，将草场视为自己的资产经营，14 村群众开始考虑如何利用自己的草场，如何在这片草场上发展自己的牲畜。

实行草场承包到户后，很多困扰罗玛农牧业发展的问题都迎刃而解：草场使用纠纷、过度放牧、盲目追求牲畜数量、惜杀惜售，等等。除此之外，牧区的剩余劳动力转移有了体制的保障，群众自觉建设草场和人工种草的积极性高涨，甚至许多不愿杀生的牧民也开始自觉参与了草原“三灭”的活动。可以说，草场承包到户使整个罗玛的牧业以及牧民的思想观念和生产生活方式都开始发生变革。

罗玛人如今还在不断探索进一步完善草场承包责任制的方法，罗玛镇党委书记肖志强根据自己的思考提出看法：完善草场承包责任制还需科学合理地确定载畜量；制定草场经营核算标准；对超载牲畜进行收费；制定草场租赁收费标准等，用科学的发展观将草场承包到户工作继续进行下去。

14 村牧民洛桑承包到户 3000 亩草场，并投资 5000 元进行了草场网围栏建设，问他值不值得这么做，他肯定地回答：值！20 世纪 90 年代，洛桑与其他村民联户承包草场，他还记得 1996 年年底到 1997 年年初的那场雪灾，那次他的牲畜死了一大半。他说，如果那时没有和村民联户承包草场，他的牲畜在那次雪灾中可能死光。现在洛桑承包的草场分为冬季草场和夏季草场两块，他自己的定居房在冬季草场那里，冬天他赶着 100 多头牛和 200 多只羊前往冬季草场。经过一个夏天的蓄养，那里的牧草足够他的牲畜度过冬天，他在这个冬天考虑得更多的是将牲畜育肥，而雪灾已经不再让他感到恐惧。

贡布顿珠家2005年承包了近500亩优质草场，现在他家有110头牦牛，靠着这110头牦牛，他每天都能出售酥油和牛奶，他一边拿出自家做的酸奶给记者品尝一边告诉我们，一斤酸奶能换一斤粮食，他的现金收入和口粮都从这110头牦牛中获得。问他牲畜最多的时候有多少，他说除了牦牛原来有300多只羊，草场承包到户后他留下很少一部分羊宰杀后自己吃，其余的全都卖掉换得了现金，如今他专门养殖牦牛，也不准备再增加牦牛的数量。

在罗玛镇14村调研的日子里，无论在城镇，还是在牧区，千里羌塘草原各项事业长足发展，广大牧民日子越过越红火的喜人景象，总是让我们激动不已。过去，广大牧民守着成群的牛羊受穷的历史一去不复返，党的优惠政策和国家的大力投入，广大牧民自身观念的重大转变和辛勤的劳动，使如今的牧业正朝着效益牧业、生态牧业的方向发展。

牧民洛桑："从惜杀、惜售到搞效益牧业，我们的观念变了。"

当我们坐在罗玛镇14村牧民贡布顿珠家郁郁葱葱的人工草场上，聊起牧民生产生活的变化时，贡布顿珠这位年近半百的牧民深有感触地说："以前，我们牧民有惜杀、惜售的观念，总觉得牛羊够自己吃就行了，一味地追求牲畜的存栏数量，辛苦了一年又一年，破坏了草场不说，到头来劳神又费心，依旧守着成群的牛羊受穷。"

贡布顿珠说，如今，在党和政府的引导下，牧民的观念转变了，开始面向市场搞牧业，从一味追求牲畜数量转变到现在讲求牲畜的质量和出栏率；从传统的秋季单季出栏到现在的多季出栏；从过去的奶制品自给自足到现在瞄准市场加工、销售。随着观念的转变，面向市场，搞效益牧业真正让我们富了起来。

实行草场承包到户以后，贡布顿珠家承包了 500 亩草场，家里现有 130 头牛、530 只绵羊。贡布顿珠告诉我们："我们家现在每年销售牛奶有 2 万元收入，加上出售牛羊肉和皮毛的收入，一年总收入大约有 12 万元。全家人再也不用挤在帐篷里了，住进了宽敞、明亮的藏式新房。"言语之间幸福的微笑洋溢在多吉脸上。

牧民格多："自家的草场自家疼。"

在草场承包到户以前，牲畜私有私养和草地"大锅饭"的体制下，牧民们除了一心多养些牛羊之外，很少谈起保护、建设和合理利用草场。可是，草场承包到户以后，用罗玛镇 14 村牧民格多的话来说就是："如今是自家的草场自家疼。"

他说，以前从来没有考虑过如何合理利用和爱护草场，只是一味地多养牲畜增加经济收入。现在草场承包到户，大家将草场视为自己的资产经营，开始考虑如何利用好自己的草场，今后如何在这片草场上发展自己的牲畜。保护草场的意识无须引导和灌输，牧民很自觉地就会建设和管理好草场。他家每年为草场建设网围栏开支就达 2 万元，加上人工种草、草场灭鼠等开支，每年投在草场上的费用就将近 3 万元。

当我们问到每年对草场如此投入，家里经济负担重不重时，格多说："长期以来形成的有牲畜就拥有草场、没有牲畜就不拥有草场的观念现在已经改变了。我开始认识到，拥有草场就拥有牲畜，自家的草场管护得越好，产出的经济效益也就越好。草场是我们牧民永久的财富和资本。"

14村牧民边嘎将自家承包到户的草场租赁给了养畜大户，得到租赁费9.45万元；14村6个少畜户在2002年和2003两年间，把已承包的草场租给大户，共收取330只羊的租赁费；14村牧民央金把200只母羊托管给承包草场面积比较大的阿秀，年底把当年所有畜产品和当年仔畜按4:6的比例分成；14村有15户组织起来搞股份制的集体经营，牧户将草场作为资本入股；股份制联营牧业，把每亩草场按2元入股，在分配时按股份和工分进行分配；所有的这些都是草场承包到户中的“新鲜事”。

三　结论

草场家庭经营承包责任制是西藏在牧区的一项基本政策，也是我国农村经济体制改革的持续和不断深化。按照“草地公有，分户经营，有偿使用”的原则，明确职责与权利，把草场使用、经营权、保护和建设权落实到户、联户或自然村，是解决牲畜归户与天然草场长期吃“大锅饭”的重要途径，也是草场资源永续开发和草业经济可持续发展的政策保障和广大牧民依法利用草场的一种权利。只有承包到户，草场才有具体的责任主体，草场保护与建设才有落脚点。只有把养畜利益与草场保护有机结合，才能使草场畜牧业永续发展，提高牧民经济收入。

草场承包到户之前，“牲畜归户，私有私养，自主经营，长期不变”的政策和“牲畜吃大锅饭”的矛盾得不到彻底解决，天然草场处于只索取，不投入的状态。为了解决这一牧区草场建设与保护中存在的突出问题，应以草场建设项目为依托，积极推进各地草场承包责任制，认真实施“西藏自治区天然草场承包工作实施办法”，解决“吃草场大锅饭”问题。明确天然草场责、权、利关系，激发牧民对天然草场保护与建设热情，为合理利用草场，改造和提升传统畜牧业打下坚实的基础。

专题二：西藏那曲县草场产权制度改革

一　那曲县概况

那曲县原名黑河县，位于东经 91°10′～93°05′，北纬 31°30′～31°55′，藏北高原唐古拉山和念青唐古拉山脉之间，处于西藏自治区中部，距省会拉萨 320 公里，所辖 3 镇 9 乡，156 个行政村，1048 个自然村。南与当雄县接壤；北与聂荣县、安多县毗连；东部紧靠比如县、嘉黎县；西与班戈县为邻。西起那么切乡，东至尼玛乡，东西长 233 公里，南起由恰乡，北至德吉乡，南北宽 185 公里，全县面积 1.5 万平方公里。2006 年年底，全县总人口 9.0 万人（其中牧业人口 6.8 万余人）。全县镜内多以高原丘陵地形为主，平均海拔 4500 多米，属于高原亚寒带季风半干旱气候，冬长夏凉秋短，全年无绝对无霜期，年平均气温 -2.1℃，年极端最高气温 23.6℃，年极端最低气温 -41.2℃，高寒、缺氧、多风、多雪、多冰雹，风灾、雪灾、地震等自然灾害较为频繁。

那曲县属藏北高原，境内多山，但坡度较为平缓，多数山呈浑圆状，属高原丘陵地形。境内多为终年积雪、人迹罕至的高原冰川型雪山，山势险峻。全县草原面积约 1.4 万平方公里，其中可利用草原面积 1.26 万平方公里，牧民人均占有可利用草原面积 0.6 平方公里。境内主要有西南的桑登康桑山脉、西北的那木热阿山脉、东南的贡嘎瓦嘎玛山脉和东部的色如山脉、可热阿山脉等。这些山峰均属念青唐古拉山脉的分支山脉或余脉。境内最高山峰为桑登康桑山峰，其海拔约6500米，主峰距那曲镇南100公里。贡嘎瓦山峰、色如拉根山峰等也属终年积雪山峰，海拔高度均在5500米以上。

那曲县境内的地势呈西北向东南缓坡状，西北部绝对海拔高而东南部海拔较低，但地势险峻，山峰较多。由于东南系念青唐古拉山脉的余脉部分，高差显著，群峰林立，交通条件较差，而越向西北方向，地势渐高，但高差较小，山势平缓。丘陵间盆地开阔、草场肥沃，草场利用率高。

青藏铁路、青藏公路、黑昌公路和黑阿公路交叉贯穿县境。那曲县公路交通比较发达，青藏（109国道）、黑昌（那曲至昌都317国道）、黑狮（那曲至阿里）公路贯穿全县，并与通往各乡公路网连接，全县乡乡通公路，通车里程1200余公里。

那曲县地处青藏高原的腹心地带。是那曲地区政治、经济、文化、交通中心，也是人流、物流、信息流的中心，是西藏草场畜牧业的窗口。那曲县草场总面积138.7万公顷，可利用草场面积为126.3万公顷，占草场总面积的91%；其中冬春草场为37.9万公顷，占可利用草场面积的30%；夏秋草场88.4万公顷，占可利用草场面积的70%；“三化”面积为3.6万公顷，占可利用草场总面积的2.8%，草场类型主要有高寒草地草原类、高寒草甸草原类等。[①]

① 那曲县农牧局：那曲县2005年草场承包落实情况总结，2005年12月19日。

二　那曲县社会经济状况

那曲县有 156 个行政村，3 个居委会，1048 个自然村，总面积 4.8 万平方公里，其中草场面积 44.7 万公顷。到 2006 年年底，全县总人口为 9.0 万余人。其中牧业人口 6.8 万余人，占全县总人口的 76%。共有牧户 11295 户，劳动力人数 25068 人，约占 36.9%。

那曲县是一个纯牧业大县，牧业产值占全县总产值的 90% 以上。牲畜主要有牦牛、绵羊、山羊和马。2005 年，全县 GDP 指标 25991 万元，全县 GDP 完成 25991 万元。其中县级财政收入实现 1401 万元的新突破，成为全地区首个本级财政突破千万元的县和全区两个本级财政收入突破千万元的县之一。牧民人均收入为 2630.32 元，现金收入达到 1604.5 元。

那曲县科教文卫事业取得了长足发展，但专业性科技人员依然紧缺，教育基础设施落后，师资力量依然薄弱。目前，全县各乡镇均建立了文化室，村级文化室建设工程正在紧锣密鼓地实施当中。全县目前共有学校 21 所，在校学生 10043 人，适龄儿童入学率达到了 95.1%，“两基”巩固率为 98%。全县共有专门的体育场地 10 个，体育项目有篮球、足球、赛马、骑马射击、抱石头跑、摔跤等民族传统项目。全县现有医疗机构 14 个，卫生工作人员 165 人（基层乡镇 132 人），12 个乡镇均建立了乡级卫生院和合作医疗制度，合作医疗覆盖率达到了 100%。

那曲县通信较为发达，电信、移动、联通三大公司鼎力为全县的经济社会发展提高服务，目前全县固定电话装机 2 万余门，移动用户已达 5 万户，移动普及率达到了每百人 45 部。

三　那曲县草场产权制度改革的具体方案

（一）草场利用现状

那曲县草场总面积 138.72 万公顷，可利用草场面积为 126.33 万公顷。可利用草场总产量 152.87 万吨。草场类型比较简单，主要是高寒草甸—高原高寒草甸亚类、高山高寒草甸亚类和沼泽化高寒草甸亚类。西部少部分地区分布着高寒草原。

受自然因素及社会、经济发展水平的制约，那曲县草场畜牧业生产仍处在自然经济和半自然经济状态中。随着人类对牲畜需求的增加，天然草场资源已经供应不足，牲畜处于半饥饿状态，出现夏壮、秋肥、冬瘦、春死的局面。

根据那曲草场植被状况，1 头牛每年需要草场面积 6.5 公顷，1 只绵（山）羊需 1.29 公顷，1 匹马需要 7.46 公顷。全县 2002 年牦牛存栏 34 万头，需要草场 202.41 万公顷；绵山羊存栏 81.12 万只，需要草场 96.74 万公顷；马匹存栏 1.82 万匹，需要草场 13.58 万公顷。各类牲畜共需草场面积 312.73 万公顷，超出现有可利用草场面积 187.89 万公顷。2002 年那曲县草场资源的理论载畜量为 109.0 万只绵羊单位，实际载畜量达到 228.0 万绵羊单位，平均超载率为 109.2% 。

（二）草场退化现状

由于全球气候变暖及不合理的人类活动，那曲县草场退化现象明显，草场出现大量秃斑、裸地，严重者导致草场沙化。2001年全县退化草场面积达到95.21万公顷，占草场总面积的69.43%，其中轻、中、重度退化占草场总面积比重分别为45.03%、19.07%和5.33%。

综上所述，那曲县草场资源处于低效利用状态，草场超载现象比较严重；草场质量退化趋势明显，主要表现为：(1) 草场退化强度从无明显、轻度退化向中、重度退化演替；(2) 草场型从高质量型向低质量型演替。为此，草场生态环境的建设过程中，不能只强调修复已受损的草场生态系统，无明显退化草场资源的管护工作不容忽视。全面落实草场承包责任制，杜绝乱牧、抢牧的无计划状态。改变目前草场只用不管护、只用不建设或建设起来后保护不力的状况。[①]

（三）草场产权制度改革方案

从20世纪90年代初期开始，那曲地区的部分县在“牲畜归户、私有私养”的前提下，积极探索如何做到草场一步到位、落实到户经营。2004年自治区农牧厅组织工作组对那曲地区西部几个县实行草场承包到户情况进行了调研，并向自治区党委、政府提交了调研报告。2005年自治区党委、政府正式决定在全区全面实行草场承包经营责任制，从部分县的探索走向了自治区党委、政府的重大决策，并作为牧区一项重大改革作了安排部署。2005年以来，各地（市）坚持“草场公有、承包到户、自主经营、长期不变”的方针和“积极主动、慎重稳妥”的总体要求，西藏在41个县的259

---

① 李辉霞、刘淑珍：《西藏自治区那曲县草地退化的动态变化分析》，《水土保持研究》2007年第2期。

个乡（镇）开展了草场承包到户工作，共落实完成承包到户草场5.43亿亩，其中冬春草场3.47亿亩，占全区冬春草场总面积的85%。[①]

按照那曲县委、那曲县人民政府关于草场承包责任落实工作若干决定的总体设想，为了确保那曲县草场畜牧业可持续发展，应不断深化和完善草场承包经营责任制，进一步明确草场的“责、权、利”，激活“人、草、畜”三大要素，改善草场生态环境。[②]

1. 科学规划，合理作价

围绕那曲县“牧业增产、牧民增收、牧区稳定”这一中心任务，结合那曲县实际，在草场承包到户整个工作中始终坚持与退牧还草工程相结合、与人工草场建设相结合、与游牧民定居工程相结合、与夏秋草场承包到户工作相结合、与富裕户和贫困户草场租赁相结合、与人畜饮水工程相结合、与加大牲畜出栏相结合、与草场生态保护相结合的8个原则，不断积累经验，开拓思路，逐步完善那曲县草场承包到户工作体制。草场在过去村或自然村承包经营的基础上此次按户划分冬春草场，使用卫星定位仪（GPS）或群众自改量的方式明晰界限，确定人口及牲畜数量，做到先确定乡的草场面积，再划分村的草场面积，充分考虑乡、村、户的长远生产及经济发展。草场按比例承包划分，以人口、牲畜的多少划分（放生牲畜，寄养畜，寺庙放养在牧户家的牲畜均不得计入牲畜数量）。

---

① 参见次仁在2008年度全区草场承包工作会议上的讲话，西藏人民政府网 http：//www.xizang.gov.cn/getCommonContent.do? contentId=359109。

② 资料来源：那曲县农牧局：《那曲县2005年草场承包落实情况总结》，2005年12月19日。

确立四至界限：在承包的地图上明确标定经度、纬度和永久性的标志，绘制四周地形图，对划分的草场四周设置明显的标志和界碑。每家每户必须具备草场承包示意图以及相应的界碑（界碑内要充分体现出草场的面积、等级、四周与谁相邻）。

评定草场等级确定草场载畜量，深入到每一块草场进行仔细勘查、测量和界定，协助乡镇划分等级。绘制草场承包示意图，草场以产草量为基础划定等级，参照地形、地貌、气候、水源、植被，草场密度等因素划分草场等级，将草场划分为一、二、三等，统一折算为标准亩，一级草场为标准亩，二级草场按 90% 折算为标准亩，三级草场按 75% 折算为标准亩。每户根据草场等级确定载畜量，载畜量每两年评定一次。以草定畜，是指为保护草场生态系统良性循环，在一定区域和时间内通过草场和其他途径提供的饲草料量，与饲养牲畜所需的饲草料量保持动态平衡。贯彻“草业先行、以草定畜、提高质量、提高效应”的畜牧业发展战略，坚持畜牧业发展与保护草场生态并重的原则。以草定畜的核定标准及草原载畜量计算公式为：

载畜量 = 平均产草量（公斤/亩）×可利用草场面积（亩）×草场利用率（%）/羊单位日食量×356（日）

家畜折算标准：以绵羊单位作为标准，1 只成年山羊 = 0.8 个绵羊单位，1 头成年牛 =5 个绵羊单位，1 匹成年马 =6 个绵羊单位，当年仔畜不折算绵羊单位。

日食量标准：1 个标准绵羊单位日食量标准鲜草为 4 公斤。

各类型天然草场载畜量根据草场产草量原则上分别控制

在以下范围内：高寒荒漠与半荒漠草场类60亩/绵羊单位；高寒垫状植被草场类50亩/绵羊单位；高寒草场类40亩/绵羊单位；高寒草甸草场类30亩/绵羊单位；高山灌丛草场类20亩/绵羊单位；围栏封育的高嵩草场2.5亩/绵羊单位；人工草场1亩/绵羊单位。

2. 立章建制，规范运作

根据《中华人民共和国草原法》、《国务院关于加强草原保护建设的若干意见》、《西藏自治区实施〈中华人民共和国草原法〉办法》、《关于进一步落实和完善草原经营承包责任制意见》（藏党发［2005］2号）、《关于印发〈西藏自治区落实和完善草原经营承包责任制试点工作方案〉的通知》（藏草组办发［2005］2号）、《关于加快草地畜牧业发展的意见》（那党发［2005］1号）等有关法律、法规及文件精神和那曲地委、行署关于草场经营承包责任制工作的具体要求，实施草场经营承包责任制，坚持了以下原则：

（1）按照国家、自治区政策、法律、法规的相关规定，紧密结合本地实际，因地制宜，分类指导，原则到户。

（2）坚持草场公有，有偿使用，自主经营，长期不变。

（3）与牧区改革、畜牧业结构调整和产业化建设、科技推广、生态保护建设、长远发展紧密结合，有利于草场建设、管理和规划，有利于不断提高草场畜牧业综合生产能力和经济效益。

（4）草场经营承包责任制长期不变。坚持增人增畜不增草场，减人减畜不减草场。

（5）实施草场经营承包责任制的工作人员必须遵守法律、法规，维护国家和广大牧民群众的根本利益，不得损害社会公共利益，并创造性地开展工作。

在做好各类相关资料的收集整理归档工作的同时，对未签合同或未拿到《草场经营权证》的各户立即签订草场使用合同以及颁发《草场经营权证》。改变了“草场无主、放牧无界、建设无责、过度放牧”的局面。杜绝了草场吃“大锅饭”的现象，真正把草场管理、保护、建设、经营权交给了牧民群众，使草场的“管、护、用”和“责、权、利”挂钩。同时大力宣传并实行草场经营承包50年不变的政策，使牧民群众吃了定心丸。为合理利用草场资源，鼓励牧户之间通过协商，养畜大户可以到少畜户或无畜户的草场上放牧，年底付给一定的报酬，这在一定程度上不仅减少了多畜户的草场承载压力，同时还增加了少畜户和无畜户的收入，为下一步草场经营权流转和规模经营探索了路子。同时，那曲县还积极鼓励牧民群众实施天然草场围栏封育和房前屋后人工种草。另外，那曲县草场承包到户领导小组和办公室针对那曲县的草场资源，在全县范围内制定了草场单位面积的产草量和单位面积的饲养量，明确了草场的生产周期，对不同牲畜制定了不同的饲养年限（牦牛5~8年、绵羊3~5年、山羊5~8年）。

在整个草场承包到户工作中，那曲县对不同区域的牲畜超越现象制定了明确的奖惩制度。东部乡（镇）超载一个绵羊单位罚款50元；中部乡（镇）超载一个绵羊单位罚款30元；西部乡（镇）超载一个绵羊单位罚款10元。通过奖惩制度，有效地提高了单位草场面积的饲养量，加大了牲畜出栏力度，保护了草场植被的再生能力。[①]

---

① 资料来源：《2006年草场承包整改完善落实工作汇报材料》，2006年12月。

3. 健全机构，加强领导

坚持草场公有私营，承包到户，建立健全草场经营承包由地区指导、县上管理、乡上发包、牧户承包的经营管理体制，坚持责、权、利相结合，经济效益、社会效益并重和牧民自筹为主、国家扶持为辅的原则，加快草场建设步伐，促使那曲县畜牧业向高产、优质、高效方向发展。那曲县人民政府主管所辖草场的承包到户落实工作，并负责此实施细则的执行监督。充实和完善那曲县草场承包组织机构，成立那曲县及各乡镇草场承包临时机构。工作中坚持“坚决、积极、慎重、稳妥”原则。

结合那曲县实际，在那曲地区草场承包领导小组和草包办出台的“两个办法和一个细则”的基础上，制定了《那曲县草场承包到户经营权流转暂行办法》、《那曲县草畜平衡管理暂行办法》和《那曲县完善落实草场家庭承包责任制实施细则》（即两个办法和一个细则）以及相关补偿费标准，那曲县政府对积极开展草场建设的个人在资金、物资和技术上给予大力支持，确保草场承包到户工作的顺利完成。①

以往草场纠纷一直都是各乡镇牧民群众之间的主要矛盾，也是影响社会局势稳定的一大隐患。草场承包到户后，完成草场承包的乡镇至今未发生一起纠纷。而且那曲县通过沟通、协调等方法，解决了历史遗留的20多处草场纠纷，这在一定程度上消除了引发草场纠纷的不安定因素，有利于社会稳定。

4. 先行试验，扎实推进

草场是畜牧业发展的基础，草场承包到户是保证畜牧业

① 资料来源：《那曲县落实完善草原承包责任制试点工作情况汇报》，2006年6月。

稳定发展、可持续发展的关键。1985年那曲县就开始在部分乡村开展草场承包到户的试点推行工作，并于1999年在罗玛镇试点，并提出了“统一思想、提高认识、坚定信心，把草场承包责任制落到实处”的工作思路。2000年又制定出“先试点、后铺开”及“先冬春草场、后夏秋草场”的工作步骤，进一步加大草场经营承包力度，深化和完善牧区体制改革，为西藏自治区全面落实草场承包经营积累了经验。

5. 公开竞价，稳步流转

草场承包到户后，使用权长期不变，但可以转让。那曲县的做法是转让草场使用权时，应经县人民政府批准，变更草场使用权属手续，换发证书，重新签订合同。接受单位和个人对已有的建设成果由双方协议，给予合理补偿。草场经营承包权流转遵循自愿、有偿、合法以及不改变草场用途的原则，并且有利于生态环境的保护，有利于发展畜牧业生产，有利于草场的保护和建设。任何组织或个人不得强迫承包方进行草场经营承包权流转。下列情形提倡草场经营承包权流转：无牲畜或者未达到载畜量标准、有闲置草场的；已不从事畜牧业生产的；丧失劳动能力的；已不在当地经常居住的；因其他原因不能正常使用草场的。草场经营承包流转的形式有转让、转包、租赁、入股联合经营。

第一方为发包方，第二方为承包方，第三方为流转方。草场经营承包权流转的，由承包方与第三方共同提出申请，经发包方同意，方可流转。在本村范围内进行流转的，经所在村委会同意，报乡人民政府备案，方可流转。流转给本村以外的单位和个人，必须由所在村委会报请乡（镇）人民政府同意，由发证机关备案，农牧部门重新登记。

草场承包到户以后，对草场的认识有了新的定位，把草场认识上升到了“资本”高度，把草场资本化、资本商品化、商品市场化。首先，注重了草场的建设管理，新修水渠，牧民群众个人购买网围栏数量比以往增多。其次，将草场租赁。再次，是联营经营草场。牧民群众意识到了草场同牲畜一样也是财富，他们的市场意识增强了。草场承包到户后，生产关系的调整促使经营形式多样化。出现了订单牧业、帮扶牧、合作牧业、股份制牧业等，而且促进了养畜大户和经纪人的形成。部分牧民群众之间相互租赁草场，一些牲畜较少、草场面积较大的牧户开始把自己的牲畜托管给别人，把自己的草场租赁给别人使用，把自己从以往的牧业生产方式中解放出来，投入到非牧业生产行列之中，从而促进其他行业的发展，也为自己寻找到一条新的增收门路。

6. 切实服务，扶持发展

加大宣传力度：把做好群众思想工作作为草场承包工作的一项重要工作来抓；与群众面对面交谈，细心听取他们的意见，达到合民心、畅民意；宣传科学合理利用草场的思想方式，传达上级部门的文件精神；统一群众思想，提高对草场承包经营责任制的认识。调动了牧民群众建设、保护草场的积极性，加强了基础设施建设，自觉进行“人工种草、网围栏、三灭”等工作，合理确定草场载畜量，提高出栏率，降低草场压力，缓解草畜矛盾，加速了畜群周转，实现科技兴牧。1988 年，那曲县委、政府组织 150 人前往各乡村蹲点 3 个月，努力做好群众工作，共出动车辆 15 台次，投入资金 3 万元；1999 年，根据那行发［1999］12 号和那党发［1999］7 号文件精神，县委、政府又派出 70 多人的工作组深入乡村，完善草场承包到户工作，投入资金 5 万元；2002 年，县委、政府组织 180 多人、20 多台次车辆，投入资金 10

万元，再次深入各乡（镇）村蹲点3个月时间；2005年6月，那曲县共派出4批工作组60多人深入到12个乡（镇）蹲点，发放了草场使用权证，为每家每户制作了草场承包示意图，并购置网围栏45套用于区分界线，购置25块石头作为夏秋草场承包到户界桩，此项工作共投入资金180万元，其中地区投入资金5万元。①

截至2005年年底，那曲县共完成冬春草场承包到户11088户，占全县总户数的100%；完成承包冬春草场面积568.47万亩，占全县冬春草地面积的100%；累计发放《那曲地区草场使用权证》168本，《草场承包经营权证》11088份，与牧户签订《草场有偿承包到户责任合同》33264份；人均占有草场承包面积为104.18亩。

四　那曲县草场产权制度改革的成效分析

那曲县于1985年实行草场有偿承包责任制试点后，对促进当时的生产力发展起到了一定的积极作用，也取得了一些经验。但由于落实得不够彻底，在草场建设、管理、保护和使用方面仍存在“草场无主、放牧无界、建设无责、过牧无妨”的现象。牲畜私有私养与草场大锅饭之间的矛盾没有从根本上得到解决，草畜矛盾、人畜矛盾日益突出，草场沙化、退化严重，严重制约着牧区经济的发展，影响着牧民群众积极性的调动。

为改变上述状况，进一步解放和发展社会生产力，调动群众的生产积极性是关键，就必须把草场承包责任制彻底落

① 资料来源：《那曲县落实完善草原承包责任制试点工作情况汇报》，2006年6月。

实到户。落实草场承包责任制是深化牧区改革的一项重大举措和重要任务，是加快牧业发展的必由之路，这是由那曲县的实际情况、牧业发展现状及解决存在的各种问题和矛盾的需要所决定的。

草场承包到户是对“牲畜归户、私有私养、自主经营、长期不变”政策的配套和完善，关于草场承包问题，西藏自治区党委、政府在1996年《关于加强农村牧区工作的决定》（40条）中就作了明确规定；党的十五届三中全会和区党委五届四次全委（扩大）会议重申了稳定党在农牧区的各项方针政策长期不变的决定，为更好地做好“三农”工作指明了方向，为深化牧区改革、加快发展提供了难得的机遇。

为了进一步落实好草场承包责任制，那曲地委、行署于1999年作出决定，要求“各县（区）用2至3年的时间进行草场承包责任制落实到户的试点，在试点工作取得成功经验的基础上，尽快在全地区范围内全面铺开”，并明确规定“草场承包到户的，可确定50年不变”。在此基础上，那曲县委、县府在1999年乡书记乡长会议上明确提出了“统一思想、提高认识、坚定信心、把草场承包责任制落到实处”的号召，并决定“用3年左右的时间在全县范围内把冬春草场承包到户”。那曲县采取的主要措施是：首先确立参加和不能参加草场承包的人户；其次界定了草场的人畜比例为7∶3；然后规定草场承包经营方式主要有单户承包单户经营和单户承包联户经营，马、牛、绵羊、山羊折合时以羊为单位，其与羊单位的折合比例分别为1∶10、1∶5、1∶1、1∶1。

草场承包克服了“草场无主、放牧无界、建设无责、过牧无妨”的问题，牲畜私有私养与草场大锅饭从根本上得到了解决。草场承包充分调动了广大牧民群众的管理、建设、保护和合理利用草场的积极性，实现了“谁管理、谁受益”的权利与责任的有机结合，加强了草场生态建设与保护，为那曲县今后草场畜牧业持续、稳定发展奠定了基础，社会、经济和生态效益显著，深化了牧区体制改革力度。

从西藏那曲县草场产权制度改革的实际情况来看，改革的整个过程已经取得了一定的成绩，迈出了关键性的一步，但同时也存在一些问题。那曲县草场产权制度改革取得的成绩具体分析如下。

（一）经济效益

1. 草场承包到户彰显的经济效益

草场是畜牧业发展的基础，草场承包到户是保证畜牧业稳定发展、可持续发展的关键。1985 年那曲县就开始在部分乡村开展草地承包到户的试点推行工作，于 1999 年在罗玛镇试点，并提出了“统一思想、提高认识、坚定信心，把草场承包责任制落到实处”的工作思路。2000 年又制定出“先试点、后铺开”及“先冬春草场、后夏秋草场”的工作步骤，进一步加大草场经营承包力度，深化和完善牧区体制改革。进一步推进了牧业生产要素、畜群畜种、繁育方式、经营方式的调整，进一步明确了草场的使用权、管理权和经营权。加大品种改良、品种引进、提纯复壮工作，提高畜产品的品质和市场竞争力、占有率。进一步调整了区域布局结构，加快实施东部牛羊肉生产基地、中部牲畜育肥基地、西部绒山羊养殖和夏季育肥基地三大基地建设，调整牧业经济增长方式，全面推进牧业的商品化发展。

2002 年，各类牲畜存栏 116.7 万头（只、匹），其中牦牛 33.99 万头、绵羊 60 万只、山羊 20.9 万只、马 1.8 万匹。

分别占全地区牲栏数 29.08%、51.5%、17.87%、1.5%。2002 年那曲县肉产量为 632.6 万公斤，人均占有肉类 99.58 公斤，比全国人均水平的 47.5 公斤高 52.08 公斤；奶产量 752 万公斤，人均占有奶量 118 公斤，比全国人均水平的 110 公斤高 8 公斤。其中奶产量中自用奶 585.6 万公斤，占奶类总产量 77.8%，上市出售奶量 166.4 万公斤。占奶类总产量的 22.13%（详见附表 2－1～附表 2－4）。

公路沿线那曲镇、罗玛镇、古路镇、香茂乡 2002 年奶产量 251 万公斤，占全县奶产量的 33%，其中自用奶 178 万公斤，上市出售奶 73 万公斤。公路沿线羊奶产量 62.5 万公斤，

附表 2－1　那曲县 1996～2005 年生产总值情况表

单位：万元

项目 年份	合计	生产总值					人均生产总值
		第一产业	第二产业			第三产业	
			合计	建筑业	工业		
1996	9137.93	5593.83	408.60	408.60	—	3135.50	1265.66
1997	8528.56	5224.59	155.94	155.94	—	3148.03	1152.51
1998	8879.15	4398.68	262.53	248.76	13.77	4217.94	1172.94
1999	12809.65	7868.45	405.51	378.81	26.93	4535.69	1650.73
2000	13140.46	7367	850.24	820.31	29.93	4923.22	1659.09
2001	15970.37	8742.55	1073.48	1040.69	32.79	6154.34	1966.79
2002	18839.73	10464.57	507.19	447.85	9.34	7867.97	2280.84
2003	20139.08	10378.35	1443.98	1373.58	70.4	8316.75	2341.75
2004	21978.09	11278.22	1110.38	1103.56	6.82	9589.49	2506.05
2005	32687.38	10516.78	1305	1142	163	20865.6	4809.94

资料来源：那曲县发展和改革委员会。

附表 2－2　那曲县 1996～2005 年综合统计情况表

单位：人，元

年份	行政村数	总户数	总人口	其中牧业	分配人口	总收入	副业收入	其他牧业收入	其他	纯收入	人均收入
1996	294	10216	56671	—	56511	102425340.68	18714540.78	83147114.9	563685	75411236.07	1334.45
1997	282	10391	57713	54894	57563	111924552.30	23728246.4	88046029.9	150276	88403417.00	1523.27
1998	294	10573	58803	55548	58667	96410277.65	20491260.42	75870790	48227.23	86885969.72	1481
1999	283	10867	60003	54558	59880	123998833.17	39488731.05	83890723.5	619378.62	103652280.0	1731
2000	303	11113	61137	56842	61017	122107619.14	34117042.4	87073314.4	917262.34	10998994.52	1800.71
2001	284	11384	62183	57845	62039	126848462.37	42159185.65	83478638.72	1210638	—	1723.93
2002	156	11737	63690	55065	63529	117476044.32	33526884.37	82206871.8	174228.15	—	1696.15
2003	156	11996	64969	57239	64797	147021488.80	46115773.6	98899959.2	2005756	—	1967.49
2004	156	12367	66249	59267	66074	185984559.28	78223067.7	105468380.7	2293110.88	—	2202.64
2005	156	12835	68215	—	67958	234447062.00	117451677.8	110835822.2	6159562	—	2630.32

资料来源：那曲县发展和改革委员会。

附表 2-3 那曲县 1996～2005 年牲畜综合统计情况表

单位：万元，%

项目/年份	牲畜总头数						纯增						总增				
	小计	牛	绵羊	山羊	马	小计	纯增	牛	绵羊	山羊	马	小计	总增率	牛	绵羊	山羊	马
1996	1073703	265898	620299	171256	16250	-84114	-7.26	-33749	-36178	-12896	-1291	128005	11.06	-1580	112303	17901	-619
1997	1080893	281127	608561	174920	16285	7190	0.67	15229	-11738	3664	35	247988	22.94	46418	163579	37017	974
1998	987755	257276	549097	165857	15525	-92771	-9.30	-23506	-59445	-9059	-761	95467	9.6	3724	76034	15968	-259
1999	1096551	288185	602848	188800	16718	108796	11.01	30909	53751	22943	1193	328537	33.26	60328	211727	54606	1876
2000	998876	281768	527455	172756	16897	-97675	-8.91	-6417	-75393	-16044	179	131931	12.03	26768	90198	14000	965
2001	1079549	313229	558358	190452	17510	80673	8.08	31461	30903	17697	612	315137	31.55	65540	196908	51132	1557
2002	1169333	339955	602195	208987	18196	89784	8.22	26726	43837	18535	686	353869	32.78	65978	226692	59168	2031
2003	1147508	350304	577646	201581	17977	27273	-1.87	10349	24549	-7406	-219	311938	26.68	59792	203161	47489	1496
2004	1111694	351793	552576	190481	16844	-35814	-3.12	1489	-25070	-11100	-1133	-95617	26.83	59728	-201731	45741	645
2005	1079904	372267	514127	177760	15750	-31790	-2.86	20474	-38449	-12721	-1094	312632	28.12	-76078	193285	43320	-51

资料来源：那曲县发展和改革委员会。

附表 2－4　那曲县 1996～2005 年各类牲畜死亡、成活、出栏及综合商品率情况表

单位：%

项目 年份	牛			绵羊			山羊			马	
	死亡	成活	出栏	死亡	成活	出栏	死亡	成活	出栏	死亡	成活
1996	3.6	88.48	3.6	6.03	64.32	4.8	7.79	55.77	2.25	1	85.07
1997	1.99	91.7	3.87	2.68	74.29	9.23	3.29	66.41	3.29	4.78	95.7
1998	9.55	93.6	3.8	6.61	61.6	6.61	10.5	61.01	2.25	107	94.06
1999	1.09	96.95	3.9	1.7	88.38	7.9	2.11	81.71	3.2	3.15	95.04
2000	0.95	91.66	4.4	7.5	53.35	9.6	8.5	53.48	3.8	6.2	92.82
2001	—	97.06	4.37	0.31	85	9.61	3.22	29.62	4	2.45	95.54
2002	1.92	98.11	4.72	9.25	90.75	11.29	—	83.49	5	1.7	96.7
2003	0.74	96.34	6.45	1.24	79.73	15.8	1.7	80.05	8.5	2.9	96.11
2004	0.67	85.15	7.85	1.06	84.16	17.87	1.69	78.2	10.37	3.91	95.74
2005	0.41	97.6	7.84	1.27	80.37	22.68	1.64	76.49	11.73	4.62	94.46

资料来源：那曲县发展和改革委员会。

其中自用奶37.8万公斤，上市出售奶24.7万公斤。[①]截至2004年年底，已完成冬春草场承包到户11295户，占全县总户数的97%；248.8万只绵羊单位，占全县牲畜总头数的96%；完成承包草场面积1105.62万亩，占全县草场面积的58.34%；累计发放《那曲地区草场使用证》468本，与牧户签订《草地有偿承包责任合同》35988份，经营权证11996份。全年，共完成草场网围栏12.3万亩，人工种草完成18240.7亩。[②] 人均草场占有草场承包面积为184.33亩。特别是2005年那曲县继续严格按照“草场承包经营50年不变、增人增畜不增草场、增人增畜不减草场”等原则开展草场承包到户工作。进一步对全县范围内草场承包制进行了完善，同时对部分冬春草场界定不太清楚的99户牧民建立了醒目的草场边界标志，又对45套用于划分分界的网围栏、标志物进行了维修，确保了草场边界明确，减少了牧民群众的纠纷，完成那曲镇19村和罗玛镇14村部分夏秋草场承包到户试点工作，并圆满完成西藏自治区草场承包经营责任制现场工作会议在那曲县顺利召开的工作。

2005年在那曲县古露镇、香茂乡实施天然草地围栏建设，围栏草场在围栏前后的产草量经有关部门测定，围前每亩产鲜草50公斤左右，围后可达110公斤以上，6万亩的草场建设年可增草360万公斤，人工种草0.19万亩年可增草228万公斤，两项可增草588万公斤，以每个绵羊单位年饲草1200公斤计，可满足4900个绵羊单位一年的饲草需

---

① 那曲县人民政府次仁：《那曲县立足现实、分析现状开拓草地畜牧业产业化经营》。

② 那曲县农牧局：《那曲县2005年草场承包落实情况总结》，2005年12月19日。

求，以每个绵羊单位每日 4 公斤计算，可生产经济性绵羊 1225 只，直接给项目区群众创收 42.9 万元。

（1）草场承包到户后，牧户之间互相租借草场的有 120 户，租借草场面积达 1800 亩，实现收入 5320 元；

（2）草场承包到户，共有 70 户牧户搬迁进城，这些牧户的草场由多畜户经营，草场面积达 2325 亩，实现经营收入 10462.5 元；

（3）草场承包到户后，共有 590 户牧户自发购买网围栏，共投入 59 万元资金，共购买 9 万米；

（4）草场承包到户，共有 1140 户牧户自发进行人工种草，共投入 9.12 万元资金，人工种草 3800 亩；

（5）草场承包到户后，共有 3600 户牧户自发开展草原"三灭"，共投入 12.6 万元资金，完成草场"三灭" 10.8 万亩；

（6）草场承包到户后，有 6936 人次的劳务输出，实现劳务收入 554 万元。

那曲县改变了以往因草场公有共用出现"草场无主、放牧无界、建设无责、过牧无妨"的局面。草场承包到户后，彻底打破了传统的、旧的草场经营体制，杜绝了草场吃"大锅饭"的现象，真正把草场管理、保护、建设、经营权交给了牧民群众，使草场的"管、护、用、建"和"责、权、利"挂起钩。同时大力宣传并实行草场经营承包到户长期不变的政策，使牧民群众吃了定心丸。

在草场合理利用方面，那曲县综合当地各相关利益群体的意见，经过 2005 年问卷调查，得出可供选择的几种方案以及将每种方案作为第一选择、第二选择和第三选择的农户比例（附表 2-5）。附表 2-5 显示，以草定畜已经得到了大部分农户的认同。

附表 2-5 牧户对草场利用方案的选择比例

单位：%

	划区轮牧	季节性休牧	以草定畜
第一选择牧户	31.3	17.6	50.4
第二选择牧户	7.0	22.3	9.0
第三选择牧户	7.5	3.5	8.5
合　计	45.8	43.4	67.9

资料来源：本表根据笔者 2007 年 4 月在罗玛镇 14 村调研资料整理而成。

监督是保证草场制度实施的关键问题。包括对草场权属划分和利用方式等方面的监督，对草场生态状况的监督等方面。2007 年 4 月，笔者在那曲县罗玛镇调查中发现，有 73.5% 的牧户认为草场的利用和管理仍需要监督。对于监督方式的选择（附表 2-6），首选“村民之间互相监督”的牧户主要集中于人均草场面积大于 3.34 公顷的村，而首选“村民成立的监督小组”和“村委会监督”的农户主要集中于人均草场面积较小且承包围栏情况较差的自然村。笔者调查发现还有 26.5 % 的牧户认为无须对草场利用进行监督，主要集中在人均草场面积较大，承包和围栏情况实施较好的自然村。

附表 2-6 牧户对放牧监督方式的首选比例

单位：%

监督方式	牧户比例
村民之间互相监督	50.8
村民成立的监督小组	21.0
村委会监督	13.7
政府监督	14.5

资料来源：本表根据笔者 2007 年 4 月在罗玛镇 14 村调研资料整理而成。

鉴于草场生态退化的历史教训和当地现存的诸多问题，村民互相监督实际上很难形成制度并付诸实践。由村民成立监督小组进行监督和村委会监督都存在一定的可行性，但由于长期以来牧区社会的习俗和各种家族关系、社会关系的阻碍，以及利益驱动对人的行为的影响等其他因素，政府进行一定的干预和调控还是必要的。①

以往对草场资源的无限制利用，在加速草场沙化、退化、荒漠化的进程中起到了推波助澜的作用，草畜矛盾日益突出，水土流失特别严重。草场承包到户以后，调动了牧民群众建设、保护草场的积极性，加强了基础设施建设，自觉进行人工种草、网围栏、“三灭”等工作，合理确定草场载畜量，提高出栏率，降低草场压力，缓解草畜矛盾，加速了畜群周转，优化了畜群结构，实现科技兴牧。同时，促进了全县草场畜牧业向放牧与补饲相结合的新型草场畜牧业路子迈进，全县上下出现了乳业牧民经济合作组织、牧民入股育肥生产基地、专业养殖联合体、牧民草业合作组织等新型牧民经济实体，增加了牧民群众现金收入。

以往不注重草场价值，掠压式放牧，对草场不建设、不管理、任其自生自灭。草场承包到户以后，对草场的认识有了新的定位，把对草场的认识上升到了“资本”高度，把草场资本化、资本商品化、商品市场化。首先注重了草场的建设管理，如新修水渠等。牧民群众个人购买网围栏数量比以往增多。其次将草场租赁。三是联营经营草场。牧民群众意识到草场同牲畜一样也是财富。以往重牲畜数量、轻草场管

① 李小云、胡新萍：《农牧交错带草场禁牧政策下草场制度创新分析》，《草业科学》2006年12月。

理的现象比较普遍，畜种、畜群结构不合理。草场承包到户以后，牧民群众的思想观念从简单重视牧畜数量转变为充分重视草地经营。现在是什么赚钱就养什么，牧民群众的市场意识增强了。

2. 退牧还草后的经济效益

（1）牧民的收入得到了大幅度提高

退牧还草是一项具有“积极的”或“正的”外部性经济活动。外部性问题解决的办法就是让政府找到一种内生交易费用与外生交易费用两难冲突的最优折中方案，在解决退牧还草的外部性问题时保持产权模糊性是非常有利的，因而应采取利益调整的办法，加快建立退牧还草补偿机制。①

退牧还草工程实施后，生态环境得到改善，农牧民的收入也得到大幅度提高，具体分析如下：

①通过5年的退牧还草工程建设，可以解决目前那曲县家畜超载过牧问题，使退化草场得到治理和恢复。家畜死亡率降低0.5%，牛的出栏率提高3%，羊的出栏率提高5%，牧民户均收入增加744~1876元。

②“三化”草场得到初步遏制，退化草场鲜草产量从现在的200~500公斤/公顷提高到400~1000公斤/公顷，近75万亩退化草场可增产803万~1256万公斤牧草，可养畜5336~13100个羊单位，按20%出栏率，每年可增加产值36.19万~127.84万元，牧民户均增收241~852元；以上两项合计可使牧民户均年收入增加985~2728元。

（2）提高了抵御自然灾害的能力

① 杨明洪：《外部性校正之争与建立退耕还林还草补偿机制》，《财经科学》2002年第6期。

项目实施后，天然草场的生产能力得到提高，另一方面，人工饲草料基地的建立大大提高了牲畜的出栏率和商品率，提高了家畜的繁殖成活率，增强了抵御自然灾害的能力，减少了牲畜冬春季节的掉膘和死亡。

（3）提高草场生产能力

实施退牧还草，可以减缓草场退化速度，提高草场产草量和牲畜出栏率，减少成畜死亡数和减少抗灾救灾损失投入。项目实施后，按藏羊越冬掉膘减少2公斤肉、牦牛越冬掉膘8公斤肉计算，整个项目区可减少经济损失130万元。

本项目只作静态评价，其项目运行期，确定为15年。此外，有些经济效益是无法计算的，如草场通过禁牧、休牧有效地达到减轻草场退化的效果，使人民的生产和生活免遭损失，以及社会安定等所产生的直接和间接经济效益，这是一笔巨大的社会财富，可以带动当地草场畜牧业的发展，推动当地经济向绿色产业经济带过渡，极大推动项目区经济的高速发展。

（二）社会效益

靠天养畜等落后的生产、经营方式极大地限制了那曲县社会经济的发展和牧民生活水平的提高。

一方面加快了草场承包责任制的深入落实，强化了生产要素、畜种、品种等结构调整。另一方面，积极鼓励和引导牧民群众开展办茶馆、商店等多种形式的经营活动，促进增收。同时，还积极鼓励牧民反季节出栏，大力发展城郊畜产品加工和销售等，对于改变单一的牧业经济结构起到了积极的推动作用。通过项目建设，伴随科技含量的投入，牧民群众的传统观念也随之改变，显著的经济效益切实给老百姓带来实惠，牧民群众的生产积极性普遍提高，促进了社会经济的全面发展。

以往草场纠纷一直都是那曲县各乡（镇）牧民群众之间的主要矛盾，也是影响社会稳定的一大隐患。草场承包到户过程中，共解决1240起草场纠纷；草场承包到户后，完成草场承包到户的牧民未发生一起纠纷，而且那曲县通过沟通、协调等方法，解决了历史遗留的20多处草场纠纷，这在一定程度上消除了引起草场纠纷的不安因素，维护了那曲县社会稳定和长治久安的社会局势。①

1. 当地生产方式和生产观念的转变

退牧还草工程开始实施后，起到了示范作用，广大牧民开始接触到新的牧业生产技术和新观念，逐步改变了他们靠天养畜、只索取不投入的牧业生产方式，为高寒草场畜牧业的良性发展打下坚实的基础。

2. 增加牧民的收入，增强牧民脱贫致富能力

项目实施后，项目区广大牧民逐步摆脱贫困，收入逐年增加，大大提高牧民的物质生活水平，同时，促进牧区精神文明建设，使牧民走上富裕的道路。

3. 促进牧区市场发育，提高牧民的市场经济意识

项目实施后，牧民将超载的牲畜出栏上市，极大地丰富了当地居民的“肉篮子”，促进城镇和牧区食品与畜产品商品市场的发展。此外，由于畜产品产量的增加和商品率的提高，牧民的市场经济意识将发生根本性转变，牧民自觉投入草场畜牧业再生产的积极性得到提高，科技致富意识将大大加强，

① 资料来源：那曲县农牧局：《那曲县草场承包到户工作情况材料》，2006年12月。

自给自足的草场畜牧业将逐步转向商品畜牧业发展之路。

4. 加强民族团结和边疆稳定，为西藏进一步发展创造条件

项目实施后，增进了内地与少数民族地区的经济交流和技术合作，增强了党和人民的血肉联系，项目的实施将进一步繁荣项目区经济，为项目区进一步发展创造有利条件。

5. 带动少数民族经济发展，体现“西部大开发”战略思想

项目建设还将带动其他行业，如饲草料加工业、粮食加工业、运输业及旅游业的发展，可以安排大量人员就业，从而促进项目区的经济发展，为西藏广大牧区现代化草场畜牧业建设提供经验与示范作用，将带动和促进西藏草场畜牧业建设和发展的步伐。

（三）生态效益

据统计，截至2005年年底，全国禁牧草场面积达到5.7亿亩，休牧草场面积达到5.4亿亩，取得了良好的生态、经济和社会效益。草场植被得到初步恢复，生态环境明显改善；畜牧业生产经营方式转变步伐加快，产业结构逐步优化；畜牧业生产效益不断提高，对牧民增收的作用不断增强；牧民生态保护意识有了明显增强，参与草场保护的积极性空前提高。

2005年，退牧还草项目覆盖那曲县达萨、尼玛、大前、劳麦、色雄5个乡，44个行政村，2000户。退牧还草草原面积为55万亩，其中禁牧40万亩、休牧15万亩，见图2－1。

2007年，退牧还草面积为30万亩，其中禁牧15万亩、休牧15万亩，该项目总投资375万元，其中中央投资为

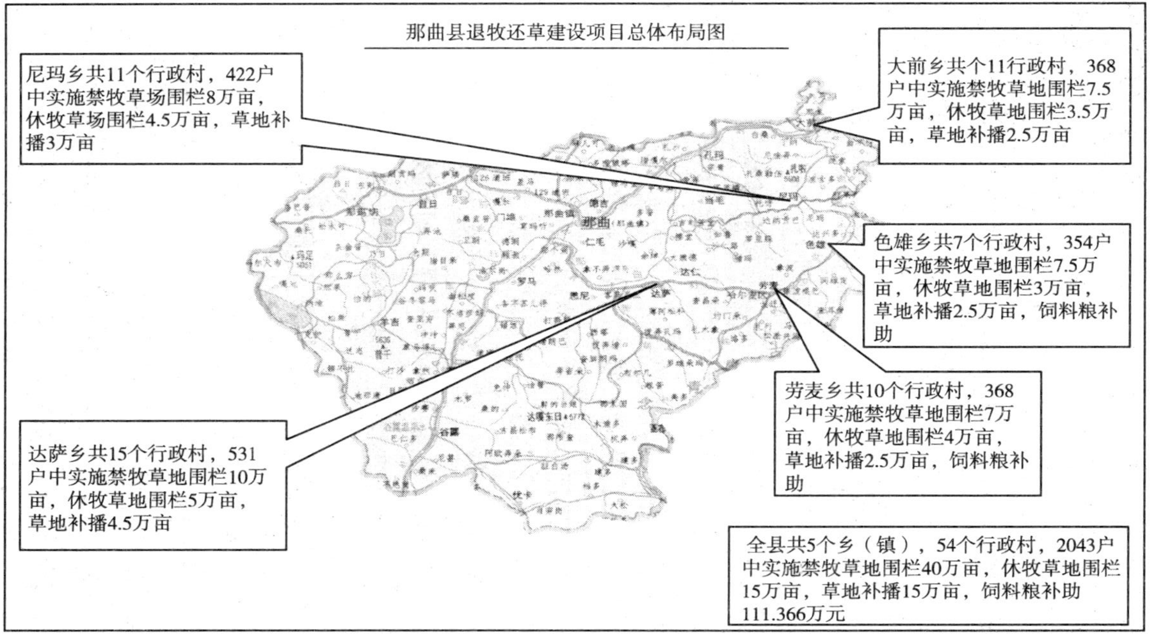

那曲县退牧还草建设项目总体布局图
尼玛乡共11个行政村，422户中实施禁牧草场围栏8万亩，休牧草场围栏4.5万亩，草地补播3万亩
大前乡共个11行政村，368户中实施禁牧草地围栏7.5万亩，休牧草地围栏3.5万亩，草地补播2.5万亩
色雄乡共7个行政村，354户中实施禁牧草地围栏7.5万亩，休牧草地围栏3万亩，草地补播2.5万亩，饲料粮补助
劳麦乡共10个行政村，368户中实施禁牧草地围栏7万亩，休牧草地围栏4万亩，草地补播2.5万亩，饲料粮补助
达萨乡共15个行政村，531户中实施禁牧草地围栏10万亩，休牧草地围栏5万亩，草地补播4.5万亩
全县共5个乡（镇），54个行政村，2043户中实施禁牧草地围栏40万亩，休牧草地围栏15万亩，草地补播15万亩，饲料粮补助111.366万元
那曲

附图1-1　2005年那曲县退牧还草建设情况

262.5万元，地方配套及群众自筹投劳112.5万元，分别占总投资的70%和30%。退牧还草工程覆盖3个乡（镇），30个行政村。退牧还草项目，饲料粮补助总投资464.4万元，申请全部国家投资，每年投资46.44万元，连续10年。

通过退牧还草项目的实施，不仅改善了生产条件，促进了基础设施的建设，产生了显著的经济、社会效益，更重要的是对生态建设及环境保护作出了巨大贡献，使荒凉的退化草场重新披上绿装，防止了水土流失和草场进一步退化，恢复了草场植被和草场生物的多样性。

通过退牧还草项目的实施，退化草场植被得到恢复，植被高度达到5~15厘米，草场覆盖度达60%以上，草场生态功能逐渐增强。地表风蚀现象减轻。退牧还草后使草场得到休养生息的机会，使草场得以有效保护和有一定的休闲时期。草场生态建设使草地退化、沙化以及草场鼠虫害得到有效控制。

项目实施后，项目区的沙化草场初步得到治理，草场“三化”得到有效遏制，生物多样性得到有效保护，草场生态系统步入良性循环轨道，草场实现永续利用。

五　那曲县草场产权制度改革存在的问题

长期以来造成草场退化的主要原因是：一是由于主观地追求牲畜数量、没有科学合理使用有限的草场资源，导致牲畜超载过牧，造成草场严重退化，草畜矛盾日益突出。二是由于草原鼠、虫、毒三害因素，导致草场退沙化现象逐年加剧。三是由于人类活动造成草场人为破坏现象严重。

草场承包中存在的一些问题和不足主要有：由于群众受草场“大锅饭”的影响较深，虽然草场承包了，界线也明确了，但群众自觉按界线放牧的意识还有待提高，仍存在一些放牧纠纷；由于资金不足，基础设施建设还不完全到位，导致网围栏数量较少，区划界定不能及时落实；有虫草的草场群众争议较大，很难界定。

那曲县牧业人口占全县的92.28%，牧区经济占全县GDP的97%，牧区、牧业和牧民问题是那曲县全面建设小康社会的难点和重点。当前阻碍发展的主题问题，一是牧民多，二是牧民穷，三是城乡差距扩大。

1. 思想陈旧，观念落后

牧民群众缺乏现代化经营和发展畜牧业的理念，缺乏市场观念和竞争意识，个体化牧业经营对国家、集体的依赖性非常明显。其原因，一是大多数乡村地理位置偏僻，牧民群众同外界接触少，信息闭塞；二是牧区教育落后，群众文盲、半文盲率高达50%，接受新观念、新技术能力差，许多先进的科技成果无法转变为畜牧业生产力。牧区经济发展缺乏内在活力，导致人们的心理素质和精神面貌很难与飞速发展的经济形势相适应。

2. 牧业基础设施薄弱，牧业综合生产能力不高

投入不足、基础设施薄弱的状况并没有大的改变，牧业增产、牧民增收的长效机制并尚未完善，制约牧业、牧区经济的深层次矛盾并没有消除，牧区经济社会发展明显滞后的局面并没有根本改变，牧区改革和发展仍然处在艰难的爬坡和攻坚阶段。主要原因：一是牧业基础设施薄弱，主要表现在草场建设、草场改良所需的水利设施、农机具等硬件缺乏，牧业发展后劲不足，防抗灾能力不强；二是草场利用具有盲目性，对草场“重使用、轻建设”掠夺式利用草场，草畜矛盾突出；三是以家庭经营为主的传统性牧业经营模式，牧业产业化、规模化、集团化发展程度低，特色经济发展受资金缺乏影响，没有上档次、成品牌，产品附加值低。

3. 畜牧业产业化经营水平低，产业层次低，生产没有形成规模

那曲县畜牧业到目前为止，生产和经营比较落后，小牧意识比较浓，小而全的思想观念在群众中根深蒂固。畜产品的产地和畜产品加工对畜牧业产业拉动作用不明显。全县范围内没有像样的骨干畜牧业龙头企业和合作组织及营销大户。虽然有几家小型企业和群众合作组织，但生产能力和产品加工能力不大，规模小。特别是缺乏大量与牧户结成经济利益共同体的中介龙头组织，影响了产品形态的改变和附加值的提高。同时，也决定了畜产品销售以鲜销为主，易造成畜产品阶段性过剩，制约了畜产品整体质量的提高和产业的提升与发展。

4. 畜牧业组织化程度低

那曲县现有6家群众专业化合作经济组织，总体上组织结构松散，责任不明确，利益分配不合理，内部管理不规范。知识化程度低，没有技能培训。资金不足，没有好的企业作对手，竞争意识不强。特别是对牧户的吸引力不强，在产业带动上还不能发挥应有的龙头和合作组织的作用。很难形成该地的特色产品和特色品牌。畜产品没有形成市场急需品，没有形成“一乡一品、一乡多品、一村一品、一村多品”的品牌特色（没有统一的生产标准，没有统一的卫生标准，没有统一包装，就没有了统一品牌）。

5. 畜牧业生长周期长

由于靠天养畜，牲畜的饲养周期长，出栏率不高，是制约畜牧业发展的一大障碍。群众惜杀惜售思想比较严重。那曲县目前仍处于逐水草而居，靠天养畜，原始和半原始畜牧业生产发展状况，要走出后发展地区全面建设小康社会的路子，必须要充分吸收、借鉴发达地区经济发展的先进经验，按照全面建设小康社会的25项指针和目标，进一步深入调查研究，进一步建立和完善“牧业立县、三产兴县、开放富县、科教强县”的发展思路。第一产业要继续坚持“以草定畜、增草增畜、草畜平衡、建设养畜”的发展思路，走以草兴牧、科技强牧、流通促牧的道路。逐步建立东中部牦牛、绵羊乳肉兼用经济区域，北部山羊肉毛兼用经济区域，中部畜产品加工经济区域3个经济带。

六　那曲县草场产权制度改革的对策

在完善草场承包责任制过程中，那曲县应紧紧抓住牲畜这一环节。以往就草论草，过多地将草场承包视为技术问题考虑，要求将承包到户的草场围起来。然而，生产关系的变革应遵循草场畜牧业生产力的特点和游牧的生产方式，将原承包草场围起来的做法似乎“产权明晰”了，但有悖于上述规律，出现内在不经济，也无助于解决草场超载问题。[①] 草场畜牧业生产具有二重性，草为第一性生产，畜为第二性生产，第一性生产的价值通过第二性生产来实现。在游牧生产方式下，意味着谁养了更多牲畜，谁就利用了更多草场。通过牲畜这一第二性生产要素来配置草场资源是切实可行的，这样可以避免实物形态分割草场和围

① 丁毅、丁恒杰：《试论草场股份合作制度的建立》，《草与畜杂志》1995年第4期。

栏草场，降低操作难度与成本。产权理论同样能做到“产权明晰”的目的。广泛采用经济手段，通过对牲畜数量的管理与调节，调控对草场的利用，实现以草定畜、草畜协调发展的目标。

深化完善草场承包到户的工作。把此项工作作为牧区体制创新的具体内容抓紧抓好。使草场责、权、利分解到乡，细化到村，落实到户。使草场建设有人管，合理使用有人抓，草场规划、提高草场效益有人提。在群众中正确树立“草场公有、资源有价、使用有偿、建设有责”的新观念。把草场承包到户工作作为“两个长期不变”的政策充实和完善。

要继续贯彻完善“两个长期不变”政策，使草场责任和权利分解到乡、细化到村、落实到户，使草场畜牧业从纯天然草场游牧放牧型畜牧业，向自然放牧与人工补饲相结合过渡，逐步提高种草养畜比重，重点缓解因冷季草场窄小而产生的饲草严重不足的矛盾。

建立健全草场使用权流转制度。要使草场资源的配置富有效率，必须建立健全草场使用权的出租、转让等流转制度，激励草场使用权的流转。这是草场产权制度建设的核心问题，是传统草场畜牧业走向市场经济体制的关键。因为只有草场使用权在牧户之间毫无障碍地通过市场进行流转，才能打开制约草场畜牧业规模经营的瓶颈，进而有力地促进牧业人口向外流动，带动乡镇企业等牧区经济的全面发展，促进草场畜牧业劳动生产率的提高和可持续发展。

围绕“三牧”发展重点，坚持草畜平衡，走可持续发展路子。在全面建设小康社会进程中，必须把“三牧”问题作为小康建设的重中之重，按照“草业基础、畜牧生产、加工流通、草畜平衡、促进增收、全面发展”的思路，不断向牧业的深度和广度进军。一是要进一步加强牧区和草场基础设施建设，加大牧区和草场基础设施建设投入，尤其要加大草场围栏、人工草场建设和牲畜防抗病、灾的投入，有效遏制草场退化、沙化的趋势，促进草畜平衡。二是要进一步优化畜牧业结构，把研究、开发和推广牲畜优良品种、提高畜产品质量作为调整畜牧业结构的重点，努力增加名特优新畜产品，实现品种结构多样化，满足不同消费层次需求，进一步改善生产经营方式，提高牲畜的出栏率和商品率。三是大力推广畜牧科技，加大科技培训力度，积极开展与区内外大中专院校联合，采取有效措施，扩大一批适应性强、增产增效明显的畜牧业先进实用技术，突出抓好牲畜品种改良、动物疫病诊断及综合防治、饲料配制、草场建设和集约化饲养等技术的推广，缩短牲畜生产周期，降低牲畜生产成本，提高畜产品品质。四是要加快畜牧业产业经营进程。按照“从小到大、从点到面、从弱到强”的发展规律，扶持一批养畜大户、畜产品加工大户，出台优惠政策，鼓励区内外企业到那曲开办畜产品加工企业，引导企业与牧户建立稳定的购销关系和合理的利益联结机制，根据市场需求，以肉类和奶类加工为重点，实现畜产品转化增值。

那曲县是那曲地区的优势地区，实现全区的跨越发展，那曲县必须首先实现跨越，要按照“发展要有新思路、改革要有新突破、开放要有新局面、各项工作要有新举措”的要求，通过思路创新、体制创新、科技创新，推进全县经济社会新的发展。在思路创新上，树立以草业建设为中心，“一个确立、两个提高、一个缩短”的指导思想，即确立一个增草增畜的思想观念，提高单位草场面积产量、提高单位草场面积载畜量，缩短牲畜生产周期。把畜牧业生产结构、组织结构、市场结构、区域结构、劳动力就业结构调整有机结合起来，实施不平衡发展战略，实行领导、专家、群众三结合，群策群力，全面推动全县畜牧业结构调整工作，促进建设小康社会进程。在体制创新上，把草场建设与草场承包到户、牲畜私有私养的政策紧密结合起来，使草场的经营权、建设权、使用权、管理权落实到最小单位，进一步激发牧民群众建设草场、发展畜牧业的活力，并转化为建设小康社会的巨大动力。目前，那曲县草场承包到户工作已全面完成，在此基础上，那曲县继续在巩固、完善上下工夫，赋予牧民长久而有保障的草场使用权，维护草场家庭承包经营的物权性，给群众吃下“定心丸”。要让群众真正认识到草场的价值，像重视牲畜一样重视草场，对草场敢于投入、舍得投入，将草场作为资本、作为财产依法有偿合理流转，并从中尝到实际的甜头，推动牧业经营方式的变革，在更高层次上谋求草场畜牧业更大的发展。①

专题三：西藏那曲县罗玛镇14村国家观与民族宗教观

一 引言

一种宗教能够在不同地区传播发展，甚至成为这些地

① 西藏政府网2008年12月3日，http：//www. xizang. gov. cn/getCommonContent. do？contentId＝360913。

区的主要宗教，首先必须具备两个条件；其一，宗教的传播和发展必须经过一个漫长的时间；其二，宗教的传播和发展必须同传教地区的风土人情相适应、相吻合。

佛教在西藏的传播，也不外乎以上两个条件。佛教不是西藏所固有的宗教，它之所以能在西藏传播、发展，成为西藏人民最主要的宗教，是因为它和藏民族的意识形态（主要是藏族自己的宗教——苯波教）、风土人情、生活习惯和自然环境诸方面都经受了一个相当长时间和互相适应的严峻考验。在西藏由于佛教能够适合西藏的情况，满足了信教群众的精神要求，佛教才得以长存，以至成为一个藏族化了的佛教，这就是我们通常所说的藏传佛教。

二　信教情况

大多数藏北人笃信宗教，人们既对大自然顶礼膜拜，相信万物有灵，也追求来世的幸福，虔诚供奉佛法僧三宝。在藏北最古老的宗教信仰是自然崇拜和图腾崇拜，牧人们至今还将藏北的许多高山和湖泊视为神山圣湖，每年朝山转湖，加上美丽的神话传说，大自然的造化之物，变成了有着肉身凡胎一样的喜怒哀乐。在草原各部落，还有一种能通灵的“拉巴”神人，他们能让神灵鬼怪附体，代表神向凡人发号施令，也能帮助人治疗各种怪病。

藏北历史上属于象雄古国的一部分，在雄厚的自然崇拜基础上，传统的本教也盛极一时，流传至今。随着佛教的不断兴盛，其势力也逐渐向藏北渗透，藏传佛教的各教派都向藏北地区扩张势力，各自传播教义，发展信徒，建立寺庙。据 1960 年统计，那曲地区（当时称黑河）不包括后来划入的嘉黎县、比如县的白嘎区和索县的江达区一带的寺庙，全地区共有寺院109座。1966年到1976年“文化大革命”期间，那曲100多座寺庙都遭到不同程度的破坏，许多珍贵文物和经典毁于一旦。随着宗教信仰自由政策的全面落实，绝大部分寺庙得以恢复，宗教文化又趋繁荣。目前，那曲地区共有本教寺庙23座，噶举派寺庙25座，宁玛派寺庙18座，格鲁派寺庙48座，各种拉康、日追、仓康120多座，完全能满足广大信徒的宗教信仰需要。这些寺庙在寺院民主管理委员会的领导下，发扬爱国爱教精神，潜修教义，认真讲听修行，弘扬佛法。广大信徒虽然供奉不同的守护神，但对各教派都持以相同的虔诚和尊崇，依照教义，弘扬十善，抛弃十恶，行善积德，念经修行。

三　宗教场所及宗教教育

绝大多数牧民信仰佛教，都是在自家摆设，设施比较简单。我们在采访过程中，村长介绍村里有极个别的壮年村民从本村出发，步行朝拜直到拉萨布达拉宫的。

独特的习俗：

(1) 忌荤吃素是佛门弟子应遵循的一条戒律，藏僧却不忌讳食用牛羊肉食（牦牛和绵羊肉），他们以牛羊肉食、酥油咸茶和糌粑为日常食品。在高寒、平均海拔4000米以上的那曲地区，要想生产出亚热带、温带平原地区的农作物是很难做到的。高原地区的藏族人民主要依靠耐寒作物青稞、豌豆和小麦以及抗寒牲畜牦牛和山绵羊来维持生活。藏僧也不例外，为了生存只好食用牛羊肉食。

藏人喜茶是因为酥油茶有很强的御寒能力。生长在这里的藏族群众自古以来视酥油茶为最佳御寒饮料。善男信女们一向给各寺的僧众大会熬茶布施，将自己最好的饮料奉献给众僧，以求来世的幸福。基于上述事实，明清以来的中央王朝，每次派大员到西藏办理藏务，首先便到各大寺庙给僧众熬茶，发放布施，已成惯例。

（2）吸烟本在出家人禁条之列，但藏僧却被允许吸鼻烟。在西藏吸鼻烟的僧人数量较多，而且人们已经习以为常了。可是对香烟却另眼相看，禁止僧人吸香烟，认为出家人吸香烟不仅亵渎菩萨神灵，污染佛门净地，是伤风败俗的，他们很难接受外来的新东西。

（3）在西藏，高僧活佛时常向僧俗男女老幼摩顶加持。佛教戒律严格规定，任何出家僧侣禁止同任何女性接触身体的任何一个部位，况且高僧大德。尽管这种宗教习俗和佛教戒律格格不入，但是它在西藏却被认为是天经地义的事。

该村群众对宗教信仰自由政策的评价如附表3－1所示：

附表3－1 调查点调查对象对宗教信仰自由政策的评价

单位：%，人

调查地点	不了解	很好	一般	不好	样本
调查对象总体	10.2	79.6	8.7	1.5	50

资料来源：本表根据笔者2007年4月在罗玛镇14村调研资料整理而成。

从表3－1可见，宗教信仰自由政策拥护率在藏区都很高，只有少数人表示这一政策“不好”，呈现出高度的一致性。从调查总体来看，79.6%的人认为这个政策很好，说明这一政策适应了藏族群众的精神需求。改革开放以后，宗教信仰自由政策得到落实，群众的朝佛、转经、点酥油灯、烧香拜佛、布施等正常的宗教活动受到国家法律的保护和社会的尊重。藏族家庭宗教活动支出成为家庭经常性支出的组成部分。被调查者家庭，户均宗教开支分别为152元、452元和304元，占家庭日常开支的比重分别为10.7%、32%和20.6%。

笔者试图了解藏族群众宗教信仰的动机，该村的一位被访者说："对佛教来说，求神拜佛不是最主要的，真正的意义在于使人的心地善良，普度众生，以善良的心为他人着想。只要心地善良，即使不求佛拜神也会得到保佑，得到安宁。"还有一位牧民说："转世到人间是很不容易的，要多做善事积德，才有好报应。"另一位被访者说："你问我为什么要信教？对于我们藏族来说，这是天经地义的祖传的规矩，不需要任何理由。"还有一些被访者（占被访者总数的21.4%）信教的动机是"为了死后上天堂"。

四　结语

藏北历史上属于象雄古国的一部分，绝大多数藏北人笃信藏传佛教，人们既对大自然顶礼膜拜，相信万物有灵，也追求来世的幸福，虔诚供奉佛法僧三宝。在藏北最古老的宗教信仰是自然崇拜和图腾崇拜，牧人们至今还将藏北的许多高山和湖泊视为神山圣湖，每年朝山转湖，加上美丽的神话传说，大自然的造化之物，变成了有着肉身凡胎一样的喜怒哀乐。在雄厚的自然崇拜基础上，藏传佛教的各教派都向藏北地区扩张势力，传播教义，发展信徒，建立寺庙。据1960年统计，那曲地区共有寺院109座。"文化大革命"中那曲寺庙都遭到不同程度的破坏，许多珍贵文物和经典毁于一旦。但随着宗教信仰自由政策的全面落实，绝大部分寺庙得以恢复，宗教文化又趋繁荣。目前，那曲地区共有寺庙100余座，完全能满足广大信徒的宗教信仰需要。位于卓玛沟峡谷内的两座具有800多年的古老寺庙，是藏传佛教噶举教派僧尼修炼的净地，有许多神秘而美丽的传说和遗迹。

随着经济社会的快速发展，农村精神文明建设已明显滞后于物质文明。如果没有高质量的精神文化生活，很难达到小康。要正确引导群众的宗教信仰，淡化群众的宗教意识，规范宗教活动的管理，减少群众在生产生活中的宗教消费。对政教合一制度遗留下来的带有维护旧制度色彩的习俗，必须采取有力措施予以破除。

专题四：罗玛镇14村先富带后富典型牧民

——边嘎访谈录

被访人：边嘎，男，那曲县罗玛镇14村牧民，现就职于那曲县罗玛镇人民政府。

采访人：范远江，男，四川大学经济学院博士研究生。根据国家哲学社会科学基金特别项目《新疆历史与现状综合研究》附设项目：《当代中国边疆地区典型百村社会与经济发展调查》的要求，四川大学西部开发研究院与西藏社会科学院达成合作意向，经过认真审核和积极的沟通，决定在西藏遴选3个村庄，根据有关协议负责村庄的调研。在四川大学西部开发研究院院长杨明洪教授带领下，我们四人（其中包括郑洲博士、孙继琼博士）对那曲地区那曲县罗玛镇14村村长所在的自然村开展社会与经济发展调研工作，课题组一行对村庄进行了全方位的考察，在此期间，我们与该村的牧民和相关人员进行了深入和有效的交流。

记录人：范远江

访谈时间：2007 年 9 月 16 日

访谈地点：那曲县罗玛镇 14 村

被访人基本情况

被访人边嘎，男，藏族，1968 年 7 月出生，39 岁，是西藏自治区那曲县罗玛镇 14 村牧民，小学文化程度。家里 3 口人，草场面积 271 亩，冬季草场 91 亩，现有牦牛 8 头。2006 年打工收入 20 万元左右，支出 5 万元左右。这个 39 岁的藏族男子从一无所有的穷光蛋变成了罗玛镇上最富有的人之一。

访谈记录

问：您好！据那曲县委宣传部负责人和罗玛镇党委介绍，您是罗玛镇最富有的人之一，请您谈谈您是如何致富的？

答：得益于青藏铁路的修建。2004 年开始，我开始到铁路上打工，想挣点小钱养家糊口。在打工期间换过多个工种，铺过草坪、当过电工，每年挣三四千元钱。后来，我和当地铁路上的领导熟悉起来，成为了村里在铁路上打工村民的领班。在这段时间里，我学会了说汉语。青藏铁路是分段承包的，各个施工单位经常出钱雇沿线的藏民做一些简单的工作。从 2005 年开始，我成为一名包工头，承包的第一个项目是用拖拉机运石子到铁路上，我拿到了近 140 万元的承包费。于是把附近几个村子的牧民组织起来，组成了一个有 81 辆拖拉机的车队。到年终结账的时候，每辆拖拉机分到了 1.5 万元，而自己赚到了十几万元钱。2006 年我的总收入有三四十万元。

问：谈谈您是如何成长为镇上最富有的人之一的？有何经验？

附图1－2　笔者与牧民边嘎（右一）、14村村长布交（中）在村长家中交谈。感谢村长在这次入村调研工作中在吃住以及入户调查中的全力支持和精心安排（2007年4月12日　郑洲摄）

答：我自幼丧父母，小小年纪就成了孤儿，父母既没有留下任何家底，更没有留下一头（只）牛羊，可以说是从小就是吃百家饭、穿百家衣长大的。从小学毕业后我就回家为父老乡亲放牧。随着年龄的长大，我已经不满足“日出而作、日落而息”传统人生理念，决定出去闯荡打拼一下。转战几个地方靠一身力气打工几年后，手头已经稍有积蓄。我又开始做生意，但商海毕竟不同于平静的牧区，我赔光了所有的积蓄，最后回到了家乡，为镇人民政府当电工（临时工）。2000年党中央实施青藏铁路建设工程，为我带来了一线希望，经过几年的奋斗努力，也真正实现了我回报父老乡亲的梦想。凭着以过人胆识、务实的干劲和开拓的精神，从一个血气方刚的牧区青年团员，成为一名成熟的基层牧区致富带头人。

罗玛镇地处那曲镇南面，全镇15个村6700多人，是一个纯牧业大镇，全镇群众唯一的收入就是经营牧业所得，贫穷落后是该镇的普遍现状，牧民群众“等、靠、要”思想严重是该镇发展、群众脱贫致富的现实阻碍。但是我凭着对父老乡亲的一片赤诚，团结和带领全镇广大群众，紧紧抓住青藏铁路建设和开通的战略机遇，迎难而上，开拓进取，硬是闯出一条群众脱贫致富的好路子。

要说经验。主要有两条：

一是虚心学习，加强自身修养，提高自身本领。

从小就勤奋好学，虽然自幼丧父母，家境贫穷，但党的政策好，使我能够顺利完成了小学学业。离开学校后，依然对科学知识，党的路线、方针、政策等感兴趣，依然保持勤奋好学的习惯，什么事都想去了解清楚，什么政策都想知道，因为知道“了解科学可以增强本领，了解政策可以获得机遇”。在政府工作后，我更是对党的政策、决策渴求愈加。经常拿着报纸学习党的理论、政策、决策，拿着报纸、杂志学习先进模范，学习致富知识，寻找和思索致富门路。在第二批罗玛镇保持共产党员先进性教育活动期间，我虽然不是党员，但却主动请求镇党委，要求跟随党员一起学习。在先进性教育期间，跟随党员干部一起，努力地学习马列主义、毛泽东思想、邓小平理论和“三个代表”重要思想，并不断加强对自身世界观、人生观、价值观、民族观和宗教观的改造，不断加强对新时期党的路线、方针、政策的学习，不断提高自己的理论素养和学养，增强自身水平和能力。在第二批保持共产党员先进性教育活动中，作为普通群众，带头认真学习，努力改造，并认真写出学习心得体会，以自己的实际行动为全镇第二、三批先进性教育活动的深入开展树立了良好的榜样。

我不是一名党员，却很像是一名党员，我认为：自己能够有今天全都是党的好政策，全都是群众的帮助与扶持。

二是狠抓机遇，模范带头，坚决当好“领头羊”。

我不仅勤奋好学，而且还爱动脑筋。我充分地认识到了当前基层牧区群众普遍贫穷的根源，也看到了现在牧区青年的懒惰和无所事事的现实。在我看来，党的政策虽然好，但不能一味地去等、去靠、去要，经济社会发展虽然快，但年纪轻轻不能一味地去贪图享受。人一生就是要去奋斗，要去努力，要去拼搏。党的政策如此之好，对我们的关怀已经很多很多了，我们不能再为党增加负担了，自己不能当罗玛镇的首富，但一定要当好群众和现代群众致富的“领头羊”。

2000 年，党中央决定实施青藏铁路建设项目，当年 5 月项目正式开工，我在认真做好镇政府电工工作的同时，开始在铁路上打工挣钱，同时我还积极宣传和引导群众到铁路上打工增加现金收入。在铁路上打工的这段时间内，我凭借自己过人的胆识、超出常人的干劲和聪明才智不仅为自己赚取了一笔不菲的现金，同时也取得了铁路建设单位的信任和欣赏，这正是我想得到的，有了这个收获对我来说比挣到大把钱还要重要，因为一个人目光要看得远些，因为我要实现当“领头羊”带领群众致富的愿望和梦想。

青藏铁路建设第二年，我乘早行动，顺利地从铁路建设单位拿到了一个小小的工程，虽然工程很小，但这是我的开始，也算为群众致富找到了一条门路。

拿到工程后，我不忘父老乡亲，立即在老家 14 村动员群众开展劳务输出，并为群众提供增加现金收入的机会。

附图 1－3 牧民边嘎家的小车（2007 年 4 月 14 日 范远江摄）

在我的带领下，本村群众年底每人增加收入 1000 余元，同时也初步转变了群众的思想观念，更为自己增加了一笔收入。在以后的几年里，我越做越大，越做越顺，真正实现了带领群众脱贫致富的“领头羊”梦想。几年下来，我仅利用铁路建设有利机遇，为自己增加积蓄 50 余万元。也为全镇群众创造劳务现金收入近 230 万元。

问：在罗玛镇普遍贫穷的现实状况中，不乏暴发户和富裕户，但难能可贵的是富裕之后不忘党的好政策，不忘带领和帮助群众共同脱贫致富，您就是这样一名不忘党的关怀、不忘群众的优秀青年。或许与您艰辛的成长之路有关，但更重要的是与您平时的锻炼提高有关，与您骨子里流淌的朴实无华的血液有关。您不贪图享受，不故步自封；您忆苦思甜，积极上进，努力拼搏。请您谈谈您致富后是如何回报当地牧民群众的？

答：奉献爱心，热衷于帮助群众。

我不仅积极为群众增收致富做好“领头羊”，为群众增加现金收入寻找和提供机会、岗位，同时又是一位热心青年，自己富裕之后不忘贫穷群众，积极奉献社会事业，以自己微薄的力量为群众做力所能及的好事，深受群众拥护和爱戴。

（1）自己出资，修建致富路桥。在一边带领群众开展劳务输出，增加现金收入的同时，又自筹资金，为本镇交通不便的村铺路架桥，修建人畜简易小桥，尽自己所能努力改善群众生产、生活条件，改善群众致富之路。几年之中，共为群众修路4余公里，架桥2座，累计投入资金8万余元。

（2）积极支援铁路建设，当好群众和铁路建设单位之间的协调者。在青藏铁路建设过程中，铁路建设单位与沿线群众之间的矛盾纠纷是不可避免的，也是影响铁路顺利建设的一大主要因素。我就义务充当群众与铁路建设单位之间的协调员，积极向群众宣传铁路建设的重要性和深远意义，哪里有矛盾哪里就有我的身影。几年中，为青藏铁路在罗玛镇境内的顺利建设作出了积极的贡献。

（3）饮水思源，积极支援教育事业。全镇人民群众都知道我这几年发了，但我却始终不忘给我知识、培养和锻炼我的母校，尽自己绵薄之力支援罗玛镇中心小学的发展。我慷慨解囊出资5000元，支援学校改造基础条件。学校开展50校庆筹备活动，我出资500元支持校庆活动。平时，我还经常购买学习用品、捐现金等支持贫困学生学习和生活。

2006年4月，全县扫除青壮年文盲攻坚工作全面铺开，罗玛镇教师人力紧缺，也正值青藏铁路建设攻坚阶段，开展铁路劳务输出的青壮年又较多，镇党委、政府为此而头痛的时候，我主动请缨，要求承担铁路文盲的扫盲工作。白天在铁路上带领干，晚上还要带领群众开展扫盲工作，为我镇的扫盲工作作出了积极贡献。

（4）尽己所能，帮助和引导群众改善居住条件。2006年罗玛镇安居工程积极启动并深入实施，为了大力推进小城镇建设，镇党委、政府积极鼓励和动员群众到小城镇建设房屋，此举一出，不免出现几个钉子户，镇党委、政府感到了前所未有的困难。就在此时，我挺身而出，主动要求为党委、政府解决面临的实际困难。我带头将房子按照党委、政府的统一规划和要求建在了小城镇指定的位置。在我的带领下，其他群众也纷纷按照规划和要求建起了房子。在建房过程中，我还主动为在小城镇建房的群众提供担保，购买建房所需要的材料，等等。

（5）奉献爱心，广送温暖。都说我富了，事实上我靠自己的拼劲和才智的确富了。但我富了不忘本，富了不忘民。早在青藏铁路建设过程中，我就为群众积极讨要工钱。在我富了后，每时每刻都不忘记养育我的罗玛群众，在铁路建设的几年中，我都自掏腰包为购买粮食送到缺粮断粮的群众中，而且逢年过节还自己开展慰问送温暖活动。不仅如此，还与铁路建设单位联系，搞到一些废旧材料，为群众建房，等等。

问：草场是藏北牧民的生存之本；草场是藏北生态的命运之根，它承载了太多的希望和责任。如今，随着草场承包责任制的不断完善，古老的藏北草场又焕发出了新的生命光彩。罗玛镇14村属于纯牧业村，请您谈谈有关草场承包的问题。

答：以前吃草场大锅饭，从来没有考虑过如何利用、爱护草场，只是一味以多养牲畜来增加经济收入，想法比较单一。自草场承包责任制落实后，主人翁意识增强，将草场视为自己的资产经营，全村群众开始考虑如何利用自己的草场，如何在这片草场上发展自己的牲畜。

实行草场承包到户后，很多困扰罗玛畜牧业发展的问题都迎刃而解：草场使用纠纷、过度放牧、盲目追求牲畜数量、惜杀惜售，等等。除此之外，牧区的剩余劳动力转移有了体制的保障，群众自觉建设草场和人工种草的积极性高涨，甚至许多不愿杀生的牧民也开始自觉参与了草原“三灭”的活动。可以说，草场承包到户使整个罗玛的牧业以及牧民的思想观念和生产生活方式都开始发生变革。

罗玛人如今还在不断探索进一步完善草场承包责任制的方法，罗玛镇党委还根据自己的思考提出看法：完善草场承包责任制还需科学合理地确定载畜量；制定草场经营核算标准；对超载牲畜进行收费；制定草场租赁收费标准，等等，用科学的发展观将草场承包到户工作继续进行下去。

14 村牧民洛桑承包了 3000 亩草场，并投资 5000 多元进行了草场网围栏建设，问他值不值得这么做，他肯定地回答：值！20 个世纪 90 年代，洛桑与其他村民联户承包草场，他还记得 1996 年年底到 1997 年年初的那场雪灾，那次他的牲畜死了一大半。他说，如果那时没有和村民联户承包草场，他的牲畜在那次雪灾中可能死光了。现在洛桑承包的草场分为冬季草场和夏季草场两块，他自己的定居房在冬季草场那里，冬天他会赶着现有的 100 多头牛和 200 多只羊前往冬季草场。经过一个夏天的蓄养，那里的牧草足够他的牲畜度过冬天，现今他考虑得更多的是将牲畜育肥，而雪灾已经不再让他感到恐惧。

问：在罗玛镇14村调研的日子里，无论在城镇，还是在牧区，千里羌塘草原各项事业长足发展，广大牧民日子越过越红火的喜人景象，总是让我们激动不已。过去，广大牧民守着成群的牛羊受穷的历史一去不复返，党的优惠政策和国家的大力投入，广大牧民自身观念的重大转变和辛勤的劳动，使如今的牧业正朝着效益牧业、生态牧业的方向发展。在实施草场承包后牧民群众的观念发生了哪些变化？

答：从惜杀、惜售到搞效益牧业，我们的观念变了。

以前，我们牧民有惜杀、惜售的观念，总觉得牛羊够自己吃就行了，一味地追求牲畜的存栏数量，辛苦了一年又一年，破坏了草场不说，到头来劳神又费心，依旧守着成群的牛羊受穷。如今，在党和政府的引导下，牧民的观念转变了，开始面向市场搞牧业，从一味追求牲畜数量转变到现在的讲求牲畜的质量和出栏率；从传统的秋季单季出栏到现在的多季出栏；从过去的奶制品自给自足到现在瞄准市场加工、销售。随着观念的转变，面向市场，搞效益牧业真正让我们富了起来。

实行草场承包到户以后，我14村牧民贡布顿珠家承包了500亩草场，家里现有130头牛、530只绵羊。他们家现在每年销售牛奶有2万元收入，加上出售牛羊肉和皮毛的收入，一年总收入可达12万元左右。全家人再也不用挤在帐篷里了，住进了宽敞、明亮的藏式新房。

自家的草场自家疼。

在草场承包到户以前，牲畜私有私养和草地“大锅饭”的体制下，牧民们除了一心多养些牛羊之外，很少谈起保护、建设和合理利用草场。可是，草场承包到户以后，用罗玛镇14村牧民格多的话来说就是："如今是自家的草场自家疼。"以前从来没有考虑过如何合理利用和爱护草场，只是一味地多养牲畜增加经济收入。现在草场承包到户，大家将草场视为自己的资产经营，开始考虑如何利用好自己的草场，今后如何在这片草场上发展自己的牲畜。保护草场的意识无须引导和灌输，牧民很自觉地就会建设和管理草场。他家每年为草场建设网围栏开支就达2万元，加上人工种草、草场灭鼠等开支，每年投在草场上的费用就将近3万元。牧民开始认识到，拥有草场就拥有牲畜，自家的草场管护的越好，产出的经济效益也就越好。草场是我们牧民永久的财富和资本。

问：青藏铁路通车及那曲物流中心的建成对罗玛镇经济发展有何影响?

答：青藏铁路对罗玛最大的影响是进一步凸显了罗玛经济区位优势。那曲将建设最大的物流中心，形成运输、配送、仓储一条龙流程，并确定经销模式、供货模式和交接模式。使青藏铁路更好地为促进罗玛经济社会发展、造福罗玛群众服务。

青藏铁路那曲物流中心建成，并投入使用将成为藏北地区的重要产业园区，成为产业建设和商贸流通的龙头，更好地辐射带动当地自我发展能力的提升。使罗玛更好地利用青藏铁路运营后人流、物流、资金流、信息流不断增大的历史性机遇，加快经济社会跨越式发展的步伐，促进区域经济协调发展。首先是人流、物流的进出藏更加便捷，成本也大大降低，由此使罗玛从特色农作物、高原矿产资源以及旅游资源等资源优势向经济优势迅速转化提供了宝贵的契机。在青藏铁路通车以前，由于运力不足，缺少自我发展空间，罗玛对外部的依赖性非常强。青藏铁路通车运营以来，这里正在逐步从“输血型经济”向“造血型经济”转化。作为青藏铁路的沿线地区，罗玛旅游业将会得到快速发展。

2006年11月那曲地区首个基层“青年中心示范基地”及“青年文明示范岗”在罗玛镇建成，进一步拓展了团组织服务青年的手段和领域。罗玛镇奶制品加工“青年文明示范岗”以此为据点，大力宣传“走出牧场闯市场，跳出牧业抓收入”为牧民带来的实际效益，引导牧民发展奶制品加工、手工业等特色农牧业，拓宽畜产品市场，大树品牌形象。

以科学发展观为指导，以结构调整为目标，以畜产品加工销售为抓手，大力发展沿路经济带建设和“马路经济”。2004年年底，第四批援藏领导小组在深入调查研究和综合分析的基础上，又将我镇确定为第四批援藏工作的重点，并整合资金，全面推进和实施了“罗玛小城镇”建设项目，目前各子项目已开工建设。援藏资金和项目向我镇的倾斜，有效促进了城镇硬件设施建设，提高了城镇品位和知名度，并为罗玛镇的发展注入了强大的动力。

问：您的先进事迹近年来在罗玛镇广为传诵。您就是当代青年的典范，更是当代青年致富的带头人，是值得罗玛镇人民骄傲和学习的榜样，更是基层干部学习和推广的典型。请谈谈未来带动牧民群众致富有何思路？

答：铁路打工并不是长远之计。立足牧业，大力加强和发展特色畜牧业、加工畜牧业、绿色畜牧业、生态畜牧业和外向型畜牧业，以此来提高畜牧业的综合竞争力，以企业的发展带动村庄的发展才是新牧区建设的有效模式。

以企带村，和谐发展。企业坚持“产业化经营、标准化养殖、集约化管理、规模化发展”的经营方针，采用“公司+基地+牧户”的经营模式，以牧业的产业化发展为龙头，带动周边群众脱贫致富。城郊畜牧点、农牧民经纪人、订单、合同、联营、股份制牧业等这些陌生又熟悉的名词背后，是牧民生产生活方式的巨变。目前，罗玛镇共建立14个城郊畜牧点，有集体形式，也有牧民联营的。畜牧点与一些偏远村联系，每天定点收购鲜奶，并加工出售。这些城郊畜牧点每年能为群众增收200多万元。

扶持龙头企业和牧民合作社组织，大力发展牧业产业化经营，提高畜牧业组织化水平。做大做强龙头企业，牧民合作组织是提高畜牧业产业化经营水平的关键举措，也是畜牧业走向产业化、规模化的重要环节。一是大力发展畜产品加工，要适应区内外市场要求。要加大对现有产品加工企业和群众合作组织的扶持力度，使龙头企业和合作组织做强做大。着力提高企业和合作组织的科技开发能力，加工增值能力，市场开拓能力。二是帮助和引导企业把创品牌和联牧户作为强企业的重要举措。扎扎实实抓好畜产品生产基地建设，与牧民建立“利益共享、风险共担”的谁也离不开谁的捆绑机制。建立健全示范性专业合作组织，实行统一标准、统一品牌、统一包装、统一销售等方面的统一服务。力争在3年内联牧户占到1/3以上，以提高畜牧业的组织化程度。

发挥比较优势，大力发展特色主导产业，提高畜牧业生产的规模化、专业化水平。充分发挥14村的区位、草地资源、市场、环境等优势，因地制宜调整畜产品区域生产布局，坚持“有所为、有所不为”的原则，突出地方特色、发展“人无我有、人有我优”的特色畜产品优势产业。着重抓好畜牧业基础设施建设力度，优先建立具有产业规模、具有特色品牌、具有特色的绿色产品的生产基地和合作组织。发展乳肉兼用、毛肉兼用的养殖区，大力发展奶制品加工和肉制品加工的龙头企业和股份制牧民合作社组织。

走绿色食品之路，建立“藏北牦牛产业化基地”是绿色食品构想的重大措施之一。我们要开发藏北风干牦牛肉、藏北风腌牦牛肉、藏秘卤制牦牛肉、藏秘香熏牦牛肉，还准备开发市场需求旺盛的“分割保鲜肉”等牦牛肉全身系列产品。

依靠科技，大力推进科技兴牧战略。畜牧业的发展水平如何，是由畜牧业生产中的科技含量和科技贡献水平来衡量的。因此，14 村在 3 ~ 5 年内要大力建立健全畜牧业：产业形成规模，形成基地畜牧业示范园，产品加工形成固定点，产品加工具有一定的科技含量。生产出有规模、有标准、有商标、有包装、保鲜时间长的产品，并生产无公害产品和具有特色的符合绿色标准的产品。生产出能够在区内外、国内外市场上立足的绿色产品。

罗玛镇牧民经济合作组织暨肉奶加工销售点是自治区扶贫办第二批对口扶贫工作组、地区扶贫办、那曲县人民政府共同筹资兴建的。它是随着发展特色经济、推进城郊畜牧业发展和大力加强沿路经济带和“马路经济”建设而诞生的，是那曲县开拓畜产品“绿色通道”战略，实施“政府引导、群众参与、项目搭台、牧业结果、牧民增收”发展思路的具体举措，也是罗玛镇牧业产业链建设的一个样板。

那曲县新建的罗玛镇“上联市场、下联牧户”的加工销售点，销售产值预计达 65 万元；组建了罗玛镇牧业经济合作组织，共计 69 户 346 人。经济实体有股份制企业、集体企业、牧民经济合作企业、独资企业等多种形式。在当地干部的带领下，罗玛镇 14 村（有 27 户 134 位居民），以畜牧业为主要收入来源。2005 年牧民每户平均收入达到了 4000 元，在那曲地区算是富裕的了。

立足牧业，结合村具体情况区位、自然资源、产业、市场、环境等优势，大力加强和发展特色畜牧业、加工畜牧业、绿色畜牧业、生态畜牧业和外向型畜牧业，进一步打破制约牧业经济持续发展的瓶颈，全面普及科学经营牧业的理念，积极推进传统牧业向集约型牧业的转变，向规模化经营转变，并以此来提高畜牧业综合竞争力，确保畜牧业总产值和牧民收入的稳步提高。

附录二

一　主要调查对象名单

第1户：村长，布交	第7户：多扎	第13户：贡日	第19户：卓玛
第2户：旺堆	第8户：洛桑	第14户：金美	第20户：贡确赤列
第3户：坚林	第9户：格多	第15户：电达	第21户：边嘎
第4户：贡布顿珠	第10户：央金	第16户：阿秀	第22户：布才央
第5户：小布交	第11户：卓利	第17户：吐嘎	
第6户：旺佳	第12户：巴布	第18户：玛迪	

二　关于牧业生产、牧民生活的一份资料

第1户：布交，男，67岁。罗玛镇14村村长；人口8人、劳力4人。

第2户：旺堆，男，43岁，罗玛镇14村牧民；人口4人、劳力1人。

第3户：坚林，男，67岁，罗玛镇14村牧民；人口6人、劳力4人。

第4户：贡布顿珠，男，57岁，罗玛镇镇医院退休医生；人口8人、劳力4人。

第5户：小布交，男，63岁，罗玛镇14村兽医；人口

2人、劳力1人。

第6户：旺佳，男，43岁，罗玛镇14村牧民；人口7人、劳力5人。

第7户：多扎，男，49岁，罗玛镇14村牧民；人口4人、劳力2人。

第8户：洛桑，男，66岁，罗玛镇14村牧民；人口8人、劳力3人。

第9户：格多，男，51岁，罗玛镇14村牧民；人口6人、劳力4人。

第10户：央金，女，52岁，罗玛镇14村牧民；人口5人、劳力2人。

第11户：卓利，男，45岁，罗玛镇14村牧民；人口8人、劳力3人。

第12户：巴布，男，40岁，罗玛镇14村牧民；人口5人、劳力2人。

第13户：贡日，男，24岁。罗玛镇14村牧民；人口4人、劳力2人。

第14户：金美，男，26岁，罗玛镇14村牧民；人口4人、劳力2人。

第15户：电达，男，71岁，罗玛镇14村牧民；人口3人、劳力1人。

第16户：阿秀，男，37岁，罗玛镇14村牧民；人口8人、劳力2人。

第17户：吐嘎，男，37岁，罗玛镇14村牧民；人口4人、劳力2人。

第18户：玛迪，男，41岁，罗玛镇14村牧民；人口4人、劳力2人。

第19户：卓玛，女，55岁，罗玛镇14村牧民；人口4人、劳力1人。

第20户：贡确赤列，男，30岁，罗玛镇14村牧民；人口4人、劳力2人。

第21户：边嘎；男，40岁，罗玛镇镇政府聘用为临时工；人口3人、劳力2人。

第22户：布才央，男，55岁，罗玛镇14村原村长；人口6人、劳力4人。

主要参考文献

[1] 那曲县农牧局：《那曲县2005年草场承包落实情况总结》，2005年12月19日。

[2] 李辉霞、刘淑珍：《西藏自治区那曲县草地退化的动态变化分析》，《水土保持研究》，2007（2）。

[3] 次仁在2008年度全区草场承包工作会议上的讲话，西藏人民政府网 http：//www.xizang.gov.cn/getCommonContent.do？contentId=359109。

[4] 那曲县农牧局：《那曲县2005年草场承包落实情况总结》，2005年12月19日。

[5]《2006年草场承包整改完善落实工作汇报材料》，2006年12月。

[6]《那曲县落实完善草原承包责任制试点工作情况汇报》，2006年6月。

[7] 那曲县人民政府次仁：《那曲县立足现实、分析现状开拓草地畜牧业产业化经营》。

[8] 那曲县农牧局：《那曲县2005年草场承包落实情况总结》，2005年12月19日。

[9] 李小云、胡新萍：《农牧交错带草场禁牧政策下草场制度创新分析》，《草业科学》，2006（12）。

[10] 杨明洪：《外部性校正之争与建立退耕还林还草补偿

机制》，《财经科学》，2002（3）。

[11] 那曲县农牧局：《那曲县草场承包到户工作情况材料》，2006年12月。

[12] 丁毅、丁恒杰：《试论草场股份合作制度的建立》，《草与畜杂志》，1995（4）。

[13] 西藏政府网2008年12月3日，http://www.xizang.gov.cn/getCommonContent.do?contentId=360913。

图书在版编目（CIP）数据

发展中的藏北牧区：西藏那曲县罗玛镇14村调查报告／范远江著．—北京：社会科学文献出版社，2011.11
（当代中国边疆·民族地区典型百村调查／厉声主编．西藏卷．第2辑）
ISBN 978-7-5097-2649-5

Ⅰ.①发…　Ⅱ.①范…　Ⅲ.①农村调查—调查报告—那曲县　Ⅳ.①D668

中国版本图书馆CIP数据核字（2011）第167768号

当代中国边疆·民族地区典型百村调查：西藏卷（第二辑）

发展中的藏北牧区

——西藏那曲县罗玛镇14村调查报告

著　　者／范远江

出 版 人／谢寿光
出 版 者／社会科学文献出版社
地　　址／北京市西城区北三环中路甲29号院3号楼华龙大厦
邮政编码／100029

责任部门／人文科学图书事业部（010）59367215　责任编辑／孙以年
电子信箱／renwen@ssap.cn　责任校对／丁爱兵
项目统筹／宋月华　范　迎　责任印制／岳　阳
总 经 销／社会科学文献出版社发行部（010）59367081　59367089
读者服务／读者服务中心（010）59367028

印　　装／北京季蜂印刷有限公司
开　　本／889mm×1194mm　1/32　印　　张／8.25
版　　次／2011年11月第1版　插图印张／0.125
印　　次／2011年11月第1次印刷　字　　数／182千字
书　　号／ISBN 978-7-5097-2649-5
定　　价／196.00元（共4册）

中国社会科学院中国边疆史地研究中心　**厉声　主编**

当代中国边疆·民族地区典型百村调查：**西藏卷（第二辑）**

分卷主编：**倪邦贵　孙宏年**

中国社会科学院中国边疆史地研究中心　厉　声　主编

当代中国边疆·民族地区典型百村调查：西藏卷（第二辑）

狼牙刺地上的村落

——西藏拉萨市曲水县达嘎乡其奴九组调查报告

徐　君◎著

社会科学文献出版社
SOCIAL SCIENCES ACADEMIC PRESS (CHINA)

教育部新世纪人才计划支持项目

“当代中国边疆·民族地区典型百村调查”

总 序

深入实际、开展国情调研，是中国社会科学院肩负的重要科研任务，也是中国社会科学院履行好党中央、国务院赋予的“思想库”、“智囊团”职能的重要方式。中国边疆省区占国土面积的60%以上，边疆区情及当地的民族社会调研（边疆调研）是中国国情调研的重要组成部分。正如一位边疆工作者所说：不了解少数民族，就不了解中华民族；不了解边疆，就不了解中国。1983年中国社会科学院中国边疆史地研究中心建立后，特别是1990年以来，一直将边疆调研作为学科研究的重点之一。

2004年，中国边疆史地研究中心承担国家哲学与社会科学基金特别项目“新疆历史与现状综合研究”（简称“新疆项目”）。2006年，中国边疆史地研究中心牵头，立项开展“当代中国边疆·民族地区典型百村调查”（简称“百村调查”），作为此特别项目的子课题。“百村调查”以新疆为重点，在全国新疆、西藏、内蒙古、宁夏、广西五个民族自治区和云南、吉林、黑龙江三省基层地区同时开展，共调查100个边疆基层村落。调查工作在“新疆项目”领导小组和专家委员会指导下，由“百村调

查”专家委员会暨编委会组织实施。在中国边疆史地研究中心主持拟定的调查大纲框架下，发挥每个省区的优势，体现各自的特色。

本项目的实施得到了边疆地区各级地方党政部门的支持。首先，调查工作注意与地方党政部门的相关工作衔接、听取意见，在实施调查之前，主动向各级党政部门汇报情况，听取指示和意见。其次，调查组主动让各级党政部门了解调研的全过程，在调研过程中出现问题时及时向相关党政部门请示。再次，调研阶段成果和最终成果的副本同时提供地方党政部门参考。

“百村调查”的调研主题是：改革开放30年来中国边疆基层村落的民族社会和经济发展的历史与现状。具体内容包括：乡村概况、基层组织、经济发展、社会生活、民族、宗教、文教卫生、民俗风情等。项目调研的时间是：2007～2008年（资料下限至2007年底或适当延长）。

“百村调查”的调研对象为：100个具有典型意义与特色的中国边疆基层村落。课题以基层乡、村两级为调查基点，大致每个省区选择2个地州，每个地州选择1～2个县，每个县选择2个乡，每个乡选择2个村。新疆共调查22个村，其他地区均为13个村（辽宁、吉林、黑龙江以东北边疆为单元，共调查13个村）。调查点的选择要求：

(1) 本地区社会稳定与经济发展中具有典型意义的基层乡和村。

(2) 存在边疆现实政治、社会或经济发展的热点、难点问题。

(3) 与20世纪50年代全国边疆民族调查能有一定的衔接。

“百村调查”采取学术调查与现实政治相结合的方法，以社会人类学入村入户调研方法为主，同时关注现实政治、社会与经济发展中的热点、难点问题：一般共性调查与专题专访调查相结合，在一般综合性调查的基础上，选择好专访或专题调研的“切入点”——总结经验与完善不足相结合，在总结各项工作经验的同时，善于发现问题和提出解决问题的对策与建议。调研注重入户访谈和小范围座谈的专访调查。在一般性问卷和统计资料收集的基础上，注重对基层干部、群众典型、教师、宗教人士等特定人员的专题访谈，倾听和收集他们对基层社会稳定与经济发展的看法、意见和建议，形成能说明问题的专访或专题调研报告。

“百村调查”的成果形式分为调查综合报告与专题报告两大类。

(1) 调查综合报告：依据大纲规定，撰写有关乡村经济社会等发展状况的综合报告，课题结项后分期公开出版。专题报告及调查资料可以公开发表的，在篇幅允许的情况下，作为附录附在综合报告末尾。

(2) 专题报告：内容较敏感、不适宜公开出版的专题报告，集成《专题报告集》，内部刊印。

“百村调查”主编 厉声 谨识

2009年8月25日

目 录
CONTENTS

图目录
FIGURE CONTENTS

表目录
TABLE CONTENTS

序言
FOREWORD

中华人民共和国成立60年来，特别是西藏和平解放以来，在120多万平方公里的雪域高原上发生了翻天覆地的历史巨变，百万农奴翻身得解放，成为人类发展史上的里程碑，经济社会发展的成就举世瞩目；农村在变，牧区在变，城市也在变，西藏广大农牧民的生活今非昔比，农牧民的观念同样也发生了值得关注的变化。面对如此巨大的变化，今天的我们怎样才能为后人留下这一瞬间，留住它们的轨迹？作为有历史感、责任感的学人，怎样才能完成我们这一代人的这一历史责任？由中国社会科学院中国边疆史地研究中心主持的国家社科基金特别项目“当代中国边疆·民族地区典型百村调查”（以下简称“百村调查”），便是中国一批学者立足调研，探求中国边疆民族地区乡村巨变的求索和努力！

我们开展这个项目的初衷是对西藏乡村巨变以及经济社会发展进行全面的反映，特别是对西藏和平解放以来翻天覆地的巨大变化做一次现场实录，但随着中华人民共和国成立60周年、西藏和平解放60周年的到来，为了尽一个学人的历史责任，我们的目的也就定位在为中华人民共和国成立60周年、西藏和平解放60周年献礼！同时，这一工作也着力反映了西藏半个多世纪以来特别是21世纪以来经

济社会发展的巨大成就，为西藏在中国共产党的领导下走有中国特色西藏特点发展路子提供了大量的科学依据与前期研究成果资料，为维护西藏社会局势的稳定提供了强有力的证据。我们就积极地承担并完成这一重大课题的调研，调研的对象自然是西藏自治区。

一 西藏自治区基本情况

西藏自治区位于北纬26°50′~36°53′，东经78°25′~99°06′。北界昆仑山、唐古拉山与新疆维吾尔自治区和青海省毗邻，东隔金沙江与四川省相望，东南与云南省相连，南与缅甸、印度、不丹、尼泊尔等国接壤，面积120多万平方公里，仅次于新疆，居全国第二位。

西藏自治区山川秀美，气候独特，土地富饶。西藏高原平均海拔4000米以上，构成“世界屋脊”——青藏高原的主体。境内绵亘着众多巨大的山脉，东西走向的喜马拉雅山、冈底斯—念青唐古拉山、喀喇昆仑—唐古拉山、昆仑山四大山脉，横亘于高原的南侧、中部和北缘，属于横断山脉系列的伯舒拉岭、他念他翁山和芒康山则南北平行而下，蜿蜒于西藏东南，从而将西藏地区分割为四个相对的自然区域，即藏北高原、藏南谷地、藏东高山峡谷和喜马拉雅山地。境内海拔7000米以上的高峰有50多座，其中海拔在8000米以上的有11座，喜马拉雅山中段的中尼边界上的珠穆朗玛峰，海拔8844.43米，为世界第一高峰。高大山脉是构成高原地貌的骨架，也是古代冰川发育的中心，海拔5000米以上的山峰大多终年积雪，冰川广泛发育，是河川径流水的主要来源。境内江河、湖泊众多，外流江河有位于南部的雅鲁藏布江，从西至东流经全区，主要支流有年楚河、拉萨河、尼洋河，习惯称“一江三河”，是西藏主要农区，东部有金沙江、澜沧江、怒江，西部有象泉河、狮泉河等。内流河主要分布在怒江上游分水岭以西的冈底斯山、念青唐古拉山的藏北高原和雅鲁藏布江上游分水岭及喜马拉雅山以北地带，年流量仅占江河径流量的8%左右，而外流域面积占了西藏自治区的51%。西藏还是中国湖泊最多的地区，大小湖泊约有1500多个，其中面积大于200平方公里的湖泊有24个，约占全国湖泊面积的1/3。

早在四五万年前，西藏地区就已有古人类活动，他们披荆斩棘，同大自然进行长期斗争，并繁衍生息，成为这片高原的最早开发者。藏族著名典籍《贤者喜宴》对此做了形象的描述：“食用果实变成人，采集树叶当衣衫，如同野兽居森林，好像珞（巴）、门（巴）遍西藏。”考古工作者的发现和发掘表明，西藏地区的先民先后经过了旧石器、新石器和铜石并用等时期，各个时期都与内地同时期的文化遗存有着密切的联系。新石器晚期，他们由蒙昧走向文明，由氏族、部落发展为部落联盟，又建立了蕃、象雄、苏毗等奴隶制邦国。公元7世纪初，蕃国第三十二代赞普松赞干布，以其卓越的政治远见和军事才能，完成统一大业，在西藏高原上建立了奴隶制的吐蕃王朝。到9世纪中叶，吐蕃在奴隶和平民大起义的冲击下土崩瓦解，在其本土逐渐形成许多割据政权，10～13世纪前半叶逐步完成了奴隶制向封建制的过渡。13世纪中叶，西藏成为中央政府直接治理下的一个行政区域。此后，中国经历了元朝、明朝、清朝和中华民国的兴替，多次更换中央政权，但西藏一直处于中央政权的管辖之下。

1949年10月1日，中华人民共和国成立，此时的西藏

处于比欧洲中世纪还要黑暗、落后的政教合一的封建农奴制社会中，占西藏总人口不足5%的农奴主占有西藏绝大部分生产资料，垄断着西藏的物质和精神财富，而占人口95%以上的农奴和奴隶没有生产资料和人身自由，遭受着极其残酷的压迫和剥削，挣扎在极端贫困的悲惨境地中，毫无权利可言。1951年，中央人民政府与西藏地方政府签订《关于和平解放西藏办法的协议》（简称《十七条协议》），使西藏摆脱了帝国主义侵略势力的羁绊，实现和平解放，为西藏与全国一起实现共同进步与发展创造了基本前提。《十七条协议》强调"西藏地方政府应自动进行改革"，但考虑到西藏的特殊情况，中央人民政府对改革采取了十分慎重的态度，以极大的耐心、宽容和诚意，劝说、等待西藏地方上层统治集团主动进行改革。但是，在帝国主义势力策动支持下，西藏地方上层统治集团的一些人面对人民日益高涨的民主改革要求，根本反对改革，顽固坚持"长期不改，永远不改"，企图永远保持政教合一的封建农奴制度，并于1959年3月10日悍然发动了全面武装叛乱。在这种情况下，为维护国家的统一和西藏人民的根本利益，中央人民政府与西藏人民一道坚决平息了武装叛乱。与此同时，在西藏掀起了一场轰轰烈烈的群众性民主改革运动，废除了政教合一的封建农奴制度，解放了百万农奴和奴隶，开创了西藏人民当家做主的新时代。

半个世纪以来，西藏各族人民在中央人民政府的关心和全国人民的支持下，以主人翁的姿态和空前的热情投身建设新社会、创造新生活的伟大进程中，创造了一个又一个西藏历史上亘古未有的奇迹。西藏的社会制度实现了跨越式发展，现代化建设日新月异、突飞猛进，社会面貌发

生了翻天覆地的历史性变化。作为西藏历史巨变的一部分，农村、牧区的变迁和广大农牧民生产、生活和观念的变化尤其值得重视。

首先，土地改革废除封建农奴主的土地所有制，使农奴和奴隶成为土地的主人。1959 年 9 月 21 日，西藏自治区筹备委员会通过《关于废除封建农奴主土地所有制实行农民的土地所有制的决议》，决定对参加叛乱的农奴主的土地和其他生产资料一律没收，分配给农奴和奴隶；对未参加叛乱的农奴主的土地和其他生产资料由国家出钱赎买后，分配给农奴和奴隶。据统计，在民主改革中，国家共没收和赎买农奴主土地 280 多万亩，分给 20 万户的 80 万农奴和奴隶，农奴和奴隶人均分得土地 3.5 余亩。西藏百万农奴和奴隶第一次成为土地和其他生产资料的主人，焕发了空前的生产和生活热情，迅速改变了西藏的社会面貌和生活条件。据统计，土改基本完成的 1960 年，西藏全区的粮食总产量比 1959 年增长 12.6%，比土改前的 1958 年增长 17.5%。牲畜存栏总数 1960 年比 1959 年增长 10%。在民主改革中，西藏建立起第一个供销社、第一个农村信用社、第一所民办小学、第一所夜校、第一个识字班、第一个电影放映队、第一个医疗卫生机构。

其次，西藏社会制度实现了历史性跨越，经济建设实现跨越式发展，社会面貌日新月异，而西藏人民当家做主的权利有了制度保障，人民生活水平大幅度提高。1965 年，西藏自治区成立，标志着民族区域自治制度在西藏全面确立，实现了西藏社会制度从政教合一的封建农奴制度向人民民主的社会主义制度的历史性跨越，昔日的农奴和奴隶从此享有了平等参与管理国家事务和自主管理本地区、本

民族事务的政治权利。

西藏和平解放以来，特别是民主改革以来，中央政府为促进西藏经济社会发展，对西藏实施了一系列优惠政策，在财力、物力、人力等方面给予强有力的支持。据统计，仅在基础设施建设方面，1951～2008 年，国家就累计投入资金 1000 多亿元。1959～2008 年，中央财政向西藏的财政转移支付累计达到 2019 多亿元，年均增长近 12%。在中央的关怀和全国的支持下，西藏经济社会发展突飞猛进。据统计，1959～2008 年，西藏生产总值由 1.74 亿元增长到 395.91 亿元，按可比价格计算，增长 65 倍，年均增长 8.9%。1959～2008 年，西藏人均生产总值由 142 元提高到 13861 元，增加 13719 元。旧西藏的农牧业基本靠天吃饭、靠天养畜，如今农牧业现代化程度大幅度提高，防灾抗灾能力显著增强，科技贡献率达到 36%。粮食产量由 1959 年的 18.29 万吨增加到 2008 年的 95 万吨；粮食平均亩产由 1959 年的 91 公斤提高到 2008 年的近 370 公斤；年末牲畜存栏总数由 1959 年的 956 万头（只）增加到 2008 年的 2400 余万头（只）。

西藏和平解放前，西藏农牧民没有生产资料，几乎终身负债，根本谈不上纯收入，2008 年，西藏农牧民人均纯收入达到 3176 元，1978 年以来年均增长 10.1%。1959 年前，西藏 90% 以上的人没有自己的住房，农牧民居住条件极差。如今西藏人民的居住条件得到了巨大改善，通过推进新农村建设、实施安居工程，已有 20 万户百余万农牧民住进了安全适用的新房。2008 年，农村居民人均居住面积达到 22.83 平方米。目前，从城市到农村都已初步建立起社会保障体系，2006 年西藏人均收入低于 800 元的农牧民全部纳入最低生活保障，在全国率先建立了农牧区最低生活保障制度。而且，西藏和平解放后特别是民主改革后，中央人民政府采取各种措施改善西藏农牧区的医疗卫生条件，20 世纪 60 年代开始，西藏消灭了天花，各类传染病、地方病发病率大幅度下降，目前西藏在全国率先实现了城镇居民医疗保险全覆盖，并逐步建立了以免费医疗为基础的农牧区医疗制度，农牧民免费医疗补助人均达到 140 元。随着医疗卫生条件的改善，西藏的人均预期寿命由和平解放时的 35.5 岁增加到 67 岁。据 2000 年第五次全国人口普查，西藏有 80～99 岁的老人 13581 人、百岁以上的老人 62 人，是中国人均百岁老人最多的省区之一。

二 “百村调查”西藏 13 个村（镇）调查点的选择与基本情况

“百村调查”专家组为西藏共分配了 13 个村（镇）的调查任务。具体选择要求具有代表性，能够充分反映西藏农村当代发展的基本面貌。由于地理环境和条件不同，西藏和平解放以来，西藏农村经济社会的发展并不平衡，故在目标村（镇）的选择上，不同发展程度村（镇）的均匀分布是我们所主要考虑的。其他还关注了村（镇）的区位、经济、社会、文化、民族特征等。

“百村调查”在西藏的调研工作在“新疆项目”领导小组和专家委员会指导下，由“百村调查”专家委员会组织实施，在基本统一的调查大纲和问卷的框架下，注意发挥和体现西藏雪域高原的优势与特色。西藏地区的调研以 13 个村（镇）的调查为主，分别在西藏的边境、农区、牧区、城郊、青藏铁路沿线的 13 个村（镇）同时开展，主要包

括：（1）堆龙德庆县柳梧新村；（2）扎囊县德吉新村；（3）贡嘎县杰德秀居委会；（4）那曲县门地办事处22村；（5）拉萨市纳金乡城郊村；（6）拉萨市城关区蔡公堂村；（7）那曲县罗玛镇14村；（8）贡觉县岗托村；（9）定结县日屋镇德吉村；（10）错那县勒布门巴民族乡；（11）日喀则市东嘎乡通列和帕热两村；（12）当雄县当曲卡村；（13）曲水县达嘎乡其奴九组。

三 "百村调查"西藏项目组的人员组成与调研简况及预期目标

"百村调查"西藏项目组共由18位成员组成，倪邦贵研究员、孙宏年博士分别为第一、第二主持人，18名项目组成员中有7人各自承担1个村、6人分2组分别承担2个村、3人1组承担1个村、2人4组承担4个村，分别展开调查。西藏项目主持人强调所有承担人必须深入村（镇）15～20天，认真调查，掌握真实情况，形成基本感受和准确认识，之后再以写实的笔法完成文本撰写。由于项目组成员科研能力强弱不一，大部分人缺乏研究经验，为了保证质量，使每个人都能基本上完成任务，项目组为他们制定了共同的入户调查问卷、调研提纲和写作提纲。在具体使用过程中，要求他们从入户调查入手，以调研提纲保障全面，没有大的遗漏，再以写作提纲保证叙事结构规范合理。每位作者在文本写作过程中，除基本遵守写作提纲外，还可以突出所调查村庄的特点，对写作大纲进行个性化灵活处理。除此之外，经常召开项目组会议，相互交流研究经验心得，学习各自长处，既有分工，又有合作，充分发挥项目组集体力量，以及每个人的聪明才智，整个工作进展基本做到规范有序、有条不紊。

“百村调查”西藏项目组的准备工作从2006年年底着手进行，到2007年5月底基本完成，利用近半年的时间，西藏项目组总负责人倪邦贵研究员与项目组全体成员采用电话联系、个别交流与当面沟通等多种方式进行了调研前的培训与交流。2007年3～12月，西藏13个村（镇）的调研工作基本全面展开，其间由于各种原因，还进行了个别人员调整。在此期间及之前，中国边疆史地研究中心在北京、银川、南宁和北戴河召开了多次协调会，通报了各地的研究进展和经验，统一了各地的进度，规范了研究进程。到2009年12月底，历时近3年时间［指村（镇）调研和文本撰写］，西藏13个村（镇）的调研和文本写作基本完成，并且都进行了多次修改。经2009年4月北戴河会议审订，第一批4个村（镇）的成果先期于8月中旬正式交由社会科学文献出版社编辑出版。

四　“百村调查”西藏项目组的研究方法与最终目标

“百村调查”西藏项目组以西藏的基层社会与经济发展现状的社会调研为基本方法，强调学术调查与现实政治相结合，以民族学、社会学入村入户的调研方法为主，同时关注现实政治、社会与经济发展中的热点、难点问题；强调一般共性调查与专题访问调查相结合，在一般共性调查的基础上，选择好专访或专题调研的切入点；强调总结经验与完善不足相结合，在总结各项工作经验的同时，善于发现问题和提出解决问题的对策和建议。在调查选点方面，遵循选择西藏社会稳定与经济发展中具有典型意义的

村（镇）（以行政村为主）的原则。在一般性问卷和统计资料收集的基础上，注重对基层干部、群众典型人物、教师、宗教人士等特定人员的专题访谈，倾听和收集他们对基层社会稳定与经济发展的看法、意见和建议，形成能说明问题的专访或专题调研报告。

“百村调查”西藏项目组以西藏的基层社会与经济发展为切入点，主要目的在于摸清西藏基层社会与经济发展的一般情况，包括西藏基层政权建设、西藏和谐社会构建、西藏的民族关系与民族团结、西藏的宗教信仰与宗教事务管理、西藏居民的国家意识与民族宗教观、西藏的“三老”人员情况、西藏的基层经济发展现状、西藏的基层文化教育现状、西藏的基层人才队伍状况、西藏的基层社会治安等方面。

根据“百村调查”项目的总体设计，西藏项目组确定的目标是：总结西藏地区基层社会与经济发展的经验，同时发现、弥补其不足，并为之提供有效的对策建议。在此基础上，“百村调查”在西藏的调研在以下几个方面有所突破：第一，通过典型调研，认真总结西藏基层社会与经济发展迄今为止所取得的重要成绩，总结其有益的经验；第二，在调查中关注发展中存在的问题与困难，并针对这些问题和困难，提出具有可操作性的对策建议；第三，根据西藏现有发展状况及其所具有的发展条件和机会，预测其发展前景。

作为“百村调查”西藏13村（镇）项目组负责人，我们深深地知道，这是一项非常有意义的研究，值得认真去做。历史将证明，今天我们为西藏这13个村（镇）留下的每一行文字、每一份表格、每一张照片，作为它们真实情

况的反映，都将是有价值的历史记录。当然，我们也同样深知，由于作者众多，水平不一，成果的质量因而参差不齐，甚至可能出现各种错讹。在此，作为丛书西藏卷主编，我们代表相关的作者表示歉意，并恳请广大读者和专家批评指正。

谨以此书向西藏和平解放60周年献礼！

倪邦贵　孙宏年

2009年8月16日

第一章　狼牙刺地上的新聚落

第一节　“拉萨西大门”

一　“西藏窗口”——曲水县

（一）地理位置

曲水县位于拉萨市西南64公里处。地处西藏腹心地带、拉萨河下游两岸及雅鲁藏布江中游北岸。从拉萨到日喀则通江孜及边境口岸的国道318线贯穿全境。是内地空港至拉萨的重要窗口和门户，素有拉萨“西大门”和“西藏窗口”之称。全县平均海拔3650米。东、北两面与堆龙德庆县相邻，西北与当雄县相连，西同尼木县接壤，西南与浪卡子县一江之隔，东南与贡嘎县两桥一隧相通。地处东经90°4′~90°9′，北纬29°2′~29°5′，全县东西长70余公里，南北宽36公里，土地总面积1680平方公里，占西藏自治区土地总面积的0.14%。辖有五乡一镇（聂当乡、南木乡、才纳乡、达嘎乡、茶巴拉乡和曲水镇），17个行政村，128个村民小组，人口3.5万，藏族占总人口的97%，其余有汉、回、苗、彝、满、土家、布依、傣等民族，占总人口的3%。其中农牧民占85%，农牧区户数为6670户，人口为27500人（其中，农业人口约26032人，占农牧区总人口的94.7%，牧业人口1468人，占农牧区总人口的5.3%）。曲水县是一个典型的以农业为主、牧业为辅的农业县。农牧区劳动力为15640人（男：7948人，女：7692人），剩余劳动力约9060人，约占全县农牧区总劳动力的60%（2006年）。

（二）经济发展情况

曲水县是江苏省对口援建单位。

2006年，曲水县五乡一镇贫困农牧民摸底调查数据：全县有年收入低于600元的绝对贫困户247户，1061人；低于650元和700元的绝对贫困户416户，1648人；分别占全县总户数和人口的25.42%和21.55%。还有从尼木县搬迁安置在曲水县的大骨节病群众150户672人。具体到达嘎乡而言，2007年达嘎乡农牧区人均收入低于800元以下的低保家庭有110户，其奴村总共有45户，而其中大骨节病移民就占25户，25户中绝对贫困16户，相对贫困9户。[①]

曲水县总面积为1680平方公里，其中水域面积31.5平方公里，陆地面积1648.5平方公里（其中耕地面积6.33万亩，高山、草场、沙滩面积159.9万亩，其余面积为荒山、荒地、荒滩和高山灌木林、河谷造林地）。县域内有着丰富的自然资源，经济林主要有（野）桃子、苹果、核桃等；名贵野生植物主要有贝母、虫草、黄连、党参、雪莲花、红景天等数十种。较为珍稀的野生动物主要有岩羊、山鸡、黄鸭、灰鸭、雪鸡、天鹅、黑颈鹤、狼、狐狸、獐子和极

---

① 资料来源于达嘎乡人民政府，徐君2007年8月30日调查。

少量的金钱豹、狗熊、鹿等。已查明的矿产资源主要有非金属矿（刚玉、石灰岩、花岗岩、草炭等）和金属矿（铜矿、钼矿）等。曲水县利用318国道等有利交通条件发展了旅游，知名旅游景点（区）有雄色寺（尼姑寺）、萨央扎寺（尼姑寺）、卓玛拉康、热堆寺、聂当大佛（大菩萨）和俊巴渔村等。

2006年，曲水县地区总产值为2.28亿元，工业总产值为1.28亿元，第一、二、三产业比例为30∶48∶22。其中县级财政收入850万元，农牧民人均收入2860元。

2006年，曲水县计划在三年时间内投资1721.46万元进行1035户农牧民住房改造，住房改造的标准是1.6万元/户，绝对贫困3.39万元/户，一般贫困1.98万元/户。2006年建设250户，其中扶贫点建设31户（绝对贫困6户，一般贫困25户）。一般农房改造219户，标准为1.6万元/户。2007年建设494户，投资金额818.02万元，其中扶贫点建设43户（绝对贫困8户，其他贫困35户）；农房改造451户。2008年建设291户，其中扶贫点建设17户（绝对贫困4户，其他贫困13户）。游牧民定居11户，标准是2.1万元/户。农房改造263户。

二　标兵文明乡镇——达嘎乡

达嘎乡是曲水县人口最多、面积最大的乡。由江苏省泰州和姜堰两市对口援建。2004年和2005年被县委县政府评为“全县标兵文明乡镇”。

达嘎乡位于曲水县西部，沿雅鲁藏布江、拉萨河北部伸延，东接曲水镇，西与尼木县相邻，南与贡嘎县相接。距离县城约8公里，距离拉萨70公里，拉萨河与雅鲁藏布江于此交汇，318 国道与拉贡公路（拉萨市到贡嘎机场公路）贯穿全境，是通往西藏山南、日喀则、阿里和尼泊尔的必经之地。

全乡面积 336 平方公里，海拔 3598 米，下辖达嘎、色达、色甫、其奴等 4 个行政村，32 个村民小组（其中 3 个牧业组，2007 年）。乡政府设在达嘎村。

2006 年，全乡共有农牧民 1725 户（其中农业户 1650 户、牧业户 75 户），总人口 7721 人（其中 389 人为牧业人口），其中劳动力 5128 人。耕地面积 14918.8 亩，草场面积 18 万亩，人均草场 3134 亩。种植的主要作物有青稞、小麦、芫根、油菜、土豆等。2006 年种植具体情况为：青稞 5151.5 亩，小麦 6533.2 亩，芫根 420 亩，油菜 856.6 亩，土豆 1186.4 亩。

2006 年，全乡粮食总产量 1135.93 万斤，油菜 66.64 万斤，肉类产量 100 万斤，奶类产量 164.48 万斤，农畜产品商品率 44%，年末牲畜存栏 27464 头（只、匹），农牧民人均纯收入 3024.1 元。农牧民的主要收入来源于传统产业，即农牧业生产和农畜产品的转化收入约占家庭总收入的 50%；此外，最近几年劳务输出逐渐增加，劳务输出收入占总收入的 20%，采取其他形式的多种经营收入占 15%，副业收入占 15%。主要支出项目包括购置生产资料、固定资产投入、日常消费、教育、医疗卫生等方面的支出，以及少量的文化娱乐活动支出等。

达嘎乡没有工业企业和建筑企业。第三产业总收入 858.6 万元，服务业每年的收入约 41.8 万元，交通运输业收入 453.9 万元，商业饮食业收入达 113.9 万元，其他收入约 249 万元。

达嘎乡共有中心校1所，完全小学2所，教学点3个。全乡适龄儿童842名，其中已入学841名，适龄儿童入学率达99.9%。教职工43名，均为公办专任教师，其中具有本科学历的教师1名，专科学历教师39名，中专（含高中）学历教师3名。近十年全乡考入大学的学生有35名，不过，到笔者调查时为止，没有一人回乡工作。

达嘎乡有卫生院1所，医护人员11名（其中5名是村医）；有农牧业科技人员7名；没有邮电局（所）；有文化场点12处。

全乡唯一的市场位于乡政府所在地达嘎村，有街道3条（其中1条调查时正在修建）。街面繁荣，大小商铺在100家以上，主要集中于老曲水大桥（中尼公路与拉贡公路交接桥，是去羊卓雍措湖的必经之路），即318国道对面。经营种类从餐饮、家电、服装、日杂小商品到蔬菜、牛羊肉、藏鸡、禽蛋、青稞酒等应有尽有。赴市场交易的人主要是当地群众和一些过往游客，没有固定的集日。

三　从乡到村——其奴行政村

其奴行政村（以下简称其奴村）位于曲水县达嘎乡西部，雅鲁藏布江中游左岸的河谷地带，318国道中（国）尼（泊尔）公路两侧，南与羊卓雍措隔江相望，地理位置为东经90°38′、北纬29°20′。距离乡政府约7公里，距离县城约14公里。

其奴村曾经是乡级基层政权，现为行政村级村民自治组织。1951年西藏和平解放后成立有互助小组；1967年成立其奴人民公社；1984年，与西藏其他农区一样，实行新的土地制度——家庭联产承包责任制；1988年，其奴人民公社改称为其奴乡；1999年撤乡，并入达嘎乡，成为达嘎乡的一个行政村，即今天的其奴行政村。撤乡后，原来乡属各个行政村改为行政村下的村民自治小组，即今天的其奴一至八组。2006年11月，又新增加了一个组——其奴九组。九组村民是西藏大骨节病异地搬迁安置项目从尼木县续迈乡搬迁来的移民。截至2006年年底，其奴村有农牧户528户（农业户数为509户、牧业户数为19户），人口2204人（全部为藏族），其中农业人口2109人，牧业人口95人，劳动力人数1363人，外出务工人员287人，外出务工收入100.45万元。

全村拥有牲畜7255头（只、匹），其中大牲畜2618头；有大中型拖拉机69台，小型拖拉机113台；现有耕地面积3345亩，林地面积1049.2亩；粮食总产量227.97万斤，其中青稞58.83万斤（亩产737.23斤），小麦169.14万斤（亩产731.67斤）；油菜120.34万斤（亩产679.56斤）；年总收入626.69万元，其中农业收入234.77万元，林业收入5.97万元，牧业收入102.59万元；人均纯收入2843元。①

四　内陆高寒——县域气候条件

由于地处拉萨河下游，曲水县的气候属典型内陆高原干燥季风气候，印度洋暖流和西伯利亚寒流分别从南北两面进入河谷地带，形成四季分明的气候特征，年平均气温7.18℃，最高气温29.4℃，昼夜温差较大，降水主要集中在夏秋两季，年平均降水量442.54毫米。

---

① 其奴行政村提供的数据，2007年8月18日，尹婷、徐刚强采访。

1. 温度条件：冬季寒冷，干燥多风，夏季较温暖湿润，天气变化大。根据拉萨气象资料记载，曲水年平均湿润度45%，年平均绝对气压5.5毫巴，年平均蒸发量2181毫米。年平均气温7.4℃，极端最高气温29.4℃，极端最低气温零下16.5℃。夏季最热月平均气温15.5℃，冬季最冷月平均气温零下33℃，15年平均最冷月为1月。18年平均气压651.9毫巴，日温差大，气温受海拔高程变化和向阴、背阴的影响明显。

2. 降水量与蒸发量：曲水县全年无霜期平均231天，霜期134天，无霜期最长253天，最短200天左右，初霜期一般在10月初，终霜期在4月底至5月中旬。年平均降水量442.54毫米，最多796.6毫米（1962年），最少262.3毫米。夏秋雨季降水量占全年的80%~95%，冬春季节则干燥多风。最大积雪深度10厘米，最大冻土深度26厘米。

3. 光照与太阳辐射，曲水县日照时数年平均3006小时，年平均日照率68%，最大月值在5月，10月太阳总辐射值为185922.2卡/(厘米^2·月)。其中直射辐射值为散射辐射值的2.5倍，紫外线辐射强，能见度大，有利于大部分农作物的生长。

4. 自然灾害：曲水县的自然灾害主要有旱灾、洪灾、虫灾，以及少量的冰雹、霜冰等，对农业生产危害很大。每年年平均风速2.1米/秒，最小风速在8月，1.6米/秒，最大风速在3月、4月，风速2.6米/秒，以西北风为主，极大风速为32.3米/秒，7~8级大风年平均有34.8天，年无风期130天。

其奴地处雅鲁藏布江冲积形成的谷地，地形纵向为东高西低，横向为南低北高，比较平坦，平均海拔为3655~

3642 米，年平均气温 7.7℃。年平均降水量 445.8 毫米，年平均蒸发量 2205.6 毫米，降水主要集中在 6 ~ 9 月，降水量占全年的 80% 左右。全年无霜期为 150 天左右，分布在 6 ~ 9 月。光照资源充足，全年平均日照时数达 3000 余小时。

第二节　狼牙刺地上的新聚落——其奴九组

一　除刺建村：异地搬迁、远离病源

（一）尼木病区与曲水安置地

其奴九组是 2006 年 11 月新成立的一个村民自治小组，村民是由尼木县续迈乡因病迁徙而来的。其奴九组的建立是西藏自治区和拉萨市卫生防疫部门以及扶贫开发部门共同调研决策并实施的大骨节病异地搬迁移民的结果。其成立的背景可以上溯到 2002 年西藏自治区卫生厅和拉萨市防疫站组织专家对尼木县境内的大骨节病高发区续迈乡进行实地调研，该次调研发现尼木县境内的塔荣镇、吞巴乡、续迈乡等乡镇都是大骨节病病源区，其中续迈乡的山岗村、尼续村、河东村大骨节病尤为严重。尼木全县共有患病户 507 户、2997 人，而续迈乡患病户有 427 户、2174 人，是大骨节病重病区，塔荣镇患病户为 66 户、752 人，吞巴乡患病户有 14 户、71 人。其中重度病为 129 户、645 人。

大骨节病重病区续迈乡位于于尼木县城东北，距县城几公里处，平均海拔 4000 米以上，病区地域面积 906.3 平方公里，是以农业为主的半农半牧区，病区有 6 个村委会（5 个农业村、1 个牧业村），24 个村民小组，有耕地 11964

亩，占全县耕地总面积的1/4，有村民5054人、971户，人均占有耕地面积为2.36亩，农牧民人均收入1230元。大骨节病在续迈乡分布较广，共有患病户427户，2174人，分别占全乡总户数、总人数的45%和39%。[①]专家调查后得出结论：只有把这些群众从病区搬迁至非病区，才能从根本上改善大骨节病群众身体状况和生活条件。由于尼木县的患病群众及需要搬迁的人数多、分布地域广，原乡境内可以安置的区域少，土地不足以养活搬离群众。因此，在本乡和本县境内进行搬迁安置无法实现，从而作出跨县搬迁的决定。

对于疾病安置搬迁工作按照病区迁至非病区和让群众“搬得出、留得住、富得起”两个原则确定，目的是让病区患病者远离病害困扰，同时发展生产、早日脱贫。因此寻找适宜患病群众居住、生活以及可以发展的地方是大骨节病移民搬迁的最关键步骤，考虑到山水相连、交通便利等因素，最后确定在曲水县境内进行跨县异地安置。曲水县境内可以安置的区域分别是近公路沿线的茶巴拉乡、采纳乡和达嘎乡。2004年曲水县共接受尼木县220户969人大骨节病人跨县搬迁安置任务，安置在曲水县3个片区：茶巴拉乡茶巴拉村安置20户98人，才纳乡才纳村安置30户132人，达嘎乡其奴村170户739人（实际安置100户478人）。[②]

曲水县3个搬迁安置点中，达嘎乡其奴村安置户数及人口最多，这与其奴安置点内有悠久的耕作、种植和放牧历

① 尼木县农业开发办公室提供的资料，2007年8月30日。

② 茶巴拉乡和才纳乡安置50户项目在2004年完成，达嘎乡其奴村170户安置项目在2006年11月完成，不过达嘎乡其奴村实际安置是100户。

史，以及经济发展情况较好密切相关。2003 年进行安置点项目论证时，其奴村有 413 户、1773 人，农村劳动力 1033 人，全村年经济总收入为 366.67 万元，其中农业收入 234.77 万元；牧业收入 102 万元；林业收入 15.9 万元；其他收入 14 万元。农民人均收入 2289 元。其奴全村有耕地 3606.12 亩，人均 2.03 亩耕地；林地 1090 亩，天然草地 4630 亩，还有 4000 亩宜农荒地，耕地平整改良优化的空间大。

其奴村农业发展主要瓶颈在于灌溉，虽然地处雅鲁藏布江中游左岸的河谷地带，但是农业灌溉困难，一旦解决灌溉的技术与资金问题，农业尤其是经济作物的发展潜力巨大。此外，其奴村地处雅鲁藏布江中游左岸河谷地带，中尼公路横贯其间，交通便利，海拔在 3582～3606 米之间，适宜人居。基于以上诸多因素，达嘎乡其奴村被确定为最大的大骨节病搬迁群众安置点。

按照最初大骨节病调查情况，尼木县大骨节病区有 170 户 739 人需要异地搬迁到达嘎乡其奴村，不过，2005 年尼木县最后确定搬迁户数及人口时，原计划的 170 户中只有 100 户群众愿意搬迁。因此，曲水县达嘎乡其奴村安置地的各项设施按照 100 户的规模进行建造。

（二）搬离病源，各方关怀

异地搬迁、远离病源计划经过多次讨论得以通过并进入了实施阶段，拉萨市及其下属涉及的尼木、曲水两县也积极行动起来。拉萨市政府专门成立了“大骨节病群众搬迁工作协调领导小组”，曲水县人民政府组织成立了“大骨节病搬迁领导小组”，由县人民政府主要领导担任组长，另设副组长2人，由相关县直各部门主管领导担任，成员由相关各部门负责人担任。并且专文规定："在项目实施过程中，各领导小组领导及成员要充分发挥职能作用，签订责任书，使项目的各项工作落到实处、责任到人。曲水县扶贫办、县水电局派专业技术人员到工地，进行施工技术指导工作，严格保证工程建设质量。同时，在项目实施过程中，加强对搬迁群众的宣传力度，使搬迁群众真正认识到搬迁工作的意义，让他们感受到党和政府的关怀，使他们脱离疾病的困扰，过上健康幸福的生活。"①

此次搬迁安置被自治区政府和拉萨市政府作为一项重要的工程，纳入到西藏扶贫移民及安居工程项目范围内，同时，结合西藏自治区新农村建设和农牧民安居工程以及扶贫移民等项目，由自治区及拉萨市和曲水县扶贫办具体制定实施方案，对移民搬迁安置点进行全方位的建设。首先解决居住、饮水、耕地、草场等基本生产、生活资源问题。

住房修建：100户搬迁安置100套住房修建工作由尼木县和曲水县共同负担，尼木县48户，曲水县52户。

平整土地：开垦农田和草场，改良高标准农田500亩、草场2296.74亩。

农田配套：修建提灌站及田间渠道配套设施，解决2896.74亩农田、草场灌溉问题。

土壤改良：2296.74亩土地进行培育土壤肥力、改善农田土壤结构工作，提高农田生产效益。

---

① 曲水县扶贫办：《曲水县2004年度大骨节病搬迁项目实施方案》，2005年1月15日。

解决人畜饮水问题：选用两个水源地建设人畜饮水点，以解决搬迁安置地人畜饮水困难。

同时进行医疗、子女上学、供电等公共基础设施配套建设。通过电力配套项目解决生产、生活用电；把行政村卫生院建在移民村以方便安置地群众就医；改扩建其奴完小，解决搬迁群众子女上学问题；通过村委会建设，解决搬迁群众新建村委会办公设施以及文化娱乐问题；通过农田林网建设，美化安置地生态环境，增加区域内的生态保护和生态平衡，以利于安置地自然协调发展。此外，进行农业生产配套及草场围栏建设，解决安置群众生产急需的化肥、种子、农家肥、农药及生产工具和草场保护等问题。

对于搬迁群众实行为期三年的国家补贴措施，解决搬迁户最初几年的生活过渡问题。

（三）全县动员，共同建设新村

为了大骨节病区人户远离病源，从自治区到拉萨市、县，都进行了广泛动员，并形成系列文件，如西藏自治区人民政府常务会议纪要［2004］15 号文件、拉萨市人民政府文件拉政发［2004］42 号《关于下达西藏自治区 2004 年度扶贫点建设计划的通知补充通知》、拉萨市人民政府《关于 2004 年大骨节病群众搬迁方案的请示》等。依据这些文件精神，制定了具体搬迁安置方案以解决搬迁建设、水利配套、农田改造及过渡期生活补贴等问题。具体为：（1）搬迁群众建房经费由自治区扶贫办、拉萨市扶贫办共同解决，标准为每户 4 万元。（2）拉萨市做好前期工作，项目资金列入水利预算内，尽力安排涉及的水利项目。

(3) 由农发办负责土地改良。(4) 由自治区民政厅负责落实搬迁群众的口粮，实行三年国家补贴（标准不变）。(5) 拉萨市积极与自治区有关部门协调落实项目资金。(6) 由区发展改革委牵头，财政厅、卫生厅参加，在适当时候进京向国家有关部门申请大骨节病群众搬迁专项资金。(7) 按照集中的原则，搬迁安置工作要认真论证，做到条件成熟一批搬迁一批。(8) 用于搬迁安置所需的木材，林业部门要按照特事特办的原则，给予优惠。

为了做好搬迁安置工作，使曲水县人民通力接受外县迁来的移民，2006 年 8 月底，曲水县政府组织全县干部职工参与搬迁安置点住房建设等善后事宜：对搬迁安置点房前屋后的土堆、乱石、建筑垃圾进行大规模的义务清理整洁活动。活动前后持续了两天。为搬迁户创造一个优美、干净、整洁、舒适的环境不是此次活动的主要目的，最为关键的是通过这次全民参与的活动，让全县干部职工重视其奴村新村移民的各项工作，并在今后的工作中积极接纳并服务于新村民众。

曲水县政府、县林业局在迁入地规划中支渠、机耕道两侧及 100 套住房房前、屋后种植树木及绿草，树种包括杨树、柳树、榆树、刺槐等。

从各种渠道筹措资金解决搬迁户的居住、饮水、耕地、草场、灌溉、医疗、子女上学、供电等基本生产生活条件及公共基础设施配套建设。由扶贫办负责房屋建设，每户投资 4 万元（国家投资户均 2.5 万元，拉萨市配套户均 1.5 万元）。新垦农田及土壤改良项目，由区扶贫办和农牧局联合投资。水电局负责水利项目，包括人畜饮水、灌溉、排防洪设施。农牧局负责草场建设及农业生产配套项目以及种子、化肥、农机具补贴。发改委负责电力配套项目及村委会建设项目。林业局负责林网建设项目。教育局负责教育投资项目，主要是改扩建其奴村完全小学，增加移民子女就学能力。卫生局负责卫生项目，建设卫生所及医疗设施；民政局负责临时群众口粮补贴项目。具体情况见表1－1。[①]

表1－1　其奴九组建设配套项目及主管单位、资金情况

序号	建设内容		
1	扶贫办	住房建设	国家户均投资2.5万元，市配套户均1.5万元
2	水电局	水利项目	包括人畜饮水、灌溉、排防洪设施
3	扶贫办	新垦农田及土壤改良项目	由区扶贫办和农牧局联合投资
4	农牧局	草场建设及农业生产配套项目	农牧局投资部分（种子、化肥、农机具补贴）
5	发改委	电力配套项目	发改委投人部分资金
6	林业局	林网建设项目	林业部门投人部分资金
7	教育局	教育项目	教育局投资91.36万元
8	卫生局	卫生项目	卫生局投资35万元
9	发改委	村委会建设项目	发改委投资31.34万元
10	民政局	临时群众口粮补贴项目	民政局投人部分资金

资料来源：曲水县宣传部及农发办等单位，2007年8月收集。

其奴九组共建成住房100套，其中曲水县建52套，投资208万元；尼木县建房48套，投资192万元。搬迁住房建设按照藏式传统布置，按人畜分离的原则进行规划设计，房屋结构为石木结构。100套住房占地总面积为140.55亩。

① 曲水县扶贫开发办公室：《曲水县达嘎乡其奴村大骨节病搬迁项目总体实施方案》，2005年1月24日。

住房建设面积分大、中、小三种户型（1～3 人为小户，4～6 人为中户，7 人以上为大户），其中大户 15 户、中户 48 户、小户 37 户。房屋每平方米造价 306.5 元。建筑面积小户 80 $米^2$/户，中户 100 $米^2$/户，大户 120 $米^2$/户，牛羊圈建筑面积 28.9 $米^2$/户。

土地资源：其奴九组新开垦的土地土壤结构为沙土、沙砾土及重粉砂质壤土，厚度约 0.5～1.2 米。大部分土壤含沙量较重，部分地块土壤含砾石较多，土壤肥力不强，透水性强，跑肥跑水严重，不符合农作物生长的土壤要求，县乡管部门采取了以下土壤改良措施：（1）掺土改良，对于沙土、沙砾土地块，采用从附近搬运黏土、河沟淤泥同沙土进行掺混的办法进行土壤改良，同时对砾石进行拣除或提纯。（2）深翻改良：对沙土及沙砾土下面有淤泥或黏土层的地块，采用深翻措施进行掺混，以改良土壤结构。（3）加厚土层的措施：在土地平整的基础上，在原来的表层土的基础上加土 10 厘米。（4）增加农家肥及化肥的实施力度，第一年耕种可增加农家肥及化肥的施量（建议亩施农家肥 8000 斤左右、尿素 10 斤、二铵 20 斤），这样可以增加土壤肥力，同时可以改善土壤结构及化学成分，达到改良土壤的目的。（5）种植措施：土地平整后，第一年可种油菜和箭舌豌豆，采用混播的办法。这样不但可以获得一定的经济效益，而且将豌豆的叶、茎一起埋入地下，可以增加土壤有机物含量和有效养分，同时绿肥作物根系有较强的穿透力，有团聚土粒的作用，从而达到改善土壤的目的。

其奴九组 100 户的房屋建设、土地平整、耕地开垦及基础设施建设等，国家共投入资金 3000 万元左右。

二 百户大组：其奴九组聚落及村民生活

（一）新村环境与布局

2006年11月，100户尼木县大骨节病群众搬迁安置到其奴村，组成其奴九组。移民被安排在曲水县达嘎乡其奴村三组与四组之间的荒地上，原来荒地上生长着大量的天然植被（狼牙刺），通过平整和基础设施建设，有关部门帮助他们建成了一座全新的、独立的村落。全村占地140.55亩，共100户、388人，其中男171人、女217人，劳力229人，牲畜总头数497头（只）（黄牛172头，牦牛6头，羊318只，猪1头），鸡154只，耕地500亩，草地900亩。① 其奴九组移民来自于拉萨市尼木县续迈乡的山岗、河东、尼续、续迈、安岗、霍德6个行政村。全组共有土地2900多亩，人均耕地1.3亩左右。②

图1-1 其奴九组村落远景（2007年8月27日 徐君摄）

---

① 2007年3月15日统计数据。

② 据其奴九组组长普琼介绍，在分配耕地时，实际丈量只有370亩，人均实际分得0.95亩。2007年8月25日，徐君、徐刚强、尹婷采访。

图 1－2　其奴九组村落周边环境

（2007 年 8 月 27 日　徐君摄）

图 1－3　其奴九组村前 318 国道和拉萨河

（2007 年 8 月 27 日　徐君摄）

图 1－4　其奴九组邻村三组聚落全景

（2007 年 8 月 27 日　徐君摄）

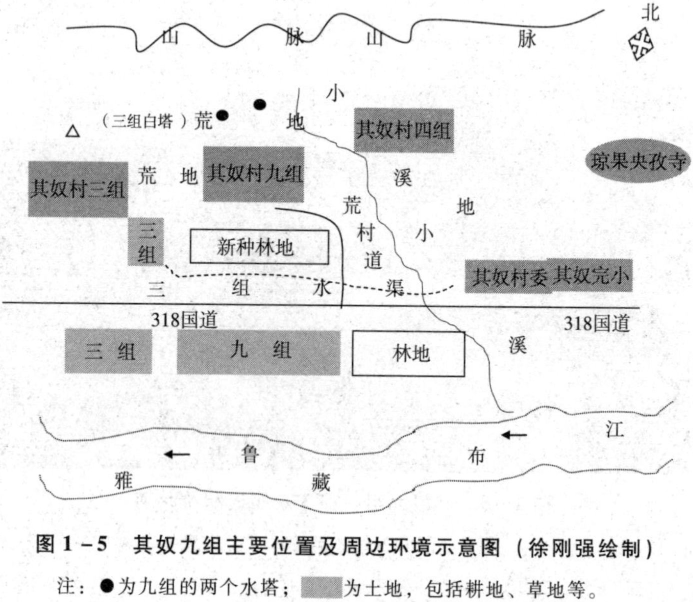

图 1－5　其奴九组主要位置及周边环境示意图（徐刚强绘制）

注：●为九组的两个水塔；▇为土地，包括耕地、草地等。

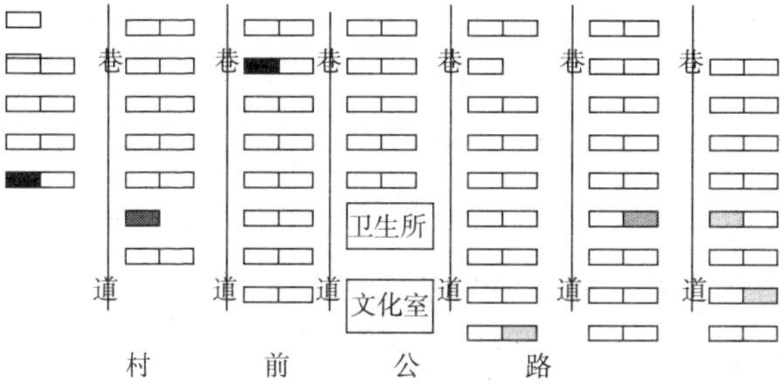

图 1-6　其奴九组的房屋及商业点分布示意图（徐刚强绘制）

说明：▨为商店，▨为商店和茶馆，■为小型商店，▨为焊修点。关于文化室：其奴九组搬迁时计划成立一个单独的行政村，现在的文化室即是原计划成立的村委会所在地，后来这个计划没有落实，故改为文化室。文化室共7间房，现有两台彩电和一套卫星电视接收设备，其他必要的文化活动资源很缺乏。该文化室目前也是九组村民集会和九组组长办公的场所。

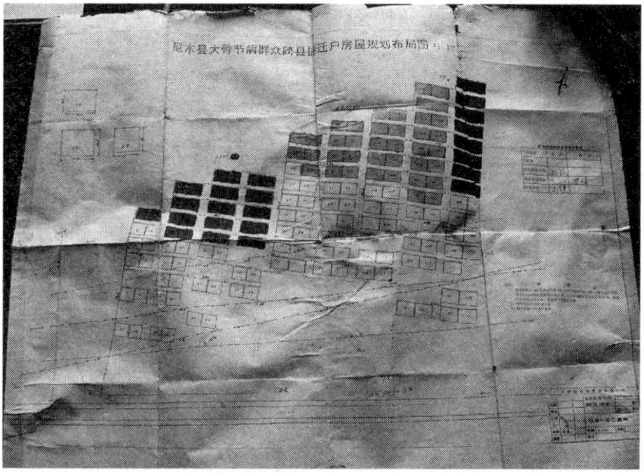

图 1-7　尼木县大骨节病群众跨县搬迁户房屋规划布局图

说明：规划图中1~60号为小户房，61~137号为中户房，138~170号为大户房。房子前后间的距离原则上是5米，左右间道路距离原则上是10米，修建时应把朝阳面对齐，注意地下光缆的位置。两相邻的房子净距离为1米，图中圆圈为电线杆位置。

图片来源：曲水县宣传部，2007年8月徐君摄。

2007年曲水县林业部门开始实施“112”项目，即每个村委会一年植树1000株，每个村民小组植树100株，每户农户房前屋后植树20株。此外，各村要“四旁植树”，树苗等相关配套设施由县统一解决。在“112”项目实施过程中，其奴九组多数村民在房前屋后都植有新树，2007年8月我们调查时，有些移民家中树木已经存活。组长普琼还组织村民在村落四旁植树。见图1-8和图1-9。

图1-8　搬迁不到一年其奴九组聚落情况（2008年8月18日　尹婷摄）

图1-9　其奴九组组织“义工”在村旁植树（2008年8月26日　徐君摄）

（二）新村生计

1. 住房与田土

2006年11月搬迁安置的其奴九组，在我们2007年8月调查时，不到一年的时间，九组就新增加了2户，共有102户。① 不过居住房屋仍然是100户。这100户住房建筑结构是：120平方米为大户，15户；100平方米为中户，48户；80平方米为小户，37户。无论住房面积的大小，户型结构都是一样的，区别在于房间数量的多少不等。无论大小户，每户都是一个独立院落：大门两侧一边是牛圈，一边是厕所，牛圈是草屋顶，建筑面积28.9米^2；厕所是由“中央转移支付农村改厕项目”统一建设。住房院落布局以100平方米中户的院落为例，如图1－10所示。

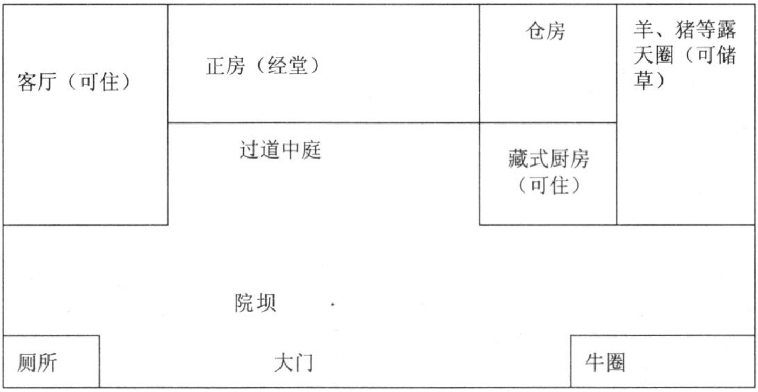

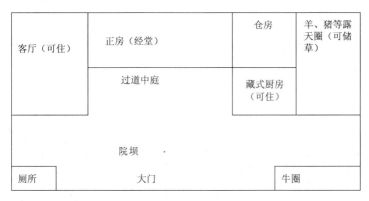

图1－10　索朗卓嘎家房屋布局图（100平方米的中户，徐刚强绘制）

① 这两户并不是移民家庭自然分裂而成的，而是由于部分群众对国家相关政策及信息的理解片面和盲目行动的结果。多出的一户借用组长的房子居住，另一户是在老家享受到了安居工程房，但是因为听说移民村有1处空房，就把户口移来，5万元钱卖掉了两层楼的安居工程房，到新村才发现移民住房早已分配完，因此只得与先前搬下来的女儿住在一起。

其奴九组新开辟出来的田地上种植着喂养牲畜的苜蓿草以及计划订单销售的土豆，在我们调查时，都还没有到收割季节。因此，从 2006 年 11 月搬迁到土地收获之间的时段，搬迁户不可能依靠分配的土地为生，生活费用等主要依靠曲水县民政部门的补助：每人每月发放 30 斤青稞，折合成现金每斤 1 元钱。农牧厅为每户移民（包括搬迁到才纳乡和茶巴拉乡的 50 户，共 150 户）提供太阳灶一台。每户田里种植的土豆种子，也是由农牧厅免费提供，并送到门口，农户自己出工下种。农牧厅还解决拖拉机及相关费用为搬迁户种草 1800 亩，其中苜蓿 900 亩用来喂养牲畜。

新村中有 23 户贫困户，在刚搬迁来时，曲水县政府为这 23 户发放了 1 万斤糌粑，23 户人家分为三等：最穷户每人 60 斤，中等户每人 45 斤，一般户每人 35 斤。新村 100 户中有 38 户依然享受着国家的退耕还林补偿费（退耕还林补偿期是 8 年，2007 年时是第四年），不过，其中有 3 家退

图 1－11　村民在自家门口使用自来水（2007 年 8 月 26 日　徐君摄）

耕还林补偿费很少。

新村每家每户的院坝都或多或少地种有一些蔬菜，有些家庭的蔬菜长势甚好，但由于水源匮乏，组长号召村民最好不要种菜以节省水资源。家家户户都在院坝里种有花草，利用生活用水浇灌（见图1－11）。全村大部分人的饮用水取自村落后山经引水泵沉淀的天然雨水，有管道送到每家每户。不过，从自来水管道流出的天然雨水，除了在水泵处自然沉淀外，未经任何其他有效处理。也有极少数讲究的村民用拖拉机到村落不远处的雅鲁藏布江中取水饮用。[①] 见图1－12和图1－13。

图1－12　水很稀缺，每天都有村民到文化活动室接水

（2007年8月25日　徐君摄）

① 山上引下来的水一旦下雨就变得十分浑浊，我们住在村里时，适逢连阴雨，水管中流出的水浑浊不堪。村里只有普布次仁小两口会借拖拉机到不远处的雅鲁藏布江中取水，采访时他们说“这种雨水我们是吃不下的”。

图 1-13　村民用太阳灶烧水（2007 年 8 月 26 日　徐君摄）

图 1-14　其奴九组土豆田里的蘑菇（2007 年 8 月 28 日　徐君摄）

村民们平时食用的蔬菜及肉类都需要到曲水大桥商业点购买，不过真正购买蔬菜的家庭并不多。与老家续迈乡相比较，其奴的土地出产较少，而且暂时还无法种青稞或者蔬菜，地里种植的豌豆主要是用来喂养牛羊，只有个别人家在院落里栽种少量的蔬菜，土豆田里生长着蘑菇（见图 1-14 和图 1-15），但由于瓜田李下的忌讳，也没人下地采摘，而且也不敢随便食用，一方面不习惯吃这种稀奇的东西，另一方面担心中毒。田地里的土豆，还没有收获，而且是计划要全部卖出去的。

图 1－15　其奴九组副村长带着我们采摘的蘑菇
（2007 年 8 月 28 日　徐君摄）

图 1－16　插红旗的村民庭院（2007 年 8 月 18 日　尹婷摄）

2. 商业贸易

其奴并没有市场，村民土特产的出售、重要生活物资的购买基本都去乡上的市场，偶尔也去县城和拉萨。其奴

图 1－17　绿草茵茵的院坝（2007 年 8 月 28 日　徐君摄）

图 1－18　村内小卖部陈列的商品（2007 年 8 月 29 日　徐君摄）

村委会所在地是商业点集中地，有 4 家茶馆（兼营面食和小商品）、1 家商店、1 个车辆维修点（主要从事摩托车和拖拉机的基本维修工作）和 1 个粮油加工店。

其奴九组也开有商店和小卖部：较为正规的商店有 4 家，小规模商店有 2 家（主要出售方便面、冰淇淋等极少

图 1-19 村内小卖部（2007 年 7 月 27 日 尹婷摄）

的食品）。其中一家既是商店也是茶馆，房屋内一侧摆满各种货品，从普通日用品到藏式服装、鞋帽等应有尽有，另一侧布置为茶馆，出售酥油茶、甜茶和啤酒等饮料，客人可以在店中坐饮。在九组，这家店的生意最好，除本组的村民外，其奴其他组也有人来消费，总体上，光顾茶馆的人以外出打工返乡的年轻人为主。

外地人很少到其奴收购农牧产品，农牧产品的销售主要靠村民自己去市场交易。汉族小贩用三轮车拉蔬菜和水果到村内出售，每星期两次，购买的人较多。九组内，也有村民从拉萨买回货物，摆在村内巷道出售，主要是衣物、鞋帽之类，引起村民的围观，但真正购买者很少（图1－20）。九组离县、市较近，村民一般会直接到县、市采购日常所需，因此在组内做服装生意很难成功。九组还有一家能够电焊的修理店，但在我们调查期间并没有开展经营活动。

图1－20　村内摆小摊者（2007年8月19日　尹婷摄）

新村中有一家专门做家具生意的，从拉萨采买家具，拉到老家尼木县出售，获取差价和运输费。刚搬来时，邻近村落没有茶馆，九组的次仁因为有在老家做生意的经验，瞅准商机，在其奴九组内开了茶馆，果然吸引附近三组的村民，生意很好。一般而言，当地人冬天喜欢喝茶，夏天则多喜欢喝啤酒。

第二章　基层组织

村级基层组织是带动村域发展和实现村庄和谐的核心力量，其强与弱直接关系到村庄的未来。其奴行政村设有党支部和村民自治委员会两个主要基层领导班子，其下设有团支部、妇委会、完全小学、卫生室、治安联防组和民兵排等。国家的行政建制和党组织深入到行政村，因此在每个行政村都有相应的成文规章制度，并且把各项规章制度明晰化、公开化，以宣传画的形式用藏汉两种文字张贴在村委会办公地点。在达嘎乡政府和其奴村部，我们都能在办公室等墙面上看到各种规章制度的宣传张贴，很多规章制度都是照搬全国统一的各项已成文法规或政策内容，而结合当地实际进行的本土性制度或村规民约较少。不过，这种把制度职责等规范上墙公示的做法，不仅起到了规范村级行政组织和党支部及相关部门的工作职责，宣传和明确各个部门工作的作用，也同时提高了百姓对基层组织的了解、信任与依赖程度。为了便于更清楚地了解基层组织情况，本章从达嘎乡基层政权组织和其奴村村民自治委员会（行政村）两个视角来呈现基层组织情况。

第一节　达嘎乡政府机构

达嘎乡政权组织设有乡人大和乡政府两个部门。据2006年统计，达嘎乡共有1725户，人口7721人，总劳动力5128人；1所中心校，2所完全小学，3个教学点。

达嘎乡党组织设有6个党支部（1个机关党支部、1个学校党支部、4个村党支部），378名党员，其中乡机关党员20名，学校支部党员37名，农牧民党员321名（达嘎村78名，色达村70名，色甫村71人，其奴村102人）。男性党员270名，女性党员108人。30岁以下党员71名，30~45岁党员160名，45岁以上党员147名。20世纪70年代及以前入党的老党员83人，其中28人为女性（占33.7%）。全乡共有村干部20名（含1名国家正式干部，2名聘用干部，1名退休干部），村干部文化程度：本科1人，初中4人，小学14人。

一　人员结构

达嘎乡共有人员编制92人，实有人员62人，空编30人。其中行政编制24人，实有人员16人，空编8人；事业编制68人（教育51人、卫生5人、农牧林水和文化广播影视9人、后勤3人），实有人员46人（教育43人、卫生1人、农牧林水和文化广播影视未配备正式人员、后勤2人），空编22名。此外，乡聘用干部3人；半脱产技术人员2人；财政补贴临时人员35人；退休干部3人、退休工人1人。

一个现象引起了我们的关注，乡级实际工作人员很多

图 2-1　达嘎乡政府干部职工公示栏（2007 年 8 月 30 日　徐君摄）

都不是体制内的在编人员，因此从体制上的统计数量看，出现大量空编情况，而具体工作人员数却又远超过编制数。以乡卫生医疗为例，乡事业编制中卫生方面有 5 名编制，全乡实际工作的医师、医士、护士和村医 12 名，只有 1 位大专毕业的院长在编，其余皆为财政补贴临时人员，甚至连副院长也不在编，是临时人员；因此，全乡 12 位卫生工作人员，在统计中却只有 1 人。又如全乡 7 名兽医中，有 2 名乡兽医、5名村兽医，没有1位是正式在编人员，因此在事业编制的统计中，完全没有兽医这一项。7名兽医中除乡兽医是半脱产外，其他5名村兽医都是临时工。因此，以下所有的数据分析都是基于官方统计数，也即是编制内的数据情况。

乡领导共7人：乡领导班子中设书记1人，副书记2人（其中1人兼任乡长，1人为专职副书记），人大主席团主席1人，副乡长3人。男性6人，占85.7%，女性1人，占14.3%；藏族6人，占85.7%，汉族1人，占14.3%；本民族干部占绝对人数的优势。

图2-2　达嘎乡副乡长白玛措（2007年8月30日　徐君摄）

达嘎乡干部及事业单位工作人员以35岁以下年轻人占绝对多数，其次是36～45岁中青年人。乡领导平均年龄37.7岁，35岁以下的4人占57.1%，36岁至45岁2人，占28.6%，56岁1人，占14.3%。16名行政干部的平均年龄32.7岁，35岁以下11人，占68.8%，36至45岁3人，占18.8%，50岁以上2人，占12.4%；46名事业单位工作人员，平均年龄32.8岁，35岁以下36人，占83.7%，36岁至45岁5人，占11.6%，46岁至55岁2人，占4.7%。乡干部年龄结构日趋年轻化，以中青年为主。见图2-3。

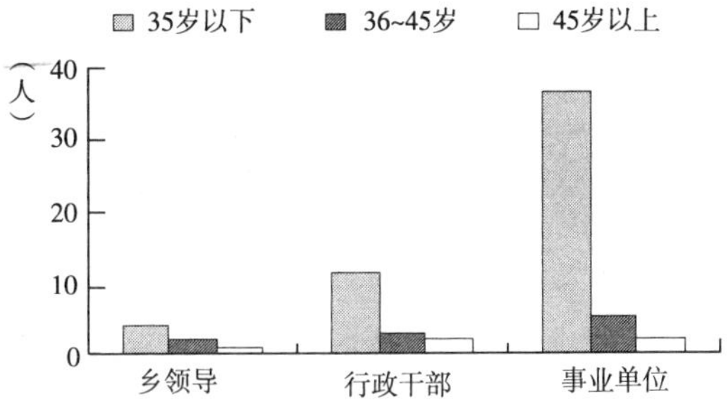

图2-3　达嘎乡在编工作人员年龄结构

乡领导7人中藏族6人，汉族1人；16名行政干部中藏族13人，汉族3人；46名事业单位工作人员全部为藏族。见图2-4。

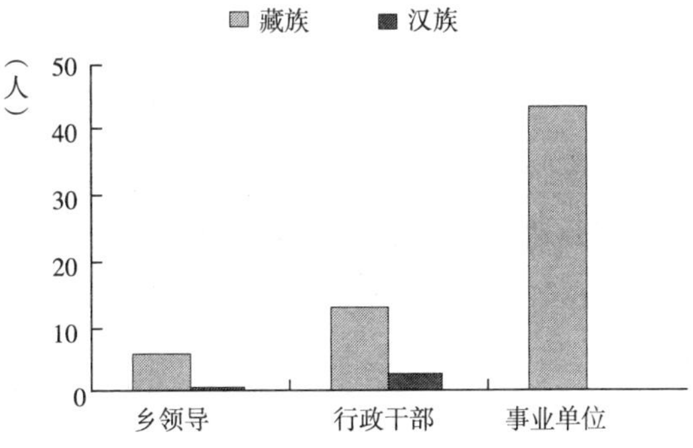

图2-4　达嘎乡在编工作人员民族结构

达嘎乡在编工作人员男女比例适中，乡领导7人中有1位女性；行政干部中有6名女性，占37.5%；事业单位中以女性占多数，46名事业单位工作人员（以学校教职工为主）中有29位是女性，占63%。事业单位中实际工作人员的性别比远高于这个数字，以乡卫生院为例，实际工作人员12人，除1人在编被统计在内外，其余11人都没有被统计在事业单位编制内，11人中有8人都是女性，因此，实际上，仅仅是乡卫生院女性就占绝对多数，占75%。学校教职工中女性更是占多数，全部43名专任教师中，女性28人，占65.1%。见图2-5。

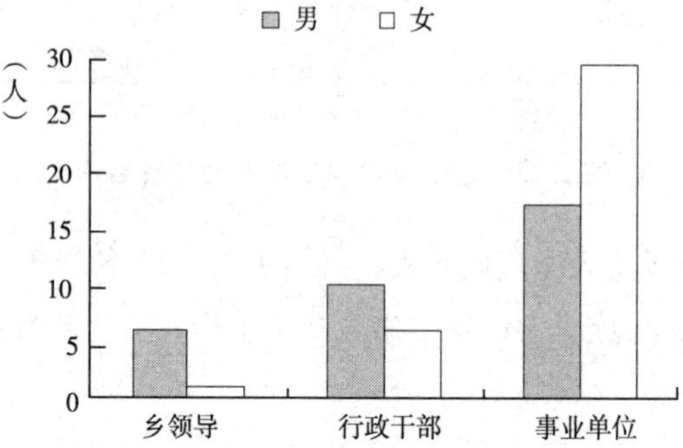

图2-5　达嘎乡在编工作人员性别比例

达嘎乡领导7人中获得本科学历1人，大专3人，大专及以上学历占57.1%，中专（高中）及以下学历3人，占42.9%；16名行政干部中本科4人，大专6人，中专（高中）4人，小学2人；学校教职工43人中本科1人，大专34人，中专（高中）12人，初中3人。卫生院有1人大专毕业，6名初中毕业，5人小学文化程度。见图2-6。

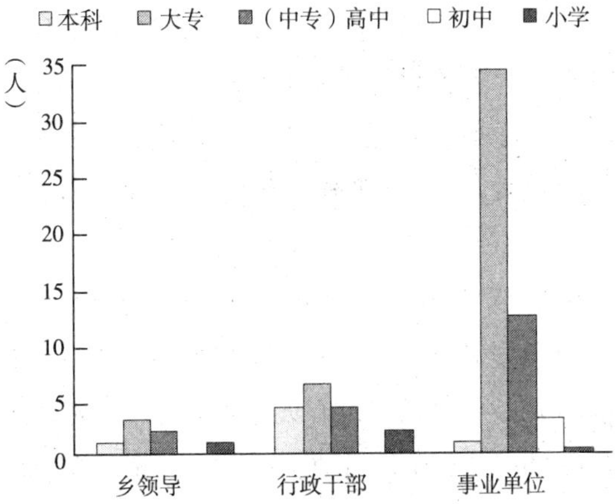

图 2-6　达嘎乡在编工作人员受教育情况

二　基层工作

乡政府每年都会与各个行政村签订目标责任书，行政村再与各个小组制定工作计划，这样层层分解任务，建成“党政‘一把手’亲自抓，党委领导、政府主导、农牧民主体、部门协作、社会参与的工作机制”①。

乡、村具体工作围绕着各种政策落实、工程项目实施而展开，比如，2007 年为了配合和适应社会主义新农村建设工程，乡级政府专门调整和充实了社会主义新农村建设小组，由乡党委书记任组长，党委副书记、乡长任常务副组长。为了更好地做好农牧民安居工程，调整和充实了农牧民安居工程建设领导小组。

为了更好地开展基层工作，乡政府采取内联外学等措施，2007 年主要开展了以下几个方面工作：达嘎乡党委、

① 2006 年 6 月 21 日，达嘎乡基层组织建设情况汇报。

政府先后组织党员干部、种养大户代表到援建单位江苏及周边先进地区学习考察，开展读书学习活动，主动向援藏干部请教发展方略，开展解放思想大讨论，引导全乡党员干部树立“大发展、小困难，慢发展、大困难，不发展，更困难”的理念，全方位营造崇尚创业、自主创业、艰苦创业、率先创业的氛围。围绕着先进性教育，争取资金140万元投资修建了两座大桥和数字电视中转台及藏鸡养殖示范基地，投资15万元进行了乡党委基层政权建设，改善了办公环境，完成52户大骨节病搬迁建房任务。

2007年达嘎乡一名办公室工作人员对基层工作进行调研，其结合自身实际情况得出的结论一定程度上反映了西藏农村乡级政府基层工作基本问题：（1）理论学习不够深入、系统，以至于在开展工作时不能真正做到理论联系实际；（2）工作经验不足，方法不够恰当，缺乏策略，从而影响了整个工作的进展和效果；（3）工作要求不够高，满足于干完干成，求数量与求质量没能有机地结合；（4）深入基层不够，欠缺与群众沟通。

围绕这些问题这位工作人员也提出了解决办法：（1）进一步围绕“生产发展、生活宽裕、乡风文明、管理民主”的社会主义新农村建设，以完善农村基础设施建设、改善农牧民生产生活条件、提高思想素质、改变落后观念；集思广益，理清发展思路，为确保发展好、实现好、维护好最广大农牧民群众根本利益奠定坚实的思想基础。（2）组织乡机关及村组干部，经常性地开展“下基层、办实事、促发展、保稳定”的主题实践活动，深入基层、了解和掌握群众反映强烈、急切希望尽早得到解决的问题；

做到能解决的及时给予解决，不能解决的及时上报，争取尽快立项解决。（3）加强对村级文化室等基础设施的管理和对村组领导和技术人员的培训力度，提高文化素质和技能水平，以更好地发挥农村干部队伍和技术人员在基层“三个文明”方面的重大作用。（4）以打破“等、靠、要”等观念，强抓机遇、自理自强和敢闯敢试为突破口，树立勤劳致富、科学致富、合法致富的观念，一方面进一步提高广大群众自建家园、提高生产水平和生活质量的能力，另一方面完善和建设充实以乡镇领导班子为首的农村基层建设队伍，提高整体队伍的办事能力、处事水平，为实实在在地解决关系群众切身利益的问题，想办法、找路子、办好事。①

这位工作人员提出的解决基层工作存在问题的办法，仍然是立足于理论层面，难以具有实践性和操作性。

第二节　其奴行政村党团与村民自治委员会

其奴村现有的组织机构有村党支部和村民自治委员会，下设有团支部、妇委会、完小、卫生室、治安联防组（成员 12 人，主要由村委会干部和各组组长组成）和一个民兵排。村委会办公场所是 2003 年利用对口援建资金建成的。总投资 20 万元，共有 7 间房屋，其中 6 间为办公场所，1 间为会议室。村委会订阅有藏文版《西藏日报》和《半月谈》等报刊。

① 2007 年 8 月 30 日在达嘎乡政府调研时，一名工作人员提供的调研成果《关于基层工作存在的问题及措施的调研报告》。

图 2-7　其奴村村委会办公场所（2007 年 8 月 18 日　尹婷摄）

一　村民委员会

村民委员会的日常事务由村党支部书记和村委主任、副主任、委员、妇女主任等五人负责。这五人也同时构成其奴村村民委员会领导班子。现任村委会是 2005 年 6 月选举成立的。

村委会委员们有具体分工：村党支部书记负责精神文明建设和项目工作；村委会主任（村长）负责农牧业和林业以及多种经营、技改、教育、财务等工作；村委会副主任（副村长）负责科技、社会治安综合治理和安居工程建设；唯一一位村委会委员兼任会计和文书，负责财会和教育工作；妇女主任负责卫生和计划生育工作。

其奴村目前 5 位村委成员全部是藏族，都受过六年小学教育。除妇女主任为女性外，其余 4 位全部为男性。村委会成员以中老年为主，其中 60 岁以上 1 人，40 ~ 60 岁 2 人，

图 2-8　其奴村村委会办公室（2007 年 8 月 18 日　尹婷摄）

40 岁以下 1 人。

按照村民委员会的职责章程，其奴村委会的日常行政活动大概可以分为两类：一类是根据上级部门的安排开展各项活动，如接待县乡及外面的视察或考察、推荐参加各种培训的人员、选举代表、传达各种文件精神及政策等等；另一类是出于维护当地稳定、促进地方发展目的所开展的各种活动，如举行村民大会、进行水土资源管理与分配、调解矛盾纠纷、支持教育发展、婚姻登记等。具体工作程序：遇到重大事情，村委会一般是首先向上级乡政府部门请示，并及时召开村民大会征求意见，上下通气制定了较切实的方案后，再着手开展具体工作。因此，其奴村委会固定的行政活动较少，主要活动是执行县、乡两级政府的工作安排。平时没有固定的工作安排，每年一般召开八九次村民大会，相对固定的活动有年初工作安排大会、年终总结及表彰大会、“七一”党员会议等。以村委会 2006 年度主要工作来看基层组织的工作活动情况：

（1）配合其奴村九组搬迁建房工作，共配合建设住房100套；

（2）其奴村九组土地开垦收尾工作（耕地500亩，草地900亩）；

（3）组织代表参加乡召开的人民代表大会；

（4）组织全村过望果节；

（5）一年组织一次卫生、治安、安全生产、秋收和播种前准备等方面的大检查；

（6）组织10位村民参加县劳动局组织的卡垫编制技术培训。

2006年其奴村被曲水县人民政府评为“2006年度‘三个文明’建设文明村”。

村委会委员待遇：其奴村5位村委中只有村党支部书记

图2-9　其奴村村委会办公室一角（2007年8月18日　尹婷摄）

是属国家聘用干部，而且是达嘎乡两个村级聘用干部之一，每月大概有1500元的固定收入。其余4位干部的收入则不固定，根据平时出工数及考勤情况决定工资的多少，一个工作日工资大约20元，全勤干部月收入400元左右，全年工资收入大概在5000元左右。工资偏低，难以调动村委干部的积极性，虽然平时并没有什么特别繁忙的事务需要处理，但是因为上班考勤，既无法外出打工挣钱，也没有时间在家里帮助家务，因此村干部的工作积极性并不高。不过好在这些工资基本能按月发放，没有拖欠的情况。

目前村委会基本没有上级财政方面的专项支持，行政活动经费及村委们的工资待遇等的支出主要靠自筹资金。其奴村的村级集体经济十分薄弱，没有工矿企业或其他产业，只有一些服务业收入，主要是村委会通过组织劳务外包及出租集体产业所得一些收入。目前，村委会集体拥有10个门面房，其中有6个是在村委会附近，4个在曲水大桥附近，每间门面房年租金收入7500元左右，全年共有7万多元的租金收入。此外，群众在自愿和能力的范围内也缴纳一定的费用作为基层建设费。

财务公开情况：根据村务公开制度原则，其奴村村委会及其属下的各个小组都实行严格的财务公开制度，一般情况下，采取在宣传栏进行张榜的形式每半年公布一次。

二　党团组织

（一）党支部及工作制度

其奴村党支部连续4年被曲水县县委评为“先进党支部”。

其奴村党支部成员也有5人，全部由村委会成员兼任，只是行政分工和支部内分工不同。其奴村党支部下设9个党小组，党小组成员由各个村组党员选举产生。具体情况见表2-1。

表2-1　其奴村党支部成员及其分工

姓　　名	年龄	文化程度	入党时间	村委会职务	支部内分工	组织分工
顿珠群培	52	小学	1977年7月1日	党支部书记	政　　治	全面工作（项目）
旦　　巴	62	小学	1992年7月1日	村委会主任	宣　　传	调解
旦　　增	39	小学	1997年7月1日	村委会副主任	组　　织	治保、民兵、青年
普布扎西	50	小学	1976年7月1日	委员（文书、会计）	生　　活	治保、教育
次旺卓玛	48	小学	1997年7月1日	妇女主任	其他活动	妇女工作、调解

按照党支部工作制度规定："村级党支部委员会要定期召开会议，宣传贯彻执行党的路线方针政策及上级党组织的有关决议，研究决定本村经济社会发展和稳定局势工作中的重大问题，带领农牧民群众深化农牧区改革，发展农牧区经济，坚持社会主义方向，尽快摆脱贫穷，逐步实现共同富裕，坚定走中国特色社会主义道路。支委会坚持民主集中制，凡属村里的重大问题，必须按照少数服从多数的原则，由支委会或支部大会讨论决定。支委会实行集体领导和个人分工负责相结合的制度；根据支部决定和分工，支部成员要切实履行职责，研究决定重大问题要及时向上级党组织报告；党支部负责村干部的教育、培养、选拔、推荐、考核和监督，领导村民委员会、村经济组织、团支

部、妇代会、民兵等组织，支持和帮助他们依照法律和各自的章程开展工作，搞好社会主义民主政治建设。开展社会主义精神文明建设，做好农牧民的思想政治工作，组织农牧民党员认真学习马列主义、毛泽东思想和邓小平理论，学习科学文化知识和社会主义市场经济知识，用社会主义思想占领农牧区思想文化阵地。坚持党的密切联系群众的优良传统和作风，关心群众生产生活，分析群众思想动态，反映群众的意见和要求，帮助群众解决生产生活中的实际困难和问题。按照从严治党的要求，抓好党支部自身的政治、思想、组织、作风和制度建设，听取党员的思想、学习和工作情况汇报，做好党员教育、管理和发展工作，充分发挥党员在两个文明建设中的先锋模范作用。村党支部要认真执行基层党组织目标管理责任制，每个党员都要建立联系户、组，带领农牧民群众走共同富裕道路。”①

以 2007 年度的大事记来反映其奴村党支部主要工作情况。

2007 年其奴村党支部工作大事记：

（1）举行年终党支部工作座谈会，对党支部工作进行总结，对第二年工作进行安排；

（2）组织全村党员干部举行迎“七一”座谈会；

（3）与乡党委和 9 个村民小组签订《党风廉政建设责任书》，积极营造反腐倡廉新风尚；

（4）积极配合上级机关，在全村党员、干部和青少年中开展继续深化“三项教育”活动。

① 其奴村村委墙报，《其奴村党支部工作制度》，2007 年 8 月 18 日，徐刚强、尹婷采访。

（二）党员及其管理

党员情况　据2006年6月的统计，其奴村共有党员102人（2007年发展到113人），全部为藏族。其中男性党员77人，占党员总数的75.5%，女性党员25人，占党员总数的24.5%。从年龄结构来看，35岁以下党员有31人，占党员总数的30.4%，36～45岁18人，占党员总数的17.6%，45岁以上的53人，占党员总数的52%。

其奴村的老党员人数在全乡老党员人数（92人）中，占几近一半的比例，有41人。其奴九组有1位党龄40年以上的老党员。[①]按照西藏自治区及拉萨市的相关政策，对于老党员有特殊的政策待遇：1959年3月20日（含）前入党和1959年3月21日至1965年8月31日（含）入党的农牧民党员，由自治区政府按老干部待遇对待，每月由区政府直接拨付150元津贴/人，1965年9月1日以后入党，党龄满30年，且男满60周岁，女满55周岁的农牧民党员给予每月100元/人的补贴。

党员每月缴纳0.8元党费，上交乡党委统一支配。

党员管理制度　对于党员的管理，专门制定党员教育管理制度，要求党员要定期过组织生活，按时缴纳党费，认真履行党员义务，外出务工经商或从事其他正当职业，有固定地点、时间在3～6个月或者6个月以上的，应办理党员临时组织关系，参加所在地方或单位党组织的有关活动，时间较短或者虽然时间长但是没有固定地点或单位的，应定期向所在党组织口头或书面汇报外出活动情况，按时

① 达嘎乡党委：《农牧民老党员花名册》（2007年）。

缴纳党费；对老弱病残党员，党支部应派人向其传达党的重要文件和党组织的重要决议，并帮助解决实际困难，从政治上、思想上及生活上给予关心和照顾。①

一、坚持不懈地抓好邓小平理论、党的基本路线、党的基本知识教育，共产主义理想和全心全意为人民服务的宗旨教育、组织纪律教育，开展社会主义、爱国主义、集体主义、反对分裂，维护祖国统一，加强民族团结和艰苦奋斗教育。

二、基层党组织要教育党员参加党组织的活动，定期过组织生活，按时交纳党费，认真履行党员义务。对表现突出的优秀共产党员，要给予表彰和奖励。

三、党员外出务工经商或从事其他正当职业，有固定地点、时间在3至6个月或6个月以上的，应办理党员临时组织关系或团党员组织关系，参加所去地方或单位党的有关活动。

四、党员短期外出3个月以内，或外出时间较长但无固定地点无法转移组织关系的，应定期向原所在党组织口头或书面汇报外出活动情况，按时交纳党费。

五、老弱病残党员，如参加组织生活困难，党支部应当派人向其传达党的重要文件和党组织的重要决议，了解他们的学习、思想和生活情况，尽力帮助解决实际困难，从政治上、思想上、生活上给予关心和照顾。

六、对违纪党员，党组织应当按照“惩前毖后、治病救人”的方针，根据错误性质和情节轻重，给予批评教育直至纪律处分。对违纪党员的处分，必须经支部大会讨论，并按照处分党员批准权限逐级报批。

图 2－10　党员管理教育制度（2007 年 8 月 30 日　徐君摄）

随着形势的发展，越来越多的党员加入到外出务工的行列，其奴村每年外出打工的党员有 20 人左右。针对党员的流动性增强的新情况，为了在新形势下保持共产党员的

① 其奴村村委墙报，《其奴村党员教育管理制度》，2007 年 8 月 18 日，徐刚强、尹婷采访。

先进性和提高党的执政能力，曲水县、达嘎乡都专门制定了党员流动管理制度，从而加强对流动党员的管理。按照管理制度的规定，党员外出务工经商或从事其他正当职业，应事先向所在党支部报告；党员外出时间在6个月以上，且有固定地点的，将其组织关系转至所在地区或单位党组织；党员临时或季节性外出且无固定地点的，组织关系仍由原单位党组织管理，并报乡党委核发《流动党员活动证》；正式党员3人以上集体外出，且所在地点相对集中的，建立临时党小组；外出党员和临时党小组负责人应主动经常与党支部保持联系，定期汇报情况；外出党员接到党支部有重要活动通知后，应按时返回；党员持《流动党员活动证》在外出所在地或单位党组织参加党的组织生活，但不享有表决权、选举权和被选举权；对外来务工经商的党员，积极接受他们的组织关系和党员身份证明件，安排他们参加党的活动和过组织生活。[①] 实际上其奴村外出党员除了一些离家较近的回村参加组织生活外，个别离家外出较远的则无法参加组织生活。

其奴村现有113位党员中，50%以上是中老年，因此发展年轻人入党就成为基层支部的主要工作任务。其奴村在达嘎乡党委的统一指导下也制定了发展新党员制度，尤其强调年龄层次和性别比，重点发展35岁以下以及女性党员；同时，强调新党员的受教育程度，以初中及以上的文化程度为重点，一般不发展文盲进入党组织。[②]

---

① 达嘎乡政府墙报，《达嘎乡流动党员管理制度》，徐君2007年8月24日收集。

② 达嘎乡政府墙报，《达嘎乡发展党员制度》，徐君2007年8月24日收集。

“三会一课”制度 与其他地区基层党组织一样，其奴村基层党组织也是坚持“三会一课”制度，即定期召开支部党员大会、支部委员会和党小组会，每半年至少上一次党课。每季度召开一次支部党员大会、每两个月召开一次支部委员会和党小组会议，如工作需要可以随时召开支部委员会和党小组会议。党课主要针对新时期的新形势及时对“党员进行马克思主义基本理论、邓小平理论、江泽民同志建党学说、党的基本路线、基本知识和优良传统以及增强党性观念和时事政策等教育”。支部及时组织上党课，党员领导干部要带头讲党课，每个党员要积极参加党课学习，课后要组织讨论并进行检查。①

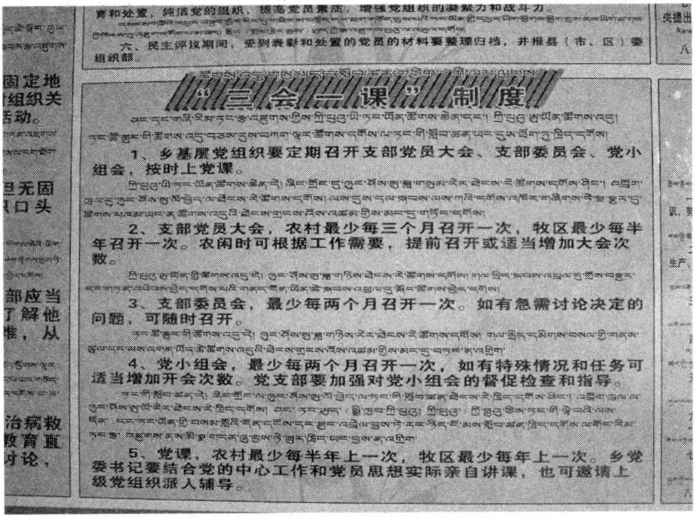

图 2-11 “三会一课”制度（2007 年 8 月 30 日 徐君摄）

---

① 达嘎乡政府墙报，《达嘎乡“三会一课”制度》，徐君 2007 年 8 月 24 日收集。

“双培双带”制度　“为不断提高党员素质，优化党员队伍结构，进一步巩固党在农村的执政基础，乡、村两级基层党组织实施‘双培双带’制度，即把农牧民致富带头人中的优秀分子培养成党员或村干部、把党员和村干部培养成致富带头人，党员和村干部要带头致富同时带领群众共同致富。村支部要把‘双培双带’活动纳入支部工作重点，制定符合本村实际的‘双培双带’目标规划和年度计划。对可作为入党积极分子或村级后备干部培养的致富带头人，进行登记造册，逐人建立档案，明确培养人和培养责任，有计划地进行重点培养。组织致富带头人参加政治学习和相关培训，接受党的教育，安排他们参与村级事务管理，在实践中经受锻炼，增长才干，并积极发展具备党员条件的致富带头人担任村干部。采取参加实用技术培训、组织观摩学习、同致富带头人互帮互学、提供技术服务、参与重点工程建设等多种形式和途径，帮助不富裕的党员和村干部转变观念、增长本领，勤劳创收、增加积累，逐步成为致富带头人。党员和村干部依靠自己的辛勤劳动带头致富，以自身实实在在的致富业绩取信于民，并采取结对帮扶、传授技术、组织协会、集约经营等方式，加快调整产业结构，大力发展特色经济，不断壮大集体经济实力，团结和带领群众走共同富裕的道路。”①

通过落实“双培双带”制度，达嘎乡21%的党员被培养为种养大户，如色达村村委会主任念扎兼任达嘎乡农牧

① 达嘎乡政府墙报，《达嘎乡双培双带制度》，徐君2007年8月24日收集。

民经纪人协会会长；养鸡大户占堆投资兴建藏鸡养殖基地，同时发动5户群众进行藏鸡规模养殖；色达村的个体工商户组织12名村民到其商店工作，解决劳动力转移问题；色达村三组组长格龙带头种植芫根，达嘎村党支部书记噶玛带头养殖16头牛，成为“双带”活动的典型。“双培双带”活动带动了全村323户群众从事酒曲加工，户均年增收2352元；127户群众从事10头以上牛羊等牲畜规模养殖；113户群众从事商业、服务业和运输业等第三产业，农牧民收入得到提高。

联系服务群众制度　为了保持党支部与群众的经常联系和密切联系，乡党委及村支部都专门制定有党员联系群众制度：要求乡、村、组班子成员要联系三名以上的群众。联系的对象主要是入党积极分子、经济困难群众和贫困户以及对口联系点。对于入党积极分子帮助他们提高对党的认识，考察他们对党的方针政策的理解和执行情况，以供党支部参考；对于经济困难和贫困户主要是关心他们的生产生活情况，帮助他们走出困境；对于对口联系点，主要是了解和掌握广大群众的生产生活情况，帮助对口联系点发展经济。主要联系内容包括积极宣传并带领群众认真贯彻执行党的路线、方针、政策，模范遵守国家的法律法规，维护群众的正当权益；妥善处理群众中的矛盾，做好群众的思想疏导工作，搞好同志间的团结；经常听取并及时向党组织反映群众对党组织和党员的意见和要求；引导群众树立主人翁思想，帮助群众解决生产生活中的困难和问题，带领群众完成各项工作指标和工作任务；关心和改善群众生活，在条件允许的情况下，尽量帮助群众解决生活中的实际困难；联系群众的具体途径是通过召开群众座谈会的形式，听取群众对党支部、党员干部和普通党员的民主评议，听取群众对乡、村、组部门工作的意见和要求。领导干部应坚持深入到第一线和群众打成一片，密切党群、干群关系；党员应经常找联系群众谈心，了解群众的反映，关心并帮助群众解决实际困难和问题；党支部、党小组、党员每季度应将联系群众的情况和群众的反映逐级向上级汇报。党支部应将群众反映的困难和问题尽量解决或向上级党组织反映；支部书记、党小组长和党员联系群众要责任明确，落实到人，定期检查，并把检查结果作为评选年终“优秀党员”和“先进个人”的依据。[①]

（三）青年之家——团支部

目前，其奴村共有团员42名，全部为藏族。其中男性团员27名，占团员总数的64.3%，女性团员15名，占团员总数的35.7%。就文化程度而言，18人为小学文化程度，占总数的42.9%，24人为初中文化程度，占总数的57.1%。这些团员中，常年在外务工的占到了90%以上。

其奴村设立有团支部。达嘎乡团组织由7名成员组成，其中乡级团干部3名，所属四村各设团支部书记1人，其奴村团支部书记是一名31岁的党员。具体情况见表2-2。

① 达嘎乡政府墙报，《达嘎乡党员联系群众制度》，徐君2007年8月20日收集。

表 2-2 达嘎乡团组织情况

村组	姓名	年龄	政治面貌	团内职务
达嘎乡政府	达珍	25	党员	乡团支部书记
达嘎乡政府	杨鹏涛	25	预备党员	乡团支部宣传委员
达嘎乡政府	次央	23	党员	乡团支部组织委员
达嘎村	白玛央金	42	党员	达嘎村团支部书记
色达村	米玛	43	党员	色达村团支部书记
色甫村	边巴	29	党员	色甫村团支部书记
其奴村	旦增	31	党员	其奴村团支部书记

按照团支部工作制度规定，团支部应该每月召开一次支部会，学习文件、传达上级团委和村党支部有关批示精神，研究团员青年的思想、工作、学习、生活情况，总结安排团支部工作；每月召开一次团小组会，每季度上一次团课，对团员开展思想政治教育活动，组织团员为群众办好事、办实事、送温暖；建好“青年之家”活动阵地，组织团员青年开展学文化、学技术、争当科技致富先行户活动，发挥团员青年在新农村两个文明建设中的先锋队和主力军作用；做好团员发展，团员管理，团费收缴及推荐优秀团员入党，推荐优秀青年人才上岗等团的经常性工作；协助党支部、村委会完成上级交给的各项任务，努力发挥好助手作用。

2007 年为了庆祝“五四”青年节，其奴村团委组织了为期两天的庆祝活动，一天进行文艺演出，一天组织 140 多名青少年为全村范围内的农田除草。此外，邀请乡安居工程领导小组及民房改造工作小组领导为全村团员宣讲社会主义荣辱观。

三 妇女工作委员会

其奴村委会下设一个妇女工作委员会，由一名妇女主任负责日常工作，各村民小组设一位计生员，与村妇女主任共同组成妇女工作委员会。村妇委会主任名叫次旺卓玛，现年48岁，小学文化程度，1997年入党。村妇女主任负责计划生育宣传教育、妇女儿童卫生保健、妇女权益保护、妇女科技培训等工作。村民日常矛盾的调解往往是村妇女主任的工作。

按照行政村妇代会的职责要求，行政村妇代会要坚持1至2个月召开一次委员会议，3至6个月召开一次代表会，半年或一年召开一次妇女大会。妇代会要经常向妇女宣传党和国家的方针、政策，教育妇女遵纪守法，实行计划生育，维护妇女儿童合法权益，抵制封建迷信和落后习俗，树立勤俭持家、尊老爱幼、邻里和睦的新风；发动组织妇女学政治、学文化、学科学、学技术、学市场经营管理知识，搞好生产和经营，勤劳致富；引导妇女自尊、自信、自主、自强，积极参与民主管理和监督。妇代会必须围绕党的中心，结合实际，着力为妇女办实事、办好事，并要经常了解妇女意见和要求，解决好妇女实际问题，抓好阵地建设，组织好妇女活动。①

我们在其奴调查时，发现“三八节”在当地是备受村民重视的节日，村民对三八节的关注度远远高于外界了解甚多的“雪顿节”，通常这里的百姓认为雪顿节是拉萨等城

---

① 《其奴村妇代会工作制度》，尹婷、徐刚强2007年8月19日在其奴村委会收集。

里人的节日，普通农牧民则最在乎的是与农时相关的“望果节”以及普遍参与的三八节。每年三八节期间，乡、村都会组织一些娱乐活动，要求各村组组织节目和人员参加。妇女们平时多忙于家务，很难有机会参与一些重大活动，但是在三八节，妇女则变成了主角，不仅是乐于参加活动，更是各种节目表演的主力。因此，最近几年，三八节逐渐发展成为村民关注度高而且是最乐于参与的节日。2007 年 8 月，我们调查时适逢拉萨举办雪顿节，然而，在其奴村没有任何过节的迹象，当问及村民为什么不过雪顿节以及是否有兴趣参加雪顿节活动时，几乎没有人表现出兴趣，相反他们却对已经过去半年之久的三八节仍记忆犹新，并津津乐道于三八节活动中的种种：2007 年的三八节期间，其奴村举行了隆重的活动，内容包括“2006 年度妇女工作总结和表彰大会”和文艺汇演，吸引了 1500 多人观看，演出结束后组织妇女进行义务植树，植树 1.5 亩，不仅取得了良好的社会效应，参加活动者也倍加兴奋，至今难忘。

村级妇委会平时也会组织妇女参加县、乡开办的科技培训，进行不定期的产前、计划生育等方面知识的宣传、教育工作，主要内容涉及母子安全、日常保健等方面。2006 年村妇委会组织了 3 次科技培训及计生宣传教育活动，参加者有 500 多人次。

四　青年民兵之家

其奴村以“青年民兵之家”的形式建立了民兵制度，由村委会副主任负责，各村小组设一名民兵排长，或称治安联防员，负责村组治安，遇有重大事件，启动民兵参与救灾或者抢险工作。

五 村委与村民关系

其奴党支部和村委会基本沿袭了县、乡党政机关的工作方式，工作地点和工作时间都相对固定（周一至周五上班，周六、周日休息，安排一名干部值班），实行坐班和考勤制度。5位村干部中，只有村支部书记是国家聘用干部，每月有固定工资收入，其余干部全部是由民主选举产生，工资待遇很低，而且与平时考勤密切相关。在其奴调查期间，我们多次走访村委会，却从未遇到5位村干部都到齐的情况，他们通常除了办理家庭私人事务之外，还常常因为没有多少村务需要处理，上班期间待在村委会大门边的茶馆喝茶聊天。

调查发现，村委会平时操心的事情并不多。调查期间，他们最忙的一次活动是迎接上级某个参观团的检查。在参观团检查前几天村委就得到了上级通知，全村5位干部和各组组长准备了几天，参观团停留的时间却不到一个小时。还有一件繁忙的工作是进行乡人大代表选举人的填报工作，不过这项工作主要由各组组长逐户核定全组投票人资格，填好表格后，交给村委会，由村委会负责审核和向上报送。

具体到村级事务而言，多数时候村委会的工作是分解到各组，由组长具体完成，村委会的工作往往只是传达上级思想和进行工作安排。调查发现，虽然村委会是民选产生的，但是其奴村委会与村民之间缺乏必然的联系，常处于一种半脱离状态，各组基本的事务全部由组长自行处理，只有那些无法由组长办理的事务才报由村委会或更高一级的行政单位处理。也许是因为其奴村距离乡政府和县政府比较近的原因，通常各组内部无法解决的事情，组长们会越过村委会而直接找乡、县两级政府，在村民和组长们看来，村委会本身并没有什么权限，遇事找村委会，通过村委会层层上报反而浪费了解决问题的时间。

这种越级上报的情况在其奴九组表现最为明显，因为是新建成不久的搬迁安置村落，有很多政策需要后续落实，很多具体困难需要帮助或者解决。作为九组搬迁户的代言人，为尽快解决事关群众利益的问题，九组组长普琼经常奔走于九组和乡、县之间，而不是通过村委会层层反映。事实上，普琼这种“越级反映”问题的方式在政府层面是不被认可的，不过，也许是因为“大骨节病搬迁村”的特殊背景（大骨节病搬迁项目在西藏得到了政府的高度重视），普琼所奔波的事情多半都能得到较好的解决。

村委会与村民之间缺乏直接联系和利益关系，大多数村民对村委会不甚了解，对村委会的作用甚至感到普遍失望。在九组的走访中，每每谈及村委会时，几乎所有的访谈对象都表示不清楚村委会具体做什么工作，部分家庭困难的访谈户更对村委会有意见甚至是寒心，因为搬迁后，村委会从没有对家里困难更多的搬迁户给予关照，甚至“从来就没有跨进自己家院子关心一下”。“村委会对生产和生活都帮不上什么忙”是多数访谈户的普遍看法。与此相反，村民们普遍对组长感到认可和信赖，在面对困难的时候，组长成了他们利益的直接代言人。如此一来，其奴村委会似乎处在了一种十分微妙的境地，在上级政府眼中他们是实现村民自治的实施者，而在群众看来，却是高高在上、与村民关系若即若离者，似乎可有可无。

在对其奴九组的访谈中，当我们问到“如果你家里出现困难，你一般会找谁帮忙?”，90%以上的受访者都表示

"有困难找村长。"而村民们所说的村长并不是其奴行政村的村长，实际是九组组长普琼。

其实，在全面实现农村税费改革和免除农民所有负担的今天，在其奴村委会干部们身上表现出来的无事可做的情况在农村并非个案。一方面村干部们缺乏工作的动力，每月 400 元左右的报酬比不上在外务工的收入，薪酬过低是村干部们缺乏工作热情的原因之一。另一方面，村干部的综合素质普遍不高，加上培训的机会不多，普遍缺乏创新意识，大部分干部对前途认识不清，很难真正思考村庄的未来与发展；再加上上传下达工作程序也使村干部缺乏工作自主意识，即使是最基层的民选干部，却仍然有着"为官者"的官本位思想，习惯于安排指挥，甚至官本位的思想严重，很少深入群众生产生活实践中。

走访村委会干部们发现，他们也不乏发展本村的想法，但由于本身经济基础薄弱，创业就显得力不从心。他们关心最多的问题是本村经济的发展和社会的稳定，在村干部们看来，发展经济的途径就是争取更多的扶贫发展项目，不过由于这方面的项目数量有限和一些其他原因，作为最基层的组织，主动并单独争取到发展项目可能性很小。在《曲水县农开办（扶贫办）2002～2006 年工作总结及今后五年的工作安排》中，2002～2006 年曲水县扶贫项目总投入为 4737.54 万元，呈现逐年递增的情况，但平均下来每年仍不足 1000 万元，再平摊到全县 17 个行政村，无疑僧多粥少。从能找到的报告记录看，近几年来，其奴村除了九组搬迁安置建设项目和部分房改项目之外，几乎没有分配到其他的产业发展项目。

第三节 民主与法制建设

民主权利的行使不仅体现村民拥有村内和组内事务的参与权，也体现在普通村民拥有对更高一级行政事务的知情和参与权。我们在其奴村调查期间，没有直接赶上其奴村的村组选举活动，但却经历了其奴村所在县、乡人大换届选举过程。为了更全面地体现基层民主情况，本节分别以其奴村的村民代表会议、村委会主任选举、村下各组组长选举以及县乡两级人大代表选举情况来逐层展示。

一 村民代表会议

村民代表会议是其奴村村民政治生活的重要组成部分，但在对村委会现任主任的访谈中得知，其奴村目前并没有选举村民代表，村主任所提及的村民代表是指参加乡人大会议的其奴村代表。但同时，那些由群众直接选举产生的各组小组长、副组长等在某种程度上兼任了村民代表的角色，他们在村里一般具有较高的威信，在矛盾激发或村民危难时刻都能起到很好的调解和帮助作用，各组组长们也愿意积极参与各种涉及公众利益的活动。走访中还发现，90%以上的村民对自己的组长充满了信任，表示有困难和问题时首先会找组长帮助，并相信村内大部分问题通过组长的努力可以得到解决。

根据《村民组织法》规定，其奴村制定了《村民代表大会职责》。村民代表大会享有以下 8 个方面的职权：(1) 讨论和决定本村年度经济、社会发展规划，工农业生产计划和公益事业建设规划；(2) 听取和审议村民委员会的年度工作报告和财务收支情况；（3）撤换和补选村民委员会的个别成员，免除不合格的村民代表；（4）监督村民委员会的工作；（5）监督村民自治章程的执行；（6）讨论决定新办企业项目和老企业的扩建与转建；（7）讨论人口出生计划的落实和救灾救济款物的发放办法；（8）讨论、决定涉及全体村民利益的重大事项。

通常村级人大或者党组成员都由村下各组的组长组成，不过在其奴，由于村完全小学是村级所属单位，通常也会与组社平行，成为行政村下的一个类似组的单位，校长级别类似于组长。2007 年 7 月达嘎乡人大换届选举工作领导小组，就是由村支书、村长、副村长、其奴完全小学校长及 1 ~9 组组长组成。

二 民主选举

（一）村民委员会选举

村委会的选举每三年举行一次。选举前，先由现届村民委员会根据县乡的选举方案安排、制定一套本村的选举计划，并形成有关监督的意见，然后将计划和意见一并上报乡政府审核通过。整个选举由乡里派遣 3 名干部全程监督。选举一般分 8 个步骤进行：（1）人口登记，对全村人口进行登记造册；（2）选民登记，对年满 18 周岁有选举权的村民登记造册；（3）选民审核，将有选举权的村民名册发回各组进行认真审核；（4）公布选民名单，发放选民证；（5）确定村委会成员候选人名单，通常由乡政府提名；（6）就候选人名单征求群众意见；（7）正式选举；（8）宣布选举结果。

其奴村九组组长的选举　2006年11月，其奴九组村民从尼木县搬迁到其奴后，为了有效地与当地村组融合，进行了组内的第一次选举。由于九组的村民是由尼木县续迈乡不同行政村家庭“插花”搬迁组成，彼此之间缺乏了解，更难以产生信任和依赖感。因此，2006年年底，其奴九组选举组长时，组长和副组长候选人不是由村民推举产生，而是由其奴行政村村委会根据对移民组村民的了解，直接提名等额选举产生的。当时，为了激发村民们的民主参与热情，在正式选举前，九组举行了村民大会，广泛动员和征求村民对候选人名单意见。正式选举时，也是以村民大会的形式，由每户派一名代表参加，先由村级干部宣传讲解选举的重要意义，希望大家能够认真填写选票，选出自己拥护的人。然后每户发放一张空白选票，村民可以在上面作记号或写下候选人名字。无记名投票的结果，来自山岗村的小学教师普琼当选为组长，得到了60多张选票，拥护的人数占全组100户中的60%以上。

几个月后，同时当选的副组长在一次车祸中不幸去世。由于移民新来不久，组内有许多事务性工作需要联络和组织，仅靠组长一人难以周全，因此，九组又开了一次副组长选举大会。这次副组长候选人由村委会和组长共同提名，组长普琼在将近半年对组内成员观察了解的基础上提名扎西次仁为候选人。副组长选举时共有80多户派代表参加，收回选票60多张，表示同意的有40多张，也占参与投票的半数以上。

（二）县乡两级人大代表的选举

2007年调查时，适遇进行县、乡两级人大代表选举工作，见证了村民对于选举与民主的态度与实践。“根据《西藏自治区各级人民代表大会选举法则》第七条以及上级有关文件精神，经乡党委会议审议通过达嘎乡人大换届选举委员会”，由乡党委书记任选举委员会主任，乡人大主席团主席、乡党委副书记（乡长）任副主任，乡党委副书记、驻乡工作组组长、乡人武部长、副乡长、乡派出所负责人以及乡所辖4个行政村的4位党支部书记共同组成选举委员会成员。选举委员会的办公室，设在乡人大，由人大主席和乡副书记分别兼任主任和副主任。

乡人大代表换届选举工作分为6个阶段：宣传动员（包括制定选举方案，利用标语、宣传栏、悬挂横幅等方式、方法进行宣传），准备阶段（包括成立换届选举委员会及各选区成立选举工作小组、确定选举工作方案、进行选举工作骨干培训、确定和分配代表的名额、划分选区、做好选民登记前的准备），选民登记阶段（年满18周岁选民登记按区进行，每一个选民只能在一个选区登记，在选区公共场所醒目位置张榜公布选民名单），提名推荐代表候选人，确定最后代表候选人，投票选举等6个阶段。见表2-3。

表2-3　达嘎乡人大换届选举工作日程安排表

时　间	内　容	责任人	实施单位
2007年5月底至8月20日	宣传发动阶段	乡党委书记、乡人大主席	选举委员会办公室
2007年8月21日至11月20日	选举起止时间	选举委员会全体成员	选举委员会办公室
2007年7月1日至8月7日	准备工作阶段	乡党委副书记、乡长	选举委员会办公室
2007年7月31日	召开选举工作培训会议	乡党委书记、乡人大主席	选举委员会办公室

续表

时 间	内 容	责任人	实施单位
2007年7月1日至7月31日	选区划分阶段	驻乡工作组组长、乡人武部长	选举委员会办公室
2007年8月1日至8月6日	县乡两级换届选举动员大会	选举委员会全体成员	选举委员会办公室
2007年8月7日至8月13日	人口普查阶段	副乡长、乡派出所负责人	选举委员会办公室
2007年8月15日至9月3日	选民登记阶段	各村支部书记	选举委员会办公室
2007年9月4日	选民名单公布日	乡人武部长、副乡长	选举委员会办公室
2007年9月9日	初步代表候选人名单公布日	乡党委副书记、乡长	选举委员会办公室
2007年9月19日	正式代表候选人名单公布日	乡党委书记、乡人大主席	选举委员会办公室
2007年9月24日	法定选举日	选举委员会全体成员	选举委员会办公室
2007年10月15日至25日	召开达嘎乡第十一届第一次人大代表大会	乡党委书记	选举委员会办公室

说明：表格中“责任人”一栏原是具体负责人人名，为了更清楚地展示分工及责任，引用时转换成职务。

资料来源：曲水县《达嘎乡人大换届选举工作方案》，2007年7月。

人大代表的选举不仅是村民政治生活中的大事，更是每个年满18周岁公民行使权利的机会。在我们调查期间，人大代表选举的工作已经进行到选民登记阶段（8月15日～9月3日），选民登记就意味着这种政治活动与普通公民之间的关系最为紧密的阶段，县乡两级政府、村委会办公场所，甚至是公众比较集中的场所，到处都是人大换届选举的宣传标语。不过，普通的村民则很少关注这些问题，似乎与他们无关。各个行政村以村委会为单位组织村民参加选举动员大会，组织各组组长进行选民登记，但普通村民私下对此并没有更多的关注，更少听见村民闲谈时涉及人大代表选举的话题，即使是九组的组长也只是履行行政村下派的登记选民的任务，对照各家的户口簿填写选民登记表，并没有过多关心人大代表选举的事。

（三）人大代表的代表性问题

达嘎乡全乡可选县级人大代表14名，乡人大代表45名（根据选举法和相关文件规定，达嘎乡乡级人大代表基数为40名，再加上每1500人可以增加一个代表的规定，达嘎乡7721人，因此可以产生45名乡级人大代表）。全乡划分为7个大选区，14个小选区。其奴村则划分为4个选区：一组与二组与学校和寺庙为一个选区；三组与九组为一个选区；四组与五组一个选区，六、七、八组一个选区。

根据全乡各阶层人数以及所占比例，确定县乡两级代表的代表性比例：县级人大代表14人中应该包括区级党政干部3名，县级党政干部3名，农牧民5名，其他劳动者1名，医生1名，教师1名；乡级代表45人更考虑男女性别比例以及各阶层的代表性，具体为男代表36名，占代表总数的80%，女代表9名，占20%；党政干部代表7名，占总数的15.6%，农牧民代表33名，占总代表数的73.3%，医生代表1名，占总代表数的2.2%，教师代表3名，占总代表数的6.7%，僧人代表1名，占总数的2.2%，党外人士6名，占总代表数的13.3%。[①] 具体见表2-4。

表2-4　乡级人大代表人数及所占比例

单位：人，%

总数	性别				党政干部		农牧民		医生		教师		僧人		党外人士	
	男		女													
	人数	比例	人数	比例	人数	比例	人数	比例	人数	比例	人数	比例	人数	比例	人数	比例
45	36	80	9	20	7	15.6	33	73.3	1	2.2	3	6.7	1	2.2	6	13.3

资料来源：达嘎乡人大，2007年8月访谈及相关文件。

从表2-4所列的具体比例中可以看出，农牧民的代表占据绝对多数。因此人大代表能够充分地代表农牧民的利益，也是农牧民反映问题、参与地方政治、经济及社会发展的最好契机，尤其是对因病搬迁的其奴九组的村民来说，这是绝好的参与自主管理、反映情况、发出呼声的机会。但是在走访中，问及是否关心正在进行的乡人大代表选举时，村民几乎都表露出事不关己的表情，“一切都是内定的、普通百姓的意见不会起作用”等是多数人的看法。这种事不关己的态度，实际上在无形中错失了行使公民权利的机会，更是失去反映和表达所在社群意见与需求的机会。基层百姓参与民主建设的路还很长。

村民自治要求群众对村内事务在思想上基本一致和在行动上普遍关注，但在搬迁之初，生存背景各异的移民被“强行”组合在一起，这种状态之下的新居民之间由于缺乏足够的了解而彼此戒心重重，而此时要寻求对自治的支持显然不易。对其奴村九组50户的抽样调查发现，明确表

① 2008年8月30日达嘎乡人大办公室访谈及相关文件。

示愿意参加村委会民主选举的大概只占一半，剩下的一半当中或是表示对民主选举的事情不清楚，或是认为民主选举只是一种形式，甚至认为“哪些人当选都是上面（政府）定好的”。还有部分群众则明确表示不会参加民主选举。

第四节　社会治安工作

其奴全村总体社会治安秩序良好。2006 年全年发生治安案件 5 起，民事纠纷 1 起，劳务纠纷 1 起，2007 年 1～7 月则是零案件。村民生活在安稳和谐的社会环境中，有很强的安全感。大部分村民认为村里治安秩序的维护主要靠道德习俗的规范和村组干部的调解。乡、村及各组“按照小事不出村、大事不出乡、矛盾不上交的要求，对各种民事纠纷，做到信息通畅、及时了解、及时化解、及时报告，杜绝人民内部矛盾引起的群体性事件的发生”① 的原则，村干部和各组组长以内部调解来处理村内的矛盾纠纷，部分难以内部调解的案件，则由县乡司法部门处理。调解主要涉及一般性的治安案件和民事纠纷，成功率较高，一般在 70% 以上（2006 年调解成功率为 70%，2007 年上半年是 95%）。其奴村具体治安情况见表 2－5。

大部分村民认为传统道德规范的约束是其奴村社会治安良好的根本，而同时村组干部的有效调解是维护和谐的关键。经过对村民及村干部、乡干部的访谈及调查分析，其奴村良好的社会治安环境的形成至少是三个方面力量共同

① 达嘎乡及其奴村墙报《综合治理服务站工作职责》。

表 2-5　其奴村治安基本情况统计

单位：户，人

	2006 年	2007 年 1~8 月
总户数	425	528
总人数	1784	2226
民兵人数	48	48
帮教小组	1	1
帮教对象	8	9
普法对象	1061	1363
治安案件发案数	5	0
刑事案件发案数	0	0
民事纠纷	1	0
调解成功率（%）	70	95
在押人员	0	0
两劳释放人员	0	0
专职治安人员	11	12
劳务纠纷（起）	2	0

资料来源：2007 年 8 月其奴行政村村办公室墙上宣传报。

作用的结果：一是基层政权对于社会治安管理方面措施得力，各种预防体系健全；二是村民内部稳固的社会关系基础；三是基层干部如各组组长等村庄精英发挥了积极调解和上传下达的作用。

一　村落治安的综合治理与预防

对于地方治安管理方面，各个乡、村都成立有乡村社会治安综合治理管委会、调解委员会、帮教小组、综治服务站，设有专门的综合治理治安保卫员，制定有《乡村治安公约》。这些与地方社会治安有关的服务部门都有专门的工作规范。县级政府部门把《乡村社会治安综合治理工作职责》、《调解委员会职责》、《综治服务站工作职责》、《帮教工作制度》、《综治治保员工作守则》、《乡村治安公约》等规章，制成统一的格式印发给各乡及行政村基层。我们在达嘎乡政府和其奴村村委办公场所的墙面上都见到了统一格式的《曲水县乡村社会治安综合治理工作规范》。各基层村组也是按照这些规范在进行社会治安维护工作，比如达嘎乡设有乡一级治安保卫委员会，其奴村设有村级专职的帮教小组、联防组织和民兵排。帮教小组和联防组织成员主要由村委会干部和各组长组成，其奴村内有1个帮教小组，9个帮教对象；共有治安人员12人（2006年时有治安人员11人，2007年九组搬来后增加了1名治安员）。民兵排有民兵48人，这些村级治安组织起到了配合乡、村维护当地治安的作用，包括在重大节日、宗教活动日等与联防

图2-12　贴在村委会的《曲水县乡村社会治安综合治理工作规范》与2006年治安情况（2007年8月19日　尹婷摄）

队协同执勤、巡逻防范等。

除了综合治理工作规范上墙外，专门列表统计每年的社会治安情况，数据每年更新两次。

按照乡村社会治安综合治理工作规范，乡村是社会治安综合治理的出发点和落脚点，是实现社会长治久安的根本，各乡村按照“自我管理、自我教育、自我服务”的原则依法治村，充分发挥治安保卫委员会的作用，协助公安

图 2－13　挂在乡政府墙上的社会治安宣传牌

（2007 年 8 月 30 日　徐君摄）

机关维护所在地的社会治安，落实治安承包责任制，进行防火、防爆、防盗等各项安全检查。及时调解民间纠纷、统筹矛盾，促进村民之间、村与村之间的团结和互助，开展各种形式的反分裂斗争和精神文明活动，及时清除各种不安定因素。各乡村成立综合治理服务站和调解委员会，建立帮教工作制度，签订乡村治安公约，综治治保员要按照工作守则做好治安维护工作。综合治理服务站则必须做到小事不出村、大事不出乡、矛盾不上交，对各种民事纠纷，做到信息通畅、及时了解、及时化解、及时报告，杜绝人民内部矛盾引起的群体性事件的发生。对于帮教人员专门建立帮教制度，要求帮教人员每个月同帮教对象或与其家长、家属见一次面。了解其思想状况，发现问题及时予以帮教和处理。帮教人员要与学校、家长、公安、司法机关相互配合、互通情况，要关心爱护帮教人员，引导他重新做人。各乡（镇）、村都建立帮教、管理、安置一条龙的工作机制。帮教的目标是帮扶对象改好率达到95%以上，“两劳”释放人员重新犯罪率控制在3%以内。

广泛和经常性的法制教育也是有效提高群众的法制素养，减少治安案件发案率的重要途径。2006年，其奴村的普法对象有1061人，占当年人口总数的59.5%，而2007年1~8月，普法对象为1363人，占总人口的61.2%，这个比例显然还会随着2007年度9~12月普法宣传的开展而不断升高。同时，基于这样的教育方式，作用也是显而易见的，2007年1~8月其奴村的治安案件犯案率为零。其奴村的普法教育主要有两种形式：一是村组召开群众大会进行法制教育；二是县乡相关单位“送法下乡”，下村进行普法宣传。第一种形式主要借助全村和全组群众大会的机会，以案说教，借村内或周边案件情况说法，同时进行基本法制常识的宣讲；第二种形式则主要通过散发传单、宣传手册等方式进行普法教育。通过普法的宣传教育，基层村民得以了解宪法、法律、法规和国家政策，从而能够履行法定义务，爱护公共财产，维护自己的合法权益。

村规民约也是其奴村社会治安良好的基础，村规民约是国家大法与基层传统习惯相结合的产物，贴近村民群众的实际，也易于规范遵守。其奴村的乡规民约规定“任何人不能制造私藏各种凶器，寻衅滋事；危害社会治安者，除依法收缴凶器外，视情节轻重，依法给予治安处罚或追究刑事责任。严禁打架斗殴，酗酒闹事；严禁非法限制他人人身自由或非法侵入他人的住宅；严禁公然侮辱他人或捏造事实诽谤他人；严禁写恐吓信或用其他方法威胁他人安全，或干扰他人正常生活；严禁隐匿毁弃或私自拆开他人邮件、电报，违者依据有关法律条款处罚。严禁搞分裂迷信活动，不准参加非法宗教组织；严禁卖淫、嫖娼及介绍或者容留卖淫。严禁种植罂粟等毒品植物，违者视情节轻重依法处罚直至追究刑事责任。严禁乱砍盗伐树木或盗窃水利、电力、通信设施，一经发现视情节轻重予以治安处罚直至追究刑事责任。”①大部分村民认为迷信、赌博和小偷小摸行为会对村里治安带来不良影响，但村民对赌博（主要是打麻将和掷骰子）似乎并不特别反感，因为“一般玩得很小，几乎没有什么输赢，输赢在100以下，村里平时大概只有几十个人参加，没出现过因为打麻将而打架吵闹

① 曲水县《乡村治安公约》，2007年8月30日达嘎乡政府采访。

的事件”[1]。其奴九组村民在搬迁后，村内只出现过一次盗窃变压器事件，而且是外面人所为，村内没有发生过因邻里矛盾而出现纠纷的情况。

调解委员会主要职责是把矛盾消除在萌芽状态，避免民事纠纷转为刑事案件。矛盾纠纷的调解是处理基层矛盾的重要方法，它不仅能有效抑制矛盾事态的进一步扩大，还可以节约大量司法成本，促进乡村邻里的和睦，这种方法针对一些基本的治安案件往往效果明显。在其奴这样一个以原住民为主的村落，在面对普通的矛盾纠纷时，由于长期相处带来的紧密联系以及社会舆论的压力，人们往往会更多选择内部调解的方式来处理，而不是借助外部力量。在其奴，这种以调解为手段处理的治安案件一般都占当年发案数的七成以上，而且往往能取得双方满意的效果，有效地将引起事态进一步扩大的矛盾消除在萌芽状态。

二　传统社区与特殊背景下村落内生凝聚力

其奴行政村现有 9 个村民小组，这 9 个村民小组中 8 个组是原住民，是基于血缘关系扩大而自然形成的村落，九组是移民搬迁安置新成立的组，是不同村落居民由于有相同背景搬迁聚居而成的，9 个组都是纯藏族村寨。其奴村原来 8 个组村民在长期的生产生活中结成了特殊的彼此互助的社会关系。这种由家庭（族）关系和邻里关系构成的初级社会关系网络对于农牧民而言，不仅是维持和发展生产的重要社会资本，更是社会安全的保障，具有良好的整合

① 2007 年 8 月 18 日，尹婷、徐刚强对其奴村委会会计普布扎西的访谈。

功能。

从生产、生活的角度，其奴九组与同村其他8个自然村组没有什么区别，因此，九组虽然是新组成的村落，不过依然没有改变传统农牧业社会的本质。九组村民在搬迁前归属于同一乡的6个不同行政村，彼此之间并没有紧密的血缘关系或者地缘关系。由于相同的原因，搬迁到一起组成一个新聚落，这个新组成的村落内部原来并不紧密的社会关系，却由于有同样的搬迁背景而紧密地联系在一起，并形成了具有村落内生凝聚力“我们”与周围村落“他们”的区分。

九组村民都来自于尼木县续迈乡大骨节病区，全组100户中真正有大骨节病的有43户，作为以“大骨节病扶贫移民搬迁项目”的名义建立起来的新聚落，相对于周边其奴原来的村落而言，九组村民来自异县他乡，又是特殊背景下的安置移民，无论从国家的政策还是从具体的项目以及县乡各级直接关注和关照下，种种特殊政策和照顾促成了九组村民特殊的心理：“我们大骨节病村”是九组村民对内对外的自我称谓。特殊背景下产生特殊的自我整体认同，而且似乎成了凝聚其奴九组村民的内生因素，虽然组内100户人家在搬迁前彼此相识的人并不多，搬迁聚居在一起还不到一年的时间，彼此之间的交往也谈不上深入，甚至于邻里之间连基本姓名都还不是十分清楚的情况下，因着共同项目下的搬迁聚居，这些来自不同村落，甚至原本生产、生活并不相同，更没有多少血缘或地缘关系可言的人却在短时间内内生了与传统社会不同的、可能更强的凝聚力。调查的50户样本人家中，所有人都表示会与邻里和睦相处，而且实际上也相处融洽，更有96%以上的人表示会在村里人有困难时提供力所能及的帮助。这不是九组人对外界的口头承诺，在实际生活中他们也践行着对这种新关系维系的诺言：2007年年初，一户村民的去世更清楚地展示了这种新生内聚力的情况。村里一户人家，原本只有母子俩相依为命，儿子在县里上中学，母亲则常年有病。搬到九组后不久母亲就病逝了，作为中学生的孤儿无力把母亲下葬，在这种情况下，“村里人都拿东西帮他，这家给点菜，那家给点酥油或青稞酒，总之，能出什么就出什么”。组长普琼专门跑到乡政府和村委会请求给予特殊补助，乡政府给了500元，村委会给了200元钱和10斤酥油，用这些钱买来50斤点灯酥油和一些米面、肉菜等，又从老家尼木县请来喇嘛，用组里的集体财产——两袋豌豆作为酬谢。在全组的共同帮助下，孤儿的母亲才得以顺利下葬。[①]

藏族的传统社会尤其是村落内部，彼此之间都会结成互帮互助的关系，在家庭遇到婚丧嫁娶、建房等大事情时，基于地缘的邻里以及基于血缘的亲戚会起到社会救助和互助的作用。这种邻里互助和亲戚帮忙的形式在很多时候会以乡规民约的形式制度化、规范化，尤其在最近几年市场经济大潮的影响下，传统的互助方式及结成的关系逐渐受到冲击，同一村落内部经济地位及社会分层在急剧地发生变化，传统互帮互助的方式在各种冲击下也有被逐渐淡化的趋势。有些村落甚至需要动用行政力量和手段来维持这种传统社会机制，尤其是在困难家庭遇到丧事时，同村所有人户都有义务捐赠实物或现金以保证死者能顺利地安葬，

① 2007年8月28日，对九组组长普琼的访谈。

按一定数量规定各户给些酥油、青稞或者松枝等，这种用行政手段维护传统机制的情况我们在其他藏区的调查时会常常遇到。其奴九组的寡母丧葬是特殊的例子，全村人自觉不自觉地在共同的心理认同下和互助传统下践行着彼此的责任和义务，但是这种村落居民间的责任和义务将逐渐被新型的社会关系取代，新村搬迁后不到一年就先后有五六个人去世，只有这位寡母的安葬惊动了几乎所有的邻居，其他几位逝者则限于原本邻里和血缘之间以及极少数的新邻里之间的帮忙。

三　村落内生权威

一般而言，村委会是村民自治的最基层组织力量，应该有着与村民息息相关的密不可分的关系，既是各级政府政策的最基层执行者，更是普通村民的代言人，是政策与政策作用对象之间的最关键桥梁。然而实际上在其奴村，村委会由于各种原因与群众的联系并不紧密，“村委会的人几乎不来组里，有事情基本由组长传达。”① 调查发现，村委会成员们的工作似乎仅仅限于上班、坐班，拿出勤工资，遇有县乡或者上面出台新政策、新项目，就向各组组长传达政策精神，或者在重要活动（如年终总结、望果节）中充当组织者和领导者的角色。村委会成员很少直接面对具体的村民或者村民具体事务，村委会要做的工作只是面对村内各组组长。

由此可见，各组组长在维持村庄内部的日常生活及稳定中发挥着至关重要的作用。组长们基本上都是由本组村

① 2007年8月21日，徐刚强对其奴九组村民梅朵曲珍的访谈。

民直接投票选举产生，他们在村落社区里被同组村民广泛认可，能够为村民办实事，与一般村民相比，他们具有较高的综合素质，同时热心为村庄利益上下奔波协调，为村民代言。因着上下关系和热心为民的原因，这些组长们通常享有很高的威信，像族长一样协调着村庄内部以及村庄与外界的关系。九组组长普琼就是这样一位组长，在搬迁之前曾经做过小学的代课教师，能说得一口相对流利的普通话，写得一手漂亮的藏文。搬迁后普琼被村委会看中，推为组长候选人，选举时得到了新村 60% 人户的支持，随后，普琼所采取的一系列兴村举措使他的威信更见增长，小到一位村民去世的安葬经费，大到全组的生产发展和生活水平的提高，一切活动几乎都围绕九组的利益。常常为着新村的利益直接上村委会、乡政府甚至是县政府要政策、要资助。

在九组调查期间，也有不少村民表示对组长或者村长的选举不感兴趣、不关心，有这些想法的人，从访谈的口气和语气看，有两种情况，一种是确实弄不清楚选举的情况，没有自己的想法；一种是自己头脑很清楚，而且有自己喜欢的推举对象或者自认为本人就有能力做组长，因此用“不关心”、“不感兴趣”来变相地表达不满。不过现任组长普琼也确实为组民做了不少事情，最能让村民信服的几项措施让一些心怀不满或者有看法的人，不仅改变了看法，甚至有些变得依赖组长。而这种转变源于组长的几项施政措施行之有效：一是“义务工”制，二是严格轮流制。

“义务工”制是九组组长普琼的独创，缘于为解决土豆管护问题时所产生的想法。① 九组 100 户新搬迁安置后，县相关部门组织力量从外地运送熟土、发放土豆种子、肥料等，种植了 200 亩土豆。为了提高土豆的产值，这 200 亩土豆由县相关部门牵头与商家达成收购约定，土豆成熟后将全部由商家统一购买。然而到了七八月份的土豆收获季节，有部分村民开始挖土豆自食或者拿到市场上出售，这种行为违背了收购合约，可能最终影响全村的整体利益，不仅如此，还出现了彼此盗挖的现象。为了有效地解决盗挖和私挖问题，组长把全组人户组织起来，进行宣传教育：第一是不能彼此盗挖，第二是不能私自出售，因为约定了要统一卖给商家。要预防这两种情况就必须采取措施，提出由全村人组成义务看管队，轮流看管田里的土豆。因此，在 318 公路上，九组土豆田边，每天都会有几位看似闲散无事坐着聊天的妇女，实际上是在看管着田里的土豆，这个措施有效地阻止了土豆盗挖和私挖现象。

普琼把组织义务工看管土豆田的经验作了进一步发挥，把“义务工”制全面地运用到组里各种公共事务上：比如村落内部的卫生清扫、道路维护及植树造林等需要大家集体出工的，都采取义务工制。具体规定为：每户每年必须出 10 个工，这 10 个工是义务的，若家庭不能完成 10 个工，就要用钱来弥补，请人代工，每个工 20 元钱，出工多的人

---

① 其奴九组的土豆是由县农牧局统一发种种植的，与外面的公司签订了收购合同，不能私自挖掘或出售。组长负责监督，因此村民们要在组长的统一安排下才能到田里挖土豆，不能私自挖，更不能盗挖别家的，为了防止盗挖情况，组长想出轮流看管的办法，每 10 家一组，共 10 组，每组 10 天，轮流看管土豆田。这样既可以将村中的劳动力都充分利用，还可以为将来土豆的最大收益作出保证，还维护了集体利益。

户按多出的工时天数乘以 20 元，获得额外付出的工钱，没有完成 10 个工的则按缺席工时天数乘以 20 元付给组里，组长记工，年终结算，多得少补。调查发现，对这种记工方式，村民普遍表示接受，普琼所创的“义务工”办法有效地解决了土地承包到户、分散生产及经营情况下，农户各自为政，顾小家而没有人愿意关心组集体或村集体事务，更不愿意出力的情况。普琼这项措施得到了村民的普遍拥护，大家都自觉地遵守这个规则，集体利益也得到了有效的保障。

图 2－14　看管田里土豆的值日者（2007 年 8 月 28 日　徐君摄）

严格轮流制也是普琼树立威信、用以服众的重要办法。从我们在村里亲身经历的两个具体事例可见一斑：一天清早，组长普琼组织人到乡里领取农药及洒农药的工具，但是当他们到达时，其他组已经捷足先登领走了大多数的农药和撒播工具。普琼立马就带人赶到曲水县，直接向县相

图 2-15　其奴九组的土豆田（2007 年 8 月 28 日　徐君摄）

关部门领取了 10 套农药喷洒器和一些农药。回到村里已经是接近傍晚时分了，所有人并没有回家休息，而是在普琼的组织下，就地分组，轮流使用这 10 套药具，10 人 1 组，先来先用，对此，村民们没有任何意见。这种做法十分有效，当天傍晚到第二天上午全组就完成了所有农田的农药喷洒工作。

再一次的见证是：一天，临近傍晚，组长带人开回一辆拖拉机，装了很多破旧的座椅，据说是其奴村小淘汰的旧课桌，普琼组织村民把课桌摆放在院落中，一张紧挨一张，然后通知家中有需要的人户来免费领取。领取时也是按照严格的座椅摆放顺序，不能挑选，当时在场的我们看到村民都很高兴，没有人流露出抱怨的神情。

从我们所经历的几件事情可以看出，九组村民对组长普琼充分信任，而且把组长作为代言人和协调人，任何大小事情都会找组长。我们调查组与组长普琼一同住在九组村部（现在的文化站），朝夕相处了二十多天，每天早上都是被敲门声惊醒：敲门进来的人或为家里的牲畜走失，或为自来水龙头出水浑浊，或为房子下雨漏水，或为家庭内部起纷争等琐事来找组长，或者是到组长这里取合作医疗证[①]，找村医看病。也有人每天为从不自己开火做饭的组长送来酥油茶，有时一天同时会有两三个家庭送来，连同我们的吃食问题也一并解决了。原本以为村民为组长送酥油茶等情况也是“义务工轮流制”的一部分，但是通过各种情景下的访谈证实这不是组长派工轮流的结果，而是村民的自愿，每天来送酥油茶的人基本都是组长普琼的亲戚或者是与普琼来自于同一个村落的邻居；当然也有原本与组长没有任何亲戚关系或邻里关系的新组民，因为感念组长普琼为大家或者自家谋福利而主动表示感谢的。

村民也通过一些事情逐渐对组长产生了信任甚至是依赖，组长威信的提高，对于加强组内村民的团结，维护社会治安起到了很重要的作用。

① 普琼为了避免一些家庭可能因保管不善发生丢失情况，特别把所有家庭的医疗合作证都统一保管在村部，因此几乎每天都有人来拿医疗证去村医处看病。

第三章　社会发展

第一节　人口

一　人口结构

2007年其奴村总户数为527户，其中农业户508户，牧业户19户。全村总人数为2226人，其中男性1055人，女性1171人。其奴九组总户数为100户，总人数为388人，其中男性171人，女性217人。

我们在其奴九组100户中选50户进行访谈，这50户中人口结构基本以三人户、四人户及五人户的核心家庭为主，共40户，占访谈对象的80%。具体是一人户1户，二人户3户，三人户10户，四人户17户，五人户13户，六人户3户，七人户1户，八人户2户。全村100户中三人户27户，四人户26户，五人户10户，六人户9户，核心家庭61户，占60%以上。

二　人口素质

（一）身体素质

其奴九组的100户属于西藏自治区大骨节病搬迁项目村

组，全组有46户患有大骨节病，身体素质较差。大骨节病是一种以软骨坏死为主要症状的地方性变形性骨关节病。这种病常常是多发性、对称性地侵犯软骨内成骨型骨骼，导致软骨内成骨障碍、管状骨变短和继发的变形性关节病。主要发生于儿童和少年，表现为关节疼痛、增粗变形、肌肉萎缩，造成运动障碍。村民们认为这是营养不良的结果。组长普琼认为："专家说的是水和土的问题，但是我们认为是70年代吃不饱、穿不暖而得的。你看，那些一家有五六个孩子的就很容易得这个病，营养不良就是这个病的原因。现在生活好了，得病的人也很少了。"患病村民不可能从事高强度的劳动或剧烈的活动，甚至无法胜任简单的家务，有大骨节病的家庭生活由家庭中病情较轻的人负责。整体上说，其奴九组的身体素质都非常差。

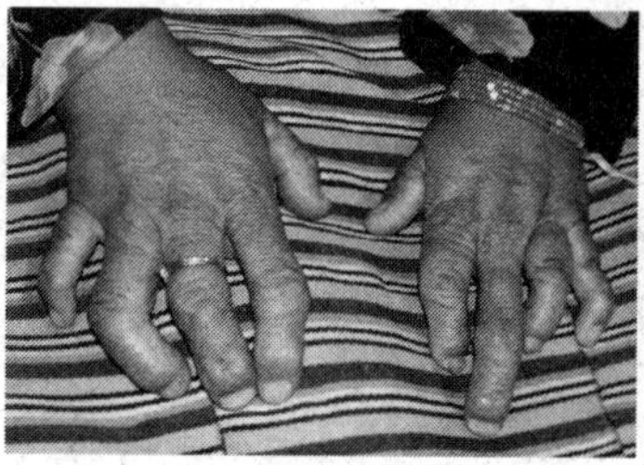

图3-1　大骨节病人的手
（2007年8月17日　尹婷摄）

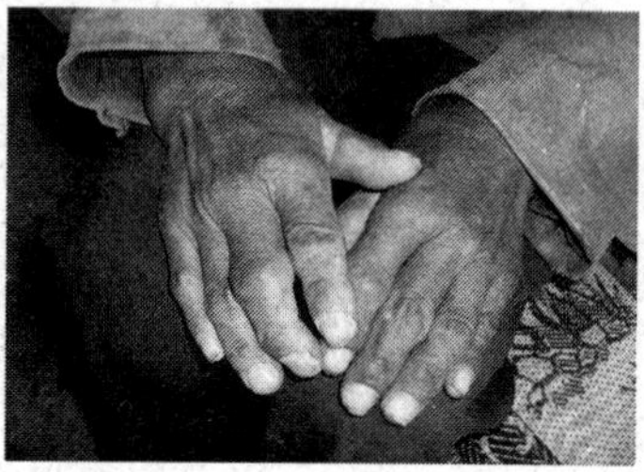

图3-2　大骨节病人的手
（2007年8月17日　尹婷摄）

（二）文化素质

文化素质从以下两个方面来呈现：一是从事与文化、医疗、卫生等相关工作人员的文化素质，二是普通村民受教育程度。

达嘎乡8个村每个村都设有电视差转台操作工1名，这

图 3-3　大骨节病人背影
(2007 年 8 月 18 日　徐刚强摄)

图 3-4　大骨节病人
(2007 年 8 月 19 日　徐刚强摄)

8 名操作工中有 2 名是 50 年代生人，4 名 60 年代生人，2 名 80 年代生人，虽然年龄差别很大，出生时代不同，但是 8 位都是一样的文化程度——小学毕业，并不因时代不同而受教育程度有别。此外，达嘎乡全乡有 6 名兽医，除 1 名是初中毕业外，其他都是小学毕业，这名初中毕业的兽医同时兼任达嘎村村主任。①

达嘎乡卫生院有职工 12 人，其中只有 1 人是大专文化，6 人是初中毕业，5 人小学毕业。村医共有 6 人，其中 4 人小学毕业、2 人初中毕业。这名大专文化的医师籍贯是青海，四川省卫生管理干部学院毕业，1994 年参加工作，现任乡卫生院院长，从事内科医师工作，也是达嘎乡卫生院唯一一位国家编制工作人员。其余 11 人都是合同制医务人

① 《曲水县达嘎乡各村兽医临时工花名册》。

员：医士3人，护士1人，村医6人，会计1人。[①]

其奴九组村民的文化素质，我们用其18岁以上的成年人受教育程度来体现。新村388人中，18岁以上的成年人为306人，其中不识字的有39人，占12.7%；小学及扫盲程度的有203人，占66.3%；初中教育程度的有53人，占17.3%；高中及以上的只有11人，占3.6%。具体见表3－1。

表3－1　其奴村九组搬迁时18岁以上成年人口文化程度统计表（徐刚强制）

单位：人，%

文化程度	不识字	识字（小学、扫盲）	初中	高中及中专	大学	总体情况
受教育人数	39	203	53	10	1	306
所占百分比	12.7	66.3	17.3	3.3	0.3	100

其奴村位于318国道旁，交通便利，距离拉萨只需10元交通费的路程。人们所接触和获得知识的途径相较于其他较偏远地区的藏民来说，要丰富得多。现今村民们对于文化教育也逐渐给予极大的重视，九年义务教育的实施使得其奴村的年青一代都得到了良好的受教育机会，文化素质也在不断提高。具体见第六章第一节村民教育。

三　残疾人情况

其奴九组是大骨节病搬迁项目组，全组100户中有46户患有大骨节病，大部分丧失了劳动能力，也丧失了除了补助以外的经济来源，因此大多数残疾人都是处于贫困状

① 《曲水县达嘎乡卫生院职工花名册》。

态，生活十分困难。

个案：其奴九组的索朗罗布

索朗罗布一家是典型的大骨节病患者，除了嫁过来的女婿，全家都有大骨节病。现在全家人就是靠着女婿打石头赚的钱来生活和买药。

索朗罗布："我很想打工，但是没有办法，多动就会痛，整天吃药，不吃药也走不动路，现在靠大女儿的男人赚钱来买药。全家就他一个不是大骨节病。现在我们全家一年要花 700 元左右来买药，她男人每年就赚 1000 块钱，但也不是全部交到家里，很多被他买酒喝花掉了。全家每年支出大概 2000 元，1/3 都花在买药上。生活很艰难。"

"以前在老家有两个亲戚也搬下来了，都是大骨节病。"①

除了大骨节病患者，大多数的残疾人也过着并不富裕的生活。他们寄希望于政府，希望政府能够给予必要的帮助，以渡过生活的难关。

四　计划生育工作

农牧民可以生两胎，在计划内生育的，可以到医院里住院生育，不仅全部免费，还给 50 元钱补助，对于陪护家属也可以获得 30 元的补助。该措施的目的是为了鼓励农牧民们科学生育、减少流产，降低新生儿和孕妇的死亡率等。这是西藏自治区农牧民特殊优惠政策。

---

① 2007 年 8 月 25 日访谈，徐君、徐刚强、尹婷。

在我们的采访中，发现大多数的其奴村民选择在家中自己接生，村民们一方面认为没有去医院生孩子的习惯，另一方面是顾虑交不起住院押金，因为住院生孩子虽然不收住院费但是要缴纳一定数额的押金。同时，他们认为自己接生也没有什么不好的，祖祖辈辈都是这样过来的，到自己这会儿也不想显得太娇气和不同，不过如果是难产或在生产中出了问题他们也会主动到医院。

个案：其奴九组的朗康

我20岁结的婚，已经有了一个2岁的男孩，现在肚子里面还有一个。第一个男孩子是我的丈夫帮我接生的，我们现在的这个孩子也准备在家里面生。很多人都不会去医院生的，因为虽说是免费，但也要先交钱才能住院。我们没有钱，交不起。在家里面生也是很好的。村里面的女人只有在难产的时候才会去医院。[1]

第二节　社会分层

一　职业分类

其奴是农业村，其收入来源基本都来自农业。近年来，由于交通便利，加上受现代生活方式的影响，许多年轻人不再固守着那点土地，纷纷走出了村寨，开始了城市中的打工生活。其奴村每年外出务工的大概有100人左右，其中党员大概有20人。2007年外出打工的人数比往年有所降

---

① 2007年8月26日访谈，徐君、徐刚强、尹婷。

低，主要是因为当地开始实施安居工程项目，本地的安居工程建设吸纳了一定的当地劳动力。2006年全村务工收入大致在10万元左右（据村长估算）。但是由于文化程度不高，经验不足，村民们的外出务工大多只限于为建筑工地做小工之类的简单工作，也有个别比较有商业头脑、拥有一些资金的村民，则在村委会周围或村子里经商，开设小卖部、茶馆之类；还有一些跑运输，或自家有车，或帮车主开车。不过，最近几年其奴的农业氛围也渐渐淡了。

总结其奴村民职业情况，简单的分类统计如下：

（1）外出务工：主要从事建筑施工、企业工人或者餐饮、宾馆服务员三大类。通常建筑施工类（小工、打石工）占60%～70%；企业工人（卡垫编制）占10%左右；服务员（售货员，从业者文化程度较高）占20%左右。

（2）留村者经营情况：20户左右经商，100户左右跑运输（开拖拉机、开货车、替人开车等）。

（3）外出务工者年龄结构：外出务工妇女人数占外出打工人员总数的40%左右；初中学历务工人员占外出务工总人数的10%～15%；小学学历及参加过扫盲班的外出务工人员占外出务工总人数的85%～90%；30岁以下的务工人员占外出务工总人数的25%～30%；70%～75%的外出务工人员年龄在30岁以上，这个年龄层的务工人员多数负担沉重，上有老、下有小，家中拥有的土地难以支撑全家的生活，不得不外出打工挣钱补贴家用。

二 财富分层

其奴村地势平坦，交通便利，生活条件较好。只有其奴九组因新搬迁安置，生活最困难，再加上有些家庭由于疾病困扰和原本经济基础薄弱的缘故，其奴九组村民平均生活水平与其奴其他村组相比还有一些差距。我们逐户走访了其奴九组的50户，对他们的年收入情况进行了大致分类，50户中年收入1000元以下的有8户，1000元~2000元的有14户；2000元~3000元的有14户，3000元以上的有14户。具体情况见表3-2。

表3-2 其奴九组农户经济收入情况（50户样本）

1000元以下（8户）	66号，8号，84号，5号，70号，63号，74号，13号
1000元~2000元（14户）	25号，64号，36号，28号，91号，67号，6号，54号，74号，99号，46号，94号，81号，93号
2000元~3000元（14户）	86号，65号，50号，26号，4号，82号，77号，53号，20号，70号，62号，48号，87号，89号
3000元以上（14户）	7号，59号，43号，73号，61号，10号，98号，86号，90号，96号，44号，56号，97号，48号

年收入1000元以下的家庭基本都是大骨节病患者家庭。其奴村九组是大骨节病搬迁组，大多数村民因为疾病的原因无法像正常人一样出外打工，仅仅依靠国家补助或者微薄的额外收入勉强过活。这样一来，他们的生活就显得极为艰辛。

年收入1000元~2000元与年收入2000元~3000元的家庭在其奴村户数较多。这类家庭除了国家补贴之外，家庭成员或多或少都会外出打工以补贴家用，生活较为拮据但并不至于贫困，这种农户在村中比较多，代表了新村大多数家庭的情况。代表性的家庭有86号的嘎玛西珠家和94号的次仁卓玛家。

噶玛西珠：我们家三口人，就我一个人打工。现在在外面打零工25元或30元一天，一年可以赚2000到3000元左右。以前在尼木老家的时候还卖过东西，现在不卖了，因为没有本钱。本打算向村委会借钱，但是他们不一定会借。小孩现在在读五年级，学费不用交，但是吃的、穿的还有同步练习这些一年要花500多元，不过还可以承受。我对现在的生活还是很满意的，就希望以后可以再找点事情做，多赚点钱。我对生活是很有信心的。

次仁卓玛：我今年66岁了，有7个孩子，不过现在都出去打工了，只有一个儿子留在身边。他没有固定的工作，自己学会了修拖拉机，平时就帮人家修修，一年可以赚到1000多元。以前我们在尼木的时候是很穷的，但是在国家的帮助下还是过得下去。我很喜欢现在的生活。我觉得国家会一直帮助我们的。以后就看儿子了，他还是有点能力的，也很孝顺。

年收入3000元以上的家庭，除了国家补贴，家中大多数成员或在外地打工，或在家乡做点小生意，一部分人家还拥有退耕还林等额外收入。在村中属于较为富裕的家庭，比起其他没有这些收入的家庭来说生活水平相对较好，而且对于未来发展也显得更有信心。但该类型家庭也有例外，以43号嘎珍家最为典型。

村长口述：嘎珍家在村子里面是很特别的。他们家除了有现在国家的补助之外，还有退耕还林的补助。2003年得到补助粮8052公斤，2004年也是，2005年得到了现金5636.4元（数据来源于退耕还林证）。现在他们仍然在领退耕还林的补助金。钱是拿得多，但是她不太会当家，不太会生活，钱都被挥霍了，花在了不该花的地方。她老公出去打工，但是赚来的钱也只够他自己用，他对嘎珍说：“我赚的钱我自己用，我不管你们。”她的小孩现在都还没有上学，牛也不想放，前几天600块钱就把牛卖了，只知道坐着不做事，很不负责任。有那么多钱还是生活得不好，这全都是她的责任。

还有一种家庭比较特殊：

次旺罗布（村中最为富裕的家庭之一，完全靠妻子的父亲生活）：我们家只有我、老婆和老婆姐姐的孩子。以前我们在外面打过工的，但是结婚以后爸爸（岳父）就不准我们打工了，说养我们，可能是因为爸爸现在只有这个小女儿了，所以不放心她在外面工作。爸爸是尼木农业银行的，家里面比较有钱。我们两人现在都没有打工，就靠爸爸每月给的生活费，每个月他买来的吃的还有给的零花钱加起来大概要值四五千块，生活一点也不用担心。现在我们很想买个车子去拉客，但是还没有开始。我们都读过书，不想种庄稼，就想开车、开个小卖部什么的。

第三节　家庭

一　家族

其奴村村民并没有很强的家族观念，对于家族遗传等也没有什么特别的概念，只有少数受访者了解一点家庭历史，但对于家族历史或者是否有家族族谱等则没有什么概念。

一位村民对我们说：“我知道一点以前的家庭的历史，

但是具体的情况也不太清楚，我们没有族谱，很多不清楚。村里面几乎都是这样的。”

二　家庭类型

其奴村九组随机抽样的50户家庭中，有22户是核心家庭，21户是扩大式家庭，单亲家庭6户（男单亲家庭5户，女单亲家庭1户），1人独居，无同居家庭。扩大式家庭情况较为复杂，有2户是因为大骨节病无法生育而从亲戚家抱养来的孩子。

表3-3　其奴九组抽样50户家庭情况

单位：户，%

类型	核心家庭	扩大式家庭	男单亲家庭	女单亲家庭	独居	同居家庭
户数	22	21	5	1	1	0
比重	44	42	10	2	2	0

与其奴九组的家庭情况类似，其奴村家庭结构类型基本以核心家庭与扩大式家庭为主，50户中独居家庭是个特殊例子，一个14岁的少年因母亲去世而独居，其母亲、母亲的姐姐和父亲三人原是一家，似是一夫多妻家庭，后来父亲与母亲分家，与母亲的姐姐结为夫妻，而该少年的母亲于2007年7月去世，他就一人独居，生活起居基本由父亲来照顾，但没有归为一个家庭。

三　居住模式

抽样的50户家庭中，没有五世同堂与四世同堂的情况，50户中有19户是三世同堂，占38%，其余以核心或单亲家庭为主。不过其奴九组的这种家庭情况并不能真实地反映整个其奴村的家庭类型特征。原因在于其奴九组是搬迁安置新村，搬迁政策的特殊性造成了其奴九组目前以小家庭为主的现状，并不能代表其奴当地的普遍情况。其奴九组村民为了应对移民搬迁政策，村民在搬迁之前，许多家庭把一个大家（人数较多的）分成许多个小家，这样，每个小家都可以获得一套搬迁安置住房，同一个家庭通过分家得到更多的扶贫移民的利益。组长普琼就充分理解并享受了这次因病扶贫异地搬迁安置政策的好处：夫妻俩加上4个孩子，一家6口人在搬迁时分成了3户。其他一些家庭也依法炮制，这种情况引起了地方官员的注意，但是却无法避免。“搬下来之前开会的时候说了，少于两口不能搬，我分成了3户，有个副乡长不服气，说怎么能分成3户。我就说次旺主任在会上说的，我都是合法的。我还想分成4户呢。可惜人不够，你要查可以去查！”像普琼这样的家庭还有很多，村民们都希望能通过这次机会获得更多的收益，因此其奴九组的家庭结构就有许多特殊的形式：仅从居住形式上看，有从夫居、从妻居，还有那些为了获得房子而形成的特殊家庭，或姐妹或兄弟合居就可以形成一户。典型的如17号家庭，大姐和二姐一起居住形成一家；原本二姐是和小妹一起居住的，后来因为小妹娶了18号的男子，这样就成了3口之家，大姐将二姐“借”去形成一个新家。这样，原本只有姐妹3人的家庭因此就可以分到2套房子。像这样因为房子而分家的情况在其奴九组是比较普遍的。

调查时，其奴九组还有一户特殊情况，93号家庭由于对政策的不甚了解，对信息的掌握不足，为了享受搬迁房子的优惠而盲目地搬迁过来，原本在尼木县时享受到了安居工程的优惠政策，并获得了安居工程的建房补助款，花费了5万元钱建成了二层的石砌楼房。后来，不知从哪里听说其奴九组安置时还剩一户名额和一处房子，就将户口转到曲水县并卖掉新建的安居房，搬过来后才知道新村住房早已分配完毕，搬迁安置工作也早已结束，因为无处安置，只能跟着先前搬迁过来的女儿家一起住着。

四　世系计算

关于世系问题，受访的村民都表示家中没有姓氏一说，人只有出生时父母或者寺院喇嘛给取的名字。人们也没有什么特定的世系继承规矩，嫁过去、娶进来后就是一家人。人们对于女人出嫁或者男人入赘，也即男到女家、女到男家都是一样的，男人在女方家里也不会受到任何的歧视。女儿、儿子都是一样的，财产继承也不会有男女之别，通常是按照老人生前与儿女之间的关系疏密程度来分配。儿女成年结婚后要分家，父母通常会按家中子女的数量决定分给多少财产，子女多的家庭，一般在分家时给大的儿女们多一些，小的则少分一点，若出现争执，就由组长出面调解，矛盾比较大的则交由村委会调解，同时，亲戚和邻居也会帮忙协调。

赡养父母对于藏族人来说被认为是极自然和正常的事，传统上，对于子女赡养老人的习惯，如对于家庭财产继承，老人生前和哪位子女一起居住，老人财产的大部分就会由这个子女继承，别的儿女少得或者不得，一般不会有什么意见，充分尊重老人。不过，老人会选择子女中年长的或者相对富裕的一起居住。如果老人去世之前儿女们还没有成家，或者老人与子女一起居住时，家中仍然由老人当家的话，老人故去后的财产就由子女们平分。

目前在西藏，除了传统上子女对老人赡养以解决老年问题外，国家也出台了一定的养老政策和措施，尤其是对西藏年满 80 岁的老人，国家财政上每年给予一定的赡养补贴。这项政策在当地是很被推崇的。

五　权威类型

传统上，藏族妇女在平时的生产生活中处于重要位置，一般家庭中，大多数的家务劳动和农业劳动都是由妇女们承担。不过，体力上的辛苦劳累并没有让妇女们成为家庭权威，相反，大多数时候，家中大事多由男人们决定。

由于时代的发展，传统农业生产已经不再是农村居民生活的全部，男人们对外面世界比妇女们有更多的憧憬，文化和体力的优势也使男人们有更多的外出机会，而大多数妇女仍然在家固守着、从事着传统的生产和家庭生活劳作。男人们外出务工的收入通常会高于从事传统农作的收入，从事农作的妇女们则变成了家庭经济的附庸，不得不更加听从获得经济大权的男人们了，而且在外面长了见识的男人们更加习惯于成为家庭的主宰。在其奴村，尽管女人当家的也不少见，不过这类家庭通常是没有成年男性，妇女不得不当家理事。比如其奴九组 37 号家庭，由于父亲去世得较早，家中的 7 个子女都是由母亲一个人带大，孩子们因此对母亲怀着深深的感激与尊重，所以尽管都已经长大成人并有了收入，但母亲还是家中的绝对权威。这样的事例，在其奴村还有很多。

其奴九组，男性当家的家庭占到 70% 以上，女性当家的并不是很多，但是承认女性承担大部分家务的占到了 80% 以上。双方共同承担家务与田间劳作的家庭很少。许多事情，例如饮食等生活琐事，妇女有较大的权威。但是在家中遇到大事时，虽然会全家一起商量，但一般还是由男性最终决定。由此可见，男性权威始终在家庭中占优势地位。

最近几年，其奴村的年轻女孩的受教育程度逐渐提高，她们开始在观念上有了较大的改变，对于生活也有了自己的想法。有位姑娘告诉我们，她以后不想结婚，而且想帮助姐姐把孩子养大，有这种不结婚想法的女孩并不多，但可以看出，传统的结婚及家庭观念在年轻一代的女性头脑中已经有了些变化。

六、家居生活

（一）传统生活方式

由于气候原因，其奴每年的农忙季节集中在 4～10 月。农闲时候，村民们一般会到拉萨等地转经、朝佛，这是其奴村民主要的活动。以前尽管交通不便，但村民们还是想办法到拉萨等地磕头、转经。以敬佛而获得家人吉祥如意、庄稼风调雨顺。

（二）现代生活方式

农忙　其奴村除了九组之外（由于其奴九组土地不足，加上土地都是新开垦荒地，生产能力差，所以大多数的土地都是用来播种土豆和供牲畜食用的饲草，无法种植青稞），每年的 3 月中旬开始耕种，7～8 月收割。农忙时节，外出打工的年轻人多会回家帮助家人干活。

农闲　农闲时节，人们或到拉萨过节或是到日喀则转经，或是就在家里过着悠闲的日子。然而对于其奴九组来说，即使农闲时也不可能真正的悠闲，他们有了一个新的劳作项目：就是每天到土豆田里守土豆，防止盗挖私挖。每10家为一组，10天为一轮。由于村中的男人们大都外出打工，所以一般都是女人来承担看守任务。女人们每天将家中的家务料理整齐之后，就会先后带着自己的小孩一起来到土豆地旁，边聊天边看护着组里的成熟土豆。这对于她们来说也不是一项轻松的工作，看管土豆就相当于看管一年的收益（参见第二章图2－14）。

现代大都市人们的休闲方式丰富多彩，但其奴村民的休闲方式却十分单调。老年人多在午后坐在院坝里或者三五成群地聚集一起享受阳光（见图3－5）。年轻人则失去了传统农闲时的休闲方式及愉悦体验，一般会利用农闲到城市里打工挣钱。因此，对于大多数年轻人来说，已经没有什么农闲的概念了，他们已经习惯了城市的忙碌。

图3－5　村中老人闲坐时吸鼻烟（2007年8月19日　尹婷摄）

节日　现在，除了传统的藏历新年、望果节、雪顿节等节日，人们开始过上了国庆节、三八妇女节等现代节日。

特别是三八妇女节，其奴村民们几乎家喻户晓，并且乐在其中，通常在三八节这一天里，村里会举办精彩的文艺表演，每个村民小组都会表演节目，或跳舞，或唱歌，或旁观，都积极参与其中。同时会举行表彰大会，表彰和鼓励妇女在生产、生活上所做的努力。

第四节　婚姻与亲属关系

一、婚姻

其奴村是一个典型的藏族村子，婚姻关系以一夫一妻的形态为主，但也有特殊的婚姻关系形式（见表 3－4）。

表 3－4　其奴九组婚姻特例

单位：户

一妻多夫	一夫多妻	母女共夫	父子共妻
1	2	1	1

其中的母女共夫家庭有 8 口人。本是妻子与女儿在一起生活，后来妻子改嫁，妻子的女儿也跟着生活。继父娶了妻子，后来也将女儿娶了。与妻子生了 3 个儿子，与妻子的女儿生了 1 个儿子，现在一家和睦相处。该类家庭示意如下图所示（尹婷、徐刚强制）：

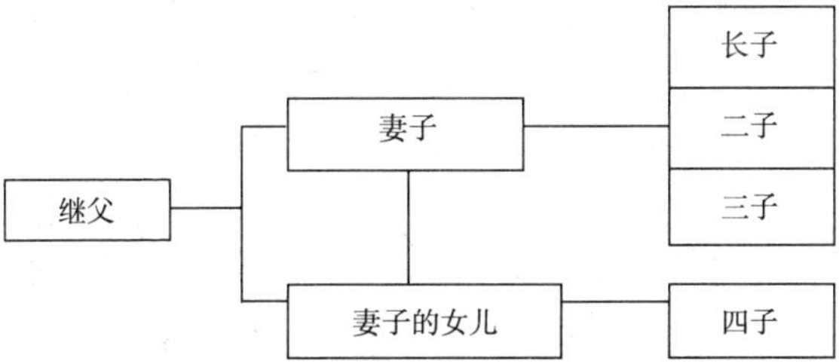

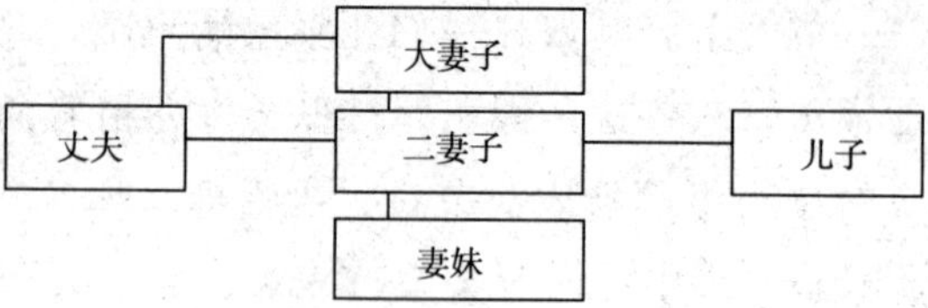

父子共妻家庭，父亲与已去世的妻子育有三个儿子，大儿子和二儿子都已成婚。但是大儿子结婚后长期离家不归，父亲便与大儿媳同居。小儿子在外打工，返家后也没有自己娶妻，加入到与兄嫂同居行列，形成父子共妻家庭，三人共同生了一个女儿。该户家庭示意图如下（尹婷制）：

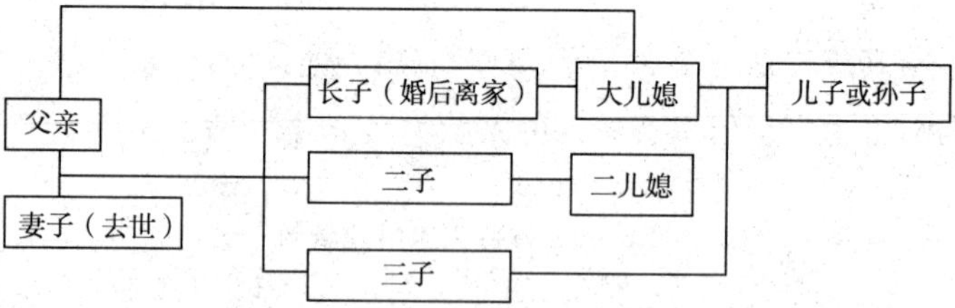

兄弟共妻家庭，是其奴九组中大骨节病患最严重的一家。原先父母生有两个儿子，小儿子小时候出家到了寺庙。大儿子结婚后，小儿子还俗回家。因为经济等原因小儿子没有娶到妻子，父母与兄弟俩及儿媳协商后，俩兄弟同意共妻，从而形成兄弟共妻的家庭。现在他们三人生了一个小孩。该户家庭示意图如下（尹婷制）：

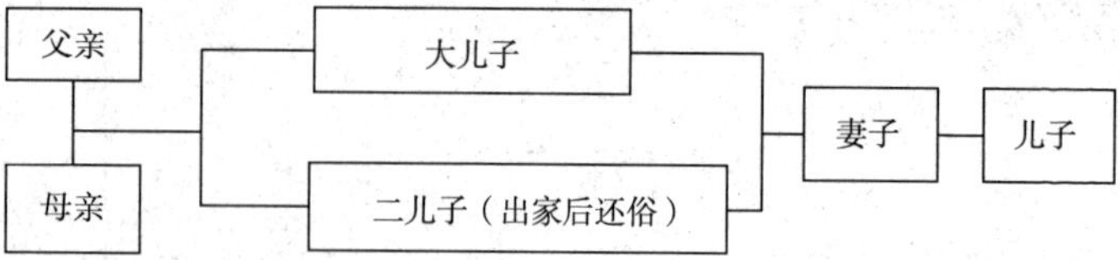

其奴九组村民迁来安置还不到一年，村民之间彼此并不熟悉，对于邻居情况也不甚清楚。不过这几种特殊的婚

姻形式在村里是公开的，村民们在谈论时也没有表现出异常的态度或者情绪，反而都认为这是村民解决生活、劳动及经济困难的一种不错的办法。对于这些家庭的成员，村民们也不会有任何歧视。

村内一位拉萨市某中专学校的二年级学生，文化层次较高。在采访时，她对一夫多妻或一妻多夫也没有明显的排斥感，她说："一夫多妻相处得好就没有关系，离婚的不多；不过，一妻多夫比一夫多妻更好，女的嫉妒心更强。我知道有一家两夫一妻，家里过得挺好，和睦，男的也不争吵，一人打工，一人做农活，对家庭经济好，大家的钱都放在一起，生活还可以，日喀则就有这样一户很有名（家里很富裕）。我们村内一户一夫多妻家庭。丈夫先是娶了两姐妹为妻，并育有一子。他们在老家时就比较富裕，每年家里的青稞可以收一万多斤，加上自己能做些木工，日子过得很不错。搬迁后，丈夫闲时打工挣钱，两个妻子做农活，妻子的妹妹主要放羊，家庭分工明确，收入不错。整个家庭显得很和睦，他们对自己如今的生活也很满意。有人说妻子的妹妹也可能成为他的老婆，如果这样他就一人娶了三姐妹。"

（一）缔结方式

由于时代的发展，其奴村婚姻的缔结方式已经有了很大的变化，曾经的父母包办婚姻渐渐发展到以自由恋爱为主。村里的年轻人大多在外打工或求学，每个人对于未来都有自己的理解，结婚对象要么是同学，要么是打工认识的同伴，自由恋爱比较普遍。在我们的采访中了解到，人们对于结婚对象的要求也不同于以往，大都追求才干和上进心，传统的看重家庭状况以及外貌等成了年轻人择偶的次要考虑因素。村民们也普遍持“只要对方对自己好，并且不是好吃懒做的人就好了”的观点。

个案：次旺罗布与白曲

次旺罗布是白曲弟弟的同学，彼此要好。高中毕业之后，索朗罗布与白曲取得父母的认同结为夫妻。婚后女方家几乎为小夫妻提供所有的生活来源。小夫妻两人没有任何自己的收入，也没有外出打工，吃喝反而比一般村民讲究。这样的生活状况并不会影响村民对他们的看法。对于女方的家人来说，只要女婿对女儿很好就行了，至于赚钱与否，似乎不在考虑的范围。

尽管是自由恋爱，但是如果不能得到家人的认同，也是不能自行结婚的。村民大多排斥与汉族联姻，认为汉族和他们有着很大的区别。村中有一位女子叫央宗，在外打工时认识了一个青海的汉族人，女孩家里不同意他们交往，结果这位女孩就跟着意中人私奔了，再也没有回过家，只是偶尔给家里打个电话报平安。不过我们在的时候，女孩的母亲已经开始尝试着接受现实。①

---

① 后来的情况发展为：央宗的家人不仅接纳了这位外地汉族女婿，而且还常以这位女婿为骄傲。2009 年研究生徐刚强回访资料：央宗已经和汉族丈夫一起回到了九组。丈夫在西藏山南地区打工，扎钢筋，1 天可以挣 100 元。央宗自己很喜欢青海那边的汉族生活，认为吃穿都好，与婆家关系也和睦。而家人现在转变了态度，都挺喜欢这位汉族女婿，尤其是母亲。在问及母亲德杰对这位汉族女婿的看法时，她竖起了大拇指，脸上也挂着满意的笑容。央宗以前不懂汉语，而这次采访时却能用汉语自如地交流。

（二）婚姻圈

其奴的年轻人们在外打工、上学的较多，外出机会的增多，活动地域也更开阔了，从以前单一的亲戚圈与村落圈扩大到了一个更大的范围，选择也变得多了。在其奴，特别是其奴九组，彼此之间有姻亲关系的家庭并不多。搬迁安置到一个村组之后，还没有同村结成姻亲的情况，虽然已有几家结婚，但都是搬迁前在尼木县老家时缔结的。虽然搬迁不到一年的时间，但从某种角度看，现在年轻人的婚姻观以及缔结婚姻的圈子已经不同于老一辈了。

婚姻圈的扩大不仅仅是时代变化的结果，的确，由于时代的变迁，人们的思想和观念都有了较大的转变，不再强求于结婚对象的身份与家庭地位，而更多地关注结婚对象本人的能力及潜力。但是对于其奴九组这种移民村来说，环境的改变更是影响婚姻缔结以及婚姻交流圈的一个重要因素。他们离开老家，被安置到一个陌生的环境中，新邻居们的生产、生活方式都与他们原来所熟悉的一切有着明显的区别。而且与老家比起来，安置地离文化中心拉萨更近，更有机会遇到不同文化背景的不同人群，自然选择的余地也就大了许多，尽管还有一些年轻人对外界的不确定性充满恐惧，一名叫德吉的女孩说："我不愿意和汉族好，我觉得他们不信教，和我们不一样。还有觉得他们身上有股奇怪的味道，我们和他们不对味。"但是，可能会有越来越多的年轻人在选择对象时不再过多地考虑对方的族别，虽然现在只有个别的藏族年轻人表示，如果汉族人能对自己好的话，跟他们在一起也无所谓。目前看来，与汉族通婚在当地仍然不大受欢迎。

（三）初婚年龄

以前当地村民多在十五六岁时就结婚。随着《婚姻法》的逐步深入基层以及人们观念的改变，结婚年龄也逐渐提高，现在其奴村的年轻人一般在20岁左右结婚。从我们在其奴村得到的相关资料及访谈情况来看，全村基本没有未满18岁就结婚的情况。

（四）宗教证婚与近亲结婚

与其他传统社区一样，当地人对于结婚有两种概念，一种是仪式性结婚，一种是法律手续上的结婚。相对于履行法律手续的结婚而言，仪式性结婚被当地人更为重视，结婚仪式是获得社会认同的重要过程，而办理结婚证是获得法律的保障，这二者都被当地村民同时实践着。但是，无论是仪式结婚还是法律手续结婚，都没有宗教证婚的习惯。据乡资料统计，其奴村村民们的结婚证领取率为100%。离婚时也会严格按照法律要求，到政府去盖章领证（我们在乡政府访谈时，遇到一对夫妻到乡政府办理离婚，其实手续极其简单，两人就财产和子女等问题协商后，在乡政府把红色的结婚证换成蓝色的离婚证，就算完成了离婚手续）。

虽然藏族部分地区也实行姑表婚或是姨表婚，但是从传统的藏族习俗来看，近亲结婚是被禁止的，人们会非常歧视这种近亲结婚的人。再加上《婚姻法》的多年宣传与贯彻实施，近亲结婚的人越来越少了。在其奴，没有近亲结婚的情况。

二　亲属

（一）亲属称谓

表 3-5　其奴九组的亲属称谓[①]（尹婷制）

亲属类别	藏族称谓	备　注
父　亲	BA’LA	
父亲的妹妹	EN’NI’LA	
父亲的弟弟	OU’LA	OU’QIONG’LA（有些）
父亲的哥哥	OU’LA	
父亲的姐姐	EN’NI’LA	
父亲的同辈男性	GE’LA（干部）	A’XIANG’LA（非干部）
父亲的同辈女性	E’YI’LA	
母　亲	A’MA	
母亲的弟弟	A’XIANG’LA	
母亲的妹妹	E’SU’LA	
母亲的哥哥	A’XIANG’LA	
母亲的姐姐	E’SU’LA	
母亲的同辈男性	GA’LA	
母亲的同辈女性	E’YI’LA	
祖　父	BO’LA	
祖　母	MO’LA	
祖父辈男性	BO’LA	
祖父辈女性	MO’LA	
祖母辈男性	BO’LA	
祖母辈女性	MO’LA	
丈　夫	JIO’JIO	
妻　子	A’JI	

① 此表材料是 2007 年 8 月 15 日访谈索朗卓嘎所得，尹婷制作。

由表3－5我们可以看出，祖父、祖父辈的男性与祖母辈的男性的称呼是相同的，同是BO’LA；祖母、祖母辈的女性与祖父辈的女性的称呼相同，同是MO’LA。

除了自己的直系亲属父亲BA’LA和母亲A’MA有单独的称呼之外，旁系亲属中的父亲的兄弟OU’LA与母亲的兄弟A’XIANG’LA的称呼也有区别。母亲的姐妹E’SU’LA与父亲的姐妹EN’NI’LA之间的称呼也有区别。

父亲的同辈女性与母亲的同辈女性称呼相同，称为E’YI’LA；但是在父亲的同辈男性中干部称GE’LA，非干部称为A’XIANG’LA，与母亲同辈的男性却只称为GA’LA。

（二）亲属分布

其奴九组村民原属同一个乡的不同村组，由于老家婚姻圈的局限，搬迁村民之间有亲戚关系的不多。不过由于搬迁政策允许大家庭分裂成小家庭以便获得安置住房，许多原本是核心家庭的人户分为不同的小家，从而在组内形成新型的亲戚关系。如30号与36号，搬迁前是一户人家，搬迁时分成两家，获得两套住房，同样情况的还有41号与57号、63号与43号、77号与12号等；更有甚者是一家分成三户，比如68号与21号，是子女分成两户，而父母作为单独的户依然留在尼木老家。

在尼木老家时，亲戚们彼此相邻，来往频繁，互帮互助。由于此次大骨节病搬迁采取的是自愿选择的方式，并不是成片搬迁，因此，具有亲戚关系一起搬过来的人户比较少。多数搬迁的家庭脱离了原来的社会关系圈，而且与尼木老家相隔甚远，亲戚之间保持来往很不方便，自然就与老家的亲戚关系疏淡了，新的邻里关系则变得更为重要，所谓“远亲不如近邻”，其奴九组村民们逐渐认识到邻居在新村社区关系中的重要性。老家的亲戚逐渐变成了一种关系象征，邻居才是新社区村民在遇到困难时可以依托和仰赖的对象。亲属关系的含义似乎由以前复杂的内涵变为了单一认同的词汇，已不再是基于有血缘或姻亲关系的人群关系了。同时，传统的亲属关系在实际生活中逐渐失去了其原本重要的地位。此外，有些村民们认为，搬离原居地是因为贫困，本来就被老家的亲戚们看不起，搬走后，就更不会主动与老家亲戚继续来往了。

对于亲戚关系，新社区的村民们不再指望这种关系能在现实生活中起到什么作用，原来的亲戚则变成了仅仅是基于血缘或婚姻关系的单纯亲属认同，是一种心理的归属，而在现实生活中，失去了彼此互帮互助的社区关系意义，彼此之间的联系并不非常紧密。虽然，目前而言这种亲属关系只是个别情况，但可能也是一种发展趋势。更多村民在相隔遥远的情况下，仍然与老家亲戚们保持着较为密切的联系：“亲戚就是亲戚，没有什么可以替代。”这是部分村民与原来亲属间保持亲密关系的主要原因。

随着年轻人的视野及活动范围扩大和新生一代的长成，新村内部通过婚姻结亲的情况必将愈来愈多，通过访谈，多数年轻人表示不愿意再回到迁出地老家找对象，尤其是女孩更倾向于嫁出去，有的甚至不太在乎对方是否是汉族人，男孩则选择在本地找，不局限于新村内部，也包括新村附近的村组。

三 其他社会关系

调查发现，其奴九组的收养关系较为普遍，但这种关系并不是新村移民内部之间进行子女的收养或寄养的关系，而是新村移民与老家亲戚之间形成的收养关系。由于各种原因不能生育的夫妇及未婚单身人户移到新村以后，脱离了原来传统的社会救助关系网络，在新村虽然有政府的各种扶持政策，但是无法解决日常生活中可能需要的心理支撑及抚慰等方面的问题，这样的人户多从老家亲戚家抱养子女，或正式收养，或暂时寄养。通常这种收养人与被收养人之间有一定的血缘关系。针对移民新村而言，这种收养关系的产生除了有传统意义的社会互助关系的延续以外，也反映了原住地居民向往外面新生活的倾向：原住地因各种原因没有成为扶贫移民对象的亲戚，通过传统的寄养关系把子女寄养到教育、交通、就医更方便的移民新村亲戚家，得以与外面世界，尤其是与现代的医疗、教育、通信发生直接的联系。这种关系的形成对于搬迁移民和留居地居民来说既可以继续原来的社会关系网络，同时又充分享受政府提供的各项支持。收养关系使传统社会关系得以延伸，尤其在移民初期，对于解决移民口粮等基本生存以及发展的困境问题，是一个过渡和心理适应。因为口粮等生存问题可以通过由收养子女原生家庭的提供而得到解决，又因为有这种寄养或收养关系，使得移民家庭与原居地保留一定的社会联系，在心理上有一定的依靠性，有利于移民在新环境中的心理适应。这种现象在几种类型的移民新村都很普遍。①

① 比如青海省玉树州玉树县生态移民家吉娘社区，四川省甘孜州甘孜县拖坝乡扶贫移民新村等都有类似的情况。

个案：九组副组长扎西次仁夫妇

扎西次仁夫妇没有生育孩子，但是家里有两个小孩，一个是从扎西次仁老家昌都的亲戚家抱养的，一个则是从妻子的老家尼木县的亲戚家抱养的。2007 年时，两个孩子一个 4 岁，一个 9 岁。2009 年，扎西次仁妻子的侄女、已成年的嘎玛仓决也决定住在扎西次仁家。这样原本没有孩子的扎西次仁夫妇就有三个孩子了。2009 年调查时也正是收获土豆的农忙季节，嘎玛仓决把妹妹曲尼尼玛从老家叫来帮忙。这种抱养子女的方式不仅满足了扎西次仁夫妇心理的渴求，同时也使夫妻各方的亲戚关系保持得更加紧密。

“结拜”产生的关系虽然并非真正血缘意义上的亲属关系，但在形式上和关系表现上与血缘亲属没有实质性差别，从日常交往的频繁度以及亲密关系角度，甚至常常优于血缘关系的亲属。九组内就有两位妇女结为“姐妹”关系，虽未举办正式的结拜仪式，但两家彼此之间的和睦共助似乎远高于他们各自的血缘亲属。

其奴村九组的所有村民都来自于同一个县的同一个乡，跨县搬迁异地安置。相对于安置地曲水县其奴村民众来说，他们都是外人，从其他县来的。而在九组内部，又有同乡不同村的区分，新村同村的人即使是来自同一乡，不同村之间也有区分，如来自山岗村的家庭共有 39 户，在整个新村中户数是最多的，而来自其他村的则从十几户到几户不等。调查发现，在面临共同利益及村内出现分歧时，这些乡党意识就强烈地表现出来了：来自同一村的家庭会空前地团结并表现出强烈的排他意识。类似地，在日常的交往中来自同村的家庭彼此之间联系较多，明显要比来自不同村之间的人的联系更加紧密。另外，在新村的行政舞台上也因人群地域的区分而表现出微妙的关系：其奴村九组组长普琼正是来自户数占多数的山岗村，由于能获得新村多数家庭的支持，故其不仅作为一个从没有行政经验的普通村民当选为组长（其他所调查的村，无论是行政村村长、支书还是各个小组的组长基本都是在搬迁前做过相似的工作），而且工作也开展得较为顺利。当然一些并非来自山岗村的家庭却常会对普琼的措施表示异议和不满。①

出于生产和生活的现实需要，搬迁后新村的邻里关系总是显示出不断密切的趋势。如在其奴村九组，这些搬迁户虽然来自尼木县续迈乡，但分属于续迈、山岗、安岗、河东、尼续、霍德6个行政村，关系原本不太密切。搬迁时因为分家使亲属关系有所削弱。到其奴村后，又按人口多少，重新分配住房，邻居不仅非亲属，甚至彼此之间不甚熟悉。老家的立足于亲属关系的居住环境被完全打破，立足于地缘关系的邻里关系问题凸显出来。搬迁初期村民在生产、生活方面对邻居的依赖大大增多，很多时候必须加强彼此合作，从而促进了地缘关系的密切化。其奴九组基于地缘的邻里关系强化还有另外一个特别因素，搬迁户中许多是非病患者家庭，但对其奴行政村其他组民来说，整个九组都是外来户，不会区分是患病者还是非患病者。其奴行政村9个小组共计528户、2226人，而其奴村九组占全行政村总户数和总人口数均不足五分之一。因此，相对

① 徐君、徐刚强、尹婷：《西藏自治区曲水县其奴村社会与经济发展调查报告》，2007年12月。

于安置地老住户来说，九组的人在新区倍感陌生，同时又由于疾病原因，心理上与外界形成一种界限，在自认处于弱势的共同心态作用下，同乡情谊关系的重要性的认识被广泛接受。九组村民无论是患者还是非患者，不仅不讳言大骨节病，而且就以“大骨节病村”自居。“九组”成为他们现实赖以生存的地区，更是未来实现脱贫致富、取得新的社会地位和家庭荣誉的基础，是必须全力加以维护的符号，相对“血缘”而言，他们对地缘更加关注。

第五节　社会礼仪

一　婚姻习俗

（一）订婚

订婚时，娶方要带上青稞酒、哈达、钱物等东西到嫁方家。如果嫁方同意这门亲事，就将东西收下，反之则要退回。一般来说，订婚时，娶方要向嫁方献上几百元的现金，作为对嫁方父母的一种补偿，父母将儿女养大成人，现在要离开家到另一个家庭去生活了，要感谢父母的养育之恩。

（二）结婚

我们在其奴村进行调查时并没有机会参加当地人的婚礼，因为他们的婚礼通常是在冬天农闲季节举行。所有有关婚礼的记载是通过采访新近结婚的新人①和比较熟悉情况

① 报告人及翻译人次旺罗布，搬迁一年来只有次旺罗布结婚。

的老人得来的。

此地的藏族婚礼活动一般延续五六天时间，最少三天，最多的可以达到十几天。婚礼持续的时间长短以及婚礼场面热闹的程度一般由家庭经济状况决定。在婚礼期间，亲朋都会先后来拜席，亲朋多持续的时间长，亲朋少持续的时间可能短些。一般办喜事之家会根据自家的经济实力，决定婚礼的持续天数，从而安排、通知不同的亲戚朋友前来参加婚礼。当地习俗，婚礼最后一天，所有被通知的人都要参加。邀请亲朋一般都用传话、带信等方式，由亲戚朋友相互转告，基本上还没有采用发请柬的方式。最近几年由于安装电话的人户增加，采用电话通知的也逐渐增多。

贺喜的人一般比较注重给娶亲家送重礼，而给嫁方家的礼较少。可能是在传统的生产生活条件下，一个家庭新增一名成员，需要一些物质和金钱上的帮助，因此，很多礼物是生产、生活资料等实物。尤其是最亲近的人，可能会为新婚夫妻送最高级礼——一头羊，一般亲戚可能送衣服、酥油、青稞酒、粮食等，最近几年越来越多的人送现金礼。收礼的家庭通常会记下礼单，以备将来还礼时作为参考。若是普通礼，还礼时通常不能等价回礼，必须添加一点，对于送一头羊这样珍贵的礼物，则并不需要像普通礼物那样添加返还。

在结婚典礼当日，新郎、新娘要穿上崭新的藏装，站在门口迎接客人。客人们一般会带上哈达、青稞等礼物，陆续来到贺。

整个婚礼的主体活动是跳舞，男女老少，青年小伙子姑娘们沉浸在欢乐的海洋里，庆祝新人永结同心。

现在的年轻人除了保有以往的结婚风俗之外，还加入了一些现代元素。

嫁方家只需要准备穿的、吃的，不需要其他嫁妆；娶亲家则要给嫁方家聘礼，称为“养育费”。

（三）婚后

婚后一般一年回娘家一次，若距离近的话也可以不定期地回娘家。不过婚后头一次回娘家则比较郑重：可能在新婚后的1~2个月内，挑选一个好日子，带上哈达、青稞酒、糌粑等物品到娘家，感谢父母的照顾，表示以后两个人会和和美美过日子。之后什么时候有时间都可以回娘家，不必拘礼。此后，新人夫妇就进入了普通藏民的生活轨道。

其奴的家庭和许多藏族地区相似，也是女人在家里操持家务，挤牛奶、打酥油、下地干活等，男人到外面打工、盖房子等。男主外、女主内的生活方式在这里表现得十分明显。

二 丧葬习俗

（一）报丧

一般说来，有人去世之后，人们都会第一时间通知亲人，或口传，或使用通信工具。但如果是因为意外事故导致死亡的话，一般会先通知村长或者是组长，再由他们出面通知丧者家中的亲人。

（二）葬礼

其奴人的丧葬一般分为水葬和天葬两种。虽然大家比较推崇的是天葬，但因为天葬比水葬花费多，所以村民一般会选择水葬。

水葬 水葬一般盛行于雅鲁藏布江等河流沿岸区域。人死后，先将尸体用羊毛绳捆成弓形，再用白布捆裹，或者是切割成小块之后投入水中。一般来说，虽然水葬也能让灵魂超度，但藏民还是认为天葬才是最好、最神圣的。

由于水葬的费用较为低廉，所以这里许多藏民都是选择水葬。在其奴，亲人去世之后，若选择水葬，人们就会先从老家请来喇嘛，念七七四十九天的经，即七个星期，一个星期念一次。这四十九天里面，酥油灯是要天天都点的，无论穷、富都一样。但是过了七七之后，是否继续点酥油灯就看各家的经济状况了，有钱人家会继续长明不灭，一般的人家则在七七之后就停止了。之所以要从老家请喇嘛，是因为他们刚搬迁来，觉得老家的喇嘛更让他们信任，能让他们放心。七七四十九天过后，就一个月念一次经，过了一年以后，就每年念一次。如果生者对死者感情很深，就可能定下一个日子作为纪念死者的忌日，以后每年都会在忌日点灯念经以示怀念。其奴九组搬迁来近一年的时间，先后有 6 个人去世，除了副组长是天葬外，其余的则选择水葬。

天葬 天葬被认为是最神圣的一种丧葬方式。死者在天葬师的护送下通过秃鹫上升到天堂。开刀时，丧家信任的人、亲戚会去现场，主要起到监督的作用。自家人一般不去天葬台，当地人的说法是，如果自家人到天葬台送葬，意味着死者及家人的为人处世差，因而没什么亲戚朋友，就会让外人看不起。笔者猜想这种风俗也可能是基于自家人在感情上的原因所以不亲自送葬。如果去天葬台送葬的人太少，则自家人必须去。在天葬中如果尸体没有被鹰吃尽，就将遗骸包好投入水中。有些藏区，天葬时尸体若没有被鹰吃完，则被看做不太吉利，人们会十分惊慌，认为死者身前做了什么错事因而受到惩罚，所以必须另外请喇嘛念经以求超度。但是在其奴我们了解到，人们对于天葬时尸体未被吃完而又去水葬的情况，并没有什么特别的感觉。在我们谈到这样的话题时他们也认为这没什么大不了的。

有人说："最开明的就是天葬，悠悠来赤裸裸去，不占据大自然一点空间一星土地，何等潇洒自如！一幅天人一体和谐尽美的景观。"天葬曾经是藏区最为普遍的一种丧葬方式，但是现在，在一些远离天葬台的地方，由于经济和交通等原因，开始变为只有经济较富裕的人们的选择及特权。其奴九组搬迁来之后，只有因车祸去世的副组长选择了天葬，大概花费了3000元左右。这笔费用对于大多数其奴村民来说，是比较高昂的，难以负担。当地人认为最好的天葬台在拉萨市墨竹工卡县的直孔寺，从其奴到直孔寺虽然距离不算太远，但是要包车前往还是要花一笔不小的费用，因此因为经济原因并不是每个人都可以得偿所愿进行天葬。

当地人的说法是：穷的人"放水"，有钱人才天葬。其奴九组搬迁安置后先后有6个人去世（4个大人，2个小孩），一般的小孩都是水葬。"放水"就是指水葬，通常会花费300元~400元，最多的花费500元，特别穷的人，一般村里人会捐赠一些。只有经济条件好的家庭选择为死者天葬，大概花费3000元左右。选择水葬的死者家庭，一般都会从尼木老家请来念经的喇嘛和切肉的葬师。

三 人生礼仪

其奴村民们对于出生、满月、百日、成年等都不会特意地举行什么仪式。不过小孩出生后，家人通常会请活佛起名字，以期得到祝福。

四 节日礼俗

藏历新年 大部分藏区都以每年的藏历1月1日作为藏族人最盛大的节日，即藏历新年。每到藏历新年，人们都会欢天喜地进行庆祝。其奴村的村民们也是选择藏历1月1日作为新年。通常在新年的前一天晚上，人们会将全家里里外外涮洗干净，清除一年中所有的脏乱与不顺。所有的洗刷打扫等工作都必须在新年前完成，新年的第一天，是不可以打扫的，以免扫走福气。新年中，每家每户都会准备一些特殊的糕点，特别是一种油炸的面食“卡布赛”是必不可少的。还有一项不可或缺的活动是朝佛。

雪顿节 雪顿节是藏族的传统节日，每年拉萨都要举行为期一周的盛大活动。在这期间，人们逛林卡、瞻佛、看藏戏等，活动内容丰富多彩。但是其奴村民认为雪顿节是拉萨城里人的节日，因此对雪顿节的热情并不是太高。但是无论怎样，人们还是很重视雪顿节，一些有条件的村民也会专门到拉萨过节，或者不顾路途遥远坐车而到更远的藏北那曲地区参加同时期的赛马节。

望果节 在其奴村民们看来，雪顿节更多的是城里人过的节日，他们更看重的是望果节。望果节对于从事农耕的藏民则显得尤为重要。藏语“望”指农日，“果”即转圈的意思，“望果”节可译为“在田地边上转圈的日子”，在农田地边转圈意味着从事农耕的藏民对果实丰收的渴望。

望果节距今已有1500多年的历史，是西藏农村最热闹的节日之一，没有固定的日期，一般在秋收前择吉日举行，历时1～3天。在这一节日期间，通常以村组或者乡为单位举行各种文艺表演活动，村民们秋收之前尽情地玩耍。节日一结束，就开始紧张的秋收农忙工作。

在尼木老家时，由于离拉萨等大城市较远，除了与宗教或传统年节相关的节日，村民们对现行国家法定的国庆节、劳动节等没有任何概念。在其奴村安置后，受政策和城市化影响，村民们逐渐开始关注并适应这些节假日。不过由于当地并没有发展旅游，因此，国庆节、五一节等“黄金周”概念对当地人来说还比较陌生，在他们看来，这些节日对于农村人来说没有什么意义。除了一些与外界交往较多的人，一般村民对于一些非传统的、现行国家法定节日以及圣诞节、情人节等西方传来的“洋节日”所知甚少。

五　新风新俗

三八妇女节是村民们很看重的一个非传统节日。在这个日子里，平时从事繁忙劳动的妇女们成了被关注的对象。其奴村会组织文艺活动，每个小组选派出能歌善舞的女性，参加全村举行的文艺汇演，这时，忙于家务的妇女们从劳动中解放出来，全身心地娱乐和休闲一天。

在其奴，固守传统的老人们平时都穿藏装，他们不穿藏装的话会觉得别扭，而除非节日等特殊庆典的日子，平时很难看到身着传统藏装的中青年人。老人们对这样的情况早已司空见惯，虽常有微词，但绝不会反对。

对于常年外出打工的年轻人，他们逐渐习惯了城市生活方式，喜欢吃各式各样的炒菜，甚至积极主动和汉族青年通婚。其奴村的文书普布扎西在被问及儿子的婚姻问题时这样回答："如果和汉族通婚，只要他们自己互相喜欢，我也不反对。"以这种姿态面对文化接触和变化的态度，一方面使其奴在不断与外界交流的过程中获得新的发展机会，另一方面也使他们不得不重新审视自我，时刻思考对传统是"坚持"还是"放弃"。

在外人眼里，其奴村是个民风淳朴的地方。与其奴人交往的外族人并不多，主要是一些在周边做生意、搞建筑的汉族人。这些人眼中的其奴人很友善，从不挑动事端。其奴村委会外有一间青海汉族人开的粮油加工店，女主人认为：其奴村的人都很不错，虽然大家语言不通，无法交流，但是他们都很善良，爱帮助人，大家都没有什么冲突，除了语言方面沟通不便之外，都很满意。

迄今为止，其奴村还没发生过与外族产生冲突的事件。而且随着与外界特别是与汉族人联系的不断加强，村民们普遍开始接受城镇化影响下的现代生活方式。

村民普遍愿意生养女儿，因为女孩子比较听话又可以帮助家里干活，而男孩子调皮不好教养，同时也不爱干活。也有村民愿意生男孩，因为男孩比女孩更容易在社会上找工作。

第六节　与邻村关系

移民新村与安置点周边关系是搬迁成功与否的重要衡量尺度。通常移民新村与安置点周边关系呈现出一种试探性的相互渗透趋向。在其奴九组，基于"地缘意识"和因病搬迁的特殊背景，使新村村民有一种较其他类型移民更为复杂的心理，一方面表现出较强的自我保护意识，尽量避免与外界接触，但同时新村对周边以及周边对于移民村的彼此好奇却也加快了新村与周边村落的融入速度。

在大骨节病的背景下，在面对外组人的异样目光时，他们显然选择了一致的对外抵触情绪。至今九组人和其他组的群众仍然交往不多，除了组长因开展工作的需要与其他组的组长有交往外，98%的采访对象表示对周边组的事情漠不关心，而且在谈及周边群众的时候他们会经常使用“我们”、“他们”这种有着明显集群区分性质的用语。很明显，在面对其他组这个“外部世界”时，九组人的“我们”表现出一种强烈的内聚意识。

缺乏交流和理解是发生矛盾的重要诱因，调查发现，搬迁初期新村和周边村落往往表现出冷漠甚至敌视的态度，但随着日常生活上交流机会的增加和对彼此了解的深入，冷漠或敌视的态度逐渐趋向于相互了解。

其奴九组与邻村关系的发展有一个过程，刚搬迁安置时由于狼牙刺补偿问题而使周围村组对九组新村有一定的怨气，具体情况是：在建新村之前，九组安置地带生长着茂盛的狼牙刺（见图 3－6 和图 3－7），这些看似荆棘的植物却与当地群众生活密切相关，夏季时这些狼牙刺地是村民们放牧牛羊的主要区域，秋冬季节时则收割狼牙刺作为焙炒青稞必不可少的燃料，或用作交换粮食。新村从住房建设到耕地开垦共占用这样的狼牙刺荒地 2456.24 亩，这些土地是由邻近的其奴二组、三组、四组出让的，出让这些土地后，三个组的村民就部分地失去了冬季的燃料来源和夏季的牲畜饲草地。

图 3－6　其奴村落上的狼牙刺（2007 年 8 月 28 日　徐君摄）

图 3－7　其奴村落四围的狼牙刺（2007 年 8 月 28 日　徐君摄）

这个具体的问题曾经一时成为新村居民搬迁定居后与周边邻组关系的一个症结：在实施九组搬迁建设的项目规

划中，政府曾承诺给予一定的补偿，但是周边邻里对新村挤占资源，多少有点不情愿，因此对新村移民态度冷淡。这种情绪一直酝酿并不断蔓延，在九组村民搬迁安置两个月后，当相关部门兑现了狼牙刺补偿款并进行利益分配时，涉及补偿的几个组组民的不满情绪终于爆发了，以至于达嘎乡政府不得不在2007年1月31日晚上9：30召开紧急会议，并要求乡副科级以上领导干部都要到会，参与讨论和分析狼牙刺补偿款分配问题。经过慎重考虑和充分讨论，最终决定以3：7的比例分配总额为50万元的狼牙刺补偿资金。其中70%即35万元用于补偿出让土地的其奴村二、三、四组各户农牧民，30%即15万元用于村小组集体资金，选举几名代表专门负责这项经费，并单独建立账本，不得与其他资金混合。狼牙刺补偿资金分配问题的解决，相对缓和或平复了附近村民对于新村的不满与抱怨情绪，从而加快了新村与周边组民的融合速度。

但是，新村与周边关系的发展并不是一帆风顺的，新村安置不到十个月内，新建的饮水塔被人故意破坏了两次。九组共有两个水塔，我们调查走访时得知，遭到破坏的水塔位于与邻组的交界地，该水塔收集山泉水供村民饮用，可能对邻组的水源造成了影响，两次被有意破坏，新村人怀疑是邻近村组所为。这种情况与青海省玉树州玉树县生态移民安置点家吉娘社区类似，在生态移民搬迁安置在家吉娘社区后不久，社区周围村社曾经出现多起盗窃案件，最初，安置地附近村民都一口认定这是新村人所为，后来调查发现事实并非如此。由此可见，无论何种情况的移民安置，新建的社区与周边村民在最初都会存在一定程度的误解和隔阂。实际上，由于贫困或疾病所进行的异地安置，新村就被赋予了特殊的背景，这种特殊背景一定程度上导致了新村民众特殊的心理，同时，也存在于其相邻村庄村民的内心，所不同的是前者往往因此表现出自我封闭意识①，而后者则更多地表现出戒备心理。

事实上，从搬迁之始新村与周边村落的联系和交往就从没有停止过，而且最终的融洽也只是时间问题而已。首先，搬迁前政府的大量宣传已经让周边村民对新村有了初步的认识，而且这种宣传都是正面的引导，有利于树立新村居民的良好形象。其次，由于新村规划多为聚居模式，与周边村落相比，有较为便利的交通和基础设施，通常商业活动也较为频繁。其奴村九组就有五六家小商店，其中一家还兼营茶馆，吸引着周边村组的村民到新村消费。兼营茶馆的店主侄女在做茶馆服务员时和相邻三组的一位小伙子建立了恋爱关系，这是九组与邻村关系逐渐亲密的重要标志。新村较多的商业活动吸引了大批周边村民，也因此加快了新村与邻村的交流与理解。同时，新村居民通常会在农忙季节帮助邻村村民收割庄稼，除了每天有 20~30 元的报酬外，这种帮工关系更有利于增进彼此的信任。村干部之间的工作交往和事务处理以及各种传统节日的举行，也为新村融入其奴村创造了条件。

调查发现，即使在村民主观封闭或戒备的状态下，新村与邻组之间仍在有限的交流途径下保持了信息的快速传递，这种现象也在某种程度上反映了新村与邻组村民之间保持注视和渴望了解的心态。

---

① 如其奴村九组的群众在接受采访时总会自觉不自觉地提到“我们大骨节病村”诸如此类的语句，凸显了强烈的自我封闭和保护意识。

在我们第一次进入村庄的时候，为了尽快与村民建立良善的关系，两位学生对所访之家和所遇到的村民都拍照留影并到拉萨冲洗。第二次进村时，在新村活动室——我们的暂居地，对九组村民的照片进行了分发（由于九组是主要采访地点，所以暂时只冲洗了九组人的照片），在村子里面引起轰动，很快村民们都围到分发照片的学生身边，出人意外的是，过不多会，一位三组的放羊人竟专门赶到我们驻地要照片，因为他也曾被学生们照过相。显然，照片分发的消息很快通过九组村民传到了邻组。原本想象的九组与邻村相对隔膜情况并不是固如铁板一块。

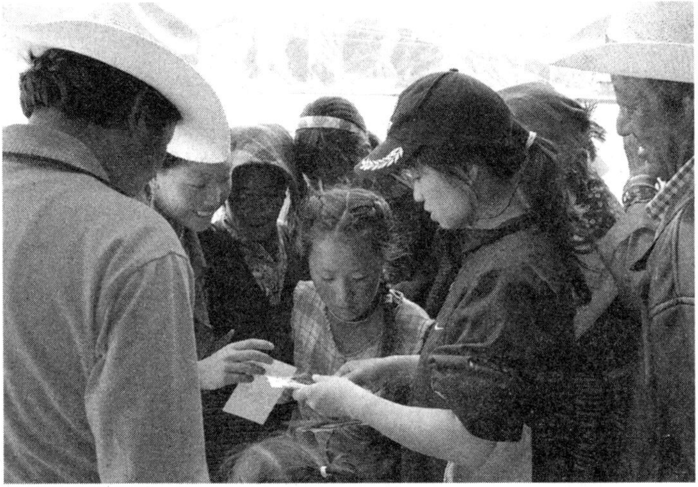

图 3－8　尹婷分发照片（2007 年 8 月 26 日　徐君摄）

除此之外，在对其奴九组的几个乡邻小组和周边人群的采访中也发现，被访对象几乎都熟知大骨节病不传染的特性，并都表示很愿意在适当的时候与九组人交往。这与九组搬迁前政府所做的大量宣传有关。据说自治区与市县各级政府组织了专门的宣传队伍，到安置地周边村落进行大骨节病知识的宣传，消除安置地周边居民对大骨节病的恐惧和对新村的排斥。在这种宣传之下，一般邻组的村民也表示“自己想过到九组那里去交往，觉得他们人挺不错的”。但政府也曾经宣传过，因为九组情况特殊，其他组的人没事不得随意过去打扰九组，更不能闹事。最为邻近的三组没有茶馆，只有一个小商店，因此，平时三组村民去九组买东西、喝茶、喝酒的人比较多。①

其奴九组村民因为只种植了少量的土豆，所以农活很少，人们一般都会外出打工。除了外出打工外，在农忙季节也会帮助附近的一、二、三组农户除草和收割。被帮的农户不仅以茶水和饭菜招待帮工者，同时也按每天 20 元的标准支付给他们工钱，比较重的农活比如收割，则按每天 25 元支付。帮工的双方彼此成为熟人或朋友。我们调查时，虽然距离九组搬迁不到一年，但是已经有两户人家与三组结成婚姻关系。②原居地的邻居们也对我们表示“这些搬迁户比想象中好很多”。2009 年秋天徐刚强回访时，其奴九组已经和邻村建立了更紧密的关系。副组长扎西次仁在 10 月 22 日带领全家 4 个劳力到了七组，去帮助七组内一个认识的朋友收获芫根。③

① 2007 年 8 月 21 日，对三组组长妻子的采访，采访人：徐刚强、尹婷。

② 其奴九组的 45 号与 7 号家庭都与三组的男性结亲，2007 年 8 月 28 日访谈普琼。

③ 徐刚强调查笔记，2009 年 10 月 22 日。

第四章　经济发展

第一节　收入情况

村民收入我们以“拉萨市农牧民城市居民家庭全面建设小康计划（2007～2020）”统计表中其奴村数据作为依据，以一户家庭为例来对比说明其奴九组经济发展情况，以下是编号为003的家庭情况表。

从表4－1中可以看出，这户三口之家2006年全年的家庭总收入是4120元，人均纯收入是1373元，其中一半都来自副业收入，一半来自传统种植业和养殖业。

具体到其奴九组来说，生产和收入相比其奴村其他组来说较为低下。据政府统计数据，新村中有25户处于绝对贫困和相对贫困（年人均收入800元以下）的状态，贫困率达到了25%，纳入拉萨市农牧区低保家庭，政府给予低保政策补助。除此之外，政府在建设九组新村的过程中，投入了大量资金进行与搬迁相关的基础项目建设，如房屋建设、饮水设施建设、土地开垦及灌溉工程等，还包括为增加九组村民收入而进行的土豆和牧草种植项目等，这些项目都是以扶贫性质实施的。这是解决新村经济收入的主要措施，对实现政府搬迁初衷，恢复和发展当地经济具有

表 4－1　其奴村居民收入情况

2006 年基本情况			增加收入计划		提高生活质量计划		提高素质计划	
家庭人口	3	2007～2010	总收入 8505 元（人均 2835 元）		恩格尔系数	47	学习文化技术	初级
劳动力数	1		种　　植	1701	膳食结构	7：3	文明家庭星级	6
成员最高文化			养　　殖	2126	住房环境	$32m^2$		
家庭总收入（元）	4120		农产品加工	850	文化娱乐（%）	10	子女教育	/
人均纯收入（元）	1373		服　　务	1275	家电通信	有		
			其　　他	2551	燃料替代（%）	40	卫生保健	一般
种植业收入（元）	1230	2011～2015	总收入 12757 元（人均 4252 元）		恩格尔系数	45	学习文化技术	中级
养殖业收入（元）	890		种　　植	2551	膳食结构	6：4	文明家庭星级	7
副业收入（元）	2000		养　　殖	3189	住房环境	$32m^2$		
人均住房	$32m^2$		农产品加工	1275	文化娱乐（%）	20	子女教育	/
恩格尔系数	48		服　　务	1913	家电通信	增加		
电话（部）			其　　他	3827	燃料替代（%）	60	卫生保健	良
电视（台）	1	2016～2020	总收入 19134 元（人均 6378 元）		恩格尔系数	44	学习文化技术	高级
固定资产（元）	12700		种　　植	3826	膳食结构	5:5		
6～20 岁子女数			养　　殖	4783	住房环境	$32m^2$	文明家庭星级	9
子女读初中人数			农产品加工	1913	文化娱乐（%）	30		
子女读高中人数			服　　务	2870	家电通信	完善	子女教育	/
子女读大学人数			其　　他	5740	燃料替代（%）	80%	卫生保健	好

重大意义。搬迁初期，通过种种渠道对搬迁困难户进行了粮食或金钱的补贴，但是相对于建设新村基础设施和生产资料的投入而言，政府对群众的具体生活层面补贴和扶助较少，因此有些搬迁户在搬迁之初出现了粮食短缺等经济问题。

调查中得知，在搬迁之初很多家庭都有粮食不足的情况，为解决这个问题，“曲水县给组里拨了1万斤糌粑，发给组里比较困难的23户群众（记不太清楚，可能是24户），主要看家里是否缺粮，发放的时候按家庭情况给予60斤、45斤、35斤三个不同的层次。”①这些措施暂时解决了九组村民在搬迁时的生活困境。但毕竟不是长久之计，搬迁后的安置地区域狭小及耕地需要成熟过程是制约九组村民生产生活发展的主要因素。

搬迁之前，九组村民在尼木老家主要从事农业、半农半牧业和牧业生产。搬迁之后，由于缺乏放牧的草场，很多家庭不得不在搬迁时卖掉牲畜，虽然在新村，政府在规划及房屋建设中，为每户都建有牲畜圈棚，但是由于无处可以放牧，我们调查的家庭中，牧业规模普遍比搬迁之前缩小了一半以上，即使有部分家庭仍然放养着牛羊，但也计划出卖，所以九组村民基本以农业生产为主。

普选，男，45岁，家有6口人。搬迁之前有6头牛和30多只羊，现在只有3头牛和16只羊，养殖规模缩小了一半。然而由于草料缺乏，正打算出售一些。

扎西顿珠，男，43岁，家有2口人。目前养殖有2

① 据九组组长普琼口述整理。

头牛和6只羊，草料不够，只有到其他地方买干草料，如果实在没有办法，就只好卖掉一部分。

以上两户的养殖规模在九组村民中是比较大的，多数家庭只养一头牛或几只羊，也有些家庭则完全放弃养殖。

九组人均耕地1.3亩左右，比搬迁之前2004年统计的1.5亩（据《曲水县达嘎乡其奴村大骨节病搬迁项目总体实施方案》）减少了约0.2亩。全组目前拥有土地量为2900

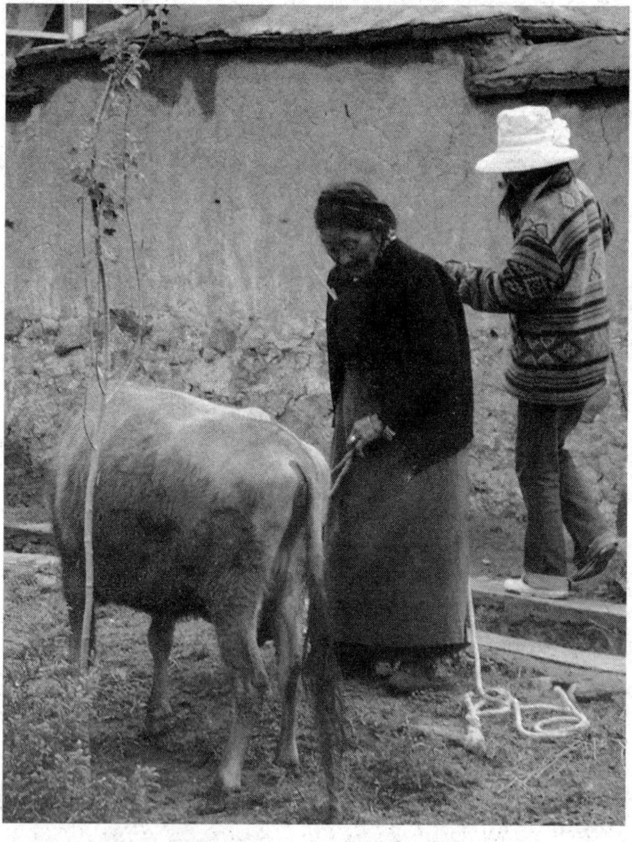

图4-1　新村村民饲养的牛（2007年8月27日　徐君摄）

图 4－2　新村中放养的羊（2007 年 7 月 28 日　尹婷摄）

亩，种了 200 亩土豆、1800 亩牧草和 900 亩苜蓿。由于这些土地都是新开垦的生土，还无法种植青稞、冬小麦等粮食作物。因此，九组的种植结构主要以经济作物和饲草作物为主，据说这种结构模式是出于两方面的考虑：一是口粮问题可以通过补助粮的方式来解决，新村每人每月可得到 30 斤的粮食补助，连续三年；二是由于新开垦的生土肥力不足，种植饲草和土豆可以起到熟土的作用。然而调查中发现，由于在老家习惯了种植粮食作物，新村移民对种植结构的这种改变缺乏必要的心理准备，一时难以适应，普遍担心三年后粮补停止后的生活问题，一些原本缺粮的贫困户更是对未来“感到害怕”。

我们对随机选取的 50 户家庭收入状况进行了简单的分层统计（如表 4－2）。

表 4-2　其奴九组 50 户收入情况

单位：元，户

当前年收入	户　数
约 1000	8
约 2000	14
约 3000	14
约 4000	10
约 6000	4

以上收入主要是群众对自身家庭年收入的估算，由于采访时 200 亩土豆并没有收获，因此，以上数据不包括土豆的预期收入。

村民的日常支出主要是吃（酥油、蔬菜等）、穿、日用品（柴火、煤气等）等基本生活资料。当前年收入在 3000 元及以上的家庭，除去这些基本开支外，每年会有一点结余；而年收入在 2000 元上下的家庭收支基本持平；年收入在 1000 元及以下的家庭则是入不敷出。所访谈的 50 户家庭中，年收入在 1000 元以下的家庭，除去 1 户是孤儿外，其他基本都有大骨节病患者。

新村共有 43 户大骨节病家庭，由于主要劳动力的丧失和大骨节病医疗所需费用，致使有大骨节病患者的家庭大部分处于极度贫穷当中。无论是老家尼木县还是移民新村所在的曲水县，都没有针对大骨节病患者治疗的特殊医疗补助措施，有大骨节病的家庭都为病患的治疗支出大部分费用，因而处于贫困状态。

普布次仁，74 岁，男，家有 5 口人：妻子（大骨节病）、女儿（抱养，大骨节病）、女婿、外孙女（大骨节病，14 岁）。这个家庭的主要收入是女婿外出打工，一年能有 2000 元左右的收入，除去打工者的生活费用，年纯收入在 1000 元左右。虽然目前家里治疗大骨节病的药品主要由国外某基金会免费提供，尽管如此，这个家庭年支出至少也在 1000 多元，处于入不敷出的状态。

呷巴，52 岁，男，家有 3 口人，自己患有大骨节病。搬迁过来后开了个小商店，卖些啤酒、方便面之类的食品，由于人缘不熟，小店基本没有什么收入。这个家庭除此之外没什么其他重要的收入来源，而他们的家庭年支出在 2000 多元，其中药费 700～800 元，故而基本处于入不敷出的状态。

由于安置时间不长，生产结构的改变导致了生活成本的增加，在尼木老家时，柴火、蔬菜、草料等基本可以自产自足，而搬迁之后这些基本生活品不得不主要用现金购买。搬迁之初的一系列适应问题使村民普遍感到困惑，大部分人对未来生活缺乏计划，即使是有打算的家庭，他们所能想到的出路也局限于如何想办法开一

图 4－3　新村贫困户领救济情况

（2007 年 8 月 27 日　徐君摄）

家小商店，而由于缺乏资金的原因而不得不放弃，更多的家庭表示很难找到致富门路。

九组大多数村民对未来的发展相当困惑。由于搬迁前后的产业结构发生了很大的变化，搬迁后大部分家庭处在产业脱节状态，特别是牧业遭受极大的损失。新的产业结构还没有建立，经济尚未走上正轨，村民认同和适应规划中的新经济结构还需要一段时日。因此，各级政府尽管为新村的建设与搬迁做了大量卓有成效的前期工作，但面对搬迁后生产的恢复性发展，无论是政府还是农户个人都面临着重重困难。

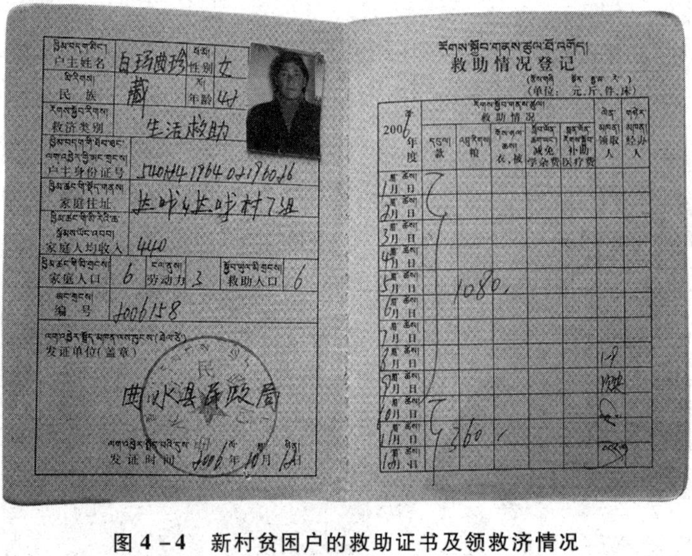

图 4－4　新村贫困户的救助证书及领救济情况

（2007 年 8 月 27 日　徐君摄）

不过，新村农户对于制约新村农牧业发展的因素有比较清楚的认识，包括三个方面：一是搬迁政策还没有完整落实（搬迁恢复是一个长期的过程，这里所指的搬迁政策主要涉及搬迁后期扶持方面）；二是按搬迁安置计划继续发展牧业存在困难，主要缺乏牧草；三是农业耕作工具缺乏，拖拉机、畜力都很少。

第二节　农业

就整个其奴村而言，村民收入的一半以上来自外出务工或者副业收入。不过，传统农业仍然是村民安身立命的根本产业，县乡两级政府及村自治委员会都把传统农业以及围绕农业发展加工业作为工作重心。比如，达嘎乡确定了主攻芫根、土豆种植、藏鸡养殖、酒曲加工等项目，建设绿色产业基地和实施农牧业产业化经营的发展思路。围绕市场需求，达嘎乡主动与曲水县绿宝食品公司和日喀则重点酒曲经销商等农牧业龙头企业对接，2005 年建成了 3500 亩芫根种植基地，2000 亩优质青稞良种繁育基地，400 亩土豆种植基地和 500 只规模的藏鸡养殖基地。仅 2005 年发展酒曲加工就实现效益 49.6 万元，有效带动了麦类作物的规模种植。

图 4－5　村民晾晒的芫根（2007 年 7 月 27 日　徐刚强摄）

一　农业条件

其奴村现有耕地面积3643.52亩，水渠170多条，水塘（库）8座（大的1座、小的7座），提灌机井8座（提灌机井都集中在其奴九组）。该村村域内耕地沿雅鲁藏布江左岸展开，背靠其奴沟（春夏秋三季有水流），水资源较为丰富。主要的农作物有青稞、冬小麦、土豆、豌豆、油菜、芫根和牧草（以苜蓿为主）等。

二　土地制度的变迁

西藏和平解放至1984年，其奴土地归集体所有，各户只划有几分自留地。1984年全面实行家庭联产承包责任制，除原有的自留地仍归各户所有外，其余土地全部按当时的人口平均分配。1984年以后出生的人口就没有土地可以再分配。原有人口去世后其所分配的土地也不收回，只有到外地上学和工作并且户口迁出的情况下才收回所承包的土地，这些回收的土地由村委会暂时管理。据村委会主任介绍，由于灌溉不便，村民对这部分收回的土地并不十分感兴趣，也没有多少人积极争取耕种。

其奴村内，很少有土地流转的情况，只有极个别户外迁后，将土地租赁给其他人种植，租种者每年给田主一定的粮食或者钱物作为使用费。由于建设需要征地，近年来，有几次较大规模的土地流转情况：比如，2000年为解决部分群众子女就学方便，对村完小进行搬迁重建，征地200亩左右；2005年为尼木县大骨节病搬迁安置，征地2000多亩建成其奴九组；再就是318国道建设时征用一组附近土地20亩左右，318国道绕道琼果央孜寺征地17亩。

三 农业发展措施

其奴村耕地的土壤以沙石成分为主，长期以来为增强土壤肥力，提高作物产量，通过政府组织或村民的自发行动，对土壤进行了不断的改良。2005 年为其奴九组搬迁安置进行的土地改良工程是规模最大的，共改良及新垦农田 2296.74 亩，包括机械平整、掺土、加土等措施，并运送了大批羊、牛粪便进行增肥，概算投资 113.36 万元。土壤改良也是一个相对长期的过程，为切实达到此次改良预期的目的，新垦的土地上种植了土豆以促进土地尽快熟化，从而再种植其他农作物。

1978 年以来，农牧方面的新技术在其奴村不断推广，首先是广泛推行机耕，改变过去单靠畜力耕种的模式，极大提高了耕种效率和精耕程度，同时农业收割机械（小型收割机、脱粒机等）也在近些年逐渐普及，据不完全统计，其奴村现拥有大中型拖拉机 69 台、小型拖拉机 113 台，农业生产效率得到了快速的提升。其次是大量推广优良农作物品种（冬小麦、青稞、藏油菜、土豆）。据统计，目前其奴村的优良品种推广率在 90% 以上，种子包衣率达到了 100% 。绵羊改良、黄牛改良等牧业技改项目也得到了深入推行，重点畜病的防疫率达到了 100% 。

在其奴九组我们看到，一头强壮的种公牛[①]（图 4－6）正在田间啃食牧草，这是当地政府推行黄牛改良的关键措

---

① 黄牛系本地品种，它具有耐粗性、抗逆性，养殖技术群众易接受，适应高原气候，生存寿命较长。它具有生长期快、市场潜量大、出栏率较高等特点，有利于提高肉和奶产品商品率，促进项目区的畜牧业向市场化、商品化发展，从而达到增加农民现金收入的目的。

施之一，种牛由政府无偿提供，村民的责任是让牛尽量长得膘肥体壮，与自家饲养的母牛配种，以此获得良种牛犊。对其奴九组村民来说，这头种牛就是他们饲养业的希望，因此，全村安排专人对它进行养护，种牛还可以享受“特殊待遇”，在田间啃食组里任何一家的牧草都不会遭到责罚。

图 4－6　其奴九组用来配种的种牛（2007 年 8 月 28 日　徐君摄）

政府为群众免费提供化肥和农药喷施设备。在平时的耕作中，主要使用农家肥，而尿素、磷酸二胺等化学肥料只是适量使用。根据作物病虫和长势等情况，使用的农药主要有乐果、除草剂以及保种药物，敌敌畏使用得很少，所有喷施药物都为低毒高效农药，一般通过购买或由政府无偿发放。

调查期间，我们遇到了国家发放农药及喷洒器具的情况。一天的大早，九组组长就带领村民从达嘎乡和曲水县领来 8 台喷雾器和大量农药，村民分组轮流为种植的牧草喷洒农药。①。

图 4-7　其奴九组村民轮流领取农药喷洒器

(2007 年 8 月 29 日　徐君摄)

四　2006 年农业收入情况

据统计，2006 年其奴村农业总播种面积 3620.84 亩，占达嘎乡当年农业总播种面积的 24.4%。农业生产劳动力投入 1363 人，粮食总产量 217.17 万斤，油菜子总产量

① 有一天早晨，组长普琼组织几个村民赶赴乡里领取喷雾器和农药，但没有料到更有早行人，等普琼他们赶到乡里时，其他村组已经捷足先登把政府免费下发的喷雾器领走了。一般而言，普琼要得到喷雾器只有两种办法：一是等其他组使用完后再用，二是直接到县里看看能否另外申领到新的，普琼决定赶往县里，力争多领几个。等到喷雾器和农药全部拿回到组里已是下午两点多，因为当天天气不错，普琼又马不停蹄去通知村民们可以为自家的牧草喷洒农药了。不一会儿就有村民陆续来到文化室（组里的所有公共财物都放置在文化室）领取设备和农药。因为领回来的喷雾器只有 8 个，100 户人家轮流使用这些设备。

22.12 万斤，肉食品总产量 30.96 万斤，农村经济总收入为 931.61 万元，占达嘎乡农村经济总收入的 23.9%，其中农业总产值 504.16 万元，占达嘎乡农业总产值的 24.1%。2006 年，全村农牧民人均收入为 2899 元，比当年达嘎乡农牧民人均收入 2944 元低 45 元。

2007 年，其奴村 9 个组程度不等地受到旱灾和虫害影响，由于九组耕地是新平整使用的，本身抗灾害能力就弱，一遇旱灾就难以抵御，据村委 6 月份的旱灾调查，九组 500 亩土豆地 100% 受损，其中受灾严重的有 300 亩，油菜地受灾 20 亩。8 月份我们调查时，雨水较为丰沛，田地的旱情得到了一定程度的缓解，不过仍然可以看出春旱带来的损失，部分田地的土豆秧苗稀少、植株矮小。

第三节　规模经营

一　规模经营情况

对其奴村村民来说，规模经营还是一个比较陌生的词汇。在我们调查的时候，其奴村没有任何村办集体企业。其实，当地的村委会干部们并不缺乏对发展规模农牧经济的热情和认识，但却因无力发展而颇感无奈。发展规模经营往往需要一大笔启动资金，前期的规划和设计主要由乡和县一级政府着手，作为村级自治组织，每年能申请到的相关建设项目的数量和资金都很有限。作为 17 个县属村的一员，其奴村并没有得到更多的特殊照顾。在《曲水县农开办（扶贫办）2002 ~2006 年工作总结及今后五年的工作安排》中，政府对曲水县扶贫项目（包括发展产业化项目）

的困难做出了说明：

> 一是国家对扶贫项目的投入力度不够。项目区投资偏低，项目建设区经济基础差，配套资金和乡村集体及群众自筹资金难以到位，工程建设在质量与工期上都难以保证；二是扶贫工作中对广大群众的科技培训项目过少；三是贷款难。目前全区正在实施民房改造工程，广大贫困户建设资金靠银行贷款，农户在贷款进行房建的同时，再因产业化投资而向银行贷款就非常困难；四是群众自筹资金困难。由于实施的扶贫产业化项目均在贫困农牧区，参与项目的农牧民都是贫困户，加之目前都在进行民房改造，群众资金严重匮乏，项目自筹资金比较困难。

在这份报告中，2002～2006 年曲水县扶贫项目总投入为 4737.54 万元，虽然总投入都呈现逐年递增的趋势，但平均下来每年仍不足 1000 万元，这对全县 17 个行政村的需要来说无疑是僧多粥少，这些资金也显然不可能在各村之间实行平均分配。从能找到的各种报告和记录看，这些年中，除了九组的安置搬迁及其附属建设项目和部分房改项目外，其奴村几乎没有得到其他有关产业发展项目。

二　规模经营条件

其奴村并不缺乏发展规模经营的优势。首先有便利的交通，对实现规模商品销售奠定了基础。其次是农牧业发展存在较大的地理资源优势：土地沿江岸展开，土质肥沃，灌溉相对方便。实际上，从 2005 年开始其奴村就广泛种植爱玛岗土豆，并且形成了较大的规模。2007年全村种植这种土豆大概700亩。爱玛岗土豆产量较高，种植这种土豆除了供应自家食用和留够来年的种子之外，其余全部出售，每亩仍能获得2000元左右的收入。① 到了收获期，一般会有买家到地边进行统一收购，也有人户自行拿到拉萨市场卖以求更高的价格。土豆收购者因常年在当地收购土豆，虽然并没有和村民们签订明确的购销合同，实际上相互之间已经形成了默契的合同式收购关系，但这种关系并不够牢固，基本上还是买方市场，卖方没有要价的机会；另外市场的所有风险都要由卖方即农民承担，一旦市场有个风吹草动，农民的收入就会受到影响。

其奴九组在政府倡导和相关部门的安排下也大面积种植土豆，村民们在政府承诺帮助联系收购的情况下，对于土豆的收入充满了希望。同时，我们也看到当地政府正致力于规模经营的发展，并希望以此来增加村民的收入，从我们所见到的县乡有关农牧业发展项目规划，比如《达嘎乡关于其奴村5组新建温室大棚项目可行性研究报告》和《曲水县2007年大骨节病搬迁群众土豆种植项目建议书》以及处于论证阶段的奶牛养殖、猪养殖等规划书（具体内容见附录的文件），都显示出县乡两级政府对农牧民的农业生产产业化和规模化所作的努力。

与此同时，曲水县和达嘎乡也在实践着农牧业产业化、规模化以及商品化的道路：达嘎乡在2002年成立了农牧民经纪人协会，这是一个大胆而富有开创性的实践活动，也

---

① 这些数据是从九组组长普琼处采访得知，据说是来自政府文件，不过调查时并没有亲眼见到相关文件。

是西藏自治区内首次成立的农牧民生产经营组织。近年来中国农村经济发展的事实证明，经纪人协会对农村经济的发展起着很大带动作用，达嘎乡农牧民经纪人协会也是在这种背景下成立的。达嘎乡农牧民经纪人协会规定，各村的村委会干部都是自然的协会成员，也许是自然成为会员的缘故，并不是每位村干部都了解协会情况，更不清楚协会的具体运作模式以及对普通村民的利益关系。更何况普通村民，很多人甚至没有听说过什么协会，就更谈不上借助协会平台提高自家农产品的商品率了。也许最初创立协会者没有料到：无论是村干部还是普通村民，都对协会敬而远之，原因是担心一旦协会介入村级的生产经营，会因吃回扣或多一道中间环节反而遭受损失。从村民们对农牧民经纪人协会的不了解甚至是误会的情况看，其奴这样的农牧业村寨要想实现规模经营还有很长的一段路要走，首先是建立信任和理解，树立规模化、产业化的信心，以及建立相应的信息。不过其奴村民目前对协会的认知状态也让我们看出了希望：达嘎乡农牧民经纪人协会这样的农牧民经营组织对于协调和组织普通村民的生产发展仍有很大的潜力可以挖掘，特别是针对当前其奴村大规模种植土豆的状况，如果能通过协会使其获得保障性价格，那么当地群众的种植利益将会得到更加有效的保护。

三　农协组织：农牧民经纪人协会

2002年7月，达嘎乡成立了农牧民经纪人协会，这是西藏历史上成立的第一家农牧民协会机构。农牧民经纪人协会是随着农牧业结构调整、农作物产量提高、剩余农副产品转化为商品的客观要求日渐强烈应运而生的，目的是建立连接农牧民与市场之间的金色桥梁。是一个非营利性群众组织，会员由对市场具有较敏锐的眼光、经常从事经营活动、文化程度相对较高、对新鲜事物接收能力较强的人员组成。色达村村委会主任念扎兼任协会会长，成立时有 38 人，后来发展到 100 人。具体的运作模式是通过会员进入市场、了解市场、分析市场，将市场信息反馈到协会，协会根据这些信息组织销售农牧民的剩余产品。

2003 年，协会成立不到一年，就在带动全乡农牧民增加收入方面起到了积极作用，比如发展采石业增加农牧民收入 63.9 万元，发展酒曲业增加收入 20.75 万元，同时使大部分的农牧民群众学会了采石、外出务工、经商、酒曲加工、蔬菜种植等一到两门技术。帮助农牧民销售余粮获得 0.6 万元的效益，销售藏鸡、藏鸡蛋获利 7.5 万元，销售土豆 95 万斤获利 38 万元，销售牦牛、犏牛 184 头，获利 33.12 万元，销售核桃、虫草等获利 5.3 万元。同时，也有效地帮助农牧民外出务工，共输出劳力 2790 人次，劳力收入 351.82 万元，人均收入 1261 元。经纪人协会成立一年，农牧民通过这座桥梁获得的各项收入达 520 多万元。[①]

2004 年年底，58 位符合条件的农牧民加入了经纪人协会，壮大了农牧民经纪人队伍，有效带动了农牧民增收。据统计，2004 年曲水县达嘎乡通过农牧民经纪人实现收入达 603.97 万元，比 2003 年增长 42.85%。2005 年，协会实现创收 614.5 万元：采石业收入 73.5 万元；酒曲加工业收入 31.3 万元，组织劳务输出 3260 人次，收入 422.2 万元，帮助农牧

---

① 次仁罗布：《达嘎乡农牧民经纪人协会工作运行概况》（2003 年 4 月 22 日），2005 年 3 月 11 日《西藏日报》。

民销售农副剩余产品（余粮、牲畜、干粮等）达87.5万元。

协会成立后开展的主要活动有：在其奴村一组建立蔬菜基地，进行蔬菜种植和技术培训，以带动和辐射其他村组；在色达村四组建藏鸡养殖基地，使藏鸡养殖规模化、专业化；在其奴村建酒曲分会，申请酒曲商标，促进全乡的酒曲加工业发展壮大；在采纳乡、曲水镇进行异地采石；在色达四组成立专门的粮食收购点，收购农牧民余粮及其他农副剩余产品。

但是由于协会会员的综合素质普遍偏低，限制了协会的进一步发展，又由于协会是非营利的群众组织，经费的缺乏也限制了协会工作的开展，再加上协会对市场信息的分析、反馈能力不够，技术力量单薄，这些都成为协会发展制约因素。

其奴九组搬迁安置时，曲水县专门为每户配发了藏式柜子、床、垫子、桌子等生活用具，并交由农牧民经纪人协会制作，因此，其奴九组每户所发的每件家具上都印制着“农牧民经纪人协会”的汉文字样。但这种直接的措施并没有使九组村民更多地了解到协会的情况，甚至很多人完全没有在意刻在桌面上的这些汉文字样，更不用说了解协会并对协会产生信赖感。因此，当他们的土豆成熟时，因为担心协会可能抽取中间费，有意地规避协会插手。

第四节　劳务输出

一　基本状况

曲水县在劳务输出方面主要坚持“内转外输结合，就业创业并重，培训维权齐抓”的政策措施，同时依托县里的职教中心和劳动就业中心，积极开展“技能型、职业型、创业型”培训，力图不断拓宽劳动力输出渠道，让群众获得更多的实惠。在其奴村，村委会除了响应政府号召外，主要采取联系包工的方式组织群众务工，比如上级政府在本地实施项目，需要大量劳动力，考虑到当地人的利益，这些劳动力一般会就近选取，此时村委会便在其中起到中介作用。但这样的机会并不多，主要还是靠群众自发性劳务输出，跟着熟悉的本地或外地老板，或者经亲戚朋友介绍外出参加工程建设，或者当地有老板承建工程，通过与村长或组长联系的方式找到他们。在这种输出模式下，人际关系显得十分重要。也有人自己购买了拖拉机想跑运输挣钱，但却苦于人际关系不熟而找不到门路。

其奴村的劳务输出一般都局限在拉萨市所属区域范围内，只有少部分人会跟随自己特别熟悉的老板到阿里等较远的地方，但绝不会超出西藏的范围，也许这是与内地大范围的流动务工有很大区别。在每年外出务工的人员中，建筑施工类（小工、打石工）占到了70%左右，工厂（主要是卡垫编制）占10%左右，从事服务、运输类的（比如售货员，主要集中于文化程度较高的人）占20%左右。在其奴九组调查的50户中，有家庭成员外出务工的占84%。外出务工中90%属于季节性（主要是农闲）务工；90%以上为盖房做小工，只有不到10%从事打石头等技术工（主要是石头开采，需要一定的技术）和开车等。

其奴村每年外出务工的大概有100人左右，其中党员大概有20人。据达嘎乡2006年年底的统计，全村外出务工287人次，总收入100.45万元（这个数字和村委会主任估算的10万元左右相差甚远）。在这些外出人员中，男性占60%，女性占40%；年龄结构上，30岁以上占70%～75%，30岁以下占25%～30%；文化程度方面，初中占10%～15%，小学及经过扫盲的占85%～90%。

九组的劳务输出还没有纳入其奴本地的习惯范围，他们多数是跟随尼木县老家自己熟悉的建筑老板，外出做建筑小工，一天有25元的收入；稍微有点技术的，如木工、砌墙工一天有55～60元的收入。同时也有村民跟随曲水县的老板干活。2007年夏天我们调查时发现，其奴九组除2家没有外出务工人员外，几乎每户至少有一人外出打工。

二　劳务输出的影响

劳务输出对当地群众的生产和生活产生了明显影响。在当地收入结构较为单一的情况下，外出务工成了家庭经济收入的重要来源，一个家庭外出务工人员的多少以及务工类型的差异，直接影响着这个家庭在当地的声誉和地位。走访中我们发现，在其他家庭基础（包括土地、发展起步条件等）相似的前提下，外出务工收入高的家庭和没有外出务工收入的家庭之间存在巨大的差距。这种差距不仅体现在他们家所拥有的家用电器不同等物质方面，更体现在观念与眼界的开阔程度方面。外出务工多或者打工层次比较高的家庭通常会对生活充满信心，对家庭的未来发展也有规划；而没有外出务工或者仅仅是外出做小工的家庭，则生活比较苦闷，对未来也一片迷惘。

多数家庭外出务工收入微薄，甚至出现由于务工路途遥远而入不敷出的情况。但无论如何，这些看似微薄的收入，却对补贴家用发挥着重要的作用。同时，外出务工对年轻人的观念及生活方式的影响远大于其带来的经济收入，外出的年轻人逐渐习惯了城市人的生活方式，并对城市生活产生了极大的认同感，有些人即使在城市生活很辛苦也不愿意再回到乡村。也有部分年轻人通过和外面人通婚的方式留在城市里继续打拼。越来越多的年轻人不再固守着不与异族通婚的旧习惯，九组就有一位姑娘与外地的汉族人结婚，虽然开始家里很不同意，但是亲情的联结还是让彼此之间相互接纳了。

访谈其奴九组的一位姑娘时，她谈及婚姻时说道：家里人都不喜欢汉族（主要是生活方式不一样），二姐自己跟着一个青海的汉族跑了，全家都觉得有点丢脸，起初，妈妈对这个不听话的女儿很生气，甚至是恨她。二姐他们也不敢回来，到现在（2007 年 8 月时，作者注）差不多一年了都还没有回来，但是有时打电话回来。现在妈妈也渐渐地原谅了他们，希望什么时候他们会回来。2009 年研究生徐刚强回访时，这位女孩与自己的丈夫回到了其奴，并得到了女孩家庭的认可。汉族女婿带着大家外出谋生，相比其他纯粹的藏族家庭来说，收入及务工机会较多，因此，现在这位汉族女婿则成为家里的骄傲。

外出务工的年轻人逐渐接受了务工地尤其是城市里的生活方式，比如，副村长的大女儿达珍在拉萨亲戚家做保姆，衣着打扮和城市里的年轻人差不多，已经不穿藏装，用手机，没事就听 MP3。虽然在城里做家务有点辛苦，但是亲戚都很好。自己也很喜欢拉萨的生活，虽然父母想让她读书，她的朋友们也多在学校里读书，但是她自己不愿意读书。每周从拉萨回到其奴村家中一次，帮助父母做点农活什么的。①

---

① 徐刚强做的其奴调查笔记，2009 年 10 月 21 日。

三　劳务输出存在的问题

调查发现，其奴村在劳务输出方面存在一些困难和问题。这些困难和问题，在竞争日益激烈的劳务市场上，更加弱化了其奴村民的竞争能力。主要表现为以下这些方面：

一是组织化程度低，盲流现象严重。村民们获得劳务需求信息渠道和方式单一，通常是采用熟人介绍的方式，然而普通村民的熟人关系网络相对狭窄，难以提供广泛和可靠的就业信息。政府层面的信息一是来源较少，供不应求，同时也存在分配不平均的情况。

二是劳务输出层次低，劳动强度大，工资微薄。在其奴，七成以上的外出务工人员是从事建筑类工作，而其中九成以上是从事劳动强度高、技术含量低的小工工种，如挖沟、搬运等，工作量大，报酬低，平均每天只有20元左右；另有一成左右的建筑工为石匠，这在当地被称为有技术的人，每天收入也不过50元左右。

三是各种劳务培训跟不上。一方面表现为技术培训不能满足实际需要。技术培训是被各级政府十分重视的环节，每年都会在县乡两级举行不同种类的技术培训，但是通常名额有限，或培训内容与学员可能从事的工作不能衔接。2005年其奴完小举办了一次农牧民科技培训，其奴全村有22人参加，主要教授关于体积、面积方面的算法等知识。2006年曲水县累计培训76人，其中驾驶员24人（已全部培训合格，取得驾驶执照）、保洁员3名（全部安排就业）、劳务输出（培训带就业）人员27人（主要为建筑、保安、电器修理等行业）、矿山开采人员22人（全部在茶巴拉乡采石场就业）。另一方面缺乏对劳动者自我保护等法律问题的培训，随着外出务工人数的增长，劳资纠纷问题、自我法律保护问题等日益突出，为了提高农牧民的法律常识，曲水县扶贫办等单位采取多种方式对农牧民进行法律知识培训。

在其奴，参加过技术培训的人很少，参加过的人也通常被认为没有从培训中获益太多。从村委会处了解到，上级组织培训时一般是下达指标，其奴通常能得到2～3个名额，2006年县劳动职业培训中心组织了卡垫编制培训，其奴大概有十来个人参加。而一般培训结束后都各自回到村里，除了2006年参加县劳动局建筑技能培训的留在外面打工挣钱外，“其他回来的能用上的就用，不能用上的还是像以前一样”。2006年县中学还举办过电脑会计培训，但据村委会反映，收效甚微。而村委会自身在这方面的工作上似乎也显得无能为力，主要就是协助县乡政府做工作，组织村民在农闲时学文化和培训科学知识，一般只有党员参加。

第五节　发展中存在的主要问题

虽然近年来其奴村的农业生产得到了快速发展，但仍然存在不可忽视的问题。

其一，农业水利基础设施建设相对落后，对生产发展造成了阻碍。调查发现，其奴村虽然有着丰富的灌溉水资源，但在某种程度上仍然缺乏有效的规划整合和充分利用，致使耕地浇灌存在一定困难。

其奴村由于地处雅鲁藏布江河谷地带，土壤成分以沙石为主，含水性极差，修建水渠引水灌溉成了当地十分必要的选择。为了争取水资源，其奴村三组修建了一条水渠

（这条水渠属于三组的项目，由政府投资，三组群众出劳力修建）通往村委会旁边的一条小溪（具体位置可见前面“其奴村九组主要位置及周边环境示意图”），这条水渠正好从九组村口经过。据九组群众介绍，由于是三组修建，其他组都不准使用水渠里的水灌溉。而对九组来说，虽然取用该水渠的水灌溉村口的树林很方便，但他们仍然无权获取，否则就会出现纠纷。我们从群众口中得知，由于水源处水量很小，这条水渠也常常处于无水可引的状态。

整个其奴九组的搬迁项目中，政府考虑到当地农牧业发展的需要，专门为九组建设了8座灌溉机井。据九组组长估算这些机井一年的电费应该在万元以上，对于九组的村民来说这显然是一笔沉重的负担，故而在一年的免费（政府承诺免除一年的电费）使用期结束后，这些机井能否继续得到有效利用还是个问题。

在新搬迁的九组，每户都有很宽敞的院子，一部分群众自发在院里种植土豆和蔬菜等作物，以期获得“补贴性”的收获，然而这些作物的灌溉显然是个大问题。九组目前有两个水塔，水源引自村后山上的天然泉水，水量十分有限，而且每个水塔承担着50户的日常供水重任。由于每户院子里都有与水塔连通的自来水管道，为了取水方便，大部分人种植“院坝作物”的时候就直接在院子里取水，这种方式一度造成全组用水紧张。

调查中得知，各组修建的水渠只能各组自己使用这样的情况，在当地是普遍存在的，包括九组的8座机井也是只能九组的群众使用。这种灌溉模式也许在一定程度上防止了水资源分配可能带来的矛盾，但在水资源有限的前提下，这种缺乏综合规划利用的状态不仅会造成水资源的浪费，而且极有可能会导致在大量需水灌溉时节特别是干旱时期大家都无水可用的恶果，甚至会发生不必要的矛盾冲突。在这里，政府首先要考虑的也许不只是要修建多少条水渠，更重要的是要设法将不多的水渠更加合理地利用起来，这样才能收到事半功倍的效果。同样，在九组群众种植的“院坝作物”方面，如果能妥善地解决灌溉问题，群众通过这种方式获得一定的“补贴性”收入也是可行的。

其二，农牧民生产组织化程度低，不利于农牧产品的流通。达嘎乡虽然建立了一个农牧民经纪人协会，但对其奴村所能形成的经济促进作用似乎不大。调查发现，很多村民对协会不甚了解，甚至完全不知道。根据当初成立协会时的规定（协会主要由政府引导成立），其奴村的村委会干部应为协会成员，但即使作为协会的成员，他们仍然对协会接触很少，基本不清楚协会的具体运作模式，甚至担心如果协会介入其奴村的生产经营，会被吃回扣而遭受经济损失。

其三，群众对新技术的应用期望值不高。在所走访的群众中，特别是在对其奴九组的走访中，90%以上的人不知道什么是农业生产新技术，或者不知道村里到底应用了哪些生产新技术，95%以上的人没有参加过任何政府组织或自愿参加的技术培训，或者对技术培训的事漠不关心，或者从来没有考虑过。有极少部分人愿意参加新技术方面的培训，然而他们大部分却找不到参加活动的门路，或表示没有经济能力去参加。

其四，缺乏有组织性的劳务输出。在九组，外出务工已经成为农闲时期九成以上年轻人的挣钱选择，然而由于缺乏有效的组织，他们大部分无法获得可靠的务工信息，有的人甚至原本买好了拖拉机准备大干一番，结果由于找不到挣钱的门路而不得不将拖拉机闲置起来。由于没有掌握一两门熟练的技术，他们绝大部分人只能从事建筑工地上诸如搬石块、挖沟等这样的基本工作，这种工作劳动强度大，日收入却只有20元。若是离家太远，他们还不得不自付每月的生活费用，如此一来，打工在外却入不敷出的事情就很常见了。

其五，发展的基础薄弱。由于搬迁群众多是“在老家就跟不上别人发展的人，都是穷人”。[①] 因此他们在新环境中发展生产、改善生活缺乏一定的经济积累。此外，发展资金缺乏，这100户中有的曾经在尼木老家向当地农行借贷，而至今没有还清贷款，基于利益的考虑，曲水县的农行做出了拒绝向九组提供任何贷款的决定，除非他们中的欠款者将以前的款项全部还清。我们在走访中发现，这些贷款人往往由于缺乏有效和固定的经济来源，大部分表示根本没有近期还清贷款的能力。同时，向私人借贷也十分困难，由于人际不熟，部分群众把目光投向了村委会，然而10%的年利率让人很难接受（这个比例是根据一家曾向村委会借款后提供的借还数目计算的，他家借了1000元，一年期满还了1100元），即使如此高的借款利率，也不是人人都能借得到，还要考虑还款能力问题。

对于一个因病搬迁形成的新兴村落来说，经济的恢复与发展显得至关重要。搬迁不仅仅是地域改变，后期所面临的经济重建更将是一个长期而艰难的过程。在搬迁初期，九组所面临的困难是显而易见的，要最终实现搬迁初衷，还需要当地政府和社会的大力扶持与关注。

---

① 2007年8月27日，与其奴九组组长的访谈。

第五章　民族与宗教

第一节　民族

一　民族结构与聚居情况

其奴村是纯藏族村寨，9 个村民小组中 1 到 8 组是原住民，九组则是 2006 年 11 月由尼木县搬迁来的大骨节病移民们新建形成的村民小组。在该村中，只有一些来自青海或四川的汉族在这里做生意、盖房子或开商店。

二　民族关系

其奴是一个纯藏族的村子。与其交往的外族一般都是在周边做生意或盖房子的外地人。其奴村委会外有一间青海人开的粮油加工店，作为外乡人，这位青海人在与其奴村人打交道一段时间后，认为其奴村的人都很不错，虽然大家语言不通，无法交流，但是他们都很善良，爱帮助人，也没有什么冲突，除了语言方面沟通不便之外，都很满意。

通常，处于与汉族交往密切地区的移民较认可与外族间的通婚，而与外族交往少的移民则对与外族通婚多持保留或反对的态度。前者如甘孜州甘孜县拖坝乡移民新村，该村从2003年成立至2007年5月，全村共有3名藏族女子与汉族通婚，当地村民认为，汉族一般比藏族更会挣钱，也更会与外界打交道，而且他们外出打工的时候一般会带上当地的藏族一同去挣钱[①]，为此当地人普遍表现出对汉族女婿的认可，与汉族结为亲戚关系俨然已经成为改变家庭经济状况的有利机会。

在其奴村九组的调查发现的却是另一番情形，九组人特别是中老年人群普遍反对与外族通婚，就连思想较为开放的组长[②]也持这种态度。文化习俗的不同和生活方式的差异是反对的主要理由，普遍认为自己的子女不会适应汉族的生活和习俗，甚至认为汉族男子会欺骗藏族女子，而汉族女子则被认为十分懒散，只会花男人的钱等等。这种认识主要缘于新村搬迁前的长期封闭，对外界接触和了解不多的结果。与九组相邻的村组调查就显示完全相反的情形，如其奴村村委会会计就表示婚姻是孩子自己的事情，如果自己的子女与外族通婚也会支持。但事实上，无论中老年人如何反对，都无法制止藏族青年对外面生活的向往，当地很多青年男女都在城镇打工，甚至有不少人聚集在繁华的大都市拉萨，这些年轻人已经适应了城镇的生活，从穿戴服饰到日用饮食无不如此，而且还时常会发生与外族青年逃婚这类事件。实际上对于与外族通婚，只要子女坚持，父母也不得不最终面对现实。

新村内的商业交往行为也表现了其内部的民族关系。其奴村内每周都会有汉族商贩来卖蔬菜，这在很大程度上

① 徐君：《甘孜县托坝乡移民新村调查》，2006年7月和2007年5月。

② 九组组长普琼，曾经做过小学代课教师，汉语和藏语水平都不错。

方便了当地人的生活，无论是价格还是为人，小商贩都得到了新村居民的普遍认可。而在其奴村村委会旁开设粮油加工店的一位青海人则表示，虽然语言不通，但当地藏民仍与自己保持了融洽的关系。在其奴村调查时，当地正大力开展民房改造工程，工地上有很多从内地来的汉族在帮忙搞建设，他们与当地居民相处和睦，也从来没有发生过治安纠纷。这些都反映了当地较为稳定的民族关系现状。

第二节　宗教

一　信教情况

与大多数藏族一样，其奴九组村民全民信仰藏传佛教。虽然大多数的村民表示“我们也不知道为什么要信，反正

图 5-1　一般家庭经堂陈设（2007 年 8 月 27 日　徐君摄）

是别人信我们就信”。对于宗教的一些说法，村里没有人想要去追根溯源。只是在日常生活中，延续着传统，不少村民表示“信教好，特别是生病的时候，与医生联合起来，病会好得更快”。

图 5-2 村民经堂上最常见的三代领导人像

（2007 年 8 月 27 日 徐君摄）

其奴村民家庭中都设有经堂，条件好的家庭会专门安排一间房子作为经堂，一般家庭则把神龛设在房屋的一角。家家户户都会在经堂里或神龛上挂佛像唐卡，多数人家的神龛上悬挂或者张贴着中央三代领导人的画像，藏桌柜上放置“切玛盒”、酥油灯盏和清水碗。一些老人们在闲暇时手拿转经筒不停地转经。

图 5-3　毛泽东的像常出现在村民神龛上

（2007 年 8 月 28 日　徐君摄）

图 5-4　村里最常见的经堂摆设

（2007 年 8 月 27 日　徐君摄）

图 5-5　村民神龛（2007 年 7 月 26 日　徐刚强摄）

二　宗教场所

其奴村重要的宗教场所主要有琼果央孜寺和一座白塔。琼果央孜寺位于 318 国道（中尼公路）旁，背靠群山，南临雅鲁藏布江。“琼果央孜”是“尖顶”的意思，琼果央孜寺是达嘎乡唯一的寺庙，也是其奴村最为重要的宗教场所，始建于 1648 年，五世达赖时期由白教（噶举派）改为黄教（格鲁派），此后一直是格鲁派寺庙。信众范围较广，除了达嘎乡的农牧民外，附近乡及山南地区也有部分信众。寺内主供释迦牟尼佛，孜（布达拉宫）文书院为该寺主寺。琼果央孜寺历史上鼎盛时期曾有 150 多名僧人，“文革”期间遭到毁坏。现存的琼果央孜寺是 1993 年曲水县人民政府批准修复并重新开放的，有 15 名僧人编制。自重新开放以来，琼果央孜寺没有出现过危害安全案件，也没有非法出入境、开除等情况，自然减员 11 人，现有僧人 5 名①。2007 年 8 月访谈寺管会主任时，被告知寺院有 17 名僧人，准备再收入 2 人。僧人最小的 19 岁，最大的 34 岁。

在国家提倡"以寺养寺"制度之下，琼果央孜寺也是自谋生路，依靠寺庙自主经营生存。目前，该寺主要收入来源于寺庙在曲水大桥附近一套商品房的出租款，每月 450 元。此外，还有一些信众的布施和经堂的收入，最多的一次是一位拉萨老板捐了 2000 元。僧人一年四季常外出帮人念经，会有些收入，念经僧人所得的钱自己可以留下 5 元，其余的都交给寺院，也是寺院的主要收入之一。寺庙还自养了 4 头牛（信众的放生牛），用于挤奶、打酥油。与前几年相比，2007 年时的琼果央孜寺一定程度上改变了寺庙经济的窘困状况，据曲水县民宗局在 2005 年 9 月的调查统计

图 5－6　达嘎乡琼果央孜寺（2007 年 8 月 19 日　徐刚强摄）

① 数据根据县民宗局的统计资料。

数据，琼果央孜寺在2004年时全年总收入只有4000元，其中布施收入2500元、经堂收入1500元，除此之外没有任何其他经济收入来源，见表5-1。2006年，寺庙收入5万多元，年支出也在5万多元，基本能保持收支平衡。

除琼果央孜寺外，其奴村民最常去的是到位于其奴三组村落旁的白塔转经，白塔由一位信教人士捐建，是附近村民日常转经的主要去处。

表5-1 琼果央孜寺基本情况表

<table>
<tr><td>场所别用名</td><td colspan="3">无</td><td>教派</td><td>格鲁派</td></tr>
<tr><td>所在乡（镇）村</td><td colspan="3">达嘎乡其奴村</td><td>登记时间</td><td>1996年</td></tr>
<tr><td>始建年代</td><td>1648年</td><td>主持创建人</td><td>五世达赖</td><td>现占地面积</td><td>900m²</td></tr>
<tr><td>现有总人数</td><td>5</td><td>内控数</td><td>15</td><td>核定员额数</td><td>15</td></tr>
<tr><td>编内持证人数</td><td>3</td><td>编外无证人数</td><td>2</td><td>勤杂人员数</td><td>0</td></tr>
<tr><td>有无学经班</td><td>无</td><td>学经班人数</td><td>0</td><td>其中外来学经人员</td><td>0</td></tr>
<tr><td>管理组织名称</td><td>寺管会</td><td>主要负责人</td><td>尼玛顿珠</td><td>联系电话</td><td></td></tr>
<tr><td>自养能力</td><td>差</td><td>年末收入</td><td>4000元</td><td>人均收入</td><td>300元</td></tr>
<tr><td>何时列何级保护单位</td><td colspan="3">无</td><td>文物件数</td><td>0</td></tr>
</table>

资料来源：2005年9月曲水县民宗局：《全区宗教活动场所基本情况统计表》，2007年8月调查时收集。

三 寺庙活动

琼果央孜寺一年中的宗教活动主要包括参加信众的丧事念经、日常念经以及宗教教育等几个方面。达嘎乡境内只有琼果央孜寺一座寺庙，乡境内的村民们几乎都是该寺的信众，村民们会经常到寺庙请求宗教上的帮助，尤其当家里有人去世，请喇嘛念经做法事对于当地人来说是必不可少的活动。因此，有人去世时，琼果央孜寺一般都会派僧人为死者超度念经，最多的时候会派 8 位僧人，做 3 天法事。

除了外出为丧家做法事之外，寺庙的活动还体现在为群众日常需求做法事或者念经。通常信众家里有人生病或者修新房、结婚、有人考上大学等情况，都会请寺庙僧人念经。修房动土之前和房屋修好之后搬迁时都要请喇嘛念一天的《扎西芝巴》（幸福平安），这种情况最少去 3 位僧人，主人家管 3 顿餐饭，给些香火钱，香火钱没有一定的规定，完全出于主人家的经济能力及自愿情况，若是穷家小户，也可以免费念经。

平常寺庙也要进行一些念经活动。每月集中念经 3～4 次，一般是在每月的 8 号、15 号、30 号 3 天，这 3 天的早上 7 点钟，准时在佛堂集中念经。职守寺庙的僧人则每天都要念经。此外，寺庙还定期召集全寺僧人进行宗教宣讲活动，主要是宣讲格鲁派教义；也会不定期地与其他相关寺庙进行交流活动，比如在雪顿节期间去哲蚌寺和色拉寺参加寺庙的展佛活动。

其奴九组村民的住房是由政府统一修建的，并没有请喇嘛念过经。村民搬迁安置后也没有举行其他的宗教仪式，在对九组群众的走访中，没有村民对安置房没请喇嘛念经的问题有什么不满或其他的情绪，相反，都众口表示十分感谢政府的好政策。

四　寺庙管理与教育

琼果央孜寺的日常事务由寺院选举的寺庙管理委员会

进行管理。寺管会由三人组成，设主任、副主任各1名，财务管理1人。具体组织结构见图5－7。民宗局等相关管理部门对寺院采取“三级”管理责任制，将责任落实到僧尼个人，每月到寺庙观察动态，按照“旗帜鲜明、针锋相对、主动治理、强基固本”的方针，强化对寺庙的管理力度。

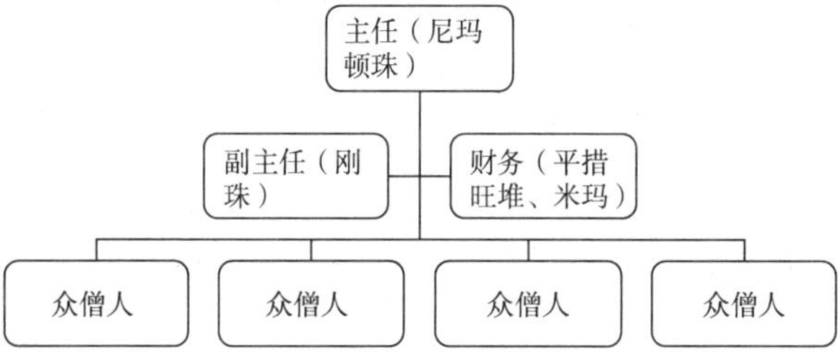

图5－7　琼果央孜寺的寺庙管理委员会组织结构图（徐刚强绘制）

这里所说的寺庙教育不是指对宗教教义的教育，而是特指在寺庙进行爱国主义教育。通过调查得知，除了寺庙的日常宗教活动外，爱国主义教育也是寺庙生活中的重要内容。20世纪90年代曾对寺院进行过爱国主义教育和法制宣传，平时每月3次集中念经期间也有相关内容的宣传、学习。2006年1月进行了为期一个月的爱国主义教育，采访时僧人们对这次爱国主义教育印象深刻，称“大家都学得不错，觉得应该学”，也表示“对达赖没有什么看法，也不感兴趣，我们一般干自己的事情，各有自己的信仰，与达赖没有关系”①。

在琼果央孜寺，僧人们除了接受必要的学习教育之外，也有一些文化活动：寺庙客厅里有电视，可以随时收看到

① 琼果央孜寺寺管会主任采访，2007年8月19日，尹婷、徐刚强。

喜欢的藏语节目；同时，寺庙还订阅有《西藏日报》、《拉萨晚报》等报刊及有关农村建设方面的杂志，僧人们闲时都争先阅览。被访僧人们表示平时“最喜欢看故事片和写得很精美的散文”以及“很喜欢注意报刊上的招聘广告”，这些现象从一个侧面反映了僧人们对外面缤纷世界的向往，以及身处严格戒律之中依然内心火热、渴望多姿多彩的生活。

五　寺庙与周边关系

琼果央孜寺是达嘎乡唯一一座寺庙，也是距离其奴村最近的寺院，但由于达嘎乡距离拉萨不远，而且交通方便，村民常常会到拉萨的大昭寺和小昭寺等寺庙朝圣，平时难得到琼果央孜寺上香或者转经，除非有特殊的需要。据寺里的僧人介绍，到琼果央孜寺拜佛的人多是些旅游路过的外来人，香火钱也主要是由这些旅游者捐赠。

琼果央孜寺归属达嘎乡管理，对于行政村一级来说，寺庙与其奴村委会基本上处于互不干预的状态。僧人们讲：寺里基本没有常来的人，每月来的不到500人，没有干部来拜佛，党员也不会来转经或请人念经。调查组到寺庙采访的时候，曾希望村委会的干部能为我们引介，村委会干部表示寺庙实行自我管理，不需要村委会的引介，只简单地与寺管会主任通了下电话，让我们自己前去采访。实际调查结果也表明村委会主任的处理是对的，他并不是怕麻烦，客观情况就是村级行政组织与寺庙几乎是平行关系，更不会介入寺庙的日常活动，同时，琼果央孜寺的僧人们也不会插手和宗教无关的世俗方面的事情。在其奴村普通群众心目中也把政府与寺庙分开对待：认为政府是管理生产、生活等世俗方面的事务，寺庙是个人宗教信仰的依托，不会把二者等同或联系起来。在其奴完小也了解到：学校平时的活动没有受到寺庙或者宗教信仰的太多影响，寺院里没有学经班，因此不存在与周围学校的“（生）僧员之争”问题。据其奴完小校长介绍：前几年，宗教节日期间出现过学生被家长带着一同去寺庙转经而缺课的情况，不过，随着最近几年村民们对文化教育重要性认识的提升和教育管理制度的严格，类似现象就很少发生了。

六　村民宗教信仰状况

宗教信仰自由的政策在当地得到了尊重和发扬。在其奴，信仰宗教与否完全是群众个人的自由行为。当地寺庙在相关部门的有效管理下，在宗教信仰方面发挥着积极作用。对于普通村民而言，村级基层行政组织与寺庙各自承担着不同的作用，基层的党员干部们也严格遵守了党的各项相关规定。总之，宗教的自由发展与其奴社会经济的发展都处在积极的轨道之上。

我们调查时，其奴九组村民刚从尼木县搬迁来还不到一年，对琼果央孜寺并没有太多了解，虽然知道附近有一座寺院，但是几乎没有人去过。便利的交通使他们把拉萨作为转经朝佛的首选地，有空的时候就会到拉萨，既能办事又同时朝佛。虽然三组的白塔离九组距离更近，走路几分钟的路程，但是也很少人去转塔。九组村民们希望能在自己村民小组范围内新建一座白塔，不过，目前这个愿望还只是个别人的想法，更由于资金等问题不太可能成为现实。

附：宗教人士访谈

次仁达瓦，32岁，高中学历，2002年到琼果央孜寺出家为僧。中学毕业后曾在拉萨做过厨具生意，生意还可以，也赚了不少的钱。后来因为生意不好做，同时也是出于个人的信仰原因，决定皈依佛门，将经商赚来的5万元钱全部交给父母，到琼果央孜寺出家。

平时和家人经常保持联系，家人也并不反对他做喇嘛，认为这是个人的自由，政府也不干预，也不存在地位高低的问题。在被问及关于还俗的问题时，他说道："自己对还俗没什么特别的看法，是个人的自由，一般只要愿意，向寺庙捐一定的钱就可以还俗。"至于为什么要到琼果央孜寺，原因在于他自己是达嘎乡色达村的人，离家近，比较方便。次仁达瓦家中有8个兄弟，只有他一人出家做了喇嘛，平时有空他会经常回家看看，家中的亲人对他也不会有特殊的礼遇，"因为都是一家人"。[①]

① 尹婷、徐刚强2007年8月19日在琼果央孜寺做的采访。

第六章　各项事业

第一节　村民教育

得益于国家对文化教育基础设施建设的大量投入，其奴村文化教育的总体状况良好。尽管文化教育的实际工作还存在诸多困难，但目前，其奴除了已实现“普六”教育外，还较早实现了广播电视和电话“村村通”，同时群众每月可以观看1~2次免费电影和每年多次的“三下乡”活动宣传。这些形式的文化教育活动对促进当地的文化教育发展起到了重要作用。

一　教育资源

（一）硬件设施

其奴村现有完小1所，位于其奴村委会旁边，是2000年搬迁重建的（原来的其奴完小位置偏僻，为方便学生上学进行了搬迁），总投资80万元，其中国家投资15万元，群众投工投料65万元。学校占地总面积65429平方米，硬化面积1430平方米，绿化面积1706平方米，建筑面积1419平方米。校内有一处劳动技能实践基地（占地54亩），温室1个。2004年为了接纳其奴九组的移民子女入学，又投资74万元扩建教学楼，扩建后共有房屋40间，建筑面积1999平方米，其中教学用房1480平方米。目前学校拥有德育室、图书室、实验室、体育室、音乐室、200米环形跑道（含足球场）、篮球场，同时按照西藏自治区二类办学标准配备了各类信息技术教育设备（20台电脑、1套现代远程教育设备）、数学自然实验室实验仪器、体育器材、乐器（31台电子琴）、舞蹈器材、图书资料（图书3205册，生均14.3册）、升国旗设施、体育运动场（见图6－1和图6－3）。后来学校又设有学生医疗处和心理咨询室（见图6－2）。据学校教师介绍，学生医疗处并不是专业的疾病治疗室，只是学校为了预防学生患病而设立的，学校每年投资1000元左右从县乡卫生院购买一些常备药品，为患普通感冒、泻肚的学生提供一般治疗。

图6－1　宽敞气派的其奴村完小（2007年8月20日　尹婷摄）

图 6－2　其奴完小学生心理咨询室（2007 年 8 月 20 日　尹婷摄）

图 6－3　其奴完小宽敞整齐的校舍（2007 年 8 月 20 日　徐刚强摄）

学校还建有农牧民科技培训点，设农牧民实用技术读书专柜，按每 3 人 1 册的标准，配备图书 530 册。

学校基本实现硬件设施标准化、师资学历合格化、常规管理规范化、校园环境绿化，是一所高标准村级完全小学。①

① 曲水县其奴完小简介碑文，2000 年立。2007 年 8 月 20 日调查时收集。

村小设男女学生宿舍各一间，供寄宿制学生住宿，统一配备木架床（见图6－4）。

图6－4　其奴完小住校生宿舍（2007年8月20日　尹婷摄）

（二）师资力量及培训提升情况

其奴完小现有14名教师，包括13名国家正式聘用的教师和1名民办教师。教师性别中男女各半，大学本科以上学历2人、大专11人、高中1人，其中有3人在读本科（函授）。教师合格率100%。教师的年龄结构较优化，都是40岁以下的中青年教师，其中20～30岁4人，30～40岁10人。具体情况见表6－1和图6－5。

表6－1　其奴完小教师基本情况

单位：人

性别	男	女	文化程度	本科	大专	高中	年龄	20~30岁	30~40岁
	7	7		2	11	1		4	10

为了不断地提升教师各方面素质，学校安排了专门的师资培训。据一份《2007 年 3 月至 2007 年 7 月学期校本培训计划安排表》的记载内容，可以清楚地了解学校利用周末时间对教师进行师资培训的情况：培训从春季学期开学的第二周正式开始，为期 18 周，共有 17 次教师培训计划。全体教师都要参加，培训形式以“合作学习”、“讲座研讨”为主，“自学”和“参观学习”为辅；要求参加培训的教师“做笔记，写体会”。具体的培训内容有：“探究在课堂内的角色扮演作用”、“集体备课：藏、汉、数”、“巩固四种教学方法中的提问”、“制作教具”、“遵循规律：教书育人”、“藏、汉、数教学观摩”、“学习简笔画、剪纸”、“如何培养小学生创造性阅读能力”、“倾听”、“教师应当适当反思”、“到别校参观交流”等。作为师资培训的完整程序，全体教师要对每次的培训效果进行总结，并报送教育局教研室备案。[1]

图 6－5　其奴完小师资情况

① 其奴完小：《2007 年 3 月至 2007 年 7 月学期校本培训计划安排表》。

（三）生源及经费

2004年时，在校学生有240名，其中女生109名，一至六年级学生数分别为38名、38名、36名、44名、43名、41名。2007年我们调查时由于一年级的新生还没有到学校报名上课，学校当时有在校学生172人。招生范围内适龄儿童有212名，已入学212名，入学率为100%，巩固率为100%，学生走读半径为3公里。

目前学校每年有经费43万元（据现任校长估算），主要用于教师工资的开支和学生生活补助。这些经费是政府的全额拨款。公办教师每月收入平均有2800多元，民办教师平均每月400多元。学生补助每月每生2元。

（四）校风校训与校园风貌

为了与全国学校校园风貌建设同步，其奴完小根据国务院召开的“全国加强中小学管理工作电视电话会议”提出的贯彻落实党的十六届六中全会精神，“以学校安全工作为重点，加强学校管理，共建和谐校园，促进中小学生健康成长”的任务，研究制定了《其奴完小创建和谐平安校园的实施方案》。为创建和谐文明校园，学校专门成立了工作领导小组，由校长任组长，法制副校长和教导主任任副组长，各班主任和全体教师都是工作组的成员。创建校园风貌的主要工作内容有：组织师生学习贯彻《中华人民共和国义务教育法》、《未成年人保护法》、《道路交通安全法》等法律法规，提高师生的法律常识和安全意识；不定期开展校园安全工作大检查，及时排除安全隐患，强化教师值日工作，严格把好学生下操、集队、放学、课间等秩序的管理工作，防止意外事故发生；执行区颁课程计划，“开齐上足各类课程”，注重学生的思想道德、文明礼貌、遵纪守法等教育；以科研带动课程改革，以《小学教学常规》为教学质量的凭依；加强教师队伍建设，定期开展师德测评活动和师资培训活动，密切家校联系，警校共建，防范不法分子滋扰校园，确保校园安全。①

学校校训是“求实创新，严谨治学”；校风是“合作竞争，全面发展”；教风是“不断创新，追求卓越”；学风是“勤奋好学，积极向上”（见图6-6）。

图6-6　其奴完小的校风、校训和教风、学风

（2007年8月20日　尹婷摄）

学校各个班级之间也开展文明班级评选活动，制定文明班级公约：“室内布置健康整齐，墙面门窗干净完美，学校工作及时完成，各类竞赛优胜领先，同学之间和睦相处，

① 其奴完小：《其奴完小创建和谐平安校园实施方案》，2007年3月20日。

尊师爱幼蔚然成风，学业成绩较快提高，德智体等全面发展，校纪校规自觉遵守，言行举止礼貌文明。”

（五）发展潜力

从1998年至2007年6月，其奴完小先后为内地西藏班、重点高中及以上学校前后输送了17名优秀生，其中2002年2名，2003年1名，2004年4名，2005年5名，2006年5名。[①]呈现出逐年上升的趋势，可能在一定程度上表明其奴完小的教学质量等各方面在逐步提高。

二　课程设置与教学计划

（一）课程设置

其奴村小开设的课程主要有藏语、汉语文和数学三门主科，还有音乐、体育、劳动实践、德育教育等科目。学校每年都进行一些爱国主义和反分裂教育。课堂教学使用汉语和藏语两种语言。但由于学生都来自农牧区，而且是纯藏族社区，日常生活很少用到汉语，因此，学生的汉语基础普遍很差，即使汉语文课堂，大部分教师也都用藏语进行教学。教授数学课基本也是同样的情况。我们调查期间接触到的完小学生，大部分汉语表达能力不高，有的甚至无法进行基本的汉语沟通。

（二）教学计划

在2007年8月我们在其奴调查时正值学校结束暑期，

① 其奴完小提供的数据，2007年8月20日调查时收集。

开始秋季学期的学习阶段。对于每学期的学习及教学安排，学校有统一的活动进度表，各年级各班基本上都按照这个进度表安排教学计划（见表6－2）。在这个活动进度表中，我们可以看到藏语文和汉语文受到了同样程度的重视，同样受到重视的还有数学。最令人关注和与众不同的安排是与卫生相关的活动，一学期中有三周关于卫生方面的时间安排：一次是组织学生搞个人卫生，一次是检查学生个人卫生，第三次是组织学生清扫教室。此外，各班每日进行评比，并把评比的结果展示在校园里的黑板上，评比的内容有“未洗脸”、“迟到”、“未戴红领巾”、“室内卫生”、“环境卫生”等项目，从学前班到六年级都参加评比。令人感到很有意思的是，总共五项评比项目，就有三项与卫生有关，既包括公共卫生也涉及个人卫生，而且个人卫生被放到了第一位（见图6－7和图6－8）。

图6－7　穿着校服衣饰整洁的其奴完小学生

（2007年8月20日　尹婷摄）

图 6-8　其奴完小各班每日评比表（2007 年 8 月 20 日　尹婷摄）

表 6-2　班级活动进度表

周次	日期	活动内容	备注
1	8 月 13 日～8 月 19 日	发放书本，检查暑假作业	
2	8 月 20 日～8 月 26 日	组织学生搞个人卫生	
3	8 月 27 日～9 月 2 日	到图书室学习课外知识	
4	9 月 3 日～9 月 9 日	组织学生搞爱校活动	
5	9 月 10 日～9 月 16 日	组织学生到德育室参观学习	
6	9 月 17 日～9 月 23 日	组织学生进行藏文书法比赛	
7	9 月 24 日～9 月 30 日	检查学生个人卫生	
8	10 月 1 日～10 月 7 日	庆祝“十一”国庆节	
9	10 月 8 日～10 月 14 日	组织学生清扫各室	
10	10 月 15 日～10 月 21 日	期中考试	
11	10 月 22 日～10 月 28 日	检查学生做作业情况	
12	10 月 29 日～11 月 4 日	组织学生进行汉语文书法比赛	
13	11 月 5 日～11 月 11 日	到图书室学习课外知识	
14	11 月 12 日～11 月 18 日	组织学生进行数学比赛	
15	11 月 19 日～11 月 25 日	搞一次讲故事比赛	
16	11 月 26 日～12 月 2 日	到德育室参观学习	

续表

周次	日期	活动内容	备注
17	12月3日~12月9日	争做好人好事	
18	12月10日~12月16日	结束新课	
19	12月17日~12月23日	总复习	
20	12月24日~12月30日	期末考试	

资料来源：其奴村完小提供的资料。

在办公室的黑板上写着各科任课教师的安排：从学前班到六年级都开设有藏语文课程，有6位负责教授藏语文的老师，5位负责教授汉语文的老师和5位负责教授数学的老师。除学前班和一、二年级外，从三年级开始每班都有英语和科学课程，有专任老师负责。从学前班开始，每班都开设有音乐、体育和美术课程，音乐有两位老师，体育和美术各有一位老师。此外，还有专门的地方知识课程，除学前班外所有班级都开设，有6位老师教授该课程（见图6－9和图6－10）。

图6－9　其奴完小教师办公室（2007年8月20日　尹婷摄）

图 6－10　其奴完小任课教师安排表（2007 年 8 月 20 日　尹婷摄）

（三）作息制度

其奴村小的作息时间与西藏自治区其他地区的学校作息时间基本一致。夏时制和冬季的作息时间稍有不同。夏季是 8：30 开始上课，冬季是 9：00 开始上课。上午四节课，每节课 40 分钟，课间休息 5 分钟，两大节中间有 20 分钟的体育锻炼时间，12：30 放学。下午 3：30 上课，上三节课，5：50 放学。周五下午则提前一小时上课和放学，使家住远处的孩子们能够早点回家。作息时间表上专门安排有 20 分钟的“卫生”时间和 20 分钟的“课间操”时间。

三　村民子弟就学情况

九年义务教育在曲水县基本普及，再加上“两基攻坚”任务的强化，对于不送子女就学的家长采取罚款和教育等措施。因此，具体到其奴村民而言，他们已经认识到送子女上学不仅是国家大法，也是作为家长的义务。同时，最近几年的经济发展，外出务工以及接触外界机会的增多，也使村民们深深体会到现代知识对于子女将来前途的重要性，从而增强了他们主动送子女上学的积极性。在这种主客观双重因素作用下，其奴村的适龄儿童基本上都进入学校学习，并连续几年保持100%的入学率和零辍学率（见表6－3）。

表6－3　2006年其奴村学龄儿童、少年入学情况

单位：岁，人

全村人口	7～12	121
	13～15	51
2005年年末在校儿童、少年数	7～12	121
	13～15	51
2005年年末入学儿童、少年数	7～12	121
	13～15	51
2005年失学率	7～12	0
	13～15	0

四　村民教育观念及投入情况

（一）教育观念

其奴村民们对于孩子的教育比较重视。其奴完小校长告诉我们经常会有学生家长找到学校，想让自己孩子留级复读以提高成绩或者赶上同年级同学的学习进度。尤其是最近几年，农牧民们出于外出谋生的需要，或者是外出谋生过程中得到经验教训，普遍认识到学习现代科学文化知识的重要性。村民们不仅不再以传统的观念来要求或束缚孩子，而是期望孩子能够通过受教育改变自己的命运，走上与父辈不一样的发展道路。不过也有村民表示，孩子是否愿意上学还是要征求孩子自己的意见，家长也不能强求，如果孩子真不愿意读书的话，家长也没有办法。同时也有村民表示，孩子是否继续读书，经济问题也是一个主要的考量因素。也有一些具体的情况会影响到村民的教育观。比如有村民表示："我们很想让孩子上学的，儿子的脑子不好，女儿的还不错，就让她上学，但是她自己不想上学，因为家里面劳力少，她想回来帮助家里面。读了六年级以后看她自己的意愿吧。"①

调查发现，"读书无用论"等思想还依然左右着部分家长对子女的教育选择。由于近年来西藏自治区各方面逐步与内地接轨，开始推行大中专毕业生不分配工作制度，即使考上大专或者大学，接受了高等教育，毕业后的工作问题也给家长和学生造成了很大压力。一些村民认为：读书也没什么用处，找不到工作还是一样回来放牛种地，还不如读完小学，能识点字，早些出去打工赚钱划算。

尽管其奴村民们大都表示会对子女的教育负责，但我们发现，事实上大多数村民的文化程度并不高，很难对孩子的学习进行有效的指导。他们所谓的负责也许就是保证不因家里的问题让孩子辍学。村民们对于孩子放学以后的作业或者学习等并不关心，也许从学生及家长的角度，每天放学离开学校就意味着一天的学习任务或受教育任务的结束，其他时间则都是玩耍或者在家劳动，基于这种认识，孩子们玩得尽兴，家长们也不会多加干预或者安排

---

① 2007 年 8 月 21 日对其奴九组村民才桑的采访。

做些家务劳动等。从传统的角度看，对于学生的教育应该“家校一体”，不能单纯依靠在学校的时间和在学校时的教育，学生的家长也应该付出一定的时间和精力。但对于其奴村民来说，这种“家校一体”的观念也许太城市化，实际上也只有城镇居民、公职干部们才有这样的精力和能力。

村中孩子的读书观念与他们的家庭教育密切相关。从九组的整体情况看，家长们大都对孩子的学习持鼓励的态度，平时教育孩子们要好好学习、努力向上。从在完小的调查情况来看，学生们也的确如他们家长所期待的那样，认真读书。不过也有一些家庭对子女上学抱着无所谓的态度，甚至经常向孩子灌输读书没意思的观念。走访时遇到一户人家，在孩子很小时就经常念叨读书无用，让孩子读完小学就别上了，早点毕业，就能早点和父亲一起打工赚钱。这样念叨的结果是，孩子从小便失去了努力读书的上进心，混到六年级小学毕业后，就不再继续读书了。

相比城市里的孩子而言，其奴的学龄孩子们对于学习尤其是家庭学习并没有什么概念，每天放学之后，多数学生要么帮助做些家务，要么聚集到村边的沙地上玩游戏。但当我们问到以后想不想外出读大学时，他们个个都扬起脸，露出一副渴望的表情（见图6－11和图6－12）。

九年义务教育结束后，部分家庭需要再投入三年的高中教育费用，由于高中学校在曲水县城或拉萨市，因此，除了学费之外，还需要缴纳住宿费、饭费等生活费用。常会有些家庭因为负担不起，孩子不得不在初中毕业后就辍学在家。村民达娃桑培的儿子多杰就是这种情况。多杰初中毕业后，

图 6－11　放学后一起玩耍的孩子们（2007 年 8 月 26 日　徐君摄）

图 6－12　闲暇时玩耍的孩子们（2007 年 8 月 18 日　尹婷摄）

由于家庭经济情况不好，只能放弃继续深造的想法，回家务农了。调查组成员走访到他家时，达娃桑培将儿子在中学所得到的奖状和高中入学通知书全都拿出来展示，言语中透露着对于儿子继续上学的期待（见图 6－13）。

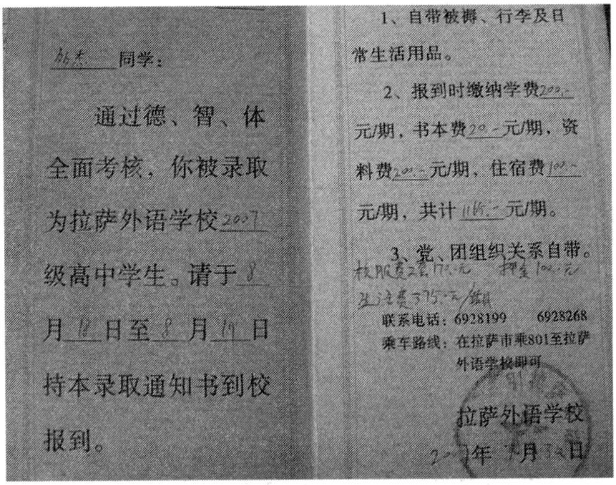
______同学：

通过德、智、体全面考核，你被录取为拉萨外语学校2007级高中学生。请于8月__日至8月__日持本录取通知书到校报到。

1、自带被褥、行李及日常生活用品。

2、报到时缴纳学费____元/期，书本费____元/期，资料费____元/期，住宿费____元/期，共计____元/期。

3、党、团组织关系自带。

联系电话：6928199　6928268

乘车路线：在拉萨市乘801至拉萨外语学校即可

拉萨外语学校

____年__月__日

图 6－13　多杰的高中入学通知书（2007 年 8 月 18 日　徐刚强摄）

（二）教育投入

从 1985 年开始，国家对西藏农牧民子女不仅实施义务教育，而且采取特殊的包吃、包住、包基本学习用品的教育“三包”政策。实行“三包”政策以来，国家和自治区财政先后 6 次调整“三包”经费标准。① 其中 2005 年的

---

① 国家 6 次调整和提高“三包”标准，具体为：1988 年，国家第一次调整西藏农牧民子女义务教育“三包”经费标准。小学由原来腹心县每生每学年 210 元、边境县 240 元，分别提高到 300 元和 330 元；中学由原来腹心县每生每学年 240 元、边境县 260 元，分别提高到 360 元和 380 元。1994 年，国家按照分类原则进一步调整了西藏农牧民子女义务教育“三包”标准。一类（按地区艰苦程度分类）年费用标准为小学生 780 元、中学生 900 元；二类年费用标准为小学生 554 元、中学生 660 元；另按小学、初中、高中三个阶段核发装备费，一类标准每生每阶段 150 元，二类标准每生每阶段 60 元。同时，对享受助学金的范围、对象及标准进行了调整，边境乡小学每生每学年 90 元，边境乡中学每生每学年 110 元，其他小学每生每学年 180 元，其他中学每生每学年 220 元。

2001 年，中央第四次西藏工作座谈会后，国家再次（转下页注）

“三包”标准是西藏农牧民子女教育“三包”政策历史上增长幅度最大、安排资金最多的一次。2007年，第六次提高“三包”标准：小学每生每学年1200元，初中每生每学年1350元；边境县、乡小学每生每学年提高到1300元，初中每生每学年提高到1450元。

由于“三包”政策的实施以及三包标准的不断提升，大大解决了西藏农牧民子弟上学的经费问题。因此，在其奴村小，上学的孩子不仅不需要交学费，还可以领取补助。住校的孩子只需要自带食物即可。仅从近年开始，为了提高教学质量和促进学生的学习效果，其奴完小从二年级开始要求学生购买教材的同步练习册，这笔开支不在“三包”范围内，二年级以上的学生家长每年只需要为孩子缴纳15元钱左右的教材同步练习费。

总的来说，在“三包”政策下，普通村民子弟可以享受到免费的九年制义务教育政策，几乎不需要为子女的教育付

(接上页注①)调整了西藏农牧民子女义务教育“三包”政策，重新确定了经费标准。小学每生每学年600元；初中每生每学年800元；边境县中小学的农牧民子女住校生“三包”费用标准增加50元。2005年，国家大幅提高了西藏农牧民子女义务教育“三包”标准，这也是历次调整中增幅最大的一次。调整后的标准是：小学每生每学年1000元；初中每生每学年达到1150元；边境县、乡小学每生每学年达到1100元，初中每生每学年达到1250元。同时提高助学金标准，小学每生每学年由原来的100元提高到130元，高中每生每学年由原来的800元提高到900元。2006年，国家再次提高了农牧民子女义务教育“三包”标准。小学每生每学年1100元；初中每生每学年1250元；边境县、乡小学每生每学年达到1200元，初中每生每学年达到1350元。2007年从当年9月1日起，“三包”经费标准在2006年的基础上再次进行调整。小学每生每学年1200元，初中每生每学年1350元；边境县、乡小学每生每学年提高到1300元，初中每生每学年提高到1450元。(据2007年12月21日《西藏日报》)。

费。如采访中了解到村民德庆家有一男一女两个孩子，大孩子上初一，小孩子读小学，两个孩子全年的文具纸张等费用支出大概有 100 多元，只占家庭经济支出的很少一部分，在普通村民的财力支撑的可能范围内。

“三包”政策解决了普通农牧民受九年义务教育的问题，文化素质也因此有了很大的提高。文盲人口大大降低。这可以从其奴全村 15 ~ 50 周岁的文盲数以及扫盲的数据看出：2006 年其奴村有 15 ~ 60 岁村民 1563 人，非文盲人口有 1538 人，文盲人口只有 25 人，其中 16 人是残疾人。虽然有 250 人是通过扫盲班扫盲速成的，一部分非文盲也只有小学三年级的文化程度，但相比 20 年前的其奴村情况已经是大大地改变了（见表 6 - 4）。

表 6 - 4　2006 年其奴村 15 ~ 60 周岁人口扫盲情况

单位：人

	人口总数	非文盲数	小学三年级及以上文化	脱盲数	残疾人数	文盲数
总数	1563	1538	1271	270	16	25
女性	796			167		8

资料来源：其奴村统计表，2007 年 8 月调查时收集整理。

五　教育存在的主要问题

（一）教育优惠政策衔接上存在着学生继续深造困难

国家对西藏采取的特殊优惠教育政策大大减轻了农牧民受教育的负担，提升了普通农牧民的文化素质，文盲、半文盲率大大减少。但是，优惠政策的衔接性问题，以及百姓对政策理解性问题，使教育出现断层的情况，即九年义务教育结束之后到受高等教育之前，三年高级中学的教育是学生能够进入到高等学校受教育的必经阶段，国家对于西藏考进高等学府深造的学生有专门的资助政策，各个地方政府也都会依据政策给予一定的补助或方便。我们在达嘎乡政府采访时正是各个高校相继开学的时间，因此，在乡政府采访时，遇到几位家长拿着孩子的入学通知书和村里开的家庭情况证明到乡政府盖章，以争取县级民政部门的学习经费补助或者入校学校的学费减免及生活费补助等优惠（见图 6－14）。

图 6－14　考上大学的学生家长到达嘎乡政府申请减免学费证明

（2007 年 8 月 30 日　徐君摄）

因此，对于普通村民来说，为了孩子的教育，家庭需要投入的最大部分是高中阶段，家庭若能解决孩子在高中阶段的学费和生活费问题（通常高中都设在县城，农牧区的孩子需要住校，因此生活费是一笔高于学费的大开支），就会提高孩子继续深造的机会。然而，有部分家庭无法承担这部分的费用，尤其是本身经济基础就很薄弱的其奴九组搬迁户。我们在其奴九组调查统计结果（到 2007 年 8 月为止）是，全组 102 户、498 人中仅有 2 个大学生、2 个高中生。一些年轻人不愿意继续上学除了是由于认为会认字、外出打工不会受骗就行了的主观原因之外，也有一些人是因为无法承担三年高中费用不得不放弃继续读书的，组里的 28 号家庭就是这种情况，儿子多杰中学毕业后考上了拉萨外语学校，但学费、生活费每年需要一千多元。① 虽然孩子还很想继续上学，但是由于家庭经济状况不好，不得不让孩子留在家里。不过大多数家长认为，学得太多了也没有什么用处，就算是读到了大学，以后没有什么关系的话，孩子还是要回家来务农。特别是女孩，不仅是家中最重要的劳动力，而且也没有必要获得很高的文凭。

最近几年的剧烈变化，已经改变了大多数村民的想法，越来越多的其奴村民开始改变以前那种希望孩子尽快完成学业早点参与家务劳动的观念，而是期待子女能够受到更好的教育，将来有好的前途。

（二）传统家庭教育与现代教育之间缺乏必然联系

现代教育重视家校联系、家校一体的做法很难在农牧区实现。而在儿童个体成长过程中，传统的家庭或社区教育作用也难以纳入到现代教育体系内，呈现出现代学校教

---

① 多杰的 2007 年高中入学通知书写着："报到时缴纳学费 200 元/期，书本费 20 元/期，资料费 200 元/期，住宿费 100 元/期，校服装 2 套 170 元，押金 100 元，生活费 375 元/期"，共计 1165 元/期。2007 年 8 月 19 日徐刚强所拍摄的照片资料。

育和传统家庭或者社区教育脱节的现象。

在其奴完小的调查中，其奴村完小校长针对目前的学校教育情况表达了以下看法。

1. 学生普遍缺乏现代化的家庭教育。表现在礼貌教育方面或者家庭对孩子教育重视程度方面。对于礼貌教育有些家长比较重视，有些不太重视。相比较而言，其奴的9个组，一、三、六组村民比较注重礼貌教育，孩子的礼貌习惯较好，儿童说话多用礼貌用语；而从尼木县搬迁来的其奴九组的学生们就较差一点（作者推测可能是习惯不同，或者还没有适应的结果）。对于孩子教育的重视程度可以从每学期召开家长会时，家长们是否积极参加得到反映。学校每学期会召开1～2次家长会，一般是在期中或者在期末考试结束、公布成绩后开会，要求家长都要参加。开始时家长们不是很积极，很多是因为农活或者家务的耽搁，更多的是思想上不重视，而不来参加家长会。后来学校想了个办法：每次开家长会时，让学生排队站到门口，只有家长来了才能放学生走，家长不来，学生就排在学校门口不放学，这样就会有家长出于不让小孩子难堪的考虑，放下手中的农活来参加家长会。校长反复强调“家庭教育是人生教育中的重中之重，往往决定了一个人对世界、对事物的看法。若是一个人第一步不走好的话，他的教育上就会出现一些问题”。

2. 家长自身素质有待提高。农村教育要想得到大的发展，必须依靠社会及家庭各方面共同努力，不仅国家要投入，县乡相关部门要重视，村委会和家长更应该重视。首先要搞好扫盲工作，让家长们脱盲，使他们了解和理解受教育的好处。村里面有人出去打工，文化水平低的与外界交流起来比较困难，就业形势也很不乐观。村民应该多学一些数学算面积、算体积方面的知识。有了这些知识，不仅打工方便，家长素质也会提高，对孩子的学习和发展会有很大的影响。

3. 家校一体、家校联系的缺失。孩子在家基本没有学习的氛围，一般的家庭家务多，尤其是大点的孩子是家务活的主要劳力，要承担繁重的家务劳动，所以学校一般不布置任何家庭作业。无形中，使孩子的学习失去了连续性。

4. 语言环境的缺失。学生在学校除了上汉语课与英语课时说汉语和英语外，其余时间都说藏语，不仅在家的时候没有语言环境，到了学校也还是没有什么机会说汉语和英语，所以现在不仅小学生，甚至很多初中生也没有办法听懂汉语，更没有机会说好英语。

第二节 农业科技

一 农牧业科技发展情况

农业科技的发展情况很难从乡级政府工作中体现，更难从行政村角度呈现，因此，本节以县级的农业科技发展情况来展示。同时参见第四章第二节。

曲水县在县一级围绕农牧业科技推广与发展工作专门设立科技局，属于农牧局下属的二级局，与农牧局是两块牌子，一套人马。2007 年曲水全县拥有各类专业技术人员 428 人，其中农牧业专业科技人员 79 人，占全县各类专业技术人员的 18.4%。每年科普三项经费投入 15 万元，占全县财政支出的0.1%，占全县支农资金的23%。[①]

曲水县的农业科普技术力量主要依靠农技推广站、畜牧兽医站以及县职教基地等相关部门。畜牧兽医站虽然设于1985年，但直到2007年调查时仍然只有1名工作人员，很难开展实际的工作。从目前的情况看，曲水县的科技发展存在以下问题：科技服务机构和体制建设滞后，推广服务体系不健全。虽然已经建立了推广服务体系，但是技术设备和技术人员配备严重不足，专业技术人员不仅缺乏而且素质较差，很多农牧业科技人员参加工作多年，从未参加过任何学习培训，知识老化，因此生产指导能力差。此外，县级科技投入渠道单一，仅靠政府投入，总量不足，每年15万元的科普三项经费远远不能满足实际需求。由于人员和经费的制约，科技创新能力差，同时科研与推广之间也存在着脱节现象。

具体以曲水县2007年上半年农牧业科技发展情况为例进行说明。[②]

（一）种植业

在提高粮食单产行动的同时，加强种子工程建设，逐步实现种子生产的标准化、规范化和专业化，麦类作物良种形成产、加、销一体化。2007年，共推广落实种子田7180亩，其中一级种子田1140亩，二级种子田6040亩，种子田种子精选和包衣率都达到了100%，良种覆盖率达到86%。

---

① 主要数据来自中共曲水县委、曲水县人民政府《曲水县科技工作调研汇报材料》，2007年8月29日调查获取。

② 主要数据来自中共曲水县委、曲水县人民政府《曲水县科技工作调研汇报材料》，2007年8月29日调查获取。

全县共拥有各类农业机械 2675 台（套），2006 年农机三项作业（机耕、机播、机收）水平分别达到 4.6 万、4.5 万、3.5 万亩，分别占耕地总面积的 71%、69.2% 和 53.8%，机械化程度有了较大提高。

（二）畜牧业

采用引种和黄牛改良技术推广等技术，为提高畜群良种比例奠定基础（其奴九组获得一头种黄牛，详见第四章第二节），另外，通过推广高产青饲玉米种植及青贮技术，提高科学养殖水平。

（三）科技培训

县科技部门建立了科技特派员制度，通过特派科技人员下乡把科技传到具体农户。全县选派了 53 名技术指导员、7 名科技特派员下乡蹲点，对示范户和各个项目区群众进行田间地头手把手的技术指导。开展各种类型的劳动技能培训，在全县范围内选取 1000 个示范户，辐射带动 4255 户，实施奶牛养殖、生猪养殖、藏鸡养殖等技术的科技示范，从而提高农牧民的知识水平和劳动技能。2005 年达嘎乡组织开展农牧民技能培训 31 次，参加培训的农牧民达 1526 人，转移剩余劳动力 2973 人次。2007 年曲水县结合科普培训基地、科技支撑项目开展 9 项各类劳动技能培训，共培训农牧民 4475 人。这些受训农牧民成为掌握先进种养技术的增收能人和致富带头人。

（四）农村资源建设

曲水县是西藏第一批农村沼气国债项目的实施县，专门引进了技术人员建设和推广沼气。全县已建设完成500户，计划在县内按照“集中与分散相结合，突出整村推进、逐步实现整乡推进的原则”，在南木乡江村发展282户、曲水镇茶巴朗村发展90户、达嘎乡其奴村发展100户（即其奴九组），弱势群体沼气池建设户118户，总计590户，每户建1个沼气池。

（五）企业产业开发

曲水县农业产业化龙头企业主要有西藏绿宝食品发展有限公司和拉萨天恩科技发展有限公司两家，西藏绿宝食品发展有限公司于2004年建成投产，主导产品是“亚拉索”牌雪域芫根酱腌菜，目前形成年生产3000吨的加工能力，产品畅销拉萨、成都、重庆、武汉、上海、北京等地，而且又开发了牦牛酱肉、藏鸡丁酱、香辣芫根等新品种，市场发展前景看好。拉萨天恩科技发展有限公司是一家集中肉猪养殖、屠宰加工于一体的企业，计划投资2000万元建成年养殖5万头规模的养殖场以及投资1800万元建成年加工10万头生猪规模的屠宰加工基地（我们调查时还处于在建状态）。这些产业开发公司是曲水县围绕市场需求大力发展特色产业的尝试，希望通过大力实施以奶牛养殖为主的畜牧业，以西瓜、芫根、蔬菜种植为主的种植业，初步建成一批具有曲水县特色的农产品基地，积极利用曲水绿色农产品加工园区这一平台，积极与各种农业产业化龙头企业发展“订单农业”，增加农民收入。

二 农业科技推广项目

（一）推广项目及推广过程

以曲水县2007年大骨节病搬迁群众土豆种植项目实施过程来展示农业科技推广情况。由于曲水县土豆具有高原无污染、口味独特、沙性好、淀粉含量高等特点，在拉萨及周边地区非常畅销，然而一直没有长期、稳定的原材料供应基地。县里抓住这个市场需求，计划推广这种土豆的种植技术，组织大骨节病搬迁群众种植这种土豆，一方面可以满足市场需求，另一方面也可以增加贫困群众的现金收入和改善自身的食物结构。因此曲水县专门编制了《曲水县2007年大骨节病搬迁群众土豆种植项目建议书》，制定了土豆种植的详细规划。

项目具体实施过程：

1. 成立工程项目的组织与协调机构。

2. 由县扶贫办与达嘎乡人民政府签订项目实施协议书。

3. 土豆种子、农药、化肥及防治田间病虫害、鼠害的药品由县扶贫办统一采购后交付达嘎乡政府。

4. 质量要求：①土豆播种必须在3月底至4月初，越晚品质越差。②土豆的垄沟必须符合要求，要有足够的水源。③肥料及防治病虫害的药品用量要符合标准，一般每亩施尿素15斤、农家肥4000斤、氮肥20斤。④田间管理：根据土豆生长期的要求在每一生长阶段采取相关的技术保障措施。

5. 进行合理的轮作制度，并在土豆收获后及时进行豆类等作物的复种工作。

6. 工期要求：2007 年 3 月至 2007 年 8 月。

7. 进行必要的营销活动。

8. 项目后继管理：收益的一部分将用于管理人员工资、技术培训等工作，逐步走上滚动发展的道路。

项目效益评估：

1. 经济效益

该项目实施后，100 户 418 名贫困患病群众将直接受益，每亩按平均产 750 斤计，每斤按目前市场价 0.8 元，1500 亩年产值 90 万元，扣除成本费用及后续发展 45 万元计，平均每户毛收入 4500 元，经济效益明显。

2. 社会效益

该项目的实施，可解决 100 户群众稳定的经济来源，对促进社会局势稳定，构建和谐社会具有重要意义，可快速带动贫困农民摆脱疾病困扰，增强致富信心，同时促进曲水县产业结构调整，带动农业快速发展，不断推进本县的经济发展。①

2007 年，土豆项目在其奴九组按计划实施了，虽然因为市场原因②最后的结果并不如项目规划时所设计的那样，为村民带来可观的现金收入，但是作为一项科技推广项目

① 《曲水县 2007 年大骨节病搬迁群众土豆种植项目建议书》。

② 其奴九组种植的土豆按照最初项目规划，会与收购公司签订收购土豆合同，种植的土豆全部作为商品出售，所以，组长才会组织全组人守望土豆以防盗挖，然而当土豆成熟后，并没有公司来收购。最后，组长不得不组织村民采挖并自行在市场上销售。如果错过了土豆销售的最好时机，收入将大打折扣。

能够全面实施而且被百姓接受并受益，也算是科技推广成功的例子。

（二）农业科技发展存在的问题

1. 科技服务机构和体制建设落后，推广服务体系不健全。虽然现在曲水县推广服务体系已基本建立，但是无论是技术设备，还是技术人员的配备和素质，都远远无法满足社会经济发展的需求，并且因设备条件差，专业技术人员缺乏，科技的推广与创新受到了严重制约。

2. 科技体系不健全，且指导能力差。目前全县科技行政管理部门没有单独挂牌，没有人员编制。很多农牧业专业科技人员参加工作多年，从未参加过任何学习培训，知识老化，造成生产指导能力差，严重制约了新的科学技术在生产上的应用与推广。

3. 科技投入渠道单一，总量不足，科技创新能力差，科研与推广脱节，严重影响了科研开发与新成果、新技术的应用和发展。

4. 科技涉及面窄，目前主要是涉及农牧业技术的应用与推广，特别是对工业的科技贡献极低。

5. 农牧民综合素质较低，配合效果较差。[①]

三　科技下乡活动

曲水县抽调了农业、林业、畜牧、科技等单位的技术骨干，深入全县 5 乡 1 镇 17 个行政村，以大棚西瓜种植、小尾寒羊、藏鸡畜养、无公害瓜菜产业开发、高产油菜种植等为

① 2007 年曲水县科技工作调研汇报材料。

主题，对农村中的主要劳动力进行了技能培训，并且深入田间进行了现场指导。同时，还进行了二、三产业实用技术讲座，讲解个体、私营、合资等形式的小型经济组织相关知识，宣传优惠政策，为农牧民的发家致富寻找出路。

2006 年冬到 2007 年夏之间，开展了集中专业培训讲座 3 次，受培训的群众达 5050 人次。此外，还在每个乡（镇）、村的文化活动室，发放《农牧民基本常识手册》等科普读物，“大力推广立体种植、节水灌溉、温棚养畜、畜禽苗种选购等实用技术，使得农牧民的科技文化水平有了很大的提高”。①

第三节　医疗卫生

一　医疗卫生设施

其奴村只有村医 1 名，其奴九组建设时建成村级卫生所 1 处，并配备医生 2 名（其中一位是移民，在尼木老家时是赤脚医生）。为了更准确地反映乡村医疗情况，本节以其奴九组和达嘎乡以及县级医疗政策等来具体呈现乡村医疗卫生情况。

整个达嘎乡有医疗人员 13 名，其中受过专门训练的 6 人，村医 5 名。有乡卫生院 1 个。2006 年，尼木县大骨节病移民搬迁安置到曲水县其奴村后，为了改善病区群众的医疗条件，曲水县投资 35 万元，在九组村社里新建卫生所 1 处，占地面积 500 平方米，其中房屋 80 平方米，病房 4

① 《曲水县 2006 年冬至 2007 年春“三下乡”活动情况汇报》。

间，病床两张，药柜一个（见图 6 – 15 和图 6 – 16）。由拉萨市卫生局解决医疗器械、设备和药品，配备医护人员 2 人。“从医疗、防疫、妇幼以及计生工作上做到全面保证，将不断完善医疗条件，防止他们因病返贫等情况的发生。”卫生院里有两个常驻医生，年轻的是由达嘎乡选派的，受过正规训练，一个月工资 500 元左右（见图 6 – 17）；另一个是在尼木老家时就帮别人看病的“赤脚医生”，每月收入

图 6 – 15　其奴九组村卫生所（2007 年 8 月 26 日　徐君摄）

图 6–16　其奴九组医疗点内药柜（2007 年 8 月 18 日　尹婷摄）

图 6–17　其奴九组乡派村医（2007 年 8 月 26 日　徐君摄）

140元左右（见图6－18）。村卫生所的两位医生都很受村民们的欢迎，村民们都表示他们的医术都很不错，能满足日常的需求，同时，他们对村民的态度也很好，经常到不方便走动的村民家中去出诊，和村民就像朋友一样的关系，其奴村民都很满意。

其奴没有个体医生，村中的卫生所能满足村民们的日常需要。

图6－18　其奴九组“赤脚医生”村医（2007年8月26日　徐君摄）

二　村民就医情况

（一）村民看病情况

其奴卫生院的村医没有特定的休息时间，加上其中一位家就在其奴村，所以村民们看病比较容易。一般的咳嗽、感冒都是在村里卫生所医治。在其奴村卫生所看病最常见的病情是痢疾，这大概和他们的饮用水浑浊有关。其次，藏族人由于生产生活的习惯，大多数人患有关节炎。由于高原的强烈阳光直接照射，白内障也是高原人常见的疾病，尽管这里无法治疗，但是却也有一些常用药品储存。同时，村民的一些避孕及卫生知识也可以在村卫生所获得，卫生院中就有关于避孕知识的挂图。卫生所还负责新生儿与幼儿打疫苗等免疫工作（见图6－19）。

（二）村民用药情况

村卫生所里存有村民们常用的各种药品，村民们的用

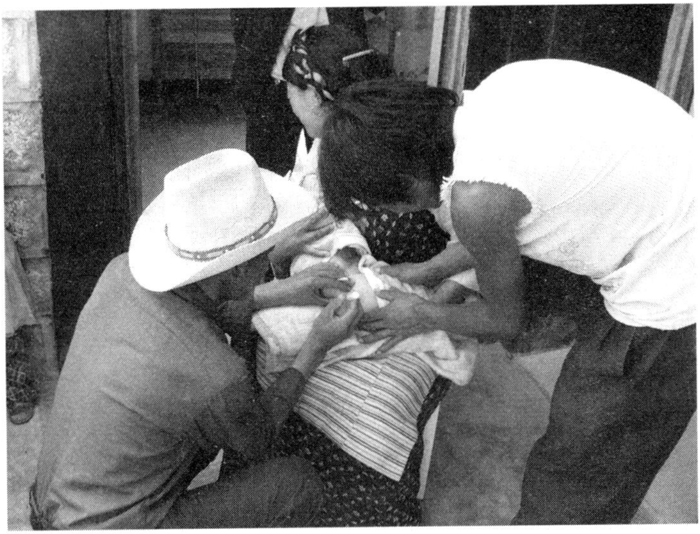

图 6－19　村医为婴幼儿打疫苗（2007 年 8 月 18 日　徐刚强摄）

药需求基本上可以得到满足。例如红霉素眼膏、健胃消食片、润喉片、醋酸地塞米松片、芬必得等止痛药，还有治疗关节炎的吲哚美辛肠溶片等。在患有大骨节病的村民家中我们还看到以前在尼木老家时国外基金会给大骨节病患者提供的药品（见图 6－20）。同时，村民们也会使用一些藏医的药品。不过由于卫生所看病十分方便，且都是西药，所以，藏医的药品也不多见了。

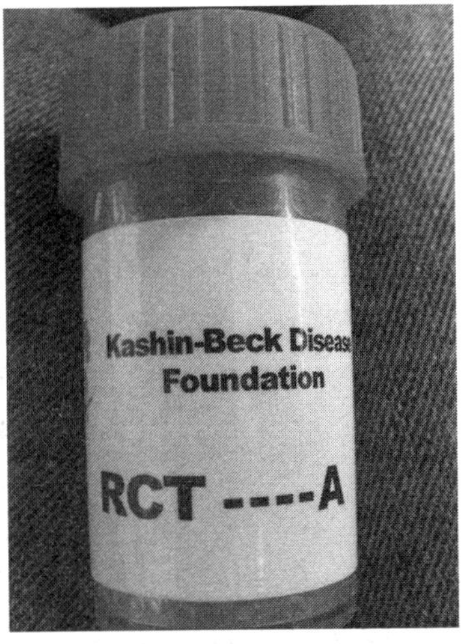

图 6－20　大骨节病患者所使用的药物（某国外基金会提供）（2007 年 8 月 18 日　尹婷摄）

三　医疗政策

曲水县从1999年开始推行农牧区合作医疗制度。作为一项“民心过程”，以免费医疗为基础，并将农牧区医疗保障纳入国民经济与社会事业发展目标管理体制中，每年对农牧区医疗参保情况进行评估和考核，农牧区医疗覆盖率达100%。对于农牧区合作医疗的具体事项，有一系列的制度、规定使操作具体化、明晰化，如《曲水县农牧区医疗费用补偿规定》、《曲水县农牧区医疗基金财务管理制度》、《曲水县家庭账户医疗基金财务管理制度》和《曲水县农牧民合作医疗转院转诊制度》等，2006年自治区出台了《西藏自治区农牧区医疗管理暂行办法》，拉萨市出台了新的《拉萨市农牧区医疗管理方案实施细则》，曲水县也制定出台了《曲水县农牧区医疗管理方案实施细则》。至2008年，西藏237万农牧民的免费医疗标准已达年人均140元。[①] 见图6－21。

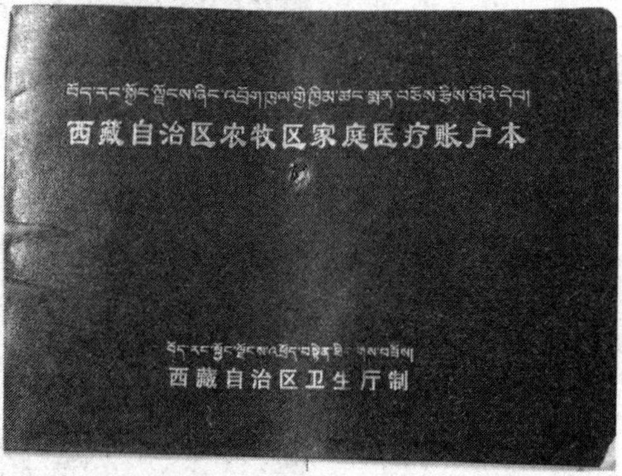

图6－21　其奴九组享受新医疗合作制度的家庭医疗账户本

（2007年8月26日　徐君摄）

① 向巴平措：《政府工作报告（摘要）》，2009年1月14日。

医疗基金的补偿：采用“补大病为主，补小病为辅”的原则。具体补偿办法为：

对缴纳个人筹资的农牧民，在各级医疗机构就医报销补偿的比例及具体结算办法按以下规定执行：在乡（镇）医疗机构和村卫生室就医所发生的门诊费用，凭家庭账户本在其家庭账户基金中核销；在乡（镇）医疗机构就医所发生的住院费用，凭家庭账户本、出院证明和医疗费用有效票据到县医管办，在大病统筹基金中报销80%。

在县级医疗机构就医所发生的医疗费用，其门诊费用凭家庭医疗账户本在家庭账户基金中直接核销；住院费用凭家庭医疗账户本、出院证明和医疗费用有效票据，在大病统筹基金中报销75%。

在市级及市以上医疗机构就医发生的医疗门诊费用，其门诊费用凭家庭医疗账户本在家庭账户基金中直接核销；住院费用凭家庭医疗账户本、县医疗机构转诊证明、出院证明和医疗费用有效票据，在大病统筹基金中报销65%。

未缴纳个人筹资的农牧民的医疗费用，按照地域上述规定同等次同条件补偿比例20%进行补偿。

……报销补偿封顶线为4000元，报销补偿的限额，对缴纳个人筹资的农牧民医疗补偿，每人每年累计报销不超过8000元，对未缴纳个人筹资的农牧民医疗补偿，每人每年累计报销不超过6000元。

具有本县农业户口的农牧民孕产妇在各级医疗机构住院分娩发生的医疗费用，凭家庭医疗账户本、县

> 卫生医疗机构转诊转院证明以及医疗费用有效票据，根据自治区卫生行政主管部门制定的现价标准，在大病统筹基金中给予100%报销。同时，实行农牧民孕产妇住院分娩奖励政策。凡农牧民孕产妇在各级医疗机构住院分娩的，一次性奖励孕产妇30元，奖励陪护者20元。奖励经费由县医管办在大病统筹基金中支出。

农牧民在校中学生，从其家庭账户本人基金中每人每年提取50%由县医管办统一管理（2007年平均27.4元/人/年），用于在校学生门诊医疗费用的支付。

2006年9月，达嘎乡成立麻疹疫苗强化免疫活动领导小组，由乡党委副书记、乡长任组长，副乡长和乡卫生院副院长任副组长。成员由乡卫生院计生专干、科员和4个行政村妇女主任以及达嘎村、色甫村和色达村村医组成。

四　医疗卫生组织下乡

曲水县组织县医院、计生委、卫生局等专业人员深入农牧民家庭，向他们介绍医疗健康基本常识，并结合传染病的特点，重点讲解冬春易发传染病，如非典、禽流感等呼吸道疾病预防知识，提高农牧民防治疾病的能力，还对孕妇死亡、新生儿死亡以及一些生育政策和卫生常识进行指导和讲解，并送去许多医疗急需的药品，对农牧民幼儿进行疫苗注射，开展义诊等，为广大的农牧民们带来了好处。[①] 见图6－22和图6－23。

---

① 《曲水县2006年冬至2007年春“三下乡”活动情况汇报》。

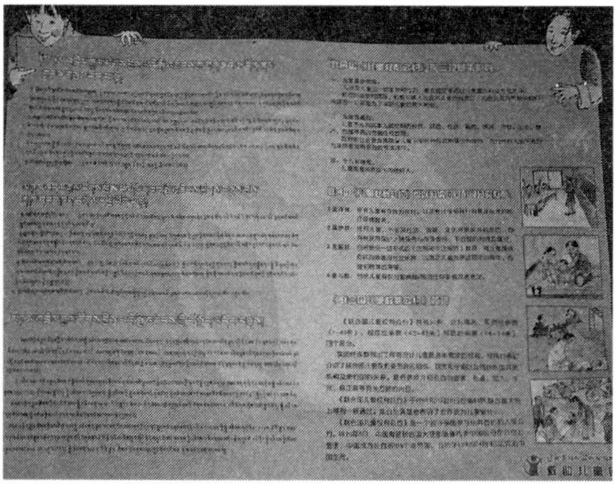

图 6 – 22　挂在乡政府的《联合国儿童公约》宣传画

（2007 年 8 月 30 日　徐君摄）

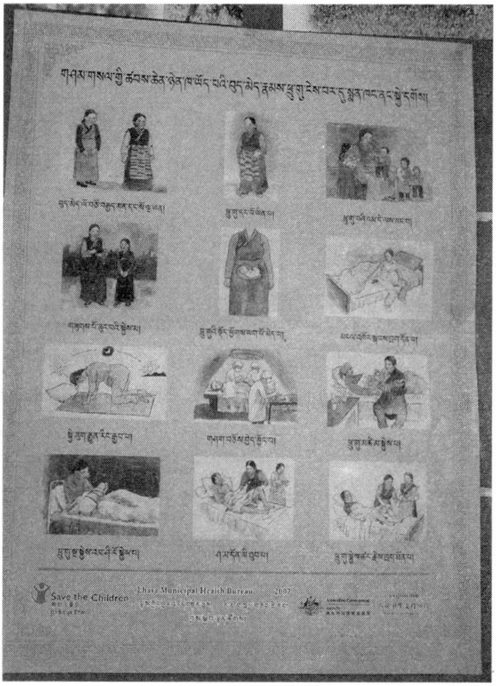

图 6 – 23　澳大利亚国际发展署救助儿童会西藏支持项目

妇女分娩宣传挂图（2007 年 8 月 26 日　徐君摄）

第四节 文化体育

一 文化信息设施

（一）文化设施

2006年，曲水县农牧民安居工程计划改造文化室和村委会。文化室计划为6座，每座建筑面积为300平方米，包括围墙、大门等附属设施。文化室配套设施预算为3万元/座；村委会建设规模要求占地面积500平方米，包括围墙、大门等附属设施，村委会配套设施预算为5万元/座。[1] 达嘎乡人民政府在2006年3月提出新建文化室建议书，计划在全乡新建16座文化室，每座面积300米，投资18万元，总共投资288万元（县政府计划每座投资3万元）。

其奴村村中的文化设施不多，比较有代表性的是其奴九组的文化活动室，即九组组委会所在地。这里原本计划设立安置新村的村委会，后来新村划归其奴行政村管理，取消了移民行政新村建制的计划，100户移民被编为其奴九组。相对于其奴行政村其他组来说，由行政村办公室规格的建筑转成的其奴九组文化活动室最为宽敞和现代化。有关村组的任何大小事情，组长普琼就会召集村民在文化活动室开会，组长普琼就住在文化室，看守着一排七间空房子。每月县电影放映队会到这里为村民们播放一次电影

① 曲水县农牧局安居工程办公室制《曲水县农牧民安居工程配套设施项目统计表》，2006年3月。

(按照县文化局的计划是每月两次)(见图6-24)。

图6-24 县文化站流动电影放映车

(2007年8月17日 尹婷摄)

其奴九组的文化活动室设有一个电视接收器与一台电视机(见图6-25),平时村民们可以来这里收看电视节目。虽然大多数的村民都可以在家收看电视,但是只有这里才能接收到西藏一台之外的节目。这里也是村民集会的地点,村中的大小事宜都在这里协商和宣布(见图6-26、图6-27和图6-28)。

(二)信息获得方式

其奴村地处318国道旁,交通便利,整个村子与外界的交往也较为频繁,人们获取信息的方式也是多种多样。电视无疑是一个最佳方式,但是大多数的人家只能收到西藏一台,偶尔能够收到中央一台,但有限的汉语水平使村民

图 6-25　其奴九组文化活动室

（2007 年 8 月 25 日　徐君摄）

图 6-26　组长普琼召集村民开会

（2007 年 8 月 29 日　徐君摄）

图 6－27　组长在文化活动室召集组员协商
（2007 年 8 月 29 日　徐君摄）

图 6－28　在文化活动室议事的村民（2007 年 8 月 29 日　徐君摄）

们仅能从图画上了解点信息。中老年人一般会在午间阳光灿烂的时候三三两两蹲坐在某家门前，交换着各种信息。年轻人不满足于仅有的电视节目，通常会骑着摩托车到曲水大桥的录像厅或甜茶馆聊天玩乐，或利用打工的机会到曲水县城、拉萨市内接受新知识，也将自己的所见所闻散播到其奴村的各个角落。

村中没有家庭订阅报纸，只有村委会订阅有《西藏日报》和《半月谈》。

同时，县上和乡里也会组织一些活动，例如组织的文化科技“三下乡”活动，是村民们获取新知识的途径之一。

二　体育设施

其奴村没有专门的供村民使用的体育设施，在他们的观念里面似乎也没有必要。老人们转经、青年人劳动、小孩子在沙地上翻滚与各种游戏就已经是体育锻炼。现代化的各种社区体育锻炼设施，对于他们来说，完全没有必要。在望果节和三八节等节日，其奴会举行一些体育活动，如赛马、赛牛、搬石头（抱石头）、拔河、双人赛力、骑马射箭、骑马捡哈达、马术表演等，这些传统体育活动丰富了人们的娱乐生活。藏历新年举行“得贡”，即将牦牛角立于远处，众人以石掷之，也是一种体育活动和锻炼的方式。

三　文化下乡活动

曲水县每年都以各种形式的“三下乡”活动为农牧民们带去先进的知识与技术。“三下乡”有“科技下乡”、“文化下乡”、“卫生下乡”、“法律下乡”、“送温暖下乡”和“调研下乡”、“驻军慰问演出”等方面。县里专门组织成立了由县委副书记和县委常委、宣传部长及副县长组成的“三下乡”领导小组，由法院、公安、文化广播电视、农牧、卫生、教育、民政、工商、乡企、团委、妇联、医院、中学、城建、防疫站共15个部门负责人组成为小组成员。专门制定科技文化卫生“三下乡‘活动实施方案’，对三下乡活动进行统一安排部署”，内容细化、具体化到部门和单位，由宣传部牵头。

2006冬季到2007年春季之间，曲水县委宣传部组织了一系列活动以满足农牧民的文化需求，以宣传党的富民政策和培养群众积极向上的生活情趣为题材，自编自排自演了许多文艺节目，为曲水县的农牧民们带去了丰富多彩的文艺节目，同时，还带去了许多农村实用的技术资料，放映了许多贴近农牧民生活实际的电影。农牧民们得到了实惠也得到了快乐。其奴村的人们也在这些活动中受益。①

① 《曲水县2006年冬至2007年春“三下乡”活动情况汇报》。

专 题

西藏大骨节病搬迁项目实施调研*

——以曲水县达嘎乡其奴村九组为例①

冉光荣　徐　君　徐刚强　尹　婷

大骨节病是一种以软骨坏死为主要改变的地方性变形性骨关节病。本病常常是多发性、对称性地侵犯软骨内成骨型骨骼，导致软骨内成骨障碍、管状骨变短和继发的变形性关节病。主要发生于儿童和少年，临床表现为关节疼痛、增粗变形、肌肉萎缩、运动障碍。现在本病的国际通用英文名称为 Kashin Beck Disease。

村中患有大骨节病的村民家庭一般都较为贫困，疾病使得他们身体矮小，关节增大，全身肌肉萎缩。无法像正常人一样下地干活，出外打工。他们大多数人只能承担一些简单的家务劳动，那些患病较轻的人也只能承担一些简

---

* 该文曾发表在《藏学学刊》第四辑《多元视角下的藏区社会》（四川大学出版社，2008 年），收入时稍作改动。

① 徐君、徐刚强、尹婷：《西藏自治区曲水县其奴村社会与经济发展调查报告》，2007。

单的工作与劳动负担。所以，在他们的家庭中，劳动力十分缺乏，生活也较为困难。疾病不仅使得他们丧失了劳动技能，甚至也使许多人失去了结婚生子的机会。

大骨节病是我国西藏地区和其他藏区为害甚烈的主要地方病之一。如在西藏的尼木县续迈乡便有患者435户、1950人，占该乡总户数、总人口的45%和39%。又如在四川甘孜藏族自治州和阿坝藏族、羌族自治州农牧民中，受此病威胁的超过100万人，在20世纪80年代临床检出率达30%。其中阿坝州有现症病患者5.1万人。该州壤塘县3.16万人中，现症病人1.15万人，占全县总人口的36.70%；该县茸木达乡1632人中，患者800多人，其中二度以上677人，完全丧失劳动能力的278人。

由于至今人们都不完全了解该病的病因，因而治愈率低。患者或因医疗费用，或因失去劳动能力而造成严重的经济负担。他们多属绝对贫困户，只能依靠救济。2006年《西藏自治区扶贫开发“十一五”发展规划》估计全区有6.8万人年均纯收入低于882元，属绝对贫困人口。实践业已证实，行之有效的扶贫措施在他们身上难以产生积极作用，有必要采取特殊的办法和行动。现有病情材料及其他种种迹象表明，大骨节病与当地居住环境有极大的关系，为了避免新一代患者的产生，现有条件下唯一可行的办法便是整体外迁，完全脱离原有病区。四川阿坝州曾进行试点，取得令人振奋的效果。近些年，西藏特别设立“大骨节病搬迁项目”，推行声势浩大的整体搬迁活动。投入堪称巨大，筹划、步骤亦属周密、得当，在初步安置后还出现了不少新的现象和苗头。对西藏大骨节病患者的整体搬迁即时进行深入调查、分析，总结经验、发现问题、提出措施，不仅有助于今后搬迁行动有计划地稳定开展，而且对实现患者家庭与个人和周边关系的有效调适将产生可贵的促进作用。真正让他们在经济收入大幅度改善的同时，在生理、心理上得到积极治疗和康复，成为一批生活面貌、精神面貌得以全面改观的新藏民。本文正是立足于曲水县达嘎乡其奴村九组调查材料，力求对上述意图进行初步探讨。

一　大骨节病搬迁项目的推行

2005 年 1 月，西藏《曲水县达嘎乡其奴村大骨节病搬迁项目总体实施方案》出台。此项目，由拉萨市尼木县、曲水县共同承建，由尼木县病区搬迁至曲水县，其中达嘎乡 100 户（集中居住在其奴村九组）、才纳乡柏林村 30 户、茶巴拉乡茶巴拉村 22 户。

实施方案主要内容是住房建设。在达嘎乡计划共建房 170 套（实际建房 100 套）。按照市政府会议决定本次搬迁房建部分，由尼木县和曲水县共同承建的精神（即尼木县 85 户、曲水县 85 户，实际是尼木县 48 户、曲水县 52 户），房建标准原则上按照一层平房石木结构建设，严格把握建筑面积和房建标准，不得降低房建标准，并且搬迁户住房要做到人畜分离，每户要设畜圈、厕所、草房等附属设施。

大骨节病搬迁建设住房按 1～3 人、4～6 人和 7 人以上三个标准进行建设，其中 1～3 人 60 户、4～6 人 77 户、7 人以上 33 户，民房、庭院总占地面积为 46724.92 平方米（其中房屋建筑面积为 16440 平方米）。其中，1～3 人标准：每户占地面积为 240 平方米（住房面积为 80 平方米，棚圈 36.75 平方米，草房 28.91 平方米，厕所 8.41 平方米）。4～6 人标准：每户占地面积为 281.14 平方米（住房面积为

100 平方米，棚圈 36.75 平方米，草房 28.91 平方米，厕所 8.41 平方米）。7 人以上标准：每户占地面积为 320 平方米（住房建筑面积为 120 平方米，棚圈 36.75 平方米，草房 28.91 平方米，厕所 8.41 平方米。）

与此同时完善配套设施建设。一是需新垦农田、草场 2296.74 亩，主要解决搬迁群众生产、生活用地问题；二是需修建提灌站及田间渠道配套设施，主要是解决项目区 2896.74 亩农田、草场灌溉问题；三是 2296.74 亩土地土壤改良，其目的是培育土壤肥力，改善农田土壤结构，提高农田生产效益；四是需解决人畜饮水问题，本项目选用两个水源，作为本项目人畜饮水建设点，以便解决搬迁群众人畜饮水困难；五是通过电力配套项目，解决搬迁群众的生产、生活用电；六是通过医疗设施建设，以方便项目区搬迁群众就医；七是通过其奴小学改扩建，解决搬迁群众子女上学问题；八是通过村委会建设，解决搬迁群众新建村委会办公设施；九是通过农田林网建设，美化项目区生态环境，改善项目区生态保护，加强生态平衡，有利于项目区的自然协调发展；十是通过农业生产配套及草场围栏建设，解决搬迁群众生产急需的化肥、种子、农家肥、农药及生产工具和草场保护等问题；十一是通过三年国家补贴搬迁群众口粮项目的实施，解决了搬迁群众的生活问题。

从《曲水县达嘎乡其奴村大骨节病搬迁项目总体实施方案》中可以看到：

第一，投入力度大，经费安排合理。该项目需总投资 3000.417 万元，其中搬迁住房建设投资为 680 万元，水利灌溉及排防洪设施和人畜饮水项目投资 1193.4 万元（其中水利灌溉投资 874.92 万元），新垦农田（平整土地）及土壤改良项目总投资727.287万元（人畜饮水项目投资为90.6615万元），草场建设及农业生产配套投资（草场建设850亩）125.42万元，电力配套投资20.94万元，林网建设项目投资18.34万元，教育卫生投资126.36万元，村委会建设需投资31.34万元，搬迁群众三年口粮补贴需投资77.33万元。

仅就建房而言，平均每户约4万元。阿坝州壤塘县茸木达乡有90户急待搬迁，因筹资仅10万元，只搬迁了5户，每户建房费2万元。就经费安排而言，水利灌溉、排防洪设施及人畜饮水投入1193.4万元，占总经费的1/3以上，其中水利灌溉874.92万元，突出了以农田基本建设为主的精神。住房费用为680万元，约占总经费的1/4，这也是合理的。有的生态移民项目，住房兴建耗费太多，个别地方更有豪华之嫌，这绝非明智之举。

第二，配套设施建设内容完备。住房、农田、草场、水利、林网、饮水及教育、卫生，甚至村委会建设等均列有专项经费。如鉴于西藏农牧业关系密切，农牧民对奶制品均有需求，对搬迁户的草场必须尽可能加以安排，故不仅每户有草场5亩，而且每亩还有网围栏费400元。

第三，合理进行补偿和补贴是生产顺利启动的保证。搬迁之后，生产启动困难甚多，项目规定补偿搬迁户种子、农药、化肥按每亩250元计；购买农用机械每户补贴2000元。此外，对搬迁户还有长达三年的口粮补贴，以保证后续产业基本形成前的起码生活需要。具体内容是每人每月按30斤计，口粮补贴按12‰递增，三年内补贴人数为2652人，需补贴粮食96.66万斤，费用70多万元。

应该指出的是，搬迁安置的曲水县达嘎乡其奴村自然条件相对较好，该村位于达嘎乡西，离乡政府约7公里、县政府约14公里。整个其奴地处雅鲁藏布江中游左岸的河谷地带，中尼公路两侧，南与羊卓雍措隔江相望，地理位置为东经90°38′、北纬29°20′。该地区属雅鲁藏布江冲积形成的谷地，地形纵向为东西低，横向南低北高，比较平坦，平均海拔为3655～3642米，年平均气温7.7℃。年平均雨量为445.8毫米，年平均蒸发量为2205.6毫米，降雨主要集中在6～9月，降雨量占全年的80%左右。全年无霜期为150天左右，分布在6～9月。光照资源充足，全年平均日照时数达3000余小时。

新的居住点布局有序，有利于今后第三产业发展。卫生所、文化活动室位于中心，便于就医与活动。充分表现了曲水县政府对大骨节病患者的人本关怀及对大骨节病搬迁项目实施的责任感。

二 搬迁户生产的安排与启动

不论是生态移民或工程移民，最重要而复杂的问题是生产活动的尽快安排与开启。如果农牧生产未能及时正常的进行，产业结构未能借机作出必要的调整，其后续生计便难以得到保障，更难谈得上改善与提高。搬迁户到达其奴村，有耕地2900多亩，人均1.3亩，虽然较之老家减少0.2亩，但这些耕地的确来之不易，为搬迁户提供了基本生产资料。如何进行生产，种植什么作物，当地政府作出了积极安排，2006年12月提出《曲水县2007年大骨节病搬迁群众土豆种植项目建议书》，主要内容有：

一、项目建设的必要性和可行性

1. 项目建设的必要性

我县其奴村的地理环境，特别适宜土豆种植，推广土豆种植技术，促进和带动大骨节病群众走上致富之路，同时促进区域产业结构的调整，不断推动我县经济的发展。

2. 项目建设的可行性

曲水县土豆具有高原无污染、口味独特、沙性好、淀粉含量高等特点，在拉萨及周边地区非常畅销，需要建立长期、稳定的原材料供应基地，组织贫困群众大面积种植土豆，一方面可满足市场需求，一方面可大大促进贫困群众的现金收入，而且能够改善自身食物源的结构。该项目通过推广土豆特色种植先进技术，逐步实现可持续发展战略，走“基地 + 市场”的模式，帮助贫困群众脱贫致富。

二、项目建设的规模与内容

该项目拟种植 1500 亩，扶持贫困户 100 户、418 人，主要提供种子、土地整治、技术培训、肥料补贴和生产用水、电、油补贴等内容。

1. 每亩按播种优良土豆种子（红皮土豆，俗称老鼠土豆）100 斤计算，需引进优良土豆种子 15 万斤。

2. 进行土地整治、土壤改良。

3. 聘请自治区农科院有关技术人员对贫困农户进行技术培训、种植技术指导等。

4. 进行市场营销活动。

三、资金筹措

项目总投资 36.5 万元，其中国家投资 30 万元，群众投劳和自筹资金 6.5 万元（注：群众投劳和自筹主要是肥料和劳务，包括装卸、田间投劳等，折价 6.5 万元)。

四、效益分析

1. 经济效益

该项目实施后，100 户 418 名贫困患病群众将直接受益，每亩平均产 4000 斤计，每斤按目前市场价 0.8 元，1500 亩年产值 480 万元，扣除成本费用及后续发展 240 万元计，年均每户毛收入 2.4 万元，经济效益明显。

2. 社会效益

该项目的实施，可解决 100 户群众稳定的经济来源，对促进社会局势稳定，构建和谐社会具有重要意义，可快速带动贫困农民摆脱疾病困扰，增强致富信心，同时促进我县产业结构调整，带动农业快速发展，不断推进我县的经济发展。

在《建议书》基础上，又于 2007 年 1 月出台了《曲水县 2007 年大骨节病搬迁群众土豆种植项目具体实施办法》，专门提出质量要求（参见本书 188 页）。

根据《实施办法》，九组土豆种植开展起来。

搬迁户原本规定每月每人补贴口粮 30 斤，可是有的贫困户搬来后便陷入粮食短缺，为此曲水县随即采取救助措施，拨发糌粑 1 万斤，对 23 户贫困户给予 60 斤、45 斤、35 斤的不同救助，保证了生产活动的正常进行。

总的说来，土豆种植“建议书”和“实施办法”，内容全面，要求具体，具有极大的操作性。但经过近一年的生产实践证明，尚存在一些问题需要解决。

如土豆种植面积，“建议书”是 1500 亩，而调查得知，九组只种植了200亩；另外一个材料称2007年整个其奴村共计才种植700亩。如果九组种植为200亩，则与计划的1500亩相差太多，还不足1/8。作为生产农作物土豆的种植面积的大幅度减少，必将对“建议书”带来全面的冲击，整个数据均得修正，不仅影响其“权威性”，而且根本动摇了九组的生产经营安排。由此可见，今后有关这类“建议书”的出台务必要更加慎重。

关于效益估计。“建议书”的估计较为乐观，预计当年每户毛收入约2.4万元，因为亩产有4000斤，按当时的市价每斤0.8元，每亩可收入近3200元，调查材料说“爱玛岗土豆产量较高，种植这种土豆除了供应自家食用和留够来年种子外，其余全部出售，每亩仍可以获得2000元左右的收入”。两者差距甚大，表明“建议书”在亩产量及市价方面都估计偏高。

关于土豆收购，《建议书》没有明确回答这个问题，从“每斤按目前市场价”的表述而言，应该是村民收获之后，或由商人上门收购，或自行运去市场出售。但据九组村民说，当地政府曾经承诺土豆成熟后全部由他们负责销售。但至2007年11月，土豆已经收获，政府却未前来收购，群众只好自行出售，价格每斤0.3～0.5元不等，比之政府当初约定价格0.8元自然低了很多。九组土地大多用于种植土豆和牧草，土豆是他们在2007年（也是搬迁之后的第一个收获年）主要农作物，售价过低，不仅经济损失严重，生产热情的创伤亦大。这个问题必须尽快加以妥善解决。同时也是对当地政府的一个告诫，这类经济问题不能随便表态。

曲水县政府将土豆种植列入大骨节病搬迁村的主要生

产项目并给予特殊的支持，这是完全正确的。但牧业等方面还不能放松，因为九组村民搬迁时，大多将牲畜卖掉。如普选家原有6头牛、30多只羊，而今剩下3头牛、16只羊，且因缺乏草料，打算继续出售。扎西顿珠家现仅有2头牛、6只羊，也因草料不足陷入困难。其他村民或仅1～2只羊，有的则完全放弃饲养。九组牧业可谓极其脆弱，这个现象必须予以充分关注，积极进行扶持。

其奴九组保持一定的养殖业是必需的也是可能的。一方面搬迁实施方案中，就定有每户草场5亩，全组共计850亩。现在9组2900多亩土地上，有900亩种苜蓿、1800亩种牧草，为牧业生产打下初步基础。另一方面曲水县牧业较为发达，尤其是畜种改良（黄牛改良）方面甚有成绩。其工作方式也有特点，由政府无偿提供种牛，村民可以免费配种而得到优良牛犊。九组村民中有人已开始享用这一优待。

对于藏民而言，畜产品是生活的必需品，牧业生产不可缺少。九组村民搬迁而造成的牧业损失要尽快补救，不仅要考虑村民各自设法饲养，还要实施规模养殖项目。九组曾向上级争取160多头奶牛养殖项目，即使条件还有些不足，但出于对该组牧业急切需要的特殊考虑，应予批准落实。

其他有关搬迁政策尚未到位的部分，应尽力逐步兑现。因搬迁户到新区后，生产生活费用必然增加，如柴火、蔬菜等在老家时可以自给自足，现在不得不花钱购买，而资金来源又极度艰难。由于不少人在老家的农行贷款尚未还清，故曲水县农行拒绝给九组任何贷款，当然会让村民更加困窘。这些问题都有待政府采取特别措施逐步加以解决。

三　大骨节病患者的生理和心理的特别治疗

1. 建立大骨节病医疗费用的特殊补贴制度

当前在其奴村经济收入最低的正是新搬迁来的第九组。在对50户村民的抽样调查中，年收入约1000元的有8户，约2000元的有14户，约3000元的有14户，约4000元的有10户，约6000元的有4户。[①] 全组中属于绝对贫困和符合低保政策的有25户，贫困率为25%。在最低收入的8户中，除1户是孤儿外，均为病患家庭。

其奴村大骨节病患者和所有农牧民一样，都发有合作医疗证，一般病痛基本上可得治疗，但还没有对大骨节病的专门治疗保证措施，以致有关大骨节病的费用，医保卡不能予以专项报销，通常只能自行负担。如：普布次仁家5口人，祖孙三代4人为大骨节病患者，仅靠女婿打石头挣钱生活，每年药费在1000元以上。呷巴一家三口人，呷巴患有大骨节病，药费也在七八百元。总的来说，患者家庭每年收入中至少将近1/3用于药费，大大增加了他们的经济困难。为此，必须建立大骨节病医疗的特殊补贴制度，不仅免费供给一般的镇痛消炎药品（不经常服用则关节发痛，行动困难），还应有计划地发给疗效较好的新药，尽可能缓

① 以上数据是基于在具体的访谈中村民自己对家庭收入的估算，由于采访中部分群众对家庭收入的估算可能会保守及受其他因素影响，这个数据可能与年底政府的统计数据有出入。不过需要说明的是，在以上统计中，并没有加上九组村民对所拥有的200亩土豆的预期收入，因为我们调查时土豆还没有收获。2007年11月初，我们电话回访，得知当地土豆已经由群众自发出售，一般价格在0.5元/斤左右，亩产量约为4000斤，留种和供自家食用1500斤/亩左右，折算下来，全村200亩土豆毛收入约为25万元，此项人均增收626.57元。

解其身体病痛。

在《曲水县达嘎乡其奴村大骨节病搬迁项目总体实施方案》中，规定在九组建设一处卫生所，占地 300 平方米，有 4 个房间、病床 2 张、1 个药柜，耗费约 30 万元，还有 5 万元设备配置费。目前有医生 2 名，群众对其医疗技术、服务态度反映颇好。可以依托这个条件尚佳的卫生所，不断予以充实提高，让其能够更好地承担对大骨节病的一般医疗任务。

2. 高度重视对患病者的心理医疗问题

大骨节病患者不仅关节增大、肌肉萎缩、行动困难，承受着极大的生理痛苦，而且因为身材矮小，被人视之为“小矮人”，兼之家庭经济困难，生活状况恶劣，心理上也遭到严重的创伤，幼年时代便笼罩在极其自卑的心理阴影下。成年之后，大多丧失劳动能力，而且还失去了结婚生育的机会。虽然这种病不传染不遗传，但患者往往自己认为结婚只能给人增加负担；即使主观上有结婚要求，客观上难有合适的对象。有的虽然结婚却往往没有生育子女。患者白玛说：“我没有结婚，对以后的事情有很多担心。”患者普布次仁说：“我和老伴没有生孩子，女儿是从亲戚家抱养的。”患者呷巴夫妇说：“我们也没有后代，老了以后不知该怎么办?”他们面对现实的生活压力，极度忧虑，每当想到日后的养老问题，心情都非常沉重。

这些大骨节病患者来到其奴村后，原来的社会关系及亲属网络相对被打破，新的生活秩序又还未能适应的状况下，心理问题越发突出。即存在严重的自卑心理及对未来茫然，甚至绝望的念头，在这种心理驱使下，尽力回避与外界接触、交流。但将自己封闭在狭小的活动范围的同时，却又滋长了对外界的种种疑虑，难以迅速建立对周边的信任感。其实在他们搬来之前，政府已经派人到其奴行政村进行了一些宣传，教导当地其他组村民们正确看待大骨节病。所以当尼木县人搬来后，原其奴村的人对于大骨节病已有了基本的认识，知道并不遗传也不传染，对大骨节病人并不歧视。其奴三组组长艾普拉的妻子说："我们都知道他们的病，政府也给我们讲过，知道这种病不会传染，所以并不害怕，还挺想和他们接触一下的，但是没有什么机会。"

即使这样，九组和其他组的群众之间仍然有些陌生，除了组长因工作需要与其他组间有较多的来往外，被采访的98%的人都对周边事情漠不关心，而且经常使用"我们"、"他们"，甚至"我们这个大骨节病村"这种有着明显集群区分的用语。这种基于搬迁后产生的大骨节病社区内聚意识强化现象，是绝不可忽视的。一旦有偶然因素的影响，很容易导致共同的抵触情绪，诱发群体性事件的发生。大骨节病患者的心理治疗，既要从客观上多方面进行工作，而且也要求患者主观上的积极调整。这是一个较为漫长的过程，必须细致而深入地逐渐推进。

这里还有一个现象值得加以评论。搬迁到其奴村100户的藏民中，真正大骨节患者为43户。在九组仅不足一半是大骨节病患者的情况下，自卑心理、封闭意识尚是如此严重的话，如果全属大骨节患者家庭，那么与周边关系显然会更加复杂、尖锐，极有损他们的身心健康。九组的非患病家庭，到新区后往往以本组整体名义自居，不仅对组内患病者无任何歧视心理，而且完全与患者融合一体，是"我们这个大骨节病村"的一分子，这当然给患病者带来极大的精神安慰。由此得出的一个初步认识是，大骨节病的整体搬迁不必完全局限于病患者家庭范畴，同一区域的其他户亦可以随同外移，这样极有助于大骨节病患者对新区的加快适应。

四　搬迁后对若干新现象的积极引导

大骨节病区群众在搬迁中及其后的生活中，出现了一些与疾病本身没有直接关系的现象，也带来了新的冲击和影响，应予高度关切和积极引导。

1. 地缘关系的强化

当初搬迁政策规定，凡少于两个人的家庭便不得搬迁，同时又允许村民家庭内部的自由组合。在这种政策合理范围内，村民们考虑的是如何通过搬迁获得更多的实际经济利益，例如住房及其他照顾，于是纷纷对原有家庭规模加以分解，即在保证两口人的标准要求下组成新的家庭。如琼达家的大姐本系一人，后与其妹合组一户，达到搬迁目的。九组组长普琼家更是一分为三。现九组共计 100 户，399 人（男性 177 人，女性 222 人），其中 2～3 口人的 45 户，5～7 人的 24 户，2～3 口的小家庭占压倒优势。居住形式也多样化，有从夫居，有从妻居，或姐妹合组的特别家庭。

这些搬迁户虽然来自尼木县续迈乡，但分属于续迈、山岗、安岗、河东、尼续、霍德 6 个行政村，关系原本不太密切。搬迁时因为分家更对亲属关系有所削弱。到其奴村后，又按人口多少重新分配住房，邻居不仅并非亲属，甚至彼此之间不甚熟悉。老家立足亲属关系的居住环境被完全打破，立足地缘的邻里关系问题突出起来。因为 2～3 口的小家庭，在生产、生活方面常常存在许多需求，对邻居的依赖大大增多，双方的共同利益决定了彼此间必须加强合作，因而促进了地缘关系的密切化。

与此同时，搬迁户与原来尼木老家的亲情关系也在淡化。在搬迁时，其心情异常复杂，多自认为是病患者，或是贫困户，得以搬迁是政府照顾，并非荣誉之事。有的甚至说已被老家亲戚看不起，以致来往日少，原有的亲戚关系也只剩下一种心理认同。

邻里关系的强化还有另外一个特别因素。搬迁户中更多是非病患者家庭，但就九组而言都是外来户，在其奴村九个小组共计 528 户、2226 人中，占总户数、总人口数均不足 1/5。在新区颇感陌生又自认处于弱势的心态影响下，同乡情谊关系的重要性被广泛接受。九组村民无论是患者还是非患者，不仅不讳言大骨节病，而且以“大骨节病村”自居。“九组”成为他们现实赖以生存的地区，更是未来实现脱贫致富、取得新的社会地位和家庭荣誉的基础，是必须全力加以维护的符号，“地缘”与“血缘”比较，对前者的关注开始超过后者。

2. 村民自治认识水平的提高

2006 年年底，搬迁到其奴村不到两个月，九组村民便进行组长选举。由于搬迁不久村民间普遍缺乏了解，组长和副组长候选人都由村委会直接提名。为了激发村民们的民主参与热情，选举前通过组内村民大会的方式进行广泛动员，并对候选人名单征求了大家的意见。选举时村民们聚集一起，每户发放一张选票，选票是一张白纸，村民同意与否就在白纸上面作个记号或写下名字，当选组长的普琼得到的赞成票有 60 多张。几个月后副组长在一次车祸中不幸去世，九组又开展了一次专门的副组长选举。候选人由村委会和组长共同提名。这次选举共发放了80多张选票（有部分村民由于各种原因弃权），后来收回60多张，表示同意的有40多张。应该说投票率是较高的，组长获得的选票超过了60%，表明村民对本组领导人产生的关注。需要指出的是，在这次选举中，原来的人际关系、亲戚关系的作用甚小，主要是九组村民个人认识的判断，基本反映了他们的意愿，这应当是在新的生活环境中村民自治意识得到较快提高的反映。

后来的事实表明，村民对组长的信任不断加强。在对九组的调查中，一个问题是“如果你家里出现困难，你最想找谁帮忙？”90%以上表示：“有困难就找村长。”他们所说的村长就是九组组长普琼。

应该特别强调的是，村民对普琼的支持与信任，与他个人的能力表现密切相关。普琼在尼木县时曾经当过小学代课教师，能说一口相对流利的普通话，写得一手漂亮的藏文。更重要的是，作为九组的代言人，为了尽快解决搬迁群众的切身利益问题，经常奔走于乡县之间。他鉴于其奴村村委会权利的有限，往往是直接到乡县“越级反映”。本来这种工作方式在政府方面是不能认同的，但因涉及“大骨节病搬迁村”的特殊状况，问题常能得以顺利解决。工作的成功自然为他增加了威信。

普琼在解决组内矛盾方面，也表现了突出的能力。九组最先种植的主要农作物是土豆，是发展搬迁村经济的重要举措。由于土豆是高原农民十分喜爱的食物，加之九组的村民刚迁来不久，除了这200亩土豆外再没有其他的种植，所以村民们平时食用的土豆基本都是到市场上购买而来。到了土豆接近成熟的时候情况发生了改变，部分村民开始私自挖取，但更严重的是出现了相互盗挖的现象，村民们相互埋怨，矛盾一触即发。

如何应对这一局面，普琼提出将100户分成10个小组，各小组以“义务工”形式每日轮流看守。但这种“义务工”不是无偿奉献，而是有报酬的。即规定每个劳动力一年有10个“义务工”，年终结算，一个工约20元。这一办法得到村民的积极支持，也取得了很好的效果。

搬迁户到新的地区后，经济利益常成为引发矛盾的最大因素，如何利用具体可行的经济措施将村民有效组织起来，不但是保持生产活动正常进行的迫切需要，而且是教育村民，在维护共同经济利益的实践活动中，提高群体意识的重要手段。村民的自治意识不仅在于要充分行使自己的政治权利，而且也要积极培养责任意识，为本组本村发展作出努力和贡献。九组村民可以说是正在朝这个方向前进，这也是该组未来发展的最为珍贵、可靠的动力。

3. 村民观念方面的新苗头

九组村民在新的生活环境中，婚丧习俗与宗教信仰等方面开始露出一些新的苗头。

关于婚姻关系。对身份与家庭的要求相应放宽，对象选择增多，婚姻圈在扩大。个别年轻人表示，与汉族通婚是可以的，也是应该理解的。

关于丧葬。虽然天葬是最神圣的，但九组村民鉴于水葬也是一种传统葬法，且费用较少，出于现实经济能力的考虑，大多选择水葬。在已去世的6人中，有5人实行水葬。在情感上大家都能接受，没有产生心理负担。

关于宗教信仰。九组村民依然保持对藏传佛教的信仰，在水葬时，却是要从老家请来喇嘛，说是“更放心”。对其奴村的琼果央孜寺，九组村民前往进香的人较少，就是毗邻三组的白塔，也少有人去转塔念经。他们的意愿是在九组建立一个白塔。在宗教节日，有条件的更是直接去拉萨。他们的宗教信仰还表现了某种暂时的不适应性，一方面是由于与老家寺庙的情感难以割裂，另一方面是因为与新区寺庙的信任关系尚未建立起来。

在不到一年的时间里，九组村民观念上萌发的种种苗头，应予高度重视和积极引导。

移民搬迁与社会重构：基于一个藏地村落的实地调查*

徐刚强　徐　君　尹　婷

一　村落概况

其奴村位于西藏拉萨市曲水县达嘎乡西部，距离乡政府约 7 公里，距离县城约 14 公里，地处雅鲁藏布江中游左岸河谷地带，中尼公路北侧。其奴村九组是 2006 年 11 月从尼木县大骨节病区移民搬迁而形成的新的村落，位于其奴村三组和四组之间，面积为 140.55 亩。其奴九组是一个独立的聚落，房屋建筑与土地都与原来其奴的其他组有明显的界线。全组共 100 户（其中大骨节病家庭 43 户），399 人

---

* 该文曾发表在《藏学学刊》第四辑《多元视角下的藏区社会》（四川大学出版社，2008），收录时稍作改动。

（迁入时人口数），全部为藏族。这些移民分别来自于尼木县续迈乡的山岗、河东、尼续、续迈、安岗、霍德6个行政村。该搬迁项目是近年来西藏自治区开展的大骨节病搬迁项目的一个部分，由国家全额投资，包括100户的房屋建设、土地平整、耕地开垦及基础设施建设等，总投入在3000万元左右。①

其奴九组坐落在一块开阔平整的土地上，背靠群山，南面雅鲁藏布江，100户分6排南北一字排开，每排从18户到9户不等，村落中前端建有文化活动室和卫生室。每个家户都是单独的院落，建有住房、厕所、覆盖式牛圈、露天圈（可养羊、猪，或者用于储草等）。100户住房按家庭人口多少不等分为80平方米（1～2口人）、100平方米（3～5口人）和120平方米（6～9口人）三种类型。房子为石木结构，保留着藏式传统建筑的基本格局和韵味。

其奴九组的村子周围长满了带刺的灌木狼牙刺，这种植物是当地重要的燃料来源，在冬季通常被人们砍下来当炒青稞的柴火。灌木丛一直延伸到左右两边的三组和四组，而组与组之间的界线就在这片灌木丛中被划分出来。其奴九组的土地是由政府从三组和四组征用而来的，这种征用包括买断了建房用的土地、种植庄稼的田地以及村前村后的灌木丛地。其奴九组村落背后建有两座水塔和一台机井，以储存和供应新村的日常生活用水。水塔建在半山腰，下面埋有水管通向各个家户，每个水塔承担着50户人家的供水重任，由于是直接收集山上的泉水，没有经过足够的沉

① 曲水县扶贫开发办公室：《曲水县达嘎乡其奴村大骨节病搬迁项目总体实施方案》2005年1月24日。

淀和过滤，水质并不好，特别遇到下雨的天气，水会变得十分混浊而无法直接饮用。机井的水质虽然很好，但由于需要使用电来抽取，电费昂贵，所以只有在定期冲洗水塔的时候才派上用场。山脚下是一条长长的防洪墙，以备夏季多雨的时节防洪之用。

其奴九组户与户之间巷道宽阔，但让人感觉些许冷清，100户聚居的村落并没有想象中的热闹，常常是安静的，似乎有些失落。

一个社区从新兴到成熟必将走过漫长的过程，而对于一个由大骨节病搬迁形成的特殊村落来说，这个过程将会更加艰难。本文试图通过对其奴九组的实地调查，来探讨一下这样一个新兴村落在社会秩序重建、经济恢复发展和文化习俗融入等方面所面临的抉择，以及如何在未来走上和谐之路的问题。

二 社会秩序重建

村庄秩序的获得大概有五种途径：一是借助习惯法的力量，如宗族制度；二是通过现代司法体系；三是国家行政的强制控制；四是建立在高度社会分化基础上的精英控制；五是民主自治。而在五种途径中，道德和意识形态力量则是不可或缺的基础条件。①

从对其奴九组的考察来看，其社会秩序的建立至少应包括两个基本的过程：一是基础秩序的获得。在这一过程中，政府为了实现搬迁的目标而做了大量卓有实效的工作，

① 贺雪峰：《乡村治理的社会基础——转型期乡村社会性质研究》，中国社会科学出版社，2003，第20页。

包括对搬迁项目的选址和设计，对搬迁群众和迁入地群众大规模的动员和宣传，以及对搬迁安置地进行生活与生产环境的打造等等。① 这些工作的目标是为了实现“搬得出”，为相关人群建立心理接受的底线；二是迁入后的秩序全新构建。这一阶段是整个搬迁村落最终秩序建立的根本。在这一过程中，新的社会关联的建立将对秩序起着关键性的作用，因为整个社区秩序的建构必将依靠全体村民的共同努力，作为一个特殊的搬迁村落，他们要想获得和谐稳定的全新秩序，就必须团结一致。由于第一过程随着正式搬迁而宣告结束，我们的分析将着重在关注第二过程。

在分析九组的家户结构时，我们发现这样一个事实：这个项目虽然名为“大骨节病搬迁项目”，但实际上在全村100户中，真正患有大骨节病的家庭只有43户，只占全部搬迁户的43%，而其他的搬迁户主要是因为贫穷而不是疾病，也有小部分是家庭条件较好，为了改善生活环境，同时又处在搬迁项目的实施区域内所以也一同搬了过来。移民人口共计399人，而实际享有搬迁分房权利的只有389人，其余10人在村子里并没有房产，他们通过租借或寄居的方式在搬迁点居住。由于移民来自于不同村组，因此，新成立的其奴九组人员结构相对复杂。

实际上在经过近一年的相处后（我们调查时间是2007年8月底），大家的关系仍然很不明朗，虽然村民们彼此之间都表示相处融洽，但这种融洽往往仅限于没有出现过利益方面的纷争，而像“串门”、“走访”这类基本的邻里交

① 曲水县扶贫开发办公室：《曲水县达嘎乡其奴村大骨节病搬迁项目总体实施方案》，2005年1月24日。

往仍显得比较少。所采访过的人户一般除了亲戚外，不知道自己左邻右舍的家里是个什么样子，甚至碰见村里的人也叫不出名字，别家的小孩也大多不认识，虽然自己的小孩会经常和那些小孩玩耍。走访发现，整个村落之中，人们之间的社会关联十分薄弱。

目前，经济上村民都能享受三年基本生活补助，[①]与原来的居住条件相比也有了极大的改善。因此，尽管大部分家庭经济十分贫困，但至今村里仍没有出现过明显的利益纠纷，村人之间彼此相安无事。只是在今年的夏天，曾经出现过有人在土豆地里相互盗挖土豆的情况，后来在村组长的有效组织管理下而迅速得到解决，而唯一的一次治安案件是新迁来不久村里的变压器被盗事件。[②] 如此看来，即使在社会关联并不强烈的条件下，整个社区仍然处于相对和谐状态，然而这种秩序又是如何获得的呢？是借助习惯法的力量，或靠现代司法体系的控制还是国家的行政力量的控制？抑或是高度社会分化的精英起了作用？然而在九组这样一个特殊的搬迁村，以上条件似乎都不具备。在人口来源不同并且结构相对复杂的前提下，新兴社区要想获得传统习惯法的力量支持几乎不可能，而对于这样一个远离城市的村落，司法体系和国家的行政控制则显得有点乏力，高度的社会分化实际更不可能。经过调查，我们发现

① 主要是粮食补助，目前的标准是每人每月 30 斤粮食，连续补助 3 年。

② 变压器被安放在村口文化活动室的高墙之外，由于安放的高度不够（一个成年人站在下面几乎可以用手触及固定变压器的螺栓），很容易成为偷盗者的目标。文化活动室平时都由组长值守，变压器被盗的那次正好是组长回尼木老家而出现无人值守的空当。组长一直怀疑是内部人的亲戚或朋友干的，因为后来还出现过一次偷盗未遂事件，而且恰好也是在他离开的当天。

搬迁后的其奴九组社会秩序的获得来源于多元因素的合力。

1. 共同意识的形成

九组是由于特殊原因形成的新兴村组：村民原居地尼木县续迈乡是大骨节病区，[①] 根据专家的建议，政府决定把患病人员搬离病源区进行集中安置，因而形成了九组这样一个远离大骨节病源区的新兴大骨节病移民村。然而，实际上九组 100 户移民中，大骨节病患家庭只占到总数的 43%，因此，说九组是大骨节病移民村并不准确。不过，该移民项目在最初的立项和对外宣传都是以大骨节病为题，在外界和九组村民内部逐渐形成了大骨节病区的整体意识背景，这为地区意识的形成奠定了至关重要的前提基础。在走访中发现，周边组群众都认定九组是大骨节病搬迁村，即使了解九组只是部分人患有大骨节病，但仍然认定“那就是大骨节病村”。形成这样的认识主要在于九组搬迁来之前，为了稳定其奴村民的情绪，政府在其奴村多次组织普及宣传大骨节病知识，目前，村民都知道这种病并不会传染，不过大部分人仍持有一定的戒心。当初宣传时，或许出于治安方面的考虑，周边的村民据说还被告知“没事不要到九组去转（溜达）”。这种劝告无形中使周边村民对于九组产生了心理疏远甚至莫名的畏惧。

面对这种村外居民的戒备与疏远意识，九组移民内部无形中增强了一致对外的内聚力。九组内部以“我们是大骨节病搬迁村”的话语成为对外交流的主要语境。组内没有患病的家庭也把自己融入到大骨节病区的整体背景意识下。因此，所有的九组人，不管患病与否，对外则不分彼

---

① 详见《尼木县 2004～2005 年大骨节病情况简介》。

此，紧密联系在一起，同时也促成了大部分九组人对周边村落的冷漠态度，搬迁近一年来，仍然很少有人了解周边村落的情况。对内，村民们则并不忌讳谈及大骨节病，相反，一些未患病家庭对病患家庭则是充满同情，并随时愿意伸出援助之手，提供力所能及的帮助。

在一致对外的整体意识下，对内逐渐形成了内部的社会关联，虽然目前看来这种内部的社会关联并不强烈。我们在调查中发现：虽然九组村民来自于同一县、乡的不同村落，彼此之间的生活方式存在一定的差异，但经过近一年的共处与磨合，九组村民开始不自觉地在访谈中提及“我们”这个充满归属感的用语。不过对于“我们”的认同，还只是一种初发的形态，整个九组的社会内部互动主要还是局限于亲戚和熟人之间原来固有的小圈子。村民之间建立新的交往互动关系仍然比较少，旧有的社会关系目前在九组仍然占据了主要地位。

2. 村民民主自治意识的提高

民主自治是当前我国乡村民主政治和和谐秩序建设的主要形式。村民对民主自治的参与程度在很大程度上决定了村民自治的成功与否，同时也决定了其对村庄秩序建立作用的大小。调查发现，由于九组新搬迁不久，到调查为止仍未能较好地融入到其奴村的村民自治形式当中，而是几乎处于一种与行政村自治的半脱离状态。九组村民对村委会这一级的民主选举并没有表现出太大的热情。在调查的 50 户当中，明确表示愿意参加村委会民主选举的大概只占到了一半，剩下的一半当中或是表示对民主选举的事情不清楚，或是认为民主选举只是一种形式，甚至认为“哪些人当选都是上面（政府）定好的”。还有部分群众则明确表示不会参加民主选举。同时，九组和其奴村委会之间的直接联系也并不多，对村委会，村民普遍表示陌生和失望，不清楚他们的运作模式，不知道村委会的成员到底有哪些，表示在家庭处于困难期的时候，村委会从来没有提供过帮助。访谈中遇到一户正为孩子学费发愁的家长，当提及为何不找村委会帮忙时他回答："想找村委会帮忙借钱，但他们肯定是不帮的。"与村委会之间的隔阂可见一斑。

然而调查却同时发现，在对行政村级民主自治的普遍漠不关心的状态下，九组村民在组内表现的民主意识却在不断强化。2006 年年底，九组举行了搬迁后的首次组长选举。由于搬迁不久组民间普遍缺乏了解，组长和副组长候选人都由村委会直接提名。为了激发村民们的民主参与热情，选举前通过组内村民大会的方式进行了广泛动员，并对候选人名单征求了大家的意见。选举时组民们聚集一起，每户发放一张选票，选票是一张白纸，同意与否村民在上面作好记号或写下名字，当选组长普琼得到的同意选票有 60 多张。几个月后副组长在一次车祸中不幸去世，九组又开展了一次专门的副组长选举。候选人由村委会和组长共同提名。这次选举共发放了 80 多张选票（有部分村民由于各种原因弃权），后来收回 60 多张，表示同意的有 40 多张。根据以上数据，应该说投票率是较高的，组长获得的选票超过了 60%，表明新村民对本组领导人产生的关注。

需要指出的是，在这两次选举中，原来的人际关系、亲戚关系的作用甚小，主要是九组村民个人认识的判断，基本反映了他们的意愿，这应当是在新的生活环境中村民民主自治意识得到较快提高的反映。当然，九组要真正走上村民自治的和谐之路仍旧还有一段很长的路要走。虽然这两次选举事件得到了当地村民的普遍关注，但民主选举仅仅是村民自治的一个起始阶段，九组要真正实现民主决策、民主管理和民主监督仍需一个过程。

3. 社区精英的活跃

毋庸置疑，即使其奴村委会事实上与九组联系并不紧密，但其对九组社会秩序的建立仍然需发挥重要作用。调查发现，其奴村委会与九组之间实际上主要存在一种间接的联系，而九组的组长则充当了联系的“中介人”。一方面，组长把来自于村委会和上级部门的指令和信息传达给村民，这些信息和指令也是组长在九组内部“行政”的依据；另一方面，又把村民的意愿、问题等情况上报到村委会。在这里，组长成为村委会行政的延伸。但很明显，对于九组内部秩序的建设，单靠村委会如此的表现显然是不够的。调查发现，九组组长这位社区精英的“个人行为”①却在很大程度上弥补了村委会对九组行政领导和关心的不足。

九组的组长不仅仅是单纯充满行政色彩的“组长”，更确切的说他是九组的代言人，随时脱离行政身份而享有极高威望的普通村庄精英。这位组长名叫普琼，46 岁，曾经做过几年的民办教师，在当地藏族群众中，他是少见的那种能说得一口流利的普通话并写得一手漂亮藏文的人。他的组长身份是在迁入其奴后由村委会提名，通过九组村民的民主选举获得的。尽管产生于村庄自治选举的“政治舞台”，他的身份除了有个“组长”的名头外，却更像是一名获得颇高名望的

① 为了更好地将其奴村委会对九组的行政行为与九组组长脱离村委会行政产生的组内行为（包括私人的行为和组内的公共行为）进行区分，我们在此采用“个人行为”一词来界定九组组长的组内行为。

“族长”。他的行为几乎涉及九组的一切公私事务。

为了能给这个新搬迁的村庄和村民争取到更多的利益，普琼常常反复奔走于各级政府之间，以至于各个部门的领导都熟知他。大概因为身负“大骨节搬迁村”这样的背景，普琼的奔走常常能获得一定成效。为了把村民组织起来，他通过“农民义务工”的方式将大家聚合在一起，实践证明这种方式对于协调内部关系、发展村庄起到了积极的作用。[①] 在处理土豆盗挖事件中[②]，他将全组100户分为10个小组轮流每日看守，盗挖现象很快得以杜绝。

由于普琼基于村民公共利益的有效行动，九组在获得了一定利益的同时也获得了村庄秩序建立的大量资本。因此，在组里他赢得了村民的广泛尊重和信任，在对九组的调查中，一个问题是“如果你家里出现困难，你最想找谁帮忙？”90%以上接受调查的人表示：“有困难就找村长。”他们所说的村长正是九组组长普琼。我们采访期间，每天一大早开始，就有村民因各样大小事诸如院子进水了、牛羊跑到其他组去了、自来水混浊了等问题来找组长，请求解决。很明显，普琼这位关键人物对村庄内部秩序的建立发挥了重要作用。

除了以上两个重要因素外，我们还发现诸如家户小团体的形成也是对村庄秩序的建立很有利的。这种小团体主要存在于搬迁来自于同一个村落或是亲戚关系的人群之间，

---

① 这种“农民义务工”实际上已经随着国家对农民负担的免除而逐渐退出了历史舞台。普琼所使用的“义务工”规定村里的每个劳动力必须每年有不少于10次的义务劳动，一个义务工日大概价值20元，年终结算，多退少补。

② 土豆是当地藏民最喜爱的食物之一。九组种有200亩土豆，在接近成熟的时候出现了互相盗挖的现象。

虽然这种状况目前并不怎么明显，但却可以在某种程度上改善村民个体间的孤立关系。

三　村庄经济恢复性发展面临的问题

1. 经济基础薄弱

经济是解决一切问题的根本性基础。对一个新兴的搬迁村落，首要的任务是尽快从搬迁过程迅速恢复过来，其次才能谈未来的发展。为获得相对直观的经济状况印象，我们先对一些数据进行简单的比较。据《曲水县达嘎乡其奴村大骨节病搬迁项目总体实施方案》：2004 年续迈乡搬迁之前人均耕地 1.5 亩，农牧民人均收入 1230 元。而搬迁后的其奴九组目前人均耕地 1.3 亩左右，[①] 人均耕地减少了约 0.2 亩。根据调查资料，我们对组里的 50 户人家当前收入情况进行了简单的分层统计，并列出简表。

单位：元，户，人

调查时家庭年收入	户数	人口	人均收入
约 1000	8	27	296.30
约 2000	14	58	482.75
约 3000	14	59	711.86
约 4000	10	46	869.57
约 6000	4	14	1714.29
总人口	204	50 户人均收入	696.08（元）

以上数据是基于在具体的访谈中村民自己对家庭收入的估算。不过需要说明的是，在以上统计中，并没有加上九组村民对所拥有的 200 亩土豆的预期收入，因为我们调查

① 从对其奴九组组长普琼的采访中得知。

时土豆还没有收获。2007 年 11 月初，我们电话回访，得知当地土豆已经由群众自发出售，一般价格在 0.5 元/斤左右，亩产量约为 4000 斤，留种和供自家食用 1500 斤/亩左右，折算下来，全村 200 亩土豆毛收入约为 25 万元，此项人均收入为 626.57 元。因此，加上土豆收入，所列 50 户调查对象年人均收入估算在 1322.65 元左右，[①] 与 2004 年搬迁前相比，增加了 92.65 元。

横向上与其奴村其他组比较，这 50 户的收入仍然处在比较低的水平：据政府数据，2006 年其奴村人均收入为 2899 元，[②] 高出九组 1576.35 元。很明显，其奴九组的经济基础还十分薄弱，要想赶上其奴其他组的平均发展水平，困难可想而知。

“这些搬迁的群众在老家基本都是跟不上别人发展的人，都是穷人。”[③] 调查发现，这种说法其实并没有夸大其词，家底的贫穷不可避免地造成了发展基础上的极度弱势。同时农田水利也面临困境，九组虽然新建有 8 座灌溉机井，但每年上万元的电费显然是一笔沉重的负担，在一年的免费（政府承诺免除一年的使用电费）使用期结束后，这些机井能否继续得到有效利用还是个问题。生产工具也十分缺乏，由于牧草极少而无法养殖牦牛，拖拉机也很少，畜耕和机耕在今后都会存在很大的问题（第一年得到了政府组织的免费耕种支持）。九组曾经努力向上级政府争取一定

① 由于采访中部分群众对家庭收入估算可能会有保守及受其他因素影响，这个数据可能与年底政府的统计数据有出入。

② 《达嘎乡基本情况》中的数据统计。

③ 其奴九组组长普琼在接受访谈时对全组的家庭经济情况作出了这样的判断。

数量的拖拉机，但由于种种原因并未实现。

从对村民的走访来看，大部分村民对家庭经济的前景感到一片迷惘。搬迁之前，他们基本以种植粮食为主，搬迁之后种植结构发生了根本性转变。九组目前拥有 2900 多亩土地，分别种植 200 亩土豆、1800 亩牧草和 900 亩苜蓿。[①] 这些耕地基本上都是新开垦的生土，无法种植青稞、冬小麦等粮食作物，大部分村民对这种种植结构的改变很不适应，普遍担心口粮问题，虽然目前可以连续三年得到政府发放的 30 斤/月/人的粮食补助，粮补结束后又该如何解决口粮问题，这对一些原本缺粮的贫困户来说，他们甚至不敢想象将来的生活。

另一方面，他们在搬迁前的原居地牧草资源丰富，大部分家庭都养有牛羊，而迁居地其奴九组附近没有什么草场资源，牧草十分缺乏，因此，搬迁之前大部分村民不得不将原来饲养的牛羊处理掉，然而也有一部分村民把牲畜带到迁居地，由于迁居地牧草的缺乏，搬来后他们不得不逐步把牛羊卖掉。

个案：普选，男，45 岁，家有 6 口人。搬迁之前有 6 头牛和 30 多只羊，而现在只有 3 头牛和 16 只羊，养殖规模缩小了一半。

个案：扎西顿珠，男，43 岁，家有 2 口人。目前养殖有 2 头牛和 6 只羊，草料不够，只有到其他地方买干草料，如果实在没有办法，就只好卖掉一部分。

---

① 这些关于种植亩数的数据以及前文关于 8 座灌溉机井一年的电费，主要来自于对九组组长的采访。

这样的例子在九组随处可见，有的甚至完全没有养殖牲畜，或者打算将仅有的一两头牲畜寄养到尼木老家的亲戚处。对西藏河谷地带的农牧民来说，养殖牛羊构成了其家庭收入来源的主要部分，而搬迁之初牧业的急速衰退必然对九组家庭经济造成很大的影响。

2. 疾病及搬迁带来的困扰

村民的健康状况对村庄经济的发展有着重要影响。随着健康状况的改善，经济贫穷将呈下降趋势，反之则呈上升的趋势。[①] 对九组的43户大骨节家庭来说，由于主要劳动力的丧失，昂贵的医疗费用（而且这种大骨节病所需的医药费用在当地并没有特殊的补助制度），致使他们大部分处于极度贫穷当中。在调查的50户家庭中，年收入在1000元以下的8户除了1户是孤儿之外，其他全部为大骨节病家庭。这些大骨节病家庭成员如若健康状况长期得不到改善，并缺乏政府有效的帮扶，那么他们的贫困极有可能不断恶化下去。

个案：66号房子的呷巴一家三口人，呷巴自己患有严重的大骨节病，每年的药费需要700～800元。家里的主要收入来源是刚刚开设不久的一个小商店，据他自己讲由于人际关系不熟基本还没有什么收入，而这个家庭一年的家庭支出在2000元左右。

个案：84号房子索朗罗布一家，除了大女婿之外全部都有大骨节病。大女婿外出打工，一年赚1000块钱左右，其他就没有什么收入。但大女婿很爱喝酒，打工挣的钱大都用去喝酒花了，能拿回来补贴家用的所剩无几。因为家

---

① 王军：《健康、贫穷与经济发展》，《西藏及其他藏区经济发展与社会变迁论文集》，2006，第31～44页。

人大部分有大骨节病，所以平时除了一般的生活花销之外还有一大笔钱要拿去买药吃，每年支出的1/3都在吃药上。采访时，这一家人对未来的前途感到十分迷惘。

同时，调查还得知，在这100户中还有相当部分属于盲目搬迁。搬迁之前，本着自愿的原则，政府对计划搬迁户进行登记，但在临近搬迁时却有部分家庭突然改变主意决定不搬迁了，为了实现100户的搬迁任务，当地不得不重新登记和调整搬迁户。在三年粮补优惠和其他优厚条件的"诱惑"下，一些原本没有计划搬迁的家庭搬了过来，而这部分搬迁过来的人户，对于搬迁后的生活等相对缺乏足够的准备，因此，搬迁后也大都陷入发展困境。

个案：93号房子的扎西朗杰原本没有和其他人一道搬迁过来，后来只是探听到九组还有一套房子没人住，便随即卖掉老家的房子搬了过来。然而到了才发现根本没有空房子了，于是只好和自己先前搬过来的女儿一家挤在一起住。他和其他在此租住的村民一样，没有属于自己的房子，而且因为是属于计划外的搬迁，户口不在此地，故而也很难在当地分得土地。

与搬迁前相比，无论哪种人户搬迁后的生活成本都增加了许多，柴火、蔬菜、草料等在原居地不需要现金支出的生活资料部分，现在不得不大部分仰赖购买。例如，现在其奴九组的很多家庭都购买了煤气灶，这在搬迁之前的老家是没有的，其一方面说明了群众搬迁后生活条件得到了改善，另一方面也暗示了他们缺乏传统的柴火原料。

由于缺乏充分的思想准备，搬迁所造成的生产生活转型，尤其在初期出现的一系列问题，令村民普遍感到困惑，大部分人对未来的发展没有计划，部分人即使有一些打算，也因难以找到门路或因资金缺乏而不得不放弃。因此，无论是带病的村民还是无病的移民，迁居到陌生地，所面临的各种经济困难都是一样的。

3. 面临的其他困难

实际上，政府为使移民生产、生活更快更好地适应付出了大量努力，也采取了一系列行之有效的措施，如开垦耕地、免费提供耕种服务、新修水利设施、发展土豆规模种植等等。但在搬迁安居的初期，这些措施仍然很难根本改变移民们所面临的困难。原因在于很多困难是积重难返，具体而言还有以下几个方面：

其一是生产组织化程度低，规模经营难。九组目前大面积种植的是土豆和饲草，这种大面积的种植在必要的引导组织下，对增加农牧民收入会起到积极的作用。然而调查发现，对于如此的规模种植明显缺乏连锁和长期的发展规划。采访得知，对于九组的200亩土豆，当地政府曾经向群众承诺成熟后全部由政府统一联系收购和销售，“群众只管种好了就行了”（九组群众在接受访谈时这么说）。然而事实上这种口头承诺最终并没有实现，2007年11月电话回访九组组长得知：土豆已经挖了，但政府没来收购，土豆已经由群众自发出售。单价在0.5元/斤左右，最低的甚至只有0.3元/斤，而当初政府规划预计的价格为0.8元/斤。[1] 因此，在目前情况下，群众对于土豆收入的预期过

① 曲水县扶贫办：《曲水县2007年大骨节病搬迁群众土豆种植项目建议书》，2006年12月6日。

高，其损失是显而易见的。其实在整个其奴村，农牧生产的组织化程度都很低。达嘎乡虽然建立了一个农牧民经纪人协会，但对其奴村所能形成的经济促进作用似乎不大。调查发现，很多村民对协会不甚了解，甚至完全不知道。根据当初成立协会时的约定：协会主要由政府引导成立，其奴村的村委会干部应为协会成员（从对其奴村委会的采访中得知）。但即使作为协会的成员，他们仍然与协会接触很少，基本不清楚协会的具体运作模式，甚至担心如果协会介入其奴村的生产经营，会“被吃回扣”而遭受损失。

其二是资金缺乏。调查发现，由于这100户中有的曾经在尼木老家向当地农行借贷，而至今没有还清贷款，基于利益的考虑，曲水县的农行做出了拒绝向九组提供任何贷款的决定，除非他们中的欠款者将以前的款项全部还清。而在走访中发现，这些贷款人往往由于缺乏有效和固定的经济来源，大部分表示根本没有近期还清贷款的能力。同时，向私人借贷也十分困难，由于人际关系不熟，部分群众把目光投向了村委会，然而10%的年利率让人很难接受，[①] 更何况并非人人都能借到。

其三是群众对新技术的应用期望值不高。在所走访的群众中，90%以上的人不知道什么是农业生产新技术，或者不知道村里到底应用了那些生产新技术，95%以上的人没有参加过任何政府组织或自愿参加的技术培训，或者对技术培训的事漠不关心，从来没有考虑过这方面的事情。同时也发现有极少部分人愿意参加新技术方面的培训，然

① 这个比例是根据一家曾向其奴村委会借款后提供的借还数目计算的，他家借了1000元，一年期满还了1100元。

而他们大部分却不知道如何才能免费参加这些培训，如果是非免费性质的培训他们又表示没有经济能力参加。

其四是缺乏组织化的务工。调查发现，在农闲时节，九组九层以上的青年人会外出务工。然而这样的劳务输出却存在着比较突出的问题，而这些问题直接造成了外出务工人员在日益激烈的劳务市场上处于更加弱势地位。主要表现为以下这些方面：

一是组织程度不高，盲流现象严重。这方面应该和当地群众获得劳务需求信息的方式有很大关系，通常情况下他们没有获得信息的可靠渠道，基于听人说、跟着老板走这样的务工方式让工作充满了不确定和不稳定因素。

二是输出层次低，劳动强度大，工资微薄。从事建筑类的外出务工人员占到了七成。在这部分人群中，从事劳动强度极高的基本小工（挖沟、搬运等）又占到了九成以上，尽管工作量大，而他们每天只能拿到20元左右的工资，余下的一成基本为打石工（在当地被称为有技术的人），日收入也不过50元左右。

三是技术培训跟不上形势需求。在整个其奴村，参加过技术培训的人很少，而且并没有从培训中得到多大实惠。从村委会的了解中得知，上级组织培训时一般是下达指标，其奴通常能得到2~3个名额。2006年县劳动职业培训中心组织了卡垫编制培训，其奴大概有10来个人参加。而一般培训结束后都各自回到村里，除了2006年参加县劳动局建筑技能培训的留在外面打工挣钱外，“其他回来的能用上的就用，不能用上的还是像以前一样”（其奴村委会主任如是说）。2006年县中学还举办过电脑会计培训，但据村委会反映，收效甚微。而其奴村委会自身在这方面的工作上似乎也显得无能为力：主要是协助县乡的活动，组织村民农闲学文化和培训科学知识，一般只有党员参加。

四　文化融入的问题

对于新搬迁的九组来说，除却社会秩序的稳定和经济的恢复性发展之外，文化融入问题对村庄的未来也显得至关重要。我们无法想象在经过长期的定居之后，九组仍然处于缺乏交流和自我封闭的状态，而不管这种状态是人为还是源于自然，都意味着整个搬迁生存的失败。对于他们来说，由于特殊的生存背景，即使在其奴这个与外界交流相对频繁的前提下，整体“地缘”文化的转变也将是个漫长而艰难的过程。

1. 信息的交流

从对前面九组“共同意识”的分析来看，基于共同的搬迁背景，整个村落能在通常情况下形成一个较为紧密的整体，这是无可置疑的。但实际上正是由于这种强烈的“共同意识”，从而导致了村庄的相对自我封闭。由于相处时间短暂、人口来源不同以及各自利益等原因，整个村庄的社会关联仍然十分孱弱。在村庄里，我们发现人与人之间交往普遍不会表现出太多的热情，除非是关系密切的亲戚，个体自我保护意识相当强烈。同时，九组至今和周边组的群众交往甚少，甚至出现了一些不可预料的矛盾。[①] 究其原因，其一是整体背景下导致了自我封闭意识，其二是由于缺乏社会关联，即使有一部分人员能与外界发生联系，

① 九组两个饮用水塔中，有一个处在与四组交界的地方，可能因为截取了当地的水源，这个水塔的盖子一度遭到过两次的人为破坏。九组人都认为是四组的放羊人做的，但却一直找不到有力的证据。

但这在其他村民眼中往往也显得无关紧要，从而阻碍了关联的深入发展。信息的能量是无处不在的，即使在主观封闭的情况下，它往往也获得快速的传递，并非人为所能左右。实际上九组与其他组的信息交流从来就没有断绝过，典型的例子是关于照片分发的事件：在第一次进入村庄的时候，为了尽快建立熟悉的人际关系同时也为了获得更多的信息，我们对所到之处的人们进行了大量的拍摄，也包括对邻近的三组的人。第二次进村的时候我们对选冲的照片进行了分发（由于九组是主要采访地点，所以我们暂时只冲洗了这一组的照片），这在村子里面是一件很有轰动效应的事情，但无论如何令我们没有想到的是，没过多久，三组的一个放羊人竟专门赶来九组要照片，显然照片事件已经传到了邻组。我们在三组走访的时候也发现，那里的群众并不排斥九组的人，都表示如果有机会愿意到九组看看，不管结果怎样，但至少在主观上是想和九组的人交往的。同时，九组的群众实际也并不都排斥外组人，九组规模较大的商店有 4 家，这在当地的一个小组里是绝无仅有的，这些商店吸引了大批邻组的顾客，并促进了相互间的了解和交往，甚至最大一家商店主的侄女还因为这样的接触方式，和三组的一位小伙子建立了恋爱关系。

2. 生活的融入

固有的“地缘”意识仍在九组发挥着积极的作用。我们知道，搬迁之前九组人居住的乡村和如今的地方存在天壤之别。在尼木老家，交通不便，信息不灵，加上经济贫困和深受大骨节病的影响，人们几乎被封闭于狭隘的地域之内。现今的其奴地处 318 国道旁，交通便利，整个村子与外界发生着频繁的联系，他们同时感受到了出行的方便和外出挣钱机会的增多。我们看到，年轻人骑着自己的摩托车频繁往返于老曲水大桥（当地的主要商业集中地，达嘎乡政府所在处）和县城，进入城镇的商店、茶馆或录像厅。去拉萨也十分便捷，只要在村口边的318国道等候，花上10块钱，便可坐上当地开往市里的班车。同时，人们还会不定期地用村里的拖拉机，一群一群地赶往县城、拉萨或者打工的地方。

由于与外界交往方便，村民特别是年轻人的思想受到了极大的冲击，那些经常外出打工的年轻人逐渐熟悉了城市生活，生活习俗和婚姻观念也逐步发生着改变：开始习惯味道极浓的川菜，选择和汉族通婚等等。我们在其奴其他组采访时，发现人们普遍接受和默认这些变化，即便是对待藏汉通婚方面也表现得很宽容。然而在其奴九组，中老年人对于与汉族通婚却是极力地反对。

文化习俗的融入是一个渐进的过程，即便固守自己的圈子也常常会不自觉被与之交往频繁的另类文化因素所感染，从而导致融合与变迁。因此，在面对外界文化的强烈冲击时，九组人虽然强调“地缘”意识，自我设置与外界阻隔，但这种情况会随着与外界接触的逐渐增多而呈现出淡化的趋势。同时，由于原居地与安置地文化具有同质性，都是藏文化的一部分，除却具体的一些习俗有些不同外，不存在大的差异，因此，从文化互融的角度，九组村民很快地融入当地社会其实只是一个时间问题。根据我们调查发现，搬迁安置虽然还不到一年，九组人也已经融入到当地过节习俗中，如望果节、雪顿节等等，甚至还有当地节日气氛很浓厚的三八妇女节，虽然这些节日习俗与老家相比有些不同，但他们还都乐于积极参加。[①] 尤其是三八节，节日中每组都要组织演出节目，具有广泛的参与性，因此观者如云，很受当地人的欢迎，而以如此热烈的方式过三八节在他们尼木老家是没有的。不过，令我们惊讶的是，九组村民不论男女老少似乎都对这样的过节方式颇感兴趣，人人在谈及此事时都心情激动。这个例子充分证明了九组人并不缺乏融入当地的积极性，而不过是缺少像三八节这样良好的时机。

3. 思想的回迁

调查发现，九组的村民即使在对现今的居住环境完全满意的情况下，其思想上的“回迁”仍然十分强烈，深深的恋土情节从来就没有离开心灵深处那块最为隐秘的地方。对于这一点，表现得最为明显的是在他们的宗教信仰习俗上面。在走访的50户人家中，除组长一人表示不信仰宗教外，其他人都表示信仰藏传佛教。在这群信仰宗教的人当中，虽然信仰的程度、目标和态度各有差异，但几乎都表示会参加诸如转经这样的宗教活动。其实，其奴村有两处重要的宗教活动场所，分别是三组的白塔和距离不到3公里的琼果央孜寺，然而奇怪的是他们几乎不去三组的白塔，也很少去琼果央孜寺，他们会把转经的地点定位约90公里以外的拉萨甚至尼木老家的寺庙，而且他们正急切盼望能在九组内修建自己的白塔。

在西藏，每当有人去世总会请喇嘛举行烦琐的宗教仪式。到我们进村采访的时候为止，搬迁过来之后九组共有6人去

① 得益于当地政府的大力组织和重视，“三八”妇女节成了达嘎乡一个十分重要的节日。在这个日子里，妇女们成为了关注的焦点。其奴村的各组都会选出能歌善舞的女人们去参加村中举行的文艺汇演，据说观者如潮，热闹非凡。

世，这其中除一人是在直孔寺天葬外（直孔寺位于拉萨墨竹工卡县，是当地很有名的天葬寺庙），其余都是就近水葬，而在水葬仪式中喇嘛和水葬师无一例外都是从老家最有名的达古寺请来。宗教无疑是对藏族人影响最为深刻和最重要的文化，在事关灵魂“前途”的事件上，九组人选择了自认为最可靠的丧葬“执行者”，这不仅是出于他们的一种慎重，同时也是“固执”的考虑。然而事实上，他们完全可以和其奴村其他组的群众一样，到同属格鲁派的琼果央孜寺找喇嘛和当地的水葬师，为什么还要大费周章跑回老家请呢？他们的回答很干脆：不信任，还是老家的可靠些。在这个问题上，我们足以看出他们“思想回迁”的强烈程度。

虽然在搬迁近一年的时间内并没有出现过一起村民回迁事件，但这种强烈的“思想回迁”意识显然会对他们在迁入地的发展和融入造成消极的影响，如若得不到正确的引导，则可能引发一系列难以预料的矛盾。

五　结论

地理位置和生活空间的改变使九组人陷入了一种对自身文化和生存的重新审视中。来自于续迈乡不同村落的人被结合在了一起，搬迁后他们与生长地分隔，远离原有的社会秩序和生活基础，也远离了那个环境中文化方面的约束和限制。[①] 对于九组人来说，迁入地的陌生文化规则和生

① 参见《文化地理学》对学生文化的论述：学生文化表现为一种地理方式或格局的安排，它首先把不同地方的人结合在一起，然后又把这些人与他们的生长地分隔，远离他们原有的生活资源，也远离了那个环境中文化方面的约束和限制。而其奴 9 组群众的状况恰好与此相似。〔英〕迈克·克朗著《文化地理学》，杨淑华、宋慧敏译，南京大学出版社，2003。

存环境的改变，都对他们造成了突如其来的压力。然而在新的活动空间内，为了适应生存的需要，他们不可能强硬和固执地封闭自我，随着时间的推移和人口自然的更替以及经济的不断发展，原来的“大骨节病”下形成的整体背景意识必将淡化甚至被完全忘却，新的秩序与和谐也必将在这忘却中诞生。

最后，虽然我们并不能对其奴九组的未来作出精准的预测，但我们对其前景仍然保持乐观的态度。同时，我们也不无忧虑：对于这个特殊的搬迁村落来说，它不仅面临大骨节病阴影的笼罩，更面临产业基础的薄弱和文化人际关系的断碎，这些问题如果长期得不到应有的重视和解决，必将对整个村落带来难以预料的后果。对此，我们应该给予更多的后期关注与扶持，不仅仅是从经济支持的角度，更应通过文化的关怀和精神的鼓舞方式，让村民逐渐转变意识，真正走上自力更生的道路。

附录：徐刚强2009年10月调查记录

普琼（9月11日电话采访）：国家给每亩耕地的粮食补贴没有拿到，找了县乡领导多次但问题还是没有解决。我们有400多亩耕地，每亩补贴是30元，群众意见很大，但目前还是有很多群众不知道这回事，因为人知道太多可能引起麻烦。后来乡里协调先解决160亩的补助，但自己没有答应（普琼认为乡里答应解决160亩的事情很蹊跷，这些不足有可能没有上报或者被挪用了）。

（10月20日调查时以上问题仍然没有解决。在尼木老家时，补助年年都发。）

现在小孩上学不给钱，但还是有很多家长愿意让孩子打工。

13号的孤儿现在考上了林芝的中专，给他办了低保证，上学费用不用愁。组里现在没有需要资助的学生。

以下是实地调查

10月20日

距第一次调查已经两年多了，再次见到普琼时，除了仍然是忙于全组的各项事务外，普琼对一些问题有了自己的看法，以下是对普琼的访谈：

今年9月份有个内蒙古的考察团来考察，县农业开发办公室的汇报材料上有很多数字我们不能认同：材料上的搬迁户每人每月的粮食补助是60斤，而发到群众手里的其实是30斤，搬迁运费说是30万元全包了，结果目前还有7户群众几千元的运费没有报销。比如说县里给了10万元的安置费，结果每家只给了两张床、草垫和一张小桌子，每户大概都没有分到1000元。

口粮情况：尼木县大骨节搬迁群众三年的口粮共需资金136.224万元，即每人每月60斤，其中面粉20斤（每斤按1.2元计算）、糌粑40斤（每斤按1.4元）的标准。

今天送五保户（嘎珍的母亲）去曲水的敬老院，他们开始不收，说人太多了，后来找了民政局的局长解决，很难，弄了一天。

大家生活基本都能满足，只有一两户不会安排生活的才觉得不满足。

去年有两口子出去打工，晚上回来时出了车祸，有生命危险，家里有两个小孩。我倡导群众捐医疗费，组里大概捐了4000元左右，找村委会要了500元。记下了捐款人姓名，大家还按了手印，拿着这个去找乡政府解决了1000元。

近两年政府对九组的项目：去年土豆种子由县农业开发办公室提供。后来，农牧厅又发了10台拖拉机、10台播种机和10台收割机，油费、维护费自己出。现在搞了沼气。

（采访者注：晚上8：14，有人吵架，把普琼叫走了。9：50，扎西次仁再去劝架。有人喝醉酒和邻居吵架，后来又和自己的老婆吵，砸家具。喝醉酒的一家原本出去打工，将土地借给邻家种，条件是将土地耕好。这次回来说是土地并没有耕好，喝醉酒后找邻家吵。直到 10 点多，整个事件才算平静下来。）

村子的人员很复杂，不好管理。日喀则、山南、昌都的人都有，全村大概有 4～5 户。以前还有在拉萨偷盗的，借助这个搬迁项目搬了过来。有些在尼木出生，在拉萨等地打工，后来搬了过来。但他们身在曲水，心在拉萨，在拉萨的坏习惯全都带了回来，惹是生非，白天喝酒，喝醉打架、吵架，被派出所抓过，都是 20 多岁的年龄。其中 3 个被拘留过，每人罚款 1000 元。打架的时候，甚至有人说可以去拉萨叫一车人来。他们平时出去打工，有钱就回来喝酒。

村委会平时对组里的事情不怎么管，如果直接找到上级，最终对组里没有什么好处，而且年终评比时要扣分。我不想再干这个组长了，事情太多，太难了。

在普琼的叙述中，笔者了解到九组近年的一些变化：

九组的沼气项目共建了 24 户，自愿做，上面给补助，自己出力打小工，水泥、灶具都由政府发，是援藏干部弄的。沼气池上面建有大棚温室，和前面的项目一起搞的，冬季起到保温的作用。（大棚里主要栽种小白菜、萝卜，由于管理不善，很多沼气池已经不能使用。）

搬过来后没有新发的大骨节病，原来集中在河东、山岗和尼续，现在这些地方也没有新发的。20 世纪 80 年代出生的基本没有这个病。搬迁过来后，生活基本还可以，现在新分出来的 5 户都是大骨节病户，没有自己的房子，现在九组没有安居工程项目，也没有给大骨节病家庭特殊照顾。国外的基金会有时会发些药物。大骨节病家庭 90% 都满意现在的生活，少部分曾经提出搬回老家，一部分提出牲畜饲养和饮水困难。

现在的105户只有1户的户口不在九组，是她母亲先搬到九组，她和丈夫、小孩不满意尼木的生活于2007年搬过来寄住在母亲家。现在转不了户口，也没有土地，也没有补助。她家里很穷，出去打工挣不了多少，小孩要上学，但户口不在这边也不同意解决。她老公曾参与打架。去年组里看她家的生活实在太困难，就把1亩多集体土地给她家种。

现在九组人和周边组交往越来越多，收割草，收青稞小麦、播种，收土豆等，农忙时节都有九组的人到其他组打工，一天20元，每天有50~60个人去。平时周边组的人也过来，接触越来越多。（农忙和村委会大会是九组与其他组接触的主要机会。）

2008年，九组有个人喝醉酒，跑到四组去闹事，人家忍无可忍就把他打了一顿。自己经常接触其他组的人，他们对九组没有什么特别的看法。

现在的文化活动室还和以前一样，什么都没有，里面堆放着达嘎乡沼气工程的材料和设备。

10月21日

一大早就有人来找普琼，说是36号白珍的老公去世了，小孩子7岁刚上小学，说是高血压脑出血。他最初在拉萨打工生病，但自己不愿意去治，后来回其奴医了几天，尼木老家的人把他接回去了，今天在尼木老家去世。九组包了一个车，明天有6个人去帮忙看看。主要带钱、青稞、酒等，白珍说还要带一袋土豆过去。白珍的老公今年和一个六组的女人好上了，被她发现，一家人一直在吵架。

今天走访了副组长扎西次仁，从轧西次仁处又了解到一些九组的情况：

现在组里的两个水塔的来水都干了，只有用机井抽水到水塔再放下来（采访者注：抽水的电费上级说了免五年。抽水的工作主要由扎西次仁负责，调查发现，机井几乎 24 小时抽水，组里根本用不完，大量的水通过水塔溢水管排出而白白流失。在问及这个问题时，副组长回答得有些含糊不清，主要原因是农活较多、水塔容量不大，停机不多久就会放干。原本有两个水塔，另外一个水塔现在基本没有使用。这从另一个角度表现了移民的某些消极心理，其实也是一种依赖表现。）

现在每家都安装了水表，有人乱放水，种菜也放，所以暂时采取这样的办法，下一步还不知道怎么办。每度水 5 毛钱，钱收起来存入银行，80% 作为今后的维护金，20% 作为管护人员的工资。如果以后有钱了，不收也行。这个方案由村委会、各组组长共同商量决定，事先没有征求群众的意见。现在大多数群众不愿意交钱。今年收了一个季度的，有 900 多元。曲水县水电局发了红头文件，规定大牲畜一个月收 1 元水费，小牲畜每月 5 毛，人一年 1 元。

与普琼访谈时笔者了解到：

以前的工分制现在取消了，因为很多人出去打工，剩下的残废、老人和小孩，很难承担组里的活。现在把九组 105 户分成了 9 个小组，每个小组一台拖拉机，剩下的一台放在组里共用，用来拉化肥、树苗等公共事务。现在各小组自由掌握自己的拖拉机，耕地、挖土豆等由各组自己商量决定，维护费、油费也由各组自己安排。小组人数少，不仅方便了安排，也避免了纠纷的发生。目前，各个小组已制定了自己的拖拉机使用规定。

在其奴村，其他组有十几万的集体资金。九组有 10 台拖拉机本来可以组织起来去承担工程，但组长普琼觉得很麻烦，集体资金过多群众老是有疑心，自己也睡不安稳。

谈到目前的情况，普琼表示：现在要九组要修水渠（田间灌溉渠），我希望由汉族老板来承包，如果包给村委会，村委会又下包给各组，质量肯定得不到保证。现在九组的100户房子，当初有52户包给了其奴村委会建，48户由尼木县承建。村委会把房子包了几个小老板。房子质量有明显区别，村委会建的太差了。

上级来人视察的时候组里需要什么东西上面（乡、县）很好说话，但视察完了很多时候就不认账了。上次来视察的时候，看见文化活动室什么都没有就要求布置一下，我买了扩音器、窗帘等东西，先说好上面完全报销，结果完事后就不认账，跑了好几次都不报销，最后报了5000元，还有800多元没有报销。

上次内蒙古参观团来的时候，有个上面的领导看见组里还剩下几套电视卫星接收设备，第二天就打电话给我，说想借用一下，但其实这是有几户不在家的群众的，暂时寄放在这里，因为平时家里没有人，安装了怕被人偷了。我给这个领导说，你打个借条，等人家回来了找你要。他就没说什么了。

副组长扎西次仁家里刚买了冰箱和洗衣机。每户发了“家电下乡产品购物簿”，上级对冰箱、电视、洗衣机、家具等10类商品的最高限价做了规定，群众只要在限价内购买下乡中标产品都可以获得20%或25%的财政补贴。由于扎西次仁对购物簿没能理解清楚，而把规定的最高限价理解成了必须买相应价格的产品才能获得补贴，如冰箱的最高限价是2500元，即2500元以内的家电下乡冰箱都可以获得补贴，但他理解为必须买2500元的冰箱才能获得补贴，因此，他就购买了非家电下乡的产品，也没有获得补贴。

现在每家都发了卫星电视接收设备（为纪念“3·28”西藏百万农奴解放日，由党中央和国务院发放），可以收到54个台。晚上主要看西藏一台和青海藏语频道。小女儿西绕卓玛（7岁），最喜欢看中央少儿频道，但听不懂说什么。

在扎西次仁家，我发现他家经堂的柱子上挂着毛主席的像，经堂侧面有四幅昌都老家的活佛像。我问他为什么不挂其他活佛的像，他说他觉得挂其他的活佛没有什么作用，自己不认识。其他佛像是她老婆信的。至于有什么作用，主要是来客看了也高兴，自己心里也高兴。自己只关心昌都那边的活佛。

扎西次仁家里新买了摩托车，钱粮都不用愁。去市里的次数不多，县里有时去，而乡里只有买东西的时候才去。

平时组里的事情不多，主要由普琼负责。副组长一年最多有2000元左右的工资。因为没草（九组的种草的土地现在已基本荒废，因为土质差、沙多）。组里养牛羊的不多，最多的一户养了200多只羊。家里的沼气用了两个月就没气了。

现在组里最困难的还是大骨节病家庭，政府好像也没什么特殊的照顾。

扎西次仁家的人员组成（5口人）：

扎西次仁（昌都）——妻子（尼木）

大女儿（达珍）　小女儿（西绕卓玛）　侄女（嘎玛仓决）

（昌都抱养）　（尼木抱养）亲姐妹

扎西次仁大女儿**达珍**（15 岁，在拉萨亲戚家做保姆，衣着打扮和城里年轻人差不多，已经不穿藏装，有手机和 MP3），做家务，有点辛苦，亲戚都很好。自己喜欢拉萨的生活，父母想让我读书，但我不愿意读书。现在我大概每周回家一次（拉萨到其奴有直达班车），做保姆每月有 150 元左右的工钱。我认识三组的几个小孩，大家平时关系很好，但他们都去上学了。（其奴村完小从小学三年级开始住校。国家有生活补助，不用交钱。）这次回来时帮家里收土豆，做事。

扎西次仁妻子的侄女**嘎玛仓决**（20 岁）：家里人主要种庄稼，（姑父）有时帮人修拖拉机，一年大概挣 2000 元 ~ 3000 元。自己去曲水打工盖房子，35 元一天。很少去其他组，没有男朋友，这方面的事情还没有想过。主要看藏语台，其他台也看。

家里大概种了 2.5 亩土豆，今年土豆卖了 23（大）袋（每袋 100 斤左右），自己去拉萨娘热路的大市场卖的，每袋 50 元。家里还有 15 小袋。

过两天我要去拉萨（蔡公堂）修房子，曲水一个老板包的民房，组里要去 7 个人（2 女 5 男）。和我们一起打工的都是藏族，没有汉族。

老家在尼木县续迈乡尼续村，老家没有大骨节病，比这里还要好，自己当初不想过来，现在觉得还可以。老家有电，离县城不远。父亲打工（木工和石匠），一天可以挣 70 元，家里还有姐姐和妹妹。自己经常回尼木，家人对自己很好。

组里大家关系还好，没有打架、吵架。我去过大骨节病人家。他们都很好，政府也很好，帮助我们。

我信教，经常去琼果央孜寺，组里大概有 14 个人经常去，捐钱、转经、捐酥油。念经还是找尼木老家的僧人。（电视里正在放《武林外传》，两个小孩看得很起劲。）今年我去了成都，成都很好，有个舅舅在那边。

九组和周边组的关系都很好，没有去过其他组，自己也不想去，因为没有认识的人。

现在家里喂了两头牛，草不够。土地还是全部种土豆，没有种其他的。国庆节大家都看了阅兵，很好看。（整个九组的耕地都只种了土豆，因为土质太差，沙太多。3 年粮补之后，将面临新的问题。）

去年“3·14”的时候组里很平静，但我们心里都很害怕。

扎西次仁家里只有他和妻子，以及妻子的母亲有土地，从亲戚家领养的 3 个小孩都没有土地。

扎西次仁妻子的侄女**曲尼尼玛**（嘎玛仓决的妹妹）：来姑妈家走亲戚，觉得九组各方面都很好。

10 月 22 日

今天扎西次仁全家出动去了七组，帮助认识的一个朋友收获芫根。

我们走访旦曾格桑家，他家里有七口人，两人出去打工，都打石头，一天可以挣 60 元，只有农闲才出去打工。家里大概种了 5.6 亩土豆，卖了 35 袋，留下 40 袋食用和留种。收入和支持基本能够持平，粮食、酥油、蔬菜、肉等都要出钱买。

旦曾格桑谈起了其奴村召开的村民大会：不来开会的要罚款，九组曾经被罚过 100 元。会议内容有科学发展观宣讲、甲流疫苗接种（很多村民听说打了疫苗人会变傻所以拒绝接种，曲水县有几千学生，接种的只有几百人）、冬播、年终总结安排等。会议从上午 11 点 30 分开到下午 1 点 30 分左右，时间过长，群众能听进去的很少，特别是一些年轻人对会议冗长不堪特别反感。会议上，九个组的群众在各自组长带领下分块席地而坐，这样的会议大概每年有三四次，即是九组群众与其他组群众接触最大的机会。会议当天，九组有 20 多户群众没有参加，据说是去帮人挖芫根挣钱去了。

第一次调查时，一直做我们翻译的次旺罗布现在在村委会对面租房开了小卖部，家里盖了二层楼。小卖部的收入基本能满足自己的开销，赚的钱不拿去补贴家用。他同我们聊起九组目前的情况。九组人与其他组的人交往越来越多，关系还不错，“红红火火”。大骨节病家庭的精神面貌很好，整天嘻嘻哈哈的，都很高兴。家庭经济状况也比刚来时好多了。刚来的时候什么都没有，现在目标都明确了，打工挣钱，能种地的就种地。

说起他自己时，他说他不想建沼气池，太脏太累。自己的主要活动圈子在达嘎乡和县里，平时和组内的人交流得不多。对村干部和乡干部都比较反感，认为他们没什么文化，瞎指挥。

一个在小卖部的九组人说自己每年都会外出打工，跟汉族老板工资会高一些。一年外出打工的时间有 3 个月左右。现在没出去，主要是因为走了家里没有劳力。村里平时多半只剩下老人和小孩。能挣钱的基本都出去了。

其奴九组相关情况统计：

搬迁时 100 户的来源地：山岗村 41 户，河东村 24 户，尼续村 26 户，续迈村 7 户，安岗村 1 户，霍德村 1 户。

九组 2009 年 10 月的总人口为 440 人，目前共 105 户，其中 1 户为单身汉，新增加的 5 户都是内部分家产生的。他们没有房子，主要借住在其他没人的家里。新生的小孩都没有土地，共有 37 个小孩落实了补贴，嫁进九组的人没有土地也没有补贴，只有户口转进来之后才有补贴。

现在仍然贷不了款。因为搬迁前有户人在尼木贷款 7 万元买了东风牌汽车，而至今仍未还清。组里想贷款的人很多，但贷不了，尼木、曲水的农行都不给贷。

现在庄稼灌溉仍然不给钱。村子后面修了灌渠（色达灌渠），但源头水不够，现在一直没有水。

搬迁时文件上说有 500 亩耕地，388 人每人 1.3 亩左右，但实际分配丈量的时候大概只有 370 亩左右，每人约 0.95 亩。最初分地的都是有九组户口的，后来又搬来了 4 个人，他们只有搬迁补助，没有土地可分。

目前，100% 的家庭有电视，有的还有 2 台以上。70% 以上的家庭拥有手机、座机电话。

其奴九组近两年婚姻嫁娶：娶进村的有 12 人，10 人（女）是尼木老家的，1 人是其奴三组的（男），1 人是其奴四组的（男）。嫁出去 5 人（1 男 4 女）：分别去了达嘎乡的其奴四组、色达村四组、色普六组，以及堆龙县、林周县。

对于其奴村九组的搬迁项目，现在组内群众大部分觉得项目是应该的，为了后人着想，90% 以上的群众对搬迁很满意。

附表 1　其奴村九组就业情况

单位：%

农业（占总户数百分比）	劳务输出（占总劳动力百分比）	商业（占总户数百分比）	运输业（占总户数）
100	50	6.7（7 户）	1.9（2 户）

附表2　其奴九组105户家庭经济富裕程度分类
（当地人眼中的富裕户、中等户和贫困户比例）

单位：户

分　类	户　数	备　注
富裕户	10	例如：次旺罗布家盖了二层楼，花了20万元左右；欧珠多吉家靠打工每年可以净存2万元左右，嘎松家的收入也差不多；才桑家买了几万元的货车，现在贷款已基本还清
中等户	70	收支能保持平衡，并有结余
贫困户	25	家庭年收入900元以下，享受低保

附表3　其奴村九组搬迁时的基本年龄结构比例表

单位：%，人

0~12岁	13~18岁	19~40岁	41~60岁	60岁以上
8.2	12.9	38.1	38.7	2.1
总人口	388			

附表4　其奴村九组搬迁时的男女人口比

单位：人，%

分　类	男	女
人　数	138	250
比　例	35.6	64.4
合　计	388	

附表5　其奴村九组搬迁时的18岁以上成年人口文化程度统计

单位：人

大　学	高　中	初　中	小　学	文　盲
1	10	53	203	39
合　计	306			

附表 6　其奴村九组搬迁时婚姻结构统计

单位：%，人

已　婚	未　婚	丧　偶	其　他
52	47	1	0
合　计	388		

此后几天对村里其他人户进行了跟踪访谈。

达瓦桑培，28 号：家里 3 口人都有轻微的大骨节病。儿子中学毕业后去学画画了，学得很努力，跟着一组的一个老画匠学，学得很好，现在每天能挣 20 元左右，吃喝和学费都不用给。家人种庄稼，钱粮都基本够用。因为家里人多，本来报了低保，后来民政局的人下来核查，发现家里经堂摆着达赖的像，这个低保就没办成。民政局的说让他们向达赖要去。这是 2007 年的事情。今年经过努力，他们家的低保也办了下来。

呷巴，66 号：（组里大骨节病最严重和最穷的一家）：呷巴自己因大骨节病口眼有些歪斜，妻子 65 岁走路艰难，女儿不能结婚，手脚有些变形。（家里让人感觉阴暗潮湿。）和副组长扎西次仁的老婆是亲戚关系，两家经常来往，相互照顾。（调查时喝的是砖茶，没有酥油，人很热情。）生活比刚来时好多了，心情也很好，现在家里三人都享受低保，每年有 1000 多元。家里仍然缺钱，收入不够开支，只有借了。土豆今年卖了 600 多元，还不错。和邻居关系都很好，有困难他们也都来帮忙，和其他组的人基本没有交往。家里开了个小商店，但生意不好，最好的一个月收入 150 元左右。

老家在安岗村，搬迁前已经通电，但经常停，也没有好公路，看病必须到乡里。现在吃的药可以在组里的卫生室买到，直接用合作医疗本就行了，本子上的钱就基本够用了。平时小痛时不需要吃药，只有痛得厉害才吃。（低保和医保为呷巴家解决了大问题。他家的经堂仍有一番布置。房檐进行了简单的木工装饰。）

央吉，8 号：全家都有轻微的大骨节病。现在还可以。不去琼果央孜寺，转经去拉萨，一年去一次。收入很少，药费基本够了。小孩上初中，不用给钱，成绩一般。土豆卖了 10 袋，500 元。（达嘎乡经纪人协会对统一收购的土豆要求很高，都是最大的，九组的不愿意，觉得吃亏，所以自己去卖。）

索朗卓嘎，37 号：2009 年中专毕业，现在留在拉萨打工。他的二姐 2009 年毕业于林芝农牧学院，考了公务员，但没有考上。大哥和二哥都开加长型货车。（普琼：虽然都是开大货车，但贷款买的，加上 3 个人读书，日子也不怎么好。）

嘎珍，43 号：她的母亲是五保户，刚被送到县敬老院。普琼对他们家最不看好：老公有钱就用完，嘎珍在家也不会持家，庄稼也种不好。每年退耕还林的钱也花得精光。现在家里的情况和刚搬来时没有什么区别。家里亲戚们给的家具也卖得差不多了。去年家里缺粮，就在塑料袋里装进干牛粪，放在家里，让外人看了还以为有粮吃。后来被普琼发现了，上报后解决了一些口粮。现在已经成了低保户。

德杰，44 号：现在生活很满意，有摩托车和拖拉机。沼气用了一个月，现在不能用了。家里和亲戚的关系以前就不怎么好，现在还是一样。现在家里 4 个人去打工，一个是石匠，每天挣 45 元，三个小工，每天挣 35 元。

德杰的二女儿央宗：老公是汉族，现在和自己回到了九组。老公现在在山南打工，扎钢筋，1 天可以挣 100 元，但钱都寄回老家青海。我喜欢青海那边汉族的生活，吃穿都好，家人现在都很喜欢我老公，母亲特别喜欢。（问其母亲德杰对汉族女婿的看法时，她竖起了大拇指。）以前自己不懂汉语，现在交流起来没什么问题。

白玛，46 号（大骨节病家庭）：家里有 1 人出去打工，做木匠，一年去 4 个月左右，50 元一天。老家是尼续村的，有电，但经常停，没有通公路，也没有卫生所，看病要到乡里。这里的收入要比以前多，在老家时没有打工的收入。（家里有 3 台电视机，2 台是家电下乡送的。房子进行了木工装修，新安装了木窗玻璃。）现在吃的药基本自己买，直接在医疗本上扣除，不用交钱。不吃药的话经常疼得不能走路。对这里的生活很满意。

拉珍，63 号（拉珍一人有大骨节病）：和妹妹一家 3 口住在一起（到拉珍家时她正与一群妇女在村口拉家常）。这边生活很好，妹妹两口子偶尔出去打工。组里对我们很关心，其他干部不认识。现在家里还是缺钱，家人没有低保。和邻居关系很好，和外村的人认识，有交往。平时不去琼果央孜寺，还是去拉萨转经。

德吉：把三组的扎西娶过来了，现在跟着老公去学装饰绘画。家里的商店只有晚上和早上才会开门。

后　记

领受调研任务

2006 年春节，在成都休假的西藏农村经济发展研究所倪邦贵所长召集我们小聚，谈起了他受委托开展边疆省区村寨调查的任务，希望我们能够承担几个村寨的调查工作，当时我正在进行青海三江源项目的调查，对于西藏的牧区村寨很感兴趣，但是倪所长早已分派给了其他人。在青海三江源进行生态移民调查时也涉及扶贫移民问题，前几年在调查中还专门走访了一些扶贫移民村寨，目的是与生态移民进行对比，因此又计划在西藏做一个扶贫移民村落的调查，然而，扶贫移民村落已由杨明洪教授认领。最后只好听从倪所长的安排，负责一个新型的移民村寨类型的调查——大骨节病移民村寨。当时因对疾病移民情况不是特别熟悉，勉强认领任务。然而这个勉强的任务却带给了我意外的收获，让我了解到一个新的移民村落类型，无意中拓展了我对移民问题研究的深度与广度：此前进行过生态移民、因水电建设的工程移民、因扶贫进行的扶贫移民等类型的研究，这次进行因疾病而搬迁兼具扶贫性质的移民类型调研。至此，藏区所有主动或被动移民形式、所有移民背景可以放在一起进行比较研究，对丰富我最近几年所做的移民研究十分有意义。

虽然经费极其有限，甚至不足以购买两人往返拉萨到成都的机票，但是本着深入了解西藏农村的目的，我还是欣然领受任务。

一点波折

领受任务归来，本计划冬天就直接到村寨，然而，由于手上另外一个重大课题也必须推动，因此，寒假只能先到四川的木里进行调查，而把到拉萨调查安排在暑假。当时我所带的 8 位研究生听说有到西藏调查的任务，都欢欣雀跃，表示即使乘火车站票也愿意到拉萨去，我理解他们想到圣城旅游的猎奇心态，也计划尽可能多地安排他们到西藏旅游调研。然而常常是计划没有变化快，在我组织实施西藏村寨调研时，又接到更紧急的任务，7 月必须要到澜沧江上游西藏段进行水电规划社会环境评价调研，同时三江源生态移民项目五年计划也进行到了第三年，必须带队前往。五月讨论时都很积极踊跃的研究生同学们因为这些调研活动的开展而有了新的安排。只有临时借调人员，因此电话通知了当年已考取 2007 级研究生但还没有入校报到的同学，其中在西藏工作的共有 4 位，希望可以利用他们在西藏工作之便进行就近调研，不仅可以节约路费，更有熟门熟路的优势。

这 4 位同学中有一位在中学当教师，一位在县政府工作，另两位在国安系统工作。对于在西藏工作的教师来说，早早到来的暑假就是可以自由离开工作岗位的时间，从而全身心地投入到调查中，因此这位在中学教书的同学是我这次西藏村寨调查的主要倚重对象。5 月底，我把西藏村寨的调研大纲以及相关情况都一一发给他们以便事先熟悉并做好暑期调查的准备，其间也不断地与这位中学教师同学进行有关调研的交流。7月，正值调查工作要正式开展时，这位被我作为主要倚重对象、在中学里工作的同学却似人间蒸发一样，杳无音讯；两位在国安系统工作的同学也没有办法在9月学校正式开学之前离开单位；只有在县政府工作的徐刚强同学提前交接了工作，成为唯一一位可以前往调查的西藏同学，我的计划再次被打乱。

依靠一位从未受过田野调查以及访谈等方面训练的政府工作人员进行田野调查，对我来说无疑是冒险。关键是难以把学术调研与平时的工作考察区分开来（后来的实际情况是，徐刚强同学出我意料地工作认真仔细，而且利用他有工作经验的优势与尹婷同学分工协调，不仅出色地完成了调研任务，并在后期的资料梳理和调研报告的撰写工作中起到很重要的作用），为了不延误时间，决定增派一位同学一起进村调查。由此，征集来2007级另一位未入学的同学——尹婷。尹婷本科在云南大学学习民族学专业，有过一些田野调查的实习经验；派到西藏之前，被邀来参加我进行了三年之久的三江源生态移民调查项目。在为期一个月朝夕相处和手把手地教授后，尹婷对于问题把握的能力有了很大的提升，与此同时，我也不断地向她讲解西藏村落调研的要点。因此，由她与徐刚强配合，调研工作也许会比较顺利。然而让一位个子瘦小、面显幼弱、从来没有独立外出过的女孩独自一人到西藏开展调研工作，我内心还是有点不安。然而，这位看似柔弱的女孩却有着非同一般的坚韧和勇气，在我们结束三江源生态考察后，她一个人乘坐刚刚开通的青藏铁路火车从格尔木到了拉萨。与徐刚强会合，在倪邦贵所长的安排下，来到了曲水县达嘎乡其奴村。

调研中的感悟与感谢

两个星期后，我辗转青海玉树、西宁和四川成都也来到了拉萨，带着年仅4岁的女儿。每年一个多月的三江源考察（2007年时已经是第三次考察），不忍心再把女儿撇在家里。女儿寇雪林的随行不仅没有给我的调研工作带来什么负担，反而成了我们与村民建立亲密关系的重要媒介。当我们刚进其奴九组的村子，就围来了一大帮孩子们。很快，女儿就与一帮小朋友们玩在一起，虽然他们彼此无法进行有效的语言交流。不过先期到达的研究生及时冲洗和分发了早些时候为村民们照的照片，因此，当女儿拿着照相机到处为村里的孩子们及孩子的家长们照相时，家长及孩子们就更起劲地摆出各种姿势。

两位研究生汇报的调查情况很令我欣慰，虽然两人都没有什么田野调查经验而且只有两个星期时间，却还是基本掌握了大骨节病移民村情况。在拉萨短暂停留了几天，冲洗一些照片，补充给养，我们又一起回到了村里。

这次的再来，两位研究生已经变成了村民的老友，与村民们多了份亲热，尤其是当村民们拿到前几天才照的相片时更是欣喜，纷纷邀请我们到家里坐坐。又有人来请徐刚强帮助修理电视等电器，从来没有维修过什么电器的徐刚强仅仅因为能够看得懂说明书，而且能够按照说明书把文化活动室安放的一个电视转播器调理得可以接受西藏一台以外的其他频道，被当地村民认为是能人，在村子里小有名气，已经有好几家来请他帮忙修理家电了。脾性温和的尹婷在村子里已经有一位把她当干女儿看待的老妈妈，更有一帮年轻姑娘把她当做知己。

其奴九组共安置有100户移民，之前，两位研究生分工随机选择了50户进行入户调查。但是由于缺乏经验和基础，很多问题都未及深入，甚至有些被忽略。在认真研读了两位研究生入户调查资料后，我决定选取一些典型户进行回访，分别从各个方面丰富和完善调查。每天晚上与同住在村文化室的组长普琼聊天，通过多次有目的的闲聊，其奴九组移民村形象逐步地丰满起来。为了立体呈现移民村的背景及相关情况，在村落调查时，还专门到其奴行政村、其奴完小、达嘎乡等，进行进一步的资料收集与访谈；同时在曲水县宣传部的支持下，走访了曲水县文教局、农牧局、扶贫办等单位。

我们在其奴期间，接受了太多人的盛情，村长普琼不仅安排我们住宿，还专门从村民家借来崭新的被褥，并从村民家收集山鸡蛋为我的女儿寇雪林补营养；因为村子里没有任何吃食，买菜只能到相距7公里远的曲水大桥，为了支持和配合我们调查，组长普琼组织村民破例采挖了一袋土豆，专供我们吃食。不仅如此，普琼每天都被我们的各种问题搅扰到深夜；新当选的副组长扎西才仁，虽然交流起来有些语言障碍，但是日复一日地引着我们在村里走家串户，所收养的两个女儿也很快成为寇雪林形影不离的朋友；翻译次旺罗布不厌其烦地跟随我们一家一户地串门；曲水县宣传部的领导还专门带着慰问品到村里看望两位研究生同学。在此一并表示感谢。

成果呈现与所思

提交上去的调查报告，初稿是由两位研究生徐刚强和尹婷分工整理的，徐刚强负责概况与村史、基层组织和经济发展部分，尹婷负责社会发展、民族宗教和各项事业部分；由于两位研究生是初次接触研究工作，因而初稿离我的想象差距很大，指导修改了多次，最后修订后交给西藏农经所，并有幸获得倪所长的赞誉。

2009年春季，得悉我们调查的报告将作为百村代表列入出版计划，我原计划是在原来报告的基础上进行一些修订就可以交付出版社，但是考虑到正式出版，一些数据或者调研的情况公开是否合适，就再次把所有收集来的原始材料和调查记录、照片、录像等多次查看，倍感当时调查得来的很多材料十分珍贵。而同时，时隔两年之后，移民村又发生了很多变化，而这些变化将会淹没他们曾经走过的艰辛之路，如果出版时不能客观呈现移民村最初的状况，将会使这个特殊的移民村永远失去被外界了解的机会，也同时会失去相关部门进行经验总结和吸取教训的重要素材。因此，我决定以2007年对新建立起来的移民村调查资料为主，间或用2009年的回访资料做些补充。同时，我决心放下手上的一切工作，集中精力来进行调查报告的重新梳理和书写，熬更守夜，每天加班加点，原计划可以两个月完成，结果用了半年多时间，还没有达到自己想要表达的程度，所以从2009年年底又延续到2010年年底，调查报告的整理工作才算最后完成。

在重新梳理材料的过程中，我有许多新发现，有些新发现令我惊喜，有些令我唏嘘不已。令我惊喜的是，我看到了西藏地方政府从自治区到拉萨市，一直到拉萨市下辖的曲水和尼木两个县，还有接受移民安置的达嘎乡和其奴村，从上到下，由市到村，为了100户388人的大骨节病移民，不仅付出了大量的行政成本，对于移民，从生产到生活，也投入了大量的情感关怀。为了让全县人民了解、接受并心系这些移民，曲水县甚至动员和组织全县行政及事业单位人员到移民新村为新村平整土地、清理村落环境。也许有些人看到这个举动时认为政府是在作秀，然而，于我而言，内心却被政府的人性化行为触动，甚至不自觉地流出了欣喜和感动的眼泪。

在重新梳理材料中，我还被一些人和事触动，尤其令我唏嘘不已的是，我错过了帮助一个孩子甚至是一个家庭实现梦想的机会。我到村子里，徐刚强同学曾在向我汇报调查情况时提到过有个家庭因为经济困难孩子被迫放弃高中就学机会。在当时，我的潜意识里认为这是过去时，是早已发生了的情况。因此，没有过多地想，也由于我过多地关注于村落的整体适应尤其是心理适应等问题，没有特别在意这个信息。把高中辍学现象归结为西藏农牧民子女受教育的瓶颈问题来思考，没有更进一步地想要了解这家放弃读书孩子的状况，更没有关注这个孩子的本身情况，因为据学生讲似乎已经外出打工去了。总之，我因为种种原因，没有太在意这个信息。然而当我再次把当时拍摄的照片拿来分析时，我发现了多杰的通知书，而通知书的入学日期正好是我们在村子里的时间。我内心像受到重创一样，眼泪不自觉地溢出了眼眶，愧疚、难过——通知书上要求报到的时间就是我们在村子里调查的时间啊，多杰的爸爸也向学生流露出了对孩子继续上学的渴望，孩子继续读书所需用的费用对于移民家庭来说，可以说是巨额，然而对于我们生活在城市的人来说，却是可以通过节俭等形式省出来的。然而由于信息的不完全，我没有能够帮上需要帮忙的人。在办公室里，我坐不住了，起身在办公室里来回走动，内心很是难受，嘴里反复念叨：“怎么会这样？怎么会这样？我为什么不多问一句？”

内心对于多杰及其一家的内疚使我像祥林嫂一样念叨纠结了很长时间，在前后半年多围绕其奴调查资料的整理期间，一直在头脑里萦绕着，挥之不去，与同事朋友见面聊天，都会忍不住十分沮丧地提到多杰失学故事。引得多位同事好友愿意出钱资助好学或需要的学生，并委托我在实际调查中寻访需要救助的对象。2009 年夏天，当我带着这个意愿再次回到其奴九组并向组长表明后，组长普琼当时十分激动，但是当我回到成都，再次打电话问进一步消息时，他的回答却出乎我的意料：“我们现在都很好，没有谁家需要资助。”我愣了，真的没有人需要资助吗？拒绝受助是一种什么心态？或者是什么样的特殊情况让他们拒绝受助？我陷入了更深层次的思考。

多杰事件的伤感失落之后，我开始理性地思考西藏的教育问题，四川采取“九加三”义务技术教育，解决九年制教育之后的深造和学生社会化、专业化的瓶颈问题，而西藏教育在“三包政策”之后上升空间中的瓶颈——高中阶段的费用将会以何种方式解决呢？

通过梳理其奴村移民组建立的各项政策，可以看出国家从中央到自治区政府、拉萨市、曲水县以及乡政府都做了大量的工作，动用了全县人力物力建立一个大骨节病移民新村，然而这种快速改变的方式是否能被村民及时地接受？移民村或者整个西藏的农村发展的瓶颈到底在哪里？是村干部的见识问题，还是乡级干部需要更多地深入基层，调研制度需要落实与实践化问题？很多情况表明，农村不发展不是乡村干部不作为，而是无所作为。

2009 年回访

2009 年 7 月，我又再次回到了其奴九组，时隔两年，村落里的绿色多了起来，感觉滋润了很多，组长依然为村民争取各种补助和关注而奔波努力着；为了庆祝新中国成立 60 周年，上级为村里每户发放一台免费的电视机。大多数村民似乎已经逐步习惯了新村生活。不过令我惊异的是，几乎与女儿寇雪林同龄的副村长小女儿似乎并没有见长；而应该刚刚才是 11 岁的大女儿却到拉萨打工去了（据说是为亲戚做家务）。没有继续高中阶段学习的多杰被父亲送到外地学习唐卡绘画，据说还不错；失去母亲的孤儿现在已经小学毕业在上中专了，由姑妈照看，组长普琼为他申请到了特殊的低保补助，因而拒绝了我代朋友的助养计划。

其奴九组的情况有了一些变化。在我的建议下，研究生徐刚强在 2009 年 10 月又回到其奴九组进行深入的访谈，以完成他的硕士毕业论文。

一点说明与感谢

本报告以 2007 年的调查资料为分析和呈现的主要内容。一些基本想法除了在报告中体现外，也曾以专题文章发表，一篇是《移民搬迁与社会重构：基于一个藏地村落的实地调查》，这篇文章的思路是我在整理报告时提出来，由研究生徐刚强对相关材料进行梳理，在与我多次讨论修改后发表在《藏学学刊》第四辑（四川大学出版社，2008 年）上。另一篇以《西藏大骨节病搬迁项目实施调研》为题也发表在同一辑《藏学学刊》上。这两篇文章是我们在其奴调查的思想精髓，作为专题一并收在本书中。

为了便于对比，把 2009 年徐刚强再次入村调研的日记列在附录里。

虽然本书的作者署的是我的名字，实际是集体劳动的成果，不过文责问题则由我来承担。

最后，特别感谢中国边疆史地研究所的孙宏年博士和西藏社会科学院经济研究所的倪邦贵研究员，不是他们的多次督促，本调查报告恐怕就永久地窖藏在我的电脑里。也因有了宏年兄和倪所长的耐心和热心，一个特殊的、因病移民的新村面貌才得以呈现在大家面前。

如今，当年一起参加调查的两位研究生同学已经毕业并参加了工作。徐刚强回到拉萨继续他的政府公务员生涯，三年研究生的学习和对于移民村落的关注应该能让他在实际的政府公务中更多地关心和体贴基层百姓吧；尹婷在一个非政府机构里专门做贫困地区的项目开发与社区发展能力的培训工作，更是直接为底层百姓服务。一个村落的深入调查改变了多个人的价值观和人生方向，虽然书稿迟迟没有面世，但是其间接价值却也清楚地呈现出来了。

从 2007 年夏进入其奴九组调查到 2010 年年底书稿面世，一届研究生从未入学到已经毕业走上工作岗位，时间过得飞快，但愿与时间一起飞逝的是村民们并不完全愉快地适应新村生活的心理历程。

谨以此为记。

徐　君

2011 年 1 月 10 日于川大藏研所

图书在版编目（CIP）数据

狼牙刺地上的村落：西藏拉萨市曲水县达嘎乡其奴九组调查报告／徐君著．—北京：社会科学文献出版社，2011.11

（当代中国边疆·民族地区典型百村调查／厉声主编．西藏卷．第2辑）

ISBN 978－7－5097－2649－5

Ⅰ.①狼…　Ⅱ.①徐…　Ⅲ.①农村调查—调查报告—曲水县　Ⅳ.①D668

中国版本图书馆CIP数据核字（2011）第167767号

当代中国边疆·民族地区典型百村调查：西藏卷（第二辑）

狼牙刺地上的村落

——西藏拉萨市曲水县达嘎乡其奴九组调查报告

著　　者／徐　君

出 版 人／谢寿光

出 版 者／社会科学文献出版社

地　　址／北京市西城区北三环中路甲29号院3号楼华龙大厦

邮政编码／100029

责任部门／人文科学图书事业部（010）59367215　　责任编辑／孙以年

电子信箱／renwen@ssap.cn　　责任校对／贾迎亮

项目统筹／宋月华　范　迎　　责任印制／岳　阳

总 经 销／社会科学文献出版社发行部（010）59367081　59367089

读者服务／读者服务中心（010）59367028

印　　装／北京季蜂印刷有限公司

开　　本／889mm×1194mm　1/32　　印　　张／9.375

版　　次／2011年11月第1版　　插图印张／0.125

印　　次／2011年11月第1次印刷　　字　　数／207千字

书　　号／ISBN 978－7－5097－2649－5

定　　价／196.00元（共4册）

主　编　厉　声

副主编　李　方（常务）　李国强

中国社会科学院中国边疆史地研究中心　**厉声　主编**

当代中国边疆·民族地区典型百村调查：**西藏卷（第二辑）**

分卷主编：**倪邦贵　孙宏年**

东嘎乡人民政府办公大楼

东嘎乡人民政府大门

东嘎乡总结大会

东嘎乡小学

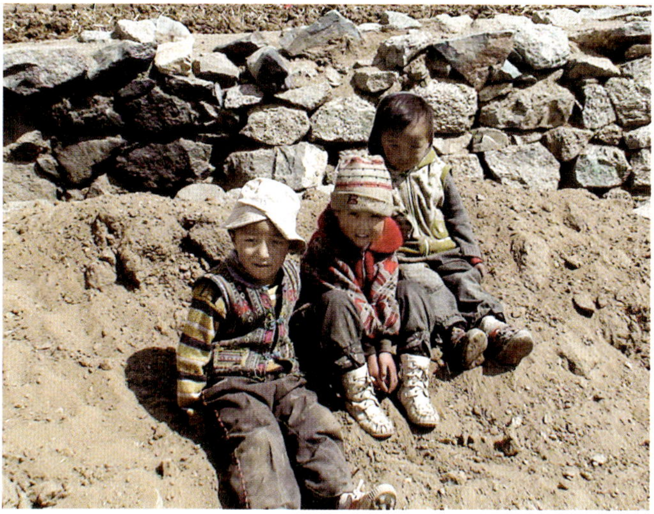

学前幼儿

藏族青年

二牛一犁

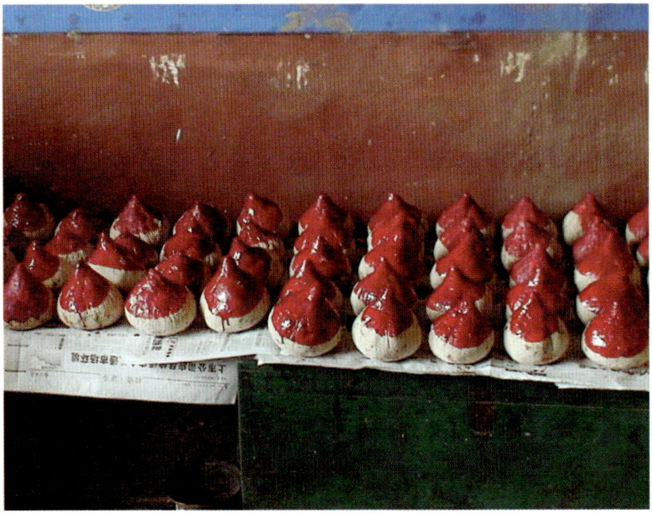

宗教贡品

中国社会科学院中国边疆史地研究中心　厉　声　主编

当代中国边疆·民族地区典型百村调查·西藏卷（第二辑）

乡村变迁

——西藏日喀则市东嘎乡通列和帕热两村调查报告

边　巴◎著

社会科学文献出版社
SOCIAL SCIENCES ACADEMIC PRESS (CHINA)

“当代中国边疆·民族地区典型百村调查”

总序

深入实际、开展国情调研，是中国社会科学院肩负的重要科研任务，也是中国社会科学院履行好党中央、国务院赋予的“思想库”、“智囊团”职能的重要方式。中国边疆省区占国土面积的60%以上，边疆区情及当地的民族社会调研（边疆调研）是中国国情调研的重要组成部分。正如一位边疆工作者所说：不了解少数民族，就不了解中华民族；不了解边疆，就不了解中国。1983年中国社会科学院中国边疆史地研究中心建立后，特别是1990年以来，一直将边疆调研作为学科研究的重点之一。

2004年，中国边疆史地研究中心承担国家哲学与社会科学基金特别项目“新疆历史与现状综合研究”（简称“新疆项目”）。2006年，中国边疆史地研究中心牵头，立项开展“当代中国边疆·民族地区典型百村调查”（简称“百村调查”），作为此特别项目的子课题。“百村调查”以新疆为重点，在全国新疆、西藏、内蒙古、宁夏、广西五个民族自治区和云南、吉林、黑龙江三省基层地区同时开展，共调查100个边疆基层村落。调查工作在“新疆项目”领导小组和专家委员会指导下，由“百村调

查”专家委员会暨编委会组织实施。在中国边疆史地研究中心主持拟定的调查大纲框架下，发挥每个省区的优势，体现各自的特色。

本项目的实施得到了边疆地区各级地方党政部门的支持。首先，调查工作注意与地方党政部门的相关工作衔接、听取意见，在实施调查之前，主动向各级党政部门汇报情况，听取指示和意见。其次，调查组主动让各级党政部门了解调研的全过程，在调研过程中出现问题时及时向相关党政部门请示。再次，调研阶段成果和最终成果的副本同时提供地方党政部门参考。

“百村调查”的调研主题是：改革开放30年来中国边疆基层村落的民族社会和经济发展的历史与现状。具体内容包括：乡村概况、基层组织、经济发展、社会生活、民族、宗教、文教卫生、民俗风情等。项目调研的时间是：2007～2008年（资料下限至2007年底或适当延长）。

“百村调查”的调研对象为：100个具有典型意义与特色的中国边疆基层村落。课题以基层乡、村两级为调查基点，大致每个省区选择2个地州，每个地州选择1～2个县，每个县选择2个乡，每个乡选择2个村。新疆共调查22个村，其他地区均为13个村（辽宁、吉林、黑龙江以东北边疆为单元，共调查13个村）。调查点的选择要求：

（1）本地区社会稳定与经济发展中具有典型意义的基层乡和村。

（2）存在边疆现实政治、社会或经济发展的热点、难点问题。

(3) 与20世纪50年代全国边疆民族调查能有一定的衔接。

“百村调查”采取学术调查与现实政治相结合的方法，以社会人类学入村入户调研方法为主，同时关注现实政治、社会与经济发展中的热点、难点问题：一般共性调查与专题专访调查相结合，在一般综合性调查的基础上，选择好专访或专题调研的“切入点”——总结经验与完善不足相结合，在总结各项工作经验的同时，善于发现问题和提出解决问题的对策与建议。调研注重入户访谈和小范围座谈的专访调查。在一般性问卷和统计资料收集的基础上，注重对基层干部、群众典型、教师、宗教人士等特定人员的专题访谈，倾听和收集他们对基层社会稳定与经济发展的看法、意见和建议，形成能说明问题的专访或专题调研报告。

“百村调查”的成果形式分为调查综合报告与专题报告两大类。

(1) 调查综合报告：依据大纲规定，撰写有关乡村经济社会等发展状况的综合报告，课题结项后分期公开出版。专题报告及调查资料可以公开发表的，在篇幅允许的情况下，作为附录附在综合报告末尾。

(2) 专题报告：内容较敏感、不适宜公开出版的专题报告，集成《专题报告集》，内部刊印。

“百村调查”主编　厉声　谨识

2009年8月25日

目 录
CONTENTS

图目录
FIGURE CONTENTS

表目录
TABLE CONTENTS

序言
FOREWORD

中华人民共和国成立60年来，特别是西藏和平解放以来，在120多万平方公里的雪域高原上发生了翻天覆地的历史巨变，百万农奴翻身得解放，成为人类发展史上的里程碑，经济社会发展的成就举世瞩目；农村在变，牧区在变，城市也在变，西藏广大农牧民的生活今非昔比，农牧民的观念同样也发生了值得关注的变化。面对如此巨大的变化，今天的我们怎样才能为后人留下这一瞬间，留住它们的轨迹？作为有历史感、责任感的学人，怎样才能完成我们这一代人的这一历史责任？由中国社会科学院中国边疆史地研究中心主持的国家社科基金特别项目“当代中国边疆·民族地区典型百村调查”（以下简称“百村调查”），便是中国一批学者立足调研，探求中国边疆民族地区乡村巨变的求索和努力！

我们开展这个项目的初衷是对西藏乡村巨变以及经济社会发展进行全面的反映，特别是对西藏和平解放以来翻天覆地的巨大变化做一次现场实录，但随着中华人民共和国成立60周年、西藏和平解放60周年的到来，为了尽一个学人的历史责任，我们的目的也就定位在为中华人民共和国成立60周年、西藏和平解放60周年献礼！同时，这一工作也着力反映了西藏半个多世纪以来特别是21世纪以来经

济社会发展的巨大成就，为西藏在中国共产党的领导下走有中国特色西藏特点发展路子提供了大量的科学依据与前期研究成果资料，为维护西藏社会局势的稳定提供了强有力的证据。我们就积极地承担并完成这一重大课题的调研，调研的对象自然是西藏自治区。

一　西藏自治区基本情况

西藏自治区位于北纬 26°50′～36°53′，东经 78°25′～99°06′。北界昆仑山、唐古拉山与新疆维吾尔自治区和青海省毗邻，东隔金沙江与四川省相望，东南与云南省相连，南与缅甸、印度、不丹、尼泊尔等国接壤，面积 120 多万平方公里，仅次于新疆，居全国第二位。

西藏自治区山川秀美，气候独特，土地富饶。西藏高原平均海拔 4000 米以上，构成“世界屋脊”——青藏高原的主体。境内绵亘着众多巨大的山脉，东西走向的喜马拉雅山、冈底斯—念青唐古拉山、喀喇昆仑—唐古拉山、昆仑山四大山脉，横亘于高原的南侧、中部和北缘，属于横断山脉系列的伯舒拉岭、他念他翁山和芒康山则南北平行而下，蜿蜒于西藏东南，从而将西藏地区分割为四个相对的自然区域，即藏北高原、藏南谷地、藏东高山峡谷和喜马拉雅山地。境内海拔 7000 米以上的高峰有 50 多座，其中海拔在 8000 米以上的有 11 座，喜马拉雅山中段的中尼边界上的珠穆朗玛峰，海拔 8844.43 米，为世界第一高峰。高大山脉是构成高原地貌的骨架，也是古代冰川发育的中心，海拔 5000 米以上的山峰大多终年积雪，冰川广泛发育，是河川径流水的主要来源。境内江河、湖泊众多，外流江河有位于南部的雅鲁藏布江，从西至东流经全区，主要支流有年楚河、拉萨河、尼洋河，习惯称“一江三河”，是西藏主要农区，东部有金沙江、澜沧江、怒江，西部有象泉河、狮泉河等。内流河主要分布在怒江上游分水岭以西的冈底斯山、念青唐古拉山的藏北高原和雅鲁藏布江上游分水岭及喜马拉雅山以北地带，年流量仅占江河径流量的 8% 左右，而外流域面积占了西藏自治区的 51%。西藏还是中国湖泊最多的地区，大小湖泊约有 1500 多个，其中面积大于 200 平方公里的湖泊有 24 个，约占全国湖泊面积的 1/3。

早在四五万年前，西藏地区就已有古人类活动，他们披荆斩棘，同大自然进行长期斗争，并繁衍生息，成为这片高原的最早开发者。藏族著名典籍《贤者喜宴》对此做了形象的描述：“食用果实变成人，采集树叶当衣衫，如同野兽居森林，好像珞（巴）、门（巴）遍西藏。”考古工作者的发现和发掘表明，西藏地区的先民先后经过了旧石器、新石器和铜石并用等时期，各个时期都与内地同时期的文化遗存有着密切的联系。新石器晚期，他们由蒙昧走向文明，由氏族、部落发展为部落联盟，又建立了蕃、象雄、苏毗等奴隶制邦国。公元 7 世纪初，蕃国第三十二代赞普松赞干布，以其卓越的政治远见和军事才能，完成统一大业，在西藏高原上建立了奴隶制的吐蕃王朝。到 9 世纪中叶，吐蕃在奴隶和平民大起义的冲击下土崩瓦解，在其本土逐渐形成许多割据政权，10～13 世纪前半叶逐步完成了奴隶制向封建制的过渡。13 世纪中叶，西藏成为中央政府直接治理下的一个行政区域。此后，中国经历了元朝、明朝、清朝和中华民国的兴替，多次更换中央政权，但西藏一直处于中央政权的管辖之下。

1949 年 10 月 1 日，中华人民共和国成立，此时的西藏处于比欧洲中世纪还要黑暗、落后的政教合一的封建农奴制社会中，占西藏总人口不足5%的农奴主占有西藏绝大部分生产资料，垄断着西藏的物质和精神财富，而占人口95%以上的农奴和奴隶没有生产资料和人身自由，遭受着极其残酷的压迫和剥削，挣扎在极端贫困的悲惨境地中，毫无权利可言。1951年，中央人民政府与西藏地方政府签订《关于和平解放西藏办法的协议》（简称《十七条协议》），使西藏摆脱了帝国主义侵略势力的羁绊，实现和平解放，为西藏与全国一起实现共同进步与发展创造了基本前提。《十七条协议》强调“西藏地方政府应自动进行改革”，但考虑到西藏的特殊情况，中央人民政府对改革采取了十分慎重的态度，以极大的耐心、宽容和诚意，劝说、等待西藏地方上层统治集团主动进行改革。但是，在帝国主义势力策动支持下，西藏地方上层统治集团的一些人面对人民日益高涨的民主改革要求，根本反对改革，顽固坚持“长期不改，永远不改”，企图永远保持政教合一的封建农奴制度，并于1959年3月10日悍然发动了全面武装叛乱。在这种情况下，为维护国家的统一和西藏人民的根本利益，中央人民政府与西藏人民一道坚决平息了武装叛乱。与此同时，在西藏掀起了一场轰轰烈烈的群众性民主改革运动，废除了政教合一的封建农奴制度，解放了百万农奴和奴隶，开创了西藏人民当家做主的新时代。

半个世纪以来，西藏各族人民在中央人民政府的关心和全国人民的支持下，以主人翁的姿态和空前的热情投身建设新社会、创造新生活的伟大进程中，创造了一个又一个西藏历史上亘古未有的奇迹。西藏的社会制度实现了跨越式发展，现代化建设日新月异、突飞猛进，社会面貌发

生了翻天覆地的历史性变化。作为西藏历史巨变的一部分，农村、牧区的变迁和广大农牧民生产、生活和观念的变化尤其值得重视。

首先，土地改革废除封建农奴主的土地所有制，使农奴和奴隶成为土地的主人。1959 年 9 月 21 日，西藏自治区筹备委员会通过《关于废除封建农奴主土地所有制实行农民的土地所有制的决议》，决定对参加叛乱的农奴主的土地和其他生产资料一律没收，分配给农奴和奴隶；对未参加叛乱的农奴主的土地和其他生产资料由国家出钱赎买后，分配给农奴和奴隶。据统计，在民主改革中，国家共没收和赎买农奴主土地 280 多万亩，分给 20 万户的 80 万农奴和奴隶，农奴和奴隶人均分得土地 3.5 余亩。西藏百万农奴和奴隶第一次成为土地和其他生产资料的主人，焕发了空前的生产和生活热情，迅速改变了西藏的社会面貌和生活条件。据统计，土改基本完成的 1960 年，西藏全区的粮食总产量比 1959 年增长 12.6%，比土改前的 1958 年增长 17.5%。牲畜存栏总数 1960 年比 1959 年增长 10%。在民主改革中，西藏建立起第一个供销社、第一个农村信用社、第一所民办小学、第一所夜校、第一个识字班、第一个电影放映队、第一个医疗卫生机构。

其次，西藏社会制度实现了历史性跨越，经济建设实现跨越式发展，社会面貌日新月异，而西藏人民当家做主的权利有了制度保障，人民生活水平大幅度提高。1965 年，西藏自治区成立，标志着民族区域自治制度在西藏全面确立，实现了西藏社会制度从政教合一的封建农奴制度向人民民主的社会主义制度的历史性跨越，昔日的农奴和奴隶从此享有了平等参与管理国家事务和自主管理本地区、本

民族事务的政治权利。

西藏和平解放以来，特别是民主改革以来，中央政府为促进西藏经济社会发展，对西藏实施了一系列优惠政策，在财力、物力、人力等方面给予强有力的支持。据统计，仅在基础设施建设方面，1951～2008年，国家就累计投入资金1000多亿元。1959～2008年，中央财政向西藏的财政转移支付累计达到2019多亿元，年均增长近12%。在中央的关怀和全国的支持下，西藏经济社会发展突飞猛进。据统计，1959～2008年，西藏生产总值由1.74亿元增长到395.91亿元，按可比价格计算，增长65倍，年均增长8.9%。1959～2008年，西藏人均生产总值由142元提高到13861元，增加13719元。旧西藏的农牧业基本靠天吃饭、靠天养畜，如今农牧业现代化程度大幅度提高，防灾抗灾能力显著增强，科技贡献率达到36%。粮食产量由1959年的18.29万吨增加到2008年的95万吨；粮食平均亩产由1959年的91公斤提高到2008年的近370公斤；年末牲畜存栏总数由1959年的956万头（只）增加到2008年的2400余万头（只）。

西藏和平解放前，西藏农牧民没有生产资料，几乎终身负债，根本谈不上纯收入，2008年，西藏农牧民人均纯收入达到3176元，1978年以来年均增长10.1%。1959年前，西藏90%以上的人没有自己的住房，农牧民居住条件极差。如今西藏人民的居住条件得到了巨大改善，通过推进新农村建设、实施安居工程，已有20万户百余万农牧民住进了安全适用的新房。2008年，农村居民人均居住面积达到22.83平方米。目前，从城市到农村都已初步建立起社会保障体系，2006年西藏人均收入低于800元的农牧民全

部纳入最低生活保障，在全国率先建立了农牧区最低生活保障制度。而且，西藏和平解放后特别是民主改革后，中央人民政府采取各种措施改善西藏农牧区的医疗卫生条件，20 世纪 60 年代开始，西藏消灭了天花，各类传染病、地方病发病率大幅度下降，目前西藏在全国率先实现了城镇居民医疗保险全覆盖，并逐步建立了以免费医疗为基础的农牧区医疗制度，农牧民免费医疗补助人均达到 140 元。随着医疗卫生条件的改善，西藏的人均预期寿命由和平解放时的 35.5 岁增加到 67 岁。据 2000 年第五次全国人口普查，西藏有 80 ~ 99 岁的老人 13581 人、百岁以上的老人 62 人，是中国人均百岁老人最多的省区之一。

二 “百村调查”西藏 13 个村（镇）调查点的选择与基本情况

“百村调查”专家组为西藏共分配了 13 个村（镇）的调查任务。具体选择要求具有代表性，能够充分反映西藏农村当代发展的基本面貌。由于地理环境和条件不同，西藏和平解放以来，西藏农村经济社会的发展并不平衡，故在目标村（镇）的选择上，不同发展程度村（镇）的均匀分布是我们所主要考虑的。其他还关注了村（镇）的区位、经济、社会、文化、民族特征等。

“百村调查”在西藏的调研工作在“新疆项目”领导小组和专家委员会指导下，由“百村调查”专家委员会组织实施，在基本统一的调查大纲和问卷的框架下，注意发挥和体现西藏雪域高原的优势与特色。西藏地区的调研以 13 个村（镇）的调查为主，分别在西藏的边境、农区、牧区、城郊、青藏铁路沿线的 13 个村（镇）同时开展，主要包

括：（1）堆龙德庆县柳梧新村；（2）扎囊县德吉新村；（3）贡嘎县杰德秀居委会；（4）那曲县门地办事处22村；（5）拉萨市纳金乡城郊村；（6）拉萨市城关区蔡公堂村；（7）那曲县罗玛镇14村；（8）贡觉县岗托村；（9）定结县日屋镇德吉村；（10）错那县勒布门巴民族乡；（11）日喀则市东嘎乡通列和帕热两村；（12）当雄县当曲卡村；（13）曲水县达嘎乡其奴九组。

三 “百村调查”西藏项目组的人员组成与调研简况及预期目标

“百村调查”西藏项目组共由18位成员组成，倪邦贵研究员、孙宏年博士分别为第一、第二主持人，18名项目组成员中有7人各自承担1个村、6人分2组分别承担2个村、3人1组承担1个村、2人4组承担4个村，分别展开调查。西藏项目主持人强调所有承担人必须深入村（镇）15～20天，认真调查，掌握真实情况，形成基本感受和准确认识，之后再以写实的笔法完成文本撰写。由于项目组成员科研能力强弱不一，大部分人缺乏研究经验，为了保证质量，使每个人都能基本上完成任务，项目组为他们制定了共同的入户调查问卷、调研提纲和写作提纲。在具体使用过程中，要求他们从入户调查入手，以调研提纲保障全面，没有大的遗漏，再以写作提纲保证叙事结构规范合理。每位作者在文本写作过程中，除基本遵守写作提纲外，还可以突出所调查村庄的特点，对写作大纲进行个性化灵活处理。除此之外，经常召开项目组会议，相互交流研究经验心得，学习各自长处，既有分工，又有合作，充分发挥项目组集体力量，以及每个人的聪明才智，整个工作进展基

本做到规范有序、有条不紊。

“百村调查”西藏项目组的准备工作从2006年年底着手进行，到2007年5月底基本完成，利用近半年的时间，西藏项目组总负责人倪邦贵研究员与项目组全体成员采用电话联系、个别交流与当面沟通等多种方式进行了调研前的培训与交流。2007年3～12月，西藏13个村（镇）的调研工作基本全面展开，其间由于各种原因，还进行了个别人员调整。在此期间及之前，中国边疆史地研究中心在北京、银川、南宁和北戴河召开了多次协调会，通报了各地的研究进展和经验，统一了各地的进度，规范了研究进程。到2009年12月底，历时近3年时间［指村（镇）调研和文本撰写］，西藏13个村（镇）的调研和文本写作基本完成，并且都进行了多次修改。经2009年4月北戴河会议审订，第一批4个村（镇）的成果先期于8月中旬正式交由社会科学文献出版社编辑出版。

四　“百村调查”西藏项目组的研究方法与最终目标

“百村调查”西藏项目组以西藏的基层社会与经济发展现状的社会调研为基本方法，强调学术调查与现实政治相结合，以民族学、社会学入村入户的调研方法为主，同时关注现实政治、社会与经济发展中的热点、难点问题；强调一般共性调查与专题访问调查相结合，在一般共性调查的基础上，选择好专访或专题调研的切入点；强调总结经验与完善不足相结合，在总结各项工作经验的同时，善于发现问题和提出解决问题的对策和建议。在调查选点方面，遵循选择西藏社会稳定与经济发展中具有典型意义的

村（镇）（以行政村为主）的原则。在一般性问卷和统计资料收集的基础上，注重对基层干部、群众典型人物、教师、宗教人士等特定人员的专题访谈，倾听和收集他们对基层社会稳定与经济发展的看法、意见和建议，形成能说明问题的专访或专题调研报告。

“百村调查”西藏项目组以西藏的基层社会与经济发展为切入点，主要目的在于摸清西藏基层社会与经济发展的一般情况，包括西藏基层政权建设、西藏和谐社会构建、西藏的民族关系与民族团结、西藏的宗教信仰与宗教事务管理、西藏居民的国家意识与民族宗教观、西藏的“三老”人员情况、西藏的基层经济发展现状、西藏的基层文化教育现状、西藏的基层人才队伍状况、西藏的基层社会治安等方面。

根据“百村调查”项目的总体设计，西藏项目组确定的目标是：总结西藏地区基层社会与经济发展的经验，同时发现、弥补其不足，并为之提供有效的对策建议。在此基础上，“百村调查”在西藏的调研在以下几个方面有所突破：第一，通过典型调研，认真总结西藏基层社会与经济发展迄今为止所取得的重要成绩，总结其有益的经验；第二，在调查中关注发展中存在的问题与困难，并针对这些问题和困难，提出具有可操作性的对策建议；第三，根据西藏现有发展状况及其所具有的发展条件和机会，预测其发展前景。

作为“百村调查”西藏13村（镇）项目组负责人，我们深深地知道，这是一项非常有意义的研究，值得认真去做。历史将证明，今天我们为西藏这13个村（镇）留下的每一行文字、每一份表格、每一张照片，作为它们真实情

况的反映，都将是有价值的历史记录。当然，我们也同样深知，由于作者众多，水平不一，成果的质量因而参差不齐，甚至可能出现各种错讹。在此，作为丛书西藏卷主编，我们代表相关的作者表示歉意，并恳请广大读者和专家批评指正。

谨以此书向西藏和平解放60周年献礼！

倪邦贵　孙宏年

2009 年 8 月 16 日

第一章　概况与村史

第一节　所在市乡的概况

一　日喀则市的基本情况

日喀则市地处青藏高原南部，雅鲁藏布江南岸，介于东经88°3′～89°3′，北纬29°7′～29°9′之间，位于喜马拉雅山北麓，雅鲁藏布江与年楚河的冲积平原上，东与仁布县相接，西与萨迦县、谢通门县相连，南与白朗县、江孜县毗邻，北与南木林县接壤。[①] 境内最高海拔6646米，最低海拔3840米，南北最大纵距78公里，东西最大横距118.4公里，市委、市政府所在地海拔3840米。距西藏首府拉萨277公里。这里阳光充足，气候温和，具有明显的季风和干旱、半干旱等高原性气候特征，是夏季避暑和旅游的好地方。年平均气温6.3℃，绝对最高气温28.2℃，极端最低气温－25.1℃，年平均日照时数3248.2小时，年平均降水量422.4毫米，无霜期255天。总面积3875平方公里，城市建成区面积18平方公里，规划面积24平方公里，耕地面积

① 《日喀则市志》，第111～112页。

18万亩。新的城市规划面积达50平方公里；雅鲁藏布江由西向东流经辖区115公里，年楚河、湘曲河汇入雅鲁藏布江，另有纵横交织的季节性河流37条；主要有石灰石、花岗岩等丰富的矿产资源，已经探明的金、铬、硼、煤等矿产资源储量可观。

13世纪中叶，元朝为了便于对西藏的统治，将西藏分为13万户，日喀则市属秋米万户。19世纪初，西藏噶厦政府将日喀则宗提升为“基宗”（总管宗，相当于现在的地区）。新中国成立后，1951年国家成立了由宗政府和班禅大师的堪厅政府官员参加的日喀则、江孜两个分工委，1956年日喀则分工委改为“基巧”办事处。1959年民主改革设日喀则县，属日喀则专署管辖。1964年日喀则、江孜专区合并，1986年撤销日喀则县设立日喀则市。名胜古迹有1447年修建的扎什伦布寺，有14世纪初修建的旧宗遗址，有11世纪修建的夏鲁寺，有1429年修建的俄尔寺，有1548年修建的安贡寺等各具特色的多教派寺庙16座。

全市辖边雄、江当、年木、曲美、东嘎、纳尔、联、聂日雄、曲布雄、甲措雄10个乡及城南、城北2个街道办事处。总人口10.03万，其中城市人口3.5万余，农牧民人口6.2万余，全年居住在本地的外来人口约2.5万余。居民中藏族人口占97%，另有汉、回、满、撒拉、侗、布依等13个少数民族。主要物产以农业生产为主，有青稞、小麦、油菜、玉米、西瓜、马铃薯、水蜜桃等农产品。同时狠抓畜产品羊、牛、猪、藏鸡、鸭、鱼等畜产品新品种示范引进工作。由于日喀则地区是西藏的著名粮仓之一，长期以来农业是全市的重要支柱产业。近年来随着产业结构调整力度不断加大，农区畜牧业已逐渐成为日喀则市经济发展的亮点。同时，随着改革和日喀则市对外开放的程度不断提高，旅游、民族手工业产品和服务行业等已在全市经济中占有一定的份额。

在文教卫生方面，现拥有图书馆、文化馆等文化机构。乡乡开通了闭路电视。县级广播电台一座。有8个文学艺术协会，拥有会员500多人。各类作品多次在国家、省、市报刊上发表并获奖。全市现有18个教学点，各类学校121所，全市初中生入学率达97.57%，小学生入学率达99.4%，学生到位率列入全地区前6名。全市有各类医疗机构98个，专业卫生技术人员197人。

2007年，全市经济总收入预计达55854.41万元，同比增长16%（其中第一产业预计完成16429.28万元，第二产业预计完成22027万元，第三产业预计完成17398.13万元，分别增长7.3%、21%、18.9%）；全市国内生产总值约达10.34亿元，同比增长21.5%；人均国内生产总值约达10185元，同比增长18.5%；农牧民人均纯收入约达4830元（下调后预计达4126.12元），同比增长21%，其中现金收入为3139.5元，占收入的65%；农牧业产值实现约32640万元，同比增长13%；粮油总产量达到13980.82万斤，基本与上年持平，其中粮食产量达13332.70万斤；工业总产值完成1.2亿元，同比增长35%；乡镇企业总产值2.09亿元，同比增长25.5%；多种经营收入达2.37亿元，同比增长20.07%；批零贸易销售额为54835.5万元，同比增长13%；地方财政一般收入约3839万元，同比增长18%；其中税收收入673万元，非税收收入863万元；财政总支出8769万元，同比增长60.3%；固定资产投资完成2.8亿元（其中援藏投资3521万元），比去年减少35%；

招商引资到位资金达12667万元；全市旅游接待游客39万人次，实现旅游收入2435万元。

目前，该市农村经济结构正逐步由低层次单一的种植业向高层次及加工、养殖、运输、建筑等行业转化；城市经济主要以二、三产业为主，民族手工业产品极具传统特色，现代工业已起步；商业流通已形成了国有、集体、个体等多种经济成分并存的新格局；科技、教育、文化、卫生等各项事业协调发展，社会政治局势稳定，人民安居乐业。①

二 东嘎乡的基本情况

东嘎乡是日喀则市的大乡之一，行政疆域达到940多平方公里，平均海拔为4209米，地形南宽北窄，全乡境内多山岭，除沿江的雪仲等少数几个行政村属平坝村外，其余大多为山沟村。现东嘎乡原属东嘎区，撤区并乡后，东嘎乡辖32个行政村，62个自然村，到2000年，全乡共有1247户、8770人，耕地面积24379亩，实播面积为21318亩；粮油总产量仅次于甲措雄乡。

（一）地理

1. 地理位置

东嘎乡位于日喀则市北部，离市区约15公里处，东临南木林县，西与谢通门县接壤，南隔雅鲁藏布江与聂日雄乡相对峙。地势北高南低，是通往南木林和谢通门的大道。乡政府所在地为雪仲村，即位于北纬29°17′，东经88°52′处，其海拔为3860米。行政村间的海拔高度相差较大，海

① 以上部分资料，特别是数据来源于日喀则市提供的相关文件材料。

拔最高的行政村为朗赤村，其海拔为4520米左右；海拔最低的行政村为色定村，其海拔为3840米左右，两村的海拔相差大约有700米左右。

2. 人口

撤区并乡前，东嘎乡全境共有7850人，其中文盲占70%，到1998年底，总人口控制在8760人，其中男4368人，女4392人，农业人口8699人。2000年东嘎乡共有行政村32个，户数1247户，总人口8770人，其中：男4447人，女4323人，农业人口8578人，劳动力4708人（详见表1－1）。

表1－1　东嘎乡人口变动情况

单位：户，人

年份	1988	1989	1990	1992	1993	1994	1995	1996	1997	1998	1999	2000
户数	1241	1234	1236	1232	1226	1230	1232	1242	1288	1258	1254	1247
人口	7917	7973	8099	8252	8326	8398	8526	8586	8669	8760	8760	8770

说明：本表引自《日喀则市志》，第123页。

3. 行政区划

东嘎乡共有32个行政村，行政村划分区域是：曲瓦达、曲瓦普、赤、卡朵、达龙达、达龙帕、达龙普、加确、江东、宗卡、下雪仲、上雪仲、德孔、卡达、加吴岗、曲龙、朗赤、嘎吴、洞热、雪尔、通列、帕热、江桑、色定、普夏、普奴、确木宗、来贵、唐北、拉果、百尼、央家。

4. 沿革

和平解放前，东嘎区下设8个谿卡（庄园），即迟、曲瓦达、东嘎、色定、达龙达、雪仲、教武岗、拉固谿卡。1988年撤区并乡前，原来东嘎区下设有8个乡，即达龙、雪仲、东嘎、曲尼、唐北、帕仲、坚孜、朵定；撤区并乡后，达龙、雪仲、东嘎、曲尼、唐北为现东嘎乡的村，帕仲、坚孜、朵定为划定给聂日雄乡的村。

5. 气候

东嘎乡属高原温带，半干旱季风气候区，干湿季明显，夏季温和湿润，降水集中，冬季寒冷干燥多风。年日照时数约为 3200 小时，年降水量约 400 毫米，无霜期 118 天，日均气温 5℃以上，持续时间 5 ~ 8 个月，日均气温 0℃以上的持续时间 3 ~ 9 个月，素称高原上的“黄金季节”，5 ~ 10 月降水量为 390 毫米，占全年降水量的 96%，11 月至次年 3 月在西风带控制下，寒冷干燥，降水极少，素称“旱季式风季”，11 月至次年 4 月风日很高，约百日以上。主要自然灾害表现为霜冻、冰雹、风沙、泥石流等。1998 年，通热村发生了历史上罕见的泥石流大灾。

6. 特产

主要有建房专用石和丰富的河沙（包括粗细砂石）。

东嘎乡的马铃薯、糌粑，酥油、氆氇，还有加工产出的奶渣已远近闻名。

（二）经济、社会事业

1. 农牧业

农业方面：东嘎乡粮食年产量达 1570 万斤，其中青稞 614 万斤，春小麦 607 万斤，冬小麦 275 万斤，油菜子 62 万斤，豌豆 12 万斤。

畜牧业方面：东嘎乡属半农半牧型经济，牲畜以牦牛、犏牛、黄牛、马、驴、绵羊、山羊为主。主要的野生动物有豺狼、狐狸、兔子、山獭、水獭、獐、黑颈鹤、白野鸭等。全乡共有林地面积 0.38 万亩，林业主要树种有杨树、桃树。草场面积118.5万亩，大型的牧场有5处。该乡的粮油总产量从1988年的1006万斤，增加到1999年的1361.24万斤。截止到2000年年底，耕地面积为24379亩，人均收入1789.04元，经济总收入2001.29万元，粮油总产量15783417斤，人均收入比1999年增长2.78%。

东嘎乡政府在抓农牧业的基础上，开办了面粉加工店、榨油店、酒店、茶馆和商店等服务行业，平均年收入可达26500元左右。①

表1-2　东嘎乡各行政村耕地、草场面积

单位：亩

村　名	耕地面积	草场面积	村　名	耕地面积	草场面积
曲瓦达	928	62372	朗　赤	488	34657
曲瓦普	785	64901	嘎　吴	387	46401
赤	938	84014	洞　热	354	55717
卡　朵	792	31936	雪　尔	671	49501
达龙达	952	33674	通　列	527	22052
达龙帕	745	36014	帕　热	540	23608
达龙普	761	60645	江　桑	290	64812
加　确	739	27683	色　定	1257	43294
江　东	1013	14770	普　夏	602	19905
宗　卡	485	8755	普　奴	365	43439
下雪仲	472	8165	确木宗	513	43836
上雪仲	707	13583	来　贵	918	31565
德　孔	378	9972	唐　北	587	23630
卡　达	782	18664	拉　果	942	60177
加吴岗	688	28924	百　尼	399	17254
曲　龙	609	50892	央　家	568	50188

说明：本表引自《日喀则市志》，第125页。

① 《日喀则市志》，第122~126页。

2. 教育、卫生事业

东嘎乡有27所民办小学、一所乡中心小学和一所由山东省青岛市援建的青岛希望小学。在29所学校中1990年前已办有15所，1991～1995年新建6所，1996～2000年新建8所。

表1－3　东嘎乡历届书记、乡长人员名单

年　份	书　记	乡　长
1988～1989	边巴扎西	欧　珠
1990～1991	旦　增	边巴扎西
1992	旦　增	次旦顿珠
1993～1995	旦　增	多　吉
1996～1998	旦　增	普布次仁
1999	旦　增	查　诗
2000～2005	尼玛次仁	达瓦次仁
2006～2008	尼玛次仁	次　丹

说明：本表引自《日喀则市志》，第125～126页。

第二节　通列村和帕热村的概况

一　沿革及基本情况

（一）通列村

听村主任和村里最年长的欧珠老人讲，通列村名的来历：在民主改革之前，通列村是不属于班禅喇嘛管理的拉章政府属地东嘎谿卡（庄园），而是属于达赖喇嘛的噶厦政府领地达尔巴谿卡（庄园）领地，该庄园可能是现今日喀

图 1－1　通列下村

图 1－2　通列上村

则市白朗县的一个属地，当时，通列村的差巴（纳税户）们必须把全部的税收上缴到达尔巴谿卡（庄园）。由于该谿卡的赋税率远远高于班禅所属的拉章政府，许多差巴不愿为他们干活，可为了生计，不得而为之。当时在通列村有：热旦巴、吉康、热再、朗罗、株夏、株奴、吉寨等 7 大户，他们是该村较富裕的差巴家庭，在他们之下有专门从事农

图 1-3　欧珠夫妇

活、放牧、放羊的佃农，大部分的佃农是依靠这 7 大差巴户来维持生存、生计的，他们大都是由破产了的差巴转变而来，可不一定是当地的，从其他较远县属逃窜来的差巴也不少，其经济地位相当于雇农①，基本是为了生存而整天忙碌着。说到通列村名来历，也跟当时的农奴制社会情况有一定关系，每年都有从达尔巴豁卡派来的收税官员和安排农事官员到通列村。他们每年轮着到 7 个差巴户，每次有一个差巴户接待他们，然后，按上头的规定到田间地头查看庄稼长势来催促他们施肥、除草等。有一次，税官们为了有更多的享乐时间，他们不愿去田间地头实地考察，从差巴家的房顶上遥望查看庄稼的长势后，不禁为长势良好的庄稼赞叹不已。“一看就知道长得很好”，在藏语里正好是“通列”的意思，从此诞生了现在通列村的名字，一直沿用至今。当地村民当时把这种从房顶查看庄稼长势的行为叫做“透钩”（藏语），意思是站在房顶转来转去遥望田间地

① 《西藏经济简史》，第 28 页。

头。藏语里是贬义词。从词义里透露和反映了百姓对官僚作风的极度讽刺和不满。

通列村位于日喀则市东嘎乡北部，与乡政府的直线距离约 10 公里，弯路距离 15 公里左右，距离日喀则市25～30公里。1951 年西藏和平解放前，通列村（当时和帕热村同属东嘎谿卡）是当时东嘎区下设八大谿卡之一；1967 年成立人民公社后，按队来区分基层组织，当时通列村为 8 队；1981 年实行家庭联产承包责任制后，每户按人头分到了土地和家畜；1988 年撤区并乡后，开始把通列村定义为一个行政村。

整个通列地处雅鲁藏布江中上游北岸的山谷地带，地理位置为东经 88°52′，北纬 29°17′。该地属山沟村，地形纵向为北高南低、南宽北窄，横向东西狭窄，山岭众多，地势比较崎岖。平均海拔为 4209 米，年平均气温 5.5℃。年平均降水量 400 毫米左右，降雨主要集中在 6～9 月，年日照时数约为 3200 小时，光照资源充足，属于高原温带，半干旱季风气候区，干湿季明显，夏季温和湿润，降水集中，冬季寒冷干燥多风。主要自然灾害表现为霜冻、冰雹、风沙、泥石流等。1998 年，在离通列村不到 5 公里距离的洞热村发生了历史上罕见的泥石流大灾，造成 8 人死亡，淹没了大量的耕地，之后村落不得不搬到附近安全的区域。那场灾难同样也威胁到了通列上村的 7 户人家，致使他们在往后的几年里陆续搬到离通列下村更近的安全地带，到目前为止通列上村 7 户人家都已顺利搬完了。这场灾难也是通列村有文字记录以来最严重的一次。

截至 2007 年，通列村有农牧户 33 户（全部为农业户），人口 260 人（全部为藏族），其中男性 136 人，女性

124人；劳动力人口148人，其中男劳力85人，女劳力63人；农业127人，牧业2人，运输2人，建筑10人，商业服务7人；牲畜总数为963头（只），其中大牲畜337头（只），小牲畜626头（只）；经济总收入773599.6元，其中第一产业221576.6元，第二产业391104元，第三产业160919元，纯收入574189.3元，人均纯收入2208元；全村共有土地527多亩，人均耕地2.03亩左右。据有关乡政府的领导介绍，该村在外出务工、思想观念等方面比附近几个行政村表现得突出，家庭经济条件也比附近几个行政村富裕，特别是近几年来，不断地涌现一批年轻的致富带头人，带领本村及附近村富余的劳力外出务工，实现了家庭收入的不断增长。

（二）帕热村

听当地百姓说，民主改革之前帕热村有个叫帕热的大家族，该家族是差巴大户之一，因在当地的声誉和影响较

图1-4　帕热村外景

图 1－5　帕热旧谿卡

大，慢慢地家名就变成了村名。在那之前该地也叫嘉日岗，藏语意为铁山上，具体寓意当地村民也讲不清楚。帕热村的地理位置同样和通列村一样位于日喀则市东嘎乡北部，只是与乡政府直线距离约 8 公里，弯路距离 10 公里左右，距离日喀则市 20～25 公里，也是一个不到 50 户的行政村。1951 年西藏和平解放前，帕热村也属东嘎谿卡，是当时东嘎区下设八大谿卡之一；1967 年成立人民公社，当时按队来区分基层组织，帕热村为 9 队；1981 年实行家庭联产承包责任制，土地开始实行私有化，以前共有的财产黄牛、牦牛、马、骡、驴等牲畜后来分到各户；1988 年撤区并乡后，帕热成为一个村级行政单位。

帕热村在地理位置、地形、地势、年平均气温、年平均降水量、日照时数、气候等都和通列村一样，只是平均海拔比通列村低一点，为 4195 米。从 1999 年开始，帕热村因泥石流隐患而从原来的地方搬到了离通列村更近的一个安全区域。因为是新兴村落，房屋条件和质量以及外观都较以前有很大的改观。截至2007年，帕热村有农牧户44户（全部为农业户），人口248人（全部为藏族），其中男性122人，女性126人；劳动力人口128人，其中男性58人，女性70人；农业117人，牧业7人，建筑业3人，商业服务业1人；牲畜总数为1091头（只），其中大牲畜329头（只），小牲畜762头（只）；经济总收入696163.4元，其中第一产业459540.4元，第二产业200930元，第三产业35693元，纯收入528666.6元，人均纯收入2184元；全村共有土地540多亩，人均耕地2.23亩左右。与通列村一样，因为是山区，地形条件在某种程度上限制了农业机械化的步伐，种植业依然盛行二牛一犁的传统耕作方式；土地的单位面积产出率没法和低海拔的其他地方相比；外出务工渐渐成为这一带收入的一大亮点。

二 通列村和帕热村的商业

两个村附近并没有公共的土特产品销售点和购置点，当地村民自家可卖的土特产品主要有马铃薯、酥油、奶渣、牛粪、菜子油、石材等。其余的主要生活日用品砖茶、盐、蔗糖、服饰、家电等都要去日喀则市里购买。通列村有4家小卖部商业点，其中两家兼营压面和磨面。店主人讲压面和磨面现金利润很少，有时甚至亏本，但图的就是那点剩下来的多余面渣，可供家里的牲畜食用。因其营养好，牲畜食后挤出来的奶多，除此之外还可以适当地满足一家人生活用品的开销。据了解，来压面和磨面的除了本村的外，还有附近几个村的。村民普遍反映，压面和磨面的价格、质量跟日喀则市一样，并可以随时随地利用空闲时间，不用为了压一点面条而耗一天的时间跑日喀则市。自2007年年底通电以来，柴油机换成了电机，不仅大大提高了工作效率，同时利润也比以前增多了。电的使用给村民的生活带来新的希望。还有一家青稞酒店，规模不大，生意很好。到店里喝酒的大部分是本村的村民，他们忙完一天的农事后，到那里和村里人玩藏式骰子、喝酒和聊天，也可算作是他们的业余文化生活吧！还有附近村的群众，因为小店开在乡村公路边，从日喀则回家的群众路过时，经常在该店歇歇脚，该店同时兼营小卖部。帕热村有2个商业点，两家都是开小卖部的，规模和利润都不大。两村的全部商品都是从日喀则市的一些回族批发商那里买来的，店主可以从每个小商品上赚几毛钱，日积月累，既能解决家里柴米油盐的支出，又能为村民们提供方便。部分店主还抱怨说，如果家里常住的小孩多，赚来的钱几乎都花在了他们身上。他们经常从商店拿东西，导致商店赚不到钱。

在主要调查点通列村，没有一家正规商店，只有4家小规模商店（主要出售方便面、口香糖等极少的食

图1-6　热丹巴家

图 1－7　桑强家

品）。在通列村所有商业行为中，最值得一提的是桑强、桑夏、热丹巴 3 个家庭在冬季从事牦牛肉的买卖生意，其商业收入和生意特点在附近几个村里是最有特色的。3 个家庭是兄弟三人，其中两人是从以前父母，也就是大哥家出来各自成立了自己的新家，他们三家从事牦牛肉买卖生意已有几十年的经历。按照藏族传统的习俗，从事卖肉生意的一律视为“不干净”的活动，当地村民把它看成是肮脏的交易，背地里称他们是“献巴”，顾名思义是杀生者，或意为出身卑微的人。根据笔者的了解，当地村民全民信佛，对一些藏传佛教教义提出来的东西是全盘接受和付诸行动的，而对此背道而驰的行为，相应地会遭到排斥和语言攻击。可时至今日，随着村民们接受的教育、文化、科技、信息等越来越丰富，一些陈旧的思想观念和宗教信仰也在现实生活中慢慢淡去已有的色彩，渐渐地发生着某种变化，村民们也开始意识到创造财富的重要性。当增收和信仰发生矛盾时，一些不切实际的信仰就被忽视了。当然，他们三家的兄弟三人也经常拜佛祈求宽恕。如今在通列村，从事牦牛肉买卖生意的村民越来越多，那种歧视和排斥的思想观念只是停留在意识里，行动上还是不会受到任何干扰。与此同时，卖肉在很大程度上既是家庭经济的主要来源，也在某种程度上成了奔向幸福生活的一个谋生手段。

在通列和帕热两村，外地人来收购农牧产品的几乎没有，主要靠村民自己去市场交易。当地村民的蔬菜除了自家种植老三样香葱、萝卜、白菜外，其余蔬菜还得去日喀则城市时顺便买过来。通常边巴老人开着一辆手扶拖拉机，时不时地从日喀则市过来出售各种蔬菜。本来他也是通列村民，因与孩子发生家庭矛盾，只好分家、分地、分财产后和老婆、小女儿住在日喀则市，靠做各种买卖来维持一家人的生计。他出售的蔬菜有青椒、番茄、大白菜、黄瓜、胡萝卜等，大概一个月来两次，因为都是老熟人，一次性购买的人也较多。

在通列村，有一次我看到东嘎乡的小商贩多托，在农闲期间，开着一辆小四轮车到乡里的各个村出售各种日用品，主要有：保温瓶、水壶、鞋帽、手套和各种零食类小产品。围观的小孩和村民很多，出售效果似乎也很好。据他本人介绍，东嘎乡这一带流动商贩就只有他一人，做了十几年的生意，是村民们照顾生意才有钱赚，再加上大家都非常熟悉且很受欢迎，每次他到各个村都有人带上青稞酒和酥油茶来迎接他的到来。有些家庭没空到市里买日常急需用品，他的到来给他们省去跑市里的车费，货的价格也适中，没有现金还可以用粮食交换，对于双方来讲是双赢，平均可能两三周跑一个村。

图 1-8 小商贩多托

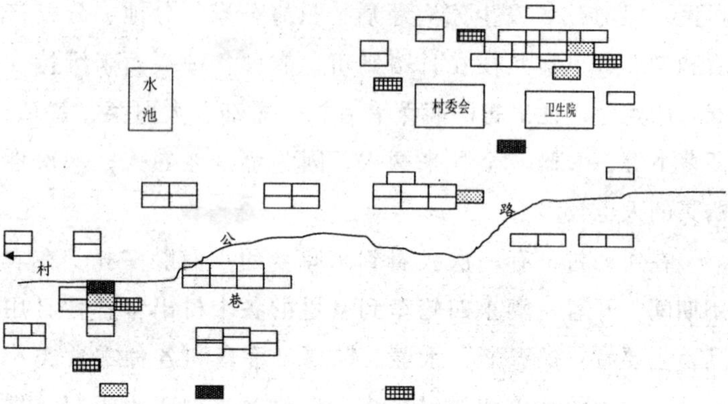

图 1-9 通列村的房屋及商业点分布示意图

注：▒为小卖部，■为商店，压面、磨面店，▦为自来水。关于村委会：通列村现有村委会是原来人民公社时东嘎区驻地，房屋基本上很旧，共有2间房屋和一个大院子，可实际上村委会的房子都是危房，平常也不用，里面几乎没有什么办公设备。

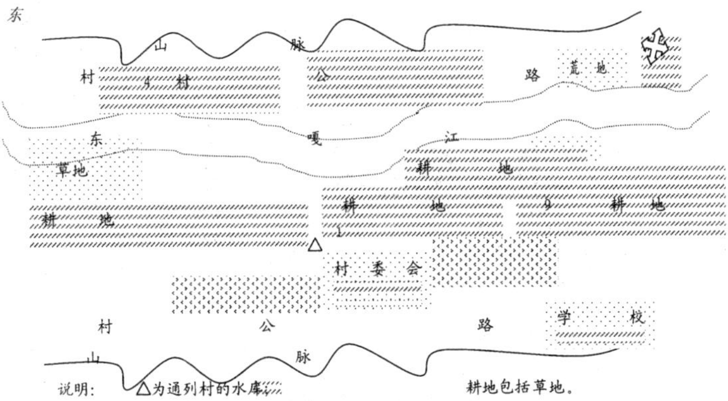

图 1－10　通列村主要位置及周边环境示意图

第二章 基层组织

第一节 通列和帕热行政村组织

一 通列村

通列村现有的组织机构有村党支部和村委会，其下设有村团支部、妇委会、卫生室。现村委会办公场所于2000年建成，总投资2万~3万元，土木结构由政府投资，共有6间房屋和2个阳台，其中1间里放着村里仅有的公共财产：一台21英寸电视机、一台卫星电视接收器、一个小型太阳能发电机、喷药器和一些废旧的报纸杂志，3间是空的，1间为会议室，平时几乎不用，开会、传达文件都在露天，没有指定的地点。据了解，按照上级的指示和安排，基层组织机构齐全，但90%以上的基层各项工作依然由两位村长代权行使。听村长说，新的村委会办公室可能会在最近一两年内竣工。

（一）村民委员会

构成：通列村村民委员会一直由4位成员构成。即吉勒，现年52岁，小学文化程度，只懂藏语不懂汉语，只能听懂且会说一些简单的汉语，任村党支部书记兼任村委会主任，任职多年；次旺欧珠，现年 43 岁，小学文化程度，能写一些简单的汉字，能说能懂简单的会话，时任村委会副主任兼会计、文书、团支部书记等职，任职 5 年；次仁群培，现年 55 岁，小学文化程度，懂一点汉话，任村委会委员兼任保管员，任职 4 年；达瓦卓玛，现年 64 岁，小学文化程度，不懂汉语，历任会计、村副主任，时任村妇女主任，任职多年，现已基本退下，但还负责村妇女工作。四位兼职干部全部为藏族，除村妇女主任为女性外，其余全部为男性。村委主任和妇女主任任职多年，对基层组织工作作出了自己的贡献，一直也是村民们拥护和尊敬的对象。

分工：村党支部书记兼村委会主任负责农牧业、林业、水利、科技、教育、社会治安综合治理、精神文明建设、传达文件、收电费、宣传等村里的全面工作；村委会副主任，主要负责财会和文书、农牧业，协助村主任的工作；村委会委员，负责财务和保管工作；村妇女主任，主要负责妇女、卫生、计划生育的宣传工作，实际上现已退下，基本不参与村委会工作，只负责妇女工作。实际上，平时村里的各种大小事务都由村长和副村长讨论决定，委员和妇女主任参与较少，只负责部分分工，当然，收入也相对较少。

待遇：村委会的 4 名成员都是国家聘用干部，村主任和副主任，从 2004 年开始，每年大概有 2500 元的固定收入，平均每个月 208.3 元，全部是国家全额拨付，2004 年前有 700 元左右，而且部分是从群众手里收的，国家全额拨付一点儿；村妇女主任从 2004 年开始每年大概有 1000 元左右，之前较少，因为当过多年的村干部，有一定的照顾，是按一般的工作量来确定；委员从2004年开始每年有600元，之前很少，也是按工作量来确定工资。这些工资基本能按时发放手中，没有拖欠的情况，由村长或副村长每年8月到乡政府统一去领。当然，除了这些现金的收入之外，村委会成员按级别，可以在村里享受代工的特殊优惠，乡政府也按他们的职位给予特殊的照顾。比如，村里有安居工程项目首先会考虑各位村委会成员。

经费：村党支部的经费主要是由国家每年拨款行政经费800元，主要用于购买村干部使用的本子、钢笔、墨水等一些日用品，下乡经费1200元，用于村里的各种活动经费，这些经费也是最近几年里才有的。其余的行政活动经费主要靠自身筹集和行政罚款来筹集，主要是村委会通过因违反乡规民约而被罚的那一点儿钱，比如：完不成年初确定的工作计划而罚；偷灌溉的水而罚，按每亩25元罚金；没管好自家牲畜而罚，一般大牲畜5元，山羊和绵羊5角；打架也要看情节严重程度而确定罚款。这些罚金在全村大会上公开并当做村委会经费。从村委会负责人的访谈中得知，实际上罚款现象也因村民自觉守法而一年比一年少，罚来的一点钱主要用于村里活动经费，比如，集体劳动时村里出钱买青稞酒给群众等，除此之外没有什么别的开支，更没有什么自筹经费的来源。

活动：通列村村委会比较固定的行政活动很少，主要根据每年市乡的安排来执行。平时的工作大多自行安排，村民大会每年召开3～4次，要求年满18周岁以上的村民参与。小型的村民大会平均一周1～2次，每家派一名代表参加会议，但时间并不固定，都是根据上级的工作安排来确定和传达。相对固定的活动有年初工作安排大会、年终总结及表彰大会、“七一”党员会议、三八妇女节等。听村长说，现在的开会和学习比以前少很多，以前一周最少有一到三次，现在平均一个月可能开一次，到乡里开会也比以前少了很多。自从安装了电话以后，乡里需要安排的大小行政工作都是通过电话来传达，再不用为一件小事而跑到乡里去，现在很方便。以往不管工作重不重要必须耗一天的时间到乡里去，现在几分钟就解决了。既提高了工作效率，也省去了许多麻烦。

（二）党团妇女组织

1. 党组织情况

据2008年4月的统计，通列村有党员7人，全部为藏族。其中男性党员4人，占党员总数的57%，女性党员3人，约占党员总数的43%。从年龄结构来看，55岁以下的党员2

图2－1　通列村妇女主任

人，占党员总数的28.6%，60～70岁4人，占党员总数的57.1%，70岁以上的1人，占党员总数的14.3%。党员每月每人党费为8角，全部通过村委会上交乡党委。党员全部为中老年人，也是每个家庭的户主，当中没有一个外出打工的。已有的党员入党时间都很早，很久没有培养新党员，新鲜血液严重不足。为了切实改善党员队伍结构，不断扩大党的工作覆盖面，始终保持党组织和党员队伍的生机与活力，通列村下一步打算，调整党员队伍结构，重点发展回乡初高中毕业生、复原退伍军人、农牧技术人员、致富带头人员、外出务工返乡青年和妇女中的优秀分子入党。

表2－1　通列村党支部成员具体情况

姓名	年龄	文化程度	入党时间	村委会主任职务	支部内分工	组织分工
吉勒	52	小学	1989	党支部书记	政治	全面工作
达瓦卓玛	64	小学	1972	组织委员妇女主任	其他活动	妇女工作、调解
次旺欧珠	43	小学		村委副主任		调解

说明：本表根据访谈整理编制。

表2－2　通列村党员花名册

姓　　名	性别	年龄	入党时间	备　　注
吉　　勒	男	52	1989	村党支部书记和村委主任
扎西旺堆	男	75	1960	退伍军人
索朗次仁	男	53	1972	退伍军人
曲　　央	男	61	1972	从日喀则市人民政府退休（正式干部）
扎西普尺	女	62	1965	
达瓦卓玛	女	64	1972	2005年卸任村委会副主任和会计职务
卓　　嘎	女	70	1965	

说明：本表根据村委会主任吉勤访谈整理编制。

2. 团组织情况

在通列村开展团员活动比较少，团员缺乏带动本村年轻人增收致富的能力，个别团员知道自己是团组织的成员，可不清楚团组织的主要作用，团组织的带头作用不明显。目前，团员只有5名，全部为藏族并全部为男性。文化程度全部为小学，他们大都只能够阅读藏文，不会汉文，只有部分人能够与汉族人交流，但也都是些很简单的会话。一年当中，只在五四青年节时，大家以过林卡形式开展一次团组织活动，平常除只在村委会大会上传达有关团组织的会议文件外，没有专门召集团员学习的活动。这些团员在各自家里是主要劳动力，常年在外务工的占到了90%以上，他们的收入成了家庭收入的主要来源。团支部书记为村副主任次旺欧珠。

表2-3　通列村团员花名册

姓　　名	性　别	年　龄	备　　注
易　　希	男	25	时常外出打工
扎西顿珠	男	33	不在本村，但户口在
多　　杰	男	33	时常外出打工
次旺欧珠	男	43	村团支部书记兼副村主任
白巴多杰	男	33	时常外出打工

说明：本表根据村委会副主任次旺欧珠访谈整理。

3. 妇女组织情况

通列村委会下设一个妇女工作委员会，由一名妇女主任负责日常工作。职责涉及卫生、计划生育宣传、妇女儿童卫生保健、妇女权益保护、妇女科技培训等宣教内容。特别是结合通列村一妻多夫的特点，对妇女卫生保健和妇女如何在家庭里发挥承上启下的作用更加重视。实际上妇女工作委员会就是妇女主任一人承担，平日在村委会大会时宣传传达，更多的时候是配合上级下来的工作组进行宣传教育，村内专门开展活动比较少，很多时候出现问题才和村委会成员一块解决。妇女主任名叫达瓦卓玛，现年 64 岁，党员，小学文化程度，人民公社之前在日喀则地区江孜县学习过会计和其他相关的文化知识；1968 年，人民公社建立之年，开始在本村当会计，后来又在现在的日喀则市，当时叫日喀则县接受过一段时间的也培训；1972 年，“三大”教育时期加入了中国共产党，从 1979 年到 2007 年一直是日喀则市人大代表。从 2005 年 8 月开始她因年龄偏大，加上腿脚不便卸任了原来的会计和村副主任的职务，但继续担任村妇女主任的工作。

每年 3 月 8 日到来时，通列村用两天的时间庆祝三八妇女节，这也成了一年当中最重要的妇女组织活动。第一天组织全村 18 周岁以上妇女对村属的路段、河堤、水库等进行检修，有时也对村内进行一次大扫除；第二天妇女们从自家带上青稞酒和美餐，选一个环境好的地点喝酒、唱歌、跳舞来庆祝妇女节日。村委会也会从经费里拿出一点钱给予适当的补助。

二 帕热村

帕热村现有的组织机构有村党支部和村委会，下设有村团支部、妇委会。旧的村委会房子大部分租让给了一户贫困农户，可不收取任何费用，留下的一间里堆放着村委会仅有的那点公共财产。平时开会、传达文件都是在露天进行，跟通列村的情况一样。笔者入村时看到新村委会办公场所正在修建当中，听村委会主任琼吉讲，国家全额拨款，总投资20多万元，大家都期待着新村委会办公场所的落成，笔者同样相信在不久将来他们会拥有一个现代藏式特色的崭新村委会办公室。

（一）村民委员会

构成：帕热村村民委员会一直由3位主要成员构成，即琼吉，现年56岁，小学文化程度，不懂汉语，任村党支部书记兼任村委会会计；罗布顿珠，现年64岁，小学文化程度，懂一点汉语，任村委会副主任兼任保管员；旺母，现年60岁，小学文化程度，不懂汉语，任村委会委员兼任村妇女主任；3位兼职干部全部为藏族，其中村妇女主任为女性。年龄方面，60岁以上2人，60岁以下1人。村委会成员任职多年，几乎没有什么变动，平均年龄超过50岁，三位都是通过村民大会选举产生，是全村人拥护和尊重的对象。

分工：和通列村一样村党支部书记兼村委会主任负责农牧业、林业、水利、科技、教育、社会治安综合治理、精神文明建设、项目工作、传达文件、收电费、宣传等村里的全面工作；村委会副主任，协助村主任全面工作；妇女主任，主要负责卫生、计划生育、接待等，同时两位主任不在家时，妇女主任行使村主任之权，承担村里的全面工作。

待遇：村委会的3名成员都是国家聘用干部。从2004年开始，村主任和副主任每年大约有2500元的固定收入，平均每个月208.3元。村妇女主任每年大约有500元，是按一般的工作量来确定。这些工资基本能按时发放手中，没有拖欠的情况，于每年8月统一到乡政府去领。当然，平时村里的集体劳动、安居项目落到村里的，乡政府规定首先要考虑村委会成员，然后逐一落实。村委会成员对现有的工资性收入觉得少了一点，因为身为最基层的干部要面对各种错综复杂、千头万绪的情况，大到维护稳定，小到家庭纠纷，工作量很大。所以，他们觉得国家若能再增加一点工资，就会把更多精力放到工作中去。

经费：村党支部的活动经费主要是国家每年拨款行政经费800元，主要用于购买村干部用的本子、钢笔、墨水等一些日用品，还有下乡经费1200元。其余的行政活动经费靠自身筹集，主要是村民因违反乡规民约而被罚的罚款，比如：完不成年初确定的计划罚款；偷灌溉的水罚款，和通列村一样每亩25元；没管好自家牲畜罚款，大牲畜5元，山羊和绵羊5角；打架也要看情况而确定罚金的数量。这些都是本村村委会和村民商讨而定的规矩。从对村委会负责人的访谈中得知，实际上被罚的现象也因村民自觉遵守乡规民约而一年比一年少，罚来的钱主要用于村里活动经费，比如，集体劳动时村里出钱买青稞酒给群众等，除此之外没有更多的开支，更谈不上欠债等现象，和通列村情况完全一样。

活动：帕热村委会的行政活动也跟通列村一样，固定行政活动很少，主要根据每年县乡安排的工作来执行。平时的工作大多自行安排，村民大会每年召开3～4次，小型村民大会平均一周1～2次，每户参会一人，但并不固定，都是根据上级的工作安排然后再确定和传达。相对固定的活动有年初工作安排大会、年终总结及表彰大会、“七一”党员会议、三八妇女节等。

（二）党团妇女组织

1. 党组织情况

党组织建设情况大体和通列村一样，帕热村也在培养新鲜血液上严重不足，好多年没有培养新党员，甚至出现只有村委会成员是党员，群众当中没有党员的现象。这使得

图 2－2　帕热村村委会副主任

图 2－3　帕热村妇女主任一家

党员应有的作用没能充分地体现在最基层、最现实的生产生活中。据2008年4月的统计，帕热村有党员4人，全部为藏族。其中男性党员3人，占党员总数的75%，女性党员1人，占党员总数的25%。从年龄结构来看，40岁以下1人，占党员总数的25%，60～70岁1人，占党员总数的25%，60岁以下的2人，占党员总数的50%。党员每月的党费为8角，全部上交乡党委。现有4个党员都是村委会成员。

表2-4　帕热村村委会成员和职责分工

姓名	年龄	文化程度	入党时间	村委会职务	支部内分工	组织分工
琼吉	56	小学	1989	村委会主任	政治	全面工作
旺母	60	小学	1972	组织委员兼妇女主任	其他活动	妇女工作、调解
罗布顿珠	64	小学	1960	村委会会计村委会副主任	账目	调解

说明：本表根据村主任琼吉访谈整理。

2. 团组织情况

团员有6名，全部为藏族并全部为男性。就文化程度而言，全部为小学文化程度，他们大都只懂藏文，不会汉文，个别人能够与汉族人交流，但也都是很基础的会话。这些团员的收入是各自家里的主要现金收入来源，除了秋天收割时在家待20多天外，常年在外务工的时间占到了90%以上。据了解，真正能够带动一方群众走向增收致富的几个年轻能人，反而不是团员。和通列村一样，很久没有培养新团员，每年都是那几个人，没有切实发挥团组织应有的冲劲和旺盛的生命力。再加上最近几年，从上到下，从下到上都对基层团组织的建设有一定疏忽，村委会成员只知道村里有6名团员和一名团支部书记，可具体是谁，还得讨论一番才知道。

3. 妇女组织情况

帕热村委会下同样设有一个妇女工作委员会，由一名妇女主任负责日常工作。职责涉及计划生育宣传教育、妇女儿童卫生保健、妇女权益保护、妇女科技培训，以及妇女如何在家里起到承上启下的作用的教育等内容。妇女主任名叫旺母，现年60岁，小学文化程度，从1992年开始担任了妇女主任。一年当中主要在三八妇女节时，利用两天的时间，搞妇女组织活动。第一天主要是修路（村土路）或修河堤，第二天妇女们从自家带上青稞酒和美餐在一个固定地点喝酒、唱歌、跳舞来庆祝节日，村委会有时也给适当的补助。平时没有专门的妇女大会，只是在全村开会时象征性地对一些有关妇女的知识、计划生育、妇女在家里的作用等方面进行宣传、交流和探讨，有些内容还涉及日常矛盾的调解。

第二节　规章制度

一　规章制度

在通列和帕热村，规章制度非常不健全，很难找到正规成文的规章制度，他们拿出来的所谓的“规章制度”都是一些与村民之间订立的治安合同或国民经济的统计数据。当问起各种规章制度的情况时，回答的基本是合乎情理的，上级怎么说他们怎么做，也就是与日喀则市和东嘎乡已成文的规章制度内容相一致，而结合自身实际特点订立的村规民约内容很少。以下是结合日喀则市或东嘎乡的一些规章制度简要分析两村不成文的村规民约（以村委会和村民访谈为依据）。

（一）村委会职责制度

在与通列村村委会主要成员吉勒村主任和次旺欧珠副主任的谈话里大致可以了解到一个离城镇较近的行政村是如何把他们的职责落到实处的。虽然，平常几位村委会成员分工明确，有管经济、管农业、管计生宣传、管财务的分工负责制，可围绕村里的宣传宪法、法律、法规和党的路线、方针、政策，比如：教育村民依法行使应尽的义务、维护村民合法权益；向村民进行热爱祖国、热爱共产党、热爱社会主义和增强民族团结、维护祖国统一的教育；调解民间纠纷，促进村民、村际之间的团结，管理本村集体所有的土地、草场、林木和其他财产；教育村民合理利用自然资源，保护和改善生态环境；组织村民发展农牧业生产，开展多种经营，发展个体、私营经济；组织村民学习科学文化知识，开展精神文明建设活动，倡导移风易俗，树立讲科学、讲文明的社会主义道德风尚；主持村民会议或村民代表会议制定村规民约，报当地人民政府备案，并监督执行；搞好社会治安综合治理，打击各种违法犯罪活动，维护社会、生产和生活的正常秩序；召集、主持村民会议或村民代表会议，执行村民会议或村民代表会议的决定；向人民政府反映村民的意见、要求和建议；协助政府做好孤寡残幼和烈、军属的生活保障和服务工作等，90%以上的工作都由村委会主要成员，即两位村主任来完成。他们对自身的职责没有明确而细致的分工，可村里的一切大小事情都是由两位村主任和几位村委会成员讨论决定的。就像通列村副主任长次旺欧珠讲的，“我们是多功能的机器，村里发生的各种情况都由我们和村民商讨来解决，而且大部分是村主任和我两人讨论来处理和解决的，我们办不到就向上级（东嘎乡）请示和汇报。我们东嘎乡每一个村都没有成文或文字上依照的职责制度，都是根据市里、乡里的要求进行传达和落实，有时也使用我们自己多年实践经验总结出来的一些老办法，比如，村民间发生矛盾的解决措施和罚款额度”。虽然，两村村委会成员的职责分工并不是很明确，可他们早已形成了多年基层工作总结出来的一套工作方法，对传达党和政府的各项惠民政策起到了非常重要的作用。

（二）发展党员制度

根据党章规定和工作需要，定期组织召开党员大会、组织党员积极开展各种活动是基层组织建设的核心工作。笔者在对主要调查地点通列村几个党员的走访中更加深切地体会到，发挥基层党员的先锋模范作用的重要性和紧迫性。通列村70多岁的老党员卓嘎讲道：“我入党已有很多年了，具体多少年记不清，在村里开展党员活动和党员会议大多是通过口头传达，平时我们农民哪有时间开党员会议，到交党费时到村主任那里跑一趟，我既信共产党，也信藏传佛教，只要不说党的坏话、反对分裂就行。”说到紧迫性，两村发展新党员严重不足，现有党员大多是几十年前的那一批，一直没有培养和增加新党员。在制度层面上，乡里有关于组织党员进行政治学习、讨论决定重大问题、表决通过重要决议、进行党内选举、决定吸收新党员、安排部署重要工作，一般情况下，村里至少每三个月召开一次党员大会，如情况需要，可随时要求召开。但是，改善党员队伍结构，不断扩大党的工作覆盖面，始终保持党组织和党员队伍的生机与活力只是更多地停留在口头宣传上，更谈不上党员发挥先锋模范作用，带领全村走向致富之路。通过了解，在两个村里确实有很多能够带领群众致富的青年生力军，若能培养村里的这些有为青年，基层党员的活力和作用就会在全村辐射出去，既能起到增收致富，也能巩固基层政权。当然，两村村委会主要成员也很清楚，他们确实带动了一批群众，增加了家里的现金收入。通列村主任吉勒讲道："下一步打算培养一批回乡的初高中毕业生、农牧技术人员、致富带头人员、外出务工返乡青年和妇女中的优秀分子入党。"建立和完善村级党员制度迫在眉睫，两村需要培养更多的有志之士来发挥党组织的先锋模范作用，让更多的村民有机会参与党的组织活动是下一步各级政府需要考虑和探索的一项重大问题。

（三）社会治安综合治理工作制度

说到社会治安，两村历史上基本没有出现过大的社会治安问题，大多是村内人民内部发生的矛盾，主要以家庭矛盾、打架斗殴、酗酒闹事为主，特别值得一提的是偷盗现象比较少见，总体社会治安良好。近年来，随着整个西藏社会治安的错综复杂和严峻形势，使得各级政府把社会治安综合治理工作摆在非常重要的位置。所以，我调查的两村不仅把社会治安当做一项非常重要的工作来抓，而且每年认真贯彻落实《日喀则市社会治安综合治理目标管理责任书》的签订，乡里专门把这一文件统一翻译成藏文，发到各个行政村负责人手中，然后，通过村委会与每户签订社会治安协议的方式来维持一方的社会安定。这既强化了社会治安综合治理的工作，又使维护社会治安成了人人都有责的一项惠民工作。帕热村村主任琼吉说道："我们附近这几个村几乎没有听说过发生偷盗的事情，这也是我们这边引以为豪的事情，可打架和家庭内部矛盾是常有的事。这些事首先由各村委会出面尽量解决，再不行只能由乡里解决，一般上升不到市里，也没有听说过影响那么大的治安问题。"

两村村主任作为两村社会治安综合治理工作的第一责任人，不仅要负责自己村几十户家庭社会治安综合治理工作中所出现的各类事件，而且要及时分析、及时解决、及时上报。处理事件时，不在村委会能力范围之内的要及时上报到乡里，这也是多年来村委会铁打不动的社会治安治理方法。这个方法已经成为两村村主任对待和处理村内各种治安问题的有力措施。

（四）医疗规章制度

跑到村卫生室门口时，我看到的竟是一个上了锁的不到30平方米，随时有可能倒塌的危房，从图2－5可以很清楚地看到这一点。询问附近村民后才知道平常医生就在家里门诊。到医生家时，一位患感冒多日的村民正在输液，两边各坐着忙于织线的家庭女主人和正在灌羊肠子

图2－4　两村村医卓嘎

（听说是到市里去卖的）的医生父亲，而且有说有笑。通过与村医的一番交谈，我大致地了解了一些情况，特别是对医生本人有了深入的了解。1999 年开始，根据西藏自治区有关医疗体制改革的要求，东嘎乡的每个村配备了卫生室和医生，有的地方因村与村距离近、人口少

图 2－5　两村村卫生室

而两三个行政村配备了一名医生和一间卫生室。听他们说第一批培养的医生文化水平和专业知识普遍较好，大部分是完成九年义务教育后回村的，能够熟读汉字。他们是在接受有关医疗知识方面的一两年强化培训后才上任的。当时的卫生室不仅配了基本的医疗设备，同时给每名医生配有一辆自行车，以便急诊。后来很多村医弃医从商，主要原因一是村民对刚来年轻医生的技术不信任；二是医生本人的待遇较差；三是在市里完全可以找到待遇更好的工作。

目前的村医卓嘎主要负责通列、帕热、雪尔三个行政村医疗服务工作。因为现存的卫生室已经成了危房，原先

放在卫生室的医疗设备就都搬到自家客厅里，平常有病人就在家里会诊、开药、输液等。图 2－4 的背景柜子就是她从村卫生室搬到自家客厅的医疗设备和药物，已与家具混着摆放了。从医疗专业的角度看，村医对最基本的治疗知识显得比较欠缺，除了打针、输液、量血压等基本操作外，对一些比较专业的医疗知识不太了解，加上不认识的汉字挺多，对患者的配药、给药依然是凭着多年的经验。这与乡里规定的门诊工作制度，治疗室工作制度，服药、注射、处置查对制度等还是有一定差距。下面是东嘎乡卫生院工作制度，从中可以窥到一些细节：

一　门诊工作制度

1. 卫生院负责人主要管理门诊工作。其他医护人员应高度重视门诊工作，确定一位医生以上轮转门诊工作。

2. 参加门诊工作的医护人员，在卫生院统一指导下进行工作。

3. 对疑难危重病员或两次复诊仍不能确诊者，应及时转诊护送到上级医院。

4. 会诊人员应对来诊病人认真检查，按规定登记并写处方。负责人应定期检查门诊质量，要加强对换药室、治疗室的检查指导，必要时亲自操作。

5. 门诊工作人员要衣帽整洁，仪表端正，文明服务，有秩序地安排病号就诊，急、危、重病人应优先安排就诊。尽量简化病员就诊手续。

6. 门诊应保持清洁整齐，严格执行消毒制度，防止交叉感染。

7. 门诊医生要做到规范检查、规范用药、规范收费、规范治疗。

8. 负责门诊日常的管理协调工作，确保门诊各项工作正常有序进行。

二　妇产科工作制度

1. 在卫生院领导下，负责本科日常工作。

2. 坚守岗位，对疾病诊查以及接生工作要仔细准确，用药合理，做好门诊登记。

3. 及时准确填写有关手续，加强分娩、新法接生等常用操作，严格执行操作规程，注意产房清洁、消毒工作，实行无菌操作。

4. 做好计划生育工作，宣传优生优育计生政策。

5. 对疑难病例如急、危重病人及时处治，必要时转院并护送上级医院。

三　治疗室工作制度

1. 进治疗室必须穿工作服，戴工作帽及口罩。严格执行无菌操作。

2. 保持室内清洁，每做完一项处置，要随时清洁桌面、地面，抹布、拖把要专用。

3. 室内每天用来苏水消毒，经常检查工作人员的手、物体表面等清洁情况。

4. 无菌区应要无菌，除工作人员，其他人不准进入无菌区。器械物品放在固定位置，以便及时领取。上报损耗，严格交接手续。

5. 无菌物品，超过一周者重新灭菌。各类器械用具，每周消毒一次，浸泡无菌物钳消毒液经常更换，检测消毒液有效浓度，保证消毒效果。

6. 已用过的注射用具要及时销毁。

四　服药、注射、处置查对制度

1. 服药、注射、处置前必须严格执行“三查七对”。三查：操作前、操作中、操作后。七对：对床号、姓名、药名、剂量、浓度、时间、用法。

2. 备药前检查药品质量，水剂、片剂注意有无变质，安瓿、针剂有无裂痕，有效期和批号如不符合要求或标签不清楚，不得使用。

3. 易致过敏药物，给药前应询问病人有无过敏史。

4. 发药、注射时如病人提出疑问，应及时查对，无误时方可使用。

五　预防保健及指导乡村医生工作制度

乡（镇）卫生院是综合性的卫生事业单位，承担着乡（镇）卫生行政管理和医疗、防疫、妇幼保健、计划生育等方面的业务技术工作，直接向本乡（镇）居民提供医疗、预防保健的基层医疗卫生机构，是农村三级医疗预防网中连接县、村两级的中间环节，发挥着重要的枢纽作用，根据它的功能与任务制定以下制度。

预防保健：

1. 在乡政府及上级部门的领导下，开展以“除害病菌”为中心的爱国卫生运动，宣传卫生科学知识，进行健康教育，协助有关部门搞好“二政”农村卫生工作。

2. 在上级卫生防疫部门的指导下，做好卫生防疫（包括计免、传染病、寄生虫和地方病治疗）和卫生监督管理工作。

3. 在上级妇幼保健部门的指导下，开展孕产妇健康系统保健，进行妇女儿童常见病、多发病的防治，推荐科学接生，做好计划生育宣传和技术指导等工作。

二　工作规划

通列村和帕热没有自身成文的规划、计划和可行性工作规划，主要是按照日喀则市人民政府和东嘎乡人民政府关于全市全乡建设的规划来执行和操作，其内容也大多涉及两村的方方面面，故而在此一并实录。

《关于建设社会主义新农村和平安东嘎乡的实施意见》（2006 年 06 月）*

根据市人大办公室关于开展建设社会主义新农村调研的具体内容和要求，结合东嘎乡农区，农业和农民现实情况，为了建设“生产发展、生活宽裕、乡风文明、村容整洁、管理民主”的新东嘎乡，依据中央、自治区关于建设社会主义新农村方针、政策和我地市二级提出的建设社会主义新农村具体要求和目标任务，将调研的内容报告如下：

一　新农村发展思路

根据党的十六届五中全会提出的关于建设社会主义新农村的总体目标和要求，本着以科学发展观为指导，坚持

---

* 根据东嘎乡制度抄录的。

以人为本，突出体现时代特征和东嘎乡特色，充分发挥资源优势，不断地提高建设社会主义新农村的能力和水平。总的发展思路是：在上级党委、政府的关心支持下，从东嘎乡的实际出发，牢固树立科学发展观，统筹城乡经济社会发展，调整农牧业结构，扩大农民就业，加快科技进步，深化农村改革，增加农业投入，强化对农牧业支持保护力度，力争实现农牧民收入较快增长，努力构建社会主义和谐社会，促进社会主义新农村的建设。

二　主要措施

（一）继续推进农业结构调整，挖掘农业内部增收潜力。

1. 在保护和提高粮食综合生产能力的前提下，按照高产、优质、高效、生态、安全的要求，走精细化、节约化、产业化的道路，向农业发展的广度和深度进军，不断开拓农业增收的空间。

2. 加强农业科研和技术推广。围绕农业科技的创新能力、储备能力和转化能力，改革农业科技体制，较大幅度地增加预算内农业科研投入。积极发展农业科技示范场，科技园区，龙头企业和农民专业合作组织在农业科技推广中的作用。

3. 集中力量支持粮食主产乡、村发展粮食产业，实施优质粮食产业工程，选择一部分有基础，有潜力的粮食大乡村，集中力量建设一批全区优质专用粮食基地。

4. 稳定、完善和强化对农业的扶持政策。进一步增加对农民的种粮直接补贴、良种补贴、农机具补贴等，减轻农民负担，促进种粮农民的积极性。

（二）发展农村二、三产业，拓宽农牧民增收渠道。

1. 要推进乡镇企业改革和调整。要适应市场需求变化，产业结构升级和增长方式转变的要求，发展乡镇企业，调整乡镇企业战略和发展模式，加快技术进步，加快体制和机制创新，重点发展农产品加工业、建筑建材业、运输业、民族特色产品、旅游产业、矿产资源、服务业和劳动密集型企业。

2. 要大力发展农村个体私营等非公有制经济。在税收、投融资，资源利用，人才政策等方面，对农村个体工商户和私营企业给予支持。对合法经营的农村流动性小商贩，除国家另有规定外，免于工商登记和收取有关税费。

3. 繁荣小城镇经济。国家固定资产投资要支持小城镇建设，引导金融机构按市场经济规律支持小城镇建设，重点公路沿线、城郊区、产业密集区、经济开发区等。

4. 加大对农村旅游，特色市场，交通公路建设的投资，提高第三产业在农村经济中的贡献份额，努力实现新的突破。

（三）加强和改善农民进城就业环境，增加外出务工收入。

随着农民工离乡就业人员增多，就必须保障农民的合法权益。进一步清理和取消针对农民工进城就业的歧视性规定和不合理收费，简化农民跨地区就业和进城务工的各种手续，防止变手法向进城就业农民拖欠工资及乱收费。同时针对农民工素质差，文化水平低，无技术专长等情况，加强对农村职业技能培训。各级财政要安排专门用于农民职业技能培训的资金。

（四）加强农村基础设施建设，为农民增收创造条件。

各级政府要依法安排并落实对农业和农村的预算支出，严格执行预算，建立健全财政支农资金的稳定增长机制，并由人大、审计部门进行监督检查。各级政府和有关部门要切实把发展农村社会事业作为工作重点，落实好新增教育、卫生、文化事业经费主要用于农村的政策规定。尤其要调整教育机构，加强基础教育、统筹职业技术教育、成人教育统筹发展，积极推进农科教结合，努力提高劳动者素质，为“科技兴乡”战略的实施奠定人才基础。

进一步加强农业和农村基础设施建设。国家固定资产投资用于农业和农村的比例要保持稳定并逐步提高。要从实际出发，因地制宜地开展雨水集蓄，河渠整洁，人畜饮水，小流域治理等各种小型设施建设。加大对乡村公路的建设，改善交通条件，继续加强和搞好生态建设。对天然林保护，退耕还林还草和湿地保护等生态工程，要统筹安排，因地制宜，巩固成果，注重实效。

（五）深化农村改革，为农牧民增收减负提供体制保障。

加快农村土地征用制度的改革。各级政府切实落实最严格的耕地保护制度，按照保障农民权益，控制征地规模的原则，严格遵守和执行对非农占地的审批权限和审批程序，严格执行土地利用总规划。要严格区分公益性用地和经营性用地。明确界定各级政府土地征用权和征用范围，严格执行行政管辖区域制度。完善土地征用程序和补偿机制，提高补偿标准，改进分配方法，妥善安置失地农民，并为他们提供社会保障。要加快推进配套改革，继续加强农民负担监督管理，防止农民负担反弹，巩固农牧区税费改革成果。改革和创新农村金融体制，建立金融机构对农村服务的机制，明确各金融机构为“三农”服务的义务。进一步加大对农村信用社改革的力度，缓解农村资金的外流。

（六）继续做好扶贫开发工作，解决农村贫困人口和受灾群众的生产生活困难。

认真贯彻落实中央和自治区、地区的有关扶贫政策，抓住西部大开发的良好机遇，搞好扶贫开发规划，完善扶贫开发机制。进一步加大扶贫开发力度，强化扶贫工作责任制，提高扶贫成效。一是要引导贫困村和贫困户群众走向市场并在市场竞争中加快脱贫步伐。二是要提倡自力更生、奋发图强、解放思想、增强自我摆脱贫困的意识。三要做好农房改造和贫困户住房补贴的有关工作，力争在较短的时间内，改善农牧民居住条件。四要加大对贫困乡、村的扶持力度，积极进行基本农田和草场建设，大力兴修水利和草场围栏，逐步改善贫困群众的生存环境。五要组织干部深入扶贫村和贫困户，摸底排查，核实情况，解决他们实际问题和困难。同时教育和引导贫困群众开展生产自救。要创造各方面的条件，争取多方资金，在农牧区探索建立农牧民最低生活保障制度。

（七）增强法制意识，维护农村稳定，创建“平安东嘎”。

全面落实中央、自治区关于维护西藏稳定的一系列方针、政策和工作部署，教育广大农牧民群众充分认识反分裂斗争的长期性、艰巨性和复杂性，始终站在维护祖国统一和党和人民利益上，时刻把握斗争的主动权，严厉打击境内外分裂势力的渗透破坏活动。加强综合治理工作，加快在农牧区建设治安防控体系，减少和控制各种犯罪活动。切实加强普法宣传工作，推进依法治乡的进程，进一步加强对党员、农牧民群众、个体私营企业职工、外来人员和青少年的法制宣传教育工作力度。进一步加强和规范人民调解委员组织和制度建设，建立人民内部矛盾调解服务中心，力争矛盾解决在基层。坚持安全第一，预防为主，综合治理，狠抓安全生产责任制的落实工作，严格执行安全生产许可制度。全面做好群体事件的预防和处置，把不稳定因素化解在萌芽状态。积极创建文明乡、文明村、文民户，推进我乡精神文民建设，创造“平安东嘎”。

（八）加强党对农村工作的领导，确保各项增收政策落到实处。

把解决好农业、农村、农民问题和建设社会主义新农村作为全党工作的重中之重。我们各级领导干部要始终重视农业的基础地位；始终重视严格保护耕地和非耕地土地，提高粮食综合生产能力；始终重视维护粮食主产乡和种粮农民的利益；始终重视农村基础设施的建设；始终重视农村的教育卫生等社会事业；始终重视增加农民特别是种粮农民的收入。总之，对“三农”问题，不仅分管领导要直接抓，而且党政一把手要亲自抓，逐步形成一个关注农村、关心农民，支持农业的新格局。

三　存在问题与困难

1. 农牧民增收困难，创收渠道不多。主要表现在农牧民收入历年统计基数过高，虽然有所增长，但农牧民收入一直处于持续低速增长，增长部分也主要靠打工和非农经济收入。以粮食生产为主的纯农户收入增长更为困难。由于粮食作物的产量、质量上投入的资金和劳力过多成本过高，市场价格和国家价格过低，这种不等价交换的方式，直接影响了农民的收入。劳务输出工作和劳动者素质有待于提高。由于外出就业的农牧民缺乏必要的组织机构，加上劳动者素质差、经验少、法制观念弱，也不同程度地影响了外出务工人员的收入。

2. 农村医疗卫生事业发展缓慢。由于国家卫生经费的分配格局和医务人员的分配问题，农牧区依然存在缺医、少药、看病难、看病贵的问题。虽然国家对西藏实行新型合作医疗制度，但是农牧区，特别是乡、村二级医务人员少、医疗设备差、看病远、看病难、看病贵的情况不同程度地存在。这种问题直接影响着农牧民的身心健康和经济建设。

3. 农村教育投入少、任务重。农牧区实施义务教育以来，教育教学质量有了提高，适龄儿童的入学率和巩固率得到明显的改观。中学生的控辍保学工作得到进一步的提高，但是部分乡、村学校仍然在80年代以前的陈旧简陋房屋里进行教学和生活。虽然近几年政府加大了对农牧区学校建设力度，选派了部分教师，但是建设力度不大、重点不突出、城乡差别大、缺乏合格教师队伍的问题仍然存在。

4. 农牧区受资源、地理、人为因素的影响发展缓慢，发展不平衡。一是农牧区生产经营方式落后，群众思想观念陈旧保守，这将在很大程度上制约了农牧区经济社会的发展。二是我乡地域广阔，人口多，乡村分散，生产要素不集中，基础设施建设滞后，加之受资源、地理环境和教育、文化、人才等多种因素的影响，今后发展的任务十分繁重。三是传统农牧业向市场向现代农牧业转型缓慢、生产方式落后、增收渠道不宽、方法不多、农畜产品生产效率低、效益不高，农牧区基础设施有待于改善，农牧区精神文化生活单调和贫乏。因此，引导农牧民群众崇尚现代文明，破除陈规陋习的任务十分繁重。

建设社会主义新农村任重道远，增加农牧民收入，提高生活水平和质量显然只能是一个循序渐进的过程。但是，只有坚持“以人为本”的思想，树立科学的发展观和正确理想信念，就一定能在改革发展稳定过程中，实现社会主义新农村建设的宏伟目标。

《日喀则市东嘎乡关于做好维护社会稳定工作的实施方案》（2007 年 10 月）*

为了深入贯彻全区、地区、日喀则市的关于做好当前维护稳定工作的有关精神，确保党的十七大胜利召开，确保 2008 年奥运会的成功举办，确保社会主义新农村建设的顺利推进，特制定如下方案：

一　认清形势，提高认识，增强做好维护社会稳定工作的责任感和紧迫性

当前我乡的经济发展，社会稳定，民族团结，社会主义新农村建设进展顺利，农业生产可望丰收，教育卫生事业蓬勃发展，总体形势良好。但是，随着对外开放力度进一步加大和旅游业的迅猛发展，特别是随着党的十七大和 2008 年北京奥运会日益临近，西方敌对势力和达赖集团分裂破坏活动进一步加剧，境内外敌对组织、敌对分子蠢蠢欲动，加之一些影响农村社会和谐稳定的问题依然存在。如：自然条件差，农业投入不足，城乡差距拉大，农牧民增收缓慢，基础设施落后等，维护稳定的任务依然十分艰巨。一是达赖集团的分裂破坏活动明显加剧，渗透频繁，

---

* 根据东嘎乡文件抄录。

企图实施派遣和暴力恐怖活动。二是由人民内部矛盾引发的群体性事件时有发生。三是拖欠农牧民工资、就业等问题引发的上访事件将趋上升。四是各类违法犯罪活动上升，社会治安形势严峻。五是寺庙管理和教育还需增强。六是城乡统筹发展的途径和措施有待于完善。

针对上述我乡维护社会稳定工作所面临的严峻形势和繁重任务，乡党委、政府领导干部，继续坚持以邓小平理论和“三个代表”重要思想为指导，深入贯彻地、市两级维护社会稳定工作的会议精神，全面落实党在新时期西藏工作的指导方针和新形势下维护社会稳定的各项政策，牢固树立维护社会稳定是做好各项工作的前提观念。全乡广大干部群众既要充分认识地区当前的大好形势，树立做好维护社会稳定工作的坚定信心，又要看到维护社会稳定工作形势的严峻性，进一步增强政治责任感和工作紧迫感，克服懈怠和麻痹思想，切实把维护社会稳定的各项工作措施落到实处，始终牢牢掌握维护社会稳定工作的主动权，巩固和维护所取得的发展成果，为党的十七大胜利召开创造良好的社会环境。

二　加强宣传教育工作，做好维护农村社会稳定

乡党委、政府和各村党支部要高度重视和认真做好维护社会稳定的宣传教育工作。要采取多种形式，深入揭批达赖政治上的反动性、宗教上的虚伪性和手法上的欺骗性，进一步增强反分裂斗争的坚定性和主动性。要加强形势政策教育，在广大人民群众中大力宣传西藏和平解放以来农村发生的翻天覆地的变化，宣传党的路线方针政策，帮助群众正确看待形势和改革中出现的一些困难和问题，坚定不移地维护祖国统一和民族团结，坚决反对分裂，维护社

会和谐稳定，珍惜来之不易的稳定局面。

三　继续把反分裂斗争放在首位，搞好综合治理

乡党委政府和领导干部要认真把握反分裂斗争的新情况、新特点，切实增强国家安全意识，充分认识达赖集团实施的“非暴力运动”对我乡社会稳定的长期危害性，充分认识达赖集团密谋策划的暴力恐怖活动对我乡社会稳定的现实破坏性，进一步加强对反分裂斗争和维护社会稳定，国家安全工作的统一领导和协调支持。社会综合治理工作的水平，直接反映一个地方组织建设和创建和谐社会、和谐农村的建设水平。为维护社会稳定，维护人民群众的切身利益，巩固执政地位，提高人民群众的安全意识，实现社会综治工作，层层抓落实，形成合力。从源头上预防和减少社会矛盾，推进各项社会治安防控体系。坚持“打防结合、预防为主、专群结合、依靠群众”的方针，全面地检查我乡管辖的行政村，学校，寺庙，采石、采沙、矿产开发，施工队等单位对2007年的社会综合治理目标责任书的落实情况。严厉杜绝发生各类违法事件，确保社会的稳定。

四　加强对人民内部矛盾的排查化解工作，确保农牧区的安定和谐

根据新形势下人民内部矛盾的特点和规律，积极预防和化解矛盾，最大限度地减少其对社会稳定的冲击。各村积极发挥调解委员会的作用，做好社情民意收集反馈工作。提高发现和解决矛盾纠纷的能力，协同乡工作组和有关部门，力争将各类矛盾纠纷解决在当地、解决在基层、解决在萌芽状态，防止矛盾激化，防止敌对势力插手和利用，维护社会和谐稳定。要把实现好、维护

好、发展好人民群众的根本利益，作为处理改革发展稳定关系的结合点和一切工作的出发点、落脚点，积极帮助群众解决生产、生活中的困难和问题，从根本上预防和化解矛盾纠纷。对危害公共安全、破坏公共秩序、冲击党政机关、堵塞公路、破坏交通秩序等极端行为应依法果断处置。

五　进一步加强寺庙的管理力度

要深入开展和谐寺庙创建活动，深化寺庙爱国主义教育，依法加强对宗教活动、宗教场所和僧尼的管理，加强爱国宗教力量建设，积极做好广大信教群众的思想政治工作，确保寺庙的稳定。根据年初签订的寺庙管理目标责任书的有关内容，对现有的寺庙进行一次考核。同时各村要注意发现非法出境和非法入境人员，要做到及时掌握情况和及时上报，确保国家安全。预防和控制非法群体上访、游行，严格落实上报、请示的信访制度。

六　加强领导，狠抓落实

乡党委、政府要始终保持对稳定工作的高度重视，时刻绷紧稳定这根弦，切实加强对稳定工作的领导，统一部署、明确责任、确定目标、分解任务、加强协调，各村党支部、村委会按照“属地管理”的原则加强对维护稳定工作的领导，精心布置，责任落实到人。把维护社会稳定与农牧业生产同部署、同检查、同落实。在十七大期间村干部二十四小时实行轮流值班制度，有事报事，无事报平安。同时严防交通、火灾、偷盗、安全事故等事件的发生。努力提高维护社会稳定的能力和水平，为建设平安、稳定、和谐的乡村作出贡献。

第三节　2007 年度工作大事记

一　行政工作大事记

1. 通列和帕热两村在每年的农闲期间，组织村民对各村所属的堤坝、水渠、水库等公共设施进行几天的挖土、维修和加固等工作。

2. 2007 年年初，通列和帕热两村积极配合和帮助日喀则市供电所的电线安装人员，对已确定立杆拉线的地点进行挖坑立杆，对家家户户安装了电线、电表、电插座等，做好了两村通电的前期准备工作。2007 年年末，两村户户通电，结束了长期点着油灯、太阳能灯的日子，迎来了丰富多彩的业余生活，群众的文化生活有了更多的选择。

3. 要求农户不定期地给农田锄草。

4. 通列村组织全村过“略阳”（藏语）即望果节。通列村民在 8 月举行盛大的“略阳”（藏语）庆祝活动。村委会规定节日不能超过 15 天，以免误了农事。在这一节日当中，村里指定地点，在各自帐篷前自发地举行各种文艺表演活动，是一年当中最盛大的农事活动。

5. 村委会登记每户的用电情况。自 2007 年通电以来，这是供电所和乡里给村委会下达的一项新任务，由两村村委会主要成员负责执行，每个月按电表数交钱，然后把交来的钱直接送到日喀则市供电所。

6. 召开动员和鼓励全村青年人出去打工的会议。这是两村在秋耕之前不定期召开的一次普通会议，村主任在大会上传达乡里有关外出务工的注意事项和积极参加外出务工好处等情况。

7. 组织和安排春耕春播前期准备工作。按上级的统一部署，两村安排、部署春耕春播前各项准备工作。

8. 积极组织每年一至两次的卫生、治安、安全生产等工作大检查。按照上级要求，不定期地开展卫生、治安、安全生产的各种宣传工作。

9. 组织和安排秋收前的各项工作。向村民宣讲秋收前的注意事项，按自家情况通知在各地外出务工的人员，及时回家帮助收割。

10. 组织群众参加乡里举办的文体活动。每年在乡里举办各种文体活动，两村村委会积极响应乡政府的号召参加各种活动。2007 年，通列村有两名妇女参加乡里拔河比赛，帕热村有一名妇女参加。

二　党组织工作大事记

1. 按照市、乡里要求，年终举行一次党支部工作座谈会。参会人员以党员为主，对党支部工作进行总结，对来年党组织工作进行口头安排和部署。

2. 组织代表参加乡里召开的人民代表大会。一年一次的人大代表大会意味着把村民提出的各种希望和要求传达给乡政府，通过深入探讨对可行性较好的要求进行有针对性的落实，与此同时，人大代表大会也是及时传达党中央和自治区党委的各项惠民政策、工作规划的主要途径之一。两村村委会主要成员每年都及时地参加人大代表大会。

3. 两村登记国民经济收入情况（每户）报给乡里。这是一年里工作量最大的一项工作，一般在秋收后进行，由村委会组织实施。

4. 召开全村党员干部迎“七一”座谈会。

5. 村委会与每户签订《社会治安综合治理责任书》。

6. 积极配合乡党委、政府，在全村开展深化“三项教育”活动。

7. 组织全村村委会成员传达“十七大”会议精神。

8. 收党费。每年一次收取各位党员的党费上交乡党委。

三　妇女工作、团工作大事记

1. 不定期地进行产前、计划生育等方面知识的宣传教育，主要涉及母子安全、日常保健等内容。

2. “三八妇女节”活动，主要内容包括组织全村妇女义务维修各自村前的村路，参与修路的通列村有33名妇女，帕热村有44名妇女（每户一个代表），口头表彰这一年来在构建和谐家庭当中表现出色的妇女。

3. 组织妇女参加乡里的文体活动，组织了一次。通列村参加的有2人，是拔河比赛。

第四节　民主与法治

一　村民代表

村民代表会议是通列和帕热两村民主政治生活的重要组成部分，但在对现任通列和帕热两村村委会主任吉勒和琼吉的访谈中得知，两村到目前为止并没有选举村民代表，他们所提及的村民代表是指参加乡人大会议的两村代表。当然，由群众直接选举产生的两位村主任在某种程度上兼任了村民代表的角色，他们在村里起着重要的作用，也具有较高的威信，在调解纠纷、解决困难，对村容村貌或村民危难时刻都能起到很好的主导和帮助作用，自身也能以身作则。在走村入户的调查当中发现，95%以上的两村村民对各自的村主任，以及村委会成员充满了信任和依赖，表示有困难、有矛盾、有纠纷、有要求首先都会找村主任或村委会帮助解决，并且，大部分村内的各种问题都可以通过两位村主任和村委会的努力而得到有效的解决。可以说，两位村主任和村委会成员，既是村民诉求的主要对象，也是代表村民向上级诉求的主要传达者。

根据《村民组织法》和《日喀则市东嘎乡人大工作的指导思想和原则》规定，两村以不成文的方式明确规定了《村民代表大会职责》，村民代表大会享有以下几个方面的职权（两村村主任口述）：（1）讨论和决定本村年度经济、社会发展规划、工农业生产计划和公益事业建设规划；（2）听取和审议村民委员会的年度工作报告和财务收支情况；（3）撤换和补选村民委员会的个别成员；（4）监督村民委员会的工作；（5）监督村民自治章程的执行；（6）讨论决定涉及全体村民利益的重大事项。

二　村委会工作

通列和帕热两村村委会的日常行政活动大致可以分为两类：一类是根据上级部门的安排开展的各项活动，如接待、培训人员的推荐、代表选举、文件精神的传达、思想宣传，等等；另一类是出于维护当地稳定、促进地区发展所开展必要的本地行政活动，如村民大会、水土资源管理与分配、矛盾纠纷调解、维修堤坝、收电费、国民经济收入登记，等等。在重大事项面前，村委会一般首先向上级部门请示，乡政府主要负责人入村了解详细情况后，给村委会下达解决问题的大致方案，村委会根据方案，结合本村的实际情况召开征求村民意见大会，在获得对事件比较满意的解决方案之后，方会着手开展和一一落实。

三　社会治安工作

通列和帕热两村总体社会治安秩序良好。矛盾纠纷的处理以内部调解为主，充当调解主力的一般都是村委会主要成员，部分难以内部调解的案件，请示乡政府出面解决。一般情况下，都由乡长亲自入村调解处理，再不能解决的问题，就会移送日喀则市司法机关来处理。调解主要涉及一般性的家庭纠纷、治安案件和民事纠纷。通过村委会能够解决的问题一般在90%以上，剩下的10%乡政府都能够解决，一般不会上升到市一级或移送司法机关。

调查发现，大部分村民认为村里的治安非常好，几乎没有听说过谁家的东西被盗了，只是因家庭纠纷、喝酒过多而发生争吵的居多。其中，家庭纠纷主要还是以婆媳矛盾为主；带来不良影响的社会现象主要是酗酒闹事。提到青稞酒，通列村会副主任次旺欧珠带着一定的情绪说道："在村里，喝酒闹事已经是司空见惯的事情，每次喝到一定程度，就开始闹事。年轻人，本来没有什么深仇大恨，喝多了，情绪一激动就开始舞刀弄枪，造成双方伤害。到了第二天，酗酒者就开始后悔。喝青稞酒引起的各种争吵、打架斗殴应该是我们通列村最大的社会治安问题，但不光是我们村，附近村的最大社会治安问题大部分也是喝青稞酒引起的。除了我们谈到的打架斗殴、劳务纠纷等以外，就没有其他大的社会治安问题。而因信仰和民族的问题引起的分裂活动、反动口号，更是从来就没有发生过。”大部分村民对村里的治安情况非常满意。国家也针对少数民族地区的特殊情况，先后出台了一系列经济、教育、文化、宗教等的各种特殊优惠政策。这些优惠政策的进一步落实，既强化了社会治安的稳定，又极大地提高了群众生产的积极性。村里平时社会治安的维护，除了有政策和制度的明确要求与规定，以及村委会的调解之外，还受道德习俗、宗教教义、风俗传统等的一定影响来制约违纪违法。

分析发现，通列和帕热两村良好的社会秩序有以下几个特点：

一是约定俗成的道德习俗。通列和帕热两村都属于纯藏族村寨，两村人口加起来不到600人，户数不到90户，而且全部是原住民。对于这样一个原住民的两个村庄，长久以来人们之间形成的普遍联系和共同的文化生活习俗，让他们始终感觉大家是一个紧密联系的整体，加之两村之间以及一个村内户与户的亲戚关系网交织分布、数量之多，从而在无形当中形成了在面对各种生活压力、产生分歧以及在解决矛盾纠纷时的从容不迫和得心应手。这种从容不迫和得心应手在很大程度上对村民的行为起着规范、约束、缓和的作用，并且长久地维系着人与人之间的感情，孕育出良好的道德习俗。当然，这种道德习俗或社会风俗习惯，是村民们长期遵守而结出的灿烂果实，是约定俗成的民俗文化的组成部分，为社会所公认、政府所赞成、群众所拥护。至此，生活在这样一个良好环境氛围下的两个村庄里很少发生盗窃、强盗等一些案件。通列村民达瓦说："不知道是什么原因，我们村内没有听说过哪家的东西被偷的事，我们家因为经济条件差而没能把院子围起来，家里的农具以及一些零碎的东西经常放在露天的家门口，可就是不会丢，也不担心丢。我想这是因为生活中早已形成的一些约定俗成道德规范，而且宗教信仰对村民们的行为也起到一定的约束作用。当然，我这样讲不是说村里没有小偷，听说村里的某某人从某某地偷了几头牦牛，最后被警察抓住，并且判了刑，现在关在拉萨的监狱里，具体细节不知道，可他在本村时就没有偷过东西，也不知是为什么。"

二是党和政府的惠民政策。在社会治理、解决矛盾纠纷方面，除了每年有几个因劳务引起的纠纷和在2006年通列村德吉康桑家的二儿子边巴丹增因外地盗窃罪被判了3年有期徒刑外，通列村几乎没有发生过其他的治安事件，帕热村的情况也是一样，大多数村民普遍将此归功于党和政府的各种惠民政策。在与村民的访谈中得知，现在这种安定、团结、和谐的良好氛围都是很好地落实党和政府各种惠民政策的直接结果。通列村主任说："以前因为很多村民家境贫寒，吃不饱、穿不暖的现象很普遍，甚至村里出现了很多要饭的村民，再加上那一段时间每年都要向政府交一定数量的农业税，增收渠道单一，群众的生活负担进一步加大，人们为了生存，为了争夺有限的资源而发生纠纷，争吵、斗殴的事情屡有发生，常常出现某某家的人被捅刀，某某家和某某家发生群殴等现象。可自从取消农业税，落实了许多惠民政策以来，老百姓的生产积极性空前高涨，追求幸福生活的愿望极度强烈，摒弃了一些不良的社会风气和陈旧的思想观念，开始大步迈向小康生活。这一切都是落实国家先后出台的各种优惠政策而取得的成效。”

三是基层组织的强大作用。在通列和帕热两村的村委会，作为村民自治最基层的组织力量，发挥着强大的基层组织作用。调查发现，村委会的工作涉及两村方方面面的情况，小到家庭争吵，大到村内打架斗殴、劳务纠纷，村委会无不发挥着至关重要的桥梁、宣传、教育等作用。村委会成员全部由两村的村民民主选举产生，个别由乡里选举，他们在群众中往往具有较高的威信。虽然，工资收入并不高，可他们整体奔波于事关村庄利益、村民利益的各种公共事务而乐此不疲。可以毫不夸张地讲，他们的的确确是党和政府在最基层、最前线的生力军。在大多数情况下，村委会处理事务的方式、方法，以及结果都会得到村民一致的拥护和赞许。处理一些村民内部纠纷时，他们大多采用劝导的方式和调解的方法，总能够有效抑制事态的进一步扩大。这既节约了司法成本，又促进了乡村邻里的和睦关系。两村 90% 以上的基本治安案件可以不出村就得到有效的控制。

四　优惠政策

作为西藏自治区的行政村，通列和帕热两村和西藏的其他基层一样，完全享受到了中央先后召开的第一、二、三、四次西藏工作座谈会所确立的各项优惠政策，村民们在这些史无前例的特殊优惠政策的照耀下，向着全面建设小康社会大步前进。在笔者入村调研将近一个多月的时间里也能切身体会到一些细微变化给村民们带来的巨大变化。比如，基层政权基础设施建设方面，帕热村办公室从无到有，从旧到新的转变是触目可及的，从第一次调研时的破旧危房到第二次入村调研时崭新明亮，有了质的飞跃。听次丹乡长讲："帕热村委会新址是国家投资近20万元修建的，我们乡政府只是充当一个执行者的角色，把村委会新址的图纸选择、预算方案落到实处，同时给该村能工巧匠的施工人员和剩余劳力提供一个增收的渠道。现在只是开始阶段，下一步我们按照市委的要求争取在'十一五'末全部完成新建村委会新会址的任务，通列村也不例外。"

农牧生产发展方面，从1984年实行的"土地归户使用，自主经营，长期不变"、"牲畜归户，私有私养，自主经营，长期不变"政策到免征所有农牧业税；从免费享受政府提供各种农牧技术的支持、开展经商活动无须纳税到对农牧业实行各种补贴政策，体现了一个执政党对民生的巨大关怀，体现了中国特色社会主义的无比优越。

在雪域高原实行轰轰烈烈的安居工程建设的热潮里，通列和帕热两村也不甘落后。从2006年开始，按照日喀则市的要求以及东嘎乡安居工程领导小组的规定对农房改造提出了新的补助标准。比如，扶贫点建设方面对相对贫困户：自治区补助1.2万元，援藏补助3500元，地区配套500元，增加补贴4000元，共2万元；农房改造方面对新建户：自治区补助1万元，援藏补助3500元，地区配套500元，共1.4万元；改扩建方面：（1）改扩建10

间房（含10间以上）：每户1万元；（2）改扩建7间房（含7间以上）：每户8000元；（3）改扩建4间房（含4间以上）：每户6000元；（4）改扩建3间房：每户补贴3000元。我们可以从以下两村安居工程综合配套设施建设申请可窥两村安居工程所要达到的目标和享受到的优惠政策，这些目标有些是已经达标了，有些正在落实，有些因资金还没落实。

文化教育方面，从2006年实现了广播电视和电话"村村通"开始，通列和帕热两村先是通了广播（收听藏语收音是每个家庭农闲后最好的娱乐方式之一），后通了电话，最后才通电视，具体可从表2－5看出。随着家电的普及，信息渠道的多样化，村民们的陈旧观念与新近文化之间发生着巨大冲撞，试图以一种崭新的思维模式融合多元化的信息冲击，开始了解外面的世界很精彩、很广阔，村民们的业余生活变得丰富多彩。在未通电视之前，两村群众每月可以获得1～2次的免费观看电影的机会，是由专人从市里到村里放电影。国家对教育的投入是以流星赶月般的速度在提高。从"三包"政策的落实到六年义务教育的实施；从九年义务教育的实施向更多年义务教育的发展；从收取学杂费到取消学杂费，对教育的各种优惠政策切实地落实到了每个家庭、每个学生的身上。在通列青岛希望小学，每年除了缴纳十几元的同步练习册费用之外，几乎没有任何形式的收费问题，同学们在投资近30万元（青岛市援建）明亮、干净的钢筋水泥建筑的教室里，享受着教育给他们带来的各种优惠政策。

表 2－5　安居工程综合配套设施建设项目申请（帕热村）

项目及内容		规模及内容	安居工程综合配套资金需求（万元）					配套项目覆盖聚集区范围和聚集点户数		村总人口	“十五”末已实现的目标（%）	“十一五”末应达到的目标（%）	备注
			资金来源			建设年度	投资计划（万元）	聚集区范围户数	户数				
			总计	其中：国家	地方自筹								
通水			92.5	79	13.5		108	40	44				
通电		电源点建设1个	6	5	1	2008	7				0	100	覆盖248人
通路	村外	维修农村公路2公里	5	4	1	2008	6				80	20	覆盖全村
	村内	维修道路4公里	7	6	1	2008	8				60	40	覆盖全村
通信		入户电话39户	6	6	0	2009	6						
通邮													
垃圾收集		收集点1个，运转工具1个	5	4	1	2010	6				0	100	

续表

项目及内容	规模及内容	安居工程综合配套资金需求（万元）					配套项目覆盖聚集区范围和聚集点户数		村总人口	“十五”末已实现的目标（%）	“十一五”末应达到的目标（%）	备注
		资金来源			建设年度	投资计划（万元）						
		总计	其中：国家	地方自筹			聚集区范围户数	户数				
排　水	村内1500米	2.5	2	0.5	2008	3				0	100	
沼　气	户用44户	4	3	1	2010	5				0	100	
牲畜棚圈	暖棚44个，贮草棚5个	3	2.5	0.5	2008	4				30	70	
医疗卫生	乡村卫生所1个	15	13	2	2007	17				0	100	
教　育												
文　化												覆盖全村
村级组织活动场所	需改建活动场所1个	10	8	2		12				70	30	覆盖全村

续表

项目及内容	规模及内容	安居工程综合配套资金需求（万元）					配套项目覆盖聚集区范围和聚集点户数		村总人口	“十五”末已实现的目标（%）	“十一五”末应达到的目标（%）	备注
		资金来源			建设年度	投资计划（万元）						
		总计	其中：国家	地方自筹			聚集区范围户数	户数				
市场建设					2009							
四旁建设	绿化2400平方米	3	2.5	0.5	2008	4				20	80	覆盖全村
产业建设	土豆成片种植	26	23	3	2008	30				0	100	覆盖全村

说明：本表根据东嘎乡安居工程相关文件制成。

表 2-6 安居工程综合配套设施建设项目（通列村）

项目及内容		规模及内容	安居工程综合配套资金需求（万元）					配套项目覆盖聚集区范围和聚集点户数		村总人口	“十五”末已实现的目标（%）	“十一五”末应达到的目标（%）	备注
			资金来源			建设年度	投资计划（万元）						
			总计	其中：国家	地方自筹			聚集区范围户数	户数				
通水			96.5	81.8	14.7		116.5	28	33	260			
通电		路线延伸至户	27	24	3	2008	30				0	100	覆盖260人
通路	村外	维修公路2公里	2.5	2	0.5	2007	3.5				70	30	覆盖全村
	村内	维修道路3公里	12	10	2	2008	15				60	40	覆盖全村
通信		入户电话27户	8	8	0	2008	8				20	80	覆盖260人
通邮													
垃圾收集		收集点1个，运转工具1个	5	4	1	2009	6				0	100	覆盖全村

续表

项目及内容	规模及内容	安居工程综合配套资金需求（万元）					配套项目覆盖聚集区范围和聚集点户数		村总人口	“十五”末已实现的目标（%）	“十一五”末应达到的目标（%）	备注
		资金来源			建设年度	投资计划（万元）						
		总计	其中：国家	地方自筹			聚集区范围户数	户数				
排　水	村内1000米	2	1.5	0.5	2009	3				0	100	覆盖全村
沼　气	户用33户	4	3	1	2010	5				0	100	覆盖全村
牲畜棚圈	暖棚33个，贮草棚5个	2	1.8	0.2	2008	3				35	65	覆盖33户
医疗卫生	改建卫生站1个	15	12	3	2009	20				70	30	覆盖260人
教　育												
文　化												覆盖全村
村级组织活动场所	需改建活动场所1个	15	12	3	2008	18				70	30	覆盖全村
市场建设												
四旁建设	绿化3200平方米	4	3.5	0.5	2008	5				0	100	覆盖全村
产业建设												

说明：本表根据东嘎乡安居工程相关文件制成。

表 2-7　50户家电统计*

单位：台，元

序号	户名	电视机		收音机		音响		电冰箱		洗衣机	
		台数	支出	台数	支出	台数	支出	台数	支出	台数	支出
通列村											
1	康吉	1	1200	1	160	1	30				
2	吉白	1	1000	1	300						
3	德强			1	50						
4	桑夏	1	1200	1	60	1	35				
5	乃强			1	35						
6	珠努	1	1800	1	100						
7	扎西康桑	1	900	1	120						
8	德吉康桑	1	1800	1	200						
9	乃康鹅	1	990	1	55						
10	吉康	2	4000	1	150	1	500				
11	诺加			1	55						
12	次仁罗布			1	200						
13	窄罗										
14	桑怒	1	1600	1	200	1	300				
15	珠苏	1	1200	1	250	1	25				
16	珠夏	1	1500	1	200						
17	康怒	1	2200	1	60	1	30				
18	达努	1	1150	1	100						
19	夏羌	1	1050								
20	索康	1	1000	1	100						
21	郎罗	1	1500	1	200						
22	热在	1	1250								
23	热苏	1	1200	1	50						
24	诺苏	1	350								
25	桑强	1	1040	1	70						
26	热丹巴	1	1300	1	70						

续表

序号	户名	电视机		收音机		音响		电冰箱		洗衣机	
		台数	支出	台数	支出	台数	支出	台数	支出	台数	支出
通列村											
27	达　夏	1	1250	1	760						
28	康　强	1	1200	1	500						
帕热村											
29	平措慷桑	2	1700	1	100						
30	再　夏			1	120						
31	顿珠康撒	1	3000	1	120	1	1000	1	2000		
32	康　撒	1	390	1	200						
33	多　拉	1	1150								
34	林　索			1	200						
35	吉　康	1	1200	1	50						
36	再　羌	1	500	1	80						
37	敬　卡	1	1300	1	220						
38	敬　怒	1	1500	1	180						
39	巴　藏	1	2200	4	400						
40	巴　夏	1	1900	1	100						
41	色　康			1	60						
42	德吉康桑	1	1400	1	60						
43	扎西饶丹			1	赠						
44	康　仓	1	给的								
45	朗　萨										
46	扎西康桑	1	1500	1	250						
47	窄　罗			1	120						
48	加　日	1	1370	1	220						
49	色　夏										
50	央　珍										

* 2007 年年底两村通电后每家购买电器是以现金支出为主，其中，收音机在未通电之前就有，大多是以一次性消费为主。在我调研的两村里没有一家拥有电冰箱和洗衣机，但很多有条件的家庭下一步准备购买。

说明：根据 50 户问卷调查制成。

宗教方面，通列和帕热两村村民完全享受着国家宗教信仰自由的政策。既能自由地信仰藏传佛教的各种教派，参加宗教场所举办的各种宗教仪式、朝拜喇嘛、朝拜寺庙，又能充分地享受到社会主义制度带来的各种优惠政策。

计划生育方面，除享受到可以生育两胎的优惠政策外，还能享受到住院分娩完全免费的政策。

第五节　村民委员会选举

村委会的选举每三年举行一次。选举前，先由现届村民委员会根据市、乡政府的选举方案、选举制度和选举要求召开一次村民大会，通过协商的方式，制定一套符合本村情况的选举计划，并把初步形成的计划和意见一并上报（口头上报居多）乡党委、政府进行审核通过。选举的要求、方式及步骤是：

1. 凡年满18周岁有选举权的村民每人有一张投票单。
2. 候选人不参加投票。
3. 公布村委会成员候选人名单，通常上报乡政府之后由乡政府提名。
4. 就候选人名单征求群众意见。
5. 村里召开村委会选举大会，正式选举新一届村委会成员。
6. 在同时提名的前提下，村民投票数多为依据。
7. 由上一届村委会主要成员宣布选举结果。
8. 选举结果及时、准确上报乡党委、政府。

个 案

1998年，通列村选举村副主任时，由于被选举人次旺欧珠在村民当中的威信比较高，文化程度也在同年龄段里是最好的，他的父亲曾经担任过该村的村长，威望较高，所以大多数选民一致推荐他为新任的副主任。选举前村委会通过村民大会的方式进行了广泛动员，并针对候选人名单征求大家的意见。选举时村民们聚集一起，每户发放一张选票（每户18岁以上的家庭成员协商后确定人选），选票是一张白纸，村民在上面做记号或写下名字表示自己同意与否。当时次旺欧珠得到的同意选票有30张，反对5张，村里共有35户人家。村委会把当时的情况汇报给乡政府的相关领导，没过多久就召开村民大会，宣读了乡党委、政府的有关任命文件。

第三章　经济发展

第一节　农业

一　农业条件

（一）通列村

2007 年，通列村实际耕地面积 527 亩，人均 2 亩左右，18 周岁以上人均 3 亩左右，地势北高南低，呈不规则的阶

图 3-1　二牛一犁

图 3-2　二牛一犁

图 3-3　通列村水池

梯状，单位面积产量随地势变化较大，通列上村的产量比通列下村低很多，同样拥有的亩数，产量上有较大的区别。主要的农作物有青稞、冬小麦、春小麦、油菜子、豌豆；主要经济作物有马铃薯、萝卜（当地叫藏萝卜）、白菜、葱等。通列村域内农作物主灌溉大水渠有1个，与帕热村共享，村属支流水渠3条，水塘（库）2座，灌溉资源比较丰富，在灌溉高峰期时，村委会统一有序地安排轮流灌溉，以免发生争执。冬小麦的耕种时间比其他作物早3个多月，秋天与其他作物同时收割，是名副其实的一年一收。农业耕作依然100%使用二牛一犁的传统耕作方式，农业机械化的成分微乎其微，每家拥有的小型拖拉机、汽车只不过是代替了以前人、马和骡等搬运工的角色，并没有实现机耕机播的现代耕作方式。

（二）帕热村

帕热村现有实际耕地面积540亩，水渠2条，水塘（库）1座，主水渠与通列村共享，因为海拔比通列村低几米，农作物的单位面积产量和土质相对较好，其余的人均拥有亩数、地势条件、农作物种类、经济作物种类、农业灌溉条件，以及耕作方式都和通列村一模一样，加上两村直线距离不到500米左右，各种农业设施、风俗习惯根本没有区别。

图3－4　帕热村局部

二　土地占有制度的变迁*

民主改革前，农奴主阶级占有全部土地、草场和大部分牲畜等生产资料，农奴阶级则祖祖辈辈依附在农奴主的土地上，他们被迫进行繁重的劳动，承受着沉重的乌拉差役，遭受着残酷的剥削。据调查日喀则县的45个豁卡，另外7个村庄的土地占有数字及查参、差民、堆穷和朗生中的不同情况反映如下：

属政府的豁卡（土地）14个，称为“雄豁”，属寺庙的17个，称为“曲豁”，属贵族的14个。

表3-1　旧日喀则县村豁卡土地占有情况

单位：克,%

	自营地	使用种子地	总土地	占百分比
政　府	1025		10633	38.8
寺　庙	492		10349	36.9
贵　族	1564		6317	23.3
查　参		429		
差　民		19684		
堆　穷		4015		
合　计	3081	24128	27299	100

注：1克接近现在的1亩地。

说明：根据《日喀则市志》制成。

查参、差民、堆穷、朗生等各种等级所占土地很不平衡，存在很大程度的差异。

* 引自《日喀则市志》，第153~156页，其中有些地方做了相应的修改。

（一）查参有三种情况

1. 使用相当数量的土地，耕畜农具齐全，有劳动力，不参加劳动，经营高利贷以剥削为主，生活很好的有3户，31人，他们共使用种子地256克（1克接近现在的1亩）。

2. 使用一定数量土地，耕畜农具一般够用，主要靠自己劳动，生活中等，有时雇长工和短工的有3户，33人，他们共使用种子地141克半。

3. 使用少量土地，耕畜农具较缺、负债很重、受人剥削、生活贫困的有1户，4人。

（二）堆穷有五种情况

1. 代领主管理豁卡，经营不少土地，不参加劳动，以剥削为生，生活较好，共1户，9人，占堆穷人数的0.27%。

2. 租用不少土地，农具牲畜齐全，虽参加劳动但雇用较多的长短工，生活较好的有1户，7人，占堆穷人数的0.21%。

3. 租入一定数量土地、耕畜，农具一般够用，主要靠自己劳动，生活中等，共23户，134人，占堆穷人数的4.02%，他们共使用种子地746克。

4. 租入少量土地，有少数耕畜农具，负有债务，受人剥削，生活困苦者共395户，2034人，占堆穷人数的61%，他们共有种子地2314克。

5. 无土地，有地系工资地，无牲畜农具或有少量牲畜农具，以出卖劳动力为生，约311户，1024人，占堆穷人数的30.72%，他们共有工资地（包括很少的租入地）431克。上述地占有制度可大致分五种类型：

第一种类型：使用相当数量土地，耕畜农具齐全，不参加劳动或仅参加附带劳动，经营高利贷，以剥削为生，生活很好者共37户，270人（贵族10户、查参3户、差民23户、堆穷1户），占总人口的3.66%。

第二种类型：使用不少土地，耕畜农具齐全，虽参加劳动，但雇用相当数量的长短工，兼营一部分高利贷，生活较好的共有17户（差民16户，堆穷1户），168人，占总人口的2.27%。

第三种类型：使用一定数量的土地，耕畜农具够用，主要靠自己劳动，生活中等，有时也放债和雇长短工者共292户（查参3户，差民266户，堆穷23户），2053人，占总人数的27.83%。

第四种类型：租入少量土地，有少数耕畜、农具，负有债务，受人剥削，生活困苦者共有662户（查参1户、差民266户、堆穷395户），3861人，占总人口的52.35%。

第五种类型：有少量工资地或没有土地，有少量牲畜、农具或没有牲畜，以出卖劳动力为生的共有311户，1024人（均为堆穷），占总人口的13.88%。

（三）朗生

朗生的来源有：（1）世代朗生；（2）庄园主可以任意指定本庄园内身强力壮的人给他当奴隶；（3）因生活困难将子女卖给所属领主或差民为朗生。

朗生情况基本上有两种：一种，已经变质，成为领主的忠实走狗，爬上管家地位拿鞭子的人，约12人。另一种，即受剥削压迫，没人身自由的奴隶约432人，可见奴隶主对奴隶剥削的残酷和深重。根据以往调查资料发现，在当时的日喀则是以牛谿卡为例的几种土地关系和乌拉差役，牛谿卡共有土地3.488克，反映几种土地关系的土地如下：

1. 祖业地：差巴向谿卡领种的份地中有一部分土地是可以世代继承的土地，藏语叫“帕谿”，译为祖业地，领种土地差巴需按土地的岗数向谿卡支付内外差。牛谿卡差巴的“帕谿”有两种，即差岗和玛岗地，差岗地共64岗，玛岗地共8岗，差岗的内外差向谿卡和日喀则宗政府支付，玛岗地的兵差向噶厦政府支付。这种土地共有2563克，占土地总面积的9.25%。

2. 差地：差巴为了获得领种份地的权利，必须给寺庙支差（或叫支乌拉，即在寺庙的差地上无偿劳动），差地的全部收成归寺庙所有，这种土地共576克半，占土地总面积的2.07%。

3. 自营地：由谿卡的涅仓直接经营的土地，由5个佣人耕作，每年收成由谿卡直接分配，给佣人发放适量的工资。据调查，牛谿卡自营地的由来是：一户支不起差而逃亡的差巴留下的祖业地，经没收后成立谿卡的自营地，这种土地有32克，占土地总面积的0.117%。

4. 失地：差巴因支不起差，还不起债，其土地被谿卡没收，这种由谿卡没收回来的土地叫“失地”，种失地的差巴终年劳动只得到一些麦秸草，这种土地共有144克，占土地总面积的0.527%。

5. 佃地：这种土地在牛谿卡有两种来源：一是差巴还不起债，把自己的份地卖给寺庙的涅仓来抵债，在债主方面就是用债权把债务人的土地买过来，又交还其耕种，每年土地收成对半分；二是有的差巴因无种子，将份地断卖或暂卖（典当）给寺庙的涅仓或吉娃等上层喇嘛，这样的人家有 19 户，共佃地 38 克，占土地总面积的 0.13%。

6. 门欧地：这种土地的来源是支不起差的差巴外逃后，寺庙涅仓将其领种的份地没收，划为门欧地，分给 89 户耕种者，可支配全部的收成。但要按噶厦政府的规定，上交藏银和粮食，供拉萨传召大法会开销，故又可译作传召糌粑差地，这种土地共 48 克，占土地总面积的 0.17%。

7. 对分地：谿卡内差巴之间，如有某户缺种子，无法播种时，可由另一个差巴出种子，土地仍由原领种者经营，支差也由原主承担。秋收果实除去支付的实物差税之外，所余部分，两户对半分。或者原领种者将土地种植权转让给另一户，劳力及差税由该户出，年终收成也实行对半分，这种土地共 87 克，占土地总面积的 0.31%。

（一）民主改革①

1959 年 6 月 23 日，中央指出西藏地区目前的任务是结合平息暴乱的斗争，采取边打边改的方法，进行民主改革。民主改革分两步进行，第一步开展“三反双减”（反叛乱、反乌拉、反奴役、减租、减息），第二步分配土地。秋收以前，明令宣布废除乌拉差役制度，废除高利贷，解除农牧民的人身依附，对于参加叛乱的上层反动分子，寺庙和原西藏地方政府的土地，由原耕农民耕种，并实行“谁种谁

① 引自《日喀则市志》，第 157 ~ 161 页。

收”，以后进行分配土地的政策。对于没有参加叛乱的上层分子和寺庙的土地，以及1958年以后的债务实行减租减息政策。在土地改革中，对于没有参加叛乱的贵族的土地和多余的农具、耕畜、房屋，一律仿照内地对待民族资产阶级的办法，实行赎买政策；对于没有参加叛乱的地主的多余农具、耕畜和房屋也实行这种政策；对于没有参加叛乱的寺庙的一部分土地、农具、耕畜、房屋也可以考虑实行赎买，对牧业区除宣布废除乌拉差役高利贷和解除人身依附的制度外，没收叛乱牧主的牲畜分配给牧民，实行“谁放牧归谁所有”的政策；对于没有参加叛乱的牧主其牲畜仍然归牧主所有，实行牧工牧主两利政策。日喀则全县于1959年8月在冲堆、兰豁卡、联阿和夏不吉丁4个区进行了试点工作。在试点的基础上于11月在日喀则全县范围内陆续开展了群众性的民主改革运动，对封建农奴制度，进行了摧毁，整个运动分两个阶段进行。

第一阶段：主要是进行“三反双减”和“双反双减”运动，大力宣传和贯彻西藏筹委的各项民主改革政策，充分发动群众、组织群众，以反叛乱为纲，彻底地肃清了叛乱分子，收缴了枪支和反动证件，废除了乌拉差役、人身依附和农奴主及其代理人的旧债务。对叛乱领主及其代理人的土地，贯彻了谁种谁收的政策，农民对其所欠债务进行了全部的废除，对未参与叛乱领主及其代理人，实行了减租减息的政策。并对反动的农奴主及其代理人等敌对阶级分子，进行了面对面的斗争。

第二阶段：主要是改变了封建的土地所有制为农民的土地所有制。改变土地所有制的基本政策是废除农奴主的所有制，实行农民的土地所有制，继续废除人身依附，解放奴隶和农奴，以解放农村生产力，发展生产，逐步改善人民的生活。主要根据叛与未叛的区别，分别采取了没收与赎买的政策，凡属原西藏地方政府所有的耕地及其他一切生产资料，一律没收，分配给农奴所有（牧区实行谁放牧归谁所有），对叛乱的农奴主及其代理人所有的耕地、房屋、耕畜、农具一律没收，分给农奴所有，对于没有参加叛乱的寺庙占有豁卡的耕地、房屋、耕畜、农具实行赎买，分给农奴所有。

1. 1959 年民主改革中“三反双减”主要成绩统计如下：当时日喀则县的 10 个区，废除债务粮食 367462.5 克，藏银 460545.1 品按秤，减租 83037.48 克，减息 12371.11 克，索契约 88453 件，朗生安家得益户数 261 户，412 人，粮食 8433.5 克（1 克接近现在的 1 亩的产量）。实行谁种谁收粮 118601.18 克，实行谁放牧归谁所有牲畜 1618 头，收缴钢枪 176 支，土枪 1717 支，共计 1897 支，缴子弹 1989 枚，收反动证件 755 件，归降叛匪 4 批，12 人。

2. 表 3－2 为土改中 10 个区对敌打击情况及逃往国外人员情况。

表 3－2　土改中 10 个区对敌打击情况及逃往国外人员情况

单位：人

	农奴主	代理人	小计
已打击	50	325	375
面对面斗争	14	284	298
背靠背斗争	30	5	35
逮捕	1	22	23
集训人头	12	65	77

说明：根据《日喀则市志》制成。

3. 表3－3为土改中划分农村阶级情况。

表3－3　土改中划分农村阶级情况

单位：户，人，%

内　容	户　数	人　口	占
农奴主	48	128	0.33
农奴主代理人	274	2013	5.29
富裕农奴	234	2013	5.29
中等农奴	802	6499	17.1
贫苦农奴	5956	26807	70.55
奴隶	164	278	0.73
游民	51	118	0.31
农教职业者	24	99	0.26
手工业	5	29	0.076
贫苦喇嘛	5	5	0.013
其他	4	4	0.01

说明：根据《日喀则市志》制成。

4. 没收、赎买和朗生安家情况如下：10个区没收情况：农奴主户数62，土地48411克，房屋4162间，牲畜11067头，农具1748件，粮食38407克；代理人户数67户，土地264克，房屋1491间，牲畜7172头，农具2777件，粮食15470克。赎买情况：农奴主户数118户，土地60945克，房屋6813间，牲畜15642头，农具1965件、68套；代理人户数204户，房屋7941间，牲畜24995头，农具7498件、125.5套。朗生安家情况：户数259户，男226人，女190人，用农奴主物品折粮2325克，用代理人物品折粮5873克，用富裕农奴物品折粮434.5克。

5. 表 3－4 为土改中土地分配情况。

表 3－4　土改中土地分配情况

内容	户数（户）	土地（克）	每人平均（克）	牲畜（头）	每人平均（头）	房屋（间）	农具（件）
农奴主	35	490	4.1	289	2.4	194	152
代理人	274	8194	4.6	7925	4.5	2083	2889
留寺庙		248		17			

说明：根据《日喀则市志》制成。

6. 表 3－5 为土改中建立农协组织和积极分子情况。

表 3－5　土改中建立农协组织和积极分子情况

单位：人

建立农协会情况						
委员数	乡农民协会情况					
	会员数		会员成分			
	男	女	奴隶	贫苦奴隶	中等农奴	富裕农奴
574	8306	7336	26	12307	2891	418

说明：根据《日喀则市志》制成。

7. 表 3－6 为土改中建立政权情况。

表 3－6　土改中建立政权情况

单位：人

建立政权情况				
委员数	乡政府委员情况			
	委员成分			
	奴隶	贫苦农奴	中等农奴	富裕农奴
143	7	120	16	

说明：根据《日喀则市志》制成。

8. 表3-7为土改中积极分子情况。

表3-7　土改中积极分子情况

单位：人

积极分子	奴隶	贫苦农奴	中等农奴	富裕农奴	僧尼
7533	196	6529	795	6	7

说明：根据《日喀则市志》制成。

（二）互助合作[①]

从1960年春耕开始，区、乡人民政府及农民协会，组织农民进行变工生产，成立变工组，耕畜、劳力相互换工，解决贫苦农民劳、畜力不足问题。土地改革后，广大农民有了自己的土地，生产积极性高涨，农业生产发展很快，农民群众组织起来发展生产，大力发展互助合作组织，开展爱国丰产运动，掀起兴办互助组的热潮。其性质是在资料私有的基础上，农民自愿结合，互相换工，共同劳动的生产组织，在一定程度上，解决了个体农户耕畜、农具、劳力不足的问题，显示了组织起来力量大的优越性。日喀则县共建立有互助组728个，入组农户7363户，占总农户的95.8%，形式有常年组、季节组、临时组3种。互助组的形成，使日喀则县的农业生产有了很大的改变。1959年，播种面积135478克，每克土地平均产量5.03克，每克按27斤算，每克产量135.8斤，总产量683.4克，18542.988斤，而1960年播种面积达181399克，比1959年扩大33.90%，每克平均产162.3斤，比1959年增加19.5%，总产量达27974.88斤，比1959年增加50.87%，如年河区南

① 引自《日喀则市志》，第161~163页。

巴村131户，土地2813克，春耕一遍的907克，二遍的1248克，改良土壤1685克。

初级农业合作社：在互助合作运动发展过程中，一些常年互助组要求试办农业生产合作社。1960年经县委确定拟在年河区和孜东区各试办一个初级农业生产合作社。初级合作社组织群众、发动群众认真总结丰产经验，通过总结将冬季生产推向高涨，将水、肥、土、工4个环节抓紧抓死，力争每克土地超过万斤肥，所有土地深耕两次，并完成开荒任务，扩大耕地面积，同时搞好清工结账，秋收分配，安排好社员生活。在此基础上进行系统的社会主义教育，并成立社务筹委会，定社名、制社章，处理入社问题，划分生产队，进一步掀起生产高潮。社务委员会由9人组成、社长1人、副社长2人、会计1人，下设生产、财务、计划治安等委员5人。生产队本着有利于实行民主管理，生产和团结的原则，在原有两个互助组的基础上通过个别调整，按骨干劳力、技术条件等划分为三个生产队，并组成队务委员会。生产队下设若干作业小组，社章可通过民主讨论达到人人满意。社员投资除按入股土地如数投资，交社集团使用外，其他投资一律自愿，不得强迫摊派。健全组织，制订计划，开展竞赛，根据建党原则按照条件分别吸收党团员，建立党团组织。社务干部一定要通过民主选举，挑选历史清楚，政治可靠，工作积极，能密切联系群众的先进分子担任，与此同时，发动社员制订60年生产计划，将计划及增产措施落实到生产队，落实到户，发动社员献计献策，制订个人计划，开展竞赛。社员应根据农事及季节，按劳动强度、技术高低，通过民主讨论评定，工分暂分3～5级，不宜太细，根据劳动态度实行优者提级，次者降级的办法，来刺激生产积极性。

（三）人民公社[①]

1965年11月以来，先后建立了3批共20个人民公社，占日喀则县32个农业乡的62.5%，入社农户3285户，占全县总户数的36.35%，占20个乡应入社户数的94.56%，入社农牧民17442人，占全县总人口的41.04%，占20个乡应入社人口的92.67%。每社平均164户，共划分110个生产队，其中农业队有曲美区（曲美人民公社、曲夏人民公社、建设人民公社），甲措区（亚浪人民公社、塔杰人民公社、联阿人民公社、向阳人民公社、强曲人民公社），江当区（东方人民公社、雷贵人民公社、奴日人民公社、江当人民公社），大竹区（柳乡人民公社、其林人民公社、胡达人民公社、前进人民公社），公社化后农牧业生产显著增产。在生产资料方面，社员的土地除自留地外全部入社，由公社统一经营。土地入社，一是分等入社，按等付酬；二是评产计股入社，按股付酬。土地分等、评产办法：一是1961年评定的土地等级比较合理的地方，即以1961年评定的土地等级为基础，分等、评产；二是1966年调整常产时确定的土地等级合理，即根据这个土地等级分等、评产；三是根据土地质量、自然条件、增产潜力等重新分等、定产。土地付酬有两种办法：一是死报酬，即按等或按股固定报酬。二是活报酬，即按社员议定的土地分红比例以股为酬。死报酬手续简单，有利于调动社员的劳动积极性，活报酬手续繁琐，不利于调动社员的劳动积极性。但人民

① 引自《日喀则市志》，第163~167页。

公社初办，为了照顾社员的觉悟程度和某些缺乏劳动力户的困难，如果群众同意也采用。土地分等、评定时，实行等级不宜过多，报酬级差不宜过大的原则，以便于贯彻平等互利的原则，不使贫苦户吃亏。土地处理方法上：自留地是为照顾社员的生活需要，允许社员有小块自留地。社员自留地不得超过入社土地总数的5%，一户的自留地最多不超过1~1.25克。为便于社员经营，自留地可留在村旁附近或零星地。休耕地入社，应按同等土地付给报酬。芦苇地，原属全乡所有的，转归公社所有；原属一村所有的，转归生产队所有；原属私人的，应评定报酬入社。开荒地，属一村集体所有的，可归生产队经营，不付报酬；属一个互助组集体所有的采取两种办法处理：一是由生产队付给全组的开荒代价，不计报酬入社；二是同私有土地一样评定报酬，由原开荒户分红。乡里有的机动地以及乡、村集体使用的草场，转归社队集体所有，继续使用。机动地，如原耕户因改良经营，土质变好者，经社员讨论，可适当给予照顾。对群众隐瞒的土地，可不主动追查。已经主动报出的，由群众评定报酬入社。外逃户土地的代耕问题，有两种办法处理：一是原代耕户已入社，可转归生产队代为经营；二是原代耕户未入社，可由代耕户继续使用，经原代耕户同意，也可转生产队代为经营，转为生产队代为经营的土地，仍按原工委既定政策分红。原由学校经营的土地，仍由学校继续经营，可不入社。秋耕地入社处理，教育社员对现有的土地必须认真耕好，为来年农业增长奠定基础。可采用多种办法处理秋耕地：（1）所用耕畜工为来年生产出工，不再单独计酬，所有劳力按实际用工评定工分，由耕地户参加来年分配。（2）规定入社土地的耕地比例和质量由入社户秋耕。（3）动员互助组秋耕，并规定耕地数量和质量，由互助组自行清工结账。

公余粮交售方面规定：社员交纳的公粮，仍由各户在土地报酬中担负。由各户交纳或生产队统一交纳，由社员讨论确定。社员应出售的余粮，以1966年实际出售数量为基础，5年内基本不变，由生产队统一向国家出售。

农具方面：对较大的农具包括犁、耙、铡刀、肥料袋、驮畜鞍具等根据质量好坏、新旧程度、使用年限，按国家牌价折价入社，无国家牌价参照市价入社，也可私有租用。不常用的农具或新式农具代替旧农具的可不入社，采取临时租用的办法，以减轻社员负担。生产需要的一般小农具不入社，由社员自备，自修自用。国家赠送和扶持互助组的新式步犁的入社问题分别情况进行处理：（1）凡是赠送给乡集体的转归社集体所有；（2）无偿扶持互助的，折价转归生产队集体所有，所折价款在适当照顾困难户的前提下，合理分配给组员，抵交公有化股份基金。

林卡、水磨、油榨方面：社员私有的林卡、水磨、油榨暂不入社。水磨、油榨加工工资由群众合理议定。原属乡、村所有的林卡、水磨、油榨分别转归社、队集体所有，由社、队经营。国有的大片林卡，原由乡、村代管的，转归社、队代管，零星收入归社、队，较大的收入按国家三社队七分成，社队应负责维修围墙更新再植。刺柴林，已分到户的所有权不变，凡属乡、村集体所有的转归社、队经营。

股份基金和生产投资：人民公社建立的第一年，为了准备种子、肥料、草料和收买社员的农具，需要向社员征集股份基金，用作生产开支的，叫做生产费股份基金，用来收买社员农具的，叫做公有化股份基金。生产费股份基金和公有化股份基金由社员按照入社土地、牲畜、劳动力分别均摊，但以土地牲畜分摊为主。

实行的股份基金均摊办法有两种：一是将需要征集生产费股份基金和公有化股份基金加在一起，由土地、牲畜和劳动力均摊，以土地牲畜均摊为主，具体均摊比例由社员讨论商定；二是按社员的入社土地和入社牲畜征集生产费股份基金，按劳动力征集公有化股份基金，即社员的入社土地负担种子、肥料，入社牲畜负担草料，劳动力负担用于收买社员入社农具的价款。

股份基金的交纳办法是，社员应交纳的生产费股份基金，可用实物抵交，一般应该在入社时交清；社员应交纳的公有化股份基金，可用入社的农具折价款抵交，多余部分一般由社员在3年内付清。在未付清款期间，每年按照信用社利率由社付息，对确实无力交纳生产费股份基金和公有化股份基金的贫苦社员，经社员大会讨论同意可以减交、缓交、免交或经本人申请由国家或信用社贷款扶持或用贫农合作基金扶持。社员向社交纳股份基金，记在各户名下，不计利息，除非退社，不能抽回。生产投资除种子、肥料、草料，除按上述办法筹集外，农具修理、购买肥料等费用，应动员社员向社投资，应以副业收入垫支，年终分配时扣除偿还。

分配原则：生产队是人民公社的基本核算单位。生产队经营的农、牧、林、手工业、副业等收入，由生产队统一计算，统一分配。分配的具体计算办法是全年农、牧、林、手工业、副业生产的总收入，扣除当年的生产投资（种子、肥料、牲畜、草料、工具修理费、牲畜工具、绳索费用、租用牲畜的租金、偿还利息等），为全年纯收入，再提取用于扩大再生产的公积金，用于公益事业的公益金，生产队的行政管理费为应分配部分。应分配部分除去土地、牲畜的报酬外，其余按照社员的各项生产所投劳动工分，进行分配。

农牧产品和现金的分配办法：首先保证社员的基本口粮，然后按照政策出售余粮和其他农牧产品给国家。应分配的农牧产品和现金，根据社员收入的多少适当调整和搭配。

因社初办，公社头几年不向生产队提取公积金、公益金。公社的行政管理费，由公社经营的生产收入中提取，以及国家发给乡人委和行政费中解决。

（四）家庭联产承包责任制[①]

1981年10月，日喀则县委决定在沿江两岸进行六个统一，分户经营，包工包产的生产责任制。六个统一即统一耕播、统一安排农作物布局、统一使用机械和牲畜、统一投资、统一调动人员、统一收益分配。“分户经营”即统一播种后各种农活由各户负责。“包工包产”即生产队的土地，按现有地理状况分一、二、三等，核实各等亩数，按人落实到各作业组，作业组再根据各户劳力情况，将土地落实到户，进行“包工包产”，超产60%归户，40%归作业组，统一分配，这种责任制实行以作业组为基本核算单位。生产队的作用是保管和使用大型农业机械，按定额支援各作业组，完成作业任务，办好有关生产队的集体事业，帮助作业组搞好统一分配。“提留回金”即公积金、公益金、折旧费、生产费用。在政策上，对羊子采取“借本还本”落实到户，仔畜三七分成（队三、户七），基层干部因公实误实记，各种匠人可以“包工包产”，不“包工包产”的匠

① 引自《日喀则市志》，第168～169页，其中有两村的情况。

人收入按规定交队记工分，参加统一分配。民办小学学生采取按其底分记50%作为补助，这种综合责任制的好处在于实行统一播种，保护了田园，发挥了机械作用，调动了队、组、户的积极性，既能巩固集体经济，也利于搞好社员各户的经营收入。沿江河搞完后，在山沟的91个生产队实行包干到户政策。此后，各区陆续开展先山沟、后沿河两岸，先牲畜、后土地，土地牲畜定了再搞规章制度的办法，并在年底全部搞完。

1982年日喀则县有228个生产队，实行包干到户，包户109个队，实行统一分户经营。以产记工37个队，实行专业承包的6个队，实行小段包工、联产计酬的15个队，实行包干到组的8个队，实行包产到组的53个队。实行几个统一，分户经营，以产记工的生产责任制，既有统一，又有分散，既有集中，又有小自由，既发挥了集体优势，又发挥了各户优势。充分调动了集体和个人的积极性，彻底解决了吃大锅饭的平均主义问题。

1984年全面实行家庭联产承包责任制，除原有的自留地仍归各户所有外，其余土地全部按当时的人口平均分配。1984年以后出生的小孩没有再分配土地，村民去世后其原有分配的土地并不收回，只有上学、外地工作等户口迁走的情况下才收回土地，收回的土地由村委会暂时管理。据村委会主任介绍，因为这里缺水，灌溉不便，村民对这部分收回的土地并不积极争取。

通列和帕热两村土地流转的情况很少见，只有极个别家户搬迁到城市或外地之后，将土地租赁给别人种植，每年从中收取一定的租金或者实物。通列村有2~3户；帕热村有3户左右。前些年两村因自然水灾缘故，先后发生了占用耕地来建房的事情，其中通列村1户和帕热10多户（因水灾而全村搬迁）占用了一定的耕地，他们是通过乡政府或村委会的许可后建房的，那些占用的土地大部分是产出率极低的耕地。乡政府鼓励和要求在有开垦条件的地方开荒耕地，对开垦荒地面积多的村户给予表彰和一定奖励，两村积极响应乡里要求，先后开垦了20亩左右耕地。

三　农业发展措施

通列和帕热两村的耕地土壤以沙石成分为主，地形呈梯田状，而且随着海拔的增高土壤的质量越来越差，到东嘎乡10村的海拔高度时几乎没有耕种条件，主要从事牧业。长期以来为增强土地肥度，提高作物产量，村民通过政府组织或自发行动，对土壤进行了以家庭施肥为主的增肥措施。因为两村的地形条件，改良新垦农田的面积只达到了20亩左右，概算投资以自家出资为主，包括平整、掺土、加土等措施，并运送了大批羊、牛、人粪便进行增肥。同时土壤改良也是一个相对长期的过程，为切实达到改良预期的目的，新垦的土地上种植的大部分是如马铃薯等可以尽快促进土地熟化的农作物。

改革开放以来，农牧方面的新技术也得到了不断的推广，整个农牧业生产发生了巨大变化。首先是农业辅助工具的广泛推行，一改过去单靠人、马、骡的背运模式，极大地提高了务农效率和机械使用率，同时农业收割机械（小型收割机、脱粒机等）也在近些年逐渐普及。据不完全统计，通列村现拥有大中型运输车4台，各种小型拖拉机30台，为农业运输及跑运输提供了极大的方便。实际上目前两村的播种、收割和以往相比没有太多改变。播种时依然是二牛一犁的传统作业方式；收割全部靠劳动来完成，机耕机收更多的是停留在口头上，没有在实际当中应用。买来的各种机械主要是农业辅助工具和创收工具。当地农也说是地形不利于从事机械化，是否真如这样有待进一步考察。其次是优良农作物品种的大量推广，这些品种包括冬小麦、青稞、油菜子、马铃薯等。据统计，目前东嘎乡各村的优良品种推广率在95%以上，其中通列村青稞达184亩，小麦达81亩，藏油菜达61亩，蔬菜达79亩，饲草饲料达122亩；帕热村青稞达189亩，小麦达82亩，藏油菜达63亩，蔬菜达81亩，饲草饲料达125亩。两村的种子包衣率达到了100%。绵羊改良、黄牛改良等牧业技改项目也得到了深入推行，重点畜病的防疫率达到了100%。

化肥和农药喷施设备自家购买，农药由乡或村里统一出售。在平时的村委会春耕春播大会中，鼓励村民更多地使用农家肥，而尿素、磷酸二铵等化学肥料只是根据自家经济条件来适量使用。事实上，随着经济条件的进一步提高，两村80%以上的村户不愿把农家肥运到田间地头，不愿进厕所里，当然，也因考虑单位面积的产量，致使化肥使用率逐年增加。每户根据农作物病虫和长势等情况，对庄稼进行分类洒药。平时使用的农药主要有敌敌畏、乐果、除草剂以及保种药物。敌敌畏使用率很少，所有喷施药物都为低毒高效农药，这些农药大多可以从日喀则市里买得到。

个　案

调查期间，我专门带着这个问题采访了通列村乃强家户主噢罗。他说，每年有一段固定的时间用于喷洒农药，届时村委会将专门开个小会安排和部署喷洒农药事宜，同时教授一些洒农药的方法。因为随着科技含量的提高，农药的品种五花八门，每年都有新品种，使用方法不一，村委会按每户耕地量来给出较为标准的农药喷洒量。农药和喷洒设备都是自家购买的，村里有一个公用的，早就坏了，没条件的只能从别处借去。当然，如果田里没有病虫杂草，主人会凭着多年的务农经验不用或少用农药。是否喷洒农药依自家情况而定，没有指标性的要求。

四　2007 年农业收支情况

农业的收成是两村主要的经济来源和食物来源。当地村民把粮食的多与少当成贫富悬殊的主要依据，甚至在根深蒂固的观念里，现金和粮食等值的情况下，他们依然把粮食看得很重，自家粮仓粮食越多，说话底气越足。据统计，2007 年通列村和帕热村农业总播种面积分别是 527 亩、540 亩，占东嘎乡当年农业总播种面积的 15.82% 和 16.61%；农业生产劳动力投入通列和帕热分别达到 138 人和 126 人，粮油总产量两村都达到 45 万斤，农村经济总收入两村分别达到 55.4 万元和 49.8 万元，分别占东嘎乡农业经济总收入的 31% 和 25%，其中农业总产值分别为 29 万元和 39 万元，分别占东嘎乡农业总产值的 25% 和 35%。2007 年，通列和帕热两村农牧民人均收入分别为 1649 元和 1612 元，比当年东嘎乡农牧民人均收入 2948 元分别低 1299 元和 1336 元。通列村 2007 年的第一、二、三产业收入分别为 29 万元、16 万元、9.4 万元；帕热村 2007 年三产收入分别为 39 万元、8.2 万元和 2 万元。除了农业的基本收入之外，表 3－8和表 3－9 显示了两村 50 户调查对象的收支情况、贫富差距，以及收支结构等。

表 3-8　通列村 50 户调查对象家庭年收入情况*

单位：元

序号	户名	收入来源				备　注
		养殖	外出务工	经商	其他	
通列村						
1	康　吉	3000	4 万	3000	2000	其他是村主任的工资
2	吉　白	4000	3 万		2000	其他是村副主任工资
3	德　强	500			1000	其他是放羊工资，通列贫困户之一
4	桑　夏	6000	1.5 万	1 万		
5	乃　强	1300			1000	其他是放羊工资，通列贫困户之一
6	珠　努	4000	5 万~8 万	3000		拥有东风牌运输车
7	扎西康桑	2000	1.5 万	1 万		做石工生意户之一
8	德吉康桑	7300	2 万			
9	乃康鹅	1500	8000			家里有画工
10	吉　康	3000	6 万	7000	500	其他是村委员工资，家里有木工
11	诺　加	1050	5000	2000	1000	其他是石工工资
12	次仁罗布	1200	5000			
13	窄　罗	800				
14	桑　怒	5400	3 万	4 万		
15	珠　苏	1400	6 万			小包工户之一
16	珠　夏	4700	2 万		1200	其他是妇女主任工资
17	康　怒	2000	2 万	5000	2000	其他是兽医工资
18	达　努	5000	1.5 万			
19	夏　羌	500	6000			
20	索　康	3600	10 万	1000	4.5 万	其他是父亲退休工资，小包工户之一
21	郎　罗	3200	3 万		1500	其他是念经工资
22	热　在	4500	2 万			
23	热　苏	5200	8000			
24	诺　苏		4000			贫困户之一
25	桑　强	800	1.6			
26	热丹巴	9400	2 万	1 万		
27	达　夏	4900	1 万	5000		
28	康　强	6900	1.5 万	1 万		

续表

序号	户名	收入来源				备　注
		养殖	外出务工	经商	其他	
帕热村						
29	平措慷桑	1.1万	5000	5000	2000	其他是村副主任工资
30	再　夏	300	5000	5000	2000	其他是村主任工资
31	顿珠康撒	1.5万	1万	1万	3.7万	其他是父亲退休工资
32	康　撒	1900	500			
33	多　拉	5000	5000		1000	其他是出售马铃薯钱
34	林　索	6700	1.5万		500	其他是出售马铃薯钱
35	吉　康	3600	1万		600	其他是出售马铃薯钱
36	再　羌	3600	5000		500	其他是出售马铃薯钱
37	敬　卡	1130	7000			
38	敬　怒	5万		2万		
39	巴　藏	5700	2万	1万		
40	巴　夏	2400	3万	1万		
41	色　康	160	5000		200	其他是出售马铃薯钱
42	德吉康桑	2600	6000			
43	扎西饶丹					
44	康　仓		2000		100	其他是出售马铃薯钱
45	朗　萨					
46	扎西康桑	1200	2.5万			
47	窄　罗	3000	5000		800	其他是放羊工资
48	加　日	1.2万	1万	5000		
49	色　夏	800				
50	央　珍	500	500			外出务工收入主要是替别人家干活

*说明：养殖收入的主要来源是以出售家里酥油、奶渣、羊毛、鸡蛋等商品的年均收入估计的；外出务工是以家里主要劳力外出务工收入，包括木工、画工、石工等的基本年均收入估计的；经商主要是以肉、虫草、小商店、面粉加工店等为主的店铺基本年均收入估计的；其他是以出售马铃薯收入、工资（村委会成员、放羊费和两位退休干部）为主的基本年均收入估计的。这些数据都是被访者对自家一年平均收入的基本估计，并没有系统地计算，有些数据还值得商榷。

说明：根据50户问卷调查制成。

表 3－9　通列村 50 户调查对象家庭年支出情况*

单位：元

序号	户名	支出情况							备注
		食品	衣服	住房	交通	家电	教育	化肥	
		通列村							
1	康　吉	4000	5000	4000	500	4000		1000	
2	吉　白	3000	4000	1000	400	2500	1000	650	
3	德　强	2500	600		100	50	400	600	
4	桑　夏	5000	5000		250	2600	800	1000	
5	乃　强	500	600		200	60	300	950	
6	珠　努	5000	3000	5000	260	3800	4000	1000	
7	扎西康桑	5000	5000		500	3000	600	1000	
8	德吉康桑	6000	6000		800	4000	3000	1000	
9	乃康鹅	3000	4000		200	3000		1200	
10	吉　康	6000	7000		900	4000	3500	1200	
11	诺　加	2000	2500		200		1000	950	
12	次仁罗布	2500	1000		300	200	500	1000	
13	窄　罗	2000	1000		200			620	
14	桑　怒	5000	5000		500	1100		1200	
15	珠　苏	7000	4500		300	1600		1500	
16	珠　夏	4000	5000		300	2000	4000	1000	
17	康　怒	5000	5000		500	3000	9000	700	
18	达　努	4500	7000		400	2000	200	850	
19	夏　羌	4500	2500		300	1000	2000	1100	
20	索　康	1 万	1 万		500	1700	1 万	900	
21	郎　罗	7000	6000		500	1200	2000	1200	
22	热　在	7000	6000	3000	600	1700	150	850	
23	热　苏	5000	2500	3000	400	1500		1200	
24	诺　苏	1500	1000		200	350		800	
25	桑　强	4500	6000			700	1000	1200	
26	热丹巴	8000	7000		650	1300	3500	1200	
27	达　夏	7500	7000		500	2000		1050	
28	康　强	8000	6000		800	1025	6000	1200	

续表

序号	户名	支出情况							备注
		食品	衣服	住房	交通	家电	教育	化肥	
		帕热村							
29	平措慷桑	8000	3000		400	2000	9000	1200	
30	再　　夏	5000	3600	1000	700	800	500	1130	
31	顿珠康撒	1 万	6000		400	5000		1200	
32	康　　撒	2600	3000		300	790	1000	1150	
33	多　　拉	5000	3000		250	1150	1500	800	
34	林　　索	7000	8000		800	460	5000	1200	
35	吉　　康	6000	3000		200	1500		800	
36	再　　美	7000	8000		100	580	1000	1200	
37	敬　　卡	9000	6000		200	2000	2500	1200	
38	敬　　怒	7500	5700		1000	2000		1200	
39	巴　　藏	9000	6000		250	2500	2300	1200	
40	巴　　夏	8500	7000		500	2300	500	1000	
41	色　　康	3000	2000		200	80		550	
42	德吉康桑	7500	8000		550	1400	1500	1220	
43	扎西饶丹	3000	2500		200			450	
44	康　　仓	3500	3000		250		1500	800	
45	朗　　萨	3000	2000		250				
46	扎西康桑	6500	1 万		300	2000	4500	1300	
47	窄　　罗	7500	6000		300	270		1000	
48	加　　日	8000	7500		500	1600	9000	1200	
49	色　　夏	500	200		200				
50	央　　珍	1000	1000		200		500	550	

＊说明：食品栏支出主要是以从市场购买日用品食物的年均估价为依据；衣服是以一年购买衣物的年均估价，其中也包括一些服饰品的支出；这里的住房主要是以最近一两年内对房屋修缮的支出，并不是每年要花这么多。

说明：本表是根据 50 户问卷调查制成。

从两村收支的情况可以看到这样一些特点：一是收入的主要来源依次从多到少是外出务工、养殖、经商和其他；二是支出情况依次从多到少是食品、衣服、家电、化肥、教育、住房和交通；三是50户收支平衡，没有出现严重的失衡现象；四是农业的基本收入在家庭经济里的比例趋向越来越少，外出务工和经商的比例趋向越来越高。

五 发展农业存在的主要问题

随着国家和自治区的一系列富民政策和对“三农”工作的进一步倾斜，通列和帕热两村的农业生产得到了快速发展，人民群众的生活发生了翻天覆地的变化，农民的收入开始从单一的农业收入向着多元化收入方向发展，外出务工而致富的能手和家庭越来越多。但在发展过程中仍然存在一些不可忽视的问题需要引起注意。

其一，农业水利基础设施建设落后，对农业生产发展造成了阻碍。从调查中发现，两村虽然共用一个大的灌溉水系，水资源也相对丰富，但因水渠、水道、水池等设施陈旧落后，致使年复一年地组织人力维修水渠、水道和水池，给农业生产带来极大的不便。两村在日喀则市北部，离市区25～30公里处，东西隔山，地势北高南低，是真正意义上的山沟村，两村所在地的海拔为3880～4100米，行政村间的海拔相差较大。由于地处山沟地带，土壤成分以沙石为主，含水性极差，耕田呈梯田形状，修建水渠引水灌溉成了两村十分必要的选择。因为只有一个主渠，为了争取水资源，每年灌溉旺季时时有打架斗殴的事情发生。两村共用东嘎谱曲主渠，按水的流向从上到下、从通列到帕热依次灌溉，而且乡政府明确地规定了整个东嘎谱曲主渠在灌溉高峰期的使用说明、天数等。在灌溉时间的分配上，两村村委会或村民按早已约定俗成的各种村规民约来进行约束，没有文字形式的规章制度。这种灌溉模式在一定程度上带来了水资源的分配不均，从而引起村民间的矛盾，而一旦出现这种情况，村民很难依法处理，照章办事，只能由两村村委会负责人出面进行调解纠纷。由于通列和帕热两村的水渠、水道、水池都是按照各村地段，各村管理，各村维修的原则来执行，所以，两村之间因灌溉而引发的争执相对于两村内部要少，但是，毕竟源头的水是要经通列村才能达到帕热村，中途因偷水而引起两村村民争吵的事也有。尤其是在旱季时，因为主渠水量的减少，每村每户使用的天数相应地减少，各村各户只能有选择性地灌溉农田了。总之，在水资源有限的前提下，提高基础设施，改善水渠、水道、水池的质量成了村民们期盼已久的事。若不能很好地解决基础设施差的现状，这种每年都会发生的矛盾纠纷将永无休止。在这里，政府首先要考虑修建水渠的问题，只有修好了水渠，才能使农业条件并不很好的两个山沟村摆脱靠天耕种，望天养畜的传统宿命。

两村水渠、水道、水池都是以前生产队时共同修建的，年代久远，是土石结构，质量极差。虽然村委会多次在上级政府召开的会议上提出提高基础设施，特别是水利设施方面的要求，但始终没有得到回应。虽然以往政府也多次在材料上给两村的水渠提供过水泥、钢丝等设备，可因没能较大规模的投资而年年维修，既浪费了国家的钱财，也间接地给当地的农业生产带来了不便。帕热村村主任告诉我说：“2005 年年底，由日喀则市水利局专门出资维修了我村唯一的一个水库，应该说，这是我村历史上对农业基础设施最大规模的一次维修，很大程度上解决了我们的燃眉之急，可后来因水泥分量和钢筋质量的缘故不得不年年维修，根本就是豆腐渣工程。”笔者在调查中也发现，乡政府的工作总结、统计数字里用一定的篇幅叙述了对通列和帕热两村农业基础设施方面的投资数据、投资规模，可到已投资的水利基础设施现场时，笔者的实地考察与统计叙述之间存在着一定的差距，很难想象那么大的投资额建成的却是这样的工程。当然，有可能是本人判断错误的缘故吧！这些问题我们需要更深入调研和了解，才能进一步确定。

其二，没有形成农牧民生产组织化，农牧产品的流通停留在个体上。通列和帕热两村村民对协会不甚了了，甚至完全不知道，村委会相关负责人听说过协会主要由政府引导督办的，可具体情况几乎一无所知。成立协会的最大用途也就是把自家优势农牧产品通过它引导到市场上，形成一种低级别的产业链，增加农牧民群众的现金收入。调查中发现，两村目前各种优势资源，比如，马铃薯、糌粑、奶渣、酥油、藏毛毯、石材，以及城郊养殖业里，除了石材加工形成几家联合开发的态势以外，其余仍处于自营模式阶段，也就是自家产品由自家出售，没有形成协会的组织化，处在一个自发状态，增加收入的永远是比较富裕、精明能干的那些家庭和个人，他们很难带动那些贫穷的家庭带动致富，所以对两村总体经济的促进作用也很有限。

其三，运用科技增加农业收入的氛围和条件较差。通过多年的努力，农业技术服务体系有了很大的发展，农技干部迅猛成长，农技服务方式有了质的改善，科技促农成了挂在基层干部嘴里的一句口号，这一切，使得农村经济有了稳步的提升。东嘎乡政府每年都有科技下乡和培训，指导农牧民进行良种推广、农作物保护、肥料运用等的各种任务，村民们也通过技术人员的讲解掌握了这些科技的运用。但村民对这些科技知识的热情并不高涨，专业技术人员一年中下来讲解几次或者通过村主任讲解，接受科技知识的渠道单一、次数有限，效果欠佳。两村群众也希望通过用藏文编写的农业科技知识书籍掌握更多的农科知识，拓展农技知识面，可目前村委会没有这样的条件。运用科技，增加收入是现代农业发展的一个趋势，农民必须全方面地掌握和应用农业科技知识，才能有效地提高劳动产出，增加收入。政府也应该考虑把改善运用科技的条件和营造浓郁的学习氛围纳入下一个五年规划当中。

其四，文化普及也在一定程度上制约着农牧民生产的积极性。通列和帕热两村村民文化程度普遍是小学文化，而且98%以上村民只懂藏文，不会汉语。自从“村村通”广播以来，村民们的文化生活比原来变得丰富多彩，村民们的农业生产积极性也有了较大幅度提高。他们的信息主要来自中央人民广播藏语台、西藏广电厅藏语节目和西藏电视台的藏语频道。应该说村民对藏语书籍的渴望还是很强烈的，特别是对有关农牧业科技、自然科学、相声小品、名著等方面的需求更大，村委会文化室是徒有虚名的，实际上根本就没有发挥它应有的作用。各级政府在千方百计提高农牧民群众的现金收入的同时，村民们对精神文化生活的愿望和要求也在进一步提高，他们渴望能够学到更多的文化知识来减轻繁重劳动带来的艰辛。我们若能很好地抓住他们的这种愿望，物质文明和精神文明的双丰收，会在广袤的农牧区生根开花，群众的生产积极性就会自然地得到提升。

第二节　规模经营

一　规模经营情况

对通列和帕热两村的村民来说，规模经营是一个比较陌生的词汇。在调查中发现，两村没有任何形式的村办、户办集体性质的团队，更谈不上办企业、开公司。东嘎乡以前在乡政府所在地实验性地开办过一家集手工纺织、沙石加工、工程承包等为主的乡镇企业。几年后，由于经营不善而被迫关闭了。其实，通列和帕热两村村民并不缺乏对发展规模农牧经济的热情和渴望，可在现实面前表现出来的却是无奈和困惑。发展规模经营不仅依靠雄厚的资金支持，而且需要一个善于经营的管理人员。就目前两村的情况来看，主要存在：（1）基础条件差；（2）经验稀缺；（3）设施不全；（4）培训机会少；（5）贷款难；（6）观念落后；（7）政策性带动差等问题。

应该说，两村拥有比较丰富的自然资源和养殖优势，特别是石材资源相当丰富。如果能够有效地利用这一得天独厚的自然资源，开展规模经营，大力发展采石业，两村群众将会从中受益。这也应该是东嘎乡通列和帕热两村下一步发展规模经济的一个着力点和增加现金收入的一大目标。目前通列村有三组采石队，每组由 2～3 个家庭组成，他们以联合作业的形式在村附近进行挖掘、爆破和加工石材，找到买家后平均每个小方石以3～5元不等的价格出售到日喀则市或附近村，他们作业的时间大多是农闲期间，每组每天平均能打20个左右的方石。由于他们现在掌握的技术比较粗糙，日产量较少，工具落后，以粗加工为主，经济效益不十分明显。为了充分利用这一资源优势，使采石业真正成为当地农牧民增收的支柱产业，2005年，东嘎乡在市政府的正确领导和大力支持下，由地区农发办解决石材开发项目资金12万元，其中10万元用来购买50台控压机，组织了52个石材加工小组，成立了50个较小规模的石材加工基地。使得采石业进一步朝着规范化、规模化的方向发展。

二 规模经营条件

通列和帕热两村并不缺乏发展规模经营的优势。首先是离日喀则市只有30公里，随着乡村公路的修建，交通比以往更加便利，对实现规模商品出售奠定了很好的基础。其次是东嘎乡的马铃薯、鸡蛋、猪、鸡、牛等种植和饲养的条件较好，可以适当地培养一些特色专业户来辐射带动周围的群众，充分利用东嘎乡的马铃薯、糌粑、鸡蛋、酥油等在日喀则市享有的美誉，把它规模化。最近几年来，两村村民除了从农业上获得经济收入外，开展多种经营已经是他们的不二选择，并且在今后有形成规模产业的巨大潜能。在没有更好的发展农牧业的条件之下，两村开展多种经营的步子应该迈得大一点。比如，养殖业和经济作物的种植上应进一步加大投资。从表3－10里我们可以了解到通列和帕热两村50户的养殖收入情况。

表 3－10　两村 50 户调查对象养殖情况（2007 年）

单位：头，只，元

品种 户名	猪			羊			牦牛			黄牛			鸡		
	数量	用途	收入	数量	用途	收入	数量	用途	收入	数量	用途	收入	数量	用途	收入
康吉				33	自用	1000	8	耕牛		4	自用	1000	25	自用	500
吉白	2	出售	1600	21	自用	1000	6	耕牛		4	自用		31	自用	600
德强				11	自用		5	耕牛		2	自用	600	13	自用	200
桑夏		出售	1200	48	自用	500	20	耕牛	3700	6	自用	4000	18	自用	
乃强	1	半售半用	600	8	自用	100	2	耕牛		2	自用	500	6	自用	300
珠努	2	售	4000	3	自用		10	耕牛	3000	7	自用	2000	14	自用	
扎西康桑	1	半售半留	600	45	自用	2000	10	耕牛		6	自用	2500	10	自用	
德吉康桑				130	自用	3500	11	耕牛	4000	5	自用	2900	8	自用	
乃康鹅				7	自用	500	3	耕牛		3	自用	800	23	自用	750
吉康	2	半售半留	1550	25	自用	800	8	耕牛		6	自用	2000	20	自用	600
诺加	1	出售	800				2	耕牛		3	自用	500	7	自用	
次仁罗布	1	出售	1000	10	自用	100	3	耕牛		7	自用	500	10	自用	

续表

品种 户名	猪			羊			牦牛			黄牛			鸡		
	数量	用途	收入	数量	用途	收入	数量	用途	收入	数量	用途	收入	数量	用途	收入
窄罗	1	半售半用	500							4	自用	350	6	自用	
桑怒	3	出售	3000				14	耕牛	4000	3	自用		18	自用	
珠苏	1	半售半用	600				4	耕牛		5	自用	1000			
珠夏	1	半售半用	600	22	自用	650	3	耕牛		6	自用	3500	25	自用	800
康怒	1	出售	1200				6	耕牛		7	自用	1000	35	自用	1000
达努	2	出售	2400	37	自用	700	7	耕牛		6	自用	4000	17	自用	
夏羌	1	自用		1	自用		4	耕牛		2	自用	200	22	自用	500
索康	4	出售	3700				12	耕牛		4	自用		35	自用	
郎罗	1	半售半用	600	19	自用	600	7	耕牛		4	自用	2000	15	自用	
热在	2	半售半用	900	21	自用	550	7	耕牛		4	自用	3400	15	自用	
热苏	1	半售半用	700	16	自用	300	4	耕牛		6	自用	5000	10	自用	
诺苏										1	自用				
桑强	1	自用		5	自用		6	耕牛		6	自用	1500	5	自用	

续表

品种 户名	猪			羊			牦牛			黄牛			鸡		
	数量	用途	收入	数量	用途	收入	数量	用途	收入	数量	用途	收入	数量	用途	收入
热丹巴	2	出售	2400	60	自用	3000	14	耕牛	5000	6	自用	3000	11	自用	
达夏	2	出售	2400	20	自用	800	5	耕牛		6	自用	2600	10	自用	
康强	2	出售	2400	45	自用	1000	4	耕牛		7	自用	3500	11	自用	
帕热村															
平措慷桑	7	出售	8500	35	自用	500	9	耕牛		1	自用		40	自用	1500
再夏	1	半售半用	1000	42	自用	900									
顿珠康撒	2	出售	2100	200	自用	8000	11	耕牛	6000	6	自用	700			
康撒	1	出售	1200	24	自用	250	3	耕牛		7	自用	1000	22	自用	400
多拉	1	出售	1200				4	耕牛	2500	4	自用	1600	13	自用	200
林索	3	出售	3600	25	自用	1500	4	耕牛		4	自用	1000	7	自用	
吉康	2	半售半用	1200	30	自用	900	4	耕牛		6	自用	1500	10	自用	
再羌	2	半售半用	1200	20	自用	2000	6	耕牛		4	自用		7	自用	
敬卡	1	自用		30	自用	600	7	耕牛		8	自用	1000	13	自用	

续表

户名＼品种	猪			羊			牦牛			黄牛			鸡		
	数量	用途	收入	数量	用途	收入	数量	用途	收入	数量	用途	收入	数量	用途	收入
敬怒	20	出售	6.6万	50	自用	2500	1	售	4000	2	自用		10	自用	
巴藏	5	半售半用	3600	48	自用	2500	12	耕牛	5000	4	自用	600			
巴夏	2	出售	2400	75	自用	9500	5	耕牛		8	自用	1500	30	自用	600
色康							2	耕牛		2	自用		11	自用	160
德吉康桑	1	出售	1000	16	自用	600	4	耕牛		4	自用	800	8	自用	
扎西饶丹										1	自用				
康仓				10	自用					1	自用		4	自用	
朗萨				2	自用					1	自用		7	自用	
扎西康桑	1	自用		20	自用	500	3	耕牛		4	自用		15	自用	
窄罗				30	自用	3000	4	耕牛		4	自用		6	自用	
加日	2	出售	2400	70	自用	6300	17	耕牛	7000	6	自用	2000	11	自用	
色夏															
再夏	1	出售	900	13	自用	250	3	耕牛		3	自用		8	自用	
央珍										1	自用				

说明：本表根据50户问卷调查制成。

第三节　劳务输出

一　基本状况

通列和帕热两村村委会在各种大会上都会鼓励村里的年轻人出去打工，不能光靠务农来养家糊口，必须寻求新的增收渠道。两个村里有不少能工巧匠和一批思想活跃的年轻致富带头人，完全能够承包农牧区基础设施建设的工程。但是，乡政府和村委会除了口头动员、宣传农闲期间外出打工、外出就业外，实际行动的组织性和带动性较差。到目前为止，两村没有形成一个组织化和专业化的施工团队，还是以群众自发的形式进行劳务输出为主。

两村的劳务输出范围形成了以日喀则市为中心，辐射到其他各个地区的特点。这当中，一般 70% 左右的村民以个体性的方式经常到日喀则市从事一些装卸、运输、服务、拆房子、小工和杂活的工作；30% 左右的村民每年固定地跟着最近这几年两村发家致富的小包工头到西藏的各个地方打工。由于务工人员的语言、生活方式和劳动技能差等缘故，在通列和帕热两村没有跨省务工的现象，这是与内地大范围务工流相区别的一个最大务工特点，也应该是制约增收的一个瓶颈。两村务工种类包括建筑施工类（包工、小工、打石工、木工、司机）占到总务工人员的 90% 左右；进厂的（主要是卡垫编制）占 5% 左右；从事服务（比如售货员，主要集中于文化程度较高的人）占 5% 左右。在通列村调查的 34 户中，有家庭成员外出务工的占到了 90%，其中80%属于季节性（主要是农闲）务工，只有不到10%从事打石头（主要是石头开采，需要一定的技术）、开车等工作。

在通列和帕热两村，每年外出务工的大概有70人左右，其中没有党员（因党员大多数是年长的），团员大概有10个人。在这些外出人员中，男性占90%以上，妇女占10%；年龄结构，30岁以上占25%～30%，30岁以下占70%～75%；文化程度方面，初中占5%，小学及经过扫盲的占95%。

通过对两村村主任的采访得知，在这一带因劳务输出开始走向致富的典型是通列村索康家的老三尼玛欧珠老板（村民是这样称呼他的）和帕热村扎西康桑家的三个男人，特别是索康老三在这四五年之内，凭借一身木工的技术，加上自身的执著努力和魄力积累了一定的资产，同时也带动和增加了周边村民的务工潮流和现金收入。尼玛欧珠说："四五年前，借着掌握的木工技术在老家和日喀则市打工，每天从早到晚不停地工作，也只有十几块钱的日工资。有一次，在和朋友间不经意地谈话中拿到了第一次小包的机会，我从村里带着几十人去日喀则市亚东县，承包的项目是给公路两边铺路沿石。那一年，我赚了8000元，从此开始了我的小包生涯，自己带的村民的规模也从之前的几十人扩展到上百人，承包的机会、规模和资金也随之增加。2007年，我在那曲申扎县夏果乡承包了30户安居工程项目，总投资近百万元，是我有史以来承包资金最多的一次，据估算，完工后纯收入可能达到二三十万元左右。我带的民工80%以上是我们东嘎乡的，其中，工地负责人都是通列村的，工资相对于民工高很多。到目前为止，我买了4个小四轮拖拉机、2辆货运车、1辆越野车、1个水泥搅拌机，还在日喀则市购买了一套房子。我最大的遗憾是小时候没能好好学习，以致现在在办一些事的时候总是因不懂汉语而吃亏。”通过自己的努力，加上国家对民族地区有针对性的各种政策的进一步落实，在通列和帕热两村，一批有为的青年如雨后春笋般地茁壮成长起来，他们和尼玛欧珠一样正在投入到轰轰烈烈的劳务输出大军当中。在尼玛欧珠的带领下，两村每年平均30人左右的剩余劳动力得到了有效的输出，当然，他的大部分民工来自东嘎乡的各个村。目前，他自己组建了一个相对固定施工队，10人左右（有开车的、木工、石工等）。

二 劳务输出的影响

劳务输出显然对当地群众的生产和生活产生了影响。在两村收入结构较为单一的情况下，外出务工成了家庭经济收入的重要来源，一个家庭务工人员的多少与务工类型层次的高低，直接对该家庭在当地的声誉和地位产生了重大影响。走访中我们发现，在家庭经济基础（包括土地、发展起步条件等）相似的前提下，外出务工收入高的家庭和没有什么外出务工收入的家庭相比存在巨大的差距，不仅是家庭物质资料的拥有方面，而且在思想和眼界的开阔程度方面也表现出较大的鸿沟，前者往往对未来的生活和发展充满信心，对未来的方向明了于心，而后者则更多地表现出苦闷和迷惘。当然，这种情况只是出现在部分务工收入较高的家庭，更多的家庭外出务工平均月收入在1000元左右，微薄的收入经常由于务工路途遥远或不自觉地花光而入不敷出，但无论如何，劳务输出在很大程度上改变了原来见不到现金的尴尬，对补贴家用发挥着重要的功用。近些年来，随着收入的不断增加和通电，劳务输出挣来的钱被2007年各家疯狂地购置家电给花光了，我们从表2－7能大概知道50户购置家电的情况。

外出务工的生活，对村里年轻人的影响有利有弊，他们中部分经常外出务工者，逐渐习惯了城市的生活方式、生活节奏，对城市中以汉俗为主的生活模式产生了极大的认同感，不愿再过以前村里的那种生活方式，而向往城市生活的外出务工者越来越多，甚至有些已有子女的兄弟共妻者，在外出务工时，认识异地的女孩而不愿再回村。这给两村一妻多夫的婚姻模式以巨大的冲击。这种在当地属于婚外恋式的行为在两村的很多家庭和村民中很难得到认同，往往要经过一番从村委会出面劝说到乡政府领导协商定夺过程才能得以解决。当然，从客观实际来说，外出务工的利远远大于弊，它不仅能改变单一的收入来源，而且早已是人心所向、制度所趋的一种快速增收的渠道。

个案

通列村桑怒家的二儿子在外出务工期间认识了一个牧区女孩，产生了感情，并且把她带回了村里，要求父母同意他离家出走，实际上是想从家里分得一定财产。刚开始亲朋好友和村委会领导劝导他不要做出这样举动，因为他和哥哥一起娶了一个妻子，属于通列村典型的一妻多夫家庭，并且有一个孩子，可是他就是坚持他的决定。村委会和父母的劝导并没有立即起到作用，最后只有请乡长给他做思想工作，他才很不情愿地接受了留在家里的现实。

三　劳务输出的制约因素

通过调查和走访大致地了解到劳动力的转移主要受以下因素的制约：

一是指导思想的制约：

（1）抓农业只抓粮食生产，而农业综合开发观念尚未树立。这表现在大多数农业劳动力仍然停滞在种植业内部。

（2）政府与农民的目标不一致，政府目标在于稳定团结，解决就业，增加收入，扩大再生产，改善人民生活，考虑多半为长远利益，而村民注重的是眼前利益，其目标在于货币收入的增加及现实生活的改善。

（3）乡镇企业和小城镇建设发展缓慢以及部分乡镇干部的工作方式也在一定程度上影响了农村剩余劳动力向非农产业的转移。

（4）乡政府和村委会更多地把劳务输出停留在纸上谈兵居多，在组织力度、引导能力、鼓励支持、开拓市场等方面需要更进一步的强化和细化。

二是客观因素的制约：

（1）农业基础薄弱，耕作经营粗放，粮食问题突出。由于历史、地理和自然条件的原因，两村耕地土层薄浅，水土流失严重，土壤肥力不强，自然灾害频繁，农田基本建设较差，农业基础薄弱，农业机械化、电气化几乎为零，严重制约了集约经营。另外，由于产业结构的单一化，使得农户的经济收入水平低下，自身积累能力十分有限。农村剩余劳动力转移的停滞就是这一恶性循环的产物。

（2）资金短缺，对农业的投入不足。农民收入水平低，绝大部分收入仅能用于满足低层次的生活消费需要；市、乡级财政无力对农业投入更多资金。由于积累能力低，外部资金输入几乎为零，使得农牧区在产业结构调整上无法取得实质性的进展，依稀能见到传统农业的影子。

（3）科学技术落后，劳动力素质低下。截至2006年，两村农业总人口中文盲、半文盲及小学文化程度的比例仍高达近90%，村民大都会藏文，可藏文书籍的普及率为零，会汉语的更是稀有。由于大量的农业劳动力文化素质低下，科学技术难以掌握。如果不能提高劳动力的自身素质，农村剩余劳动力的转移也只能是纸上谈兵或是低层次上的转移。

（4）交通不便，信息匮乏。虽然，在这两年中发生了巨大的变化，自2007年开始实现了“村村通电”以来，村民的信息渠道多了，文化生活更加丰富多彩。但是，两村多数村民的生活生产活动范围半径小，流动性较差。

（5）人多耕地少的矛盾比较突出。长期以来，国家对少数民族地区实行特殊的计划生育政策，致使我区农牧区人口增长一直居全国之首，这也是造成矛盾的一个重要原因。

（6）思想观念陈旧，商品经济意识仍很淡薄。封闭保守的意识没有得到根本解决；长期养成的“等、靠、要”的思想未能从根本上转变；宗教对农牧区群众仍有着较深的影响，短时间内无法消除宗教对人的束缚。

四　劳务输出存在的问题

调查发现，通列和帕热两村的劳务输出存在着比较突出的问题，这些问题直接造成了外出务工人员在竞争日益激烈的劳务市场上处于弱势的地位。主要表现为以下这些方面：

一是组织程度不高，盲流现象严重。两村除了通列村尼玛欧珠带去那些人最近这两年有相对固定且较高的工资之外，其余群众获得劳务需求信息的方式、渠道和路径不多，通常情况下两村80%以上外出务工者，大部分在日喀则市固定劳务市场或者在十字路口等待机会，而政府获得的信息，分配起来亦不可能全面顾及。

二是输出层次低，劳动强度大，工资微薄。两村从事建筑类的外出务工人员占到了90%以上，在这部分人群中，从事劳动强度较大的外出务工者又占到了95%以上。尽管工作量大，工作环境和条件差，而他们平均每天只能拿到25～40元的工资，甚至有些从事装卸的村民一两天都没事可做的情况也普遍，平均工资较高的石匠、木匠和画匠（在当地被称为有技术的人）的日均收入也不过50～65元；这些工资也是最近一两年内提上去的，过去小工每天20元，技工35元左右，甚至更低。

三是技能型人才少，跟不上形势需求。在两村，虽然有一些传统的技能型人才，比如：木匠、石匠、画匠、司机等，可他们技术远远跟不上现在飞速发展时代的需要，很多技术到了淘汰、过时的境地，所掌握的技能大多是自学成才的，拜师学艺的居多，乡政府、村委会组织培训的机会很少，村民几乎没有参加过相关技术的培训，更谈不上技能型人才出现。在竞争日益激烈，讲究素质的劳务市场上，村民们的处境很被动，他们地位低下，收入不高，即使有机遇降临也没有能力抓住。

四是劳动力的素质较差，不能够与时俱进。劳动力素质是劳务创收的决定因素。在调查中显示，两村输出的60多人中文盲高达20人左右；小学文化35人；初中以上文化程度只有5人左右。由此可见，通列和帕热两村劳动者的素质普遍较差，大大影响了先进技术的应用和科技水平的发挥，限制了劳动生产率的提高。

五　劳务转移的发展趋势

针对两村的特殊地理环境，以及人多地少、可利用资源贫乏、农业基础薄弱且不均衡等情况，劳务输出应成为村民致富的最重要的手段和方向之一。结合两村的劳务资源特点，今后应从以下几个方面进行改进和探索。

（1）就地转移。由于通列和帕热两村自我发展的底子薄、海拔高、相对人口少、耕地条件差等原因，未来几年两村农业人口向非农业人口转移的主要办法是就地转移。其主要途径是根据目前国家在各个乡镇村的基础设施项目增多，比如安居工程、村委会建设项目、村公路建设、水库、水坝等。乡政府应该积极地鼓励当地村民建设当地基础设施或者乡内项目的办法，把两村农业剩余劳动力向乡内部或村内部的基建项目领域转移，与此同时，有意识地培养一批能干的致富能手，逐渐把他们推向更广大的劳务市场。

（2）异地转移。通过农村剩余劳力跨地区，甚至跨省的流动、迁移、集聚等措施，增加村民的现金收入，开阔村民的眼界。目前异地劳务转移的主要途径是所谓的“离土不离乡”的办法，如两村80%以上的村民习惯在日喀则市打工，不愿到离家更远的地方打工。要想通过劳务输出改变家乡贫穷落后、信息闭塞的现状，必须从劳务转移的方式上取得更大的突破，可以向着异地转移，跨省转移的方向发展，即“离土又离乡”的方法，走出一条通往致富道路。

（3）合理组织，有序转移。目前，两村劳务输出形式处于一种自发的、无序的、自由的状态，乡政府和村委会对劳务输出的有效干预、有效操作、有效组织欠缺，“盲流”现象很多。针对目前火热的安居工程项目、乡村基建项目的实施，结合各自村庄的实际情况，进行合理组织，有序转移显得异常的重要，特别是对在两村已经显现出来的那些致富能人或包工头与乡政府的互动、村委会的互动更为重要。乡政府应该及时有效地给他们提供信息、寻找渠道、牵线搭桥，发挥职能部门的核心作用，致富能手组织村里的剩余劳动力进行分层次、有引导、有目的的转移。这样，既提高了乡政府的国民经济总量，又能有效地转移剩余劳动力，起到增加收入的作用。

第四章　社会发展

第一节　人口

一　人口结构

1. 通列和帕热村人口结构

2007 年通列村总户数 33 户，该村全部是农业户，没有牧业户。全村总人数为 260 人，其中男 139 人，女 121 人。2007 年帕热村总户数 44 户，该村也全部是农业户，没有牧业户。全村总人数为 242 人，其中男 123 人，女 119 人。帕热村总户数比通列村多 11 户，人口少 18 人。但在调查的 50 户的人口结构、人口数量的统计表 4－1、表 4－2 里，通列村户数占 33 户，帕热村只占 17 户。

表 4－1　两村 50 户家庭人口数

单位：人

户名	户主	人数	备　　注	户名	户主	人数	备　　注
康吉	吉勒	8	通列村主任家	再夏	琼吉	4	帕热村主任家
吉白	次旺欧珠	7	通列村副主任家	顿珠康撒	顿珠	5	

续表

户名	户主	人数	备　注	户名	户主	人数	备　注
德强	达瓦	6	通列村贫困户之一	康撒	央宗	3	
桑夏	白玛	8		多拉家	多拉	6	
乃强	欧罗	4	通列村贫困户之一	林素	普穷	7	
珠努	吉勒	7		吉康	白玛	8	帕热村
扎西康桑	尼玛	7		再羌	多吉	6	
德吉康桑	齐美	9	一个儿子在服刑	敬卡	巴桑	6	
乃康鹅	索朗次仁	4		敬怒	索朗扎西	5	
吉康	次仁群培	9	通列村	巴藏	次仁	9	
诺加	欧珠	5	分两户（贫困户）	巴夏	旺姆	10	帕热村妇女主任
次仁罗布家	次仁罗布	4	贫困户	色康	多吉	5	贫困户
窄罗	次仁	4	贫困户	桑强	战堆	7	贫困户
桑怒	乌金	7		热丹巴	次仁欧珠	8	
珠苏	央金	6		达夏	次仁罗布	7	
珠夏	达瓦卓玛	7	通列村妇女主任家	康强	央金	10	
康怒	次仁旺堆	9	通列村兽医家	德吉康桑	索朗普赤	5	帕热村

续表

户名	户主	人数	备　注	户名	户主	人数	备　注
达努	扎西齐美	9		扎西饶丹	尼玛	2	贫困户
夏羌	扎西	5	贫困户之一	康仓	央珍	3	贫困户
索康	曲央	8	户主是个退休干部	朗萨	次旺普赤	2	五保户2
朗罗	尼玛	11		扎西康桑	扎西欧珠	8	
热在	拉穷	8		窄罗	德杰	6	
热苏	达瓦次仁	6	一个残疾人	加日	次仁	11	
诺苏	普索朗	6	是诺加家分出来的	色夏	琼阿	1	五保户
平措慷桑	群培	8	有一个退休工人	扎西旺拉	边巴扎西	6	

说明：根据50户问卷调查制成。

表4-2　两村50户人口结构

一人户	色夏（帕热村）
二人户	朗萨（帕热村），扎西饶丹（帕热村）
三人户	康仓（帕热村），康撒（帕热村）
四人户	窄罗（通列村），次仁罗布（通列村），乃康鹅（通列村），乃强（通列村），再夏（帕热村）
五人户	夏羌（通列村），德吉康桑（帕热村），诺加（通列村），色康（帕热村），顿珠康桑（帕热村），敬怒（帕热村）
六人户	扎西旺拉（通列村），诺苏（通列村），热苏（通列村），窄罗（帕热村），敬卡（帕热村），珠苏（通列村），再羌（帕热村），多拉（帕热村），德强（通列村）

续表

七人户	珠夏（通列村），达夏（通列村），桑怒（通列村），桑强（通列村），珠努（通列村），扎西康桑（通列村），林素（帕热村），吉白（通列村）
八人户	平措慷桑（帕热村），热在（通列村），扎西康桑（帕热村），索康（通列村），热丹巴（通列村），吉康（帕热村），康吉（通列村），桑夏（通列村）
九人户	达努（通列村），康怒（通列村），吉康（通列村），德吉康桑（通列村），巴藏（帕热村）
十人户	康强（帕热村），巴夏（帕热村）
十一人户	郎罗（通列村），加日（帕热村）

说明：根据50户问卷调查制成。

二　人口素质

（一）身体素质

通列村和帕热村两村相隔不到10分钟的路程，两村共有残疾人16人，其中通列村9人，帕热村7人，没有严重的残疾人，大部分是先天性的聋子、精神性疾病、跛子等，部分是后天引起的视力模糊。除了交流上有一定的障碍外，劳力上和正常人并无差距，甚至有些聋子是家里的主要劳动力，村民说他们是家里的“宝贝”。

两村平常较多见的病有：感冒、创伤、高血压、腹泻等一些常见的疾病。这些疾病大多是在平日不注意饮食结构和生活习惯不合理所引起的。村医卓嘎说：“我只是先后在乡医院（连续待了4个月）和日喀则市医院进行了有关输液、打针、认药等最基本的医疗卫生知识的培训，最近也接受了一些短期的培训。我自己通过用心学习汉语文字，可以大概地读懂药瓶上的使用说明、用法用量、注意事项等。在生育方面我也接受了一些简单的培训。现在生活好了，丰衣足食，村民们平常在农闲时喜欢聚在一起喝青稞酒，喝酒已经成为了我们的饮食习惯，得病的大部分人是因为喝酒过多引起的。前几年，因喝酒过多而导致死亡的并不少。通列、帕热和雪三个村患者到我这儿来的都是患感冒、跌打扭伤、拉肚子等小病的，大的病情我会的不多，病人只能到城镇大医院去看，那里的医疗条件比这里好很多。”

从整体上讲，两村村民的身体素质较好，没有严重的地方性疾病，年岁最长的是74岁，两村70岁左右的老人比较多，而且他们都精神矍铄，能下地干农活。74岁的通列村村民欧珠老人说：“我们夫妇俩都已过了70岁，但身体很健康，没有什么大病，平时还可以帮家里做些力所能及的农活，得一些小病也可以及时到村医那儿得到治疗，现在什么条件都好了，不长寿才怪。”

（二）文化素质

因为两村地处的交通相对方便，到日喀则市只有14～15公里，乘拖拉机单程只需3元，而且从乡政府至城镇全是柏油马路，应该说非常方便。这就决定他们所接触和获得知识的途径相较于其他较偏远地区的藏民来说，要丰富得多。但由于懂得汉话的人太少，大多数的人还是被封闭在一个单一的语言环境中，不愿或不会与外来文化进行融合。这样一来，各民族文化之间便不能得到有效的交流和促进，从而阻碍了现代文化的多元性发展。但是，自国家大力推行九年义务教育以来，村民们对文化教育越来越重视，渴望掌握各种文化知识，特别是两村年轻人对文化的渴求表现得最为突出，他们大多能用简单的汉语和其他民族朋友进行交流。那些让内地技术工当技术顾问，合作搞一些小型包工项目的村民也不少。这样在逐渐接触和融合中，学会了与其他民族交流，学会了人家的技术。

图 4－1　珠努家

值得一提的是，两村培养了一批大学生，眼下大部分是拿工资的国家干部。比如通列村珠努一家，先后培养出了4个国家干部，其中，3个是教师，是名副其实的教师之家，而且他们的后代也都开始接受高等教育。珠努家户主吉勒说："在这个村，甚至在整个东嘎乡，我家出的国家干部最多，他们为国家的教育事业作出了很大的贡献（其中3个是教师，以说笑的方式讲的）。教育改变了我们全家人的生活，我爸爸（已去世多年）以前在民办小学当教师，在他的影响下我们这些兄弟姐妹都学会了读书认字，除了我、弟弟和两个姐姐因某种原因没能赶上当国家干部的时机外，其他的4个兄弟姐妹都是国家干部，而且有些已经成为了各自单位的骨干，我的3个孩子通过他们的帮助正在上学，一个上大学，两个上中学。将来有机会的话，我们也想搬到城市里和孩子、兄弟姐妹们一起生活。”

这些年来，随着国家实施的六年义务教育、九年义务教育、职业教育的进一步巩固和发展，两村的一大批青少年都得到了受教育机会。他们当中有些正在受教育、有些已是国家干部、有些即将入学，逐渐形成了一个良好的教育循环机制。可因目前村里主流群众的受教育水平较低，家长对教育的重视依然有待加强。提到家长的读书观念，青岛通列希望小学欧珠老师讲道：“3个村的家长对孩子读书的重视程度一般，很多村民只注重眼前的现实利益，不在意今后的发展，尤其到了农忙或收割季节时，他们编造各种理由，硬是把小孩留在家里，不让他们上学，让他们看羊、看牛和做一些家里琐碎的小事。我们对这些学生的家长进行过面对面的谈话，可效果一般。”

三　残疾人情况

在主要调查对象通列村了解情况时得知，共有轻度残疾9人，没有重度残疾人，其中男5人，女4人。除了参木日一家的普穷是属低保家庭以外，其他残疾人大部分的家庭经济情况都比较好，没有丧失基本的劳动能力，有的甚至是家里的主要劳动力和经济来源。因此，普遍受到村民们的尊重和帮助，应该讲，他们生活在一个没有侮辱、没有压力，更没有歧视的和谐环境里。

图 4-2　通列村仓木日夫妇

个案1　琼吉拉　通列村热丹巴家

琼吉拉一家在通列村是两代人都是一妻多夫的典型家庭，他是第一代一妻多夫中三兄弟里的一分子。琼吉拉今年47岁，是聋子，是家里务农的主要劳动力之一；大哥是村里有名的藏式裁缝师，主要缝制藏式氆氇袍子、藏式氆氇靴子和藏式棉袄袍子等，每年都有相对固定的收入；弟弟除了务农就是从事买卖牦牛肉的生意。他们三兄弟一起共妻，生了三个男孩，一个女孩，而且其中两个男孩也是兄弟共妻。通过侧面的了解，琼吉拉在三兄弟婚姻生活里并没有受到明显的歧视、排斥。村民们时常在说琼吉拉是热丹巴家的顶梁柱，顾名思义，反映了他在家里的重要性。

因为笔者不懂哑语，所以跟琼吉拉交流时旁边必须要有一个人做翻译。琼吉拉："听家里人讲，我在五六岁时和其他人一样正常。但之后得了一种怪病，也不知道是叫什么病，从此开始我逐渐成了哑巴。以前，父母在世时，父母和家里人都非常疼我，包括妻子（兄弟三人一妻），现在我们兄弟之间也和往常一样非常和睦。我虽然不外出打工、做生意，可家里的活大都我包了，特别是农活，他们都说我力气大，两个人的活一个人都能干。我平时喜欢喝青稞酒，喝多了，家里人就会批评我。”在和琼吉拉的谈话中，他始终以一种习惯了的微笑方式跟我交流，从这里可以看出他是一个“爱说爱笑”的哑巴。

个案2　次王丹真　通列村吉康家

吉康家是通列村七大户之一，村民都说他们家是贵族的后裔，家里可能有一些古董。姑且不论这些，吉康家在通列村的确是一个比较富裕的家庭。次王丹真的情况也和琼吉拉很相似，是聋子，今年29岁，是该家的主要经济收入来源之一。该家庭两代人也是一妻多夫，不同的一点是次王丹真是第二代一妻多夫，他和哥哥共妻，非常和谐。通过他家人的翻译，我和次王丹真进行了交谈，次王丹真说：“妈妈说我一出生就又聋又哑，爸爸、妈妈和家里人特别关心我，经常给我零钱；我一爸（他用一只手指）是磨糌粑的；我二爸（同样用手指）是村官（村里保管员）；我哥哥是木匠（在日喀则给岗坚家具厂打工），一年到头在外打工，可能每年平均收入5万元左右；我和扎西达杰（同村采石的）一起打石，平均每年有2万~4万元的收入。”相比琼吉拉，次王丹真有些孩子气，而且说话方式比琼吉拉更难懂，但是，除了需要打哑语来交流外，他也是一个非常健康、向上的年轻小伙。

图 4－3　热苏夫妇

个案 3　次旦卓玛　通列村热苏家

该家庭是从热在家分离出来的一家，家就建在热在家旁边。是该村经济收入中等的家庭之一。次旦卓玛一只眼睛几乎看不到东西。次单卓玛说："两年前，父母已经把我嫁到本乡的另一个村，离这儿远。可因为在那个家务农时不小心被植被刺伤了眼睛，治疗了一段时间没见好。就这样，右眼渐渐看不到东西了。现在做什么事情都要靠本来视力不好的左眼，很不方便。后来婆家人觉得既不能好好地干农活，有时还需要照顾，又加上因受伤而变得难看，影响了他们家的形象，故此，把我送回了娘家。"她应该算是所有轻度残疾人当中比较严重的一个，平时，除了不能帮家里干更多的农活外，自己的生活还需要一定帮助。

在通列和帕热两村，只有几个别的残疾者行动不便之外，大多数的残疾人都是轻度的，从劳动力角度来看，算不上残疾人，只是交流时有一定的局限和障碍而已。他们与其他村民一样，同样为了追求美好的生活而奋斗着，这些年来，党和政府也对残疾人给予了一系列的关怀和补助。少数个别残疾人寄希望政府能够给予他们更多必要的帮助和支持。

四 计划生育工作

西藏从 2004 年起全面推行新的农牧区医疗制度。这种建立在免费医疗基础上的合作医疗制度，将使更多农牧民享受到实惠。据调查，国家对西藏农牧民一直实行免费医疗政策，即国家补助 15 元，西藏各级政府补贴 15 元，共 30 元作为每个农牧民的免费医疗资金。新的农牧区医疗制度仍然坚持“政府出大钱、农民出小钱”的原则，是一种农牧民自愿参加，政府、集体和个人多方筹集资金，以大病统筹为主的互助合作制度，但在政策上做了三点调整：一是对个人筹资的费用做了调整，参加医疗筹资的农牧民个人每年交纳的费用不低于 10 元。而以往实行的筹资标准是农牧民个人按当地年人均收入的 1.5% ~3% 交纳费用；二是增强了大病统筹的能力，由原来以乡为单位进行统筹改为以县为单位进行统筹。使筹集资金的范围扩大，筹集的资金变多，抗风险的能力增强了；三是简化了农牧区医疗基金的划分，分为大病统筹、家庭账户、医疗救助三类。农牧民可以生三胎，在计划内，到医院里生育的，按合作医疗的有关制度进行报销，报销率达 90% 以上。

国家在西藏地区实行的计划生育政策是结合少数民

族地区的特殊情况而规定的，少数民族国家干部可以生两胎，农牧民可以生三胎。我在入村调研时发现，村委会对计生工作非常重视，每年都专门召开几次计划生育宣传的大会，及时传达和落实上级有关生育政策、卫生健康的各种文件，同时，准确地给乡政府上报有关村里出现的个别超生情况。通列和帕热两村第二、三代的大部分村民生 2～3 胎的居多，4 胎以上超生的情况很少，只有一两户超生，政府对待超生的主要方法之一就是通过村委会进行教育。在与当地村民的交流中，笔者深切感受到，多数村民现在不愿生 2 胎以上，他们对“优生优育”的政策深信不疑，对“越生越穷”的新观念也持肯定的态度。而以前，第一代村民的观念是生得越多，家里的劳动力越多，财富积累的就越多。相比第一代，第二、三代村民的观念有了一个质的飞跃，这是在长期的生活经历中总结出来的新观念。

目前，大多数的通列和帕热两村村民还是更愿意在家里接生。村民们一方面认为，虽然政府鼓励到医院去接生，可两村没有形成去医院接生孩子的这种习惯，在家生已习以为常；另一方面，到医院生虽有一定比例的报销，但要先缴纳押金，很多村民拿不起押金，并且嫌麻烦。他们认为自己接生没有什么不好的，一般情况下，只有难产或是产妇身体出了大的问题他们才会到医院，两村在家接生的占 90% 以上。

个案：丹增普尺，女，通列村桑强家媳妇

在与口齿伶俐的丹增普尺聊天时，她说：“我 22 岁左右到桑强家，先后生了两个男孩，两个男孩子都是我

婆婆以传统的方式帮我接生和处理的。我们清楚地知道去医院会安全和干净些，可我们这边很多村民由自己家里人接生的居多，当然，有些体质差的孕妇会选择到日喀则市医院接生，也有过一些孕妇卫生保健措施不当、孕产期算错、接生者经验不足、产前过量劳动等，导致在去医院的途中流产的事情。计划生育宣传员讲过，在医院生的孩子会更加聪明、更加健康，但是现在，我的两个孩子也非常健康、非常活泼，并不比在医院出生的孩子差。在自家接生孩子，在我们这边是很平常的事情，不是什么大事。虽然，现在国家对我们老百姓非常关心，可以报销到医院接生的全部费用，但是，在城镇住院接生，没有一定的经济基础，我们是不会去的，除非迫不得已。”

第二节 社会分层

一 职业分类

通列和帕热两村是纯农业村，村民们的主要收入来源于农业生产。但是，近年来，随着经济社会和生活水平的提高，以及各方面条件的进一步改善，加之现代文明的不断冲击，年轻一代的村民们不再固守着那点土地，纷纷走出村庄，离开家乡，开始了在城市中打工和创业生涯。这使得村里单一的结构收入开始趋向多元化，社会分工和职业分类向多层次、多工种扩散，凭一己之长在城镇就业的人数不断攀升，为国家建设发挥了重要的作用。

平均每户每年外出务工者达 1 人以上，个别家庭达到了 3 人，长期在城镇务工的人数也在不断上升。2007 年，也许是两村外出打工的人数最多的一年，加起来有 60 ~ 70 人，他们在村内几个小包工头的领导下，赚得务工总收入 25 万元左右，平均每人 4000 元（村长估算），大部分是年轻人。但是由于文化程度不高，经验不足，他们的工作大多只限于盖房，做小工之类的低层次粗活。当然，这里没有把包工头收入列入其中，有些包工头的纯收入超过了 20 万元（民工估算）。

外出务工人员性别结构及学历结构为妇女人数占外出务工人员总数的 10% 左右；初中学历务工人员占外出务工人员总数的 5%；小学学历及参加过扫盲班的外出务工人员占外出务工总数的 90% 以上。30 岁以下的务工人员占外出务工人员总数的 65%；其他外出务工人员均为 30 岁以上。目前，两村外出务工人员的职业分类主要是以下几个方面：

（1）建筑施工类。主要是从事规模较小的盖房、修路等一些农村基础性的小工程。组织性和季节性较强（夏季），由两村小包工头承包项目、组织民工的一种劳务输出形式，它的工种包括，木工、石工、画工和杂工等，这当中，也包括在当地从事开采石材的几户人家。从业人员占两村整个劳务输出的 70% ~80%。

（2）散工类。这是个人性较强，没有季节性的一种不受组织约束的劳务输出形式。主要从事城镇里的装卸、搬运工作，占两村整个劳务输出的 10% ~15%。

（3）经商类。除了在两村内开一些小卖部以外，还包括卖肉、卖酥油、卖土豆的生意。从业人员不固定，没有季节性，家里谁有空谁就去。

（4）运输类。两村大的运输工具车大多集中在通列村，4户有翻动车；最普遍的运输工具是几乎每家都有的小四轮车和手扶拖拉机。除了4个翻动车主一年四季跑运输外，其余的小车都会在农闲期间到城里去打工，季节性较强。

（5）服务类。这个工种是以女性为主，主要从事家政服务、餐馆服务。她们大部分是读完初三后，没有考上或不再继续上学的女青年。一般情况下，一年四季都在城市打工，不用给家里干农活，自己养活自己的居多。

（6）民族手工类。主要是靠手工技术来维持生活的一些人，包括在村内从事做氆氇袍子、氆氇靴子的一些人和在城镇打工的织藏式卡垫的一些女青年。

（7）民族传统类。我把在村里专门从事宗教仪式的两个民间和尚归入到这个类型的职业里。两村各有一个民间和尚，从事的宗教法事并不局限在本村内，可以相互走动，主要看主人请谁。平常除了务农之外，做法事已经成为了他们的一项事业。

二　财富分层

通列和帕热两村村民的生活条件比较好，贫富悬殊并不明显。现在两村贫困户加起来只有13户，其中通列村6户，帕热村7户。我在两村走访的50户中，了解到2007年除农业收入以外的外出务工、经商、自家土特产的出售、工资性收入等的一些情况，表4－3和表4－4是通过对各家庭户主的访谈后得出的基本估算。

表 4-3　50 户调查对象的收入分层（通列村）

1000 元以下（2 户）	乃强、窄罗
1000~5000 元（2 户）	德强、诺苏
5000~1 万元（4 户）	夏羌、次仁罗布、诺加、乃康鹅
1 万~2 万元（4 户）	达努、热苏、桑羌、打夏
2 万~4 万元（9 户）	热丹巴、热在、郎罗、康怒、珠夏、德吉康桑、桑夏、吉白、扎西康桑
4 万元以上（6 户）	康吉、吉康、桑怒、珠苏、珠努、索康

说明：本表根据 50 户问卷调查制成。

表 4-4　50 户调查对象的收入分层（帕热村）

1000 元以下（3 户）	扎西饶丹、朗萨、色夏
1000~5000 元（3 户）	康撒、色康、康仓
5000~1 万元（7 户）	再夏、敬卡、德吉康桑
1 万~2 万元（3 户）	多拉、吉康、林索
2 万~4 万元（5 户）	加日、扎西康桑、康强、巴藏、平措慷桑
4 万元以上（3 户）	顿珠康桑、敬怒、巴夏

说明：本表根据 50 户问卷调查制成。

年收入在 1000 元以下的家庭的基本情况：

在走访两村收入最少的村民家中时，家里的物质条件较差，除了一些简单的做饭用具以外，看不到其他条件较好家庭里能够看到的那些颜色各异的藏式家具和房屋。除了通列村的乃强和窄罗两家人口各达到 5 人以上外，帕热村的贫困户以单个人组成家庭的居多，此外与父母不和而另立门户的也不少。他们大部分依靠自家那点耕田来维持生计，在这上面每年国家拨发一定数量的生活补助。应该讲，这些贫困户村民的温饱问题基本上已经得到了解决，下一步脱贫致富是需要解决的一个大问题。

图 4－4　通列村乃强家屋外

图 4－5　通列村乃强家屋内

个案 1　扎西顿珠（户主）通列村乃强家

该家庭是通列村村委会提供的最贫穷的一家，也是政府救济的主要对象之一。笔者到他家时正好户主扎西顿珠一人在家，他非常热情地给我倒了一杯清淡的酥油茶后（笔者家乡就是通列村，附近村民都互相认识），我们开始聊起了他家的情况。扎西顿珠若有所思地说："我们一家共4口人，妻子体弱多病，经常流鼻血，血压很低，医生嘱咐她干一些比较轻松的农活和家务事，可她就是不听医生的话，导致时常犯病。大儿子是残疾人（跛子），8岁之前一直躺在床上，因经济条件的原因没能及时得到治疗，现在走路基本上没有问题，平时除了看管自家8只绵羊和其他家庭的40多只绵羊外，不能干重活，出去打工更是不可能的，他一年有600元左右的看羊费。小儿子在日喀则市一中上初三，中途留级多次，年龄比较大，他是我们家文化水平最高的一个。我们这一代人因家庭条件和时代原因没能够上学，但是特别希望下一代能上学。我们经常鼓励小儿子好好学习，可他不争气，成绩很差，今年就上完了国家规定的九年义务教育，我准备让他在家帮我们种这6亩地，等身体长好了出去打工帮家里弄点钱，以后，我们可能要靠他了。因为家里条件很差，国家每年从物质和经济上给予了我们很大的帮助，比如：青稞200斤/每年或隔年一次；面粉20斤/每年；糌粑50斤/隔几年一次；酥油20斤/一次；2008年乡政府给了200元；三年前红十字会给了青稞400斤（仅一次）。到了年末，我们家粮食基本吃完了，只能从村民手中借点儿青稞和小麦，平均加起来每年需要借200斤左右。"扎西顿珠的言谈举止当中充满了对未来幸福生活的渴望，把脱贫致富的希望更多地寄托在小儿子的身上。

年收入在1000~5000元的家庭基本情况：

在50户问卷调查中，年收入在这个范围的两村家庭共有5户，其中，通列村2户，帕热村3户，他们都是各自村委会指定的贫困户，也是力争脱贫的主要对象。在调研期间发现，凡是纳入到贫困户的家庭，他们都有一个共同的特点就是，家里的耕地面积和外出务工者很少。这些贫困户家庭有很多是从父母家分离出来的、有单身的，有丧失劳动能力的，也有失去丈夫的单身妇女。

图 4-6　通列村达瓦次仁夫妇

个案 2　达瓦次仁（39 岁）是通列村最穷的六户家庭之一

在刚刚落成的房子里，我对户主达瓦次仁进行了简短采访，他说："我妻子甘旦卓嘎，今年 43 岁，在家务农；次仁卓玛，67 岁，是妻子的母亲，妻子嫁过来时一起搬过来的；我的母亲卓嘎，今年 70 岁，是通列村 6 个党员之一，也是年龄最大的党员；大儿子米玛加布，15 岁，在日喀则市一中上初三；小女孩次仁番多，今年 14 岁，也是在一中上初二；普布卓拉，今年 15 岁，在东嘎乡小学上六年级，是我去世姐姐的女儿，她父母因病先后去世，成了孤儿，只能与我们生活在一起，我们与亲朋好友多次和日喀则市的一些孤儿组织及民政部门取得联系，要求帮助，但始终遭到拒绝。我家里共有11只绵羊、5头牦牛、两头母牛、13只鸡。平均每年有卖酥油的400元左右和卖鸡蛋100元左右的收入，还有我本人帮别家看羊费（一年四季）有800元多一点，共计900元/年左右；家里没有外出务工和经商的收入。以前从乡政府（具体时间不记得）领到过青稞150斤，糌粑几十斤（以前给过两次），面粉50斤（仅一次），大米70斤（仅一年），钱200元（可能领到过两次）。现在我们的两个孩子都在上初中，但他们的成绩都很差。大儿子今年就要完成国家规定的九年义务教育了，所以我准备让他以后顶替我去放羊，以后可能要给他娶个媳妇，但这是将来事，谁也说不清楚。女儿也许成年后要嫁人，成绩再怎么好也在经济帮助不了家里，也许这是他们的命吧。我们是一妻一夫，所以没有太多的人力出去打工，这也许是我家贫苦的原因之一吧。”达瓦次仁现在居住的新房是在亲朋好友的帮助下，几乎没出多少钱盖起来的，房屋规模不大，但他说比起以前的房子，要宽敞和明亮许多了。

年收入5000~10000元家庭的基本情况：

两村这种年收入的家庭共有7户，其中，通列村4户，帕热村3户。这些村户的最大特点是基本上已经解决了温饱问题，不用靠政府的补助来维持生活。虽然这7户人家的年收入列入了这个范围里，但有把收入说得偏低之嫌，其实，有的家庭的收入已经超过了1万元。

图 4－7　乃康鹅家父亲

个案 3　索朗次仁　通列村乃康鹅家

索朗次仁是通列村的退伍兵之一，在与他聊天时，他总会在藏语的字里行间用汉语回忆当年部队的名字和并不熟练的口号。他说："我是 1969 年入伍到拉萨军分区的，在那里将近待了 7 年左右的时间，最初主要的工作是保护当时的商业局和堆龙加油站等，之后又在治安连队待过一段时间；1973 年加入了中国共产党；1976 年光荣地退伍回到老家（帕热村）；1978 年当过帕热村主任（因为我的父母家是帕热村的），之后还担任了东嘎区水利局的局长，卸任之后，我入赘到通列村，直到现在。自从加入了中国共产党之后，本人积极地执行党的各项政策、积极地参加学习和积极地交纳党费。从 2006 年每年可以领到政府发的 210 元津贴，对收入相对较少的我家起到了一定的帮助，我也曾经多次向乡政府提出为退伍兵在生活上、经济上给予更多照顾的要求，可始终没有回应。我的大儿子几年前与前妻一起离家出走，在日喀则市另立门户，后来，我给二儿子和三儿子共同娶了同村热丹巴家的女儿，现在儿媳也怀孕7个多月了。我们家除了粮食方面的收入外，其余现金收入主要来自于外出务工，大概有八九千元吧；三儿子是画工，一年四季在外打工，有一定的固定收入；我自己会一些藏族传统的缝制技艺，平常也在附近各个村打工；二儿子主要务农，但有时也外出打工，有一定的收入。在养殖上我们有7只绵羊、3头牦牛、3头母牛、23只鸡，从这些牲畜头上平均每年有1500元的现金收入。”

年收入2万~4万元家庭的基本情况：

可以说，处在这个收入范围的两村家庭最多，50户的调查对象中，通列村达到9户，帕热村达到5户。他们的共同特点是耕地面积多、家庭劳力多，而且也有部分经商的家庭。他们既是两村经济的主要支柱，也是开发增收潜力最大一群家庭。而且，这群村民对未来生活的期望值相对于其他村户要高，要强。

个案4　尼玛（户主）通列村扎西康桑家

年过花甲之年的户主尼玛，手上摇着“摇嘎”（一种在当地普遍使用的手工卷线工具），嘴里时不时地念着佛经的六字真言，讲述了他家的情况。他说：“我们家在通列村算是人口最多、劳力最多的家庭，像我们这样的家庭在通列村大概有七八户吧！我家共有4个孩子，全是男孩，我给他们4个娶了同村桑夏家的大女儿，是在通列村一妻多夫的婚姻生活里人数最多的家庭之一，当初最大的目的是为了凝

图 4-8 通列村扎西康桑家的户主尼玛

聚这个家庭的人力、物力和财力，可后来，三儿子在日喀则市务工时碰上了一个同样打工的女孩，逐渐脱离了我们家，组成了一个新家。对此，我们一家人并没有做过多的反对就同意了，因为家里还有3个孩子。除了农业收入，我们家主要收入来源是二儿子在日喀则市雪莲水泥厂打工的收入，平均每天50~80元，在春夏两个旺季收入更高，有一定的提成（可能是个小工头）；现在，我们的大孙女也跟着二儿子打工，平均一天能挣30~50元；大儿子在农闲时也到城里打零工，有一定的收入；还有从家里养的猪、牦牛、母牛、绵羊、山羊等上获得的收入，在通列村算是比较多的家庭之一。”他们家给笔者最深的印象是家里非常干净整洁，户主尼玛本身就是一个喜欢干净的人，儿媳以开玩笑的方式讲：“爸爸除了工作，整天就在家拿着抹布到处擦！”

年收入4万元以上的家庭基本情况：

在50户问卷调查中，年收入在这个区间的两村家庭共有9户，其中，通列村6户，帕热村3户，他们都是各自村委会指定的比较富裕的家庭。这些村户一来家底比较殷实，二来收入的渠道多，甚至部分家庭最近这两年的收入基本上达到或超过了自治区确定的小康水平，这是值得高兴的。

个案5　达瓦扎西　通列村索康家

此次调研点的选择，一是因为笔者本人的老家是通列村，既熟悉和了解两村的基本情况，又不必专门为调研进行牵线搭桥；二是因为两村作为山沟村具有典型意义。索康家既是笔者的本家，也是通列村比较富裕的家庭之一，所以纳入到个案里。在与我大哥的一次谈话里，笔者更加深入地了解到了本家的经济状况。大哥达瓦扎西说："你也知道，咱爸是通列村唯一的拿国家工资的退休干部，每个月都有一笔不小的固定月收入，这使得村民们都说我们家是现金收入最多的家庭之一。最近这两年，除了爸爸的收入，我们的弟弟现在是本村出了名的致富能手。他时常搞一些小承包，比如，修路、铺路沿石、盖牧民安居工程、在城镇盖一些小型的钢筋水泥私房等项目。到目前为止，从这些项目里赚了不少的钱，甚至有时他一个人一年的收入是我们家庭一年全部收入的5倍以上，这两年他的年均收入在10万元左右，他现在的全部资产可能有五六十万元，这对于我们农民来说是已经是富裕的了。现在我们家有1台手扶拖拉机、3台小四轮拖拉机（包工时用）、2辆东风牌运输汽车（包工时用）、1台压面机、1台磨面机、1个小卖部和一辆越野车。总之，以前没有想到今天的生活会这么幸福。我对未来的生活充满期待。”

第三节　家庭

一　家族

在对两村的调查中，大多数农牧民认可家的重要性，但对家族观念的意识比较淡薄，甚至通列村七大户的村民对本户家族的历史知之甚少，更谈不上哪家村户有自家的族谱。应该说，在主要调查点通列村，人们在心目中称七大户为“大家族”，实际上这些“大家族”在过去都是些大差巴（纳税者）家而已，何况现在有些“大家族”已经是名存实亡、四分五裂了。

在谈到通列村家族情况时，村主任有意回忆了一段历史，对我说：“民主改革之前，通列村是不属于班禅喇嘛的拉让领地东嘎庄园，而是属于达赖喇嘛的噶厦政府领地达尔巴庄园（今白朗）。我们村的全部税收要上缴到达尔巴庄园，每年从达尔巴庄园派专门的收税官员到通列村视察庄稼收成情况，这些官员一般都由七大户轮流接待。当时的七大户分别是热丹巴、吉康、热在、朗罗、珠夏、珠努和吉白，依附这些‘大家族’之下还有专门从事农活、放牧、放羊的佃农，他们的生存处境非常困难。当然，这些家族名字至今依然沿用，不同之处就在于，现在有些佃农家庭的经济条件比那些所谓的‘大家族’要好，有些‘大家族’因为家庭矛盾，把家庭弄得四分五裂，没有以前那么风光了。说到佃农家庭，他们好多家族不是通列村的，大部分是其他地方搬过来的，可以说没有什么家族历史，更没有族谱。”

二　家庭

50户问卷调查由通列村33户和帕热村17户组成，笔者把主要的调研点选在通列村的原因，既是因为熟悉和了解基本情况，又因为该村具有一定典型意义。说到家庭，通列村有一个基本特点：父辈组成的家庭是以一妻一夫为主，而第二代是以一妻多夫或一夫多妻为主，其家庭类型是以扩大式家庭为主，以核心家庭为辅，兼有女单亲家庭、同居家庭和独居的家庭：

表4－5　两村50户家庭抽样调查

单位：户,%

类型	核心家庭	扩大式家庭	男单亲家庭	女单亲家庭	同居家庭	独居
户数	10	37	0	2	1	0
比重	20	74	0	4	2	0

说明：根据问卷调查统计制成。

我们从表4－5得知，两村家庭类型占据绝对数量是扩大式家庭，比重占74%，这一类型的最大特点是第一代人的婚姻以一夫一妻为主，第二代的婚姻是以一妻多夫或一夫多妻为主，这些家庭经济水平普遍较高，比如通列村的桑强家、扎西康桑家、吉康家、索康家等；核心家庭占20%，他们的最大特点是以一妻一夫的婚姻为主，生活条件、经济水平较差，处在中下游的贫困户较多，比如通列村的夏羌家、德强家、乃强家、次仁罗布家，以及帕热村的康仓家等。

个案1　帕热村　康仓家

图 4－9　帕热村康仓家的央珍

图 4－10 为帕热村康仓家庭。

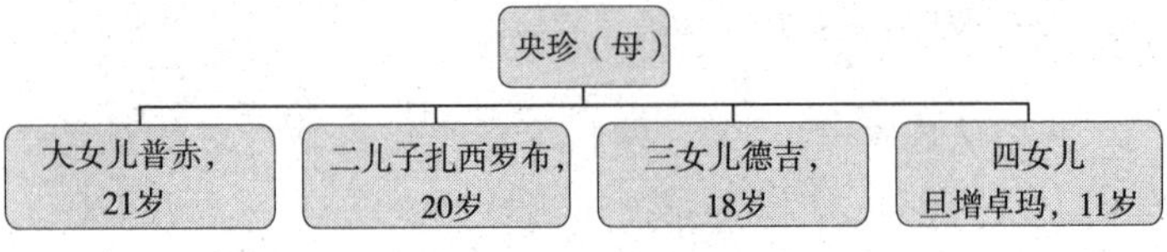

图 4－10　康仓家庭组成

说明：本图根据央珍访谈制成。

图 4－10 里的大女儿在日喀则市织藏毯；二儿子左眼有病，确定为残疾人，有残疾证，在家；三女儿在拉萨打工，

赚的钱只够她自己花；四女儿在东嘎乡小学上学；帕热村共有7户贫困户，他们的生活相对于其他村户比较穷，但都基本解决了温饱问题，其中3家有救济证，康仓家是帕热村有救济证的家庭之一。

个案2　通列村　窄罗家

图4－11　窄罗家

图4－12为通列村窄罗家庭组成。

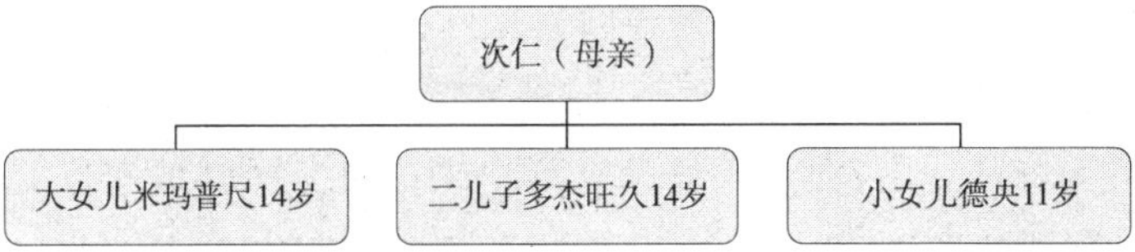

图4－12　窄罗家庭组成

说明：上图根据次仁访谈制成。

这一女单亲家庭类型的特点是意外失去亲人。次仁的丈夫因给别人采石时不慎被石头砸死，只留下他们母女4个。男人去世之后采石厂老板给了次仁家死亡补偿费25000元，他们用10000元在村里买了一套旧房（原房主搬到了日喀则市）。大女儿在日喀则市当保姆，对家里的帮助不大；二儿子在日喀则市一中读书；小女儿在上东嘎乡小学。家里仅有的4亩地1亩自己种（次仁一个人务农），其余的3亩租给了别人，可以拿到一定的租金（小麦、青稞）。

同居家庭只占2%，最大的特点是贫困，比如帕热村的朗萨家63岁的姐姐次旺普尺和55岁妹妹巴桑拉姆相依为命，靠家里仅有的5亩地租金和政府的补助，以及村民的帮助生活，是帕热村典型的贫困户之一。独居家庭只占2%，最大特点是无依无靠，比如帕热村扎西饶丹家76岁的尼玛，自1968年退伍之后，先后失去身边亲人，现一人独居，体弱多病，主要靠政府的补助和村民的帮助维持生活。

三　居住模式

在两村调查中，笔者没有发现一家是五世同堂的，三世同堂的家庭占50户调查问卷家庭的85%以上，是两村比较普遍的家庭居住模式；除了三世同堂，二世同堂的占10%左右，在表4－6里没有列出来；四世同堂的家庭是通列村的郎罗家，上有70多岁的祖母，下有刚满两岁的曾孙子；独居家庭是上面提到的帕热村扎西饶丹家，只生活着76岁的尼玛。

表 4－6　居住模式

单位：户，%

类型	五世同堂	四世同堂	三世同堂
户数	0	1	37
比重	0	2	74

说明：上表根据 50 户问卷调查整理制成。

四　世系计算

在对两村熟悉情况的村民的采访和笔者自身所掌握的情况来看，通列和帕热两村根本就没有姓氏一说，藏族农牧民通常把姓和名归为一个意思，不会分开来讲，一般情况下首先会问家族姓氏，然后才问个人的名字。对取名也是比较讲究的，或由家中长辈给取，或由高僧活佛赐名，其中，长辈取名大多是以星期取名、寓意取名、祝福取名等为主，而高僧活佛赐名是以宗教寓意取名、祈愿长寿取名为主，两村村民名字全部是两个字或四个字的。通列和帕热两村也没有什么特定的世系继承规矩，嫁过去，入赘来的人们就是一家人，入赘去的男人不会受到任何歧视，在长期的社会生活中形成的一些约定俗成的世系继承规矩，从村民们的现实生活中可见一斑。比如，在生女生男的观念里，70% 左右的村民更愿意生儿子，不愿生女儿，因为这不仅涉及一个子承父业的问题，更涉及家中劳力的多与少的问题；在继承财产的观念里，没有听说过村民们为了继承财产把家弄得支离破碎的情况，这与两村一妻多夫或一夫多妻的婚姻模式有很大关系，家里男孩多就娶一个妻子，家里女孩多就入赘一个丈夫，除去这两种情况之外的女孩或男孩就以出嫁过或入赘的方式解决婚姻问题，这种父母包办婚姻的传统习俗在某种程度上避免了因继承财产而引起的各种矛盾和争执。

两村村民认为赡养父母是天经地义、理所应当的事情，这种观念也影响了他们对继承家庭财产方面的看法。一般来说，老人生前和谁居住，那么在老人去世之后财产的大部分就会由这位赡养老人的儿女继承，而别的儿女得到的就相应少一些，或是不能得到。通常老人都会选择同较大的子女一起居住。如果老人去世之前儿女还没有成家，或者是儿女与老人一起居住而老人当家，那么财产就兄弟姐妹们平分。

五　权威类型

传统的藏族妇女在平时的生产生活中占据了重要的地位，几乎所有的家务劳动和农业劳动都是由她们来做。但是劳动的成果并没有完全使她们成为真正的家庭权威，大多数时候，家中大事还是由男人们来决定。由于社会经济的迅猛发展，传统单一的农业收入已经远远不能满足村民们的生活需求，村里的男人们对外面世界的诱惑无法阻挡，都想出去闯一闯。年青一代的男性村民由于在文化、体力和性别方面更具优势，因而使得外出务工的机会更加偏离到他们这一边。两村只有不到10%的妇女外出务工，她们大多从事传统的手工活和服务业，比如卡垫工、氆氇工、服务员等。所以，两村的多数妇女的地位较传统来说，仍没有多大改观，她们虽然从事着传统的家庭劳动和繁重的农业劳动，但由于获得的现金收入微乎其微，而被认为是家庭经济的累赘。她们不得不更加听命于掌握经济大权的男人们了。

从占两村70%以上的一妻多夫婚姻模式的家庭里可以看去妇女们在社会生活中的地位。一夫多妻婚姻模式的妇女们的地位可分为两个阶段，一个是从娶过来的那一天开始到自己的儿女长大成人的阶段，应该讲，这个阶段的妇女们既要照顾成长中的孩子们，又要伺候身边的丈夫们和上面的老人，是最辛苦、最难熬、最没有权威、没有地位的一个阶段，当然，也不排除有个别掌握着家里经济大权的精明能干的妇女；另一阶段是儿女长大成人后到晚年安逸的生活阶段，这个阶段两村的很多妇女都掌握着家里一定的权力，可以支配很多大小事，甚至可以独断。我们从这两个阶段妇女们的生活状况，可以清楚地看到男权至上的传统观念依然盛行在两村人民的生活中，同时，一些传统的婚姻观念、家庭观念也逐渐发生着某种顺应时代的新变化。妇女们不仅在知识和行为观念上有了较大变化，而且从年轻时代开始在家庭生活里有一定的发言权。

六　家居生活

（一）传统生活方式

1. 农忙：每年4月，村民们开始春耕春播，先后需要利用半个月左右的时间，完成全部任务。在这之后的两个春夏季节里，除了按情况给庄稼灌溉、除草、洒农药之外，村民们相对比较清闲。到了10月秋收时节，真正是一年当中最忙的时候。先后需要一个月左右的时间完成全部的收割工作。通列村民卓嘎说：“以前春耕春播的时候，你会在田间地头看到一对对牦牛、黄牛、犏牛组成的二牛一犁的传统耕作方式；在秋收的时候，时常会看到用马、毛驴和人来扛着一捆捆麦子从田间地头搬到自家附近；赶着牦牛、绵羊和山羊打压麦子的壮观场面；有风时赶紧摇抛麦穗，没风时躺着等风的秋收风景。以前农忙时带的食物大多是以一小壶淡淡的青稞酒、一瓶清淡的茶叶水和一小袋糌粑，有条件的家庭还会带上炒土豆、萝卜炖肉等。”

2. 农闲：每年的11月到来年的4月是村民们的农闲期间，在很长的一段时间里，村里的男女老少处于一种休假的状态，无论村民在哪里，你都会看到他们每个人手上带着“摇嘎”（男人织线用的一种卷满牛羊毛工具）和“莱赖”（女人织线用的一种卷满羊毛的工具），一边闲谈，一边做手工活。这就像一道亮丽的风景线。如若从事一些小生意，比如：卖酥油、卖鸡蛋、卖肉等，村民们就会在背后说三道四。那时农闲时通列和帕热两村村民必做的一件事情就是到日喀则市扎什伦布寺去转经、拜佛，经济条件较好的有到拉萨、山南、林芝等地朝拜的。

3. 节日：对于两村村民来讲，当地最大、最令人期待的节日莫过于“索朗罗萨”，顾名思义就是日喀则新年，比藏历新年将近早1个月左右。除了新年还有各种各样的宗教节日，比如，萨噶达娃节、穆朗晴目节、晒佛节等。帕热村村民次仁回忆以前过新年的情景时说：“当时我还是个十几岁的孩子，一年中最让我记忆犹新的节日应该是新年，因为这一天我们可以穿上崭新的衣服，可以吃上羊头、包子和汉式面条等平常很少吃到的食物，甚至有时还可以吃到米饭，那是我们最期盼的食物。”

（二）现代生活方式

1. 农忙：农忙的时节跟以前没有什么区别，只是除了按传统的农耕经验之外包含着一些科技含量。在春耕春播之前由乡政府按照每个村的特点统一安排良种、化肥等，积极有效地实施一系列提高单位面积产量的措施。除此之外，在秋收的时候，时常会看到用汽车、拖拉机等现代运输工具搬运麦子，看不到人驮畜拉的情景；同样用拖拉机代替了牦牛、绵羊和山羊等打压麦子的情景；还有，有风没风都无关紧要，因为用上了鼓风机，见不着躺着等风的秋收风景。当然，现在农忙时带的食物比以往丰富许多，不仅有传统的青稞酒、酥油茶和糌粑，还可看到三菜一汤的丰盛食品，甚至有各种袋装的零食和各种饮料。总之，在老三样（土豆、萝卜、白菜）基础上，有更多的选择。秋收时，还可以看到风尘仆仆的打工仔们陆续从四面八方赶回来帮家里收庄稼。

2. 农闲：农闲时节与过去没什么两样，只是现在村里的男女老少聚在一起手摇“摇嘎”和“莱赖”的情景几乎见不到了，村民们的生活节奏也发生了很大的变化，各种职业悄无声息地生根开花，村民们单一的收入来源开始趋向多元化，现代化的各种信息科技走村入户，电话、电视、手机的使用极大地满足了村民们的精神文明需求。现在我们在村里看到老人们在家帮家里干一些力所能及的事情；年轻人靠自己勤劳的双手在西藏各个角落务工；孩子们在明亮的教室里学习读书。总之，村民们为了自己美好的生活而各自忙碌着，没有更多时间闲谈。

3. 节日：与传统生活相比，村民们除了过传统的藏历新年、望果节、雪顿节、萨噶达娃节、穆朗晴目节、晒佛节等节日之外，也开始过上了国庆节、三八妇女节、五一劳动节等现代性较强的节日，有些村里年轻人开始接受了西方的圣诞节。

第四节　婚姻与亲属关系

一　婚姻

通列村和帕热村是典型的纯藏族村子，不仅普遍有一夫一妻的婚姻模式，还有一夫多妻、一妻多夫、兄弟共妻、姐妹共夫、叔侄共妻等多种婚姻模式，这些婚姻模式的形成除与特定的历史背景和社会背景有着千丝万缕的关系之外，还与家庭的隐性需求有着直接的关系。

表 4－7　通列村婚姻特例

特例形式	一妻多夫	姐妹共夫	叔侄共妻	兄弟共妻
数　　量	6	1	1	17

说明：根据村主任访谈制成。

个案 1　通列村　桑夏家　一妻三夫

该村户是通列村人口和劳力最多的家庭之一，属于典型的一妻三夫制的婚姻模式。这种婚姻缔结方式在通列村很普遍，共有 6 户，它的最大特点是家庭经济条件均比较好，没有一家在贫困户的行列里。桑夏家三个丈夫的妻子是从上村娶过来的，妻子的父母，以及桑夏家父母当时的主要考虑是三个儿子相互之间比较团结，老的关心小的，小的尊敬老的，大家和睦相处，共同缔造富裕的家庭为目的。三个儿子的分工比较明确，大哥主要以务农为主；二哥跟着父亲在日喀则市主要从事买卖牦牛肉生意，季节性较强，主要在农闲期间工作；三儿子除了秋收时回家帮忙外，一年四季在外打工；眼下，桑夏家已有两个孙子，一个16岁，一个15岁，都在日喀则市三中上学。从桑夏家和睦的家庭气氛和不错的收入情况看，应该达到了双方父母的初衷。

图4-13为桑夏家庭的结构。

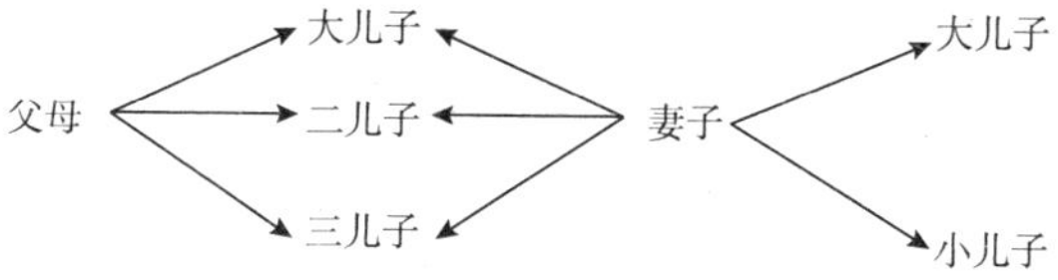

图4-13 桑夏家庭构造

说明：上图根据桑夏家访谈制成。

个案2 通列村达夏家 姐妹共夫

达夏家的婚姻模式在通列和帕热两村并不多见，在通列村只此一家是姐妹共夫的婚姻模式。这种婚姻模式的特点是家庭经济情况一般，现金收入较少。听一些村里人讲，形成这种婚姻模式的主要原因是家里生的孩子全是女孩（四个姐妹，其中两个小妹先后嫁人），没有一个男孩，为了减轻家里的经济负担（出嫁一个女孩要送的东西很多），父母想出了入赘一个能干女婿的办法。丈夫是同村热在家的。姐姐生了个双胞胎，都是男孩，妹妹也生了个男孩，他们现在都已长大成人，他们给三个儿子娶了一个媳妇。达夏家是通列村为数不多的两代人都是共婚的家庭，第一代人是姐妹共妻制婚姻，第二代人是一妻多夫制婚姻。

图 4－14 为达夏家庭组成。

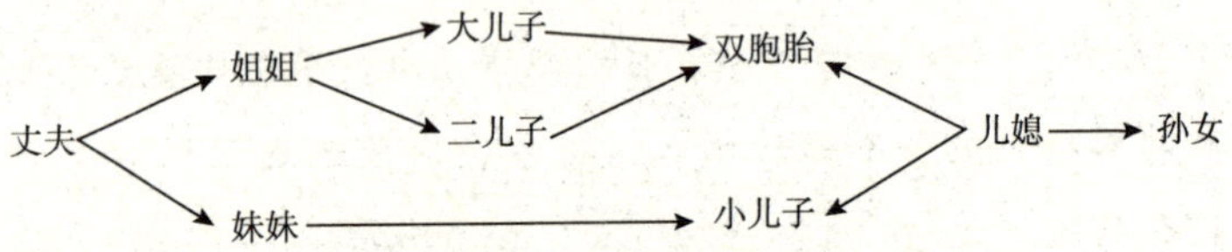

图 4－14　达夏家庭结构

说明：本图根据达夏家访谈制成。

个案 3　通列村热在家

热在家的婚姻模式在两村是独一无二的。造成这种婚姻模式的原因是因为家庭中途发生了变故。热在家的大哥与四弟本来共同娶了一个妻子（中间两个兄弟先后入赘到别家），可当时的四弟还是个小孩，根本不懂得婚姻是什么，只是名义上的兄弟共妻，而实质上的兄弟共妻，是四弟到了十几岁的时候（当地村民说）。后来，妻子因病突然去世，一家之主的大哥考虑到四弟的年龄还不到 30 岁，加上家里需要一个妇女，就给他再娶了一个媳妇，同样，刚开始时也是一妻一夫，后来，随着大哥儿子的不断长大，也为了整个家庭大局的利益，四弟和大哥的儿子渐渐地组为了一个当地比较特殊的婚姻模式——叔侄共妻。在当地村民的心目当中，兄弟共妻的婚姻模式和叔侄共妻的婚姻模式没有太大的区别，因而不会歧视。

图 4－15 为热在家庭的结构。

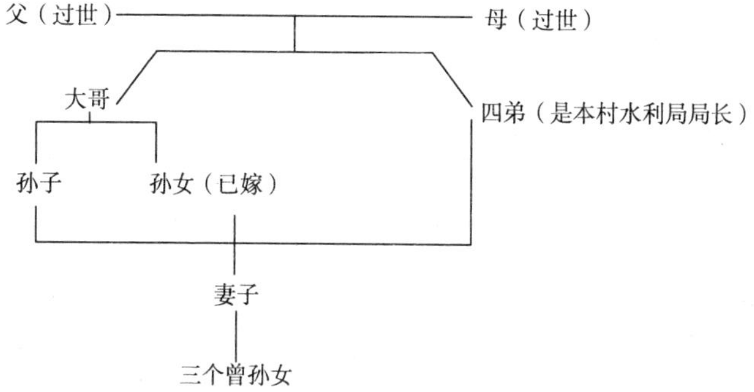

图 4－15　热在家庭结构

说明：本图根据热在家访谈制成。

通列和帕热两村村民对一妻多夫制、一夫多妻制、兄弟共妻制、姐妹共夫制、叔侄共妻制等婚姻模式的认可率非常高，这些婚姻模式已经成为村民们生活当中不可或缺的组成部分。对于多夫家庭的妻子来讲，存在着如何合理有效地搞好几个兄弟之间的关系、如何搞好与丈夫母亲之间的关系、如何能在家庭里起到穿针引线的作用等问题。如果能很好地解决这些问题，那就符合村民们心目中的评价标准，会被认为很贤惠，会受到村民舆论的称赞和好评，反之，就会受到村民舆论的指责和谩骂。这种根深蒂固的婚姻观念，在某种程度上反映了男权至上的陈规陋习，也间接反映了妇女们在家庭生活和社会生活中话语权的缺失。在村民们的心目中觉得这些现象十分正常，笔者同样从她们的生活、劳动、经济、家庭等的地位隐约看到了这种婚姻模式的弊病，这既是一个比较特殊的社会问题，又是一个文化问题，需要更进一步的分析、调查和探讨，不在此细述。

（一）缔结方式

应该讲，通列村和帕热两村的婚姻缔结方式经历了一些变化，这些变化主要表现在，在20世纪40、50年代出生的那一批村民的婚姻缔结方式里，除了当时七大差巴户多为一妻多夫制以外，其余村户是以一妻一夫制为主；但是60、70、80年代出生的那一批村民的婚姻缔结方式发生了比较大的变化，出现了多种因素并存的一妻多夫制、一夫多妻制、姐妹共妻制和叔侄共妻制。这种特殊的变化，既有国家政策的影响，也有根深蒂固的传统观念的影响。不管婚姻缔结方式如何改变，不变的是对婚姻发生的干预和影响的因子，父母包办婚姻的浓郁气氛依然延续着。在通列和帕热两村90%以上的婚姻都由双方父母操办，儿女们只能充当命令执行者的角色，话语权几乎全部掌握在双方家长身上。当然，随着时代发展、信息的增加和知识的拓展，越来越多的年轻人开始冲破旧有的观念，敢于跟父母说不，去追求自己中意或爱慕的对象。通列村乃康鹅家的索朗次仁说："我的大儿子次单多杰离家出走的主要原因是他不愿和他弟弟一起共妻，加上他跟她之间的感情比弟弟跟她的感情好很多，自从兄弟俩共妻后，大儿子和儿媳总是把他弟弟排斥在外，我以父亲的身份多次教育和疏导过他们之间的关系，但无济于事。最后，大儿子带着媳妇到日喀则市建立了他们自己的家，他自己有驾照，所以，生活应该不成问题。后来我又不得不给小儿子娶了同村热丹巴家的女儿。"从年青一代村民一些细微的思想、观念和行为的变化中，透视出两村传统的婚姻缔结方式、婚姻模式正面临着前所未有的挑战和冲击，自由恋爱的强劲势头无法阻挡，但在现实生活中切实要做到这些，还需要很长的一段路程。

（二）婚姻圈

通列和帕热两村的婚姻圈大致分为三种情况：一是村内婚姻圈，这种在两村整个婚姻圈里占25%～35%；二是乡内婚姻圈，这种占的比例最多，为55%～60%；三是地区内（日喀则地区）的婚姻圈，这种占的比例相对较小，只有5%～10%。没有跨地区的婚姻模式。这三种婚姻圈的共同点有三个，其一是不会考虑有姻亲关系的婚姻形式，这也是藏族人最忌讳的一种婚姻形式，在当地有个说法，就是在六代之内不能结为夫妇，否则就成了"灭"，也就是说，会造成自己儿子杀害亲生父母般的罪孽，是不可容忍的；其二是不予考虑黑家族，顾名思义是指操打铁、杀生等行业的家庭，这些手工业艺人的社会地位非常低下，两村村民在通婚之前必须要考查对方家庭的出身情况；其三是忌讳与异族通婚，特别是与回族的通婚当成对藏传佛教的大不敬，当然，随着时代的变迁、观念的改进、思想的开放，对于结婚对象的家庭出身和家庭的要求比起以前有了实质性的变化，对于两村年轻的村民们来说，婚姻圈的扩大，增多了他们的选择面，在谈到是否愿意娶一个汉族姑娘时大多数年轻的村民都表示了肯定，但这种机会对于生活在相对偏僻的村民们来说是可望而不可即的。时常外出务工的桑怒家二儿子有过与一个汉族女孩谈朋友的经历，他说："我曾经在日喀则市的一个工地打工时，认识了一位四川的小姑娘，她也是打工的。我们俩从相知、相识到谈朋友总共不到一年的时间就分开了，提出分手的是她，主要原因还是交流和习惯上的不一样，很多事情说不到一块。说句心里话，我是真心喜欢她的，人家既漂亮又不像我们村里女孩整天没完没了地喝青稞酒。”相对于村里的年轻男孩，在城市打工的两村女孩们与其他民族交朋友的数量和机会就多了，她们穿着时尚的衣服，梳着汉式的头发，吃着中餐，穿梭在川流不息的城市街头。

（三）初婚年龄

听村里人讲，对初婚年龄没有一个确切的标准和严格的规定。在以前，15、16 岁的村里的年轻人就要开始谈婚论嫁，甚至有比这年龄更小的初婚者也并不少见。可是由于时代的进步，人们观念的进一步改变，以及妇女地位的切实提高，初婚年龄也有了比较大的改变，基本上已经符合国家法定的初婚年龄。现在，通列和帕热两村的年轻村民一般过了 18 岁左右，父母才开始物色要娶的人。应该讲，随着国家实施的各项法律法规在基层的进一步宣传、扎根和落实，村民们也以一种全新的观念和科学发展的态度来接受和遵守这些法律法规。

（四）宗教证婚与近亲结婚

在采访中，两村村民一致否认有宗教证婚和近亲结婚的传统和习俗。通列和帕热两村没有一户领取结婚证的，他们的主要做法是，不管是娶嫁或入赘，都会在户口本上添加新的家庭成员名字，把娶嫁、入赘者的户口转过来即可。这种做法也是整个东嘎乡在落实国家《婚姻法》的一种因地制宜、有效实施的方法。

虽然有的藏区也实行姑表婚或是姨表婚，但是从两村传统的习俗来看，除了能接受一妻多夫、一夫多妻、兄弟共妻、姐妹共妻、叔侄共妻等的婚姻模式之外，近亲结婚是被严令禁止的。

二 亲属

（一）亲属称谓

通列和帕热两村亲属之间的互相称谓基本上和其他藏区没有太多的区别，但也有自身多年形成的一些称谓，值得我们去了解。

表 4－8 亲属称谓

亲属类别	藏族称谓	备　　注
父亲	BA’ LA	
父亲的妹妹	A’ NI	
父亲的弟弟	A’ KU	
父亲的哥哥	A’ KU	
父亲的姐姐	A’ NI	
父亲的同辈男性	A’ JO 之后直呼其名	老一点的 BO 之后直呼其名
父亲的同辈女性	JI 之后直呼其名	
母亲	A’ LA	
母亲的弟弟	A’ XIANG	A’ XIANG’ QIONG’ WO
母亲的妹妹	SU’ LA	SU’ QIOGN’ WO
母亲的哥哥	A’ XIANG	A’ XIANG’ QIN’ MO
母亲的姐姐	SU’ LA	SU’ LA’ QIN’ MO
母亲的同辈男性	A 之后直呼其名	老一点的 BO 之后直呼其名
母亲的同辈女性	JI 之后直呼其名	老一点的 MO 之后直呼其名
祖父	BO’ LA	
祖母	MO’ LA	
祖父辈男性	BO’ LA	

续表

亲属类别	藏族称谓	备注
祖父辈女性	MO’LA	
祖母辈男性	BO’LA	
祖母辈女性	MO’LA	

说明：上表根据索康家访谈制成。

由表4－8我们可以看出，祖父辈的男性、祖父与祖母辈的男性的称呼是相同的，同是BO’LA；祖母辈的女性、祖母与祖父辈的女性的称呼相同，同是MO’LA。这些称谓也是整个藏区使用率较高、普及率较广的一种称谓，后加的LA是敬语，表示对长者的尊敬。

除了自己的核心亲属父亲BA’LA和母亲A’LA有单独的称呼之外，旁系亲属中的父亲的兄弟A’KU与母亲的兄弟A’XIANG的称呼有区别。母亲的姐妹SU’LA与父亲的姐妹A’NI之间的称呼也有区别。不同的是，其他藏区普遍对母亲和母亲姐妹的称呼一般是A’MA和SU’MO，其余称谓大体上一样。

父亲的同辈女性与母亲的同辈女性称呼相同，称为JI之后直呼其名；但是在父亲的同辈男性称A’JO之后直呼其名，干部称为GAN’LA，母亲同辈的男性却只称为A之后直呼其名。这些应该是后藏特有的一些称呼，在前藏（拉萨），一般又有不一样的称呼。

（二）亲属分布

两村亲属的分布分为村内亲属和村外亲属。村内亲属多以自家儿女嫁或入赘到村内和家里兄弟多而自立门户的关系为主，比如，通列村热丹巴家、桑夏家和桑怒家的三个男性户主是从热丹巴家出来自立门户的；还有通列村的达努家、热苏家、康吉家等的男主人之前都是热在家的兄弟，后来入赘到这些家庭里；再有索康家、珠努家、康吉家、桑强家相互也是亲戚（母亲的亲戚关系）；总之，两村各家之间错综复杂的亲戚网络很多，有的是母亲的亲戚，有的是父亲的亲戚，有的是儿媳的亲戚，有的是女婿的亲戚。可以毫不夸张地讲，每家之间都有一点亲戚关系。当然，除了两村之内的亲属关系外，还有村外亲属，这种亲属的最大特点是分布分散，他们有的在东嘎乡的各个乡村、有的在日喀则市里、有的亲戚遍布在日喀则地区之外的各个地方、有的甚至在内地（大多以在读学生为主）。村内亲戚间的来往相对频繁，特别是在生产生活上出现问题时，首先找村内的亲戚；村外亲戚之间的联系也不少，特别是村里通电话之后，很容易和远方亲戚有沟通，有些甚至在经济上可以帮忙，比如，通列村桑强家母亲的妹妹住在遥远的昌都地区，平时除了电话联系之外，见面的机会就很少，妹妹已是快要退休的国家干部，家里经济条件很好，每当桑强家里缺钱的时候，她经常力所能及地给予经济上的帮助。

第五节　社会礼仪

一　婚姻习俗

（一）订婚

两村的订婚仪式与其他藏区的订婚仪式基本上是一样

的，但也有一些自己的特色。定亲之前，父母首先要寻找和物色适合自家儿女的人选（寻亲范围大部分是在本乡范围内），在确定基本目标之后，要对对方的家境、亲戚关系进行一番比较细致的调查，特别是问清对方家庭与本家有无亲戚关系是当地村民首要做的第一件事情，因为两村村民的传统是禁止近亲结婚。然后男方父母开始确定一个吉祥日子向女方家庭进行提亲，通列和帕热两村村民称这个仪式为“龙枪”（藏语），顾名思义就是提亲酒。“龙枪”的基本要素是男方的父母需要带上 15 ~ 30 斤青稞（也有带青稞酒的）、砖茶 1 个、1 个酥油团、1 只羊手、10 个藏面饼、哈达、钱物（这些只是当地婚俗的成分之一，多少依家庭经济条件而定）等东西到对方家提亲，不管怎么样，对方一般不会拒绝收男方拿来的礼物，从习俗上讲男方也是不能拿走这些礼品的。如果女方家庭当时就同意这门亲事，说明女方满意男方家庭各方面的条件，反之，女方当时不会直接拒绝，而说一些考虑后给予答复之类的话。同意之后，男方家庭就需要着手进行下一步传统的仪式，即给双方儿女算生辰八字、五行等，看看两位新人是否相克、是否对上，这些都需要专门到喇嘛那里去算，喇嘛根据算出来的结果说出一个大致的结婚日期。男方娶妻时，还应给女方家庭一定的物质或现金补偿，寓意为感谢对方父母将女儿养大成人。但是，目前，许多传统的仪式开始简化了，根据每个家庭的经济条件，订婚仪式也可举办、可不举办了。

（二）结婚

结婚是一件很神圣的事情。藏族婚礼最少一般三天，最多的可以达到十几天，婚礼天数的多少和举办的热闹程度由家庭具体的经济状况决定。根据婚礼举办的天数，新人的父母会通知不同的亲戚朋友在不同的时间前来参加，不过在婚礼的最后一天，被通知的所有人都需要参加。目前通列和帕热两村，结婚通知一般用打电话、带口信等方式，让亲戚朋友相互转告的居多，基本上还没有用发请柬的方式。

结婚仪式非常讲究程序。迎娶新人当天，娶方必须准备交通工具（小四轮、东风货运车等，自家没有还要付钱雇车和司机），也要组成一支迎亲队（人员一般为娶方亲戚两人）。他们穿着传统的藏式服装，带着200～400斤小麦、一个箱子（里面有羊的上半身和镶有珊瑚、玛瑙、火轮、海螺、哈达的“达塔”，是一种吉祥的小经幡）、全套衣物、哈达等，早上11点左右出发（具体时间根据两对新人生辰八字而定）。迎娶人员要在对方家里住一个晚上，嫁方也会举行一个嫁亲仪式。迎娶人员按主人的吩咐在一个张开的藏式毛毯的四角放相同数量现金，中间要多放一点（多少按自家经济实力）。嫁方把放在毛毯上的现金全部收走之后，再把给女儿的嫁妆放在上面。当地人嫁女时有一个习俗是赠送她自成人以来做的全部衣物（这里的衣物指的是用氆氇做的全套衣物），在农区叫“露岗”（藏语），意为穿在身上的全部衣物的总称。一般条件的会赠15～20套，有条件的甚至会赠一生穿不完的套装，这也是按自家经济条件决定。迎娶人员把嫁方给的全套衣物装在带来的大箱子里，等到第二天按喇嘛早已算好的时辰和新人一起从她家出发（这没有一个确定时辰，有的凌晨出发，有的白天出发），出发前在她家举行一个简短“阳谷”（藏语，就是祈求安康吉祥）仪式：让新人站在中间，家人带着“达达”（一种宗教饰品），背着“多灭”（经书），披着“给单”（农区妇女系在腰上的邦单），左右各转五圈（听说这种仪式和人死后做的仪式一样），意味着从此平安吉祥顺利。新人出门前需要头披“给单”（头上披的邦单），就像汉族姑娘结婚时头被遮住一样，当地人认为可能是为了遮羞用的。到了娶方家门时，若时辰早了还需要在外等候，这时候他们会边喝青稞酒边唱歌，等到时辰到了嫁方人员会唱“裹胁”（藏语，门歌），唱的好马上开门，唱不好要反复地唱才会开门。开门后，娶方母亲把一个带有哈达，装有水和酥油的“学童”（挤牛奶时用的一种器皿）交给新人，说：“女儿，把这个带上（隐喻着从此挤奶事交给你啦）。”然后把新人放到镶有小麦“雍肿”（一种吉祥的符号）上，给她端一碗“州牧翟思”（米饭拌人参的一种饭，意为吉祥如意）。之后结婚仪式正式开始。亲朋好友们一一地献哈达和礼物，一般的礼主要是现金，还有衣服、酥油、青稞酒、粮食等实物。整个婚礼主要是唱歌跳舞，男女老少，沉浸在欢乐的海洋里，庆祝新人永结同心。现在的年轻人除了保有以往的结婚风俗之外，还加入了一些现代元素。

（三）婚后

婚后一周左右一般不出门（是一种传统），到娶方家第一家务是洗羊毛，意味着在新家如鱼得水，长久地待下去。头一次出门会选个良辰吉日，带着青稞酒、酥油茶、油菜饼等到娶方亲戚朋友家，回来时亲朋好友会献哈达，意味着从此可以出门了，当地人称“齐盾”（意为出门仪）。回娘家可能在新婚后的1~2个月内，挑选一个好日子，带上哈达、青稞酒、糌粑等物品到娘家，感谢父母的照顾，表示以后两个人会和和美美地过日子。

通列和帕热两村的生活和许多藏族地区相同，也是女人在家里操持家务，挤牛奶、打酥油、下地干活等，男人到外面打工、盖房子等。男主外、女主内的生活方式在这里表现得十分明显。

二 丧葬习俗

（一）报丧

在两村的报丧习俗里，一旦有人去世，首先第一时间会请喇嘛做法事；然后，通知较近的亲朋好友过来帮忙；之后通过亲朋好友通知村里的人。亲朋好友和村民们会在逝者去世的当天带着壶上镶有哈达的青稞酒来给死者家人慰问，说的话也都是一些安慰和嘱咐话，一般不会待很长时间。

（二）葬礼

通列和帕热两村的丧葬和其他大多数藏区一样，一般分为火葬、天葬和水葬三种。一般是比较推崇天葬，火葬大多是因为在天葬死者多时秃鹫吃饱了的情况下，才使用；而水葬往往是孩子死后使用者居多。可以说90%以上的两村村民都会选择天葬作为自己最终的归宿。

火葬：火葬也是西藏较早产生的一种葬俗。早期可能受中国西部、西南部少数民族火葬习俗的影响，但后来随着佛教的传入，西藏的火葬仪式显然打上了更多印度火葬习俗的烙印。当地村民认为火葬在藏区属较高等级的葬式，一般只用于高僧活佛和贵族。其实这只是相对前后藏、安多等缺少树木地方而言，但在森林众多的西藏东部、东南部，特别是僜人、夏尔巴人中，火葬十分流行，是当地占主体地位的丧葬习俗。而通列和帕热两村使用火葬情况大多是在秃鹫少或不吃的情况下才使用的一种丧葬仪式。火葬敛尸过程中的仪式大致与天葬、水葬相同，值得一提的是焚尸后对遗骨的处理。普通人的骨灰一般是带到高山上随风抛撒，或撒进江河让流水带向远方。高僧大德的骨灰则要作特殊处理。在通列和帕热两村，亲人去世之后，人们就会请来喇嘛（有条件可从扎什伦布寺请，大多数请本地的通列村郎罗家朗杰和帕热村的次仁多杰），念七七四十九天的经，即七个星期，一个星期念一次。这四十九天里面，酥油灯是要天天都点的，无论穷、富都一样。但是过了七七之后，是否继续点酥油灯就由自家的经济实力不同而决定了。七七四十九天过后，一个月念一次经，过了一年以后，每年做一次，以后便每年都要做。

水葬：在两村询问一些比较了解丧葬习俗的老人时，笔者才知道水葬可以说是天葬的一种辅助葬俗，这一葬俗使用较多的人群是，刚出生不久的死婴和5岁以下的小孩。丧葬仪式也较为简单，生辰八字以及出葬的时间还是和大人算法一样，将婴儿或小孩尸体背到河边，通过“朵单”（专门从事死者服务的人）的肢解后，或者用白布包裹，或将死婴或小孩尸体装在一个较大的砂锅里，流放到水中，随着时间推移，它会自动淹没。对于成年人使用水葬普遍被视为低等级葬俗，部分村民说，成年人选择水葬的大多出身不好。

天葬：天葬应该是藏区众多丧葬习俗中最流行、占主导地位的葬俗。一套完整的丧葬仪式应从人弥留之际开始。这时亲人将给垂死者喂一粒被高僧活佛念过咒语的“津丹”（是用名贵的藏药掺拌活佛的衣饰、头发、指甲等制成的），他们认为这有助于其“内气”断绝，斩断七情六欲，让灵魂安然离去。同时还请喇嘛念经，帮助临终者摆脱痛苦和恐惧。一般不让妇人和子女接近，怕搅乱了死者的心境不利于其转世。人一咽气，即用一块白布盖住死者的面孔，不可再触摸和搬移死者的遗体。同时要请喇嘛做“抛哇”仪式，即帮助死者灵魂从头盖骨溢出，升入天堂，而非从下身气孔排出，进入地狱。停丧期间，死者家人要将一个陶罐挂在门口，表示家有丧事，而且罐里加柏枝等煨烧，还要按时加入糌粑和牛或羊血、肉、脂三荤及乳、酪、酥三素，表示给死者开饭。死者亲友、邻居不得歌舞娱乐。切忌猫、狗等动物接近遗体。同时请巫师算卦选择合适时辰出殡。时间一般安排在人死三四天后的凌晨四五点。先将尸体卷曲起来，手脚相交捆成一团，犹如母腹中的胎儿。然后盖上白氆氇，由家人和亲人将尸体背出家门一段路，再交由背尸人背，沿途千万不能将尸体放到地上（两村因与天葬台较远需要拖拉机或大车运走者多），否则死者的灵魂将徘徊于此。到天葬场后，先“煨桑”，通报“神鹰”。随着缕缕桑烟升起，远近的秃鹫纷至沓来。天葬师开始操刀分尸，先从尸体的背面剖开，然后剖腹，取内脏，去肌肉，用石头砸碎骨骼，掺拌上糌粑。喂鹰顺序是先喂内脏，然后喂骨头，最后喂肉。如果鹰吃得一点不剩，视为吉利，死者生前无大罪孽，灵魂将“升天堂”。如果白鹰最先啄食尸体，最为吉祥。如果鹰不愿吃，或没有吃完，将会用火焚烧，把灰烬撒向四方。而且家人还得请人为死者念经超度。天葬完成后，代表死者家人的监丧人，将拿出酒、肉犒劳天葬师，不过在数天内，天葬师不能去死者家，怕将死者的灵魂带回去危及家庭。通列和帕热两村90%以上的村民会选择到日喀则市“尼色然”（在扎什伦布寺西山5公里处）天葬台；有10%的村民也选择日喀则市年木乡附近的“篷布日唔”天葬台。

三 人生礼仪

1. 出生：在通列和帕热两村小孩出生后有个过“庞桑”的习俗，即是祝贺母子平安之意。一般来祝贺的大多是平常关系好的亲朋好友和村民。他们一般会带着酥油茶、青稞酒、一小袋糌粑、酥油，以及小孩的衣物等作为礼物来祝贺小孩平安降生，母亲安全无恙。

2. 满月：在两村没有庆祝满月的特别仪式。

3. 百岁（八十大寿）：在两村历史上村民们没有听说过有老人活到了一百岁。老人一般到了80岁，就举行一个比较盛大的八十大寿仪式。这是两村比较重视的一种人生仪式，也是整个西藏非常重视的一种人生仪式。按照藏族传统的习俗，从仪式当天开始，老人会穿上一种专门的藏式纯白色氆氇袍子，它的背面镶有象征永恒的日月和“雍肿”（一种在藏传佛教里的吉祥符号）的符号，顾名思义是长命百岁和吉祥如意之意。在生日当天，子孙、亲朋好友和村民们对老人敬献哈达，同时祝福老人家万寿无疆。有时也请喇嘛给老人的生日念经祈福。

4. 成年礼：在通列和帕热两村没有确定的成年礼，只是把每个孩子的结婚那天当做成年的象征或者现在年满 18 岁即为成年日。

5. 割礼：在两村村民没有听说过这种礼仪。

6. 取名：在以前，通列和帕热两村孩子出生之后不久特地要到日喀则市扎什伦布寺，请求班禅喇嘛赐名，这是一种档次最高的取名方式，大部分取的名字与宗教词有关；其次也有请各地较有名的活佛喇嘛赐名的，也与宗教词有直接关系；现在主要是让生父生母或祖父祖母取名，有的取与父母名字有关的，而有的直接取出生那日星期的名字，大多是两个字或四个字。

四　节日礼俗

藏历新年：大部分藏区每年都过拉萨一带过的藏历新年。可是，在日喀则一带的好多农牧民过的是俗称“农民新年”的新年，一般是从藏历的十二月二十九日正式开始，比拉萨那一带的藏历新年早将近一个月，这也是为了农事的考虑。通列和帕热两村过的也是“农民新年”。藏历二十九日这天要举行“古恰”活动，即把内屋、外屋、厨房、院内、院外各处彻底打扫干净，然后在院子里燃起一大堆火，让烟雾弥漫整个山谷。在屋子的正厅、窗户、梁、门、壁、柱上，用土碱或糌粑画上表示吉祥的宝伞、宝瓶、吉祥结、金轮等吉祥图。男人将家里东西北三方向的“玛尼堆”用白漆、红土、烟汁涂成白、红、黑三色。接下来，男人们就要开始洗头、沐浴。传说男人在十二月二十九日洗头，会万事吉祥如意，头发也会长得又黑又长。与此相反，女人二十九日洗头则被视为不吉利。当天晚上，村民们还要在一只断了耳柄的陶罐里，放一个替身物品——用熬过的茶叶、酒糟、辣椒、萝卜根、烟灰、面粉做成的女鬼。先在家里的佛像前摆上供品，接着妈妈往每个人的碗里盛上满满一碗面块汤，大家都喝三口，然后把剩余的倒入放替身的陶罐里，同时嘴里说："新粥我吃了，剩下的给你，一、二、三。"再将罐里的粥一滴一滴地倒9次，过后开始驱邪。驱完邪后，全家人按座次坐好，开始喝古突。喝古突汤也会有很多乐趣，吃到有鼓的面疙瘩，说明这人会挑拨离间；吃到有油菜子的面块，意思是最会拍马屁；吃到有木炭的面疙瘩，表示那人有一颗黑心，等等。大家都希望自己碗里有太阳、月亮、羊毛、小麦等面疙瘩。有月亮的面疙瘩，表示心像月亮一样明亮；吃到太阳的面疙瘩，表示那人福气大；吃到有上师三宝的面疙瘩，则表示那人忠心正直等。藏历大年三十，岁末的最后一天，也叫"弥漫焦臭的最后一天"。家里的男子要到离家很远的土坎陡岩边去烧焦大年初一早上要吃的羊头。大年初一，年节的喜庆达到高潮。东方刚发白，村民们已经早起熬酒。鸡叫头遍时，把熬的酒送到人们睡的地方。鸡叫三遍时，全家带着"切玛"、糌粑出门去取"四新"——从别人家牛粪里取"牛粪新"、从夏种地里取"土新"、从水源处取"水新"、从狗窝里取"粪新"。取完"四新"回到自己家里，要给"土新"蘸上酥油花；把"水新"放在正屋的护法神跟前，当做贡水供上；将"牛粪新"蘸上酥油花，放进牛棚里；"粪新"蘸上酥油花，放在厕所里。据说这种做法能防止霜灾雹害，而且能招财引福。

扎什伦布寺夏季法会：俗称跳神节，又称"西莫钦波"或"羌姆"。日喀则地区的跳神节以扎什伦布寺的"西莫钦波"（夏季法会）最为著名。每年的藏历八月，扎什伦布寺都要举行隆重的夏季法会西莫钦波，通列和帕热两村的信教群众在这时都会聚集到扎什伦布寺，观看法会上特有的神舞羌姆，祈福去灾。这是藏传佛教喇嘛们表演的一种宗教舞蹈。它是一种密宗仪式，只有在特定的时间、特定的地点，由经过密宗灌顶的特定僧人才能表演。西莫钦波是由七世班禅丹白尼玛于1846年创立的，开始在日喀则东郊的贡觉林卡（当时的班禅夏宫）举行，当时表演的内容很多，有跳羌姆，演藏戏，表演杂耍、技艺、歌舞活动，往往延续半个月之久。1954年，年楚河涨大水，贡觉林卡宫殿神堂被冲毁，西莫钦波节就移到日喀则城西德庆格桑颇章举行。后来，十世班禅大师亲自主持恢复了西莫钦波节和羌姆表演，很快成为日喀则最引人注目的宗教艺术盛会。因为原先的演出场地过于狭窄，十世班禅又倡建了金刚神舞院，并将法会活动缩短到3天。第一天是大黑天的助手乞丑巴纳为主神的羌姆，第二天是具誓阎王唐青曲杰为主神的羌姆，第三天是游艺娱乐活动。除了藏历新年通列和帕热两村的群众把这三天当成每年不可或缺的一个重大节日，好多村民家每年按批安排，这样大家都有机会看到三天全部的“羌姆”。

扎什伦布寺展佛节：又叫晒佛节。在每年藏历的五月十四至十六日展出，一天展一佛。第一天展出的是“过去佛”，又称无量光佛，意思是让人们缅怀过去；第二天展出的是“现在佛”，是九世班禅曲吉尼玛制作的释迦牟尼像，让人祈祷今生的快乐；第三天展出的是“未来佛”，即强巴佛，让人憧憬向往未来。展佛台是由一世达赖根敦珠巴为纪念释迦牟尼于1468年修建的，完全由石块砌成，台基深入到尼玛山岩石之中，巨大的台面矗立在日喀则市的尼玛山腰，显得宏伟、壮观，在几十公里之外就可以看见它。整个展佛台虽历经五百余年风雨，仍坚固无比。每当一千多平方米的佛像展示在此，虔诚的教民便匍匐在佛的脚下。即使不是佛教徒，也不能不为之震撼。正因为此，不仅当地僧众、百姓云集在此，甚至那曲、拉萨、山南以及青海、甘肃、四川的藏族同胞也纷至沓来。在此期间，数千顶帐篷安扎在扎什伦布寺周围，蔚为大观。更有许多国外的旅游者慕名而来，一饱眼福。通列和帕热两村的群众也不会放过一年一次的三天晒佛日。

望果节：又称“略仰”，在通列村的人们看来，每年8月举行盛大的“略仰”庆祝活动。节日持续15天，但不能超过15天（村委会规定），以免误了农事。其间平时关系密切或亲戚朋友组成几个大的小组，一个组最少2户，最多5户，举行以青稞酒和酥油茶为主的宴会，当然，现代版的各种饮料和啤酒有抢风头之嫌。在通列村，“略仰”显得很重要。藏语“略”指全年，“仰”即良好的意思，“略仰”节可译为“全年良好”，表现了农人们对果实丰收的渴望，是当地最热闹的节日之一。节日当中，人们在村里的指定地点在各自的帐篷前自发地举行文艺表演等活动，使大家一起愉快度过。等这个节日一结束，就开始紧张的秋收农忙活动了。

萨噶节：每年3月举行农业的开春仪式，叫“萨噶”，为来年的丰收祈求风调雨顺，为期两天。第一天一般选个黄道吉日，进行耕牛比赛，主角是牦牛，每户都要参与，场面很壮观。

五　新风新俗

三八妇女节：三八妇女节是村民们很看重的一个非传

统节日。在这个日子里，妇女们成了被关注的焦点。通列和帕热两村18岁以上的妇女在“三八”这天早上象征性地把自己村附近的路修一下，下午各自村委会按经费情况给妇女们买一点青稞酒和酥油茶，自备比较丰盛的食物，聚在一起，妇女们会唱歌的唱歌，会跳舞的跳舞，尽情享受美好的一天，让平时忙于家务，甚至不出门的妇女们也能够好好地放松一天、休闲一天。

由于时代的发展、社会的进步，两村的人们也对一些国家法定的节日有了新的认识。对于国庆节，大多数村民都知道是为了庆祝中华人民共和国成立；对于五一劳动节，人们知道是国际劳动人民的节日；对于七一、八一也知道是建党、建军节。通列和帕热两村的年轻人在日喀则市打工跟朋友一起过了西方圣诞节，说明他们也正在接受一些新的文化、新的观念。

第五章　民族与宗教

第一节　民族

一　民族结构与聚居情况

通列和帕热两村是纯藏族行政村，隶属东嘎乡。到目前为止，两村中没有一个外族居民。

二　民族关系

作为两个纯藏族的村子，村民们与其他民族的交往只发生在城镇里，在村内除了平时村里来的卖菜的、捡破烂的、收羊皮的、收旧奶渣的个别汉族和回族以外，村民们几乎与异族没有任何形式的交往。当然，村里的外出务工者与其他民族的交往次数最多、频率最高，而且有很多已经和其他民族人成了好朋友。比如，通列村尼玛欧珠小老板经常在日喀则市承包建筑一些小型的家用房子，合作最多的是一些从四川来的汉族农民技工人员，承包期间生活起居都在一起，很多人之间成了无话不谈的好朋友，每年汉族朋友过完年回来时不忘给他们带点家乡的土特产品，藏族小伙子们也会在汉族朋友回家之前赠送给他们点西藏土特产品。

第二节　宗教

一　信教情况

与其他藏区村民一样，通列和帕热两村的男女老少都是藏传佛教虔诚的信徒。从小的耳濡目染和浓重的宗教氛围使藏传佛教信仰在他们的生活中占据了一个特殊的位置，无法替代、无法抹去。每当问到村民为什么信教时，大多数村民并不知道或并不会说自己信教的原因；每当问到家里出现一些情况时为什么要请喇嘛，他们都会异口同声地说驱邪避灾；对于笔者问的各种问题他们都有一些相对标准或雷同的答案。当然，宗教里有些仪式他们也是半信半疑的，但他们不会因此就放弃那些仪式，而是依照宗教的传统继续进行。这些延续的传统已在不经意间渗透到了他们的身心，所以就算是在现代文明的不断冲击下，村民们的信仰还是那样的纯粹。信教似乎已经不仅仅是内心的活动，而是已经成为他们生活中的一种必需，像空气一般，不可或缺。当问到通列村村主任吉勒，你是拿国家补助的人，而且是共产党员，共产党员怎么能信教时，他毫不思索地回答说：“大家都信，你一个人不信，不就成了另类了嘛！再加上我也非常拥护共产党的领导，两者并不矛盾。”

二　宗教场所

通列和帕热两村，甚至整个东嘎乡的主要宗教活动场所还是扎什伦布寺。扎什伦布寺位于日喀则市内，也称“吉祥须弥寺”，日喀则地区最大的寺庙，与拉萨的哲蚌寺、色拉寺和甘丹寺以及青海的塔尔寺和甘肃南部的拉卜楞寺并列为格鲁派的六大寺庙。扎什伦布寺最初由宗喀巴的弟子一世达赖根敦珠巴于1447年创建。1600年时，四世班禅罗桑确吉坚赞任扎什伦布寺主持时，对该寺进行了大规模扩建。扎什伦布寺极盛时房间总数达3000余间，寺僧5000余人，下属寺庙50余座，庄园牧场30余处。从四世班禅起，后世班禅均以此寺为驻锡地。现在的扎什伦布寺共有大小金顶14座，扎仓4个，经堂56座，房屋3600余间，寺僧800余名，总占地面积30万平方米。1961年3月4日，扎什伦布寺被国务院列为国家重点文物保护单位。

对于两村的信教群众来讲，一年当中最为隆重和必须参加的宗教节日有两个。一是扎什伦布寺夏季法会，俗称跳神节，又称“西莫钦波”或“羌姆”。日喀则地区的跳神节以扎什伦布寺的“西莫钦波”（夏季法会）最为著名。每年的藏历八月，扎什伦布寺都要举行隆重的夏季法会西莫钦波，两村的信教群众在这时都会聚集到扎什伦布寺，观看法会上特有的神舞羌姆，祈福去灾。这是藏传佛教喇嘛们表演的一种宗教舞蹈，共举行三天。对于信教群众来讲，这三天，缺一不可，故此，好多家庭每年轮着安排自家每一个人去看，以便大家都有机会看到三天全部的“羌姆”。二是扎什伦布寺展佛节，又叫晒佛节，在每年藏历的五月十四至十六日展出，一天展一佛，村民们也不会放过这一年一次的参观机会。

两村的主要宗教场所除了扎什伦布寺外，没有其他固定的宗教场所。当然，经济条件较好的信教群众会利用冬天农闲的季节到拉萨、山南、林芝等地的寺庙进行朝拜。据通列村吉白家72岁的次仁白姆老人回忆说：“‘文革’前，在通列村西面的半山腰上，有一座藏传佛教宁玛派的德青尼姑寺，全寺清一色是尼姑，最多时有30多个，当时，通列村和附近几个村的家庭要进行佛事活动，都会到德青寺请尼姑，听我姨妈讲该寺是由一位康巴宁玛派喇嘛赞助修建的，在民主改革之前被毁，现只有废墟，详细情况我也记不清楚了。”笔者从通列村仰望半山腰，映入眼帘的竟是一个峭壁幽静，格外醒目的几座废墟墙壁和参差不齐的几棵桃树矗立在那里，从现有废墟上，依稀可见它当年的规模。

三　宗教教育

扎什伦布寺作为寺庙爱国主义基地，一直在西藏地区发挥着重要的阵地堡垒作用。平时，喇嘛们每天早上6点在佛堂集体念一次经，其余的时候就每月8、15、30日集中念经，最多每月念4次。寺庙宣讲的主要是格鲁派的教义。由自治区政协副主席兼寺庙主任撒龙平拉带着近800名僧人每周开展爱国主义教育。在通列和帕热两村各有一个平时做法事的平民僧人：

图5-1　帕热村的宗教人士

个案1 帕热村 宗教人士

次仁多杰，74岁，帕热村人。9岁入扎什伦布寺，29岁还俗后一直在扎什伦布寺学做藏式鞋，中间很长一段时间以给人做鞋为生。前妻因为生孩子时难产去世，之后娶了现在的妻子，因为生活所迫不得不捡起学过的经文，开始在附近村做法事，以前一天2~6元，现在最少一天10~20元，甚至更多。给多少按各家的经济条件，一般不会定价。平时家里一些比较大的庆祝仪式，比如，婚嫁娶妻、过年、八十大寿、新家落户等时也请他做些专门的法事。家里人去世、突然疾病、家事不顺等时更是需要请他们念经祈福。

个案2 通列村 宗教人士

朗杰：30岁，在东嘎乡曲龙寺拜师，属噶举派，学了两年后就觉得村里没有从事这一行的，再加上村民们也急需有个平民和尚解决他们的燃眉之急，就决定待在老家，从事念经、做法事。平时还可以帮助家里务农，补贴家用。村里大多数人非常尊敬会念经做法事的人，有时做法事的村户多时还真应付不了。有些家庭在每年特定的几个日子里固定做法事，大部分情况下必须提前预约，否则很难请到做法事的人。对于朗杰来说，帮助村民做法事一来可以积德，二来自己也有固定的收入，真可算是两全其美的事了。

第六章　各项事业

第一节　村民教育

一　教育设施

1. 东嘎中心小学

东嘎中心小学位于距日喀则市12公里雅鲁藏布江北岸，东嘎乡人民政府所在地。建于1996年，是地方政府部分投资和义务劳动联合修建的一所中心小学。建校初期学校占地面积约10000平方米，修有土木结构的6间教室和20间学生宿舍，3间仓库，20间教职工宿舍，建筑面积为1587.17平方米。当时有6名教师，其中中专学历的有2名，初中学历的有4名。共有76名学生，分四、五、六年级授课。到了2002年该校根据实际情况合并了居住分散的几个教学点，这样该校学生人数明显增多，以原有的办学条件无法满足实际需求。再加上原有房屋建筑质量差，随时发生意外事故隐患多，经过学校领导多次提出关于改善该校办学条件的请求后，2003年日喀则地区教体委投资69万元修建了1栋学生宿舍楼（砖混结构），一个学生食堂。2007年，国家投资190万元和市政府投资100万元修建了一栋学生宿舍楼，一栋教工宿舍楼，一栋综合教学楼，并扩建学生食堂。新建后该校的占地面积为9282.72平方米，总建筑面积为3033.93平方米。现在该校无论在办学条件，还是教学质量上有长足的进步，形成了规模较大，结构合理，制度健全的一个学校。目前该校1～6年级共有6个班，全校共有360名学生，其中享受三包的有317人，配有20名专任教师，开齐开足了小学的全部课程。校长说："普及义务教育率达98.1%，巩固率达98%以上。"通列和帕热两村的四年级以上的孩子都在这所学校里学习，当然，部分有条件的村民孩子在日喀则市第一、二中学读书，不管是教学条件，还是师资力量都比乡或村里小学强得多。

2. 青岛通列希望小学

青岛通列希望小学是由青岛市人民政府投资19.46万元援建而成，2006年9月底竣工。学校占地面积1840平方米，建筑面积195.69平方米，可容纳120名学生就读。目

图6－1　青岛通列希望小学

前在任老师2名，每个班级学前班有7把凳子和7张桌子；一年级有11把凳子和11张桌子；二年级有12把凳子和12张桌子；三年级有10把凳子和10张桌子。这是全部家产，都是日喀则市三中赠的。办公室兼中午休息室（因为晚上两位老师回乡小学的教工家）一间，三间教室，无礼堂，无危房。该小学设施不全，除了有一栋五间房子的教学楼外，没有小学应有的信息技术教育室、德育室、图书室、实验室、体育室、音乐室、学生心理咨询室、足球场、篮球场等。相当于是上东嘎乡中心小学前一个学前班，上完三年级后再到乡小学的四年级开始上。教师工资全额由政府拨款，平均每个教师每年3000～4000元，没有民办教师。

图6－2　青岛通列希望小学

表6－1　青岛通列希望小学教师基本情况

单位：人

性别	男	女	文化程度	本科	大专	高中	年龄	20～30岁	30～40岁
	2	0		0	2	0		0	2

说明：上表根据欧珠老师访谈制成。

二　村民子弟就学情况

由于九年义务教育的普及，对于不让小孩上学的家长会采取一些惩罚措施，家长们逐渐开始意识到了知识对于孩子们的重要性。该校汇集了三个村的孩子（通列、帕热、雪），其中通列村最多。

表 6-2　2007 年青岛通列希望小学青少年入学情况统计

单位：人，岁

	年龄区间	学生人数
三个村儿童、少年数	7～12	41
三个村上年末在校儿童、少年数	7～12	41
三个村上年失学人数	7～12	0

说明：上表根据欧珠老师访谈制成。

三　村民教育观念及投入情况

近几年来，农牧民们的思想受到了时代变迁的冲击，村民们对于孩子的教育还是比较重视的，许多村民通过接触城镇生活和打工的经历，逐渐觉得学习文化是很重要的，而且可能是今后唯一的出路。他们不再以从前的观念来束缚孩子，而是期望孩子能够通过受教育走上与他们不一样的道路。在对欧珠老师的采访中笔者得知，许多孩子家长潜意识里很清楚学习文化的重要性，可还是摆脱不了根深蒂固的传统观念，特别是秋季到了收割的季节，他们编造各种理由，硬是把小孩留在家里让他们看羊、看牛和做一些家里琐碎的事。平时也不像城里或乡里那样在学生考试之后开个家长会，两位老师没有见过多少孩子的家长，更不用说通过家长对孩子进行学习方面的教育以及必要的教导了。在对通列村德强家初三毕业的米玛罗布采访时发现，他不仅不认识全部拼音，而且连自己的姓名都会念不会写（写出来的全是错别字），真不知道九年义务教育都给他教了些什么！这是我们需要思考的，也是各级教育部门需要深思的。国家在西藏儿童的受教育问题上投入了那么大的人力、物力、财力，在它实施过程中应体现它原本的初衷——扫盲。

由于义务教育的普及和进一步完善，农牧民子弟上小学、中学不需要再交学费，在学校上学的小孩只需要自带食物即可。仅从近年开始，东嘎中心小学和青岛通列希望小学二年级以上的学生每年要交十几块钱的同步练习费用。通列村索康家有两男两女 4 个小孩，大的小孩上初二，3 个小的读小学，一年下来文具纸张等费用大概要 500 多元。国家政策大大减轻了农牧民的负担，也是增加他们受教育人数比重的重要因素。但是，受教育程度到高中以上的人很少。通列村村医家的三女儿，2007 年中学毕业，毕业后考上了高中，但学费要一千多元，女孩和家人都非常愿意继续上学，但家里经济状况不好，再加上两个姐姐还在上学（一个在内地上大学、一个在日喀则上高中）只得待业在家。她们的父亲说，两个女孩的学费已经让他们在经济上不堪重负，三女儿不能再上学了，除非城里亲戚愿意提供帮助，否则女儿就只能待在家里了。就我采访的通列村，已经毕业当国家干部的有 7 人，其中珠努一家出了 4 人。正在读大学的 2 人，读高中的 3 人。经济原因是主要的，其次是观念。在村里走访时我有意无意地问了一些有关自然科技的知识，除了上初中、高中的一些学生外，95% 以上村民根本就不知道我们生活在地球上，大部分村民口径统一似的讲，我们人类生活在一个大鲨鱼身上，西藏人生活在鱼头上，所以不用担心发生地震，内地的一些地方处在鱼尾上，鲨鱼一晃就发生大的灾难之类的荒谬话。从这一点上我们不难发现村民对大自然的了解知之甚少。所以，村民的下一代接受教育非常必要。

四　村民子弟读书观念

村里小孩的读书观念是与他们的家庭教育息息相关的。父母的人生观、价值观可以间接地体现在孩子的精神世界里，表现在现实生活当中。小孩们从小具有浓厚的宗教观念，习惯用宗教思想来认识客观世界，他们理所当然地认为多念六字真经能给他的学业和生活上带来更多的机遇，忽视脚踏实地的重要作用。从两村来说，现实的生活中家长们鼓励孩子好好上学，将来才会有出路的同时，根本就没有否定一些不好的宗教文化带给孩子根深蒂固的、扭曲的人生观和价值观。也有一些家庭对小孩采取了无所谓的态度。例如通列村的德强家，从小向孩子灌输的观念是读书没有用，根本是在浪费时间，读完初三就别上了（因为这是他父亲规定的），早点毕业早点替父亲去放羊，因为他们一家是该村最穷的一户之一，孩子父亲平常除了务农就是替别家看羊，一只羊每年的看羊费是8元，能多看一只羊就多一点收入。这样一来，小孩从小便没有了努力读书的意识，就这样，九年义务教育满后小孩注定要当个放羊娃。青岛通列希望小学的小孩每天放学后，就像是没有人看管的羊群一样。孩子们和老师之间在无形之中形成了一种默契，除了在学校时间，老师负责教育学生之外，出了校门，老师与学生之间就没有关系了。所以学生感受不到良好的学习氛围。

五　教育存在的主要问题

我在采访当中得知，现在的通列和帕热两村，以及整乡村民的观念比起十几年前有了质的飞跃。大部分人真心地渴望掌握知识，通过知识改变自己命运的思想已经在很多家长的意识当中逐渐形成。在现实生活中家长不时地灌输和催促孩子要好好学习，立志成材。更多的人希望小孩能够受到好的教育，能够真正学有所长，学有所用，掌握一技之长。可对于具体的教育形式、教育方法、教育环境等方面问题，还不甚了解。

1. 家长自身素质不高。通过走访两村居民的家庭，笔者大概地了解到了访问对象的文化素质，以及对孩子教育看法。西藏农牧区自然环境脆弱、气候恶劣、灾害严重，“靠天种地”、“靠天养畜”传统劳动生产方式依然盛行，加之劳动生产力低下，单一的农业经济收入难以维持家庭各方面的开销，所以，大部分村民家庭有既从事农业，又从事城郊畜牧业和其他各种副业，这对劳动力的需求量进一步增大。特别是在春耕春播和秋收的农忙季节里，对劳动力的需求量就更大，单靠成年人无法满足劳动生产活动的需要，相当一部分少年和儿童带有强制性地被留在家里从事生产劳动。这样一来，大人对孩子的学习要求变成了劳动要求，在孩子单纯的观念当中无形地形成了“不用学习，劳动就能养活自己”的观念。通列和帕热两村外出务工人员里除了极少数懂一点汉语外，大部分基本不懂汉语，但他们都是孩子心目中的榜样，若不能及时有效地改变部分家长不重视知识的现状，势必给孩子带来反面的影响。实际上，好多家长可以利用懂藏文这一优势，多掌握一些科技知识、多读一些对孩子教育有帮助的故事、寓言、小说，有指导性地引导和培养孩子对学习的热爱。这样不仅能够提高家长的素质，也对孩子将来的发展有着很大的影响。

2. 家庭教育的缺乏。青岛通列希望小学的欧珠老师表示孩子们的家庭教育有点差。孩子从学校回到家首先帮家里干各种他们力所能及的事，几乎没有时间去复习在校学习的知识，更别提家长给孩子辅导了。因为条件所限，青岛通列希望小学一年开一次家长会。每次会上老师反复强调家里的教育和辅导的重要性，可村民们今天把这事记住，明天就忘了。欧珠老师说："通列村的家长能够配合我们的教学工作，家长素质相对较好，可帕热村就差很多。很多家长觉得现在学习好有什么用，以后付不起学费读不起书，还得要当农民，不如从小让他们多学点持家务农的本事"。家庭教育是人生教育中的重中之重，往往决定了一个人对世界，对事物的看法。若是这个第一步走不好的话，孩子的教育上就会出现一些问题。

3. 教师积极性不高。农村不仅交通不便，基础设施落后，而且各种条件较差。虽然通列和帕热两村 2007 年已通上了电，可不能正常供电，夜间照明困难，无法收看齐全的广播、电视，上网更无从谈起。教师的日常生活用品的采购不方便，教师根本不愿意到偏远乡村学校、教学点任教，即使分下去了，也不能安心工作，总是想方设法调往交通方便、条件较好的学校。这些因素造成教师们的积极性不高，早上 10 点多从乡小学骑摩托车到村里快 11 点了，而且两名老师兼职教 3 个不同年级的数学、语文、藏文，效率很低。不仅影响到教学质量，甚至连正常的教学秩序也得不到保证。

4. 汉语使用率低。在青岛通列小学的汉语课堂里，笔者没有听到老师用汉语讲解课程，而更多的是用藏语解释课文的内容，很多孩子会照着课本念，但不懂意思。当时，我建议两位老师多用汉语讲课，使学生们渐渐产生语感，这样学汉语可能会快点。欧珠老师说，“以前，尝试性地做过很多次，但孩子们听不懂、不适应，后来就放弃了。”使用汉语，营造一个语言环境是学习第二语言的最佳方式，现在的问题是在学校汉语的使用力度远远不够。如果孩子在学校没有使用汉语的习惯，那在家里就更不可能用汉语了。

第二节　农业科技

一　农业科学研究

（一）良种推广进程

西藏和平解放前，所用的种子全是当地品种，种子也不进行精选。和平解放后的30年间，种子不断更新，引进了不同种类的优良品种，并建立了良种繁育基地。

1. 20世纪70年代

（1）冬麦：肥麦（德国）。

（2）青稞：喜马拉雅2、4、6号。

（3）春麦：日喀则10、7054号。

（4）油菜：年河1号，曲水大粒。

2. 20 世纪 80 年代

（1）春小麦：从自治区农科所引进藏春 10、13 号，从日喀则地区农科所引进 7054 号，日喀则 12、13 号。

（2）青稞：从自治区农科所引进 320 号，喜马拉雅 6、4、2 号，藏青 320、80 号。

（3）冬小麦：肥麦、藏冬 10 号。

（4）油菜：曲水大粒，年河 1、10 号，藏油 3 号。

3. 20 世纪 90 年代

（1）春小麦：从日喀则地区农科所引进 23 号、24 号，青海高原 602 号。

（2）冬小麦：肥麦、巴色德（德国）。

（3）青稞：喜马拉雅 10、18、19 号，藏青 85、320、785、539 号。

（4）油菜：年河 10、11、12、13、14 号，藏油 3、83 号，山油 1、2、3、4 号，江孜 301。

（二）农作物的保护进程

1. 20 世纪 70 年代

（1）杀虫药有：敌敌畏、六六六、敌敌涕、乐果、氧化乐果、辛硫磷。

（2）药剂拌种：萎锈灵。

2. 20 世纪 80 年代

（1）杀虫药有：呋喃丹、辛硫磷、敌敌畏、六六六、敌敌涕、速灭杀丁、敌杀死。

（2）药剂拌种：萎锈灵、多菌灵、甲基托布津。

3. 20 世纪 90 年代

（1）杀虫药有：敌杀死、敌敌畏、呋喃丹、乐果、氧化乐果、速灭杀丁。

（2）药剂拌种：粉锈宁、甲基托布津、立克秀、卫福。

（三）肥料使用进程

20世纪80年代土壤普查后，日喀则市土壤缺氮、磷，为此每年购买尿素、磷酸二铵、复合肥来调节土壤所缺元素，并结合农家肥来补充土壤养分。

1999年小麦亩施农家肥2700公斤，施磷酸二铵30斤，一次性底施，施尿素50斤，其中分蘖期追肥15斤（此施肥量只水浇保灌地），山沟地带、旱地根据当地水资源、地力及产量情况而定。2000年小麦亩施农家肥2900公斤，青稞亩施农家肥2500公斤，施磷酸二铵20斤，一次性底施，施尿素30斤，其中分蘖期追肥10斤（此施肥量只水浇保灌地），期望产量在650斤以上。山沟地带和旱地据水资源、地力和产量情况而定。油菜单播高产栽培油菜，亩施农家肥1500公斤，亩施磷酸二铵10斤，尿素10斤，一次性底施。

二　农业培训进程

早在20世纪70年代时，农业技术推广作业很落后，农作物品种、耕作方式、管理作业，处于粗放单一的状态，在日喀则县里没有骨干农业技术干部，更没有配备区级专职技术干部。农作物产量一直不高，极大地影响了农业生产的稳步发展和经济效益。没有成立农业技术推广服务中心，群众技术接受能力差，常规技术做不到家喻户晓。

进入80年代，农业技术服务体系有了长足的发展，农业技术干部和一级农技专家逐年增多，改善了农技服务方式，形成了乡村级农业技术承包责任制，实现了定面积、定总产任务、定增加人均收入的三定制循环格局，不断力求科技兴农。同时每年举办短期农业技术培训，从规模和组织方面，首先召集市级技术干部，在农牧局统一安排下进行培训，然后将技术人员下派到各乡办进行有针对性的、符合当地生产实际的技术指导，提高群众对科技生产意识和推广新技术方面的自觉性和主动性，加大了技术服务和投入力度，调动了普及推广农业技术作业的积极性，促进了农村经济的稳步发展。

进入90年代以来，在原有的基础上农业技术革新与服务体系更加充实，不断更新技术水平。为提高农民群众的接受能力，下基层播放实况录像，每年进行3～4次培训，参加的有各乡村妇联主席、户主、农民技术员、乡村干部等，每年参加的人数达32499人次左右。①

第三节　医疗卫生

一　医疗卫生设施

（一）村民就医医疗点情况

整个东嘎乡有医疗人员11名，其中受过专门训练的6名，村医5名。有乡卫生院一个。通列和帕热两村的卫生点位于通列村村路旁边，是在2000年，村民出劳力，乡

① 部分资料引自《日喀则市志》，第184～187页。

政府投资4000元盖起来的。占地40平方米，只有一间房子。内有一张输液床（平时几乎没有用处，村民基本在家输液）、一个大药柜、一辆自行车（前任医生交接的时候已破旧不堪，不能使用）、2个消毒高压锅、1个充电手电筒、1个普通手电筒、1个药箱，房子现在是危房，条件较差。平时，一个卫生点管两个村（通列村、帕热村），卫生点里只有一个常驻医生（其实现在家里工作），是由东嘎乡选的，受过培训，懂一点汉字，但不是正规学校毕业的，一天2元，一个月工资60元左右，平常村里有集体义务劳动时可抵一个人的劳力。村卫生点的卓嘎医生比较受村民们的欢迎，村民们都表示她的医术还可以，能满足他们的日常需求（输液、配药等），同时，她对村民的态度也很好，经常到不方便走动的村民家中出诊输液，和村民就像朋友一样的关系，两村村民对她都很满意。通列和帕热两村没有个体医生，村里的卫生点能满足雪、通列、帕热三村村民们的日常用药和治疗需要。

二　村民就医情况

（一）村民看病情况

卫生点的村医没有特定的休息时间和就医时间，村民一旦身体有不适就直接跑到村医家里，村医家就在通列村，除了雪村较远之外，村民们看病还是比较方便的。一般的咳嗽、感冒、量血压等都是在村里。在卫生点看病最多的病情是头痛和感冒，这大概和村民平时的饮食习惯有关。东嘎乡的大部分村民习惯喝青稞酒，而且喝的量比较多，平时除了务农，男女老少们都喜欢抽空喝一点，就这样日积月累地损坏了肝脏的功能，村民因肝硬化或黄疸性肝炎而年轻去世的也不少。比如，珠苏家的大哥因喝酒过量而去世，年仅41岁；德强家户主的姐姐也因喝酒多而造成黄疸性肝炎去世了。患了这类病最好到城镇医院，卫生点只能给些消炎药。藏族人由于年轻时生产生活异常劳累，年老一点的人大多患有关节炎，平时从卫生点拿止痛药的不少。三个村里患有高血压的人很多，大多在48~65岁，他们时常从卫生点降压药。一些常见的妇科病也是村医的工作重点之一。

（二）村民用药情况

卫生点里存有村民们常用的各种药品，村民们的用药需求基本上可以得到满足。例如红霉素眼膏、健胃消食片、消炎利胆片、泻痢停、润喉片、醋酸地塞米松片、芬必得等止痛药，还有治疗关节炎的吲哚美辛肠溶片等。村民们也会使用一些藏医的药品，卫生点没有藏药，大多是从日喀则城镇买过来的，很多村民对藏药还是情有独钟，有些慢性疾病（高血压、关节炎等）很多村民服用藏药，既便宜也无太大副作用。

三　医疗卫生组织下乡

日喀则市医院每年组织市医院和乡卫生所、计生委、卫生局等专业人员深入农牧民的家里，向他们介绍医疗健康基本常识，并结合传染病的特点，重点讲解冬春易发传染病，如霍乱、伤寒、SARS、APF、麻疹、新生儿破伤风、疟疾、禽流感、呼吸道疾病等的预防知识，提高农牧民防治疾病的能力。特别是对孕妇死亡、新生儿死亡以及一些生育政策和卫生常识进行指导和讲解，并送去许多医疗急需的药品，对农牧民的小孩进行疫苗注射，开展义诊。东嘎乡卫生所还成立了以健康教育为主题的健康教育工作领导小组，组织人员下村等，为广大的农牧民们带来了好处。

第四节　文化体育

一　村民文化信息设施

（一）文化设施

通列和帕热两村中的文化设施不多，有也是无用武之地，比较有代表性算是两村的村委会所在地。在村委会，只有一个电视接收器与一台电视（21 英寸），2006 年年底刚刚通电之后，为了丰富村民的业余生活，村委会利用这些设备在晚上 8 点过后给村民播放电视，当时可以看四五个电视节目，村民们每晚聚集在村委会房子里集体看西藏电视台的藏语频道。那时，村委会的场地是自建成以来利用最多的几个月，在某种程度上村委会成为村民们的文化活动室——看电视。2007 年之后，到村委会看电视的村民越来越少，因为几乎家家户户都买了比村委会更大、更清晰的电视机，村委会再一次冷清了。可每当放电影的人来到村里时，大家还是喜欢聚在一起看电影。据了解，放映队平均每年到村来三四趟。还有听两村村主任讲，乡里每年会给村委会一些西藏日报和书本（藏文），可村民对读书并不感兴趣，那些书本基本上成了没有用的东西，成了摆设。

（二）信息获得方式

通列和帕热两村地处雅江北岸的一个山沟里，离乡政府所在的国道有6～8公里，从乡到村里的路况并不是很好，两村与日喀则城镇以及外界的交往也较为频繁（他们卖农畜产品和劳务输出都需要到城镇去），人们获取信息的方式也是多种多样。以往听收音机是获取信息的最佳方式，可自从2006年年底通电以来，电视无疑是一个更便捷的方式，除了藏语频道，当地还可以接收到中央1套和12套节目，但大多数村民因为语言障碍，从其他频道只能了解些图画信息，一天到晚锁住的只是藏语台。平常村里的邻里关系和谐，喜欢因一件小事而相互串门，交换各自知道的最新消息，这不仅成了他们的乐趣，也是获取信息的主要方式之一。稍微年轻一点的村民经常因家用或出售农畜产品需要到日喀则市，从城镇里的集市、茶馆、小吃店等地方，获得一些消息。还有一部分人以打工的机会到西藏的各个地区和拉萨市获取一些新的信息带回家乡，并把自己亲身经历的故事一一传达给家里人和村里的朋友。村民次仁白玛说："在农闲期间，我经常跟着欧珠小老板到城里做事，欧珠老板在日喀则市时常承包一些私人房子，我是负责监工的，我从欧珠雇来的汉族技术工那里学到了搭建钢筋水泥的基本操作方法和步骤，现在一有机会我也会自己试着去干。"

有时，乡政府要求学习中央和区党委的重要文件，以及每年两会的情况，村里也组织学习在《西藏日报》（藏文）上的一些文件。这成了电视和收音机之外，人们获取国家大政方针信息的重要途径和方式之一。同时，市、乡里也会组织一些活动，例如“三下乡”等，让村民们获得了更多、更新、更有用的知识。

二 村民体育设施

通列和帕热两村没有专门的供村民使用的体育设施。通列村主任说：“我们这边一年到头忙着务农和外出务工，哪有什么体育设施。自我上任以来乡里从来没有要求过开展体育运动。可上次（2007年）到乡里有个会说是要求每个村选两个力气最大人（一男一女），在乡里搞拔河比赛，村委会已经选好了。”在他们的观念里根深蒂固地把体育和娱乐混为一谈。把平时的劳务充当了锻炼身体的最好方式。当然，他们也见过城里现代化的社区体育锻炼设施，可这对于他们来说，暂时是不可能在村里修建的。但是，在“略仰”和“萨噶”（一种春耕的仪式）、三八节等节日，通列和帕热两村会举行一些体育活动，如赛牛、搬石头（抱石头）、拔河、双人赛力等，丰富人们的娱乐生活。

三 文化下乡活动

村民们在文化学习方面也不甘落后，日喀则市每年都有各种形式的“三下乡”活动给农牧民们带去先进的知识与技术，日喀则市宣传部和乡人民政府组织了一系列活动以满足农牧民的文化需求。以宣传党的富民政策和培养群众积极向上的生活情趣为题材，组织各种文体活动和文艺活动。同时，还带去了许多农村实用的技术资料，放映了许多贴近农牧民生活实际的电影。农牧民们既得到了实惠也得到了快乐。通列和帕热两村的人们从这些活动中受益匪浅。

附　录

专题研究

一　通列村基层组织专题调研报告

党的基层组织是党的全部工作的基础和重中之重。党80多年的历史经验表明，高度重视并抓好基层组织建设，不仅是我们事业不断取得成功的根本保证，而且是一个执政党永葆青春的根本之所在。在新的历史时期，通列村要解放思想，干事创业，加快发展，在全面建设小康社会的基础上，率先基本实现农业现代化，就必须牢牢抓住基层组织建设这个根本。

在调查中得知，通列村党支部和村委会是该村主要的基层组织，其下设有团支部、妇委会、卫生室、治安联防组和民兵排。现在的村委会办公场所于2000年建成，总投资不超过3万元，共有4间房屋，2个大院（供平时全村大会时使用），平时没有办公地点，一般都在村主任家讨论或办公，现有的村委会场所已经名存实亡，不发挥任何作用，听说在最近一两年内将建设新的村委会办公场所。

通列村基层组织的基本情况。通列村村委会于2007年

8 月进行了第十一届换届选举，目前由 4 位成员构成，分别是村支部书记兼村委会主任、副主任、委员和妇女主任。4 位干部全部为藏族，小学学历，除妇女主任为女性外，其余全部为男性；年龄方面，50～65 岁 3 人，45 岁以下 1 人。村支部和村委会实为两套班子一套人马，支部成员全部由村委会成员兼任。实际上村支部书记兼主任从人民公社解散后一直担任该职务，从未变动过，只是最近几年新增了村副主任和委员而已。据 2008 年 4 月的统计，通列村有党员 7 人，一个最近因病去世，剩下的 6 人全部为藏族，而且平均年龄 60 岁左右。其中男性党员 4 人，占党员总数的 66.6%，女性党员人 2 人，占党员总数的 33.3%。从年龄结构来看，50～60 岁 2 人，占党员总数的 33.3%，60～70 岁 3 人，占党员总数的 50%，70 岁以上的 1 人，占党员总数的 16.6%。党员每月的党费为 0.2 元，全部上交乡党委。

据村委会主任介绍，村委会平时固定的行政活动很少，主要根据每年县乡的安排来开展活动。平时的工作大多自行安排，村民大会每年召开约几十次，但并不固定，“都是根据上级的工作安排然后再确定”。相对固定的活动有年初工作安排大会、年终总结及表彰大会。2006 年主要开展的工作包括：安排维修堤坝工作；通列村配合日喀则市供电所挖立电线杆，解决通电问题；组织代表参加乡里召开的人民代表大会；组织全村过“略仰”即望果节；村委会登记每户的用电情况；积极组织每年一次的卫生、治安、安全生产、秋收和播种前准备等工作大检查；组织群众参加乡里举办的文体活动，有 2 人（女人）参加；登记国民经济收入情况（每户）报给乡里。村支部每年的工作则相对固定，主要包括：按乡里要求举行年终党支部工作座谈会，对党支部工作进行总结，对来年工作进行口头安排；组织全村党员干部举行迎“七一”座谈会；村委会与每户签订《社会治安综合治理责任书》；积极配合乡党委、政府，在全村开展深化“三项教育”活动；每年不定期地要求每户要给农田锄草；组织全村村委会成员传达“十七大”会议精神。

通列村村妇委会由一名妇女主任负责日常工作，职责涉及不定期的产前、计划生育等方面知识的宣传教育，包括母子安全、日常保健等内容；组织“三八妇女节”活动，主要内容包括组织全村妇女义务维修各自村前的村路，参与修路的通列村有33名妇女（每户一名代表），以及口头表彰这一年来在构建和谐家庭当中表现出色的村里的妇女等内容。团委工作方面，设团支部书记一名（由村副主任兼任）。全村目前只有5名团员，全部为藏族，也全为男性。就文化程度而言，5人为小学文化程度，都是六年级毕业后没能上学，而且除了一名之外都已超过了退团的年龄，现任村副主任年龄到了41岁，依然在团员行列，这一批团员在8年前选的，之后一直没有培养新的团员，该村实际上没有对这些团员进行过培训学习等内容，更谈不上参加团的活动，甚至有些团员还未听说过“五四”青年节。

治安联防组实际上还是由几位村委会成员组成，工作内容主要涉及治安防范、矛盾调解等。10名民兵由村委会直接负责。青岛通列希望小学虽地处通列村，但由乡中心小学直接管理，村里只配合做一些教育自家孩子的工作。卫生室设在通列村路口，是2000年修建，但因条件简陋且是危房已经是空房，村医平常在家工作，经常使用的医疗设备已经搬到家里了，拥有一张输液床（平时几乎没有用处，在家输液）、一个大药柜、一辆自行车（前任医生交接的时候已破旧不堪，不能使用）、2个消毒高压锅、1个充电手电筒和1个普通手电筒、1个药箱。卫生室有一名常驻医生，今年23岁的卓嘎只上过东嘎乡小学四年级，在2001年村医生旦真多杰因嫌工资少，辞去了医生的工作去做生意，现在是小有名气的村里的小包工头。从那年开始卓嘎就担任了村医生，先后在乡医院（连续待了4个月）和日喀则市医院进行了有关输液、打针、认药等最基本的医疗卫生知识的培训，最近时常也接受一些短期培训。她自己用心学习汉语、汉文，可以大概地读懂药瓶上的使用说明、用法用量、注意事项等，与此同时她曾经在生育方面也接受过简单的培训。

调查发现的问题。通列村党支部和村委会与上级党政机关的要求工作方式、工作地点和工作时间都有很大差距，村委会成员既没有严格的坐班意识，也没有相对稳定的收入。该村委会现在是传达乡政府各种精神的联络点，起着把党的各种方针政策传达到村民中的中介作用。4位成员是通过村民民主选举产生，然后由乡政府确定的，工资级别由乡里确定，他们的待遇与平时的考勤毫无关系，他们工作状态是自愿性的，也就是说有事时村委会成员开会安排各项工作，没事时就忙着干自家农活。采访期间，我多次找到村委会成员，发现在村委会获取资料似乎比在上一级的乡镇单位更加困难，因为他们每年的记录资料就是统计村里的国民经济收入表，这表也只有一份交到乡政府，没有副本，其余文本资料几乎没有，很多数据都是口述的，它的正确性有待考查。

调查发现，村委会平时操心的事情并不少，可组织效率偏低。比如：调解家庭纠纷、安排春耕春播工作、动员秋收工作、收电费、统计村里的国民经济、开会传达上级安排的工作，还有有时迎接上级某个参观团的检查等。反正大多数时候村委会的具体工作都由几个成员来完成，大到传达党的方针政策，小到调解家庭纠纷，一旦村民遇到什么问题，他们不约而同地会找村委会解决，村主任会想尽一切办法解决的。在村民心中村主任威信很高。由于村委会成员普遍存在年龄过高，受传统旧思想的束缚严重，统领全村的能力偏低，存在做一天和尚，撞一天钟的现象，基本上没有能力带领全村走向富裕。

> 40 多岁的村委会副主任次旺欧珠讲道："在组织村民积极参与各种能够增加收入的活动时，常常感到心有余而力不足，因为村委会成员年龄普遍偏大且观念陈旧，很多新的致富手段没有掌握，也不清楚。现在村里的一些年轻人虽然文化程度不高，可他们跑过很多地方，眼界开阔，知道怎样走向致富之路，他们也给村里农闲期间无事可做的年轻人提供了致富门路，如果下一步村委会成员采纳村里一些见多识广年轻人的点子，相信全村人走向致富是早晚的事。"

由于村委会除了传达和解决村内的农业生产的各种问题之外，对积极组织劳务输出，经营各种产业的引导和作用并不突出，这一领域几乎处于无人问津的状态，缺乏与一些年轻有为的村民之间的交流，致使部分村民抱怨村委会没有给他们提供增收渠道而感到很失望。

通列村扎西康桑户主表示："我很清楚村委会在本村农业生产和宣传党的政策上积极响应上级的指示，而且在村内发生任何事情通过他们大多能够得到解决。可听说有些村的村委会在积极组织自己村里优势劳动资源寻求增加收入方面做得有声有色，收入比种植业多，本村在这方面可能做得不如其他村。我想我们可以利用我们村的优势增加群众的收入，比如索康家的三儿子，他是我们村最先搞包工的，到现在已经有四五年了，而且一年比一年做得大，一个没有文化知识的包工头每年带着几百人到各地包工，靠的是什么？我想是智慧。我们为什么不利用这些资源充分发挥我们具备的优势呢？不仅仅是劳务输出方面，我们还可以搞养殖业来带动我们村的经济。这些致富方法村委会也知道，可就是不去发挥他们的作用，他们应该在这些工作上多想一想。"

从人民公社时期到今天一直担任村主任的吉勒表示，国家全面实现农村税费改革和免除农民所有负担的今天，通列村委会成员身上表现出来的无事可做的状态越来越明显，以前开个会需要到乡里或市里，可现在一个电话就解决了所有问题，既省了时间，又提高了效率。但是目前村干部身上存在着以下几个问题：首先是缺乏工作的动力，村委会的4名成员都是国家聘用干部，村主任和副主任每年大概有2500元的固定收入，平均每个月208.3元，是从2004年开始的，之前每年只有700元左右，而且是从群众手里收的，现在是国家拨款，不用从群众手里收；村妇女主任每年大概有600元，是按工作量的多少来确定工资收入的；村委会委员每年有600元，也是按工作量的多少来定的。他们普遍感到薪酬过低，所以工作积极性不高。其次是综合素质普遍不高，加上培训的机会不多，普遍缺乏创新意识，很少真正思考村庄的未来与发展。最后是普遍缺乏工作自主意识，部分干部官本位思想严重。作为最基层的由村民民主选举出的干部却仍然有官本位的思想，习惯于安排指挥，指令性讲话多，交流性讲话少，实在不是一种好现象。

通列村村委会面临的困惑。在对村委会干部的走访中笔者发现，他们不乏有发展本村的理想，只是由于村内经济基础薄弱，他们自身的观念陈旧，加上农业条件较差而在创业方面显得力不从心。村委会成员普遍关心的问题是本村经济的发展和社会的稳定，他们想争取更多发展空间来增加收入，然而由于种种原因，农业生产的基础设施没有得到有效改观，现代意义上的农业基础设施还有待进一步完善。当然，乡政府的报告当中一再强调发展现代农业和培养现代农牧民的重要性，可村民的自身素质和文化水平更需要优先考虑，否则，培养现代高素质的农牧民只能停留在口号上。要想改变二牛一犁的传统耕作方式，只能多从增收渠道考虑问题，毕竟地形结构上不太适合大面积机械化耕作，这也是通列和帕热两村将要解决的重大事情。

同时，村委会无法得到上级财政的支持，办公经费包括成员工资（除聘用干部有政府固定的月工资外）几乎全部靠自身筹集。他们能筹集到的经费除了主要来自于罚款，还包括年终从群众手中收取的部分钱。实际上目前的账上没有钱（村主任说）。

建议：

通过对问题的分析，我对基层组织特别是村委会工作的开展建议如下：

（1）进一步加强干部队伍建设。首先把马克思主义“四观”、“两论”，科学发展观，党的十七大、十七届三中全会精神，以及区党委七届二次、三次、四次全委会精神等作为学习的主要内容，注重加强基层干部的群众观念教育，解决个别干部脱离群众的问题，坚持从群众中来，到群众中去，问计于民，为民谋利；其次要加强培训，大力提高干部的能力；再次要采取传帮带等有效形式，让青年干部尽快成长；最后是选拔任用干部时，要优先考虑那些思想觉悟和政策水平高、工作实绩突出、人民群众普遍欢迎的优秀基层干部，形成良好的用人导向。

（2）大力改善村干部的待遇和工作条件。乡村干部任务繁重，工作生活条件差，付出多，应切实提高他们的工资待遇，改善他们的工作条件，以充分体现党和国家对他们的关心。既要提高补助标准，进一步调动他们的工作积极性，也要统一为他们缴纳养老保险，解除他们的后顾之忧。

（3）加强干部轮换，让一些有潜质的年轻人充当主要角色，上级选派较高素质人才进村委会蹲点工作，改善村委会基础设施。

（4）加强培养新党员和团员，发挥组织战斗堡垒作用。首先要严格标准，使新入党的同志不仅在组织上入党，更要在思想上入党，绝不能因追求数量而降低标准；其次要把党员的重点对象确定在致富能人、工作带头人、有较高文化的年轻村民上，确保党组织在群众中先进性和威信；最后要加强教育引导、严格党内组织生活等方式加强政治思想建设。

（5）切实建立群众性监督机制，力争每年开展一次全体村民对干部的评议工作，对无所作为的村委会干部坚决罢免。

二　通列村经济发展专题调查

通列村现有实际耕地面积527亩，水渠3条，水塘（库）2座（两个大小差不多），该村域内耕地都要靠3条水渠（春夏秋三季有水流），加上地势不平坦，灌溉资源一般，有一定靠天吃饭、望天养蓄的成分。全村共33户，260人，全部为藏族。主要的农作物有青稞、冬小麦、马铃薯、豌豆、油菜、萝卜（当地叫藏萝卜）等。

生产与收入

通列村村民的生产方式主要包括农业、半农半牧业和家庭养殖业（小规模的养鸡、养猪、养牛）。养羊、养牦牛的周期长，需要一定的经济条件，在该村养牦牛比养羊者多，养羊户只有10户左右，但成规模的很少，只有几家传统的养羊户还在坚持养羊。总体说来，通列村的生产以农业为主。

个案1

德吉康桑家的户主齐美，男，58岁，目前家里有8口人。放羊已经成了他生活的主要部分，每天早上10点到晚上7点都在一个人放羊。养羊是除了农业收入和大儿子打石收入外，家里的主要收入。他们家共养了5头母牛、11头牦牛、130只羊和8只鸡。每年靠养殖平均有7300元左右的固定收入。

个案2

桑夏家的户主白玛，59岁，家里有8口人，养有6头母牛、1 头公牛、20 头牦牛（牦牛最多的一家）、48 只羊（既有绵羊又有山羊）、18 只鸡和 2 头猪，每年从养殖上平均收入有 8000 元左右。

个案 3

扎西康桑家尼玛户主，男，63 岁，家有 8 口人。目前养殖有 6 头母牛、10 头牦牛、45 只羊（既有绵羊又有山羊）、10 只鸡和 1 头猪，大部分的养殖产品是供自家用。

以上三户在通列村是养殖业规模较大的，其余每户同样养着母牛、牦牛（主要用来耕地）、猪、鸡等，大部分是自给自足，向市场出售的很少，出售最多的是酥油。

听村主任说，目前通列村的人均耕地在 2.5 亩左右。全村目前拥有的土地为 527 亩，分别种植了 184 亩青稞，81 亩小麦，61 亩藏油菜、79 亩蔬菜和 122 亩饲料饲草（这是乡里给村里定的 2007 年规划）。很明显，通列村目前的种植结构中主要以粮食作物和饲草作物为主，据笔者调查，这种模式主要是出于两种考虑：一是地形和农业条件使得经济作物生产需要进一步提高，粮食作物只能基本解决村民的口粮问题，没能起到创收作用；二是由于土地肥力差。除了粮食生产，发展城郊畜牧业的前景较好。然而调查中发现，通列村那些大部分习惯了种植粮食的村民对发展城郊畜牧业这样的改变缺乏必要的心理准备，普遍感到一时难以适应，很多村民不能够接受，甚至担心减少粮食作物有可能对生活有大的改变。我随机选取了 31 户家庭，对他们的收入状况做了简单的分层统计。

附表1　通列村31户收入分层

1000元以下（2户）	德强，窄罗
1000～5000元（2户）	乃强，诺苏
5000～1万元（4户）	夏羌，次仁罗布，诺加，乃康鹅
1万～2万元（4户）	达努，热苏，桑强，达夏
2万～4万元（13户）	热丹巴，热在，郎罗，康怒，珠夏，德吉康桑，桑夏，吉白，扎西康桑，康吉，次旺欧珠，扎西康桑，达努
4万元以上（6户）	康吉，吉康，桑怒，珠苏，珠努，索康

说明：上表根据问卷调查制成。

以上收入主要是群众对自身家庭年收入的估算，应该说这个收入与本村报给乡政府的每年村民经济收入相差较大，因为上表收入里我没有把粮食收入列入其中。该村统计的人均纯收入达到1649元，比自治区农牧民人均纯收入2790元相差将近一倍。但从上面表格中可以大致了解到村民之间的贫富悬殊并不是很大，收入在2万～4万元的家庭占的比重最多。

调查发现，通列村民平时的支出主要集中在吃（大米、面粉、蔬菜、蔗糖、盐巴、调料、酥油等）、穿、日用生活品（锅碗瓢盆等）、家电（电视机、DVD等）、交通（日喀则市来回4元）、教育（学习用具）、化肥（听村里人讲可能是最大的消费）。当前年收入在5000元及以上的家庭，基本每年可以有一定的盈余（如果节省的话），而家庭年收入在1000元以下的两户则不能够保证正常基本生活，他们需要政府的帮助，是典型的贫困户。其中通列村窄罗家的现金收入不到1000元，应该是最贫困的家庭。

个　案

德强家达瓦次仁，39岁，是通列村最穷的6户家庭之一，听村主任说，因他家比较困难，乡里特地把他的妻子甘旦卓嘎，43岁，推荐为村委会保管员（每年有一定工资），在我调查期间她还没有任职。家里有两个67岁以上老太太，其中，70岁的卓嘎是通列村六个党员之一。他自己有两个上学的孩子，一男一女，还有一个已故姐姐的孩子和他住在一起（他姐姐5年前因病去世，留下一个孩子，没有人照顾。后来卓嘎把她接到了自己家，可本身是贫困户，拿不出多余钱来供她上学。他们多次与一些孤儿组织联系和寻求民政部门的帮助，但始终遭到拒绝）。最近两年，他家从乡政府领到过青稞150斤（2005年），糌粑几十斤（以前给过两次），面粉50斤（仅一次），大米70斤（仅一年），钱200元（可能领到过两次）。

实际上，村民由于观念落后及不思进取的缘故导致贫穷也不少，德强家就是典型的一例。其实德强家的户主完全有能力从事经商或外出务工，可他就是不愿去。谈话间时不时地冒出“地狱动物在地狱自在”的话，令笔者惊讶之余别无他法。

社会保障与救济

对普通的农牧民来说，医疗卫生保障对家庭发展具有重要意义。西藏从2004年起全面推行新的农牧区医疗制度。这种建立在免费医疗基础上的合作医疗制度，使更多的农牧民享受到了实惠。据调查，国家对西藏农牧民一直实行免费医疗政策，即国家补助15元，西藏各级政府补贴15

元，共 30 元，作为每个农牧民的免费医疗资金。新推出的农牧区医疗制度确认了没有参加个人筹资的农牧民也按比例享受报销医疗费用的权利，只是参加个人筹资的人将享受更高的报销比例和更多的优惠。在同等情况下，交纳个人筹资的比没有交纳的报销比例高出 20%。另外，交纳个人筹资的农牧民还将享受再补偿政策，即因患大病、重病发生大额医疗费用或住院医疗费用超过报销封顶线的，县（市、区）医管会根据患者家庭的经济情况，从医疗救助基金中给予一定数额的再补偿。新的农牧区医疗制度仍然坚持“政府出大钱、农民出小钱”的原则，是一种农牧民自愿参加，政府、集体和个人多方筹集资金，以大病统筹为主的互助合作制度，但在政策上做了三点调整：一是对个人筹资的费用做了调整，参加医疗筹资的农牧民个人每年交纳的费用不低于 10 元。而以往实行的筹资标准是农牧民个人按当地年人均收入的 1.5% ~3% 交纳费用；二是增强了大病统筹的能力，由原来以乡为单位进行统筹改为以县为单位进行统筹，使筹集资金的范围扩大，筹集的资金变多，抗风险的能力增强了；三是简化了农牧区医疗基金的划分，分为大病统筹、家庭账户、医疗救助三类。

在通列村，村民们和自治区其他群众一样，100% 享受到了农牧区合作医疗制度推行带来的好处。调查中笔者发现，每户村民都有一本由西藏自治区卫生厅制发的《西藏自治区农牧区家庭医疗账户本》，本中对户主的基本家庭情况、筹资和合作补助的情况，以及一般的报销情况都进行了较详细的记载。说到住院报销的情况，该村桑夏家三儿子白玛次仁深有体会。

个 案

2006年，白玛次仁因以前外出务工时发生意外，左胳膊几乎断了，在拉萨市军区总医院做了手术，医生告诉他一年之后需要取出胳膊上的钢筋，他在日喀则市医院把钢筋取出来了，因手术时花费了巨额的住院费用，合作医疗帮他报销了近8000多元的医疗费。而他参加合作医疗的费用每年仅为10元钱，不到他年收入的1%。

在乡镇医疗机构和村卫生室就医所发生的门诊费用，凭家庭账户本在其家庭账户基金中核销；在乡镇医疗机构就医所生的住院费用，凭家庭账户本、出院证明和医疗费用有效票据到县医管办，在大病统筹基金中报销80%。在市级医疗机构就医发生的医疗费用，其门诊费用凭家庭医疗账户本在家庭账户基金中直接核销；住院费用凭家庭医疗账户本、出院证明和医疗费用有效票据，在大病统筹基金中报销75%。在地区级及地区以上医疗机构就医发生的医疗费用，其门诊费用凭家庭账户本在家庭账户基金中核销；住院费用凭家庭医疗账户本、县医疗机构转诊证明、出院和医疗费用有效票据，在大病统筹基金中报销65%。具有本市农业户口的农牧民孕产妇在各级医疗机构住院分娩发生的费用，凭家庭医疗账户本、市卫生机构转诊转院证明及医疗费用有效票据，根据自治区卫生行政主管部门制定的限价标准，在大病统筹基金中给予100%报销。同时，实行农牧民孕产妇住院分娩奖励政策。凡农牧民孕产妇在各级医疗机构住院分娩的，一次性奖励孕产妇30元，奖励陪护者20元。奖励经费由市医管办在大病统筹基金中支出。

在通列村，被纳入日喀则市农牧区年人均收入800元以下的低保家庭有7户，这对他们的生活是一种十分必要的帮助。调查中得知，处在“九年义务教育”内的学生，可以享受“三包”的上学保障政策，在东嘎乡中心小学上学的通列村学生，除每各月从家里自带零食，住宿、伙食都是免费的，除个别年级每年交纳15元的同步练习册费用外，基本不会再有额外的花费，这样的政策对鼓励家长和学生的入学热情作用很大。与此同时，发现在九年义务教育期结束后，只有少数成绩很好且家里经济条件较好的学生，能够有继续升学的机会，大部分还是让孩子放弃升学的机会。

脱贫致富

在调查之初与东嘎乡各位领导讨论选择一个比较典型村庄时，他们毫不犹豫地指出了通列和帕热两村。问及原因时，乡长说，这两村的农业条件、村民意识、经济条件等均较典型，再加上两村村民大部分与我认识，容易沟通，所以选择了这两村。而通列村村民大部分对未来发展道路充满了信心，调查的核心就放在了通列村。在通列村，据村委会统计，处于绝对贫困和相对贫困而符合低保政策的达到了7户，即贫困率达到了20%左右。调查同时发现，由于种植业收入远远不能满足农牧民群众的现实需要，他们积极地尝试着创收的各种方法。特别是在农牧业发展的空间并不大的现实面前，他们存在一个如何充分利用有限的资源来增加收入或通过组织化的劳务输出带动全村的经济发展的问题。解决这一问题无论是政府还是农户个人都面临着重重困难。

通过对通列村调查发现，农牧业发展确实存在以下这些不可忽视的问题：

其一，特殊的地理环境，为通列村的农牧业经济发展提出了挑战。该村地处山高谷深，高寒缺氧，地域狭窄，耕地呈梯田形，交通不便，平均海拔达到了4000米以上，这种特殊的地理环境，给农牧业生产和整个农村经济的发展带来了不利影响。一是可利用的耕地较少，而且是沙土为主。全村耕地面积只有527亩，人均有2.5亩，相对于其他一些农业村算是多的，但是土质极差。二是农牧业用地的产出率较低。因高寒缺氧，农作物的生长期较长，除了种植冬小麦，一年只收一次，且单位面积的产量比别的农区低，耕地的复种指数和粮食平均单产分别比全国同期的平均水平低18.4个百分点和431.71公斤，甚至更多；小规模草场有几个（主要是放母牛），但劣质草场比重高，沙化和泥石流破坏严重，极大地影响了农区畜牧业生产发展。因此，农业用地的产出受到了一定的限制，据村委会统计，2006年实际种植527亩，产值22万元多一点。

其二，劳动力的素质较差，劳动生产率低下。劳动力素质是农牧业生产的决定因素。调查显示，通列村有260人，其中文盲有90多人，占4.6%；小学文化有140人，占53.8%；初中以上文化程度只有3人，仅占0.01%。由此可见，通列村农牧业劳动者的素质普遍较差，大大影响了先进农牧业生产技术的应用和科技水平的发挥，限制了劳动生产率的提高。

其三，市场发育迟缓，影响了农牧业产业化进程。通列村现在基本上还处于自给自足的自然经济状态，距离建立和发展社会主义市场经济的要求差之甚远。全村所生产农畜产品只能到日喀则市市场上去出售，并没有集贸市场，更谈不上农牧业产业化。由于市场发育十分缓慢，该村买难卖也难的状况普遍存在，农畜产品不能及时转化为货币收入，在一定程度上影响了农业产业化进程和农牧民生活质量的快速改善。

其四，基础设施建设滞后。中央第三次西藏工作座谈会之后，基础设施建设的投入迅速增加，使通列村基础设施落后的局面在最近几年内有大的改观，但水利设施建设的严重滞后，制约了该村农牧业生产的快速发展，给当地村民的生活带来诸多不便，同时也阻碍了通列村产业结构的调整。

总之，对于一个人口不到300人的村落来说，改变经济增长方式显得至关重要。要想彻底改变一些存在问题和不足，还需要当地政府和社会的大力扶持与关注。

三　两村文化教育专题调查

很多表述和实践充分地证明了没有广大农牧民的富裕、文明和进步，就不会有全西藏的富裕、文明和进步，没有农牧民的小康，就不会有全西藏的小康。在通列和帕热两村调查中发现，随着这两三年来国家对文化教育基础设施建设的大量投入和积极探索，文化教育的实际工作取得了举世瞩目的成绩。目前，两村除了已实现“普六”教育外，一年前全面实现了广播电视和电话“村村通”，群众还享受每个季度看一次免费的电影和每年几次的“三下乡”宣传活动。这些形式的文化教育活动不仅促进了当地经济的发展，而且使得村民们对文化教育的渴求也在逐年增加。

学校教育

两村大部分儿童在东嘎中心小学上学。东嘎中心小学位于距日喀则市 12 公里雅鲁藏布江北岸，东嘎乡人民政府所在地，是地方政府部分投资和义务劳动联合修建的一所中心小学。建校初期学校占地面积约 10000 平方米，修有土木结构的 6 间教室和 20 间学生宿舍，3 间仓库，20 间教职工宿舍。建筑面积为 1587.17 平方米。当时有 6 名教师，其中中专学历的有 2 名，初中学历的有 4 名。共有 76 名学生，分四、五、六年级授课。到了 2002 年该校根据实际情况合并了居住分散的几个教学点，这样该校上学学生人数明显增多，以原有的办学条件无法满足实际需求。再加上原有房屋建筑质量差，随时发生意外事故隐患多，对此学校领导多次提出关于改善该校办学条件的请求，日喀则地区教体委于 2003 年投资 69 万元修建了 1 栋学生宿舍楼（砖混结构），面积为 580.45 平方米，一个学生食堂，面积为 229.17 平方米。2007 年国家投资 190 万元和市政府投资 100 万元修建了一栋学生宿舍楼，面积为 692.71 平方米，一栋教工宿舍楼，面积为 435.3 平方米。一栋综合教学楼，面积为 1266.21 平方米，学生食堂扩建 59.25 平方米。新建的占地面积为 2443.21 平方米，总建筑面积为 9282.72 平方米。现在该校无论在办学条件，还是教学质量上有长足的进步，形成了规模较大，结构合理，制度健全的一个学校。目前该校 1～6 年级共有 6 个班，全校共有 360 名学生，其中享受三包的有 317 人，配有 20 名专任教师，开齐开足了小学的全部课程。校长说："普及义务教育率达 98.1%，巩固率达 98% 以上。"通列和帕热两村的四年级以上的孩子都在这所学校里，当然，有条件的部分村民孩子在日喀则市。

一年级到三年级的学生在青岛通列希望小学上学（地处两村交界地带），该小学是由青岛市人民政府投资 19.46 万元援建而成，2006 年 9 月底竣工。学校占地面积 1840 平方米，建筑面积 195.69 平方米，可容纳 120 名学生就读。目前在任老师 2 名，欧珠老师毕业于石家庄师范学校，大专文凭，老家吉隆县，毕业时分配在日喀则地区通门县，后来调到东嘎乡小学，之后在通列村待了将近 4 年，平时教数学、汉语、藏语，可以说是一个能力非常强的教师，以他的文化水平教育这些村民小孩是绰绰有余的。他的同事普曲，今年 32 岁，毕业于日喀则地区师范学校，大专文凭，刚开始同样分在东嘎乡小学，自从青岛通列希望小学建成之后，由乡中心小学领导派过来。学校的经费主要涉及教师工资，由政府全额拨款，据现任校长估算，学校每年能够获得的上级拨款大概 43 万元多。

在走访询问当中了解到，两村农牧民们的思想受到了时代变迁的冲击，村民们对于孩子的教育还是比较重视的，许多村民通过接触城镇生活和打工的经历，逐渐觉得学习文化是很重要的，而且可能是今后唯一的出路。他们不再以从前的观念来束缚孩子，而是期望孩子能够通过受教育走上不一样的道路。在对欧珠老师的采访中我们得知：许多孩子的家长潜意识里很清楚学习文化重要性，可还是摆脱不了根深蒂固的传统观念，特别是秋季到了收割的季节，他们编造各种理由，硬是把小孩留在家里让他们看羊、看牛和做一些家里琐碎的事。平时他们那边不像城里那样考完之后开家长会，好多孩子的家长他们见都没有见过，更不用说嘱咐家长对孩子进行学习方面的教育以及必要的教导了。

个案 1

在对通列村德强家初三毕业的米玛罗布采访时发现，他不仅不认识全部拼音，而且连自己的姓名都会念不会写（写出来的全是错别字），真不知道九年义务教育都给他教了些什么！这是我们需要思考的。国家在西藏儿童的受教育问题上投入了那么大的人力、物力、财力，在实施过程中应体现它原本的初衷。

由于义务教育的普及和进一步完善，农牧民子弟上小学、中学不需要交学费，在学校上学的小孩只需要自带食物即可。仅从近年开始，东嘎中心小学和青岛通列希望小学二年级以上的学生每年只需要要交十几块钱的同步练习费用。

个案 2

村民索康家有两男两女 4 个小孩，大的小孩上初二，3 个小的读小学，一年下来文具纸张等费用大概 500 多元。国家政策大大减轻了农牧民的负担，也是增加他们受教育人数比重的重要因素。

但是，受教育程度到高中以后的人却很少。

个案 3

通列村村医家的三女儿，2007 年中学毕业，毕业后考上了高中，但学费要一千多元，女孩和家人都还是非常愿意继续上学，但家里经济状况不好，再加上两个姐姐还在上学（一个在内地上大学、一个在日喀则上高中），只好待业在家。他们的父亲说，两个女孩的学费已经让他们在经济上不堪重负，三女儿不能再上学了，除非城里亲戚愿意提供帮助，否则女儿就不能待在家里了。

就我采访的通列村，已经毕业当国家干部的7人，其中珠努一家出了4个；正在读大学的2个，读高中的3个。经济原因是主要的，其次是观念。在村里走访时我有意无意地问了有关人类居住的知识，除了上初中、高中的一些学生外，95%以上村民根本就不知道我们生活在地球上，大部分口径统一似的讲，我们人类生活在一个大鲨鱼身上，西藏人就生活在鱼头上，所以我们几乎不会发生地震，内地等生活在鱼尾上，一晃就发生大的灾难（在搞问卷调查时顺便问出来的）。从这一点上我们也不难发现村民对大自然的了解更是知之甚少。所以，村民的下一代接受教育非常必要。

村里小孩的读书观念是与他们的家庭教育息息相关的。父母的人生观、价值观可以间接地体现在孩子的精神世界里，表现在现实生活当中。小孩们从小接受了浓厚的宗教观念，习惯用宗教思想来认识客观世界。他们理所当然地认为多念六字真经能给他的学业和生活上带来更多的机遇，忽视脚踏实地的重要作用。从两村来说，现实的生活中家长们鼓励孩子好好上学，将来才会有出路的同时，根本就没有否定一些不好的宗教文化带给孩子根深蒂固的、扭曲的人生观和价值观。也有一些家庭对小孩采取了无所谓的态度。

个案4

通列村的德强家，从小向孩子灌输的观念是读书没有用，根本是在浪费时间，读完初三就别上了（因为这是强令规定），早点毕业早点替父亲去放羊，因为他们一家是该村最穷的一户之一，父亲平常除了务农就是替别家看羊，一只羊每年的看羊费是8元，能多看一只羊就多一点收入。这样一来，小孩从小便没有了努力读书的意识，就这样，九年义务教育满后小孩注定要当个放羊娃。

青岛通列小学的小孩每天放学就等于放羊，孩子们和老师在无形当中形成了一种默契，没有特别好的学习气氛。

在调查中，我对当地教育存在的一些问题作了简单分析：现在的通列和帕热，以及整乡村民的观念上比起十几年前已经有了质的飞跃。大部分真心地渴望知识，通过知识改变自己命运的思想已经逐渐形成。在现实生活中不时地灌输和催促孩子要好好学习，立志成材的观念。更多的人希望小孩能够受到更好的教育，能够真正学有所长，学有所用。但是对于具体的教育形式，还不甚了解。

调查发现，两村村民对爱国主义教育表现出了很大的热情，觉得那是必须学习的，而且很有意义。说到信仰和达赖集团，通列村主任吉勒认为："可能90%以上的两村村民都信仰藏传佛教。在不违背党的宗教信仰自由的前提下，这既是传统，也是我们生活当中不可缺少的元素。达赖集团不好好念经，总是和政治搞在一起，这是我们所不认可的。当然，达赖对我们的生活没有构成任何影响。"帕热村主任琼吉说道："每次到乡里开会都会有开展爱国主义教育的部分，大家都学得不错，觉得应该学，而且会回到村里给村民们讲。”

实际上，在通列和帕热两村，人们几乎没有受到境外宗教势力的任何影响，只是大部分人出于对传统的尊重和精神的需要而信仰宗教，从对两村的一些村民采访得知：现在虽然有很多人在信仰宗教，但每当宗教与自身利益发生冲突时，很多人毫不犹豫地会选择后者。很多村民是只上过小学，但他们对文化知识的追求大于宗教信仰，这在几年前是不可想象的。

西藏日喀则市通列和帕热两村调查日记

※2008 年 4 月 17 日　晴　3500 米

东嘎乡通列村　村主任家

※村主任　吉勒　村副主任　次旺欧珠

村名的来历：以前前来收税和安排事物的人员（可能是民主改革之前噶厦政府时期，通列村不属于东嘎庄园，而属于达尔巴庄园领地，也就是现在的白朗县所属，区别在于前者为班禅喇嘛的拉让领地，后者为达赖喇嘛的噶厦政府领地。该村的全部税收上缴到达尔巴庄园，从达尔巴庄园专门派收税官员到通来村。当时有：热丹巴、吉康、热在、郎罗、珠夏、珠努、吉白等 7 大户，在他们之下有专门从事农活放牧的佃农。）到本村时，他们为了有更多的享乐时间而不去田间地头实地考察，从大户家的房顶上查看庄稼的好坏，不禁为长势良好的庄稼赞叹不已，说：“一看就知道长得很好。”当时称为“透钩”。从此，便有了现在通列村的名字。

生活的变迁：从民主改革以来到现在，本村的面貌发生了翻天覆地的变化。我们问一个哑巴都知道生活的巨大变迁。人民公社时候，生活非常艰苦，就连糌粑也经常短缺，仅有几斤酥油到市场上去卖来维持全家人的生计，为了吃饱肚子，时常干一些管饭不给钱的工作。记得当时“大锅饭”时，生产队仅有的最大家产是一辆马车，全部的生产生活都是为了集体的利益，生产的积极性虽然很高，但几乎没有考虑到长远的生产利益和个人利益。可现在每个家庭都有手扶拖拉机、小四轮拖拉机、东风装卸车等。如果讲述老百姓富家之路，真是怎么讲也讲不完。(两人同时)

基层组织：我（吉勒）是村主任兼党支部书记，现年52岁，小学文化程度，人民公社刚开始阶段担任了本村的小文书和政治委员，其间在日喀则县培训过2月，之后1972年左右担任过一段副村长，从1981年家庭联产承包责任制开始一直到现在就担任了村主任和支书，全面负责村里的工作。工资是国家给，四五年前一年给1500元左右，现在一年给2000元。早些年，国家是不给工资的，村干部只能从群众手里收一点，一年大概收700元。次仁欧珠是副主任、文书、团支部书记，现年41岁，小学文化程度；次仁群培是委员兼保管员，现年55岁，小学文化程度，懂一点汉文，因为平常工作生活中使用的少，几乎忘得差不多了；妇女主任是达瓦卓玛，现年64岁，小学文化程度，曾经在江孜干校进修过文书专业（人民公社时）；我们村委成员中共有7个党员。

村党支部的经费主要是国家每年拨下来的800元和村民因违反乡规民约而被罚（比如：完不成年初确定的计划而被罚；偷灌溉的水而被罚；没管好自家牲畜而被罚；打架

等）的钱。

村妇女主任的主要工作是负责本村妇女的教育、计划生育宣传、动员妇女为本村的基础设施干活（修路），同时在“三八”妇女节时组织16岁以上妇女们一起欢聚。

节日：每年8月，我们这边举行盛大的“略仰”，也就是所谓的望果节。节日持续15天，届时平时关系密切或亲戚朋友组成几个组，一个组最少2户，最多5户，进行庆祝活动。以青稞酒和酥油茶唱主角的宴会，村委会规定不得超过15天，以免误了农事。每年3月举行农业的开春仪式，叫“萨噶”，为来年的丰收祈求风调雨顺，为期2天，第一天一般选个黄道吉日，进行耕牛比赛，主角是牦牛，每户都要参与，场面很壮观。一年当中最重要的节日当然是传统的藏历新年，但这边过的是“索郎罗萨”，比藏历新年早一个月，主要是为春季播种考虑的。

粮食：通列村开始买菜的人越来越多了，平时吃土豆、藏萝卜、油菜子叶、藏面（用小麦面粉做的）、糌粑（经常吃）、米饭（以前一年吃几顿米饭就不错了）、白菜（一周一次）、青椒（一个月一次）等。

自来水：我们村的自来水是澳大利亚的一个基金会和市民政部门合作弄的。当时我们只出了劳力，其他全部设备的提供和安装都是外国人完成的。这是我们这里最大的改善。以前人饮水都是从很远的地方去拉，而且水质很差，经常喝到上游村洗衣后流下来的水。但现在本村有5个自来水，平均每6户一个，而且春夏秋冬水质非常的好，有条件的还往自家里拉了水龙头。

土地：随着海拔的升高土壤的质量也越来越差，而且地形呈梯形，不利于搞机械耕作。旱灾时，灌溉水紧缺，因为只有一条大河，将近10个村共用。

村民：村里的老人不多，最多的是45～60岁的人。应该说这一群人能够很好地起到教育下一代的作用。本村最不好的情况是喝青稞酒，年轻人不管有事没事都在喝酒，可以毫不夸张地讲，一年青稞收成的将近50%都用在了喝酒上。我们经常在村委会大会上宣传喝酒的危害，但取得的效果并不好。

丧葬：

火葬：通列村使用火葬的情况大多是在秃鹫少或不吃的情况下才使用。火葬敛尸过程中的仪式大致与天葬、水葬相同，值得一提的是焚尸后对遗骨的处理。普通人的骨灰一般是带到高山上随风抛撒，或撒进江河让流水带向远方。高僧大德的骨灰则要作特殊处理。在通列和帕热两村，亲人去世之后，人们就会请来喇嘛（有条件可从扎什伦布寺请，大多数请本地的通列村郎罗家朗杰和帕热村的次仁多杰），念七七四十九天的经，即七个星期，一个星期念一次。这四十九天里面，酥油灯是要天天都点的，无论穷、富都是一样。但是过了七七之后，是否继续点酥油灯就由自家经济实力来决定了。七七四十九天过后，就一个月念一次经，过了一年以后，就每年做一次，以后每年都要做。

水葬：在本村水葬可以说是天葬的一种辅助葬俗，特别是对婴孩。葬仪也较为简单，将死者尸体背到河边，肢解后，或者用白布包裹，或将死婴装在一个砂锅里放入水中。对于成年人使用水葬被视为是低等级的葬俗。

天葬：一般来说天葬的时候自家的人是不去的，就去一个亲戚，还有几个值得信赖的人去。他们是去监督的。女的习惯上不去，传统上人们认为她们胆小。自家人去的话既会很悲痛，又会被别人认为这家人不怎么样，都没有人帮忙，实在不行的话也可以自己家的人去。在过去，天葬的时候如果秃鹫不吃的话就会拿去水葬。天葬一般都在日喀则市扎什伦布寺向左5公里处。

婚姻：本村是典型的纯藏族村子，不仅有着普遍的一夫一妻制，还包含一夫多妻、一妻多夫、兄弟共妻、叔侄共妻等婚姻特例。

村民自己对一妻多夫和一夫多妻很习惯，同样对叔侄共妻也没有太多歧视。对多夫家庭的妻子，社会上有一种普遍的评价标准，如果能搞好几兄弟的团结又孝顺父母，一家和睦相处，则认为很贤惠，受到舆论的称赞。反之，如果弟兄婚后闹着要分家，则说妻子偏心，会受到舆论的指责。这种观念根深蒂固，大家都觉得十分正常，这是在生活、劳动、经济上解决问题的一种方式。人们对于这些家庭的人，并不会有任何歧视。女人在婚后会有长者告诫对丈夫们要一视同仁，不能偏爱某一人，对几兄弟要平等相待，搞好团结。因此对多夫的妻子来说，也把这一点看得很重要。搞好团结，除日常生活方面外，与一夫一妻家庭不同之处就是要处理好与丈夫们的性关系。

※2008年4月19日　晴

※通列村乃强家　扎西顿珠（户主）　男　46岁　小学文化　村中最贫穷的家庭之一

家庭成员情况：我的妻子琼吉今年44岁，时常体弱多病，经常流鼻血，血压很低，只能干一些比较轻松的农活和家务事。大儿子扎西今年21岁，天生的残疾人（跛子），8岁之前一直躺在床上，因经济条件的原因没能及时治疗，是文盲，平时除了放羊，出去打工是不可能的，家里有8只绵羊，加上看管别家的羊有40多只，一年大概有1000元左右的看羊费。小儿子武邛今年19岁，在日喀则市一中上初三，因中途留级多次，年龄比较大，他是我们家文化程度最高的一个，我们这一代因双方家庭的条件和时代的原因没能够上学，所以特别希望下一代能够上学。我们经常鼓励小儿子好好学习，可他不争气，成绩很差，今年完成了国家规定的九年义务教育，我们准备让他在家帮我们种这6亩地，同时在农闲期间上城镇帮家里弄点钱。

收入：我家全年的现金总收入只有2300～3000元。主要是：看羊费、家里的2头母牛可以收到500元左右的卖酥油钱、5只母鸡下蛋收入可能有250元左右，其他既没有外出务工的收入，也没有从事经商的能力和本钱。

救济补助：我家是本村最贫困的一家，也是救济的主要对象之一。国家每年从物质和经济上给予帮助，比如：青稞200斤/每年或隔年一次；面粉20斤/每年；糌粑50斤/隔几年一次；酥油20斤/一次；2008年从乡政府给了200元；三年前从红十字会给了青稞400斤（仅一次）。每年需要借青稞和小麦加起来200斤左右。

支出：在支出情况方面主要是：食品，500元；衣服，600元；交通，300元；家电，一个太阳能电灯（是市民政局给的），300元；化肥是每年当中开销最大，600元/每年，最近这些年一年里春季和秋季需要购买两次，而且一年比一年贵，加上秋收时因家里没有运输设备而需要花运输费和压麦费等，使得收支比例严重失调。

※通列村珠努家：吉勒41岁　目前家中7口人　出国家干部最多的一家

家况：我家媳妇今年43岁，平常在家干农活和家务；

弟弟琼达今年39岁，一年到头在外跑运输，最近还承包一些小工程，是家庭经济收入的主要来源，我家也是一妻两夫；我们的大女儿仁增今年22岁，在日喀则市第二高级中学上高三，成绩不错，她准备报考西藏藏医学院，以后想当一名医生；二女儿次旺普尺今年18岁，也是在日喀则市第二高级中学上高二，中等成绩；三儿子白多今年14岁，在日喀则市第二中学上初二，成绩也不错；我妈今年72岁，大部分时间在城市的兄弟姐妹们家中轮流安享晚年。

教育：在这个村，甚至在整个东嘎乡，我家出的国家干部最多，他们为国家的教育事业做出了很大的贡献（以开玩笑方式说的）。以前我们家在本村是七大家族之一，生活水平较高，但在新时代的今天，教育改变了我们全家人的生活观念，我爸爸（已去世几年）以前在民办小学当教师，我们兄弟姐妹都顶替过父亲（不在村里时）给小孩们教过书，除了我、弟弟和两个姐姐因某种原因错过了当国家干部的机会外，其他都是国家干部。我二姐宗巴，45岁，毕业于日喀则地区师范学校，中专学历，现在日喀则市第二小学当数学教师，是高级职称，她老公在日喀则地区法院，有两个小孩，大孩子格桑欧珠，2007年毕业于西南财经大学财会专业，现在在自治区财经学校财务科，小孩子普布欧珠在重庆大学上大二；大妹卓嘎，36岁，毕业于华中农业大学，本科学历，现在西藏农牧学院当农学教师，是中级职称，她老公是同校教师，有一个小孩在上小学；小妹拉姆，34岁，毕业于云南邮电学校，中专学历，现在在日喀则地区南木林县电信工作，她老公在日喀则地区第二高级中学当教师，有一个小孩正在上幼儿园；二弟扎西加布，32岁，毕业于西藏大学，大专学历，现在日喀则市第三中学当教师，单身；小弟强巴，29岁，在扎什伦布寺当和尚。

婚姻：不可能从来都不吵架，但每次吵架我是胜券在握，因为我是一家之主。老婆和弟弟都非常尊重我，从来都没有想过离婚，因为幸福的生活来源于和谐的婚姻。

一妻多夫：我想这是整个西藏农村传统遗留下来的问题，我们村里几乎每户都是一妻多夫或一夫多妻（就一家），这样对家庭来说比较好，可以集中劳力、集中资金，我觉得这对于我们农村来说挺好的。村里没有父子同妻或母女同夫的现象。

生育：还是喜欢男孩，毕竟对农村来讲劳力永远是缺的，以后长大了可以外出务工；女孩如果学习成绩不好，以后只能是别家的人了。现在再不想要孩子了，一方面养不起，另一方面长大后有出息的还可以，若没有出息那是造孽呀！

饮食：早饭吃糌粑和喝酥油茶；午饭农忙时大多吃糌粑团和青稞酒（有时），农闲时米饭和一两个炒菜（土豆炒粉丝、白菜炒肉等）；晚饭大多是面条、藏式猫耳朵、藏式包子、藏式稀饭、帕凸（一种在藏区常见的面团饭）等。

服饰：现在很流行回族的商品（他们大部分的生活用品都是从回族商人那儿购买的，因为便宜），除了本村妇女在平时的生活中穿藏装以外，男士大多以简易的便装为主。在过年和喜庆的日子大家都穿传统的藏式服装。

节日：除了藏历新年、望果节、勒扬（秋收之后一次当地节日）、还有一些宗教节日之外，大家对节日的概念很模糊。知道国庆节、三八节（妇女们过），也听说过圣诞节，但我们这边不过。

灌溉水：这个山沟从乡政府往里共有14个村，但只有一条普曲（河流）。各村在每年的灌溉期间轮流用水，按亩来确定使用期限。到了我们村里是两天半的使用期，村里面也分了小组，按先后次序使用。

※2008年4月20日

※通列村扎西康桑家　尼玛（户主）　63岁

亲属关系（家中人口）

老婆：在家务农，今年60岁。大儿子农忙务农，农闲从商（卖牦牛肉等）。二儿子在日喀则地区水泥厂打工。三儿子在日喀则市当合同性的工人。小儿子，离家出走。儿媳妇在家务农。

以前我给我的四个儿子共同娶了一个媳妇（本村桑夏家的大女儿），目的是凝聚人力、财力。可三儿子在日喀则时找了一个女孩，现在成家了。小儿子与家人闹矛盾之后，从家里分到他应得的粮食（按人头）、小母牛一头、牦牛一头，但没有分到土地，从此离家出走，也不知道现在在哪里，听说在亚东。

收入：儿媳的大女儿次丹今年18岁在农闲时到二儿子（可能是个水泥工小工头）那儿去打工（水泥工），一天30元，二儿子一天50元；家里从养猪、养牛和务工（二儿子和大孙女）上大概共有27000元的收入。

支出：一年当中全家在食品上最少需要5000元，在衣服上5000元，交通上500元，家电上3000元，教育上600元（只有儿媳的小女儿扎西普赤在市三中上学，没有学费，只是些生活零用钱），化肥上1000元，加起来共有15100元左右。

婚姻：本村我们这一代人大部分是一妻一夫，可能因人民公社末，家庭联产承包责任制之初，国家在这方面抓得很紧的缘故吧。现在到了我们儿子这一代，国家虽然也对这一方面抓得很紧，但他们这一代人在本村大多数是一妻多夫，也有一两个一夫多妻的家庭。一妻多夫，大部分是兄弟两个和妻子，男的一般一个外出打工，一个人在家务农。我觉得一妻多夫比较好，这样生活比较富裕，日喀则地区白朗县和仁布县有两家出了西藏第一代农民企业家，这在日喀则地区是家喻户晓的。

农忙：以前农忙时吃的都是青稞酒和糌粑两种食物，很单一，而且大多数情况下吃不饱；可现在有大的转变，早上从家出发之前，首先要做好一两道小菜，加上酥油茶、青稞酒、甜茶，有条件的还带一点啤酒，就像天天过林卡，没有人来催促你去完成农事。

农闲：以往农闲时几乎每家每户男女老少都在自己的阳台上晒太阳，男的织补一些平常破烂的衣服、袋子、藏式棉被；女的织氆氇等。可现在为了更好的生活质量，没工夫再晒太阳，在家的几乎都是体弱多病者和年老者，青年在附近的城镇务工。

一妻多夫：最初是父母提议的，然后和孩子们商讨，说清楚利害关系，儿女们很少抱怨。本村 1965 ~ 1985 年出生的人选择一妻多夫婚姻形式的最多。

丧葬：若某家亲人去世，一般有带青稞酒吊丧、带礼品吊丧、带钱吊丧等。

人生礼仪：小孩出生时进行“旁色”（出生礼仪）仪式，大部分是带小孩衣物、哈达、牦牛肉或牛羊肉、糌粑、酥油等物品出席。出生男女喜好因各家的情况不同而不一样，大多还是偏向男孩。因为男孩长大以后可以为家赚钱，可女孩不行。以前有种说法就是："生女孩就像生口袋"，原因是她们时常带很多零食，甚至有时偷，导致家庭变得很穷。

医疗：现在的医疗条件和以前相比有很大的变化，国家专门安排了村医，为小病及时治疗提供方便，而且从村医那儿获得购买药品的单子，带上单子在固定的时期可以从乡上报销100%。可还是希望有更专业一点的医生派到我们村上，以免误了病情。

※德吉康桑家：其美（父）58 岁　扎西普赤（母）61 岁

家庭成员：大女儿扎西央宗：37 岁，已嫁到日喀则市，是国家干部家属。大儿子白玛：33 岁，在家务农同时在村附近打石头。二儿子边巴丹增：31 岁，时常外出打工，现已入狱。二女儿卓玛：在日喀则卖青稞酒，已离婚。三女儿次白：29 岁，在日喀则市环卫局当清洁工。儿媳白珍（两个儿子的）：37 岁，农民。大孙子多杰丹增：16 岁，在济南上中学。大孙女央金卓嘎：14 岁，在日喀则市一中上学。二孙女达瓦卓玛：12 岁，在乡小学上学。二孙子达瓦桑布：10 岁，村办小学读书。

收入：从养殖上 7300 元/年（绵羊和山羊加起来在本村是最多的）；大儿子在本村附近开采石头，是通列村开采石头的六户家庭之一，年平均收入为 2 万 ~3 万元；在农闲时从事经商的收入有 1 万元/年。

支出：在食品和衣服上，每年要花费将近 2 万元左右；交通、家电、教育上共花费将近 8000 元；化肥上 2000 元/年（每年增加）。

教育：在我们家出现了两个极端的例子。大孙子在济南中学读书，是他们班上的尖子生，大孙女在日喀则市第一中学读书，学习成绩在他们班上名列前茅，二孙女在东嘎乡乡小学读书，是他们班上的三好学生，二孙子在村小学也在成绩好的学生之列，我们真为他们感到无比的骄傲，同时他们也成了通列村其他小孩的榜样和羡慕的对象。这一方面是他们本身天资聪明，另一方面可能跟平时对他们的教育分不开。可我们又为二儿子的行为感到耻辱，他是在前年被判两年多的刑，因为当时从南木林某地与人合伙偷盗8头牦牛而事后被发现。入狱几个月后我才从村民口中得知，家里人一直瞒着我（因为我身体不好，母亲说），我想二儿子之所以会走到今天这一步，一方面是因为他在城市打工时认识了一些不好的朋友，另一方面是因为我们平时对他太溺爱的结果。

宗教：我们全家信教，每年都在家里请喇嘛祈求平安幸福。宗教已经成为我们生活中的一部分。

婚姻：我们家也是一妻多夫，现在二儿子在监狱，不知道以后他会怎么样。

生育：生男女都无所谓。

※2008 年 4 月 21 日　晴

※乃康鹅家：索朗次仁（父）56 岁，退伍兵

索朗次仁本人情况：1969 年入伍到拉萨军分区，在那里将近待了 7 年左右的时间，最初主要的工作是保护当时的商业局和堆龙加油站，之后分到了治安连队，1976 年退伍回到老家。1973 年加入了中国共产党，1978 年当过帕热村主任（因为我的父母家是帕热村的），之后还担任了东嘎乡水利局的局长，卸任之后我入赘到了通列村当上门女婿，直到现在。加入中国共产党后，我积极贯彻党的各项政策，

多次参加组织生活、积极交党费。从2006年每年可以领到210元的退伍费，对贫穷的生活有一定的帮助，同时我多次向乡政府提出为退伍兵在生活上、经济上给予一定的照顾，可始终没有回应。

家庭成员：大儿子次丹多杰，26岁，工地司机，在日喀则市常住，几年前与儿子们共同的妻子一起出去成立了自己的家庭；二儿子索朗顿珠，24岁，从事农业生产；三儿子扎西顿珠，19岁，画师；第二任儿媳德吉卓嘎（一妻多夫，与二、三儿子同妻），20岁，务农。

收入：养殖上1500元（7只绵羊，3头牦牛，3头母牛，23只鸡）；外出务工上8000元左右（主要是三儿子的工资、我自己帮人家缝纫得来的钱、二儿子有时也外出打工）。

支出：食品和衣服上大概要8000元左右；交通、家电、化肥上和压麦费共计4400元左右。

教育：目前还没有孩子上学，所以没有这方面的开支，可听说孩子的开支很高，所以从现在开始就为他（她）攒够钱，因为儿媳快要生了。

婚姻：是一妻多夫，两个孩子团结的话，对将来家庭还是很有帮助的，可谁也不知道今后的他们会不会又闹矛盾。

宗教：大家都信，我也跟着信，可有时我还是相信科学。有一次我听别人说，降神对身患重病的妻子很有好处，结果弄了半天，病情反而变得更重了，情急之下只好上医院，医生说："幸亏来得及时，否则，命就没了。"之后她的身体恢复了健康。但因条件的限制，病情又一次复发时，没能及时到大医院治疗，结果她还是离开了我们。从此以后，我更愿意相信科学，对宗教持信则有，不信则无的态度。

生育：以前生孩子是生死攸关的事情，也听到和亲眼看到过因为难产而母子双亡的事件，可现在到了时间直接到医院接生就可以了，也没有听说过在医院因难产而死亡的事情。

※德强家　达瓦次仁　39岁　是通列村最穷的六户家庭之一

家庭成员：妻子甘旦卓嘎，43岁，在家务农；次仁卓玛，67岁，是妻子的母亲，妻子嫁过来时一起搬过来的；卓嘎，70岁，我的母亲，是通列村六个党员之一；大儿子米玛加布，15岁，在日喀则市一中上初三；次仁番多，14岁，也是在一中上初二；普布卓拉，15岁，在东嘎乡小学上六年级，是我去世姐姐的女儿，因父母双亡，所以与我们生活在一起。

收入：家里有11只绵羊、5头牦牛、两头母牛、13只鸡。从2头母牛和13只鸡上分别平均每年有卖酥油的400元左右和卖鸡蛋100元左右，还有我本人因帮别家看羊，一年能赚（一年四季）2000元多一点，共计2500元/年左右；从劳务输出和经商等获得的收入为零。

支出：在支出方面我比其他贫困家更多，主要是因为人口多，加上都是老人和孩子，只有我和老婆是劳动力。在衣、食、住、交通、家电、教育以及化肥和秋天的压麦费共计4400元。

孤儿：我姐姐5年前因病去世，之前与一个道班工人（结婚时带着一个小男孩）结为夫妻，可他俩因病相继去世，他们的女孩正是现在的孤儿普布卓拉。现在她的生活更多是由乡政府和乡小学来帮助，从我这儿几乎得不到什么资助，除了她放学回家时我给她一些零用钱之外，其他没有，乡小学也许诺，在生活和学习用具上给予帮助。我们多次与一些孤儿组织和民政部门联系，寻求帮助，但始终遭到拒绝。

贫困救济：从乡政府以前领到过青稞 150 斤，糌粑几十斤（以前给过两次），面粉 50 斤（仅一次），大米 70 斤（仅一年），钱 200 元（可能领到过两次）。

教育：现在两个孩子正在上初中，但他们的成绩都很差。大儿子今年就要读完国家规定的九年义务教育了，所以准备让他以后顶替我去放羊，以后可能要给他娶个媳妇，这是将来事，谁也说不清楚。女儿也许成年后要嫁人，成绩再怎么好也在经济上帮不了家里，也许这是他们的命吧。

※诺加家：欧珠（父）：46 岁

家庭成员：妻子：参木日，56 岁，在家务农；大儿子次旦旺久，25 岁（因与家人不和闹矛盾，导致和他妻子不得不一起搬到隔壁）；二儿子普穷，23 岁（轻度精神病患者，有时外出务工）；三儿子丹巴，19 岁（初三毕业后回家，现在农闲期间外出打工）；小女儿格珍，15 岁（在日喀则市一中上学）。

贫困救济：我家是通列村七户贫困救济对象之一。我们是中等贫困户，其中，我们家里有一个人的贫困名额，去年从乡上领到救济钱 120 元，之前也从乡政府领过太阳能照明设备一台，2007 年乡政府又照顾我们贫困户从本乡第 2 村给我家和德强家（贫困户）分到了一棵大树，到现在我家共得到 18 棵。

收入：养殖上有1050元；外出打工得5000元（三儿子外出打工费）；经商得2000元（本人在冬日农闲期间从事卖牦牛肉生意）；打石匠得1500元左右（本人会一点石工）；一年共计有9550元左右。

支出：在衣（3000元）、食（2000元）、行（200元）、教育（1000元）、化肥（750元）、压麦费（200元）（按人头，每人35元），共计7150元。

※桑怒家：乌金（户主）　52岁　小学　三户卖肉生意的家庭之一

家庭成员：妻子央吉，53岁；大儿子次旺朗杰，23岁，今年刚贷款买了一辆东风车，他在跑运输和工地；二儿子次仁，21岁，时常与朋友合伙承包一些小型的工程；小女儿次仁卓玛，19岁，在日喀则市从事服务行业；儿媳仁增，26岁，有两个小孩，大儿子4岁，小女孩3岁。

在养殖上具体有：每年养3头猪，可收到5400元；牦牛有14头，每年至少出售1头，可收到3000元左右；母牛3头，酥油自用；18只鸡，鸡蛋自用。在外出务工上主要是：两个孩子都出去打工（不分农忙和农闲，一年四季在外），小儿子今年在亚东县承包了一个打石的小工地，听他讲，虽然有点辛苦，民工都是自己找的，可初步算的话有不错的收入；大儿子今年刚刚买了一辆二手东风车，从乡银行贷款10万元左右，现在谈不上收入，可几年之后会有收入的；现在他们加起来平均每年有3万多元的收入。

卖肉生意：在冬季的农闲期间我自己从事卖牦牛肉的生意，从这儿每年至少有4万元的纯收入，有时更好，我们有15年以上的卖肉经历。我们兄弟三个（之前是一家，后各自成立自己家，而且都是一家之主）从小就搞牦牛肉生意，一直到现在，这也是我们三家在本村是中上收入的家庭的主要原因。当然，我们藏族有个习俗，就是歧视我们做这种生意的人，因为我们的生意是这样的：从牧民手中买整头牦牛，买牦牛也并不是很容易的，运气好的可以从我们这儿经过的牧民手中得到非常实惠和低价的牦牛；时常我们有一个固定和习惯的路线去牧区，走路可能需要3～7天，既辛苦，也非常费时，到了那里慢慢地跟牧民讨价还价之后选出自己中意的十几只牦牛，按原路返回。然后，请专门的屠夫，在自家的后院进行杀生，第二天凌晨3～4点就起床把清理好的牦牛肉运到日喀则市肉市场进行买卖。我们的这些行为，在村里知道我们是卖肉的人当中会引起议论，因为杀生和见血对佛教徒来讲是非常不应该的。可我们已经习惯了，而且现在从事这一行业的人一年比一年多，相信几年之后，大家都会参与而不会被歧视。

婚姻：我和老婆是一妻一夫，可孩子们是一妻两夫，挺好的。

生育：生两个差不多，多生了养不起，少生了，家里没有劳力。

※2008年4月22日　晴

※珠苏家次仁　39岁　土坯砖小老板

家庭：大女次仁卓玛，24岁，在日喀则市亲戚家当保姆；二儿子多杰，21岁，从事农业和农闲外出打工；三儿子普穷，19岁，时常外出务工；儿媳参木拉，20岁。

收入与支出：在养殖收入上大概有1500元（每年卖一头猪1200元左右，牦牛4头是耕牛，母牛4头卖酥油300元左右）；外出务工收入有6万元左右（3个劳力，

附图1 珠苏家

其中我经常承包做一些工地用的土坯砖，可能有5万元左右）；共计61500元左右。在支出上共计有20450元（衣，7000元，不包括节日时穿的贵重衣物；食，1万元左右，不包括青稞、糌粑、土豆、酥油、部分牛羊肉等自种自收的食物；行，300元，主要是从村到日喀则市要搭的拖拉机车费一人2元；家电，1650元，去年年底通电以后在家添置的电器；化肥，1000元/年；压麦费，500元/年）。

婚姻：以前父母在世时给我们兄弟俩娶了一个妻子，但我大哥因饮酒过度在三年前去世了，当时他的年龄刚刚过40岁。后来我给两个孩子娶了一个妻子。我想如果一妻多夫团结的话，不管是对家里劳力还是收入上，肯定比一妻一夫好，可如果不团结，那就另当别论了。

宗教：我想大概这边的村民都信教，很少有不信教的。特别是生老病死的情况出现时，宗教尤其重要，我相信来世，也相信通过今生的积德行善，来世能做个更出众的人。以前我家人经常得病，后来通过请喇嘛念经，家里人都不怎么生病了，心情也很愉快，现在每年我们最少请喇嘛3～4次，以求平安。

青稞酒：青稞酒对我们这一代的人来讲是不可缺少的，它是我们生活当中的主角，对我来讲更是如此。一年种下4～5亩的青稞，收来几十袋青稞，大部分用在酿青稞酒上。在生活中我们的主要饮品就是青稞酒，若出门，随身必备的还是青稞酒，比如到田间地头、到亲朋好友家、到城市买东西、去拜佛，等等。从中午12点之后到别人家借东西、谈事、聊天和拜访等时，主人首先给你备好一壶青稞酒，再给你敬上，你若不喝，主人再三要求你喝，以表示待客的热情。反正，关于青稞酒的有趣之事用几天也讲不完。

※珠夏家　达瓦卓玛　64岁　通列村六个党员之一　村妇女主任

文化程度：小学。

家庭：三个儿子，没有女儿。一个已经结婚了，一个儿子结婚走了（老二在家）。只有一个孙子，老大的孩子。

收入：从养殖上（1头猪每年出售半头，600元；绵羊22只，每年出售2只，650元；3头耕牦牛；6头母牛，出售酥油大概有3000元/年；25只鸡，出售鸡蛋有500元左右）。外出务工的弟弟是石匠，收入有2万～4万元；我自己一年有1200元；共计25950元（不计农业上的收入）。

支出：衣（5000元）、食（4000元）、行（300元）家

电（2000 元，包括电视、DVD、收音机）、教育（7000 元，主要是生活费和平时的零花钱）、化肥（700 元），共计 19000 元。

经历：人民公社之前在日喀则地区江孜县学习过会计和文化知识，人民公社建立之年我在本村当会计。后来又在现在的日喀则市，当时叫日喀则县接受过一段时间的培训，三大教育时期加入了中国共产党，今年党和政府非常关心我们这些老党员，对 60 岁以上的老党员给了生活补助，年龄越高钱给的就越多，今年年初我领到了 1200 元。人民公社解散之后我就当了村里的会计，也当了村副主任，1979～2007年我一直是日喀则市人大代表。从 2005 年 8 月开始，因年龄偏大，加上腿脚不便，我卸去了原来的会计和副主任的职务，但开始担任村妇女主任的职务。

宗教：作为一名共产党员，不应该信教。但有时不得不信教，我也不知道为什么。

※达努家　扎西齐美　52 岁

家庭成员：妻子：次旺曲宗，51 岁；大儿子次旦旺久，28 岁，经常外出打工；二儿子旺堆加布，27 岁，也时常在外务工；三女儿扎西措姆，23 岁，在日喀则市打零工；四儿子次仁多杰，21 岁，画画，经常在外；儿媳罗增，26 岁，有两个孩子（大女儿次旦普赤，7 岁，在村小学上学；小女孩格桑德吉，5 岁）。

收入：在养殖上大概有 5000 元（2 头猪/年，出售 1 头有 1500 元，37 只绵羊，算是家里固定资产之一，耕牦牛 7 头，母牦牛 3 头，母牛 5 头，出售酥油有 3500～4000 元，17 只鸡）。在外出务工上三个孩子加起来能赚 1.5 万～3 万元。

附图2　达努家

支出：衣（8000元左右）、食（5000~7000元）、行（也就是交通费大概400元）、家电（2000元，包括VCD、电视、收音收）、教育（只有一个7岁孙女上村办小学，都是些零花钱）、化肥（800元，两次，一次是春季，一次是夏季）。

生活：生活比以往有较大变化，特别是在饮食上和衣物上，现在通电了，还可以看电视了解国内外的最新消息。以前农闲时我们经常睡觉（白天），现在可以看看电视，还可以从日喀则租些VCD、DVD和唱片等来消磨时间，日子过得很舒服。

※夏羌家　扎西　33岁　贫困户之一

家庭成员：弟弟穷达，31岁（外出打工）；媳妇巴桑，38岁；大儿子仁青，15岁，在日喀则市第一中学读书；二儿子多杰，13岁，也在日喀则市一中。

贫困救济：国家每年按家庭贫困的程度有青稞（2006

附图3 夏羌家

年250斤）、大米、面粉、糌粑，但不记得当时的具体斤数，2008年年初给了275元。

收入：从养殖上能收入500～700元。每年卖1头猪（小猪每头100～200元），1只羊自用；4头耕牦牛；2头母牛，出售酥油每年有200～500元；22只鸡，出售鸡蛋每年有300～400元。弟弟时常外出务工每年有5000～7000元。

支出：衣（2000元左右）、食（4000元左右）、行（300元左右）、家电（1600元，电视、DVD）、教育（2000元，主要是孩子的零用钱）、化肥（1000元，春夏两季两次）、压麦费（150元，按人头算，1人35元，今年可能要涨价，因为油费涨了）。

婚姻：我家是一妻两夫，兄弟俩非常团结，可与妻子经常发生矛盾，甚至吵架，还是希望不要离婚。要是离婚的话，在财产分配上没有分歧就可以自行离婚，不用通过村或乡上同意。我们这里没有一家有结婚证的家庭，上面也没有要求我们办证，所以既没有结婚证，就谈不上离婚证了。

背后的声音：以前和父母一起生活时我们家在这个村子里属于中上条件的家庭。自从与父母分居之后，把原有的家庭一分为二，生活的担子渐渐落到了我们的身上时，才知道生活并不是那么简单，加上我们两兄弟既没有技术（石匠、木匠、画师等），也没有经商的头脑，使得生活的质量日趋下降，现在沦落到拿贫困救济来维持基本生活的地步。以前父亲是第一个在村里买拖拉机的人，而且他在经商方面很有头脑，可生活在一起时总是因为妻子我们与他吵得不可开交，最终我们的父母和两个妹妹一家，我和弟弟、媳妇和两个孩子一家。自从和父母分家之后，村里人对我们兄弟不是很友好了。在背后总是指指点点，说我们兄弟俩把亲生父母赶出家门、败家子等等。当然，我们也很在乎这些声音，从道德的角度来看，我们的做法是不对，可生活在争吵之中，还不如分家，我们到现在还是不后悔当初的选择。

※2008 年 4 月 23 日　风

※吉白家：欧珠夫妇　通列村最年长的一对夫妇　村副主任家

家庭：家里 9 口人，大儿子：次旺欧珠，村副主任兼会计；二儿子：次旦旺久，平时在村附近打石头；儿媳：普珍（四个儿子，大儿子上完九年义务教育之后在家务农；二、三儿子在日喀则市一中上学；四儿子从学校请假在家养病）。

收入：养殖上有 4000 元左右，外出务工有 3 万元（石工），村副主任年薪 2000 元，共计 48000 元。

支出：衣（4000元左右）、食（3000元左右）、行（400元左右）、家电（2500元，DVD、电视）、教育（1000元左右）、化肥（650元左右），共计12550元。

欧珠老人的经历：今年我74岁，是村中最年长的一个。我父亲是通列村七户家族当中郎罗家的后代，成年之后他入赘到现在的日喀则市曲米乡曲米村吉白家。因在那里的吉白家是大户人家，属于当时噶厦政府的领地，噶厦属下的各个领地的赋税很重，这在当时的后藏是耳熟能详的。所以，因赋税过重而不得不逃离（晚上人们熟睡之时，除了我爷爷因身体缘故留在那里之外，我们都逃了出来）。到了本村，就在父亲家隔壁住下，当时本村属于达青寺领地，也就是拉让的。那时生活极其困苦，父亲带着我们四处找活，也就是在条件好一点的家里打工，赚来的一点工钱来维持基本的生活。可能到了我18～19岁时解放军在各地方收修路工人，我来到了今日亚东县帕热镇修公路，后来来到日喀则市曲夏（今天日喀则市城郊村）修路。1959年民主改革之后，被选为区积极分子，相继担任了区委员、主席（主要工作是分牲畜、分耕田等任务），后来我遇到了现在的老婆，因为她是贵族后裔，上面不让我当领导，但最终我还是在本村担任了组长。那时本村有两个组，一组由我担任组长（主要管理本村各项农务事），另一组由扎西旺拉担任组长（现在健在）。家庭联产承包责任制之后，我不再不当村领导了，而是一心经营自己的家庭。

次仁白姆老人经历：我今年72岁，我家以前在日喀则德来吉康巴热，是班禅喇嘛拉让的贵族，我爷爷是当时拉让的大会计师，姨妈是当时德青尼姑寺的尼姑，该寺位于通列村西面的半山腰上，峭壁幽静，是属藏传佛教宁玛派。我13岁开始跟着姨妈在德青尼姑寺当了9年的尼姑，全寺清一色是尼姑，当时最多时有30多个尼姑。听姨妈讲该寺是由一位康巴宁玛派喇嘛赞助修建的，详细情况不太清楚。在民主改革之前被毁，现只有废墟，但在夏天，山半腰的绿树青山显得格外的醒目和僻静。民主改革后，也就是我22岁那年，离开了德青尼姑寺，政府开始统一召集所有小寺的僧人和尼姑到达青寺[①]学习有关民主改革的重大意义和旧社会的历史，从此，很多小寺的尼姑和和尚开始过上了百姓的生活，我也在那时遇到了现在的老公。

※郎罗家　罗增（母）　50岁　小学

附图4　郎罗家

① 该寺属日喀则扎什伦布寺，是东嘎乡最大一座格鲁派寺庙。曾经有段时间规模比较大，现在的朝拜者大多是附近的几个村庄的村民，平常寺庙没人。每年有一次小型的宗教仪式，那时附近村民才会蜂拥而至，可通列和帕热两村村民去的人很少，平常大部分去扎什伦布寺朝拜。

家庭：11口人，我的两个丈夫：大丈夫，尼玛顿珠，50岁，是石匠，时常在外打工，在本地打工一天管饭是18元，在外地打工不管饭是一天50～60元；小丈夫，罗布，49岁，在家务农，同时农闲时在村附近打石头。5个儿女，大儿子朗杰，30岁，务农兼当喇嘛，也是本村唯一能请的喇嘛，在当地一天念经有10～20元，有时给一些死人超度时，大概给的多一点，没有固定的收入，看主人的经济条件。二女儿索朗普赤，27岁，已嫁到本村康怒家。三女儿旦增卓玛，25岁，时常在日喀则市织藏毯，已有伴侣。四儿子顿珠，23岁，是木匠，在日喀则市找了伴侣；五女儿参木拉，22岁，有轻度的精神病，在家。儿媳普尺，28岁（生过6个儿女，其中3个去世，两个没满月就死了，一个2岁左右去世），孙子孙女3个（次旺卓玛，6岁，在村小学上学；次旺朗杰，5岁；普穷，1岁）。

收入：从养殖上有3200元左右；外出务工有3万元（包括在本村打石头费）；念经上有1500元左右（因为是不定期的），共计34700元左右。

支出：衣（7000～8000元，不包括节日服装费）、食（1万元左右，不包括糌粑等农产品）、行（500元左右）、家电（1250元左右，去年年底通电之后买来的电视、DVD、收音机）、教育（2000元左右，3个孙子孙女的零花钱）、化肥（1500元左右），共计22200元左右。

家畜：1头猪，绵羊19只，牦牛7头，母牛4头，鸡15只。

生育：我们这里大多数人生孩子还是和以往一样，不到医院生，除非有特殊情况，一般都在自己家里生，这已成了习惯。我家儿媳的3个死去的孙子，也许是因为没到医院生导致的，城里的亲戚朋友多次劝告我们要是再生孩子一定要到医院去检查。我听说过在医院生孩子有一定的报销，也相信有这回事儿。但因为我们没有去过医院接生孩子，所以不知道具体情况。

宗教：我们一家都信教，而且在家里有一个和尚（大儿子），属于噶举派，是这里比较有名的曲龙喇嘛（是我远方亲戚）的弟子，他们是可以结婚生子的，平时农闲时大儿子经常到村内村外念经。

※热在家　拉穷　60岁（父）

附图5　热在家

家庭成员：弟弟阿穷，44岁，一家之主，农闲间从事卖牦牛肉生意；儿子扎西塔杰，32岁，一年四季在村附近打石头；媳妇次旺拉姆，34岁，在家务农；大孙女达仓，12岁，在东嘎乡小学五年级；二孙子索朗扎西，10岁，在村小学；拉姆次仁，8岁，在村小学。

收入：从养殖上有4500元左右（2头猪，每年卖1头，

1500元左右；21只羊，自用；7头耕牦牛，自用；4头母牛，卖酥油平均每年有3000元；15只鸡，自用）；外出务工上有2万~4万元（主要是儿子卖石头费）；经商上有4000~5000元（主要从卖肉上得到的），共计4万元左右。

支出：衣（7000元左右）、食（8000元左右）、行（800元左右）、家电（1200元，电视、VCD、收音机）、教育（600元左右）、化肥（800元左右）。

婚姻：我儿子和我弟弟，是一妻多夫，这种情况在本村是独一无二的，在外村也不多见。我和弟弟的妻子在我儿子6~7岁的时候因病去世的。弟弟是我们几个兄弟当中最小的，当时才20岁左右，后来考虑他和这个家庭的需要，就给我儿子和我弟弟共同娶了一个妻子，别人对这事也没有太多的议论。

宗教：全家信教，觉得也应该信教。宗教教我们善有善报，恶有恶报；叫我们多做善事，少做坏事；叫我们好好学习，为来世积德，等等。

水利局长阿穷说："我从1991年7月开始担任了东嘎乡10个村，也就是我们这个山沟里10个村的水利局局长，主要的工作是组织修水渠、修堤坝、修路等，若有突发事件，工作可能多一点。修水渠是无偿的，是按劳力的多少来确定工作量的，毕竟是为土地灌溉用的，大家也没有太多怨言。我因为需要带头和组织大家，所以乡上规定算我们家出了一个劳力。我的年薪是300元，有时按工作量来衡量收入。"

※2008年4月24日　晴

※热苏家：达瓦次仁　50岁　小学

家庭成员：妻子琼阿，50岁，从事农业；大女儿次旦卓玛，26 岁，在嫁之前她的眼睛完好无损，在夫家时不小心被桃树刺伤之后，男方家觉得有损他家面子，就把她赶出了家门。她的左眼视力很弱，很难看清东西；二女儿仁增，25 岁，已嫁到本村桑努家；三儿子多金，22 岁，时常外出务工；小女孩米玛穷达，18 岁，在山东济南打工。

收入：从养殖上有 5200 元左右（1 头猪，出售半个 700 元左右；16 只羊，自用；4 头耕牦牛，自用；6 头母牛，出售酥油有 4500 元左右；10 只鸡，自用）；外出务工上有 8000 元左右。

支出：在食品上 5000 元左右；衣服上 2000 元左右；住房上 4000 元左右；交通上 400 元左右；家电上 1550 元左右；化肥上 1000 元左右；压麦费上 500 元，共计 14450 元左右。

※索康　达瓦扎西　35 岁　小学

家庭成员和家况：父亲曲央，61 岁，从日喀则市人民政府退休；母亲次旺普赤，57 岁，农民；弟弟边巴，34 岁，毕业于中央民族大学，现在西藏社科院工作，现已成家在拉萨；弟弟尼玛欧珠，30 岁，时常搞一些小承包，比如，修路、修路沿石、安居工程等；妹妹次旦曲珍，26 岁，在日喀则市桑株孜当服务员；妻子卓嘎，34 岁，农民；二弟的大儿子白玛桑珠，14 岁，在日喀则市第二中学；二女儿达瓦卓玛，11 岁，在日喀则市第二小学；三儿子巴桑欧珠，9 岁，也在二小；妹妹次旦曲珍的女儿，8 岁，在二小上学。

收入：从养殖上每年有 3600 元左右（4 头猪，出售 3 头有 3600 元左右；12 头牦牛，自用；4 头母牛，酥油自用；35 只鸡，鸡蛋自用）；从外出务工上这两年平均有 8 万～10 万元（主要是二弟承包赚来的）；父亲每年平均有 45600 元的退休金；共计 149200 元左右。

支出：衣（2 万元左右）、食（2 万元左右）、行（500 元左右）、家电（1700 元左右，电视、DVD、收音机、电话）、教育（1 万元左右，4 个孩子都在城市上学）、化肥（1000 元）。

生产工具：1 辆手扶拖拉机，3 辆小四轮拖拉机（包工时用），1 辆东风汽车（包工时用），1 台压面机，1 台磨面机，1 个小卖部。

生育：4 个孩子够了，现在不想要孩子。还是喜欢男孩，不知道为什么。

※诺苏：朗杰　22 岁　小学

附图 6　诺苏家

家庭：丈夫次旦旺久，25 岁，一家之主，也是收入的主要来源之一；儿子多杰江村，1 岁。

收入和支出：丈夫外出务工每年有 4000 元；在支出上主要是衣（500～1000 元）、食（1500 元左右）、行（200 元左右）、家电（1 台 12 寸电视机，价值 330 元，是别人送的）、化肥（300 元左右）、压麦费（100 元左右）。

分家：我们家是通列村最穷的一家，是从隔壁一墙之隔的诺加家分出来的，当时分家时他们给了我们两袋青稞、6 袋小麦（也没有奶牛），分来的土地是原家土质最差的耕田。

救济：我们是本村需要的救济对象之一，是被列入中等救济水平的农户，实际上从各方面衡量，我们应该是本村最穷的一家，我娘家也是第 2 村的贫困户，所以从他们那里得不到帮助。也可能因为老公的行为举止不好（喜欢打架）的缘故，人家村领导没有把我们列入最穷的行列吧。

婚姻：可能是上辈子作孽太多，使得这一生我嫁到了通列村的贫困户，如果可能，我还是愿意独身，在我这个年龄的朋友在日喀则和拉萨混得很好，也许我的婚姻是失败的。婚姻生活没有保障，谈不上生活幸福，有时就连糌粑和粮食都因为不够吃而向别人借。

※ 青岛通列希望小学欧珠（老师）　36 岁

附图 7　青岛通列希望小学的学生（1）

附图 8　青岛通列希望小学的学生（2）

附图 9　青岛通列希望小学的学生（3）

学校概况：青岛通列希望小学是由青岛市人民政府投资 19.46 万元援建而成的，竣工于 2006 年 9 月底。学校占地面积 1840 平方米，建筑面积 195.69 平方米，可容纳 120 名学生就读。目前在任 2 名老师，我毕业于石家庄师范学校，大专文凭，老家吉隆县，毕业时分配在日喀则地区通门县，后来调到东嘎乡小学，之后在通列村待了将近 4 年，平时教数学、汉语、藏语，可以说是多功能，多学科教师；我同事普曲，今年32岁，毕业于日喀则地区师范学校，大专文凭，刚开始同样分在东嘎乡小学，自从这个学校建了之后，就被从乡上派过来了。

学生：40个学生，其中男学生23个，女学生17个，都是通列村、帕热村和雪村的孩子，通列村的孩子最多，平均年龄8岁。

班级：有学前班（3男、2女）、一年级（6女、5男）、二年级（5女、6男）、三年级（7男、6女），平均每个班有10名学生。

教育设施：每个班级有学前班有7把凳子和7张桌子；一年级有11把凳子和11张桌子；二年级有12把凳子和12把桌子；三年级有10把凳子和10张桌子。这是全部家产，都是日喀则市三中给的。

课程：主要教数学、汉语、藏语，下一步上面要求教英文，可我们俩都不会，可能会派个懂英文的老师吧。

时间：早上10点上课，中午1点半下课，下午4点上课，5点50下课。

教学：我们俩轮着给4个班上课，是交叉换班，中间有两个班还是空者没有老师，这时给他们布置练习或预习新的课程，每人分别要教9门课程。

收入：我们俩是国家干部，每个月将近有4000元，以前有代课老师，现在没有了。

对学历的看法：当然很重要，当年说是获得了大专学历，但实际上与现在这些大专毕业生是有区别的。我自己考了两次本科，都没有考上，可能平时没有太努力的缘故，我们的收入也是因学历不同而有很大差别的。

家长读书观念：一般，应该说差，特别是秋季到了收割的季节，他们编造各种理由，硬是把小孩留在家里让他们看羊、看牛和做一些家里琐碎的事。平时这边不像城里那样考完试之后开家长会，好多孩子的家长我们见都没有见过，通列村的大多数认识，因为以前在村里待过。

考试：平时大的考试是由乡小学统一安排和发放试卷，考完之后由乡小学统一收过去。

※2008 年 4 月 25 日　晴

※康吉　央吉（村主任老婆）

家庭成员：老公吉勒今年 55 岁，是村主任；大儿子边巴次仁今年 33 岁，主要从事农业活动；二儿子巴桑今年 31 岁，是木匠，主要从事打工；三儿子旺扎 26 岁，主要从事运输；儿媳次丹卓嘎今年 28 岁，主要从事家务和农业活动；还有 3 个孙子孙女，都不到上学的年龄。

收入：从养殖上每年大概有 3000 元左右的收入（主要是卖酥油和卖肉的）；从外出务工上应该算是本村较好几家之一，大概有 4 万 ~5 万元的收入（主要是二儿子一年到头在日喀则市打工，每天有 60 ~ 70 元，三儿子给本村小老板欧珠开车，每月 2700 元左右，老公一年工资 2000 元多一点，大儿子也有时到市里打零工）；从经商上有 3000 ~ 5000 元（这个收入不太确定，有时多一点，有时少一点）。

支出：在衣食住行上大概是 2 万元；其他可能花个 1000 ~ 2000 元。

宗教：因为老公是村干部，所以我们不应该信教。

婚姻：我家是通列村一妻三夫户的家庭之一。实际上他们结婚之前没有打算一妻三夫。可是自从娶妻之后，三个孩子很合得来，没有为这事吵过架。我们父母俩也很欣慰，觉得这样反而更好。孩子们有些出去打工，有些在家务农，既增加了收入，又可以时常教育他们，一举两得。

※桑夏家：白玛

家庭成员：我妻子尼玛卓玛，63岁，在家；大女儿尼玛普赤，41岁，已嫁到本村另一家；二儿子师曲，38岁，在家务农；三女儿索朗普赤，35岁，已嫁到帕热村；四儿子多杰，33岁，在家务农，农闲间出去打工；五儿子，白玛次仁，29岁，时常外出务工，左手因车祸行动不便；儿媳次仁仓决，37岁，在家务农；大孙子达瓦次仁，15岁，在日喀则市第一中学学习；二孙子，在东嘎乡小学学习。

收入：从养殖上有8300元左右（2头猪，半售半留，1000元左右；48只羊，每年出售2只，600元左右；公、母牦牛共有20头，每年出售1头，2700元左右；母牛4头，出售酥油4000元左右；公牛2头；18只鸡，自用）；从外出务工上有1.5万元左右（主要是四儿子和五儿子外出打工费）；经商1万元左右（主要是冬季卖牦牛肉所得，也是卖牦牛肉的家庭之一），共计33300元左右。

支出：衣（5000元左右）、食（5000元左右）、行（200～400元）、家电（2600元，主要是电视、DVD、搅拌机、收音机）、教育（800～1500元）、化肥（1200元左右），共计15000元左右。

婚姻：我家是通列村一妻三夫的家庭之一。

卖肉生意：我邻居两个兄弟都是卖牦牛肉的。以前认为卖肉的干的是肮脏的交易，因为信佛的人是不杀生的，虽然不是我们亲手宰杀，但我们是操纵者，我家都信仰佛教，也经常拜佛求佛来祈求宽恕。卖肉在很大程度上是我家的经济支柱，外出打工和卖肉的收入现在成了我们这么多人收入的主要来源。现在人们对卖肉的歧视没有以前那么大了，可还是在背后有议论，我们也听惯了，无所谓。

运输工具：1 辆手扶拖拉机，1 辆小四轮拖拉机。

※吉康家：次仁群培　54 岁　村保管员

家庭成员：妻子玉珍，53 岁，在家务农；哥哥罗桑，57 岁，平时在石磨房工作（主要附近村里来磨糌粑和面粉等，但现在磨面粉的比以前少了许多，是因为 2007 年年底通电后部分家庭办制了磨面房等）；大儿子单增欧珠，35 岁，木匠，时常在日喀则打工；二儿子次旺旦珍，31 岁，哑巴，但劳力方面很好，在农闲期间还打石头；三女儿次旦卓嘎，27 岁，已嫁到通列村，是村支部书记家；四儿子曲丹，25 岁，以前在扎什伦布寺当喇嘛，后来还俗，在日喀则市成家，当司机；五女儿扎西卓玛，23 岁，已离家，在日喀则地区扎木镇一家宾馆当服务员；六女儿卓玛央拉，17 岁，在日喀则市第二中学上学；七女儿穷达卓玛，14 岁，在东嘎乡小学上学；儿媳索朗普赤，34 岁，在家务农；大孙子单增曲扎，13 岁，在东嘎乡小学；二孙女索朗卓嘎，11 岁，在青岛通列希望小学；三孙子单增扎西，7 岁，在青岛通列希望小学。

收入：养殖上有（2 头猪，半售半留，1500 元左右；25 只羊，自用；8 头牦牛，自用；5 头母牛，出售酥油有 1000～2000 元；3 头公牛，成年后出售；鸡 20 只，出售鸡蛋 500 元左右）3000 元左右；外出务工上有 6 万元左右（大儿子是木匠一年四季在日喀则务工赚来的和二儿子哑巴打石头赚来的）；经商上有 7000～10000 元（我自己做一些山羊毛、珊瑚、玛瑙等的生意）；水磨房大概一年有 1000～3000 元；还有我本人作为村保管员年薪 500 元。

支出：衣（1.5万元左右）、食（1.5万元左右）、行（1000元）、家电（4500元，电视、DVD、收音机、搅拌机、太阳能电）、教育（4000元左右）、化肥（1200元）。

宗教：我自己不准信，可家里的人信佛教。

婚姻：我们两代人都是一妻两夫。

※次仁罗布家：一家五口　中等贫困户

附图10　次仁罗布家姐姐

收入：养殖上有1200元；外出务工上有5000元，共计6200元左右。

支出：衣（1000元左右）、食（2500元左右）、行（300元左右）、家电（200元，一台收音机）、教育（500元左右，在零花钱上）、化肥（1000元，包括压麦费），共计5500元左右。

※康怒：次仁旺堆　54岁　小学

家庭成员：妻子桑姆50岁，在家务农；大儿子班旦旺久，26岁，小学，从小待在城市的亲戚家，有一定的汉语对话能力，曾担任过民工与汉族老板之间的翻译，还有一双修各种电器（收音机、电视机、拖拉机、电动机等）的巧手，村里哪家的手扶拖拉机坏了就找他，可他手艺没有理论功底，只是熟能生巧，平时主要做一些虫草和红景天药材生意，在日喀则市与亲戚一同开了一家藏餐馆，有一定的收入；旦珍多杰，24岁，也是村里比较有名的小包工头，时常外出承包一些小包工，曾经当过村医生，但因收入很少而不干了；多珍，23岁，在西藏林芝农牧学院农学系大四，今年6月就毕业；次旦扎西，16岁，在日喀则市第三中学；索朗普赤，26岁，在家务农；大孙子扎西旺杰，7岁，在青岛通列希望小学上学；二孙子格桑朗杰，5岁；三孙女次旦央宗，3岁。

收入：养殖上有2000元左右（1头猪，每年出售，1500元左右；5头母牛，出售酥油500~1000元；2头耕牛；35只鸡，自用）；在劳务输出上有2万~4万元（主要是二儿子一些小包工赚来的）；经商上有1万~3万元（主要是大儿子赚来的钱）；还有我自己的年薪360元，共计3万~7万元。

支出：衣（5000元左右）、食（3000元左右）、行（400~500元）、家电（4000元左右，电视、DVD、收音机、洗衣机、太阳能电）、教育（1万元左右，一个在上大学，对她学费方面的开销比较大，还幸亏有一个她的三姨在农校当老师，平时可以住在她那里；还有一个在村小学上学的，他只有平时零花钱）、化肥（700~1000元）。

兽医：当兽医有几十年的经历，大约从家庭联产承包责任制时就开始在村里从事兽医工作。刚开始在日喀则市兽防站培训了一段时间，当时每个村都培养了兽医，主要的工作是给牲畜打预防针，针对一些常见疾病，比如，拉肚子。给大牲畜打预防针规定是一年打两次，对鸡、猪等是一年打一次，经费（各种牲畜药、预防药等）是从乡政府全额拨款的。本人一年有360元的工资，还有牲畜草地费0.2元（羊）、1元（牦牛），这里收入有30%是兽医的，一年大概有100元多一点。

※村医：卓嘎　23岁

经历：只上过东嘎乡小学四年级，在2001年前村医生旦真多杰因工资很少，就辞去了医生去做生意了，现在是村里小有名气的包工头。从那年开始我就担任了村医生，先后在乡医院（连续待了4个月）和日喀则市医院学习了有关输液、打针、认药等最基本的医疗卫生知识，最近时常也接受一些短期培训。我自己也用心学习汉语文字，可以大概地知道药瓶上的使用说明、用法用量、注意事项等，与此同时，有关生育方面的知识我也接受过一些培训。

医疗点条件：有一张输液床（平时几乎没有用处，在家输液）、一个大药柜、一辆自行车（前任医生交接的时候已破旧不堪，不能使用）、2个消毒高压锅、1个充电手电筒、1个普通手电筒、1个药箱。医疗点房子是2000年建立的。

村民用药情况：平时看病的大部分村民是头疼、感冒、拉肚子、关节炎、创伤等小病，所以他们拿的药都是感冒药、泻痢停、消炎药等。

工资：每月60元，每三个月领一次，从2008年开始可以从村民手中拿挂号费0.5元。

报销情况：村民每人每年交10元医疗保险费，政府每年补助80元，共计90元。90元的药费用完的话由自己来掏钱。若在市医院住院治疗的话有80%的报销。

结算：每月的25日到乡医院结算。

医疗卫生下乡情况：每年不定期地从乡里派来的卫生员，进行医疗卫生宣传和诊断工作。

※退伍兵：扎西旺堆　72岁

附图11　退伍兵

历史：1956年参军，当时年仅18岁，正值壮年，可以说一生最美好的时光献给了部队。当兵期间，部队精选了身体条件好的进行登山培训，曾经爬过珠穆朗玛峰一次，当时的高度是7600米左右。之后因爬山而差一点儿残废了。由于能够在日喀则市第八军医得到了及时的救治，再加上在自治区总医院的长期治疗，身体逐渐得到了恢复，只是一个脚趾头断了，另一个不能活动。当时出院后许多同志劝我留在登山队里，可我选择了回日喀则继续当兵（日喀则市武装部七八八八部队）。后来回到本村当了很长一段的村主任。现在有点后悔当初没能留在登山队，若留下来，现在肯定能享受国家的工资待遇。自从村主任退下来之后，曾经也得到过现任自治区政协副主席、当时任日喀则市市长的才旺班典在生活上的多次帮助和关心。

※2008 年 4 月 26 日　晴　3500 米

东嘎乡帕热村

※村主任琼吉

村名的来历：原来是班禅喇嘛拉让属地东嘎庄园下的一个领地之一，要为东嘎庄园纳税，帕热是本村最大的家族，在它之下有许多佃农，他们很穷，别地称本村为乞丐之帮。在这之前本村叫嘉日岗，也是家族的名字成为村名。

村委会：以前人民公社时的老房子今年在多方的帮助和支持之下被确定为新的村委会会址，之前举行村委会活动、会议、安排农事等都是在露天。

医疗：医疗证每户都有，可以报销 80%。如果确实穷的话，可以报销 100%。大家都在用，以前在老家就有了。

宗教：我不信教，我觉得宗教是迷信，那些做佛教事情的人，我在心里面笑话他们。我觉得在人世的时候要好好的，人死了，不管你点几个酥油灯也没用，平时要多做好事才行。这个村子只有藏族，没有其他族，村里没有庙，没有白塔，转经的有些到曲水去，没有和尚。

选举：我们选举的时候每人发一张票（白纸），每家都发，一户一票。选村副主任时收回来 60 多张，总共发了 80 多张，最后 40 多张同意。

丧葬：村中现在的形式就是水葬和天葬。按经济实力来讲，比较有钱的就是去天葬。最高级的就是在直孔寺。去的话，车费，喊喇嘛念经等都要花钱的，水葬就在前面，去的话拖拉机给十几块钱就能解决。

※扎西饶丹家　尼玛　76岁　退伍兵

家况：两口之家，我是1956年入伍，当时在日喀则军分区之下的治安连队，1968年退伍回到老家。由于种种原因，我家子女们先后离开了我和老伴，最后只剩下老两口。乡政府先后给了100斤左右的青稞一袋，军人每年补助250元，可能给了三年吧，今年给了240元，听说是增加了一点。2007年日喀则市民政局给了一台电视机。

收入与支出：养殖1头母牛，自用；退伍金，240元；在支出情况上主要是衣（1000元左右）、食（2000元左右）、行（150元左右）、化肥（300元左右）、压麦费（100元左右）。

附图12　帕热村退伍兵

生活：因我俩体弱多病，生活过得很艰苦，我的眼睛做了两次手术，但效果不好，也花费了不少的钱。年轻时，特别是1959年平叛时作出过贡献，也把青春年华献给了军人事业，真心地希望政府能对我们这些贫困的退伍兵给予适当的照顾和补助。

宗教：本人是不太信教的，但老婆是教徒。

※康仓家央珍　47岁

救济：隔几年就有500斤（青稞、小麦）；有时给孩子一些旧衣服；2008年年初拿了400元生活补助费。

生活：虽然有各种各样东西可以买，但因家庭条件，生活可能比原来更差。最迫切的要求是能够有一个较好的住房，人家和我情况差不多的可以得到政府的救济房。

※朗萨家：次旺普赤　63 岁

附图 13　帕热村次旺普赤家

附图 14　帕热村次旺普赤安居房

家况：2 口人，我和妹妹（55 岁）一直是村里贫困户之一，2007 年在乡政府大力支持下，国家全额拨款修建了这间房子（听说投资 2.5 万元），我们姐妹俩非常高兴，也非常感谢政府。家里有近 6 亩地，其中 1 亩被这间房子占着，还有5亩租让给别人，每年有近300斤左右的小麦，除了这个我们俩一无所有，就是靠救济来维持生活。

支出：食品上2000元左右；衣服上1000元左右；交通上200元左右，共计3200元。

※巴夏家旺姆　60岁　小学　妇女主任

家庭成员：有一个82岁的老人，他和我们一家没有血缘关系，但以往与他很要好，加上老人年岁很高，身边没有亲戚，所以，与我们合为一家。从80岁开始国家有规定每年给他300元的养老保险，80岁以上也有；次仁多杰，58岁，我的第二任丈夫，在农闲时去村周围“尼逆巴”，是把硬羊皮揉成软羊皮，然后可直接做被子和衣服等，他大哥，也就是我第一任丈夫因病医治无效于2007年去世，以前我们也是一妻多夫；大儿子旦增，40岁，农闲间从事经商（卖肉）；二儿子次仁多杰（该儿子不是我们亲生的，是丈夫姐姐的孩子，他姐姐去世之后，儿子与我们生活在一起），38岁，农闲时与我丈夫出去“尼逆巴”；三儿子旺堆，32岁，主要在家务农；三个孩子的媳妇格珍，34岁，家务、农活；大孙女索朗曲珍，17岁，初三毕业后，没有继续读书，成绩不好，现在家务农；二孙子索朗多杰，9岁，在村小学读书。

收入：养殖上有14900元左右（2头猪，出售后有2400元左右；75只羊，包括低价购买，低价指的是卖羊时政府补贴每头羊35元左右，可能在家留个半年至一年然后高价出售，出售后有9500元左右；5头耕牦牛，自用；6头母牛，出售酥油1000～3000元，2头公牛；19只鸡，鸡蛋自用）。外出务工有3万元左右（包括我丈夫和他去世姐姐的儿子出去“尼逆巴”费，每天每人20～30元，看主人的情况；还有老人每年300元的养老保险；我的450元，今年涨了 50 元）。经商上每年有 1 万元左右。

支出：主要是衣（1 万元左右）、食（2 万元左右）、行（500 元左右）、家电（2300 元左右，包括电视机、电冰箱、收音机、DVD）、教育（390 元左右，只有一个孩子上学）、化肥（1200 元）。

妇女工作：担任妇女主任有 20 多年的经历。从 2004 年开始担任保管员，原因也是前任保管员达瓦次仁一年到头在外从事洗车工作（听说在拉孜县），土地也租给了别人，他自己也不过来，所以保管员由我兼任。任村妇女主任时一年只有 40 元，兼任保管员之后有 400 元，今年有 450 元。平时的主要任务是接待上级领导，村主任外出时由我全权负责全村的工作。妇女活动主要是修路（本村土路），一年当中过年和夏天 7 月搞一些宗教活动，目的是祈求一年的风调雨顺、防止冰雹等。三八时一天修路，一天喝酒（村里给 6 斤青稞酒，别的吃喝都由自己带），到目前为止没有专门的妇女活动经费，本村共有 56 个人参加三八节活动，都是 16 岁以上。我不是党员。以前每年都有妇女工作总结，把全乡的妇女主任集中到乡里之后，提出希望和愿望，同时传达相关妇女的各项注意事项和计划生育。但可能有两三年没有搞过工作总结，也没有相关计划生育的文件。我们很希望得到这方面的知识。

养老院：80 岁的卓嘎拉姆和 78 岁的曲宗两个人以前是我们纳入五保户的对象，2007 年冬天，日喀则地区行署专员来考察时，知道两位老人情况之后立刻把他们带到日喀则地区养老院安度晚年，解决了村的后顾之忧。

希望：在我村还有几户妇女家很穷，大概有二三户，真心地希望各级领导部门能够在生活上和经济上给予他们更多的支援和救济。

宗教：我们这些拿国家一定钱的人是不能信教的，我积极响应国家政策，不盲目信仰各种宗教仪式，但有些是必须要做的。

※扎西康桑家（在帕热村最富的）：穷吉　58岁　家庭主妇

家庭成员：老公扎西欧珠，56岁，木匠；大女儿单增卓玛，36岁，已嫁，城镇户口，在日喀则市；二女儿卓嘎，34岁，已嫁到通列村；三儿子扎西旺久，32岁，木匠；四儿子索朗群培，28岁，木匠兼画师；媳妇次仁德吉，32岁，是通列村嫁过来的；大孙子旦巴饶杰，12岁，在日喀则市第一小学；小孙女单增普赤，11岁，日喀则市第二小学。

经济收入：养殖上平均每年1200元左右（包括养羊、养猪、养鸡、养牛等）；外出务工最近两年平均3万元左右（主要是3个男性外出务工收入，爸爸和四儿子一年四季都在日喀则市纳尔企业当木工，每年都有固定收入，爸爸一天70元，四儿子60元；老三虽在家主要搞农业，但农闲时常能拿到附近村的小型安居承包，没有固定的收入，有时多则几万元，少则几千元）；经商有1万~2万元（最近两年里）；一年大概共计6万元左右。

※宗教人士　次仁多杰　74岁

9岁入扎什伦布寺，29岁还俗后一直在扎什伦布寺学做藏式鞋，中间很长一段时间给人做鞋。前妻因为生孩子时难产而去世，之后遇到了现在的妻子，54岁。因为家境困难不得不捡起以前学过的经文，开始在附近村做法事。以前一天2~6元，现在一天最少10元，给多少按自家的经济来定，我们不会要价的。

主要参考文献

[1] 多吉才旦　江村罗布主编《西藏经济简史》，中国藏学出版社，1995。

[2] 徐平郑堆：《西藏农民的生活》，中国藏学出版社，2000。

[3]《西藏家庭四十年变迁》，中国藏学出版社，1996。

[4] 次顿编著《西藏农村经济跨越式发展研究》，西藏藏文古籍出版社，2005。

[5] 倪邦贵编著《小康西藏》，西藏人民出版社，2008。

社会科学文献出版社网站

www.ssap.com.cn

1. 查询最新图书　　2. 分类查询各学科图书

3. 查询新闻发布会、学术研讨会的相关消息

4. 注册会员，网上购书，分享交流

本社网站是一个分享、互动交流的平台，"读者服务"、"作者服务"、"经销商专区"、"图书馆服务"和"网上直播"等为广大读者、作者、经销商、馆配商和媒体提供了最充分的互动交流空间。

"读者俱乐部"实行会员制管理，不同级别会员享受不同的购书优惠（最低 7.5 折），会员购书同时还享受积分赠送、购书免邮费等待遇。"读者俱乐部"将不定期从注册的会员或者反馈信息的读者中抽出一部分幸运读者，免费赠送我社出版的新书或者数字出版物等产品。

"网上书城"拥有纸书、电子书、光盘和数据库等多种形式的产品，为受众提供最权威、最全面的产品出版信息。书城不定期推出部分特惠产品。

咨询/邮购电话：010-59367028　　邮箱：duzhe@ssap.cn

网站支持（销售）联系电话：010-59367070　　QQ：1265056568　　邮箱：service@ssap.cn

邮购地址：北京市西城区北三环中路甲 29 号院 3 号楼华龙大厦　社科文献出版社　学术传播中心

邮编：100029

银行户名：社会科学文献出版社发行部　开户银行：中国工商银行北京北太平庄支行　账号：0200010009200367306

图书在版编目(CIP)数据

乡村变迁：西藏日喀则市东嘎乡通列和帕热两村调查报告 / 边巴著. —北京：社会科学文献出版社，2011.11
（当代中国边疆·民族地区典型百村调查 / 厉声主编. 西藏卷. 第2辑）
ISBN 978-7-5097-2649-5

Ⅰ.①乡… Ⅱ.①边… Ⅲ.①农村调查—调查报告—日喀则市 Ⅳ.①D668

中国版本图书馆CIP数据核字（2011）第167766号

当代中国边疆·民族地区典型百村调查：西藏卷（第二辑）

乡村变迁

——西藏日喀则市东嘎乡通列和帕热两村调查报告

著　　者 / 边　巴

出 版 人 / 谢寿光
出 版 者 / 社会科学文献出版社
地　　址 / 北京市西城区北三环中路甲29号院3号楼华龙大厦
邮政编码 / 100029

责任部门 / 人文科学图书事业部（010）59367215
电子信箱 / renwen@ssap.cn
项目统筹 / 宋月华　范　迎
责任编辑 / 孙以年
责任校对 / 王福仓
责任印制 / 岳　阳
总 经 销 / 社会科学文献出版社发行部（010）59367081　59367089
读者服务 / 读者服务中心（010）59367028

印　　装 / 北京季蜂印刷有限公司
开　　本 / 889mm×1194mm　1/32
印　　张 / 9.125
插图印张 / 0.125
版　　次 / 2011年11月第1版
印　　次 / 2011年11月第1次印刷
字　　数 / 199千字
书　　号 / ISBN 978-7-5097-2649-5
定　　价 / 196.00元（共4册）